中国特色社会主义经济发展道路丛书
总主编 陈佳贵

中国劳动与社会保障体制完善与发展道路

The Development of the Labor and Social Security System in China

蔡昉 高文书/主编

《中国特色社会主义经济发展道路》
丛书编委会

主　任：陈佳贵

委　员：(按姓氏笔画排序)

　　　　王国刚　刘树成　刘迎秋　刘煜辉　刘戒骄
　　　　吕　政　张卓元　张晓山　李　扬　李　周
　　　　吴太昌　汪同三　陈佳贵　金　碚　周叔莲
　　　　洪　涛　高培勇　黄群慧　黄速建　蔡　昉
　　　　潘家华

编写说明

中国经济改革开放30多年来，我国的经济社会发展取得了举世瞩目的成就，积累了丰富的经济体制改革经验，成功地走出了一条具有中国特色的经济发展道路。对改革开放以来中国经济体制改革进行系统、客观、深入的总结和研究，为我国进一步改革开放提供政策建议，无疑具有重大的理论和实践意义。《中国特色社会主义经济发展道路》丛书正是在这个背景下诞生的。

《中国特色社会主义经济发展道路》丛书共有9本，被国家出版基金规划管理办公室确定为2012年度国家出版基金资助项目。该项目总主持人是全国人大常委、中国社会科学院经济学部主任陈佳贵研究员。该项目共有9个子项目，分别是由陈佳贵研究员主持的"经济发展方式转变与经济结构调整"、数量经济与技术经济研究所原所长汪同三研究员主持的"中国投资体制发展道路"、工业经济研究所所长金碚研究员主持的"中国国有经济发展道路"、农村发展研究所原所长张晓山研究员与农村发展研究所所长李周研究员主持的"中国农村发展道路"、金融研究所所长王国刚研究员与中国社会科学院金融研究所金融实验室主任刘煜辉研究员主持的"中国金融体制发展道路"、财经战略研究院院长高培勇研究员主持的"中国财税体制发展道路"、人口与劳动经济研究所所长蔡昉研究员和高文书研究员主持的"中国劳动与社会保障体制完善与发展道路"、研究生院院长刘迎秋研究员主持的"中国非国有经济发展道路"、北京工商大学洪涛教授主持的"中国改革开放与贸易发展道路"。每个子项目的最终成果就构成了本丛书中的一本专著。本丛书的初稿完成后，我们分别请有关领域的专家学者对各卷的初稿提出修改建议，各卷作者又按照修改建议进行了修改。

本丛书编委会由陈佳贵任主任，编委会委员（按姓氏笔画排序）王国刚、刘树成、刘迎秋、刘煜辉、刘戒骄、吕政、张卓元、张晓山、李扬、李周、吴太昌、汪同三、陈佳贵、金碚、周叔莲、洪涛、高培勇、黄群慧、黄速建、蔡昉、潘家华。本丛书的出版得到了中国社会科学院科研局、经济学部、国家出版基金规划管理办公室的大力支持,在这里一并表示感谢!

《中国特色社会主义经济发展道路》丛书编委会
2012 年 11 月

总　序

新中国成立以来，1978年开始的改革开放是20世纪70年代以来世界上最重大、最壮观、最为世人瞩目的事件之一。这场波澜壮阔的运动，规模之大，范围之广，持续之久，影响之深刻，成效之显著，都是史无前例的，它使中国实现了由计划经济向市场经济的转轨，建立起了走向成熟的社会主义市场经济制度；中国的工业化和城市化得到加速发展，工业化已经进入中期的后半阶段，中国已经由农业大国变成了工业大国。中国经济的国际化程度大大提高，已经成为世界经济的重要组成部分，对世界经济的贡献越来越大，影响越来越强。2010年中国GDP达到397983.3亿元，约合5.87万亿美元，已跃居世界第二位；2011年中国人均GDP为5414美元，已经进入中等收入国家行列；进出口总额超过36418.6亿美元，居世界第二位。与此同时，中国的科技、教育、文化、卫生、社会保障等领域的改革也得到了长足发展。

新中国成立60多年来，中国在经济建设上积累了丰富的经验，形成了具有中国特色的经济发展道路。我们有责任对这些经验进行总结，使它们成为中国人民永久的财富，并为全世界所分享。概括起来讲，中国60多年来的发展，尤其30多年的改革开放有以下主要经验和特点：

第一，坚持以中国特色社会主义理论为指导。中国特色社会主义理论是在以邓小平为核心的党的第二代领导集体、以江泽民为核心的党的第三代领导集体和以胡锦涛为总书记的党中央在分析了国内外形势的新变化、新特点，吸取历史的经验教训，总结中国丰富的改革开放的实践经验，吸收中国理论研究的新成果的基础上形成的。它是对马克思列宁主义、毛泽东思想的继承和发展。这个理论包括邓小平理论、"三个代表"重要思想和科学发展观三个重要的组成部分。邓小平不仅是中国改革开放的总设计师，而且是中国改革开放的理论奠基人。他支持开展的"实践是检验真理的唯一标准"的讨论使人们冲破了"极左"思想的桎梏，重新确立了"解放思想、实事求是"的思想路线，激发了广大干部群众对改革开放的积极性、创造性和首创精神。邓小平同志关于社会主义初级阶段的理论，关于改革是一场新的革命的理论，关于社会主义本质和社会主义发展道路的理论，关于计划与市场的理论，关于让一部分人和地区先富裕起来、逐步达到共同富裕的理论，关于摸着石头过河的理论，关于政府行政机构改革的理论，关于建立经济特区、大胆利用外资和发展证券市场的理论，等等，以及在这些理论基础上形成的党在社会主义初级阶段的路线、纲领、方针和重大政策，为统一全党和全国人民的认识、把党的工作重心转移到经济建设上来、顺利推进改革开放提供了强大的思想武器和理论支持。江泽民同志继承和发展了邓小平同志的理论，提出了"三个代表"重要思想。他的关于改革是全面改革的论述，把建立社会主义市场经济作为改革的目标的论述，关于坚持和完善公有制为主体、多种所有制经济共同发展的基本经济制度的论述，关于依法治国的论述，以及把建立社会主义市场经济体制写入党章、写入宪法，作出加入世界贸易组织（WTO）等重大决策，为改革的深入发展提供了理论指导和法律保障，保证了中国的改革开放事业沿着邓小平同志开辟的正确道路继续前进。胡锦涛同志在继承邓小平同志、江泽民同志的理论和思想的基础上，提出了科学发展观、建立和谐社会等理论和战略设想，提出了完善社会主义市场经济的思路，推进了中国特色社会主义沿着正确的道路不断前进。

第二，坚持社会主义制度的自我完善。中国的发展道路是根据中国的基本国情确立的。这个基本国情就是中国还处于并将长期处于社会主义初级阶段。它有两重含义：一是中国已经建立起了社会主义制度，中国的社会具有社会主义的性质，我们必须坚持社会主义制度，走社会主义道路；二是中国尚处在社会主义的初级阶段，现在中国的社会主义制度还很不完善、很不成熟，需要我们几代、十几代甚至几十代人去努力奋斗，以巩固和发展社会主义制度。改革开放就是巩固、发展与完善社会主义制度的重大战略举措。

第三，坚持市场取向的改革。中国特色的社会主义经济发展道路是从在农村推行家庭联产承包责任制、在城市扩大企业自主权开始的。1982年，中共十二大提出了"计划经济为主，市场调节为辅"的改革原则。1984年，中共十二届三中全会提出了社会主义经济是"有计划的商品经济"的命题，对社会主义经济的性质做出了基本判断。1987年，中共十三大进一步提出"国家调节市场，市场引导企业"的新型经济运行机制。1992年，中共十四大最终提出建立社会主义市场经济体制的改革目标。从这个过程可以看出，尽管中间也出现了一些波折，但是始终坚持了市场取向的改革，并逐步加强市场机制的作用，最终确立成熟的社会主义市场经济的改革目标，肯定了市场在国家宏观调控下对资源配置起基础性作用。

第四，坚持社会主义市场经济体制作为改革的目标和模式。这个制度是建立在"以公有制为主体，多种所有制经济共同发展的基本经济制度"之上的，它既具有市场经济的基本特征，又具有中国特色。它主要由企业制度、市场体系、分配制度、社会保障制度和政府的宏观管理五大支柱所支撑。

——建立"产权清晰、责权明确、政企分开、管理科学"的现代企业制度，使企业成为自主经营、自我发展、自我约束、自负盈亏的市场的主体。企业的主要法律形态采用有限责任公司和股份有限公司。

——发展商品市场以及资本、土地、劳动力、技术和管理等要素市场，建立统一开放、竞争有序的市场体系，形成有效的市场机制，发挥市场在资源配置中的基础作用。

——实行以按劳分配为主体、多种分配方式并存的分配制度，强调效率与公平的结合。

——逐步建立覆盖城乡的社会保障制度，构建完备的社会安全网。

——政府主要运用经济的、法律的手段调控经济，必要时也可采用少量的行政手段对经济进行管理，使国民经济保持平稳、快速、健康发展。

在发展成就的经验基础上，逐步建立起与社会主义市场经济体制相适应的一系列法律。

第五，在发展方法上，采取先易后难，逐步深化，渐进式推进。中国的发展道路选择是史无前例的，无现成的经验可以借鉴。中国又是一个发展中大国，承受改革与发展风险的能力较弱。中国的改革开放又是在遭受"文化大革命"破坏、国民经济处于极端困难的时候开始的，这种环境和条件使中国的改革开放只能采取"摸着石头过河"的办法，在探索中前进，在前进中探索。先推进见效快的改革，后推进见效慢的改革；先推进难度小的改革，后推进难度大的改革；先着手浅层次改革，后推进深层次改革；先推进竞争性领域的改革，后推进垄断行业的改革；先缩小政府机构管理权限，后改革行政管理体制；先着力进行经济体制改革，后推进政治、文化、社会体制改革。

对于把握不大的改革，先进行试点，在总结试点经验的基础上再逐步推广。沿着这种路径、采取这种方法进行改革，保证了改革开放稳步前进，避免了出现大的失误和挫折。

第六，在总体部署上，注意处理好"五个关系"，使改革开放不断深化。

处理好农村改革和城市改革的关系。中国的改革先是从农村开始的，

1978年后，在农村迅速推广了土地家庭联产承包责任制，这一制度极大地激发了广大农民种田的积极性，迅速解决了中国的粮食问题，并于1993年全面废除了已实行20多年的粮票、油票、布票、副食品等票证制度。这是一个翻天覆地的变化。农村改革不仅为城市提供了足够的粮食和副食品，也为城市改革和发展提供了丰富的原材料和大批的剩余劳动力。中共十二届三中全会后，城市的改革提上重要议程。城市改革特别是工业的改革和发展，工业化进程的快速推进，国家获得了大量的物力、财力，为工业反哺农业，城市支持农村创造了良好的经济基础，也为农村改革的深化创造了良好的条件。

处理好利益调整和制度、机制创新的关系。改革初期，无论农村推行土地家庭联产承包责任制，或是城市工商企业推行的企业承包经营、建立生产责任制等办法，都主要是进行利益调整，在不根本改变计划经济体制的情况下，调整国家、企业和个人的分配关系，激发广大群众对改革和发展的积极性和创造性。在改革初期这样做是完全必要的，它能使改革很快见到成效，使广大群众支持改革、拥护改革，也减少了改革的阻力。但是，这种扩权让利不可能使计划经济体制本身带来革命性的变化，给广大群众带来的积极性也不可能持久。随着改革的深入，扩权让利的改革必然要发展到机制创新和制度创新阶段。在农村，让农民对土地有长期的经营权、允许经营权有偿转让等改革，就是把利益调整和制度创新有机结合的尝试。在城市改革特别是国有企业改革中，由承包制发展到股份制改革，对国有企业进行股权多元化、分散化的公司化改造，更是使企业改革发展到了企业机制、企业制度创新的新阶段，较好地解决了扩权让利和企业机制、企业制度创新相结合的问题。

处理好公有企业改革和发展非公有企业的关系。在所有制的改革上，始终从两个方面推进：一方面，对国有企业、集体企业进行改革，探索公有制的实现形式，把大批国有、集体企业改变成公司制企业，实现了所有权主体的多元化、分散化；另一方面，大力发展非公有制经济，使它们成为社会主义市场经济的重要组成部分。国有企业改革和国有经济的战略调整，不仅缩短了国有经济战线，优化了国有经济布局，提高了国有经济的素质，而且促进了个体私营经济和混合经济的发展。个体私营经济的发展，不仅繁荣了经济，为社会提供了大量的就业岗位，也对国有企业、集体企业形成压力，促进了国有企业和集体企业的改革。

处理好对内改革和对外开放的关系。中国的经济改革和经济发展，为外资的进入创造了良好的市场环境、体制环境、法治环境和人文环境，因此，长期以来中国一直处于引进外资的前列。加入WTO后，不仅标志着中国对内改革进入了一个新阶段，也标志着中国对外开放进入了全面、全方位开放的新阶段。一方面，我们加快了内部改革，尽力使中国的经济体制和管理办法与国际接轨；另一方面，我们增强了在制定国际规则方面的话语权，加强了中国企业的国际竞争力。在短短几年间，中国的外贸出口额高速增长。2007年，已经成为世界上的第二大出口国。中国企业的对外投资也开辟了新局面。

处理好改革、发展和稳定的关系。改革、发展、稳定，这三者既各有侧重，又存在密切联系。"发展是硬道理"、"发展是改革的根本目的"，"发展是第一要务"，在改革开放中，始终坚持以经济建设为中心，围绕发展促进改革开放。改革是为了解放和发展生产力，改革不仅能激发广大群众的积极性和创造性，为发展提供强大的动力，而且能为国民经济长期、平稳、快速、健康发展提供良好的机制和制度保证。稳定是改革发展的基本前提，要坚持稳中求进。社会动荡不安，改革很难进行，要想快速发展也只能是一场美梦。因此，要把握好改革的力度、发展的速度和社会的可承受度之间的关系，使三者协调推进。

第七，在改革的动力上，既依靠中国共产党以及它领导下的政府的权威，又尊重人民群众的首创精神，充分发挥理论界的作用。中国的改革始终是在中国共产党领导下进行的，中国共产党是推进改革开放的核心力量。中央政府凭借自己的行政权威，保证了中国共产党制定的改革开放的路线、目标、方针、政策得以全面贯彻实行。党的政治权威和政府的行政权威为改革开放创造了良好的环境，是改革开放能够不断持续推进的保障。基层和群众的积极性、创造性始终是中国改革开放的基础力量。中国的许多改革都是从基层，有的还是群众自发先做起来的，然后由政府总结经验逐步推广到全国。

理论界也是推动改革开放的一股重要力量。广大理论工作者解放思想，把马克思主义和中国实践结合起来，既注意引进国外的先进管理理念、理论、方法和手段，吸收现代经济学有用的成果，又深入总结历史的经验教训，及时总结改革开放中基层和人民群众创造的新经验、新做法，研究新情况、新问题，为深化改革开放进行了理论阐述，提出了许多有价值的建议，为改革开放发挥了思想库和智囊团的作用。

第八，在对中国经济发展的措施、手段的选择和成果的评价上，坚持从实际出发，不唯书、不唯上，"评判的标准，应该主要看是否有利于发展社会主义社会的生产力，是否有利于增强社会主义国家的综合国力，是否有利于提高人民的生活水平"。

中国60多年来的经济发展,尤其是改革开放30多年来的发展成就震撼了整个世界,但是也存在一些不足。中国还处于社会主义初级阶段,改革开放持续的时间长,整体配套性不够强;垄断行业的改革进展缓慢,产品、服务质次价高;行政机构的改革成效不大,政府职能还没有很好地转变;社会管理制度滞后,上亿农民工的身份、待遇等问题还没有得到解决;和工业化、城市化快速发展相比,农村生产方式仍很落后;在改革开放中还出现了地区差距扩大、城乡差距扩大、居民收入差距扩大、经济快速增长付出的资源环境代价过大等新问题。如何对待这些问题,当前有不同的认识。有些人认为,这些问题是改革开放带来的,甚至主张体制的倒退和复归。我们认为这种看法是非常错误的、十分有害的。改革开放30多年来取得的成绩是任何人也抹杀不了的。这样一场史无前例的社会经济的大变革出现一些问题是难免的,但必须引起高度重视。只有进一步解放思想、深化改革、加快发展,才能使这些问题得到有效解决。倒退是毫无出路的,也不符合广大人民群众的根本利益,是不得人心的。

中国特色社会主义经济发展道路走过了60多年的历程,取得了一系列辉煌成就,但是我们也要清醒地认识到,国际社会瞬息万变,尤其进入21世纪,西方发达国家经历了金融危机和债务危机,经济状况持续衰退,直接影响到全球经济的发展,在中国崛起的过程中会遇到国内外诸多艰巨的问题,未来十年中国完善社会主义市场经济体制的任务将进入建设"成熟社会主义市场经济体制"的新阶段。所谓成熟的社会主义市场经济体制是能够自我调整、自我完善和自我演进的经济制度。建设成熟的社会主义市场经济体制,要从全面制度创新的高度,谋划改革方略、路径和动力问题,统一凝聚改革共识,增强改革动力,注重顶层设计和顶层推进,发挥地方和企业的首创精神,突出改革的整体性,推动改革的多层次协调配套,我们要做好攻坚克难的准备。应当从理论上、实践上认真总结中国经济发展的成绩、经验和教训,提高认识,以利于夺取中国特色社会主义经济发展建设的全面胜利!

陈佳贵

全国人大常委、经济学部主任

中国社会科学院原副院长

2012年12月6日

前　言

子曰："如有王者，必世而后仁。"孔子十一代孙、西汉经学家孔安国对这句话的权威解释是："三十年曰世。如有受命王者，必三十年仁政乃成。"也就是说，30年叫做一代，治理国家者施行仁政，解决民生问题，30年是一个可以显示出效果的时间区段。以1978年召开的中国共产党第十一届三中全会作为改革起始，至今已经30余年，其间中国经历的巨大变化是几千年历史上从未有过的，在世界经济历史上也是罕见的。

中国改革开放的成就，固然最突出地表现在经济高速增长上面，在国际上已经形成共识并获得高度评价。然而，一些国外观察者往往忽略的是，中国在过去30多年时间里，民生的改善也是古今中外罕见的，可圈可点，值得大书特书。事实上，在经济高速增长过程中，政府也实施了大规模的农村扶贫项目，着力解决"三农"问题，并在推动城乡就业扩大的同时，加强了劳动力市场规制，初步建立了社会保护机制，为劳动力市场上的脆弱群体提供了基本安全网。

中国劳动与社会保障体制的完善与发展，是经济体制改革和社会政策调整的重要组成部分。总体来说，这个领域的变化与改革开放的步伐是一致的。从党中央、国务院的工作部署中，也可以看到对民生事业的重视程度越来越高。但是，随着人均收入水平的提高和国力的增强，人们对就业和社会保护的要求不断提高，期待更加强烈，对现状的不满意程度也更突出。因此，也有许多人认为，这些领域的制度建设和发展与经济增长水平相比显得滞后。这也反映了我们面临挑战的迫切性。因此，总结相关领域的变化和成就，揭示新的发展阶段提出的各种挑战，展望政策调整并提出有针对性的建议，是理论界义不容辞的责任。

中国社会科学院人口与劳动经济研究所的研究人员，多年来致力于与社会保护相关的多学科研究领域，特别是长期关注就业、收入分配、劳动力流动和社会保障制度建设等问题，形成了大量学术性和政策性成果。在本书中，这个团队中的人口学家、社会学家和经济学家分别从劳动就业、社会保障、农村扶贫、城乡低保和人口变化趋势等不同角度，描述了制度建设和发展历程，介绍了相关政策的演变，提出了进一步完善政策的建议。作为一项团队成果，总体而言，各章之间在逻辑上是相互衔接的，分析思路上也力求一以贯之。

蔡 昉

2013 年 4 月

目 录

第一章 包容性与经济社会发展 ································· 1
    第一节 经济增长与社会发展 ································· 1
    第二节 人类发展水平跃升 ··································· 7
    第三节 收入分配格局变化 ··································· 11
    第四节 经济与社会发展的不协调 ····························· 16
    第五节 展望更加包容式发展 ································· 19

第二章 经济发展阶段与就业政策 ····························· 23
    第一节 积极的劳动力市场政策及其效果 ······················· 23
    第二节 发展阶段变化对就业影响 ····························· 27
    第三节 劳动力市场新趋势与新任务 ··························· 34
    第四节 实施更加包容的就业政策 ····························· 37

第三章 劳动力流动与农民工市民化 ··························· 41
    第一节 中国劳动力流动的历程 ······························· 42
    第二节 农民工的个体特征和就业状况 ························· 46
    第三节 进城农民工与市民的权益保障差距 ····················· 54
    第四节 农民工市民化的进展与完善 ··························· 59

第四章 劳动力市场制度建设 ································· 79
    第一节 劳动力市场规制与立法 ······························· 79
    第二节 工资指导价位制度和最低工资制度 ····················· 82
    第三节 工资集体协商制度和集体合同制度 ····················· 87
    第四节 《中华人民共和国劳动合同法》等法律的实施 ··········· 93

第五章　工资增长与工资形成机制 ····· 103

第一节　工资制度改革 ····· 103
第二节　工资水平变化 ····· 108
第三节　工资增长与收入分配 ····· 111
第四节　工资收入分配改革展望 ····· 118

第六章　居民收入增长与分配 ····· 125

第一节　居民收入来源与增长 ····· 125
第二节　居民收入增长存在的问题 ····· 133
第三节　居民收入分配的现状与趋势 ····· 142
第四节　增加居民收入，缩小收入差距 ····· 155

第七章　农村扶贫成效与发展 ····· 161

第一节　世界上最大规模的减贫 ····· 161
第二节　农村扶贫政策的演进 ····· 165
第三节　农村贫困的性质及其演化 ····· 171
第四节　建立农村社会保护网络 ····· 175
第五节　劳动力市场发育的减贫效果 ····· 177
第六节　政策展望与建议 ····· 179

第八章　社会保险事业发展 ····· 183

第一节　改革前的劳动保险及相关制度 ····· 184
第二节　城市社会保险的改革与发展 ····· 189
第三节　农村社会保险的改革与发展 ····· 196
第四节　社会保险事业发展的未来挑战与对策 ····· 199

第九章　养老保险制度发展 ····· 205

第一节　城镇企业职工基本养老保险发展 ····· 205
第二节　机关事业单位养老保险改革 ····· 215
第三节　城乡居民养老保险发展 ····· 224

第十章　医疗保障制度发展 ····· 235

第一节　引言 ····· 235

第二节　城镇医疗保障制度的变迁和发展 …………………… 238
　　第三节　农村医疗保障制度的变迁和发展 …………………… 243
　　第四节　中国基本医疗保障发展现状 ………………………… 248
　　第五节　发展经验和主要挑战 ………………………………… 260

第十一章　农村养老保险改革与发展 ……………………………… 271
　　第一节　农村养老保险制度的改革历程 ……………………… 271
　　第二节　农村养老保险的发展状况 …………………………… 274
　　第三节　农村养老保险面临的问题与挑战 …………………… 282
　　第四节　完善农村养老保险的政策建议 ……………………… 292

第十二章　最低生活保障制度发展 ………………………………… 299
　　第一节　最低生活保障制度的内容和特点 …………………… 299
　　第二节　计划经济时期的城市单位保障和农村集体保障 …… 302
　　第三节　城市最低生活保障制度的建立和发展 ……………… 307
　　第四节　农村最低生活保障：从局部试点到全面建设 ……… 317
　　第五节　城乡居民最低生活保障制度的发展问题与应对思路 … 321

第十三章　人力资本培养 …………………………………………… 327
　　第一节　产业结构变化与劳动力素质适应性 ………………… 329
　　第二节　日本和美国人力资本积累的教训 …………………… 331
　　第三节　妨碍中国人力资本积累的主要因素 ………………… 334
　　第四节　从何处入手突破人力资本局限 ……………………… 344

第十四章　人口发展与政策趋势 …………………………………… 355
　　第一节　中国人口发展状况与趋势特征 ……………………… 355
　　第二节　中国人口发展政策的变迁 …………………………… 368
　　第三节　加快完善中国人口发展政策 ………………………… 376

第十五章　应对人口老龄化 ………………………………………… 381
　　第一节　中国人口老龄化状况及趋势 ………………………… 381
　　第二节　人口老龄化的社会经济影响 ………………………… 387
　　第三节　人口老龄化的应对策略 ……………………………… 398

中国劳动和社会保障体制发展大事记 …………………………… 411

参考文献 …………………………………………………………… 465

索　引 ……………………………………………………………… 479

后　记 ……………………………………………………………… 483

第一章 包容性与经济社会发展

经济发展的根本目的是通过就业的扩大和社会保护水平的提高，使城乡居民安居乐业，生活质量显著提高，不断提高的物质和文化需要得到满足。这种目的明确的发展，要求实现民生事业与经济增长的同步。改革开放至今的经济社会发展，是按照这种包容性发展模式进行的。农村劳动力大规模转移和城镇就业的持续扩大，以及社会保障制度完善和覆盖水平的提高，使城乡居民从就业收入的增长中分享了经济高速增长的成果。与此同时，由于社会发展相对滞后于经济发展，对普通劳动者和家庭的社会保护机制尚不健全。随着中国经济社会发展进入新阶段，一方面，居民大大提高了对更加充分、均等的社会保护的制度需求；另一方面，一直以来政府推动经济增长的激励，正在转变为提供更多、更好、更均等的公共服务，进而加强对城乡居民的社会保护的激励。

第一节 经济增长与社会发展

在迄今为止的整个改革开放期间，即 1978~2010 年，中国经济增长率得以保持每年近 10%的速度。不仅是经济总量，人均收入增长也创造了奇迹。这期间，剔除通货膨胀因素之后，人均国内生产总值（GDP）的年平均增长率高达 8.8%。按照统计学的拇指法则，7%的年均增长率可以实现 10 年翻一番，而 10%的年均增长率则可以在 7 年实现翻番。如此可以想象，上述人均 GDP 增长速度在 30 余年的持续，可能产生的效果。

让我们来比较不同国家在类似发展阶段上，人均收入翻一番所需要的时间。英国在 1780~1838 年用了 58 年，美国在 1839~1886 年用了 47 年，日本在 1885~1919 年用了 34 年，韩国在 1966~1977 年用了 11 年。而中国在 1978~1987 年只用了 9 年的时间，随后又在 1987~1995 年和 1995~2004

年分别用 8 年和 9 年时间再次两度翻番，并于 2011 年再翻一番，这一次只用了 7 年的时间（见图 1-1）。

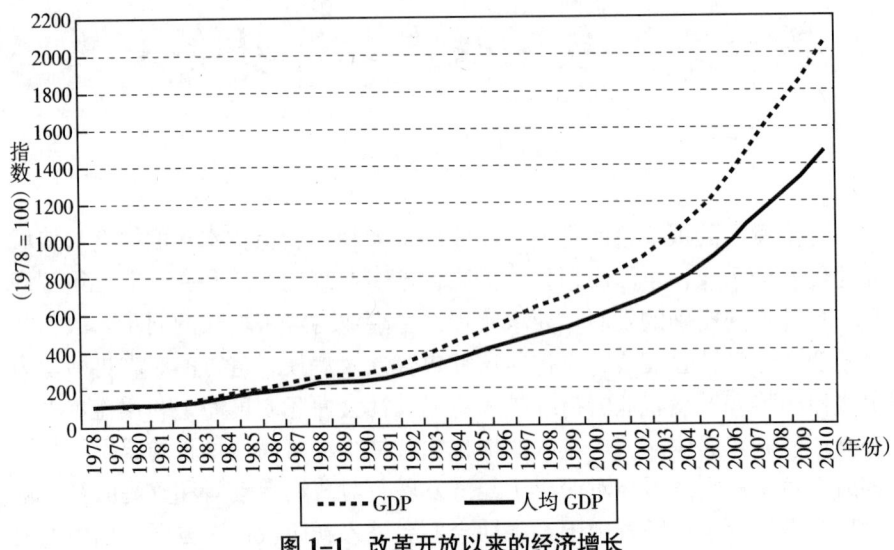

图 1-1　改革开放以来的经济增长
资料来源：国家统计局. 中国统计年鉴 2011. 中国统计出版社，2011.

经济史学家发现，自 18 世纪较晚的时期开始，即大致以工业革命为界，世界经历了一个国家之间发展水平的"大分流"，随后则形成富裕国家和贫穷国家的分野格局，至今未变。因此，经济学家从事研究孜孜不倦的热情和持久动机，就是探索后进国家如何在人均收入上赶上甚至超过先进国家。而做到这一点的关键，就在于落后国家能否发动起一个快于先进国家的经济增长速度，并在较长的时间内加以保持。作为低收入国家，如果能够长期保持足够高速的经济增长速度，无疑会创造赶超奇迹。

中国 GDP 总量在 1990 年只排在世界第 10 位；到 1995 年，中国超过了加拿大、西班牙和巴西，排在第 7 位；到 2000 年，中国超过意大利，晋升到第 6 位。随后，在 21 世纪前 10 年，中国又依次超过了法国、英国和德国，到 2010 年终于超过了日本，成为世界第二大经济体，仅位于美国之后。2011 年，中国 GDP 总量为 72981.5 亿美元，相当于美国的 48.4% 和世界的 10.5%。中国在 30 余年的时间里，显著地缩小了与发达经济体的发展水平和生活质量差距，证明了只要选对了道路，即坚持改革开放促经济发展的方向，相对落后的国家完全可以实现赶超。

当 GDP 总量被创造出来之后，如何在各种生产要素之间，或者经济当事人之间进行分配，例如，在资本要素和劳动要素之间的分配，或者在劳动者、经营者和国家之间的分配，决定了经济增长的分享水平。换句话说，要看一个经济增长奇迹是不是真正惠及民生，除了观察人均GDP的增长速度，更要看城乡居民收入的增长速度。

从图1-2可以看到，1978~2011年的33年时间里，城乡居民的实际收入都以惊人的速度提高，剔除物价因素之后年平均增长率均为7.4%。其间，在20世纪80年代，农村居民人均纯收入的提高速度快于城镇居民人均可支配收入；20世纪90年代开始，农村居民收入提高速度相对滞后于城镇居民收入；而在2004年以后，农村居民收入重新获得了较高的速度，呈现逐渐快于城镇居民收入的趋势。

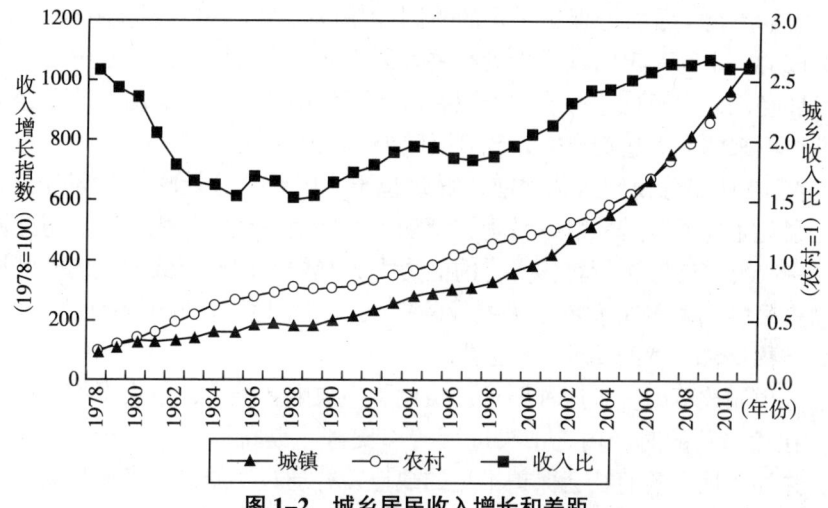

图1-2　城乡居民收入增长和差距

资料来源：国家统计局. 中国统计年鉴（相关年份）. 中国统计出版社.

在许多情况下，人们的幸福感并不与富裕程度成正比。换句话说，更高的收入也可能导致较低的幸福感。虽然相关学科的研究者，迄今为止尚未对此给出令人满意的解释，社会保护机制的健全与否所决定的安全感，无疑对幸福的感受产生很大的影响。所谓社会保护，通常指这样一系列政策和制度安排，以政府和社会为主体，通过发育富有效率的劳动力市场，降低人们面对的就业风险，提高居民保护自身收入和生活水平的能力，从而降低贫困发生率和减少脆弱性。

很显然，与社会保护相关的制度安排，应该主要包括旨在保护就业安全性和劳动者权益的就业政策和劳动力市场制度，旨在保护居民免受失业、疾病、伤残和老龄化困扰的社会保障体系，以及针对特殊困难和脆弱人群，如儿童、孤寡老人、特殊地区居民的社会救助和福利等。

在计划经济时代，许多社会福利都是由企业或单位提供的，形成与市场经济条件下相反的情形，即国家做出各种生产决策，而单位在小范围内提供社会服务，从终身（铁饭碗）对社会化失业保险的替代、企业承担公费医疗和职工困难补助等，国家出资的企业养老，直到企业分配住房、解决职工子女入托，甚至开办义务教育。

伴随着经济体制改革，特别是为了减轻国有企业的社会责任和负担，厘清经营性亏损和政策性亏损，进而搞活国有经济，相应的社会服务逐渐从企业中剥离出来。但是，企业从社会责任中摆脱出来之后，并不意味着政府以公共服务的方式，完全接续了相关的社会责任，从而在一个时期中，实际上留下了社会保护不足的体制性缺口。这个缺口既是制度衔接问题造成的，也与一定的发展阶段有关。因为在这个时期，地方政府集中资源发展经济，用于社会发展的资源有限。不仅如此，由于面临着计划经济时期留下来的庞大遗产成本，政府财政能力不敷应付。

在1994年分税制改革之前，财政包干、财政"分灶吃饭"等分权改革，强化了地方政府的财政激励，调动了发展地方经济的积极性。与此同时，中央财政能够进行转移支付的能力大大减弱，因此导致相应的宏观协调缺失。伴随着经济发展水平差异的扩大，缩小地区之间财政能力差距、加大转移支付力度的要求十分强烈。

分税制改革因应了这种要求，强化了中央财政能力，解决了相应的问题。在相当长的时间内，中央进行转移支付，提高了公共服务均等化水平，弥补了地方政府社会保护不足的缺口，并通过实施区域发展战略，提高了地区之间经济社会发展的均衡水平。可以说，在以经济增长为政府主要目标的时期，这种财政体制在很大程度上保障了必要的区域协调、公共服务和社会保护，总体效果是积极的。

不过，无论是政府集中精力发展经济，还是继续借助企业承担社会责任，无疑是具有符合发展阶段特点的政治经济学理性的。中国领导人在改革伊始就坚定不移地把发展经济作为改革获得最广泛支持的前提，通过做大"馅饼"使群众从改革中获益。此外，保持社会稳定也是获得群众支持，保证改革和发展顺利推进的关键。因此，一方面，在劳动力市场发育过程中，解除规制的改革方式与制定劳动力市场规制的改革方式并重；另一方面，通过让企业特别是国有企业继续承担社会责任，对劳动者进行社会保护。这类责任包括：工会履行困难职工的救助职能；劝说企业在遇到经营困难的时候尽量不解雇工人；保持原有职工免受劳动力市场竞争，并维持制度性工资水平。

这方面最典型的例子，是20世纪90年代末遭遇就业冲击时，国有企业所承担的责任。当时出现了计划经济时代从未有过的大规模失业现象。由于失业保险制度尚不健全，积累的失业保险基金不敷使用，中央政府要求在企业一级成立下岗职工再就业服务中心，并提出由政府、社会（当时积累的失业保险金）和企业，按照各1/3的比例共同负担发放下岗职工生活补贴。虽然实际上企业直接负担的费用没有达到1/3（如2002年是17.2%），但是，企业承担着接续下岗工人的社会保险，以及提供就业培训、岗位信息等帮助实现再就业的职责。

与此同时，在应对就业冲击的过程中，中央政府实施了积极的就业政策，并基本建立起社会保障体系，城市居民得以被安全网覆盖。21世纪以来，在均等公共服务的政策理念之下，以社会保障和社会保护为核心内容的公共服务迅速向农村延伸。

首先，立法更加着眼于保护劳动者。改革开放后的第一个《中华人民共和国劳动法》颁布于1994年。由于当时处在典型的劳动力无限供给阶段，劳动力从严重剩余的农业转移到非农产业就业，无论对雇主还是对劳动者而言都是最为迫切的要求，因此，该法并没有很好执行。最初预期会因此法执行而遭受损失的情形也没有发生，甚至被其他发展中国家视为一个有利于发展的灵活劳动力市场的正面经验。

随着新的发展阶段对劳动者保护的需求增强，2008年同时开始实施三个与就业有关的法律：《中华人民共和国劳动合同法》、《中华人民共和国就业促进法》和《中华人民共和国劳动争议调解仲裁法》，分别对签订劳动合同、加入社会保障、禁止就业歧视和建立和谐劳动关系各个方面做出规定和规范。虽然在颁布之后中国实体经济遭遇了全球金融危机的冲击，地方政府适当放松了一些条文的执法力度，但是，法律的约束性大幅度规范了企业的用工行为，提高了劳动力市场制度化水平。

许多观察者援引近年来劳动争议，特别是与农民工有关的劳动争议案件的大幅度增加，暗示劳动关系的恶化。[1] 其实，这类劳动争议案件记录和报道数量的增加，具有某种内生性，即与此前相比，至少有三个因素增加了劳动者提起劳动诉讼量。第一，由于劳动法规的颁布与宣传，劳动者感觉更加有法可依；第二，由于劳动供求关系的变化和政府对于社会和谐的

---

[1] 汝信，陆学艺，李培林. 2010年中国社会形势分析与预测. 社会科学文献出版社，2009.

关注，劳动争议案件的仲裁和判决，天平大幅度地偏向于劳动者一方；第三，一个次要但并非没有意义的因素是，《中华人民共和国劳动争议调解仲裁法》规定了"劳动争议仲裁不收费"，大大降低了诉讼的交易成本。上述因素实际上也是转折点到来后政府政策取向变化的证据。这两个变化都使普通劳动者，特别是农民工更多地对那些以往采取忍耐态度的劳动争议提出诉讼。

其次，劳动力市场制度作用加强。很多研究表明，在不同的发展阶段，劳动力市场制度作用程度与范围是不尽相同的。随着刘易斯转折点的到来，工资及其他待遇、就业条件进而劳动关系，更多地不再是由市场自发显示出的劳动力供求关系决定，而是由劳动力市场制度决定。一个具有代表性的类似变化，是最低工资标准调整频率和幅度的变化趋势。该制度实施初期，即在20世纪90年代，特点是标准较低、很少进行调整、通常不应用于农民工。随着2004年以后"民工荒"在各地普遍出现，意味着劳动力短缺成为经常现象，中央政府于2004年要求各地至少每两年进行一次调整。并且，最低工资标准制度被广泛应用于农民工。各城市政府感受到劳动力短缺的压力，竞相提高最低工资水平。

总体来看，21世纪以来，2004年以后对最低工资标准进行调整的城市明显增多，调整的幅度有所提高。在遭遇全球金融危机的2009年，最低工资标准在各城市都没有调整。但是，仅仅在2010年的前几个月就有十余个城市再次进行了调整。

再次，社会保障体系建设更具包容性。20世纪90年代末到21世纪初，城市职工的社会保障和社会保护覆盖水平大幅度提高，包括城市居民最低生活保障制度的全面覆盖、基本养老保险制度对退休职工的基本覆盖、对在职劳动者覆盖率的逐步提高、城市职工和城市居民医疗保障制度，以及失业保险等社会保险制度的实施。而在2004年以后，社会保障制度建设工作的重点被延伸到农村。已经实现制度全覆盖的项目，包括农村最低生活保障制度和新型农村合作医疗制度等，新型农村养老保险制度也开始试点，并定出了全覆盖的时间表。为了贯彻《中华人民共和国劳动合同法》，① 提高农民工参加社会养老保险的积极性，2010年开始执行包括农民工在内的城市职工基本养老保险关系接续和转移办法。

地方政府在提供更好社会保障和社会保护方面的积极性更显突出。第一个表现是近年来地方政府在基本养老保险上的支出超过了中央政府的支

---

① 《中华人民共和国社会保险法》也经全国人大常委会多次审议，于2011年7月1日起施行。

出。第二个表现是在一些劳动力短缺的地区，政府利用在金融危机时期允许缓缴和少缴社会保险费等中央政府的宽松要求，有意识地降低了农民工加入社会保险的缴费水平，扩大了覆盖率。第三个表现是农民工子女的义务教育得到明显改善，虽然中央政府早有明确要求，但是，由于义务教育的支出责任在地方政府，因此，这个问题最终得以较好解决，主要依靠劳动力输入地政府的积极性。第四个表现是政府在帮助农民工追索拖欠工资、仲裁劳动争议，以及与城市户籍职工同等待遇等方面的作用大为增强，倾向性明显改变。

最后，户籍制度改革速度加快。应该说，许多研究者对中国户籍制度改革进程的估计过低，原因有两个：

其一，许多研究者仅仅观察了户籍身份的表面，即仅仅看到大多数进城打工者尚未获得城市户口，而忽略了户籍制度作为阻止劳动力流动和人口迁移的制度障碍，以及内含不平等的社会保障和社会保护水平的功能。如果从后一个角度观察，不应该得出户籍制度改革进展不大的结论。

其二，大多数研究者没有看到农村居民获得城市户籍的增长速度也是很快的，即使以此来狭义地为城市化做定义的话，中国的城市化速度也是超常规的。2007 年，按照 6 个月以上常住人口定义的城市化率为 45%，而同年非农业户籍人口比重仅为 33%。这固然意味着绝大多数农民工及其家属尚未获得打工地的正式居民身份。但是，根据国际经验，在 33% 这样的城市化水平上，每年城市化提高速度幅度在 0.7%~1.8%，而中国非农户籍人口比重的年平均提高速度，在 1997~2007 年达到了 2.1%。由于城市政府感受到劳动力短缺的压力，因而不断地降低了农民工落户条件，这个狭义的城市化，或者说中国特色的户籍城市化，主要是地方政府推动农民工获得城市户口的实践所促成的。

第二节　人类发展水平跃升

长期以来，在中国经济创造了人类经济发展奇迹的同时，在一些地方政府中也形成了"以 GDP 论英雄"的偏向。近年来，在深入学习、实践科学发展观的同时，人们从理论上开始询问：第一，GDP 一个指标足以概括人类发展的全部需要吗？换句话说，GDP 足以解释人类发展的所有维度吗？第二，传统上解释 GDP 增长的那些因素真的足以囊括经济发展的全部要义吗？以下从人口发展的角度，借助人类发展指数（HDI）这个新理念，尝试回答上述问题，并探讨人口政策对经济社会发展可持续性的作用和贡献。

西方的主流经济学，几乎把所有的智力努力都投入到如何提高以人均GDP衡量的经济增长上面，相关的政策建议也都在寻找那些能够提高资本积累的因素。即使经济学家越来越强调人力资本的作用，但是，也是把诸如教育、培训和健康这些提高人力资本的因素，以及人力资本在经济增长中的作用，作为手段和工具研究和观察，而忽视了人作为发展的目的。因而，即使经济学越来越关注人力资本，却在大多数发展中国家中因找不到有效提高人力资本存量的途径，而在实践中显得苍白。然而，单纯的GDP增长并不能解决收入分配的公平问题，以及人与资源、环境协调发展的关系。不能妥善解决好这些问题，经济增长最终也难以实现又好又快。

改革开放期间，中国的经济社会政策，从直接关注人与生产资料的关系到人与资源、环境的协调，以至越来越关注人的全面发展，走出了一条特殊的经济社会全面发展道路，成为以人为本的科学发展观的一个重要方面。从判断实现科学发展水平来看，人类发展指数是一个可供借鉴的重要指标。联合国开发计划署（UNDP）于1990年出版首卷《人类发展报告》，显示出该组织看到了以人为中心的经济与社会全面发展的需要。该报告把收入水平（按购买力平价计算的人均GDP）、以出生时预期寿命代表的健康水平与成人识字率和毛入学率构成的教育水平结合起来，构造了人类发展指数（HDI），与传统上单纯使用GDP相比，在衡量人类发展成就方面要更为全面（见图1-3）。

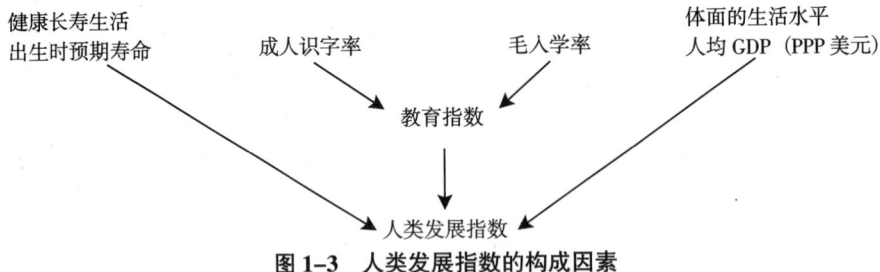

图1-3　人类发展指数的构成因素

在中国，经济社会的发展促进了人类发展水平的提高，表现在预期寿命的提高、教育水平的提高，还有经济发展水平的提高几个角度。人们越来越认识到仅仅有经济增长尚不足以实现社会的发展，只有人的全面发展才是社会进步最好的体现，而人力资本所包含的诸多内容恰恰体现了人的发展。近年来，人文发展更是受到越来越广泛的认同与重视。在发展中国家以人力资本积累为途径和目标的社会经济发展方式，已经被认为是摆脱贫困的基本手段。在联合国提出的8项千年发展目标当中，涉及人文发展的指标占有5项。这充分说明，人力资本积累作为发展的目标已经得到了广泛的认同。

中国在人口增长速度降低、人口结构调整和人口素质提高等方面取得了巨大的成绩。与此同时，也为进一步提高人口健康水平、延长健康寿命打下了良好的基础。随着更加关注对人的投资，适当的社会保障制度的建立和完善，健康老年人口完全可以创造出新的人口红利，从而保持中国经济增长和社会发展的可持续性。图1-4显示了中国在过去30年人类发展指数的提高。此外，我们还看到，中国的人类发展指数世界排位始终优于人均GDP的排位，标志着经济社会全面发展的成就。除了人口转变对经济增长做出的贡献，教育水平提高和健康水平也是构成人类发展指数提高的重要因素。

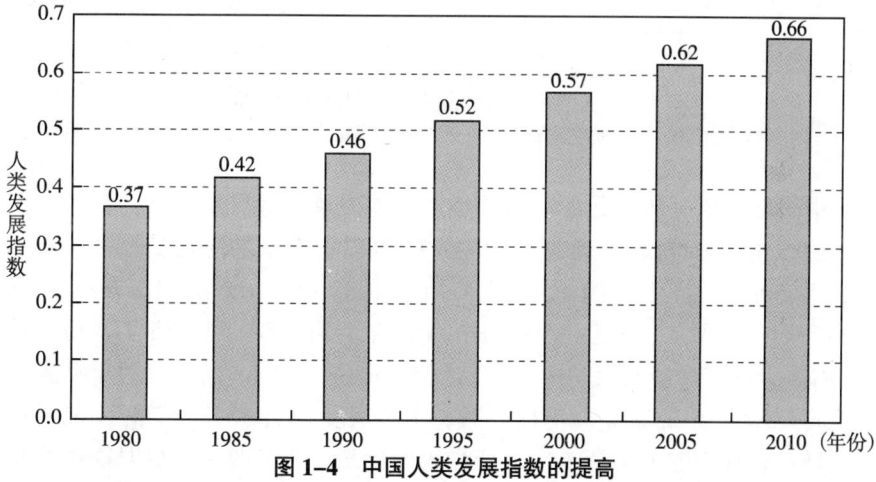

图1-4 中国人类发展指数的提高

资料来源：联合国开发计划署官方网站，http://www.beta.undp.org/content/undp/en/home.html。

在人类发展各个方面的显著成就，帮助中国实现了人类发展指数对其他国家的赶超，使得中国经济增长的奇迹同时表现为人类发展水平赶超的奇迹。在图1-5中，我们用中国的水平相对于135个国家某一指标中位数的百分比，分别展示教育发展和人均收入增长与人类发展指数提高的关系。①

---

① 相对于中位数国家水平来说，中国的预期寿命保持着稳定提高但相对距离变化不大的趋势，为了对其他指标变化趋势的刻画更加清晰，我们没有把预期寿命的变化包括在图中。

从中可以看到,在 20 世纪 90 年代以来的 20 年,人类发展指数稳步提高。在前 10 年,教育发展对人类发展水平的贡献十分显著,而在后 10 年,教育发展的贡献率相对下降,而人均 GDP 水平的提高,无疑对人类发展指数的继续上升贡献卓著。①

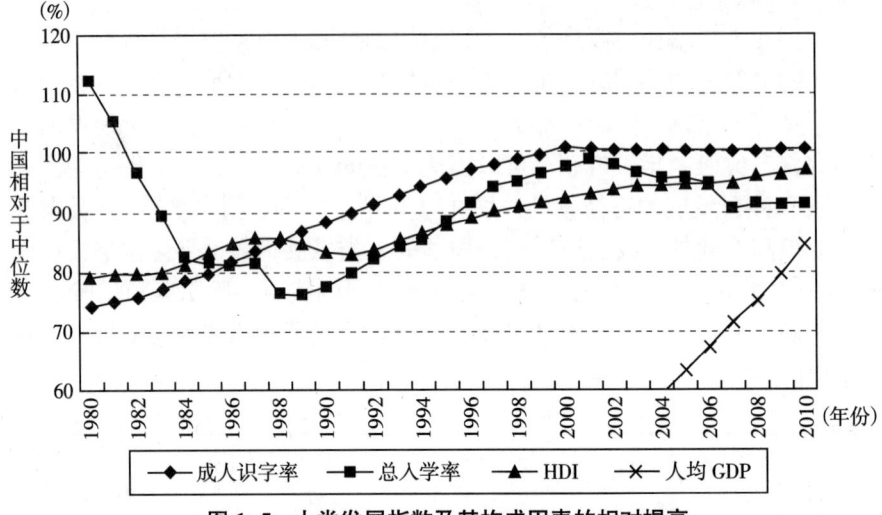

图 1-5 人类发展指数及其构成因素的相对提高

资料来源:联合国开发计划署官方网站,http://www.beta.undp.org/content/undp/en/home.html。

中国在改革开放以后所取得的经济发展成果为世界所瞩目,其中人力资本的积累功不可没。1982 年,中国 15 岁以上人口的平均受教育年限为 5.33 年,比 73 个发展中国家的 3.57 年(1980 年数字)高出 1.76 年;到 2000 年时,中国 15 岁以上人口的平均受教育年限增加到 7.85 年,增长约 47.28%,与这 73 个发展中国家增加到 5.13 年相比,中国的劳动年龄人口受教育年限高出 2.72 年。与此同时,劳动者受教育水平的提高,也通过经济增长过程中的人力资本投入变量表现出来,成为改革开放时期经济高速增长的正面贡献因素。所有采用增长账户或生产函数分解中国经济增长各因素贡献的研究,大多把受教育年限作为一个解释变量,得出与理论预期一致且在统计上显著的结果。不过,由于研究采用不同的方法,对于人力资本对中国经济增长贡献率的估计高低不尽相同。

---

① 值得指出的是,图 1-5 中各项指标都是中国对比于作为 135 个国家中位数的某一国家的相对水平,所以,当我们尝试从中得出任何结论时,都只是就这种相对比较而言。

第三节　收入分配格局变化

中国经济在其增长的巅峰时期,即 20 世纪 80 年代至今实现了年均 GDP 增长率接近 10%的发展时期,呈现典型的刘易斯式的二元经济发展特征。这个经济发展过程,同时也伴随着中国史无前例的经济改革和对外开放,是中国经济和社会体制发生深刻变革、深深融入经济全球化的过程。因此,中国劳动力大规模地从农业转移到非农产业,以及城市就业扩大的过程,既有二元经济发展的共性,又是在经济全球化的大背景下,同时有着诸多中国体制转型的特点。作为影响收入分配状况的一个基本因素,不妨首先把农村劳动力转移就业扩大作为背景来考察。

2011 年农民工总规模为 2.53 亿人,其中 9415 万人在本乡镇从事非农产业。这些劳动者从就业性质来看,无疑已经离开土地。同年,外出农民工即离开本乡镇 6 个月及以上的农村劳动力为 1.59 亿人,其中 1.26 亿人属于住户仍在农村的外出家庭成员,他们的就业几乎完全非农化。此外,还有 3279 万举家外迁的农村人口,已经完全脱离了农村生活和生产活动。2011 年,农民工已经占到城镇全部就业的 1/3 以上,而当年新增城镇就业中,农民工的贡献超过了 2/3。

在整个中国经济高速增长时期,各种力量从不同方向产生了影响收入分配的效果。一方面,由于劳动力市场变化的基本趋势是就业参与程度不断加深,因此,这方面的作用是倾向于缩小收入差距的。另一方面,既然各种收入不均等指标都显示了收入差距扩大,而且城乡居民不断表达着对收入分配的不满。总体而言,我们可以说,迄今为止那些扩大收入差距的因素占主导地位。下面,我们从四个方面考察这些因素。

首先,农民工获得高于务农所得的工资性就业岗位,整体上降低农村的贫困水平,即使没有缩小城乡收入差距,也具有抑制城乡收入差距更为扩大的效应。以土地均等分配为制度基础的家庭承包制,保证了劳动力流动是追求更高收入和更好生活的自愿选择,因此,即使工资率不变,劳动力流动规模的扩大也足以显著增加农民家庭的收入。观察劳动力流动对农村家庭的增收效果,可以从劳动力流动的减贫效果和工资性收入对农户增收的贡献观察。

其次,劳动力无限供给的特征在很长时间里阻止了进城农民工工资的上涨，户籍制度也置他们于城市劳动力市场的边缘地位，形成城市劳动力市场的二元结构。伴随着劳动力市场的发育，微观层面的激励机制发挥识别劳动者的人力资本和努力程度的贡献，工资差别有所扩大。以2001年为例，农民工小时工资比城市本地工人低39.6%，这个工资差距中的63%是因为人力资本等个人特征的差别，而36.1%则来自户籍身份等歧视因素。[1] 此外，从农民工与本地职工的工资差别看，其中既存在对农民工的歧视，也存在对本地职工的保护。例如，通过计量经济学分析，约翰·奈特和宋丽娜发现，农民工的边际劳动生产率是他们工资率的3.86倍，而本地职工的边际劳动生产率只是他们工资率的80.5%。[2]

再次，市场化改革的许多做法推动了非国有经济的发展，而经济成分的多元化以及经济资源和资产存量的市场化和资本化，使经营性收入和财产性收入成为居民收入越来越重要的来源。根据抽样调查，2002年全国居民财产的基尼系数为0.550，高于居民全部收入基尼系数0.454的水平。[3] 财产性收入的增加具有双重作用，即一方面是增加居民收入的重要源泉，另一方面也有扩大收入差距的效应。按照功能性分配假设，资产性收入份额的相对扩大会相应产生扩大收入差距的效果。这同时为中国体制转型的特点所强化，因为资源和资产的分配存在着严重的不规范、不透明和不公正的问题，因而形成高度的集中化倾向。

最后，政府采取一系列旨在减贫、扶贫以及缩小收入差距的政策措施，产生了世界瞩目的减贫和扶贫效果。通过实施国家扶贫战略、旨在缩小地区间发展差距的相关区域发展战略、实行城乡最低生活保障制度、基本公共服务均等化战略以及各种相关项目等，贫困人口大幅度减少并且为安全网有效覆盖。按照一致的贫困线标准统计，农村贫困人口从2000年底的9422万人减少到2010年底的2688万人，相应地，贫困发生率从10.2%下降到2.8%。农村社会养老保险、医疗保险、最低生活保障制度等覆盖率大幅度提高。[4] 然而，相关政策措施对于缩小收入差距的效果却存在争议。正如许多普遍流行的关于收入不均等的指标所显示，主要表现在城

---

[1] Cai Fang, Yang Du and Meiyan Wang. Labor Market Institutions and Social Protection Mechanism, Background Report for the World Bank, 2011.

[2] John Knight and Lina Song. Towards a Labour Market in China. Oxford University Press, 2005, p.108.

[3] 赵人伟，丁赛. 中国居民财产分布研究//李实，史泰丽，别雍·古斯塔夫森. 中国居民收入分配研究Ⅲ. 北京师范大学出版社，2008.

[4] 中华人民共和国国务院新闻办公室. 中国农村扶贫开发的新进展白皮书，http://news.xinhuanet.com/2011-11/16/c_111171617.htm.

乡和东中西部地区之间收入差距、部门之间工资差异以及居民收入差距等方面的不均等状况，仍有明显的扩大趋势，引起社会的广泛关注。

随着2004年以来普通劳动力短缺现象的普遍化以及由此引起的工资水平持续大幅度提高，中国跨越了刘易斯转折点。按照库兹涅茨的设想，在这个经济发展的新阶段，各种力量都倾向于汇集起来有助于改善收入分配状况。也就是说，按照经济发展的逻辑，刘易斯转折点的到来应该导致库兹涅茨转折点的相继到来。

刘易斯转折点到来的一个表现就是农民工工资的持续提高。农民工工资的上涨有若干含义。第一，由于很久以来进城农民工已经成为城市劳动力供给的主要来源，人口年龄结构变化导致的劳动力供给新变化，反映在农民工供给不再无条件地满足劳动力市场需求，因此，这种工资上涨是农村剩余劳动力减少的信号，也必然导致农村中农业和非农产业工资的提高（见图1-6）。第二，与城市居民劳动者相比，农民工受教育程度较低，大多从事非熟练工作，因此，农民工工资上涨也反映了非熟练劳动力的短缺。事实上，不同就业群体的工资趋同已经成为一个广为关注的劳动力市场现象。第三，农民工中受教育程度较低的工人工资上涨更快，进一步表明熟练劳动者与非熟练劳动者之间的工资趋同，至少缩小了群体内部的

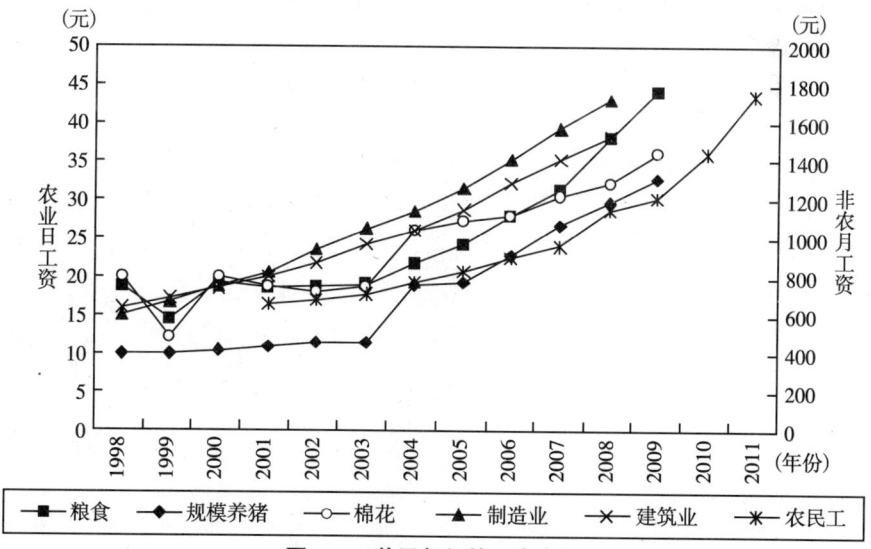

图1-6 若干部门的工资变化

资料来源：粮食、棉花和规模养猪的雇工日工资年均增长率系根据《全国农产品成本收益资料汇编》（历年）数据计算得到；制造业和建筑业月工资年均增长率系根据《中国劳动统计年鉴》（历年）数据计算得到；农民工月工资年均增长率系根据《中国农村住户调查年鉴》（历年）数据计算得到。

收入差距。

可见,刘易斯转折点无疑有助于城乡收入差距的缩小。在现有研究中,当分解全国收入差距指数时,泰尔指数具有按照样本地区分组进行分解的特点,即全国的居民收入差距可以分解为城市内部收入差距、农村内部收入差距和城乡收入差距。已有的此类分解研究表明,在整个收入差距中,城乡收入差距的贡献率在40%~60%。[1]因此,如果城乡收入差距有实质性的缩小,在其他因素不变的条件下,整体收入不均等程度也会缩小,或者至少扩大趋势会受到明显的抑制。

此外,与刘易斯转折点不无巧合的是,2004年也是政府旨在改善收入分配状况的政策力度明显增大的拐点,同样应该起到缩小收入差距的作用。自2004年之后,政府出台了一系列有利于缩小收入差距的政策措施,其中尤其可圈可点的包括:①出台劳动合同法等一系列劳动法规,推动劳动力市场制度建设。地方政府则竞相提高最低工资标准,引导普通劳动者工资的进一步上涨。②废除农业税及一系列相关务农负担,并逐年加大对农民种粮的补贴规模,不仅显著地提高了务农收益,也提高了农业劳动力转移的机会成本,有助于改善他们在劳动力市场上的谈判地位。③建立农村最低生活保障制度、新型农村合作医疗制度、新型农村社会养老保障制度等基本公共服务城乡均等化政策。④以地方政府为主体尝试进行户籍制度改革,推进城乡一体化发展,降低了农民工就业和落户的制度门槛。

关于中国收入分配状况是否出现转折,或收入差距是否缩小,存在各种截然不同的判断。经济合作与发展组织(OECD)经济学家结合中国数据特点,使用一些新方法和新指标,特别是把农民工加入样本后进行度量,肯定了消除劳动力流动障碍和农村最低生活保障制度等政策的积极效果,得出中国收入差距趋于缩小的结论。[2]他们对中国基尼系数的重新估计表明,继2002年基尼系数达到0.492之后,2004年达到最高点,随后就明显下降,2010年下降到0.464。此外,根据他们的研究,工资差距、居

---

[1] Ravi Kanbur and Xiaobo Zhang. Fifty Years of Regional Inequality in China: A Journey through Central Planning, Reform, and Openness. United Nations University WIDER Discussion Paper, No. 2004/50, 2004; Guanghua Wan. Understanding Regional Poverty and Inequality Trends in China: Methodological Issues and Empirical Findings. Review of Income and Wealth, Serries 53, No. 1, March 2007.

[2] Richard Herd. A Pause in the Growth of Inequality in China? Economics Department Working Papers, No. 748, OECD, Paris, 2010.

民组别收入比以及省际收入差距等指标，也显示了转折的迹象。①

有研究者尝试实证检验中国是否呈现库兹涅茨转折趋势。例如，李实分别利用城乡住户调查的收入数据和人口抽样调查数据，从时间序列和横截面两个方面检验人均收入水平与收入差距的关系，总体上否定了库兹涅茨设想的倒 U 字型关系。②不过，这并不像作者所声称的那样：该检验没有支持库兹涅茨假说，而只是没有发现中国已经到达库兹涅茨转折点而已。这也并不意外，因为按照理论推论，我们通常认为库兹涅茨转折点是刘易斯转折点的结果，因而前一转折点更有可能发生于后。李实研究所使用的数据截止于 2005 年，所以，没有看到库兹涅茨转折点应该是正常的。而且，在该作者分别用农村住户、城市住户和全国平均数据进行检验时，发现城市的收入分配状况更接近于库兹涅茨转折点。由于刘易斯转折点的主要表征性指标，如劳动力短缺和普通劳动者工资上涨都首先在城市发生，因此，城市率先到达库兹涅茨转折点也是符合逻辑的。

普遍认为中国的收入差距仍在扩大的更重要证据是收入不均等指标如基尼系数呈现提高的趋势。根据世界银行的计算，全国基尼系数从 1981 年的 0.31 提高到 2001 年的 0.447。③此后世界银行则没再提供连续性的基尼系数。按照具有连续性的调查数据（CHIPS）所计算的全国居民收入基尼系数，2002 年的全国收入分配的基尼系数达到 0.455，进而提高到 2007 年的 0.478。④ 2013 年 1 月，国家统计局局长马建堂在就 2012 年国民经济运行情况答记者问时，在多年停止公布基尼系数之后，再次提供了近年的数字，使我们得到一个连续性的信息。这些数据与我们关于收入分配状况有所改善的判断是一致的（见图 1-7）。

---

①④ Richard Herd. Recent Movements in Inequality: A Preliminary Overview. presented at the CASS Forum on Inequality, 6 January, 2012, Beijing.

② 李实. 经济增长与收入分配//蔡昉. 中国经济转型 30 年（1978~2008）. 社会科学文献出版社，2009.

③ Martin Ravallion and Shaohua Chen. China's (Uneven) Progress Against Poverty. World Bank Policy Research Paper 3408, 2004, Development Research Group, World Bank, Washington, D. C..

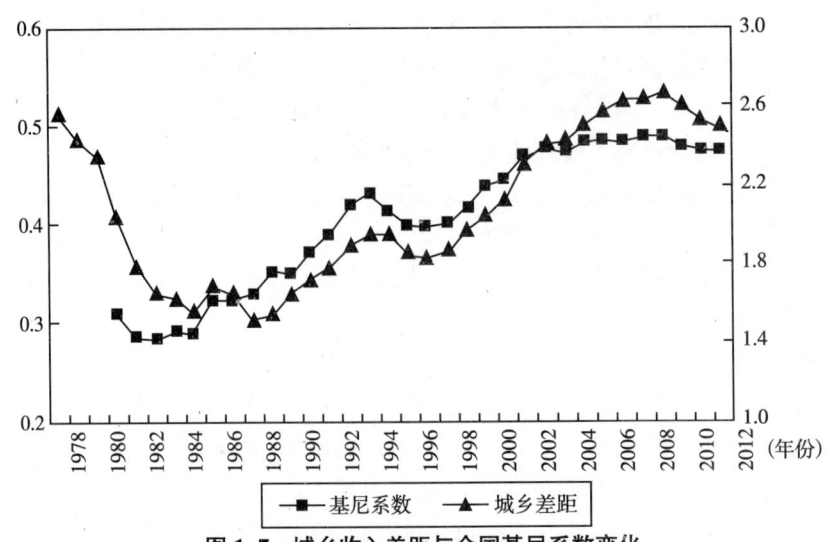

图 1-7 城乡收入差距与全国基尼系数变化

资料来源：国家统计局. 中国统计年鉴（历年），http://www.stats.gov.cn/tjdt/gjtjjdt/t20130118_402867315.htm.

第四节 经济与社会发展的不协调

在 1978 年以来的中国改革开放期间，伴随着经济高速增长、产业结构变化以及更多就业机会的创造，城乡居民收入的增长也十分引人注目。政府也实施了大规模的农村扶贫项目，并在推动城乡就业扩大的同时，加强了劳动力市场规制，初步建立了社会保护机制，为劳动力市场上的脆弱群体提供了基本安全网。但是，总体来说，社会发展方面的成就并不像在经济领域那样引人注目。经济发展的本意是居民享受更高的生活质量和安全感，其中很大一部分并不能简单地用人均收入水平衡量，而有赖于政府提供的各种公共服务，表现为社会发展水平的提高。

无论是中外学者还是中国领导人，在肯定了作为经济发展绩效的自然结果——社会发展方面的成绩的同时，也都观察到了社会发展的相对滞后，以及该领域存在的诸多问题及其相关的社会风险。[1] 社会发展中存在

---

[1] Assar Lindbeck. Economic-social Interaction in China. Economics of Transition, Vol. 16(1), 2008, pp.113-139；温家宝. 关于发展社会事业和改善民生的几个问题. 求是，2010（7）.

的问题，一方面反映在收入差距仍然巨大，特别是在机会的均等性上，仍然存在不公平现象；另一方面大量地反映在社会保护机制的不健全、不充分上。

从收入分配趋势看，近年来国民收入分配中居民收入和劳动报酬占比逐渐降低，引起理论界和政策制定者的普遍关注。白重恩等以资金流量表分析为基础，发现无论是在初次分配还是再分配领域，国民收入中居民收入比重和劳动报酬比重自 20 世纪 90 年代中期以来，都有明显的降低趋势，标志着不利于普通居民收入增长的一种态势。[①]

王小鲁采用非常规的调查与估算方法，发现中国居民收入中有着规模庞大的隐性收入，其总量在 2008 年高达 9.26 万亿元，完全游离在常规统计体系之外。[②]根据这一估算，2008 年城镇居民的真实人均可支配收入，是统计数据所显示水平的 3.19 倍，并且这种隐性收入的 80%以上为收入最高的 10%居民所有。由于这类收入的很大部分是非法所得或者介于合法与不合法之间的灰色地带，所以通常被称为灰色收入。根据作者 2005 年和 2008 年两次调查，可以看出这个灰色收入部分有扩大的趋势。如果把这个巨额隐性收入以极端不均等的方式摊到不同组别的居民收入中，收入不均等无疑将大大高于目前各种指标所显示的程度。

借助于国家统计局公布的数据，我们先看城镇居民收入的总水平及其分配（见图 1-8）。首先，城镇居民收入增长速度很快。按照不变价格计算，1997~2010 年城镇居民家庭平均每人可支配收入年平均增长率为9.1%，如果用城镇居民家庭平均每人全年消费性支出来衡量的话，年均增长率为 7.3%。其次，城镇居民收入差距在经历了扩大趋势之后，已经呈现缩小的迹象。我们计算了城镇居民可支配收入的差异指标，即人均收入的十等分中最高 10%与最低 10%的比率（即图中的"统计比"）。从图中可以看出，这个反映收入差距的指标，经历了 2005 年以前的上升和随后的下降，已经表现出某种转折的迹象。

然而，根据王小鲁的估计，如果把 2008 年各类隐性收入或灰色收入加入现行统计收入中，重新估计的城镇居民人均可支配收入是统计数字的3.19 倍，并且 80%集中分布在 10%的最高收入组中。[③]从这个庞大的规模和

[①] 白重恩，钱震杰.谁在挤占居民的收入——中国国民收入分配格局分析.中国社会科学，2009（5）.

[②][③] 王小鲁.灰色收入与国民收入分配//宋晓梧，李实，石小敏，赖德胜.中国收入分配：探究与争论.中国经济出版社，2011.

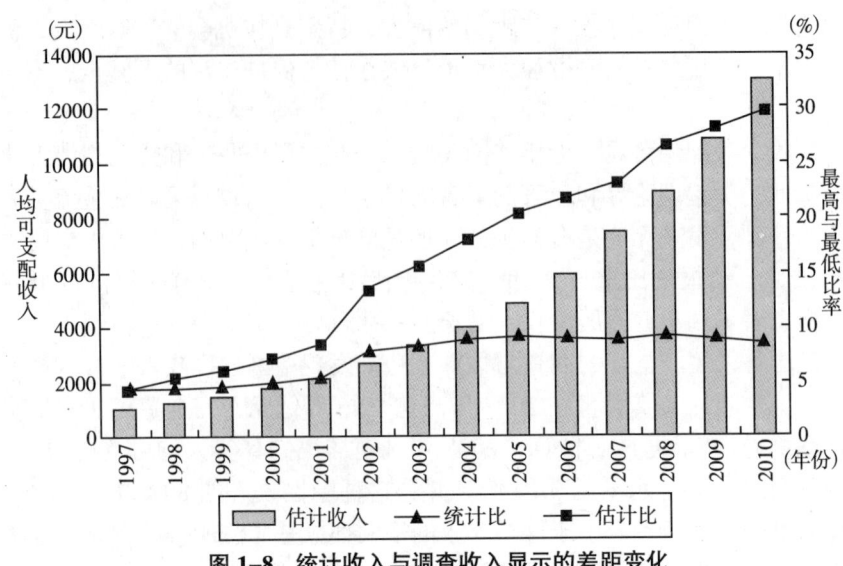

图 1-8 统计收入与调查收入显示的差距变化

资料来源：国家统计局. 中国统计年鉴. 中国统计出版社，2011；王小鲁. 灰色收入与国民收入分配//宋晓梧，李实，石小敏，赖德胜. 中国收入分配：探究与争论. 中国经济出版社，2011.

极端的集中程度，我们不难想象灰色收入在收入差距的扩大中起着何等重要的作用。根据住户抽样调查的性质，样本户记录在统计报表中的家庭收入主要是劳动所得和合法获得的财产性和转移性收入，而学者估计的灰色收入是外在于住户调查收入的，因此，虽然我们不一定同意王小鲁估计的灰色收入数值，但是，可以将其加入到统计的居民收入分组中，来看一下收入分配状况会呈现怎样的变化趋势。在必要与合理的假设下，我们按照以下方式做处理，得出一种象征性的同时又是可能的情景假设。

我们以统计的城市人均收入为基点，所有的灰色收入按照各自的增长速度分配到各年份的不同组别中（这里主要使用最低10%和最高10%两个收入组），到2008年恰好各组的灰色收入比重与王小鲁的调查数相同，并按照同样的增长率推算到2010年。按照相同的方法，我们重新估计了按照1978年不变价格计算的城镇人均可支配收入。由于我们的目的是看加入灰色收入后分配状况的变化趋势，而不在乎各组收入水平究竟多高，所以这个假设是合理的。然后我们计算最高10%收入组与最低10%收入组的比率，并与按照统计收入计算的比率进行比较。由此可见，考虑到未被常规统计包括在内的灰色收入，整体收入差距仍然是巨大的。

社会保护通常指这样一系列政策和制度安排，以政府和社会为主体，通过培育富有效率的劳动力市场，降低人们面对的就业风险，提高居民保护自身收入和生活水平的能力，从而降低贫困发生率和减少脆弱性。这类制度安排主要包括：①旨在保护就业安全性和劳动者权益的就业政策和劳动力市场制度；②旨在保护居民免受失业、疾病、伤残和老龄化困扰的社会保障体系；③针对特殊困难和脆弱人群，如儿童、"三无"老人、特殊地区居民的社会救助和福利等。

按照社会保护通常所包含的内容，我们可以把这方面存在的问题概括为以下三点：第一，相对于经济增长成绩来说，社会发展严重滞后，造成实际社会保护水平与需求相比严重不适应。第二，政府在提供公共服务从而构建社会保护机制方面的作用，不像在推动经济发展方面那样有力。第三，城乡居民在获得包括社会保护在内的公共服务的权利和机会上，存在巨大差异。可见，除了社会保护整体水平尚低之外，这个领域存在问题的核心在于城乡居民之间在享受公共服务上的巨大差异，导致对农民、农民工及其家属的社会保护缺失。

例如，在中国目前的情况下，由于没有城市本地户口，农民工在基本社会保险制度、最低生活保障及其他社会救助项目、子女义务教育、保障性住房等基本公共服务上的覆盖率，大大低于城镇居民和户籍就业人员，其中许多项目甚至在制度上就把农民工排斥在外了。例如，按照相关法律规定，五类基本社会保险项目应该以就业身份而不是户籍身份予以全覆盖，但是，户籍制度仍然发挥着阻碍农民工获得充分覆盖的功能。2011年，在这些基本社会保险项目中，农民工覆盖率相当于城镇户籍就业人员覆盖率的比率分别为：社会养老保险为23.2%，工伤保险为47.9%，基本医疗保险为31.6%，失业保险为20.1%，生育保险为14.5%。

第五节 展望更加包容式发展

中国共产党十八大提出2020年在2010年基础上，国内生产总值和城乡居民人均收入翻一番的目标，是人民群众的热切期待。在GDP总量翻一番的情况下，要实现城乡居民收入翻一番的目标，就意味着对扩大就业、调整国民收入分配结构和提高社会保障水平提出更高的要求，显著提高居民收入在国民收入结构中的比重，居民收入增长与经济发展同步。为了同时缩小城乡收入差距，农村居民收入增长应该快于城市居民收入增长，同时实现全体居民均等化享受基本公共服务。

首先，坚持实施更加积极的就业政策和就业优先战略。在过去 10 年政府实施就业优先战略和更加积极的就业政策、劳动力市场进一步发育、城乡就业不断扩大、劳动力市场制度建设取得巨大成效的同时，就业问题仍然面临严峻挑战，农民工、大学毕业生等青年劳动者，以及城镇就业困难人员等群体，分别面对各种就业困难，要求政府继续履行公共责任、发挥劳动力市场功能、构建稳定和扩大就业的制度保障机制。

虽然以农村剩余劳动力和城镇企业冗员为表现的隐蔽性失业问题逐渐得到解决，就业总量问题显著缓解，但是，与市场经济条件下宏观经济波动相关的周期性失业，以及因劳动力市场不匹配产生的结构性和摩擦性失业，越来越成为新的就业难题。应对这些新课题，要求加快改革，消除劳动力市场上的制度性障碍，加大人力资本积累力度，为经济发展方式转变创造人力资本保障。

为此，推动实现更高质量的就业政策，政府应该发挥更加积极的作用，通过改革和发育劳动力市场。第一，通过户籍制度改革和基本公共服务均等化，建成城乡统筹的就业和社会保障体系，提高劳动力供给的稳定性和劳动参与率，缓解劳动力短缺，延长人口红利。第二，按照转变经济发展方式的要求，发展教育和培训事业，衔接劳动力市场需求与供给，防止下一代劳动者陷入技能不足的就业困难。第三，更加积极地构建劳动力市场制度，更加严格地执行各类劳动法规，提高劳动合同覆盖水平，推进工资集体协商制度，促进劳动关系和谐和社会稳定。

其次，使全体人民更充分、更均等地享受经济发展的成果，不仅需要人均收入水平的持续提高，还要不断改善收入分配，缩小收入差距和享受基本公共服务的差距。中共十六大以来是民生得到显著改善的 10 年，但是，收入分配不公的现象仍然十分明显，收入差距过大的趋势尚未得到根本逆转，基尼系数仍然较高。中共十八大报告在这方面给予了高度重视，提出深化收入分配制度改革。同时，针对在获得资源和享有机会方面的不均等、不公正、不透明，也是造成贫富差别、收入分配不公的重要原因，中共十八大报告特别强调了建立公共资源出让收益合理共享机制，以及改革征地制度，提高农民在土地增值收益中的分配比例。

针对中国收入分配中的资产性和财产性收入的严重不均等现象，应从以下方面着手解决收入不公问题。第一，应着眼于在土地、矿产资源的开发过程中依法执法，通过规范的程序，从制度上杜绝权力的介入。为防止土地农转非过程中对农民利益的剥夺，要加快承包地和宅基地的确权，严禁以任何形式侵害农民土地用益权。为防止国有资产流失到个人和集团手上，需要明确和严格界定产权，规范产权变动。最大限度消除领导干部个人的资源分配权力，加强监督和加大反腐、防腐力度。第二，解决已形成的不合理分配的存量问题，应着眼于利用税收手段，旨在调节收入分配的遗产税和房产税等税种应尽快出台。鼓励和推动企业职工持股，也具有一定资产占有均等化的效果。第三，解决由资源不平等占有形成的收入流问题，应逐步解决中国税制结构间接税比重过高、直接税比重过低的特点，提高税制的累进性质，有效调节过高收入。

再次，报告为改善民生和推进基本公共服务均等化提出了新目标，部署了新任务。报告提出加快改革户籍制度，有序推进农业转移人口市民化，努力实现城镇基本公共服务常住人口全覆盖。在党的报告中，这是第一次做出推进农业转移人口"市民化"的表述，并提出基本公共服务常住人口全覆盖的要求，是城乡统筹、城乡融合的一个崭新目标。同时也提出了户籍制度改革的三条并行的路径：第一，吸纳农民工成为城市户籍人口；第二，为尚不具备条件成为市民的农民工，努力提供与城镇居民同等的基本公共服务；第三，实现社会保障体系对城乡居民的全面覆盖。

目前在中国按照常住人口统计的城市化率达到51%的同时，具有非农业户口的居民比重只有35%，意味着没有成为城市户籍人口的农民工，享受基本公共服务的机会仍然是不充分的。中共十八大报告提出的新要求，不仅将加快农民工社会保障的覆盖率，而且将把农民工享受基本公共服务的范围扩大到包括最低生活保障制度在内的社会救助、子女的义务教育，以及保障性住房等领域。

最后，通过改革推进民生事业发展。为加强社会事业发展而进行投入，如建设社会保障体系、发展各级各类教育和培训、构建基本公共服务网络等领域的投资，最符合政府职能定位。这是因为这些领域具有较强的外部性，因涉及民生而有利于社会安定和政治稳定，因有利于人力资本积累而具有报酬递增性质，因此，是加快转变经济发展方式所要求的投资领域。更重要的理由则是，社会事业是经济和社会协调发展的瓶颈领域，长期以来投入不足乃至欠账甚多。

如此重要的发展领域，何以竟成为被遗忘的角落呢？原因是体制的严重制约。社会共识是，这些社会发展事业的管理体制是改革的滞后领域，存在诸多改革未曾深入触及的盲点乃至死角，有时还会被称做传统体制的最后堡垒。因此，政府在社会领域施展身手，必须以相关体制改革为前提，把激励搞对。更重要的是，这类改革还符合选择改革优先序的几个基准。促进经济和社会协调发展，实现基本公共服务均等化，无疑有赖于社会领域改革以清除体制障碍。在探寻新的比较优势的发展阶段，相关改革尤其紧迫。例如，户籍制度改革对于挖掘劳动力供给制度障碍，以及提高劳动者享受基本公共服务的均等化水平的紧迫性；劳动力市场制度建设对于保持劳动者报酬与劳动生产率增长同步、保护劳动者权益、建设和谐劳动关系的必要性；形成社会保护体系对于产业结构调整中职工转岗保护的重要性。

第二章 经济发展阶段与就业政策

改革开放以来，伴随着经济体制改革和高速经济增长，中国开始形成与社会主义市场经济相适应的社会政策体系，具有可持续发展和高度关注民生的特点，并于21世纪日益增强其包容性。伴随着劳动力市场的发育，以充分就业和分享经济发展成果为目标的就业政策是这种包容性政策的重要组成部分，也是其中作用斐然的领域。

2002年，中国共产党十六大报告提出国家实行促进就业的长期战略和政策，并首次将促进经济增长、增加就业、稳定物价和保持国际收支平衡列为宏观调控的主要目标。这标志着积极就业政策的形成。为了化解2008年全球金融危机对中国经济增长和社会发展的影响，中央提出实施更加积极的就业政策，通过"保就业"成功实现了"保增长、保民生、保稳定"的目标。"十二五"规划强调了坚持更加积极的就业政策，是促进充分就业的坚实政策保障，不仅明确了就业在政府政策中的优先位置，还有利于抓住扩大就业的重点领域，瞄准政府实施就业扶助的重点人群。

过去30余年的城乡就业扩大，特别是过去10年我国在实施更加积极的就业政策方面，取得了世人瞩目的成效。本章介绍中国的就业政策制定和实施的特点及效果，揭示经济发展阶段变化后就业领域面临的紧迫挑战，并对未来就业政策调整提出一些政策建议。

第一节 积极的劳动力市场政策及其效果

在整个改革时期，中国的人口转变特点是劳动年龄人口的持续增长，相应地，人口抚养比持续下降，为经济高速增长提供了人口红利。获得人口红利的前提是劳动力充分就业。改革开放时期，中国形成了世界历史上最大的劳动力流动和就业规模。其中，推动了城乡就业的积极就业政策与旨在促进劳动力市场发育的改革,起着非常重要的作用。

首先表现在积极就业政策的形成与完善。中国通过长期的努力,付出了惨痛的代价,逐渐形成了积极就业政策的框架。在20世纪90年代末就业制度改革以前,城镇劳动力市场机制主要在新增劳动力的配置方面起作用,国有企业和集体企业容纳了绝大部分城镇就业。当时,经济增长被认为是就业增长的同义语,因此并未单独成为宏观经济政策的关注目标。在当时的货币政策和财政政策表述中,完全没有就业的独立位置。[①]

受20世纪90年代末亚洲金融危机和国内经济增长速度减慢的影响,国有企业陷入空前的经营困难,不得已大规模裁员,导致前所未有的下岗和失业。为了应对这种严峻局面,保障基本民生,政府着手实施积极的就业政策,推出了一系列促进就业和再就业的政策手段。与此同时,就业也被列入作为宏观经济政策目标,其重要性不断得到提升。积极的就业政策着眼于通过培训和服务来调节劳动力供给,通过宏观调控手段促进经济增长与扩大就业,调节劳动力市场需求,最大限度地开拓就业领域和渠道。

2002年9月12日,时任中共中央总书记的江泽民在全国再就业工作会议上以《就业是民生之本》为题的讲话,论述了充分认识就业、再就业工作的极端重要性,并且把就业问题解决得如何提高到是衡量一个执政党、一个政府的执政水平和治国水平的重要标志,当前党和国家工作中一项重大而紧迫的当务之急的高度。2002年,中国共产党十六大报告提出国家实行促进就业的长期战略和政策,并将促进经济增长、增加就业、稳定物价和保持国际收支平衡列为宏观调控的主要目标。中央对于就业的表述,逐渐从要求把扩大就业放在经济社会发展更加突出的位置,提高到实施就业优先发展战略。

其次来看劳动力市场发育与就业扩大。就业是否持续扩大,就业结构得以调整升级,是衡量经济增长成效和包容性的重要标志。在二元经济发展过程中,优先要解决的问题就是不断创造出新的就业岗位,消化城镇企业冗员,转移农村剩余劳动力。因此,城乡就业的扩大,实际上就是指非农产业和城镇的就业扩大速度,以及城乡就业的统筹程度。

中国的高速经济增长始终伴随着就业的迅速扩大。[②] 许多研究者得出就

---

① 蔡昉. 论就业在社会经济发展政策中的优先地位//蔡昉论文集. 中国出版集团,中华书局,2009.

② Cai, Fang. The Formation and Evolution of China's Migrant Labor Policy, in Zhang Xiaobo, Shenggen Fan and Arjan de Haan (eds). Narratives of Chinese Economic Reforms: How Does China Cross the River? New Jersey: World Scientific Publishing Co. Pte. Ltd., 2010.

业增长未能与经济增长同步的结论,主要是由于被中国就业统计数据若干不完整和不一致之处所迷惑。一方面,农村转移出的劳动力没有包括在城镇就业统计中。2010年,离开本乡镇半年及以上的农村劳动力达到1.53亿人,其中95.6%进入城镇。[①]另一方面,20世纪90年代后期以来,以新增劳动者和下岗再就业为主体的城镇非正规就业群体,在分部门和分地区的就业统计中得不到体现,以致任何非加总的分析都遗漏了这部分就业,而其规模在2009年仍高达9000余万人,占全部城镇居民就业的28.9%。[②]此外,在本乡镇非农产业就业的农村劳动力往往被就业研究者所忽视。这个部分就业虽然没有显著的增长,但存量仍然不容忽视,其中稳定的非农就业者也接近1亿人。

为了获得一个关于就业和劳动力供求的较为完整图景,我们尝试突破单一统计来源,揭示城镇实际就业数量,以此作为非农产业劳动力需求的代理信息。由于农业中劳动力使用的绝对数量是逐年减少的,而农村非农产业就业数量也相对稳定。所以,我们不考虑农业就业和农村非农就业的情况,仅仅考察包括进城农民工和城镇居民的就业增长情况。

根据对数据的推算,我们知道在2009年城镇3.1亿就业人员统计中,有大约12.52%是农民工,约为3896万人,远低于实际农民工数量。如果假定2000年城镇劳动力调查中尚不包括农民工,此后各年,城镇劳动力调查中所包含的农民工比例以相同的幅度增长,即在2009年增长至12.52%,并于此后以相同的速度增加。据此我们可以计算出各年城镇就业统计中农民工的比例,并继而得出各年城镇就业不含农民工的数量。

另外我们还知道,2009年底全国离开本乡镇6个月及以上的农村劳动力为1.53亿人,其中95.6%进入城镇。假设在2000~2011年的各年中,外出农民工在城镇和乡村的分布与2009年相同。据此,我们可以根据国家统计局每年的农民工监测报告,得出农民工进入城镇就业的总规模。现在,我们就可以观察这两个就业规模的每年存量,并将其与全国劳动年龄人口存量进行比较(见表2-1)。

从表2-1可以看到,在考察的2001~2011年,城镇就业总量增加速度明显快于全国劳动年龄人口,表明中国经济增长并非无就业增长。相反,与城市化相伴的城镇就业扩大是不容忽视的。而作为积极就业政策成效的

[①] 国家统计局农村司.中国农村住户调查年鉴(2011).中国统计出版社,2011.
[②] 根据《中国统计年鉴》(2010)数据计算得到。

表 2-1 劳动力供给和需求存量变化

单位：万人，%

年 份	城镇居民就业 (1)	进城农民工 (2)	劳动年龄人口 (3)	需求-供给比率 [(1)+(2)]/(3)	需求-供给弹性 Δ[(1)+(2)]/Δ(3)
2001	23607	8029	88536	35.7	—
2002	24091	10009	90070	37.9	4.5
2003	24569	10889	91399	38.8	2.7
2004	25003	11303	92893	39.1	1.5
2005	25430	12025	94352	39.7	2.0
2006	25947	12631	95234	40.5	3.2
2007	26492	13094	96009	41.2	3.2
2008	26848	13423	96757	41.6	2.2
2009	27224	13894	97419	42.2	3.1
2010	27669	14627	98059	43.1	4.4
2011	27955	15165	98622	43.7	3.4

资料来源：根据《中国统计年鉴》（历年）、《中国农村住户调查年鉴》（历年）、《中国人口统计年鉴》（历年）和都阳、胡英的《分城乡劳动年龄人口预测》（未发表背景报告，2011年）数据推算得到。

表现，农业剩余劳动力、城镇失业和冗员都大幅度减少了。

再来看劳动力市场制度建设与劳动者权益的加强。在解决20世纪90年代末大规模企业职工下岗、失业现象期间，形成了包括更加广泛覆盖的社会保障体系、以扩大就业为优先原则的宏观经济调控、积极扶助再就业、创造公益性就业岗位等举措在内的积极就业政策，并且，在应对2008年和2009年世界性金融危机对就业的冲击时，这一政策被进一步强化，相应出台一系列更有针对性的措施，被表述为"更加积极的就业政策"。

随着农业剩余劳动力的减少，劳动力短缺现象普遍出现在各个产业和部门，并且持续存在，加之强农、惠农的各项"三农"政策的实施提高了务农比较收益，都十分有利于普通劳动者特别是农民工在雇佣关系中谈判地位的提高，导致各行业工资全面上涨、熟练劳动力与非熟练劳动力工资的趋同，以及各种工作条件的改善都快于以往。

2004年以后，中央和地方政府通过立法、执法、调整政策等方式，在改善农民工进城打工、居住和享受均等公共服务等政策环境上做出了积极且更有实效的努力。虽然制度变革和政策调整远未完成，但是，对于了解改革开放期间农村劳动力向城市流动发展历史的观察者来说，无疑会十分赞成，2004年作为一个转折点，劳动力流动的政策环境步入其黄金时期。与此同时，加快出台劳动合同法等一系列劳动法规，加大了劳动关系相关的执法力度，推动劳动力市场制度建设。在中央政府的要求下，地方政府则竞相提高最低工资标准，普通劳动者工资正常提高机制逐步形成。

第二节　发展阶段变化对就业影响

20世纪80年代初以来，中国经历的高速增长具有典型的二元经济发展特征，其间与人口转变相伴随的是农业剩余劳动力大规模转移和城镇就业扩大。随着中国人口转变和经济发展达到新的阶段，这种经济发展模式必然经过一系列转折而寿终正寝。

我们先来看两个"转折点"的到来。自2004年沿海地区出现"民工荒"以来，劳动力短缺已经成为全国性现象，2011年制造业招工难前所未有地成为企业普遍遭遇的困难。在劳动力供给增速减慢的同时，经济增长仍然保持着对劳动力的强劲需求，城镇就业继续迅速增长。劳动力供求关系的变化，改变了中国资源禀赋长期存在的劳动力无限供给的特征，农业中的劳动边际生产力不再像理论假设的那么低下，工资不再由生存水平决定，而是更加敏感地受到供求关系的影响。

农民工工资在多年徘徊不变之后，从2004年开始提高并明显加速，2004~2011年保持实际年增长率12.7%。[①]就使用较多非熟练工人的制造业和建筑业来看，这两个行业的工资在2003~2008年的年度实际增长率分别为10.5%和9.8%。[②]从农业中雇工的工资变化看，2003~2009年，粮食生产中雇工工资平均每年增长15.3%，棉花生产工资年增长11.7%，在规模养猪中就业的雇工工资年增长19.4%。[③]

按照发展经济学的定义，这种劳动力短缺的出现和普通劳动者工资持续上涨的现象，就意味着中国已经迎来刘易斯转折点。在中国，刘易斯转

---

① 根据《中国农村住户调查年鉴》数据计算得到。
② 根据《中国劳动统计年鉴》数据计算得到。
③ 根据全国农产品成本收益资料汇编数据计算得到。

折点的到来，与以下三个事实密切相关。[①]第一，人口转变已经到了这样的阶段，作为生育率下降的结果，劳动年龄人口增长速度明显减慢，并最终停止增长，劳动力供给相应趋紧。第二，经济保持持续增长，创造大量的就业岗位以吸纳农业中剩余劳动力，而且经济增长和就业扩大的速度足够大，保持对劳动力的持续需求。第三，劳动力需求增长速度超过劳动力供给增长速度，导致劳动力供求关系变化，开始改变二元经济下劳动力无限供给的特征，农业劳动的边际生产力不再为零，农业劳动者的工资和非农产业工人的工资显著提高，并且在一定时期内显现非熟练劳动力与熟练劳动力工资趋同的趋势。虽然关于这个判断以及刘易斯模型在中国的适用性，存在着不同观点，但是，上述变化对中国经济增长的巨大挑战值得给予高度重视。

作为生育水平长期下降的结果，中国人口年龄结构发生了相应的变化，即截至 2010 年，15~59 岁劳动年龄人口保持增长，但是增长速度逐年递减，并在 2010 年停止增长。与此同时，人口抚养比（即依赖型人口与劳动年龄人口的比率）降低到最低点，随后迅速提高（见图 2-1）。正如研究者通常以抚养比作为人口红利的显性代理指标一样，抚养比变化趋势的逆转，就是人口红利消失的转折点。

国家统计局公布的数据来得迟一些，显示在 2012 年，我国 15~59 岁劳动年龄人口 93727 万人，比上年减少 345 万人，占总人口的比重为 69.2%，比上年末下降 0.60 个百分点。无论如何，这是我国 15~59 岁劳动年龄人口比重首次下降。据预测，2010~2020 年 15~59 岁劳动年龄人口将累计减少近 3000 万人。2012 年我国经济增长率低于 8% 却没有发生明显的就业冲击，也说明劳动力供求关系发生了根本性的转折。

劳动年龄人口是劳动力供给的基础，有时可以指 15~64 岁人口，有时指 15~59 岁人口。在我国的情况下，由于两个原因，使得后一种口径更有意义。首先，我国退休年龄是男 60 岁，女 50 岁、55 岁和 60 岁不等，总体上在 60 岁以后就不再工作。其次，我国劳动年龄人口的人力资本分布特点是，年龄越大受教育程度越低，接近 60 岁的人群，受教育程度就大幅度降低了，难以适应企业对技能的要求。所以，用 15~59 岁人口作为劳

[①] Arthur Lewis. Reflections on Unlimited Labour, in Di Marco, L. (ed.). International Economics and Development, New York, Academic Press, 1972, pp. 75-96; Gustav Ranis and Fei, John C. H. A Theory of Economic Development. The American Economic Review, Vol. 51, No. 4, 1961, pp. 533-565; Fang Cai. Demographic Transition, Demographic Dividend, and Lewis Turning Point in China. China Economic Journal, Vol. 3, No. 2, 2010, pp. 107-119.

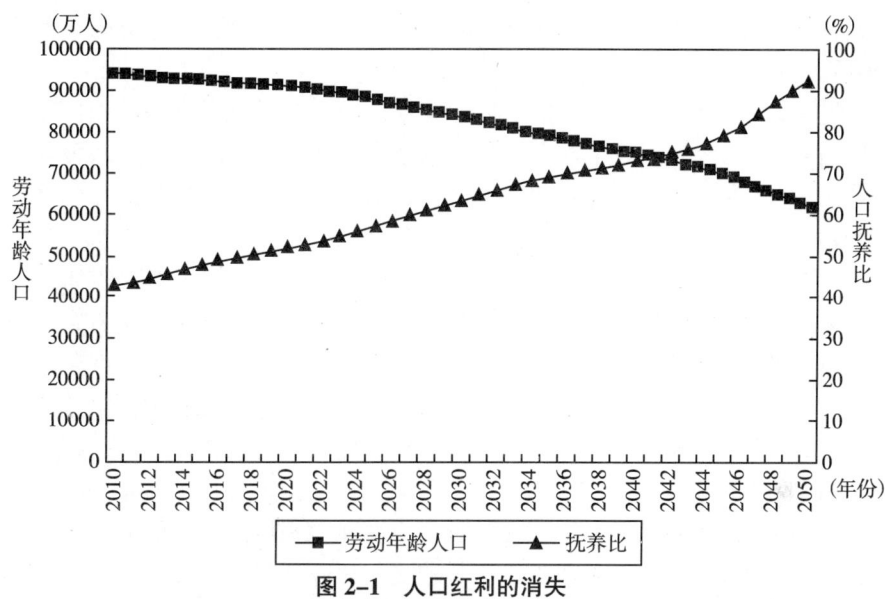

图 2-1 人口红利的消失

资料来源：中国发展研究基金会.人口形势的变化和人口政策的调整.中国发展出版社，2012.

动年龄人口，更能够反映劳动力的实际供给状况。

这个人口群体总量的减少，就意味着劳动力供给的减少，自此之后，我国经济发展的一个重要特征，即二元经济条件下劳动力无限供给的特征，就逐渐消失了。一般来说，经济发展有两种类型或两个发展阶段，一个是大多数发展中国家经历的二元经济发展，另一个是成熟市场经济国家经历的新古典增长。我国劳动力无限供给特征的逐渐消失，意味着经济增长所依靠的源泉和要应对的问题，开始发生根本性的变化。

可见，我们可以把 2004 年作为中国到达刘易斯转折点的标志性年份，而 2012 年则是人口红利消失的标志性年份。很显然，这两个转折点之间的时间跨度长短，与人口转变特点有直接的关系。中国人口转变的早熟性质（或称为"未富先老"），使其处在这个区间的时间格外地短暂。

根据研究，日本经过刘易斯转折点的时间大约是在 1960 年，[①] 如果以人口抚养比开始提高的年份作为人口红利消失的转折点，则是在 1990 年，两个具有转折意义的时间点之间相隔 30 年左右。韩国在 1972 年经过刘易

---

① Minami, Ryoshin. The Turning Point in the Japanese Economy. The Quarterly Journal of Economics, Vol.82, No.3, 1968, pp.380–402.

斯转折点，① 而人口红利消失的转折点则要在2013年前后，甚至比中国还稍后到达，其间相隔40余年。

以2004年作为中国的刘易斯转折点，2012年作为人口红利消失点，其间相隔充其量只有8年。中国的这个特点，不仅可以解释为什么劳动力短缺一经出现，就表现得如此强烈，也警示着中国转变增长模式和调整相关政策的挑战来得格外紧迫。

在评价中国劳动力市场时，人们的认识往往滞后于现实。例如，在20世纪90年代末中国进行激进的就业制度改革之后，新增劳动力更多地以非正规的途径进入劳动力市场。而囿于正规就业的统计数据，许多人认为中国的经济增长是无就业增长。② 而当许多人以为中国经济增长得益于劳动力市场的灵活性或者低规制水平，甚至印度官方把这作为一条有益经验意欲借鉴时，③ 中国劳动法规的制定和劳动力市场规制却以突飞猛进的方式加快。如今，许多人要么抱住传统观念不变，无视广泛存在的劳动力短缺现象，坚持认为中国的劳动力供给是取之不尽、用之不竭的，要么困惑于民工荒或招工难与就业难现象的并存而无所适从。

在中国劳动力市场发育和就业状况相关问题上，改变传统观念并形成正确的认识，关键是理解中国劳动力市场目前所处的发育阶段特点，即正在从对应着劳动力无限供给特征的二元经济劳动力市场模式，转向新古典经济所表征的劳动力市场模式。在这一模式转变过程中，单纯用刘易斯式的发展经济学框架或者新古典经济学框架，都不足以完整表述中国的劳动力市场特质。或者说，目前中国劳动力市场现象，既保留着二元经济条件下的诸多特征，也增加了新古典经济所特有的相关特征。

虽然从二元经济到新古典模式的转变是渐进的，难以在两种模式之间划分出一个清晰的界限，但是，为了分析的方便，我们大体上可以用刘易斯转折点作为一个分界点，此前的劳动力市场具有更为典型的二元经济特征，此后的劳动力市场日益增加着新古典经济的特质。这种双重特征并存的现象，是这个转轨阶段的特殊性，制造出一系列劳动就业问题，以及充满认识上的困惑和抉择中的两难现象。

---

① Bai, Moo-ki. The Turning Point in the Korean Economy. Developing Economies, No.2, 1982, pp.117-140.

② Thomas G. Rawski. What's Happening to China's GDP Statistics? China Economic Review, Vol.12, No.4, December, 2001, pp.298-302.

③ Ministry of Finance of India, Economic Survey, 2005-2006, New Delhi, Ministry of Finance, 2006, p. 209.

因此，我们可以把新古典模式的劳动力市场与刘易斯劳动力市场类型进行对比，尝试借鉴这两种分析框架并综合起来认识当前的劳动力市场现象和面临的挑战（见表2-2）。通过这样的一个对比，我们可以了解到当前中国的劳动力市场特征既不是纯粹的二元经济结构，同时也不是典型的新古典模式。此外，中国从计划经济向市场经济的转变，也给这个时期的劳动力市场打上特有的烙印。这种转型状态给中国就业问题带来特殊的挑战。

表2-2 劳动力市场的刘易斯类型和新古典特征比较

	刘易斯类型		新古典类型
工资决定	基于分享平均劳动生产力的生存工资	VS	基于边际劳动生产力，主要依据市场供求关系形成
市场出清	存在制度障碍，使得供大于求不能被市场结清		劳动力市场通过工资变化在理论上可以结清供求差异
就业问题	农业中的就业不足和城市企业的冗员		周期性失业、结构性失业和摩擦性失业
政府责任	促进就业扩大和消除阻碍就业的制度障碍		以宏观经济和劳动力市场政策应对周期性和自然失业

我们首先来看工资的决定。在刘易斯模型描述的二元经济结构下，劳动力是无限供给的，农业中劳动边际生产力极端低下。理论上讲，农业劳动者在家庭或社区的层次上分享劳动的平均产品，收入由生存工资水平决定而不是由市场决定。这种模式在中国现实中的表现就是，务农收入远远低于非农产业的工资水平，外出务工劳动力的工资受到劳动力供给数量的制约而长期得不到提高。户籍制度等体制因素，使得农民工的工资并不由其劳动边际生产力决定。

另外，城市职工长期受到就业保护，即使在20世纪90年代末职工大规模失业的情况下，那些有幸没有下岗的职工工资反而提高了。根据对刘易斯转折点之前劳动力市场的计量研究，农民工获得的工资只是其边际劳动生产力的25.9%，而城镇本地职工的工资则是其边际劳动生产力的1.24倍。①

而在新古典模式下，理论上劳动者工资是基于劳动的边际生产力，通

---

① John Knight and Lina Song. Towards a Labour Market in China. Oxford University Press, 2005, p.108.

过市场机制和劳动力市场制度作用而决定。随着农村剩余劳动力的减少和劳动力短缺普遍出现,各类产业和行业都出现资本替代劳动的趋势,劳动生产率显著提高,中国劳动力市场具有越来越明显的新古典性质。一个突出的表现就是边际劳动生产力的提高带动工资上涨。

例如,2000~2007年,制造业平均劳动生产力提高了3.22倍,边际劳动生产力提高了2.66倍。[①] 农业中也呈现相同的趋势。以粳稻为例,2005~2009年边际劳动生产力的平均水平,比1980~2004年提高了1.85倍。[②] 与此相伴随,农业和非农产业工人工资自2004年以来持续大幅度提高。

接下来我们看劳动力市场出清的情况。在刘易斯模式下,既由于劳动力无限供给的特征,也由于存在劳动力部门转移和区域转移的制度性障碍,劳动力供求关系不会通过工资水平的调节而得以出清,所以长期存在二元经济结构,劳动力供大于求是一种常态。

而在新古典模式下,在理论上或趋势上,劳动力市场可以通过劳动力流动和工资调节结清供求差异。如在发达的市场经济国家,作为劳动力流动的结果,产业、行业和地区之间的边际劳动生产力差异很小,工资差异也较小。

不过,在二元经济的劳动力市场与新古典劳动力市场之间,并没有一个黑白分明的界限。在劳动力市场仍然由二元经济特征占统治地位的时期,因其所处的人口转变阶段,劳动年龄人口的增长速度明显快于经济增长所能拉动的劳动力需求增长速度,中国的劳动力市场则以长期不变的工资保证着就业岗位被不断创造出来,直至刘易斯转折点到来。而在此之后,出现了劳动力短缺的情况下普通劳动者工资的持续提高,提供了必要的市场信号,引导企业要素投入结构的调整以及劳动参与率的变化。

观察城镇登记失业率的变化,回顾改革开放至今的劳动力市场演变,有助于理解这种转变(见图2-2)。20世纪80年代以前,国民经济还处于从"文化大革命"期间的经济灾难中恢复时期,加上上山下乡知识青年返城,一度形成较高的城镇失业率。随着改革特别是城市体制改革推动经济增长加快,登记失业率降到较低的水平。直至20世纪90年代后期,在国有企业开始减员增效改革,以及东南亚金融危机和宏观经济低迷对就业产

[①] 蔡昉,王美艳,曲玥. 中国工业重新配置与劳动力流动趋势. 中国工业经济, 2009(8).
[②] 王美艳. 农民工还能返回农业吗——来自全国农产品成本—收益调查数据的分析//蔡昉,杨涛,黄益平. 中国是否跨越了刘易斯转折点. 社会科学文献出版社, 2012.

生巨大冲击之前，这种劳动力供求关系表现为农村的劳动力剩余和城市的企业冗员，没有表现为失业率的上升，经济波动也没有反映在失业率变化上面。

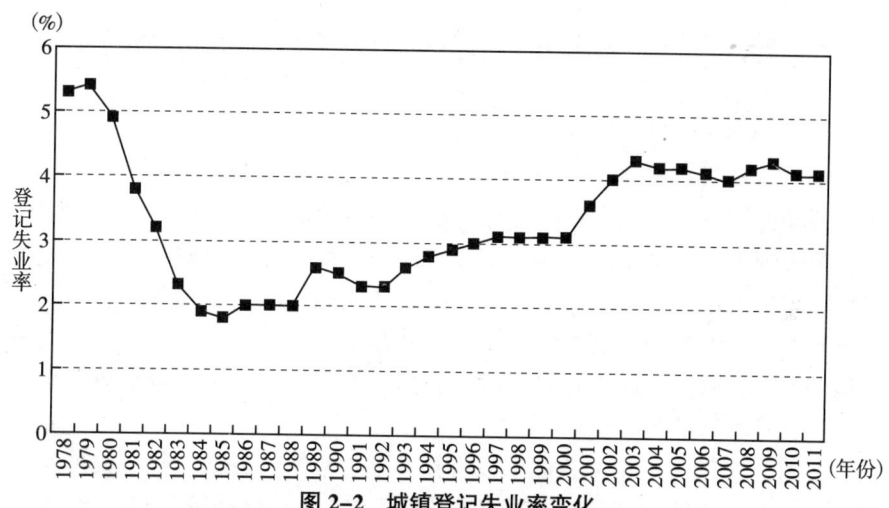

图 2-2　城镇登记失业率变化
资料来源：国家统计局. 中国统计年鉴（历年）. 中国统计出版社.

而在 1997 年通过改革打破铁饭碗的情况下，城市则出现大规模的失业和下岗现象。由于当时失业保险制度不完善，因此下岗职工的生活保障主要是通过在企业层面上成立再就业中心，由企业和政府共同筹资解决。因此，大量下岗并没有反映在登记失业率上面。也就是说，当时的实际失业状况比登记失业率所反映的程度要严重得多。例如，根据估算，2000 年调查失业率一度高达 7.6%。[①] 随着政府实施积极的就业政策，特别是劳动力市场发育水平的提高，就业形势逐渐转好，2002 年以后登记失业率保持在高度稳定的状态，迄今一直在 4.0%~4.3%微小的幅度内波动。相应地，调查失业率也趋于下降。

进而，从就业的难点来看，二元经济结构最大的问题是存在大量的劳动力但是缺乏就业岗位，因此在过去相当长的一段时期内，所有的就业政策都是立足于劳动力供大于求的前提而制定的，其目标在于创造尽可能多的就业岗位以扩大就业，以及消除影响劳动力就业的制度性障碍；而在新古典模式下，就业问题更主要的是集中于周期性失业、结构性失业和摩擦

[①] Cai Fang. The Consistency of China's Statistics on Employment: Stylized Facts and Implications for Public Policies. The Chinese Economy, Vol. 37, No. 5, 2004, pp. 74-89.

性失业的问题,这些问题更多地需要通过宏观经济政策,以及劳动力市场制度与政策来解决。

第三节 劳动力市场新趋势与新任务

刘易斯转折点的到来,意味着劳动力市场的二元结构性质逐渐消失,成熟劳动力市场的一系列特征逐渐显现。在成熟的市场经济国家,就业压力主要表现为三种类型的失业,即宏观经济波动导致的周期性失业、劳动者技能与用人单位需求不匹配造成的结构性失业,以及劳动者寻职时间过长导致的摩擦性失业。其中结构性失业和摩擦性失业是失业的常态,既相对稳定也十分顽固,所以也被统称为自然失业。中国未来将越来越多地面对上述三种类型的失业。

以图2-3作为示意,我们可以看到,随着改革的深入、经济发展水平的提高以及产业结构变化,农村劳动力转移持续推进,城镇企业冗员不断得以再配置,隐蔽性失业规模显著缩小,占全部失业(及就业不足)人口的比重大幅度降低。尽管对这个问题存在争议,但是,许多严肃的研究都表明,在大规模进行部门转移和区域流动之后,农业中剩余劳动力的数量

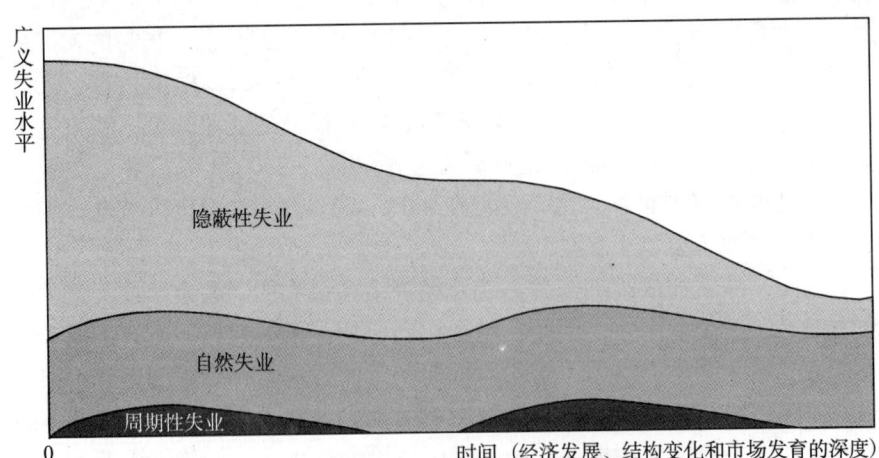

图2-3 失业类型随时间的变化

和比例，已经迥然不同于 20 世纪 80 年代和 20 世纪 90 年代。①

在市场配置资源和引导经济活动的条件下，宏观经济的周期性波动不可避免，与此相对应的周期性失业现象也同样不可避免。在中国当前的发展阶段，进城务工的农村转移劳动力，由于没有获得城市户口，就业不稳定，往往要承受更大的周期性失业冲击。例如，2008 年国际金融危机对中国实体经济和就业的冲击，导致上千万农民工在 2009 年春节提前返乡，就是这种周期性失业的表现。

随着产业结构调整的加速，在新的就业机会不断被创造出来的同时，一部分传统岗位也不可避免地消失。如果需要转岗的劳动者技能不能适应新岗位的要求，则会面临结构性失业风险。由于中国劳动力市场发育尚处于较低水平，人力资源配置机制尚不健全，在产业结构变化过程中，劳动者还不能做到无摩擦转岗。因此，摩擦性失业现象也会经常存在。包括各类毕业生在内的新成长劳动者群体，虽然受教育程度较高，但其人力资本与劳动力市场对技能的需求有一个匹配的过程。至于那些缺乏新技能的城镇就业困难群体，与劳动力市场需求的衔接则会遇到更多摩擦。因此，上述两个劳动者群体最易受到这两类失业的困扰。

在第一次人口红利消失之后，不仅推动经济增长的传统要素需要重新组合，而且对于更加长期有效且不会产生报酬递减的经济源泉提出更高的要求。特别是，挖掘和创造第二次人口红利、防止中等收入陷阱，要求显著提高国家总体人力资本水平。

适应在未来日益加速的产业结构调整过程中，对劳动者的就业能力和必要保护的要求，加大人力资本培养力度，应该被纳入更加积极就业政策的内涵。

首先，义务教育阶段是为终身学习打好基础，形成城乡之间和不同收入家庭之间孩子的同等起跑线的关键，政府充分投入责无旁贷。学前教育具有最高社会收益率，政府买单是符合教育规律和使全社会受益原则的，应该逐步纳入义务教育的范围。

---

① 如参见 Cai Fang and Meiyan Wang. A Counterfactual Analysis on Unlimited Surplus Labor in Rural China. China & World Economy, Vol.16, No.1, 2008, pp.51-65；都阳，王美艳. 中国的就业总量与就业结构：重新估计与讨论//蔡昉. 中国人口与劳动问题报告 No. 12——"十二五"时期挑战：人口、就业和收入分配. 社会科学文献出版社，2011；张晓波，杨进，王生林. 中国经济到了刘易斯转折点了吗？//蔡昉，杨涛，黄益平. 中国是否跨越了刘易斯转折点. 社会科学文献出版社，2012.

近年来，随着就业岗位的增加，对低技能劳动力需求比较旺盛，一些家庭特别是贫困农村家庭的孩子在初中阶段辍学现象比较严重。政府应该切实降低义务教育阶段家庭支出比例，巩固和提高义务教育完成率，而通过把学前教育纳入义务教育，让农村和贫困儿童不致输在起跑线上，也大大有助于提高他们在小学和初中阶段的完成率，并增加继续上学的平等机会。

这方面，欧债危机中受冲击最明显的国家有着沉痛的教训。例如，自2000年开始，经济合作与发展组织（OECD）每隔三年在一些国家或城市进行一次主要针对高中学生的"国际学生评估项目"(PISA) 测试，并进行地区之间的比较。对于中国人来说，很多人了解并为之自豪的是，在2010年的测试中上海学生独占鳌头。但是，很少有人注意到，在历次的测试中，希腊、意大利和西班牙等国学生连续表现不佳。凑巧的是，这三个国家也是在欧债危机中最为灾难深重的国家，无一例外地表现为青年人就业率最低，失业率居高不下。

这个测试项目的本意，是评价各国学生的学习表现，然而，既然教育的质量和效果归根结底是一系列与教育发展相关因素的函数，我们也可以用这个测试结果间接地观察政府推动教育发展的政策力度、个人和家庭接受教育的热情，以及社会和劳动力市场上的教育激励。在西班牙也一度出现就业形势好，从而相对降低了教育回报率的情形。曾几何时，受岗位增加及工资上涨吸引，西班牙年轻人提前离开学校，大多进入建筑业找到工作。这个故事是怎么结尾的呢？当危机来临，人人看到了这个国家持续存在高达25%的青年失业率。

其次，大幅度提高高中入学水平，推进高等教育普及率。高中与大学的入学率互相促进、互为因果。高中普及率高，有愿望上大学的人群规模就大；升入大学的机会多，也对上高中构成较大的激励。目前政府预算内经费支出比重，在高中阶段较低，家庭支出负担过重，加上机会成本高和考大学成功率低的因素，使得这个教育阶段成为未来教育发展的瓶颈（蔡昉、王美艳，2012）。① 因此，从继续快速推进高等教育普及化着眼，政府应该尽快推动高中阶段免费教育。相对而言，高等教育应该进一步发挥社会办学和家庭投入的积极性。

最后，通过劳动力市场引导，大力发展职业教育。中国需要一批具有较高技能的熟练劳动者队伍，而这要靠中等和高等职业教育来培养。

---

① 蔡昉，王美艳. 为未来中国经济增长积累人力资本. 人民论坛，2012（6）.

欧美国家适龄学生接受职业教育的比例通常在60%以上，德国、瑞士等国家甚至高达70%~80%，都明显高于中国。中国应当从中长期发展对劳动者素质的要求出发，加大职业教育和职业培训力度。此外，应建立高中阶段职业教育与职业高等教育及普通高等教育之间的升学通道，加快教育体制、教学模式和教学内容的改革，使学生有更多的选择实现全面发展。

第四节　实施更加包容的就业政策

随着刘易斯转折点和人口红利转折点的到来，中国就业的总量性矛盾逐步转变为结构性矛盾。这个转变赋予积极就业政策新内涵，提出增强其包容性的新任务。下面我们从就业政策着力点转变、劳动力市场一体化和劳动力市场制度建设等方面提出政策建议。

首先，着力点从总量到结构转变。应对日益突出的周期性、摩擦性和结构性失业现象，首先要树立的原则，是把就业置于宏观经济政策制定的优先地位，以就业状况为依据确立政策方向和力度，降低周期性失业和自然失业的风险。在"十二五"规划中，中央政府对于就业重要性的表述，已经从要求把扩大就业放在经济社会发展更加突出的位置提升到实施就业优先发展战略的高度。

为了把就业优先原则落在实处，在宏观调控总体要求中，不仅考虑国内生产总值增长目标，更要直接宣示就业增长的目标，以及能够反映周期性失业水平的调查失业率控制目标。围绕就业目标和失业控制目标的实现，一方面，要合理确定经济发展速度，并在确定宏观调控的政策方向、手段和力度时，把就业最大化作为重要考量，以减小经济波动对就业的冲击。另一方面，要以扩大就业为共同基准，加强财政、金融、税收等宏观经济政策的协调配合，更好地满足降低失业率的需要。

在劳动力市场出现总量偏紧的情况下，不能对结构性和摩擦性就业困难掉以轻心。包括各类毕业生在内的新成长劳动者群体，和那些缺乏新技能的城镇就业困难群体，最易受到这两类失业的困扰。这是最适宜发挥政府促进就业职能的领域，对劳动力市场功能和政府公共服务能力提出更高要求。即要求政府有针对性地提供就业、创业、转岗和在岗培训，规范和完善人力资源市场功能,从提高劳动者能力和市场配置效率两个方面降低自然失业率。

其次,促进城乡一体化就业。一个能够让劳动力自由流动、有效保障劳动者合法就业权利的劳动力市场制度,是从中等收入国家向高等收入国家发展转变的制度保障。目前中国劳动力市场上仍然存在劳动力流动的各种制度性障碍,包括城乡分割、地区分割和户籍身份分割,妨碍了就业机会的均等化和人力资源的合理有效配置。要尽快破除这些制度性障碍,促进城乡各类劳动者平等就业,进一步完善劳动力市场机制。因此,要继续坚持城乡统筹的原则,进一步完善相关政策,深化制度改革,促进农村劳动力稳定转移就业。

旨在实现制度变革的改革目标的确定和实施政策,都应该把重点放在有利于把农民工纳入社会保障制度,以及获得平等的公共服务的相关领域。目前,中国按照常住人口统计的城市化率已经达到53%,但是,具有非农业户口的人口比重只有35%,意味着农民工尚不能均等享受城市基本公共服务。

从激励相容的改革原则出发,城市政府推进城市化的一个可用手段则是,通过劳动力市场制度建设,为农民工就业提供更加稳定的保障与保护。在此基础上,逐步把制度建设推进到更大范围的公共服务领域,实现真正意义上的城市化以及城市化与非农化的同步,顺利通过刘易斯转折点,完成二元经济结构的转换。

最后,劳动力市场制度建设和社会保护。刘易斯转折点到来的一个明显标志,就是劳动关系急剧变化。伴随着劳动力供求关系的新形势,工人要求改善工资、待遇和工作条件等维权意识的增强,遇到企业适应能力差、意愿不足的现实,必然会形成就事论事性质的局部劳资冲突。面对这种"成长的烦恼",采取回避的态度,或者采取民粹主义政策做出不能长期维持的承诺,都不能解决问题,必须依靠制度建设才能顺利渡过中等收入阶段。

由于对于工资集体协商制度有些担心,使其成为劳动力市场制度建设的薄弱点。其实,从中国现行的制度框架出发,构建工资、劳动条件的集体协商制度,与欧美的情况相比,更为可控,更易取得积极成果。通过工会代表工人利益,企业家联合会代表雇主利益,政府进行引导、协调、协商的机制,可以探索出一种具有中国特色的劳动关系格局。

社会保护具有比劳动力市场制度更为广义的功能,并且可以按照构建和谐社会的理念,把劳动力市场制度、社会保障制度以及其他社会福利制度相结合,形成与中国特色社会主义市场经济相适应的公共服务体系,以制度实现和保证"以人为本"。刘易斯转折点到来之后,随着劳动力短缺逐渐构成对经济发展的制约,中国政府作为发展型和竞争型政府的激励,在刘易斯转折点之后可以转变为加强对劳动力和居民的社会保护的动机。

第三章　劳动力流动与农民工市民化

劳动力从农业向非农产业、从农村向城市流动，是经济发展的普遍规律。改革开放以来，中国已经有大量的农村劳动力流动到城市就业。2011年底，进城农村劳动力已达1.6亿人。劳动力流动增加了农民收入，推动了经济增长，也提高了中国的城市化率。在整个改革开放期间即1978~2011年的30余年，中国城市化率每年提高1个百分点，或者说城市常住人口占全部人口的比重每年提高3.2%，属于世界上最快的城市化速度。2011年，中国城市化率已经达到51.3%。但是，考虑到中国的特殊国情，如果以非农业户籍人口占全部人口的比例来衡量城市化水平的话，同年这个比重仅为34.7%。这两个指标之间存在16.6个百分点的差别，具体表现为1.6亿进城农民工没有获得市民身份。

2011年，全部城镇就业人员中，农民工已经占到35.2%，而新增城镇就业人员中，农民工比例更高达65.4%。也就是说，没有城市户籍、未能均等地获得相应基本公共服务的农民工，已经是城镇就业的主体。据此完全可以得出这样的判断，近年来表面上突飞猛进，而没有伴随户籍制度改革实质性跟进的城市化，实际上是不完整的城市化。这种不完整性表现在，它不能胜任解决完整意义上城市化所能够解决的问题。换句话说，没有伴随农民工市民化的城市化，不能充分履行中国现阶段所迫切期待于城市化的必要功能。

推动和实现农民工市民化，保障进城农民工能够和城市市民获得同等的权益，是建设统一劳动力市场的需要，是推进城市化健康发展的需要，是扩大内需和转变发展方式的需要，也是促进社会和谐发展的需要。

第一节　中国劳动力流动的历程

改革开放以前，中国实行的是城乡分割的户籍制度和就业制度，农村劳动力的流动受到严格限制。改革开放以后，中国对农村劳动力流动的管理逐渐放松。当前，中国城乡劳动力流动规模空前庞大，呈现稳定化、有序化的状态，对经济发展的促进作用更加显现。

一、计划经济下对劳动力流动的严格控制

1949 年中华人民共和国成立以后，中国选择了以优先发展重工业为目标的发展战略。然而，这一战略与中国当时的经济状况相冲突，使重工业优先增长无法借助于市场机制得以实现。解决这一困难的办法就是人为压低重工业发展的成本，即压低资本、原材料、农产品和劳动力等的价格，降低重工业资本形成的门槛。于是，围绕推行重工业优先发展战略，一套以全面扭曲产品和要素价格为内容的计划经济体制就形成了。[1] 随之，中国一系列相关的制度安排把资本和劳动力的配置严格地控制起来。其中，把城乡人口和劳动力分隔开的户籍制度，以及与其配套的城市劳动就业制度、城市偏向的社会保障制度、基本消费品供应的票证制度、排他性的城市福利体制等，有效地阻碍了劳动力在部门间、地区间和所有制之间的流动。[2]

控制城乡劳动力流动的最重要的制度安排就是户籍制度。中国的户籍制度最初于 1951 年在城市确立，起初主要是作为一个人口迁移监察的机制，而不控制人口流动。事实上，在 20 世纪 50 年代初，城乡人口是可以相当自由地流动的。然而，为了保证农村有足够的劳动力生产农产品，同时也为了把城市里享受低价格农产品的人数限制到最少，中央政府开始采取阻止农村劳动力流动的政策。1958 年，全国人民代表大会通过了《中华人民共和国户口登记条例》，建立了全面的户籍管理体系。根据户籍管

---

[1] 林毅夫，蔡昉，李周. 中国的奇迹：发展战略与经济改革. 上海三联书店，上海人民出版社，1994.
[2] 蔡昉，都阳，王美艳. 劳动力流动的政治经济学. 上海人民出版社，2003.

理规定，一个人出生以后，依据其母亲的户籍所在地进行户籍登记；在其一生中，除非政府认为有恰当的理由，或按照计划经济的统一安排，经公安部门批准，才可以改变户籍登记地。从20世纪50年代末到改革开放，户籍制度一直严格执行，人口迁移，特别是从农村到城市的人口迁移，受到严格的限制。

户籍制度严重地阻碍了中国的城市化进程。根据研究，1949年中国的城市化水平是11.7%，到1960年增至19.3%。这个时期的增长主要来自"大跃进"引起的城镇地区对劳动力需求的大幅度增长。但是，20世纪60年代，城市化水平下降了，1978年之前，一直维持在14.5%左右的水平。20世纪60年代城市化水平下降主要是户籍管制加强的结果。另据一项调查显示，在1949~1986年的迁移人口中，20世纪50年代迁入城镇的占20.7%，20世纪60年代占17.0%，20世纪70年代占32.9%，1980~1986年占29.4%；在所有这些迁移人口中，只有45.23%为由农村到城镇的迁移。

由于户籍制度能够有效地把农村人口控制在城市体制之外，于是政府便建立起独立的城市福利体制。除了诸如住房、医疗、教育、托幼、养老等一系列排他性福利之外，以保障城市劳动力全面就业为目标的排他性劳动就业制度，是这种福利体制的核心。

二、改革开放后劳动力流动政策的变迁

中国自1978年开始经济体制改革。在农村，家庭联产承包责任制的普遍推行，提高了农业劳动生产率。根据研究，1978~1984年，家庭联产承包责任制的实行可以解释农业总产出增长率的一半左右。同时，农村大量剩余劳动力也开始显现。在城市，经济改革逐渐推行，非国有经济开始发展，就业政策有所松动，产生了对农村劳动力的需求。另外，粮食定量供给制度的改革，以及住房分配制度、医疗制度的改革，降低了农民迁移到城市的成本。因此，从20世纪80年代中后期开始，劳动力从农村向城市的流动已成为中国经济中的普遍现象。城乡劳动力流动的规模，也由初期的几百万增长到现在的1亿人以上。

从政策演变来看，改革开放以来，伴随城市经济的发展和城乡劳动力流动规模的扩大，中国的城乡劳动力流动政策经历了一个从内到外、由紧到松、从无序到规范、由歧视到公平的过程，按照时间的顺序可以划分为

控制流动、允许流动、控制盲目流动、规范流动和公平流动五个阶段。①

1979~1983年：控制流动。这一时期还处于改革开放初期，国内食品供给不足，大批知青返城造成城市就业压力大增，加之计划经济时期形成的发展战略和城乡隔绝的体制还没有破除，因此农村劳动力流动受到严格限制的局面并没有根本变化。1980年的全国劳动就业工作会议及其后下发的文件，一方面解开了对城镇职工流动的禁锢，另一方面又加强了对农村劳动力流动的限制。1981年，中央在提出城市实行合同工、临时工、固定工相结合的多种就业形式的同时，又进一步强化了对农村劳动力流动的管理。采取的主要措施包括加强户籍和粮食管理、严格控制从农村招工、对农村剩余劳动力就地安置等。

1984~1988年：允许流动。这一时期，由于农村改革使农产品产量大幅增加，城市经济改革全面推进产生了对农村劳动力的大量需求，加之限制农民自主流动的体制性障碍得以部分消除，国家开始允许农村劳动力向城市流动。从1984年开始，国家准许农民自筹资金、自理口粮，进入城镇务工经商。之后，政府又进一步允许和鼓励农村劳动力的地区交流、城乡交流和贫困地区的劳务输出，使农村劳动力的转移和流动进入了一个较快增长的时期。这一阶段采取的主要措施包括：允许农民进城兴办服务业和提供各种劳务；允许企业招用国家允许从农村招用的人员；将劳务输出作为贫困地区劳动力资源开发的重点；允许民间劳务组织、能人进入贫困地区劳务市场。

1989~1991年：控制盲目流动。这一时期，由于农民大规模流动带来的交通运输、社会治安等方面的负面效应突现出来，加之由于整顿经济秩序造成了城市与乡镇企业新增就业机会减少，使得政府对前一时期的农村劳动力流动政策进行了局部的调整，加强了对盲目流动的管理。采取的主要措施包括严格控制"农转非"过快增长、建立临时务工许可证和就业登记制度、重点清退来自农村的计划外用工等。

1992~2000年：规范流动。这一时期，中国农村劳动力流动的政策逐渐从控制盲目流动到鼓励、引导和实行宏观调控下的有序流动，开始实施以就业证卡管理为中心的农村劳动力跨地区流动的就业制度。主要措施包括：建立针对农村劳动力流动就业的用工管理、监察、权益保障等制度；打破统包统配的就业政策，允许劳动者自主择业、资助流动，企业自主用

---

① 白南生，宋洪远，等. 回乡，还是进城——中国农村外出劳动力回流研究. 中国财政经济出版社，2002.

人；建立农业就业服务网络；规范流动就业证卡管理制度等。但是，在1998年以后，由于城市下岗职工的增加，实施再就业工程成为各级政府的重要任务，北京、上海等许多省市却出台了各种限制农村劳动力进城及外来劳动力务工的规定和政策。

2000年以后：公平流动。从2000年下半年开始，国家关于农村劳动力流动就业的政策发生了积极的变化：一是赋予城乡统筹就业新的具体的含义，即取消对农民进城就业的各种不合理限制，逐步实现城乡劳动力市场一体化。二是积极推进诸多方面的配套改革，采取的主要措施包括：对农民进城务工要公平对待、合理引导、完善管理、搞好服务；清理和取消针对农民进城就业等方面的歧视性规定和不合理限制；开展有组织的劳务输出；解决拖欠农民工工资的问题；改善农民工的生产生活条件；等等。

当前，中国在改革城乡分割体制，推动城乡劳动力市场一体化方面已迈出实质性步伐，劳动力的流动和迁移开始进入一个新的发展时期。

三、城乡劳动力流动的规模和分布

伴随劳动力流动管理政策的不断改革，中国越来越多的农村劳动力流动到城市就业。由于统计口径的不同，不同的研究者得出的农村劳动力流动规模有很大差异，但不同的研究都显示，中国农村劳动力向城市流动的数量十分庞大。根据国务院发展研究中心的估计，1983年跨乡镇流动的劳动力只有200万人，1989年增加到3000万人。根据农业部的估计，1993年农村外出劳力已经达到6200万人，2000年为7550万人。2000年以后，农村劳动力向城市流动的规模逐年扩大，2010年达到1.53亿人，2011年则达到1.59亿人（见图3-1）。

中国农村外出劳动力主要流动到东部地区就业。2011年，在东部地区务工的农民工16537万人，比2010年增加324万人，占农民工总量的65.4%；在中部地区务工的农民工4438万人，比2010年增加334万人，占农民工总量的17.6%；在西部地区务工的农民工4215万人，比2010年增加370万人，占农民工总量的16.7%。分省看，就业地区主要分布在广东、浙江、江苏、山东四省，这四个省吸纳的农民工占到全国农民工总数的近一半。

农村劳动力一度以跨省流动为主，但跨省外出的农民工数量逐渐减少，目前农民工已经以省内流动为主。2011年，在外出农民工中，在省内务工的农民工8390万人，比2010年增加772万人，占外出农民工总量

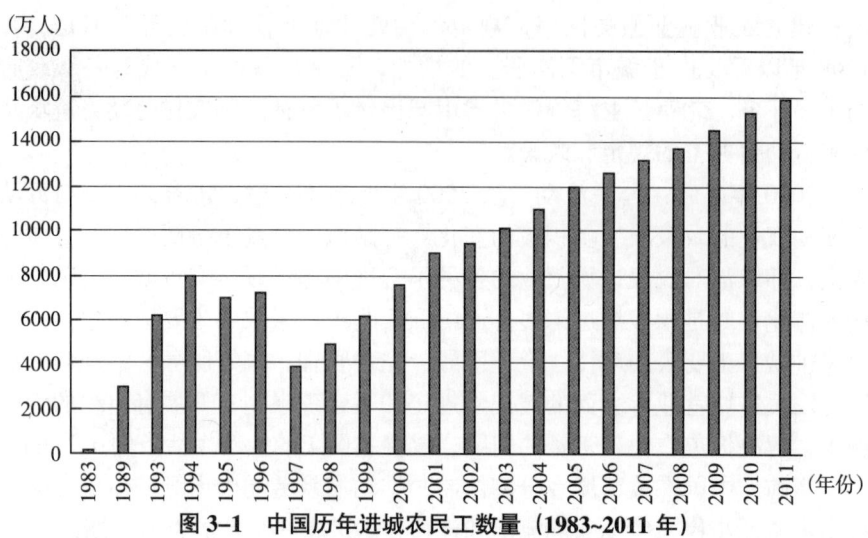

图 3-1　中国历年进城农民工数量（1983~2011 年）

资料来源：2009 年、2010 年和 2011 年进城农民工数量来自中国人力资源和社会保障部相应年度的人力资源和社会保障事业发展统计公报，其他年份进城农民工数量来自蔡昉. 刘易斯转折点——中国经济发展的新阶段. 社会科学文献出版社，2008.

的 52.9%；在省外务工的农民工 7473 万人，比 2010 年减少 244 万人，占外出农民工总量的 47.1%。在省内务工的比重比 2010 年上升 3.2 个百分点。2011 年，去省外务工人数减少，改变了多年来跨省外出农民工比重大于省内务工比重的格局。[1]

外出农民工主要流向地级以上大中城市。国家统计局 2009 年的数据显示，从外出农民工就业的地点看，在直辖市务工的农民工占 9.1%，在省会城市务工的农民工占 19.8%，在地级市务工的农民工占 34.4%，在县级市务工的农民工占 18.5%，在建制镇务工的农民工占 13.8%，在其他地区务工的农民工占 4.4%。在地级以上大中城市务工的农民工占 63.3%，比 2008 年略降 0.3 个百分点。[2]

第二节　农民工的个体特征和就业状况

农民工具有明显的个人特征，主要表现为年龄普遍较轻，受教育程度

---

[1] 国家统计局. 2011 年我国农民工调查监测报告，2012-04-27.
[2] 国家统计局. 2009 年我国农民工调查监测报告，2012-03-19.

总体较低,性别构成中以男性为主。农民工主要在制造业、建筑业和服务业等行业就业,所在单位类型主要是个体工商户和私营企业,收入水平总体较低,劳动时间长,相当一部分没有签订劳动合同,社会保障的覆盖率较低。

一、农民工的个体特征

进城农民工以男性为主,年长农民工比重逐年增加。国家统计局的数据显示,2011年男性农民工占65.9%,女性占34.1%,男性显著多于女性。笔者利用2005年1%人口抽样调查数据的计算表明,当时进城农村劳动力的平均年龄为33.26岁,显著低于城镇本地劳动力42.83岁的平均年龄。2011年的数据表明,农民工以青壮年为主,16~20岁占6.3%,21~30岁占32.7%,31~40岁占22.7%,41~50岁占24.0%,50岁以上的农民工占14.3%。调查还显示,40岁以上农民工所占比重正在逐年上升,由2008年的30.0%上升到2011年的38.3%,三年中农民工平均年龄也由34岁上升到36岁。尽管每年农村新增劳动力主要加入到农民工的行列中,但农民工年龄结构的变化,也说明农民工的"无限供给"状况在改变。

进城农村劳动力的受教育程度总体较低,以初中文化程度为绝对主体。2011年的数据显示,在农民工中,文盲占1.5%,小学文化程度占14.4%,初中文化程度占61.1%,高中文化程度占13.2%,中专及以上文化程度占9.8%。外出农民工和年轻农民工中初中及以上文化程度分别占88.4%和93.8%。外出农民工的受教育水平明显高于本地农民工,青年农民工的受教育水平最高,也是最具潜力的农民工群体。[1]

表3-1 农民工的文化程度构成(2011年)

单位:%

	全部农民工	本地农民工	外出农民工	30岁以下青年农民工
不识字或识字很少	1.5	2.1	0.9	0.3
小学	14.4	18.4	10.7	5.9
初中	61.1	59.0	62.9	59.8
高中	13.2	13.9	12.7	14.5
中专	4.5	3.2	5.8	8.6
大专及以上	5.3	3.4	7.0	10.9

资料来源:国家统计局.2011年我国农民工调查监测报告,2012-04-27.

---

[1] 国家统计局.2011年我国农民工调查监测报告,2012-04-27.

二、农民工的行业、职业和单位类型分布

(一) 行业分布

农民工从业以制造业、建筑业和服务业为主,从事建筑业的比重明显提高。农民工中,从事制造业的比重最大,占36.0%,其次是建筑业,占17.7%,服务业占12.2%,批发零售业占10.1%,交通运输、仓储和邮政业占6.6%,住宿餐饮业占5.3%。从近几年调查数据看,变化较明显的是建筑业,农民工从事建筑业的比重在逐年递增,从2008年的13.8%上升到2011年的17.7%,从事制造业的比重则趋于下降(见表3-2)。

表3-2 农民工从事的主要行业(2011年)

单位: %

	2008年	2009年	2010年	2011年
制造业	37.2	36.1	36.7	36.0
建筑业	13.8	15.2	16.1	17.7
交通运输、仓储和邮政业	6.4	6.8	6.9	6.6
批发零售业	9.0	10.0	10.0	10.1
住宿餐饮业	5.5	6.0	6.0	5.3
居民服务和其他服务业	12.2	12.7	12.7	12.2

资料来源:国家统计局.2011年我国农民工调查监测报告,2012-04-27.

农民工的这种行业分布特点,应该与他们的人力资本状况和城市劳动力市场的分割有关。因为农民工高度集中的行业,通常是对劳动力技能要求不高、进入门槛较低、市场化程度高的行业,这比较符合农民工自身的特点;而像公共管理和社会组织、教育、卫生和社会保障等行业,对从业者的人力资本水平要求较高,而且这些行业一般属于垄断行业,农民工通常很难进入。

农民工就业以受雇为主,自雇为辅。在外出农民工中,受雇人员占94.8%,自营人员占5.2%;在本地农民工中,受雇人员占71.9%,自营人员占28.1%。自营人员主要从事批发零售业,占39.2%;其次是从事交通运输、仓储和邮政业,占17.8%。近几年,外出农民工和本地农民工中自营人员所占比重均呈下降趋势,2011年,本地受雇人员和外出受雇人员分别比2010年增长9.4%和4.4%,本地自营和外出自营分别比2010年减少2.1%和11.8%。

农民工就业稳定性随年龄增长逐步提高。在外出农民工中，初次外出的平均年龄为 26.7 岁。从事现职的平均时间为 2.7 年，从事现职累计不满 1 年的占 22.7%，1~2 年的占 43.1%，3~5 年的占 20.9%，5 年以上的占 13.3%。从不同年龄组来看，16~20 岁年龄组中从事现职 5 年以上的占 1.3%，21~30 岁的占 7.6%，31~40 岁的占 22.3%，41~50 岁的占 24.5%，50 岁以上的占 21.9%，说明随着年龄的增长，就业的稳定性也提高。从从事的工作种类看，企业管理人员、个体经营人员、专业技术人员现职累计时间在 5 年以上的比重要明显高于服务业人员和生产、运输设备操作人员。[①]

（二）职业分布

国家统计局未公布农民工的职业分布情况。笔者利用 2005 年的全国 1%人口抽样调查数据计算表明，进城农民工从事的职业，呈现高度集中的特点。进城农民工最主要从事生产、运输设备操作职业，占 51.52%；其次是从事商业和服务业职业，占 34.72%（见图 3-2）。

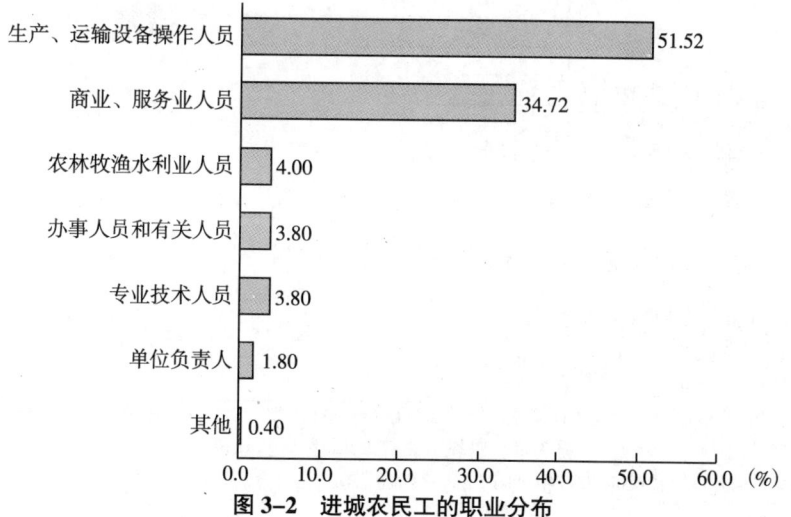

图 3-2　进城农民工的职业分布

资料来源：笔者根据 2005 年全国 1%人口抽样调查数据计算。

对于不同的职业，其社会声望大不相同。研究表明，中国各类职业的社会声望由高到低的排序是：高级领导干部和高级知识分子，中层领导干部和企业高层管理人员，高级专业技术人员和政府部门的普通干部，较低

---

① 国家统计局. 2011 年我国农民工调查监测报告，2012-04-27.

层的专业技术人员和普通办事人员，农村专业技术人员和技术工人，商业服务业员工，三轮车夫、搬运工和保姆。① 根据这项研究，可以认为，单位负责人、专业技术人员、办事人员是社会声望较高的，生产操作人员、商业服务业人员、农林牧渔水利业人员，其社会声望是逐步递减的。可见，进城农村劳动力主要集中在低社会声望职业，而城市本地劳动力在高社会声望职业就业的比例比较高。

(三) 单位类型分布

进城农民工主要集中在个体工商户和私营企业就业。在这两类单位中就业的进城农村劳动力，合计占全部进城农村劳动力的2/3。个体工商户和私营企业通常被认为是"非正规部门"的典型代表，可见进城农村劳动力主要集中在非正规部门就业。进城农村劳动力在机关团体事业单位和国有及国有控股企业就业的比例，分别只有2.4%和4.4%（见图3-3）。

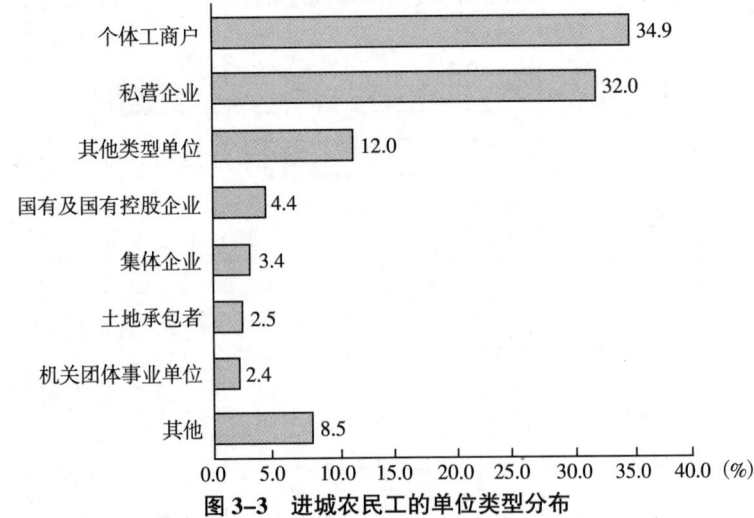

图3-3 进城农民工的单位类型分布

资料来源：笔者根据2005年全国1%人口抽样调查数据计算。

三、农民工的收入情况

农民工收入水平较低，但近几年增长较快。2011年，外出农民工月

---

① 李春玲. 当代中国社会的声望分层——职业声望与社会经济地位指数测量. 社会学研究，2005 (2).

均收入2049元。其中，在东部地区务工的农民工月均收入2053元；在中部地区务工的农民工月均收入2006元；在西部地区务工的农民工月均收入1990元。从增长率来看，2009年外出农民工月收入比2008年增长了5.7%；而2010年和2011年，外出农民工月收入增长率分别达到了19.3%和21.2%，显示出强劲的增长势头（见图3-4）。

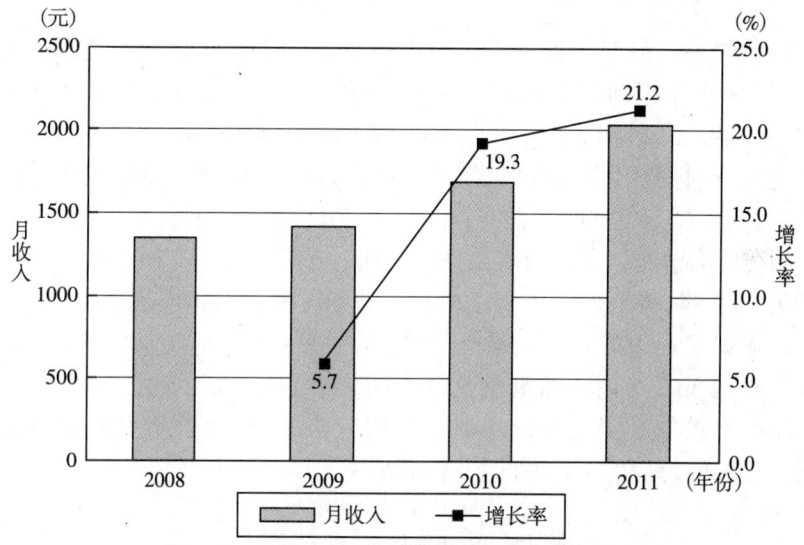

图3-4 外出农民工的月收入（2008~2011年）

资料来源：笔者根据国家统计局2009年和2011年中国农民工调查监测报告整理计算。

在大中城市务工的农民工收入水平相对较高。从外出农民工的从业地点看，2011年在直辖市务工的农民工月均收入2302元，在省会城市务工的农民工月均收入2041元，在地级市、县级市和建制镇务工的农民工月均收入分别为2011元、1982元和1961元。从不同地区务工收入的增幅来看，在直辖市务工的收入增幅要快于平均水平。

不同行业外出务工农民工收入水平差别较大，交通运输、仓储和邮政业，建筑业和制造业的收入增幅高于平均水平。从外出农民工从事的主要行业看，2011年收入水平较高的是交通运输、仓储和邮政业及建筑业的农民工，月均收入分别为2485元和2382元；收入较低的分别是住宿餐饮业、服务业和制造业的农民工，月均收入分别为1807元、1826元和1920元。从收入增幅看，增幅高于各行业平均水平的是交通运输、仓储和邮政业以及建筑业和制造业，住宿餐饮业、服务业和批发零售业的收入增幅低于平均水平。①

四、农民工的劳动权益保障状况

（一）劳动时间情况

外出农民工超时工作严重，但近年来有一定好转。调查显示，2009年，以受雇形式从业的外出农民工平均每个月工作26天，每周工作58.4小时；2011年，外出农民工平均每个月工作25.4天，每天工作8.8小时。与法定工作时间相比，农民工超时工作严重。2009年，每周工作时间多于《劳动法》规定的44小时的占89.8%；2011年，外出农民工劳动时间偏长的情况略有改善，但是每周工作时间超过《劳动法》规定的44小时的农民工仍高达84.5%（见表3-3）。农民工劳动时间在不同行业间存在较大差异。从农民工集中的几个主要行业看，在2009年，制造业农民工平均每周工作时间58.2小时，建筑业59.4小时，服务业58.5小时，住宿餐饮业61.3小时，批发零售业59.6小时。平均劳动时间最长的是住宿餐饮业的农民工，他们每周的工作时间超过60小时。

表3-3 外出农民工的劳动时间

	2010年	2011年
全年外出从业时间（月）	9.8	9.8
平均每月工作时间（天）	26.2	25.4
平均每天工作时间（小时）	9.0	8.8
每周工作时间超过5天的比重（%）	86.4	83.5
每天工作时间超过8小时的比重（%）	49.3	42.4
每周工作时间超过44小时的比重（%）	90.7	84.5

资料来源：国家统计局.2011年我国农民工调查监测报告，2012-04-27.

（二）劳动合同签订情况

农民工签订劳动合同的比例较低，近六成农民工没有签订劳动合同。从国家统计局2009年和2011年《中国农民工调查监测报告》提供的数据来看，2009年，以受雇形式从业的外出农民工中，与雇主或单位签订劳动合同的占42.8%。从农民工从事的几个主要行业看，从事建筑业的农民

---

① 国家统计局.2011年我国农民工调查监测报告，2012-04-27.

工没有签订劳动合同的比例最高，占 74%，制造业没有签订劳动合同的比例为 49.3%，服务业没有签订劳动合同的比例为 63.9%，住宿餐饮业和批发零售业没有签订劳动合同的比例分别为 65.2% 和 66%。2011 年，外出受雇农民工与雇主或单位签订劳动合同的占 43.8%，比 2010 年提高 1.8 个百分点。分行业看，从事建筑业的农民工没有签订劳动合同的比例最高，占 73.6%，从事制造业的占 49.6%，从事服务业的占 61.4%，从事住宿餐饮业和批发零售业的分别占 64.6% 和 60.9%。总体来看，外出农民工与雇主或单位签订劳动合同的比例与往年相比略有提高，但是建筑业农民工没有签订劳动合同的比例仍居高不下。

（三）社会保险参保情况

外出农民工参加社会保险的水平总体较低，中西部地区农民工参保比例明显低于东部地区。2009 年，雇主或单位为农民工缴纳养老保险、工伤保险、医疗保险、失业保险和生育保险的比例分别为 7.6%、21.8%、12.2%、3.9% 和 2.3%。2011 年，雇主或单位为农民工缴纳养老保险、工伤保险、医疗保险、失业保险和生育保险的比例分别为 13.9%、23.6%、16.7%、8% 和 5.6%（见图 3-5）。虽然在两年内农民工各项社会保险参保率都有显著提高，但参保率水平仍然显著偏低。

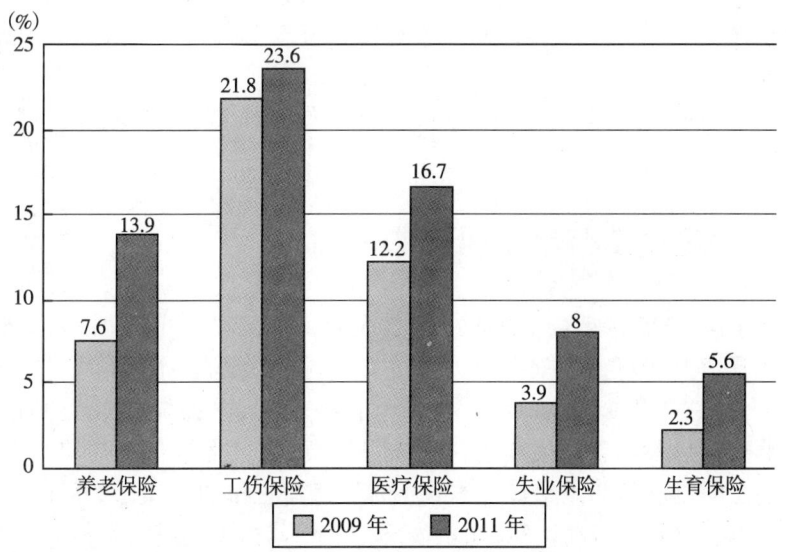

图 3-5 外出农民工参加各项社会保险的比例
资料来源：国家统计局 2009 年和 2011 年中国农民工调查监测报告。

分地区看，不同地区的农民工社会保障状况差异较大。中西部地区的农民工参保比例比较接近，但明显落后于在东部地区务工的农民工。2011年，东部地区各项保险参保率进展明显，与中西部地区差距扩大。东部地区养老保险、医疗保险、失业保险和生育保险的比例分别比2010年提高5.5、3.2、3.8和3.2个百分点。[①]

第三节 进城农民工与市民的权益保障差距

目前，中国已经有1.6亿农民工进城就业和生活，但是他们在就业、社会保障和社会福利等的权益保障方面，却与那些拥有城市本地非农户口的市民存在显著的差距。尽管在城镇就业和居住，有的已经实现举家迁移，但他们还很难和城镇居民享有同等的就业和福利待遇。特别是在城市劳动力市场上，还存在较为明显的城市本地和外来人口的分割。很多实证分析都证实了这一点，即在控制了个体特征和职业、单位类型等因素后，进城农村劳动力仍然更可能进入次级劳动力市场。由于国家统计局并没有公布全国性的进城农民工与城市本地人的就业和社会保障等方面差距的具体数据，而局部地区的抽样调查又很难代表全国的情况。因此，本文主要使用2005年1%人口抽样调查数据，将进城农民工与城市本地劳动者相比；同时，辅以相关权威调查数据予以阐述。结果发现，进城农民工在工作时间、劳动和社会保障状况等方面，都与城市本地人存在明显的差距。

一、农民工劳动超时工作严重

对全国2005年小普查数据的分析表明，进城农村劳动力的劳动时间较长，显著高于城市本地劳动力。进城农村劳动力的周工作时间达到了55.35小时，高出城市本地劳动力9.13小时。而且，进城农村劳动力超时工作严重。1995年2月发布的《国务院关于职工工作时间的规定》，规定我国的工时制度是职工每日工作8小时、每周工作40小时。可见，只有19.94%的进城农村劳动达到了这一标准，但一半左右的城市本地劳动力都

---

① 国家统计局.2011年我国农民工调查监测报告，2012-04-27.

达到了该标准。同时,《中华人民共和国劳动法》也规定,我国实行劳动者每日工作时间不超过 8 小时、每周工作时间不超过 44 小时的法定工时。否则,属于超时工作。数据表明,78.34%的进城农村劳动力每周工作时间超过了 44 小时,超时工作非常普遍;而城市本地劳动力和城城迁移劳动者超时工作者不足一半(见表 3-4)。

表 3-4 进城农民工与城市本地人的周劳动时间分布

	进城农村劳动力	城市本地劳动力
小于等于 40 小时(%)	19.94	49.83
大于 40 小于 44 小时(%)	1.72	2.48
44 小时以上(%)	78.34	47.69
平均周工作时间(小时/周)	55.35	46.22

资料来源:笔者根据 2005 年 1%人口抽样调查数据计算。

二、劳动权益保障缺失

对上述小普查数据的分析也表明,进城农村劳动力劳动合同签订率较低。在所有受雇于别人的进城农村劳动力中,只有 36.06%的人与雇主签订了劳动合同;而城市本地劳动力与雇主签订劳动合同的比例达到了 52.44%。这显示进城农村劳动力劳动合同权益保障状况很差,而城市本地劳动力的这一权益保障较好。

进城农村劳动力缺乏社会保障的现象非常突出,参加各项社会保险的比例微乎其微,远远低于城市本地劳动力。进城农村劳动力参加基本养老保险、基本医疗保险和失业保险的比例分别只有 4.87%、5.20%和 4.76%,而城市本地劳动力的这几项社会保险的参保率则在 80%左右。可见,在大部分城市劳动力被社会保险体系所覆盖的同时,九成以上的进城农村劳动力仍游离在现有社会保险体系之外(见表 3-5)。

表 3-5 进城农民工与城市本地人的劳动权益保障状况

单位:%

	进城农村劳动力	城市本地劳动力
与雇主签订劳动合同者比例	36.06	52.44
参加基本养老保险者比例	4.87	79.45
参加基本医疗保险者比例	5.20	82.51
参加失业保险者比例	4.76	76.78

资料来源:笔者根据 2005 年 1%人口抽样调查数据计算。

三、进城农民工不能享受城镇低保

根据1999年起实施的《城市居民最低生活保障条例》，只有拥有城镇户籍的居民，才有资格在生活困难时向政府申请援助并获得救助。农民工由于没有城镇户籍，而无法享受最低生活保障及相关的社会救助。直到目前，城市和农村最低生活保障仍都是按属地管理原则审批低保对象，所以进城农民工难以纳入流入地城市的低保范围。

调查表明，即使一些城市放宽农民工落户条件，但往往会附加一条收入须高于当地最低工资标准这样的规定，意在减少低保人口，防止增加政府的城市公共服务成本。这是因为有相当一批农民工收入水平很低。据国家统计局农民工监测报告数据，2009年，外出农民工月均收入在600元以下的占2.1%，600~800元的占5.2%，800~1200元的占31.5%。作为农民工流入地的城市政府担心，如果将农民工纳入本地城市低保范围，资金需求量将大大增加。国务院发展研究中心课题组对浙江嘉兴的调查表明，2010年嘉兴全市低保人口占1.15%，约3.8万人，城镇低保标准340元，补差247.68元，农村低保标准250元，补差155.5元，全年低保资金支出7954万元。如果按同样的比例推算农民工中的低保人口，则可享受低保的农民工为2.2万人，按城镇补差计算，需支付6538.7万元。如果加上医疗救助，还需支出1087.3万元，两项合计达7626万元，几乎与本地市民的低保支出总额相等。[①]

四、进城农民工很难享受城镇住房保障

住房保障制度是最基本的民生保障制度。目前无论是面向低收入居民的廉租房制度，还是面向中低收入居民的经济适用房制度，以及面向城镇职工的住房公积金制度，都是为了"保障城镇最低收入家庭的基本住房需要"，或"面向城市低收入住房困难家庭供应"，或"提高城镇居民的居住水平"，将同样处于城市底层的农民工群体排除在适用范围之外。尽管目前国家出台了改善农民工居住条件的相关政策，但仍强调以用人单位作为改善农民工居住条件的责任主体，并没有将其纳入政府提供的住房保障制度之中。[②] 从现有的保障性住房供应看，涉及的对象基本都是城镇户籍居

---

① 国务院发展研究中心课题组. 农民工市民化进程的总体态势与战略取向. 改革，2011 (5).
② 汤云龙. 农民工市民化：现实困境与权益实现. 上海财经大学学报，2011 (5).

民，中低收入的农民工家庭基本游离在政策之外。

调查表明，城市农民工的住房来源主要有以下五种：第一是集体宿舍，这类住房主要集中在各城区的工业园区内或部分大企业中，供应主体主要是园区政府和用人单位，提供的住房基本上是4人以上1间的单身宿舍。第二是建筑工地工棚，这类住房供应是建筑开发企业根据国家规定为建筑工人提供的临时简易工棚。工棚一般搭建在工地周围。第三是近郊农民租赁住房，此类住房的供应主体为近郊农民，受城市化规模扩大影响，农民经营宅基地建设和出租住房。第四是普通租赁住房，这类住房属于个人所有权住房的出租。租赁价格相对农民租赁住房高，一般通过中介市场直接获取。第五类是市场商品住房供应，通过购买行为可以从市场直接获得。上述五类供应方式中除第五类是供大于求以外，其他四类特别是前两类都是供不应求。①

数据显示，进城农民工的住房状况很差。一项对上海、广州、武汉、成都和阜阳五地农民工居住情况的调查表明，农民工住房条件远远低于所在城市居民水平。例如，成都市2005年调查数据显示，有超过1/4的务工人员人均居住面积在5平方米以下，1/3的务工人员人均居住面积为5~10平方米，远远低于成都市划定的人均16平方米的居住困难户标准。上海市2005年底城镇人均居住面积达15.5平方米，而人均居住面积在10平方米以下的农民工占到被调查农民工的74.9%。人均居住面积在7平方米以下的农民工占五个城市被调查农民工的66%。

住房公共服务是农民工最关心的项目之一。住房是农民工不满意程度仅次于收入待遇的服务项目，也是农民工希望政府加快解决排名第三的服务项目。问卷调查表明，在现实情况下，至少有58.8%的农民工打算在城镇定居，其中40.2%的农民工打算在务工所在城镇定居，只有15.6%的人明确表示愿意回农村定居。尽管多数农民工定居城镇的意向明确，但农民工意愿的房价和房租与现实差距巨大。那些想在务工地购房的农民工，能够承受的商品房单价平均为2214元/平方米，能够承受的商品房总价平均为21.82万元，能够承受的月租金平均为292.7元，都大大低于务工地的一般房价和房租水平。②

已经有一些地方开始采取措施改善农民工居住条件，但覆盖农民工的城镇住房保障体系仍没有建立起来。各地采取的改善农民工居住状况的办

---

① 李晶."农民工"住房问题及市民化发展趋势下的住房政策调研.现代经济探讨，2008（9）.
② 国务院发展研究中心课题组.农民工市民化进程的总体态势与战略取向.改革，2011（5）.

法主要有两种：一是鼓励企业特别是工业园区建设农民工宿舍；二是统包统租模式，即政府将农民出租屋统租下来转变为廉租房，再以低于市场的价格转租给农民工，实行统一管理。从目前来看，解决农民工住房保障的探索还是局部性的，城市的经济适用房、廉租房等公共住房基本上不对农民工开放，农民工住房仍游离于城镇住房保障体系之外。因此，将农民工尽快纳入城镇住房保障体系，成为农民工市民化的重要内容之一。

五、进城农民工子女教育尤其是高中阶段就学问题突出

中国义务教育阶段实行的是"分级办学、分级管理"，即基础教育由县、乡财政管理的教育体制，义务教育阶段后的高中教育，则实行户籍所在地考试入学的办法。目前，义务教育阶段以公办教育为主接收农民工子女就学的格局基本形成。自2003年国务院颁布《关于进一步做好进城务工就业农民子女义务教育工作的意见》，明确农民工子女义务教育"以流入地为主，以公办学校为主"的政策导向后，各地采取切实措施，多数地方基本实现了以公办学校为主接收农民工子女接受义务阶段教育。目前，约80%的农民工子女在城镇公办学校就读。一些地方不仅将农民工子女纳入学籍管理，安排教育经费，享受和本地学生同等待遇，还通过一系列干预手段，促进农民工子女融入城市学校。

不过政府试图改变农村流动人口子女受教育不平等状态的努力并没有取得理想的效果。如各地政府不再允许公立学校向外来人口子女收取赞助费，但各种变相的收费仍层出不穷。在公立学校上学的成本（包括生活成本）太高，使得农村流动人口难以承受。还有不少学校拒绝接纳农村流动人口子女入学。公立学校对农村来的孩子存在严重的歧视。他们中的不少人不能持续而稳定地在城市上学，到了上初中的时候，因为受升学的学籍限制，父母不得不把他们送回农村上学，等等。①

但是，随着农民工数量的逐年增加，农民工随迁子女的教育需求也日益增长，许多城市公办学校教学资源未能相应扩充，还有相当多的农民工子女就读于农民工子弟学校。民办的农民工子弟学校教学条件普遍不高，收费标准参差不齐。多数民办农民工子弟学校得不到政府的扶持，其义务教育经费没有列入财政预算，只是靠向农民工收费维持运转，影响教育质

---

① 刘爱玉. 城市化过程中的农民工市民化问题. 中国行政管理，2012 (1).

量,加重农民工负担。

目前的主要问题是,农民工子女在城市里很难有上高中的机会,更难以在城市参加高考,非本省籍农民工子女的中高考问题日益突出。我国高中教育还没有纳入免费义务教育范围,农民工家庭高中阶段教育负担较重。由于负担重,农民工子女初中毕业后弃读高中的现象比较普遍。调查还表明,21.9%的农民工希望子女能在务工城镇参加中考和高考,这个比例大致与举家迁移的农民工比例相当。这表明农民工在城镇就业和居住越稳定,越期望子女完全融入当地教育制度安排。这意味着考试制度的改革而非就读准入,成为农民工子女融入城镇教育的新焦点。[①]

第四节 农民工市民化的进展与完善

根据我国现行的统计制度,只要在城镇居住6个月以上(含6个月)的人口即统计为城市(常住)人口。根据2012年《中国统计年鉴》的数据,2011年底我国城镇人口为6.9亿人,城镇人口比例即城镇化率达到51.3%。城镇人口中包括了1亿多在城镇打工6个月以上的农民工。但由于没有真正的城市居民身份,这些进城农民工并不能享受与城镇本地居民同等的社会保障和公共服务,其消费行为特征与城市居民也完全不同。正如前文所述,进城农民工劳动权益缺失、社会保险覆盖率低的问题非常突出。当前,农村劳动力进城就业和生活的政策环境已经大为改善,农村劳动力在城市生活的道路总体上是畅通的、自由的;但是,制约农村劳动力平等就业的诸多体制性、政策性障碍还没有完全消除,农民工市民化仍面临着很多障碍,还有很长的路要走。

一、农民工市民化的必要性

近年来表面上突飞猛进而没有伴随户籍制度改革实质性跟进的城市化,实际上是不完整的城市化。这种不完整性表现在,它不能胜任解决完整意义上城市化所能够解决的问题。换句话说,没有伴随农民工市民化的城市化,不能充分履行中国现阶段所迫切期待于城市化的必要功能。所谓

[①] 国务院发展研究中心课题组. 农民工市民化进程的总体态势与战略取向. 改革, 2011 (5).

农民工市民化,是指借助于工业化和城市化的推动,农民工在身份、地位、价值观、社会权利以及生产、生活方式等方面全面向城市市民转化并顺利融入城市社会的过程。这涉及进城农民工的公共服务享受、基本权利保护、社会经济适应、城市生活融入等问题。农民工市民化的过程,实质是公共服务均等化的过程,通俗点说,就是农民工在城市"有活干,有学上,有房住,有保障"。在现阶段,农民工市民化的必要性体现在以下四方面。

(一) 基本公共服务均等化

有人把表现为农村居民向城市迁移的城市化描述为追逐"城市之光"的过程。这里所谓的城市之光,并非仅指市更加丰富多彩的文化生活,更是指城市所能提供的更好、更充分的基本公共服务。世界经济社会发展史表明,覆盖全体居民的社会安全网、更好的教育和更强的社会凝聚力,无不与包容性的城市化相伴而来。

当前,没有城市户籍、未能均等地获得相应基本公共服务的农民工,已经是城镇就业的主体。作为劳动力供给的主体,尚未能够充分享受基本公共服务的农民工,一旦在劳动力市场上面临脆弱性,必然给中国经济整体带来风险,乃至诱发社会风险。

随着产业结构调整的加速进行,行业竞争和企业竞争的加剧,许多现存的岗位将不断被破坏掉。虽然新的岗位也相应被创造出来,但是,由于结构性和摩擦性因素,许多劳动者会遭遇一段时间的失业。就个体而言,能否应对这种就业冲击,取决于劳动者的人力资本状况。由于目前中国农民工只具有略高于初中毕业的受教育程度,因此,他们在产业结构调整中经历结构性失业的概率将较大。

作为一种规律性现象,伴随着产业结构调整,劳动力市场对人力资本的需求将提高。例如,目前作为农民工集中就业的劳动密集型第二产业和劳动密集型第三产业岗位,分别要求平均受教育年限9.1年和9.6年,而资本密集型的第二产业和技术密集型的第三产业岗位,则分别要求平均受教育年限10.4年和13.3年。根据2011年农民工的人力资本状况估算,他们的平均受教育年限仅为9.6年。也就是说,农民工的平均人力资本尚不能适应从劳动密集型产业向资本密集型和技术密集型产业的转移。因此,如果没有社会保险项目的充分覆盖与保护,面临可能的劳动力市场冲击,将来会有一批农民工处于十分脆弱的劳动力市场地位。

与此同时,20世纪80年代以后出生的新生代农民工,已经是进城农民工的主体，所占比重已经超过60%。这些人绝大多数没有务农经验，也没有回到乡土的意愿，而且他们中相当大一部分，实际上是在城镇长大且受教育的。据2010年调查，在16~30岁的农民工中，有32.8%在16岁以前生活在城市、县城或镇，有38.4%在城市、县城或镇上小学。因此，他们即使失去了工作，也不会走他们父辈"有来有去"的老路。如果以他们为主体形成新一代城市边缘性群体的话，社会风险将是巨大的。

(二) 挖掘劳动力供给潜力

中国长期处于二元经济发展阶段，享受到有利的人口年龄结构，具有劳动力无限供给的特征。劳动年龄人口持续增长和人口抚养比持续降低，通过以下三种途径转化为人口红利。首先，劳动年龄人口的长期上升趋势，加之教育规模的迅速扩大，为经济增长创造了充足的劳动力供给和必要的人力资本条件。其次，充足的劳动力供给延缓了资本报酬递减现象发生的时间，人口抚养比的长期降低则维系了高储蓄率。这使得中国在较长时间里可以依靠资本的投入推动经济增长。最后，劳动力大规模从生产率低的农业，转向生产率更高的非农产业，创造出资源重新配置效率，成为改革期间全要素生产率提高的重要组成部分，进而成为经济高速增长的源泉。

唯其如此，一旦人口结构向着不利于经济增长的方向发生变化，即人口红利消失，潜在经济增长率必然下降。事实是，中国15~59岁劳动年龄人口已于2010年到达峰值，随后开始负增长。伴随着劳动力供给的变化，资本边际回报率也已经开始降低。即便生产率提高速度保持不变，中国GDP的平均潜在增长率也将从"十一五"期间的10.5%下降到"十二五"期间的7.2%，并在"十三五"期间进一步下降到6.1%。

潜在增长能力是一个与生产要素的供给能力以及全要素生产率提高速度相关的概念，因此，靠以刺激投资为抓手的需求拉动，并不能改变潜在增长率。然而，从供给方因素入手，提高潜在增长率是可行的，也是必要的。根据我们所做的一项模拟，至少有两个变量的改变，可以显著地提高未来的潜在增长率。而这两个变量都可以通过农民工的市民化产生有利的变化。

第一，如果在2011~2020年，每年把非农产业的劳动参与率提高1个百分点，这一期间的年平均GDP潜在增长率可以提高0.88个百分点。在劳动年龄人口负增长的情况下，仍有增加劳动力供给的办法，那就是提高劳动参与率。农民工没有城镇户口，社会保险覆盖率低的现实，意味着他们作为城镇所需劳动力的主要供给者，就业预期不稳定，非农劳动参与率也较低。

这表现在，一方面，随着宏观经济的波动，农民工常常受到周期性失业的冲击，许多人甚至不得已而返乡；另一方面，由于不能享受相关的社会保险和社会救助，特别是不能预期在城市颐养天年，他们在较低的年龄就主动退出了城市劳动力市场。据国家统计局调查，2011年，在本乡镇就业的农民工中，40岁以上的占60.4%，而在外出农民工中，40岁以上的仅占18.2%。可见，以市民化为核心的城市化，无疑可以稳定农民工的劳动力供给，提高他们的实际劳动参与率，产生提高潜在增长率的积极效果。

第二，如果在2011~2020年，全要素生产率的年平均提高速度每年增加1个百分点，这一时期的年平均GDP潜在增长率可以提高0.99个百分点。固然，提高全要素生产率有诸多途径，但是，在农业劳动力比重仍然较高的情况下，推动剩余劳动力的持续转移，可以继续获得资源重新配置效率。刘易斯转折点的到来，并不意味着农业中剩余劳动力的即刻消失，而只是以不变的生存水平工资，不再能够吸引劳动力转移。

2003~2011年，农民工工资的年均实际增长率达到12%，并且呈现逐年加速的趋势。这个增长速度是符合中国经济到达刘易斯转折点的预期的。但是，工资增长如果继续加快，超越劳动生产率提高的速度，以及超过企业的承受力，就可能演变成休克式的结构调整，不利于中国经济增长的可持续性。因此，借助政府公共政策的调整，即推进以农民工市民化为核心的城市化，既可以达到推动农村劳动力继续向城市转移的目的，提高全要素生产率，又能够给企业留出必要的时间进行调整与适应。

（三）扩大居民消费需求

一国的经济增长，除了依靠生产要素供给和生产率提高的支撑之外，还需要与潜在增长能力相应的需求拉动。针对2012年经济增长减速，有两种观点，一种观点认为，受世界经济低迷特别是欧债危机的影响，中国经济放缓是外需不足所导致，如果外部环境不能得到恢复，中国经济可能会遭到更大的冲击。这种观点倾向于建议政府采取必要的刺激措施。另一种观点认为，中国应该把外需不足当做倒逼经济转型的动力，逼其转向内需特别是消费需求拉动。笔者在赞成第二种观点的基础上，补充一句：出现外需孱弱的现象可能是好事，避免了过于强劲的需求把增长速度拉到潜在产出能力之上。

实际上，中国潜在增长率的降低，为实现经济增长供给方因素与需求方因素的平衡，创造了宽松而有利的环境，使经济增长可以不再过度依赖投资需求。例如，2001~2011年，在拉动GDP年度增长率的需求因素中，消费需求贡献了4.5个百分点，资本形成（投资需求）贡献了5.4个百分点，净出口贡献了0.56个百分点。因此，即使"十二五"期间净出口的贡献为零，投资需求减半，靠国内消费需求和一半投资需求形成的需求拉动（4.5+2.7=7.2个百分点），也足以支撑这一时期的潜在增长率（7.2个百分点）。

不过，通过改革特别是通过推进农民工市民化为核心的城市化，潜在增长率将有所提高，因此也需要更强劲、更可持续的需求因素与之适应。今后，无论是世界经济的复苏乏力，还是中国比较优势所发生的变化，都难以使我们预期更乐观的出口需求。同时，过度依靠投资拉动的传统增长模式也需要转变，所以我们也不寄希望于过快的投资需求增长。因此，城市化蕴涵着深厚的内需潜力，实际上指的是以农民工市民化为核心的城市化所创造的国内消费需求。

在农民工成为实质意义上的城市市民之前，由于他们的终身收入流缺乏稳定性，其消费充满了后顾之忧，并不能成为像城镇居民一样的正常消费者。通常，农民工需要把收入的1/4左右寄回农村老家，作为个人的保障手段以平滑自身消费。这意味着，如果通过户籍制度改革，很大一部分农民工的社会保障覆盖率能够达到城镇居民水平，即便在收入不提高的情况下，他们可以列入消费预算的收入至少也可以增加1/3。可以预期的是，市民化的过程必然会进一步增强农业转移劳动力的收入稳定性，扩大其劳动参与率，收入增长也是自然而然的，这将大幅度地扩大居民消费需求。

我们可以粗略地算一笔账，看农民工市民化所产生的需求收入效应，或可能创造何种数量级的消费需求。如果农民工像城市户籍职工一样筹划自己的收支预算，也就是把原来寄回家的1/4工资留在手里，他们可支配的工资可以提高33.3%，提高幅度相当于从城镇居民收入五等分组中的"较低收入户"提升到"中等偏下户"，而通常这个收入组的提升可以将消费支出提高29.6%。换一个角度看，如果他们不再把工资的1/4寄回家，1.59亿农民工按照2011年平均工资计算的工资总额，将达到3.9万亿元，相当于这一年全国居民消费支出16.49万亿元的23.6%。或者说，如果农民工把这1/4工资用于消费，可以把全国居民消费支出提高约6%。

不仅如此。根据中国的投入产出表，在国内最终消费支出中，大约3/4是城乡居民的消费支出，1/4是政府消费支出。后者是指政府部门为全社会提供公共服务的消费支出，以及免费或以较低价格向居民提供货物和服务的净支出。以农民工市民化为核心的城市化,一方面由于为农业转移劳动力提供了更稳定的就业机会,以及更加均等的基本公共服务,可以大幅度提高居民的消费水平;另一方面又因强化了政府提供均等化基本公共服务的责任,可以合理地扩大政府消费规模。这两个效果进而都将表现为国内消费需求的扩大,有助于促进经济增长更加平衡、更加协调、更可持续。

(四) 转变农业生产方式

进入 21 世纪,中国的"三农"事业经历了黄金时期,主要表现在国家财政对农业的明显倾斜,以及实施一系列"多予少取"和"只予不取"的政策措施。例如,2001~2011 年,在国家财政总支出增长 4.8 倍的同时,财政对农林水事务的支出增长了 9.8 倍。2011 年农民拿到手里的各类直接补贴即达 1407 亿元。近年来,农村居民收入增长速度快于城镇居民,城乡收入差距呈现缩小的趋势。虽然农村年轻人大规模外出导致农业劳动力年龄偏大,但是,由于农业机械化速度加快,市场化和社会化农业生产服务体系日臻完善,农业劳动生产率未出现下降的情况,粮食生产实现了连续九年丰收。

但是,总体而言,中国目前"三农"事业仍然是建立在政府补贴的基础上,而不是靠现代化的生产方式以及价格激励机制。国家各类种粮补贴逐年增加,粮食最低收购价格不断提高。许多"三农"问题学者和政策研究者,仍然把农业看做一个天生的弱质产业,缺乏国际竞争力,从而不能完全自生自立。与此相应的政策倾向,出于对农业产业式微和农村经济社会凋敝的担忧,希望继续把劳动力流动和人口迁移保持为一个"有来有去"的候鸟型模式。这应该是造成现今没有市民化的城市化的政策根源。

其实,羞羞答答的城市化,并不能造就一个建立在价格激励和规模化经营基础上的现代化农业生产方式。在缺乏稳定的定居预期的情况下,外出的农民工不敢转让承包土地的经营权,更不愿意放弃已经闲置的宅基地,造成在最严格的土地管理制度下,土地的生产和生活利用率却有所下降。

例如,2011 年农民工总规模为 2.53 亿人,其中 9415 万人在本乡镇从事非农产业。这些劳动者从就业性质来看,无疑已经离开土地,但是,他们中很多人仍然兼营农业,承包土地和宅基地无疑也继续保留。同年,外出农民工即离开本乡镇 6 个月及以上的农村劳动力为 1.59 亿人,其中 1.26 亿人属于住户仍在农村的外出家庭成员,他们无暇从事农业生产,但承包地和宅基地并不会放弃。此外,还有 3279 万举家外迁农村人口,已经完全脱离了农村生活和生产活动。但是,他们名下的承包地和宅基地使用权,在很多情况下也没有放弃。有些人在把承包土地转包他人耕种的情况下,却享受着政府给予的种粮补贴。

由此可见,在务农劳动力大幅度减少的同时,农业经营户总数,即或者全业或者兼业或者仍然实际拥有承包土地经营权的农户数量,并没有实质性减少。这导致农业经营规模不能随着农业就业比重的下降而相应扩大,妨碍了农业劳动生产率的提高。作为家庭联产承包责任制的一个结果,中国农业土地分布具有零散、细碎、经营规模小的特点。在劳动力总数减少的情况下,如果未能根本改变这种土地经营状况,不仅不利于机械化耕作,土地边界和田埂还浪费土地,较小的经营规模,更妨碍生产者对价格激励做出积极的反应,不利于形成专业化和职业化经营。

虽然在发达国家普遍存在政府对农业的补贴,但是,真正具有可持续性和竞争力的发达农业,归根结底是建立在农业本身的自立能力基础上的。诚然,中国目前的发展阶段,仍然需要实行城市支持乡村、工业反哺农业的政策。但是,着眼于未来,构造现代化农业的生产方式基础,已经越来越具有紧迫性。而这个符合经济发展规律的过程,需以农业人口转移的彻底性为前提条件。

二、农民工市民化的主要进展

农民工市民化是劳动力流动的必然要求,是工业化和城市化的必然趋势。进入21世纪,随着中国工业化和城市化进程中的劳动力供求发生阶段性新变化,国家开始大力致力于实现城乡统筹,建立全国统一的劳动力市场,切实保障进城农民工的劳动就业权益,并在社会保障和随迁子女教育等方面进行大幅改革,推动农民工市民化进程。总体上看,2000年以来,国家开始不断取消农民工进城就业的不合理限制,逐步实现城乡劳动市场一体化;同时,积极推进就业、社会保障、户籍、教育、住房、小城镇建设等多方面的配套改革。到目前,农民工社会化的法规制度框架基本确立,农民工市民化步伐不断加快并取得了明显进展。

(一)平等的就业权利进展

20世纪90年代后期,一些大中城市为了保证城市居民就业,规定了限制或禁止农民进入的职业和工种。这些做法损害了进城农民工平等的就业权利,对外出就业农民带有明显的歧视性。在此背景下,国家开始通过劳动政策调整对农民工的平等就业权益加强保障。2001年3月，全国人大在《中华人民共和国国民经济和社会发展第十个五年计划纲要》中，着重强调打破城乡分割体制，逐步建立市场经济体制下的新型城乡关系，改革城镇户籍制度，形成城乡人口有序流动的机制，取消对农村劳动力进入城镇就业的不合理限制，引导农村富余劳动力在城乡、地区间有序流动。2003年，《国务院办公厅关于做好农民进城务工就业管理和服务工作的通知》颁布，要求各地取消企业对使用农民工的行政审批，取消专门为农民工设置的登记项目，切实解决农民工在城镇的生产生活问题，强调对农民工和城镇居民应一视同仁。同年，农业部等六部委出台了《2003~2010年全国农民工培训规划》，明确中央和地方各级政府在财政支出中安排专项经费扶持农民工培训工作，农民工的就业服务和培训开始纳入公共财政的范畴。2003年11月22日，国务院办公厅发出《关于切实解决建设领域拖欠工程款问题的通知》，提出自2004年起，用3年时间基本解决建设领域拖欠工程款以及拖欠农民工工资问题。

2004年《中共中央国务院关于促进农民增加收入若干政策的意见》（2004年中央"1号文件"）提出，进一步清理和取消针对农民进城就业的歧视性和不合理收费，简化农民跨地区就业和进城务工的各种手段，防止以交换手法向进城就业农民及用工单位乱收费。这一文件确立了公正对待农民工，让进城农民融入城市的完整改革框架。同年，又颁布了《国务院办公厅关于进一步做好改善农民进城就业环境工作的通知》，要求地方各级政府，特别是城市政府要进一步提高认识，把改善农民进城就业环境作为重要职责，列入重要工作日程，做好农民进城就业的管理和服务工作。该阶段的政策，反映出政府对改善农村外来工就业环境的重视，标志着国家对农村外来工政策调整进入新阶段。①

2006年3月27日，国务院颁发了《关于解决农民工问题的若干意见》，强调要消除农民工就业歧视和促进机会平等。这是中央政府关于农民工的第一份全面系统的政策文件，它涉及了农民工工资、就业、技能培训、劳动保护、社会保障、公共管理和服务、户籍管理制度改革、土地承包权益等方面的政策措施。2007年颁布了《中华人民共和国就业促进法》、《中华人民共和国劳动合同法》、《中华人民共和国劳动争议调解仲裁法》，基本形成了消除农民工就业歧视和促进机会平等的法律框架。

---

① 王竹林.城市化进程中农民工市民化研究.西北农林科技大学博士论文，2008.

（二）平等的社会保障权利进展

社会保障制度是国家和社会根据法律法规，保证社会成员依法获得基本生活权利，以维系社会稳定的各种社会安全制度。中国的社会保障制度主要由社会保险制度、社会救助制度、社会优抚制度和社会福利制度四部分构成，其中社会保险制度是最核心的部分。进城农村劳动力社会保障，主要是指与进城农村劳动力在城市就业有密切关联的养老、医疗、失业和工伤等社会保险。从相关的法律规定来看，中国现行的城镇社会保险制度原则上已不排斥进城农村劳动力进入，主要问题是缺乏切实有效的履行。

1995年1月起实施的《中华人民共和国劳动法》（以下简称《劳动法》）规定："用人单位和劳动者必须依法参加社会保险，缴纳社会保险费。"其适用范围是："在中华人民共和国境内的企业、个体经济组织和与之形成劳动关系的劳动者，适用本法。国家机关、事业组织、社会团体和与之建立劳动合同关系的劳动者，依照本法执行。"可见，依据《劳动法》，只要劳动者和用人单位形成劳动关系，不管他是进城农村劳动力，还是城镇户口劳动者，都有参加和享受社会保险的权利。但是，《劳动法》对社会保险的规定较为宏观，缺乏对进城农村劳动力这一特殊身份的劳动者的具体说明，给进城农村劳动力社会保障的缺失埋下了隐患。

为进一步推动社会保障体制改革，中国分别于1997年、1998年和1999年先后出台了《关于建立统一的企业职工基本养老保险制度的决定》、《关于建立城镇职工基本医疗保障制度的决定》和《失业保险条例》，对养老、医疗和失业保险的参保对象、缴费比率和享受条件等做出了明确规定。尽管这些法规所规定的社会保险覆盖范围有所不同，但它们都明确规定，只要是和有关用人单位形成劳动关系的职工，都有参加和享受相应社会保险的权利。但是，这些法规没有对"职工"的范围进行明确界定，使很多用人单位都认为农民工并不是职工，从而将他们排除在社会保险对象之外。针对这一问题，中国2004年颁布的《工伤保险条例》对"职工"一词进行了明确定义："本条例所称职工，是指与用人单位存在劳动关系（包括事实劳动关系）的各种用工形式、各种用工期限的劳动者。"可见，在此之前，在涉及农民工社会保险的法律规定方面，只有《工伤保险条例》明确将进城农村劳动力纳入"职工"范围，而其他社会保险是否应该包括进城农村劳动力，仍缺乏明确的规定。

2009年2月，国家人力资源和社会保障部向社会公布《农民工参加基本养老保险办法》，规定在城镇就业并与用人单位建立劳动关系的农民工，应当参加基本养老保险。这就明确规定了进城农民工享有和城市本地劳动力同等的社会养老保险权益。该办法规定,用人单位和农民工个人共同缴纳基本养老保险费。缴费基数按基本养老保险有关规定确定。单位缴费比例为12%;农民工个人缴费比例为4%~8%,由所在单位从本人工资中代扣代缴,并全部计入其本人基本养老保险个人账户。原来已参加基本养老保险的农民工和用人单位,可按本办法调整缴费标准。

为促进人力资源合理配置和有序流动,保证参保人员跨省流动并在城镇就业时基本养老保险关系的顺畅转移接续,国务院决定从2010年1月1日起施行的《城镇企业职工基本养老保险关系转移接续暂行办法》。该办法的主要内容包括:农民工在内的参加城镇企业职工基本养老保险的所有人员,其基本养老保险关系可在跨省就业时随同转移;在转移个人账户储存额的同时,还转移部分单位缴费;参保人员在各地的缴费年限合并计算,个人账户储存额累计计算,对农民工一视同仁。

总体上看,现行城镇社会保险制度在制度层面已经不排斥在城镇受雇的农民工。因此,尽管进城农民工各项社会保险的参保率还不高,但从政策框架和参保率的变化来看,他们平等的社会保障权利仍取得了显著的进展。造成当前农民工各项社会保险覆盖率仍不够高的原因,一方面是由于社会保险法规未能有效贯彻执行,另一方面是由于相当一部分进城农民工从事的是自我雇用,而不是单位就业,造成参保困难。今后,如果自雇进城农民工能够像城镇居民一样,以灵活就业人员身份参加社会保险,则他们的参保率必将大幅提高。

(三) 子女教育平等权利的进展

20世纪90年代中期后,政府开始意识到农民工子弟的入学难问题,在1998年由国家教委和公安部联合正式颁布的《流动儿童少年就学暂行办法》中,已允许流动儿童在城市借读。2000年之后,政府对农民工子女入学问题逐步重视,也出台了一些政策或规定。2001年,国务院印发《关于基础教育改革与发展的决定》,明确提出流动人口子女接受义务教育的"两为主"方针,即以流入地政府管理为主,以全日制公办中小学为主。2003年1月,国务院办公厅发布《关于做好农民进城务工就业管理和服务工作的通知》,要求流入地政府接收农民工子女在当地全日制公办中小学入学,在入学条件等方面与当地学生一视同仁;加强对社会力量兴办的农民工子女简易学校的扶持,将其纳入当地教育发展规划和体系,统一管理。在2006年《国务院关于解决农民工问题的若干意见》中,提出要"保障农民工子女平等接受义务教育",并明确提出了"两为主"的原则,即以流入地政府为主,负责农民工子女义务教育;以全日制中小学为主,接受农民工子女入学。

为解决进城农民工义务教育阶段后的教育问题,国务院办公厅2012年8月31日转发教育部等部门《关于做好进城务工人员随迁子女接受义务教育后在当地参加升学考试工作的意见》(国办发〔2012〕46号),对社会广为关注的实行"异地高考"的问题作了明确规定,并要求各地有关随迁子女升学考试的方案原则上于2012年底前出台。《北京市中长期教育改革和发展规划纲要(2010~2020年)》中首次提出,对符合条件的来京务工人员随迁子女将满足他们接受高中阶段教育的需求。这一政策,给今后实现异地高考奠定了基础。

我们的研究表明,城市流动儿童的义务教育普及率较高,与城市本地儿童的差距已经不是太大。数据显示,2005年,在6~11周岁和12~14周岁阶段,流动儿童男孩的在校率为95.68%和94.37%,流动儿童女孩的在校率为95.43%和94.15%。与同年龄段城市本地儿童相比,流动儿童的在校率大约低1~2个百分点。从未上过学的儿童比例来看,在6~11周岁阶段,流动儿童的这一比例男孩为3.57%,女孩为3.67%,高于城市本地儿童约1个百分点;在12~14周岁阶段,流动儿童中未上过学的比例非常低,男孩为0.33%,女孩为0.24%,与城市本地儿童基本相同(见表3-6)。

表3-6 城市流动儿童及青少年和城市本地儿童及青少年学业完成状况构成

单位:%

	学业完成状况	6~11周岁		12~14周岁		15~17周岁		合计	
		男	女	男	女	男	女	男	女
城市流动儿童及青少年	未上过学	3.57	3.67	0.33	0.24	0.37	0.53	1.80	1.70
	在校	95.68	95.43	94.37	94.15	46.33	36.62	78.29	69.83
	毕业	0.58	0.54	3.46	4.33	47.78	58.32	17.54	26.14
	肄业	0.05	0.06	0.44	0.42	1.99	1.59	0.80	0.78
	辍学	0.07	0.25	1.28	0.76	3.47	2.83	1.50	1.45
	其他	0.04	0.04	0.12	0.09	0.06	0.12	0.06	0.08
	合计	100.00	100.00	100.00	100.00	100.00	100.00	100.00	100.00

续表

学业完成状况		6~11周岁		12~14周岁		15~17周岁		合计	
		男	女	男	女	男	女	男	女
城市本地儿童及青少年	未上过学	2.84	2.53	0.49	0.38	0.36	0.36	1.47	1.29
	在校	96.36	96.56	96.56	96.29	82.26	82.82	92.12	92.23
	毕业	0.64	0.76	2.21	2.63	15.19	15.14	5.49	5.71
	肄业	0.05	0.04	0.18	0.18	0.79	0.62	0.31	0.26
	辍学	0.05	0.04	0.51	0.41	1.35	1.03	0.57	0.44
	其他	0.06	0.07	0.06	0.10	0.05	0.03	0.05	0.07
	合计	100.00	100.00	100.00	100.00	100.00	100.00	100.00	100.00

资料来源：笔者根据2005年1%人口抽样调查数据计算。

三、农民工市民化的现存障碍

（一）户籍制度改革迈开步伐，但实质性进展不大

20世纪80年代中期，中国户籍制度改革拉开序幕。1984年10月，国务院发布《关于农民进集镇落户问题的通知》，规定只要在集镇有固定的住所、有经营能力或在乡镇企事业单位长期务工的农民及家属都可申请在集镇落户。1985年，公安部发布规定，给予农民工获得"暂住证"的权利。同年，全国人大允许公民使用他们的身份证作为身份证明。这些措施的实施，加上食品、住房和其他日常用品的不断市场化，使农村劳动力到城市工作和生活变得比较容易。20世纪80年代后期，许多城市政府开始向农民工"卖"户口。他们向农民工收取一定的费用后，将其身份转换为城镇居民，费用从几千元到几万元不等。收取这些费用的名目有很多，最常用的有建设费、城市建设费、建设配套费和城市增容费等。这些费用在大城市较高，在小城市较低。

20世纪90年代初，"蓝印户口"制度开始广为实施。1992年8月，公安部发出通知，决定在小城镇、经济特区、经济开发区、高新技术开发区，对外商亲属、投资办厂人员、被征地的农民提供"蓝印户口"。经过一定时期，"蓝印户口"可以转为正式的城镇户口。20世纪90年代中期以后，小城镇户口开始全面放开。1995年，经国务院批准的《小城镇户籍改革试点方案》正式出台。该方案规定，已经在小城镇就业、居住并符合一定条件的农村人口，可以在小城镇办理城镇常住户口。2001年5月，国务院批转公安部《关于推进小城镇户籍制度改革意见》，全面推进小城镇

户籍制度改革，全面放开了小城镇户口。此后，一些大中城市为了吸引人才，先后出台了各种优惠政策，允许有一定职称、学历和级别的人才，以夫妻投靠、投资或其他方式落户大中城市。

近几年来，大多数省市区在户籍制度改革方面都进行了进一步改革。一个具有共性的改革，是尝试建立城乡统一的户口登记制度。到2007年，全国已有12个省、自治区、直辖市相继取消了农业户口和非农业户口的划分，统一了城乡户口登记制度，统称为居民户口。另外，在原来户籍制度改革的基础上，很多城市进一步放宽落户条件，包括放宽夫妻投靠、老年人投靠子女和未成年子女投靠父母的落户条件，放宽投资、兴办实业和购房人员的落户条件等，以准入条件取代以往城市落户人口控制指标。

总体上看，经过30多年的户籍制度改革，农民工流动到城市就业已经没有明显障碍，到小城镇落户也已经没有障碍，但农民工在大中城市的稳定就业和安家落户仍受到很大制约和限制。而且，城市越大，农民工越难获得本地户口。在很多大城市，户籍改革几乎没有进展，只有极少数农民工，在满足了苛刻的条件如教育程度、技能、资金实力和健康状况等之后，才能获得当地户口。

尽管中国的户籍制度改革已经取得了很大进展，但是与经济发展的要求还相差很远。目前，户口性质和户口所在地仍然是决定一个人公共福利水平的重要因素，农业户口和非农业户口、本地户口和外地户口之间仍然存在着巨大的待遇差异。在已经进城就业的农民工中，绝大部分人仍都没有取得流入地城市的户籍，他们在社会保障和子女教育等方面都面临与城镇本地居民的巨大差距。这不仅大大影响进城农民工的就业稳定性和就业质量，更大大挫伤了其在城市安家落户的积极性。

从城市社会救济和社会福利制度方面看，城市最低生活保障制度只针对具有城市本地非农户口的家庭，进城农民工家庭即使生活再困难也不可能享受到最低生活保障待遇。而且，由于这一制度具有地区封闭性，即使是外地的非农户口家庭也没有资格享受这一保障待遇。另外，城市的经济适用房、保障性住房等福利待遇，也仅针对本地城市非农户口人员提供，进城农民工根本无缘享受。这使得收入水平本来就不高、城市生活负担很重的进城农民工，几乎不可能也不敢在城市安家落户。

目前，城市地区正在推行城镇居民基本医疗保险和城镇居民基本养老保险制度，亦即对没有工作的城市居民提供相应的社会保险公共服务。这些制度基本是将非农户口人员和本市外来人员排除在外的。此外，在进城农民工子女教育上，一些城市政府并没有真正将其子女纳入当地义务教育系统，仍存在入学难、收费高等问题。

(二) 流入地城市政府对农民工提供公共服务的意愿不强

一直以来，我国城市社会保障、教育、卫生、住房等公共服务的资源配置是依据城镇户籍人口规模提供的，在对本市城镇户籍人口尚有多方面历史欠账的情况下，使公共服务覆盖大范围外来农村人口存在较大困难。从意愿方面看，城市政府为农民工提供公共服务的意愿因隶属关系的远近而递减，即首先解决本市农村进入城区务工人员，其次是本省的农民工，外省农民工排在最后。城市政府意愿不足的原因在于：教育、就业扶持和公共卫生等具有外部性，流入地无意为其他地区"做嫁衣"。[1]

对进城农民实行什么样的政策措施，直接关系到进城农民待遇安排，影响农民市民化的程度和发展趋势。应该说近年来中央政府从战略高度出台了一系列政策，为进城农民市民化开绿灯。但地方政府出于自身多方面的权衡和考虑，往往采取了不同的政策态度，使中央决策受阻。由于我国实行的是统一决策，分级管理的体制，地方政府和中央政府在就业、社会保障等方面承担了不同的责任。地方政府在制定和出台某种政策时，往往会在政治成本和政治收益之间作出选择，最终出台那些能使政治收益最大化的政策。出于代表城市市民集团利益考虑，城市政府以本市劳动力充分就业为重要目标，并将此作为保证市民收入提高的一个手段。因此在对农民进城实现市民化问题上，实行排斥和抑制政策的多，鼓励和支持政策的少。[2]

有研究指出，流入地城市政府对农民工提供的公共服务严重不足。例如，促进就业是一项公共政策，各国政府都发挥着重要作用。进入21世纪，我国政府的公共就业服务体系在解决农民工问题上发挥的作用越来越大，但与庞大的农民工就业需求相比，政府对农民工提供的公共就业服务仍有很大缺口。这表现在公共就业服务体系薄弱，相关政策措施和用工信息没有传递到农民工手中；以城市居民为主要服务对象的就业服务模式，即通过组织招聘洽谈或登记的方式，对流动性大、低层次的劳动力已不适用；农民工想返乡创业或就业，获得政策和就业信息很难。[3] 国家至今没有

---

[1] 申兵. 通过政府分担机制提高农民工市民化程度. 农村工作通讯, 2011 (2).
[2] 姜作培. 农民市民化必须突破五大障碍. 城市规划, 2003 (12).
[3] 纪韶. 举家外出的农民工融入城市问题研究——对在北京务工的 500 个农民工家庭的访谈数据分析. 经济理论与经济管理, 2012 (1).

建立起农民工就业统计和信息发布制度以及就业预警机制，面向农民工的就业信息，纵向短路，横向阻隔，各机构之间信息缺乏沟通。

（三）进城农民工知识技能水平总体偏低

农民工素质的高低、能力的强弱，不仅是影响进城农民能否在城市找到工作、在城市立足和发展的重要条件，同时更是制约农民工能否融入城市、最终成为市民的重要因素。前文的分析表明，进城农村劳动力绝大部分为初中及以下文化程度，平均受教育程度只能达到九年制义务教育的水平，文化素质和技能水平总体较低，特别是和市民比较还有相当的差距。据劳动和社会保障部组织各地统一开展的"农村外出务工人员就业情况调查"和"企业春季用工需求调查"，企业招用职工比较注重文化程度和技能水平，但多数农民工没有接受过正规的技能培训。对企业的调查显示，2010年，87.7%的新增岗位要求具有初中以上的文化程度，其中，23.8%的岗位要求达到高中以上文化程度；37.3%的岗位需要初级工以上的技能水平，其中，9.2%的岗位需要达到中级工以上的职业资格。[1]

进城农民工中接受过职业培训的比例很低，只有28%，绝大多数外出前没有掌握必要的专业技能，不了解工业生产的基本规范，不熟悉城市生活，因此只能吃"青春饭"，从事简单体力劳动。[2]这就导致他们在城市劳动力市场中竞争力弱，受经济周期的影响很大，一旦经济不景气，用工需求减少，他们就很容易失去工作。因此，进城农民工这种低水平的人力资本，难以适应当代城市工作和城市产业结构的进一步升级需要。

当前，经济全球化速度加快，中国融入世界经济的程度进一步加深，国际制造业加速向中国转移，中国的产业结构正在经历一个不断升级和梯度转移的过程，对技能人才特别是高技能人才的需求剧增。而作为中国产业大军重要组成部分的农民工，文化素质和技能水平普遍较低，不能适应非农产业技术进步、结构升级和国际化进程步伐加快对高素质员工的要求，导致农村劳动力供求结构性矛盾越来越突出。如何发展教育事业、做好农民工的技能培训，以满足产业发展的需要，是中国面临的一个巨大挑战。

---

[1] 欧阳慧. "十二五"时期推进农民工市民化的思路建议. 宏观经济管理，2010（5）.
[2] 徐增阳，古琴. 农民工市民化：政府责任与公共服务创新. 华南师范大学学报（社会科学版），2010（1）.

四、推动农民工市民化的政策建议

（一）户籍制度改革需要实质性突破

城市化是现代化的重要标志，也是全面建成小康社会的关键载体。中共十八大召开以来，全国上下对于推进城市化的热度前所未有地高涨。但是，推进城市化的澎湃激情，需要建立在基于一般规律和中国国情的对城市化内涵的准确理解之上。从经济发展阶段出发，中国城市化的核心应该是农业转移人口进入并落户于城市，享受基本公共服务的普照之光。因此，推进城市化要求深化户籍制度改革，实现农民工的市民化。当前最紧迫的任务，是从以下三个方面推进户籍制度改革的实质性突破。

首先，中央政府要提出改革目标和实施时间表。即把以户籍人口为统计基础的城市化率作为指导性规划下发给地方政府，分人群有条件地设定完成改革的截止期。大致来说，在2020年之前分步骤、分人群满足目前1.59亿人的落户和基本公共服务需求，消除人户分离的存量问题；同时按照每年城市化水平提高1个百分点的节奏，可以在劳动力转移到城市后5年的时间里，解决户籍问题。即到2030年前，大体上使完整意义上的城市化率达到70%。

其次，明确区分中央和地方在推进户籍制度改革中的财政责任。中央要对基本公共服务的内涵和外延做出明确界定，据此重新划分中央和地方责任，同时也可以避免不顾国情无限扩大覆盖范围的现象。建议由地方政府为社会保障和最低生活保障等生活救助项目中补贴部分埋单，而中央政府承担全部各级义务教育责任。这样，也可以同时解决长期存在的义务教育在地区之间和城乡之间的不均衡问题。

最后，地方政府根据中央的要求制定改革路线图，按照既定时间表推进改革。对于尚未纳入市民化时间表的农民工及其家庭，地方政府有责任尽快为其提供均等化的基本公共服务。根据问题的紧迫性，区分先后地推进基本公共服务均等化进程，大体上，均等化的顺序应依次为：基本社会保险（其中顺序应为工伤保险、养老保险、医疗保险、失业保险、生育保险）、义务教育、最低生活保障和保障性住房。其中基本社会保险和义务教育的充分覆盖，应该无条件地尽快完成。

（二）进一步解决进城农民工子女的教育问题

解决进城农民工子女教育问题，必须尽快建立以居住地而不是户籍为基础的教育管理体制。留守和流动儿童的教育之所以成为显著的问题，在很大程度上归因于基于户籍和城乡的教育管理体制，与工业化进程中劳动力流动的客观规律之间的冲突。加快户籍改革，逐步弱化乃至取消与户籍相关联的城乡分离制度，是劳动力流动的必然要求。要采取配套措施，鼓励引导有条件的农民工融入城市，接受留守儿童在父母务工所在地入学，改变儿童教育的"城乡分治、一国两策"的格局。改革儿童教育在升学制度、教材设置、学籍管理等方面的问题，彻底改变儿童教育的城乡分割和地区分治痼疾，方便儿童流动，保证其学习的连续性。

要改变义务教育的逐级划片管理模式，实行义务教育的属地管理模式，让农民工子女获得与城市孩子一样的受教育权利。城市政府应负责保障农民工子女平等接受义务教育的权利，将农民工子女教育纳入教育发展规划和教育经费预算。以公办学校为主接受农民工子女，政府按照统一标准向学校划拨生均经费；支持社会力量举办"农民工子弟学校"，对于愿意承担义务教育任务、具有办学师资和安全设施的民办学校在师资培训、教学设备购置、校园用地等方面予以支持，并按学生人数给予财政补贴，保证农民工子女能接受质量合格的基础教育。确立民工子弟学校的合法地位，妥善地将农民工子弟学校纳入国家教育体系，使办学者能进行长期的追加投资，设计学校的长远发展规划，发挥农民工子弟学校填补正规教育供给不足的缺陷。[①]

要着力解决进城农民工子女的义务教育阶段后的教育，尤其是"异地高考"问题。外来务工人员虽然不具备流入地的城市户口，但他们为城市发展、经济繁荣作出了贡献，已成为事实上的"当地人"。按照权责对等的原则，让他们的子女享受平等的受教育权、考试权和录取资格，像流入地的孩子一样，分享公平教育的阳光，是一种很正常的教育待遇，也是社会公共福利的应有之义。关于"异地高考"，可以借鉴有关专家提出的"全国统考+大学入学考试"模式，[②] 即在全国统考之后，再加一场大学入学考试（由各所大学自出题和考试）。这样既解决了高考户籍问题，消除了地域歧视，减小了一考定终身的偶然性，又充实了高校的自主经营管

---

① 王竹林. 城市化进程中农民工市民化研究. 西北农林科技大学博士论文，2008.
② 张苏婷. 推进异地高考——中国高等教育改革的突破. 佳木斯教育学院学报，2011 (6).

理权,符合大学"自治"的精神,有益于大学各自"学术"的继承与发展。

(三) 建立和完善进城农民工住房保障体系

不断完善农民工住房保障体系和政策支持体系,加快建立多种形式、多个层次的农民工住房供应体系,逐步解决农民工居住问题。

首先,完善和落实农民工廉租房制度。鼓励有条件的企业建职工宿舍、农民工公寓,积极改善农民工在用人单位的居住条件。鼓励以大中城市城乡结合部的城镇社区和农村村委会为单位,利用非基本农田,为农民工兴建集居住、文化、教育、卫生服务设施于一体的居住社区。在符合城市发展规划的条件下,应允许集体经济组织利用集体土地建设符合农民工需求的集体宿舍和家庭式住房。发挥政府的主导力量,支持廉租房建设,使农民工租得起、住得下。政府要引导住宅开发企业在合理规划的基础上,建设面向农民工的低租金住房,向用人企业或农民工个人出租。

其次,完善农民工住房支持政策。建立农民工住房补贴制度和农民工城市公共住房专项资金。逐步将住房公积金制度覆盖范围扩大到在城市中有固定工作的农民工群体,实行灵活的缴存政策,允许农民工及其单位暂按较低的缴存比例,先行建立住房公积金账户。对于购买城市经济适用房、限价房的农民工给予契税优惠。对于为农民工提供租赁住房的业主或机构,给予一定的税收减免。对兴建农民工公寓的个人和机构,鼓励金融机构提供低息长期银行贷款或公积金贷款。完善土地供应制度,土地利用规划、城市总体规划都要为农民工住房预留空间。逐步完善"住房公积金制度、住房补贴制度、财税支持制度、金融服务制度、土地供应制度、规划保障制度相互补充"的农民工住房政策体系。①

最后,探索建立经济租用房制度,解决收入较高的农民工家庭住房问题。②"经济租用房"又叫经济性租房,是指政府或企业持有一部分房源,并将这些房屋以一定价格出租给特定人群。这些房屋的居住条件要好于廉租房,是专门为特定人群解决居住问题所设定的。这是以政府提供政策支持为前提,用市场的办法建设和租赁,其租金价格略低于同等条件下的市场租金价格,房屋多为小户型,供应对象主要面向中低收入住房困难群体,房屋租金实行以物价部门核实的成本来定租金。目前,这一制度已在福建等地推行。它是继经济适用房、廉租房、限价房之后,一种全新的住房模式。

---

① 国务院发展研究中心课题组. 农民工市民化进程的总体态势与战略取向. 改革, 2011 (5).
② 王竹林. 城市化进程中农民工市民化研究. 西北农林科技大学博士论文, 2008.

(四) 加强培训以提高进城农民工的人力资本水平

农民工能否由"乡下人"转变为真正的"城里人",除了制度、法律、资金等因素之外,还取决于农民工自身的素质和自我发展的能力。综合素质较高的农民工,进城后一方面容易获得较多的就业机会,容易获得相对稳定的职业和较高的收入;另一方面又容易缩小与市民的差距,培育市民观念,承担市民义务,得到市民社会及其管理者的认同,更好地融入市民社会。[1] 政府应通过加强进城农民工培训,提高他们的知识技能水平,为农民工市民化提供助推力。

城市公共职业教育和培训服务向进城农村劳动力充分开放。目前,中国已经在城市建立起了比较完善的公共就业服务体系,提供包括公共就业信息、公共职业介绍、公共职业培训和针对特殊对象的就业援助等服务,而且这些服务基本都是免费的。但是,城市公共就业服务体系尤其是公共职业培训服务,主要是针对城镇本地居民,尤其是城镇再就业困难群体提供服务,进城农村劳动力很难获得公共职业培训服务。进城农村劳动力在城市工作和生活,为城市经济做出了实实在在的贡献,而且相当一部分进城农村劳动力已经在城市工作多年,除户籍身份外,他们与城镇本地居民没有任何区别。因此,不能仅仅凭身份的差异而将农民工排斥在城市公共职业培训服务之外。现行的城市公共职业培训服务对象,应该扩大到所有的在城市公共就业服务机构进行求职登记的农民工。中央政府要安排专门的资金,对农民工主要流入地进行专门的转移支付,以维护各地区之间在农民工公共职业培训负担方面的公平性。

政府要增加对农民工职业培训的财政补贴,降低农民工的职业培训负担。职业教育和培训,具有准公共物品的性质,不仅有利于农民工个人技能和收入的提高,也有助于整个社会劳动生产率和经济发展水平的提高。由于农民工对参加职业培训,尤其是商业性职业培训的效果评价很好,但培训费用支出又超出了很多农民工能够承受的范围,因此国家除向进城农村劳动力提供必要的公共职业培训服务外,还应增加对农民工参加商业性职业培训给予必要的财政补贴。国家除继续实施现有的农民工培训补贴和扶持政策外,应结合农民工的实际,对符合一定条件的农民工直接给予财政补贴,或是提供类似大学生助学贷款的"培训贷款"或贷款担保,等培训完成以后在一定期限内逐步偿还。

---

[1] 简新华. 新生代农民工融入城市的障碍与对策. 求是学刊, 2011 (1).

要加大投入,建立多元化的职业教育和培训投入机制。当前,资金短缺已经成为中国职业教育和培训发展的重要制约。分析表明,近年来职业教育经费在教育经费中的比重在不断下降,财政性职业教育经费占财政性教育经费的比例以更快的速度不断下降。因此,首先政府应切实加大对职业教育的投入,体现政府对职业教育的责任。同时,应创造条件,鼓励和吸引社会资本进入职业教育和培训。政府要充分发挥桥梁和媒介作用,沟通企业和职业教育机构之间的联系,促进社会资本向职业教育和培训领域充分流动,实现职业教育和培训投入主体的多元化,并在征地、科研、税收、人才引进等方面给予职业教育机构政策上的支持。

第四章 劳动力市场制度建设

　　一个功能完备和成熟的劳动力市场，不是一夜之间就形成的；由一系列制度体系和规则构成的劳动力市场机制，也不是一成不变的。因此，劳动力市场几乎永远处在成长、转型和发育状态中。在所有从原来的计划经济向市场经济转轨中的国家，使劳动力市场得以发挥作用的主要机制都有待于通过改革而重新构建。

　　选择符合国情的劳动力市场规制十分重要。在向市场经济转型的过程中，一国往往面临着如何选择不同的劳动力市场规制手段的问题。是否能够扩大就业，是进行制度选择和制度评判的重要标准。20世纪70年代以来，和美国相比，欧洲许多国家由于执行了一系列更容易导致劳动力市场僵化的规制措施，使其就业增长速度远远低于美国。

　　与此同时，正如许多经济学家所指出的，在劳动力市场规制中，并不存在单一的制度原则，市场经济允许并且创造多样化。[①] 对于中国来说，既有在二元经济发展过程中，劳动力市场从无到有、从低级到高级的发育任务，也有在计划经济向市场经济转轨过程中，劳动力资源的配置向市场机制的轨道转变的任务。因此，劳动力市场发育在中国是一项格外艰巨的制度变革和发展任务。在劳动力市场制度建设从无到有的过程中，中国应该充分借鉴国际经验，选择适合国情的规制措施，确保对劳动力市场的管理有效，同时又不致降低劳动力市场的灵活性和竞争性。

第一节 劳动力市场规制与立法

　　随着劳动力无限供给特征的逐渐消失，劳动关系中一个所谓"供求法

[①] Freeman, Richard. War of the Models: Which Labour Markets Institutions for the 21st Century? Labour Economics, Vol.5, No.1, 1998, pp.1—24.

则"将逐渐替代城乡关系中的"数量悖论",即劳动力供求之间的关系决定着劳动者与用工者之间的谈判地位,以及他们双方在政府立法和政策决定中的相对影响力。①撇开政府或企业是否天生具有善待劳动者的良好愿望不说,西方国家政府立法更加倾向于保护劳动者的权益,工会组织得到更高的地位,在雇佣关系和工资决定中发挥更大的作用,雇主为了竞争稳定和高素质的雇员而开始改善雇佣条件,以及劳动者有了较大的选择空间,从而较少受制于"饥饿的锁链",大都是从劳动力供求关系发生变化的时候开始的。由此来看,中国目前面临着一个劳动力市场制度形成和完善的大好时机。

不过,劳动力供求关系转变并不意味着劳动者通过在劳动力市场上的讨价还价,可以使劳动关系自然而然地得到改善。无疑,劳动力市场供求关系转变,是工会组织和工资集体谈判机制获得发展的良好机会。但是,在劳动者从整体上逐渐获得更强的谈判地位的过程中,在大型企业和垄断行业企业就业的职工,因其所在企业具有较强的市场力量,而有更强的动机和激励先行组织起来,形成对于资方的抗衡力量,获得自身的劳动力市场地位。然而,对于那些中小企业来说,因其自身缺乏市场力量,或者一些企业本身就不具有自生能力,因而没有能力与劳动者分享企业成长的成果,无力满足职工的利益诉求,②这时,政府进行劳动力市场规制就成为不可替代的安排,具有格外充分的必要性和迫切性。

在劳动力丰富从而劳动力市场供大于求的条件下,劳动者在雇佣关系中经常处于不利的地位,易受到不平等对待,雇主违反劳动立法侵害劳动者利益的现象时常发生,劳动者的工作条件和待遇也不尽如人意。虽然在微观的层次上,雇主侵害劳动者利益可能在一定程度上给其带来经济利益,但是,在社会层面上,劳动者如果长期受到不平等对待,除了其利益受损伤害经济发展动因之外,还会导致劳动者群体的不满情绪,并且这种不满会从直接针对雇主转移到针对社会,危及整个社会的安定。

---

① Olson, M. The Exploitation and Subsidization of Agriculture in the Developing and Developed Countries. paper presented to the 19th conference of International Association of Agricultural Economists, Malaga, Spain, 1985; Anderson, K. Lobbying Incentives and the Pattern of Protection in Rich and Poor Countries. Economic Development and Cultural Change, Vol.43, No.2, 1995, pp.401–423.

② 关于抗衡力量产生的激励强度的论述,请参见约翰·肯尼斯·加尔布雷思的《加尔布雷思文集》,上海财经大学出版社,2006。该作者同时承认,抗衡力量的运行情况,可以在劳动力市场上得到最清楚的观察。关于企业自生能力的论述,请参见林毅夫的《自生能力、经济发展与转型:理论与实证》,北京大学出版社,2004。

在很长时间里，中国的劳动力市场一直处于供给大于需求的态势，由此，劳动力在与资本的博弈中也就处于弱势地位。因此，劳动者利益和权益持续得不到有效保护，是造成社会不和谐的一个重要诱因。在劳动力供求形势发生了根本转变的条件下，劳动者在劳资谈判中的发言权大大提高。与此同时，如果没有工资水平的提高或者对劳动者利益更好的保护，经济发展所需要的劳动力将无法得到充分的供给。如果说劳动力工资水平的提高，主要依靠劳动力市场决定，那么，劳动者利益的保护，则需要政府付出较大的努力。

作为公共政策的供给方，政府应该充当保护劳动者利益的代言人和执行者。目前，中国正在从长期的劳动力无限供给阶段转向劳动力短缺的新阶段，这种转折阶段正是政府和社会加大对劳动者实施保护的大好时机。在这个发展阶段的转折点上，政府应该积极地通过立法和各种规制，保护普通劳动者的利益和权益。一个对劳动者实施良好保护的劳动力市场，就是一道保持和增进社会和谐的有力保障线。

中国劳动力市场转型与发育的成功经验之一，是解除规制与制定规制的改革方式并用。从对于劳动力资源的计划配置转变到市场配置，要求对计划经济条件下形成的就业制度和相关规制进行深刻的改革，表现为一个解除规制的过程。整个中国经济的改革过程，都伴随着各种限制农村劳动力流动的政策改革，以及打破城市"铁饭碗"的改革，使得劳动力资源越来越建立在市场机制配置的基础上，城乡劳动力市场一体化水平不断得到提高。

例如，这类解除规制的改革包括：打破企业固定工制度"铁饭碗"，城市票证制度和住房等福利体系的改革，对外来劳动力在城市生活、就业和社会保障方面的政策环境改善，以及户籍制度的逐步放松等。在参与经济全球化的过程中，中国劳动力市场的积极作用得到充分的体现，因而在国际竞争中实现了劳动密集型产业的比较优势。中国劳动力市场具有充分灵活性这个特征，被许多其他发展中国家和转轨国家所欣羡。①

与此同时，中国在解除劳动力市场制度约束的同时，规范劳动力市场的立法和规制也从未停止。例如，早在1994年，全国人大常委会就通过了《劳动法》，对促进就业、劳动合同、集体合同、工作时间、休假、劳动报酬、劳动安全卫生、女职工和未成年工特殊保护、职业培训、社会保险和福利、劳动争议、劳动监督检查、法律责任等方面进行了规定。20世

---

① 如印度，Ministry of Finance of India. Economic Survey, 2005–2006, New Delhi, 2006.

纪90年代末，政府出台了工资指导价位制度。2004年颁布的《最低工资规定》，推动了最低工资制度在中国的全面实施。工资集体协商制度和集体合同制度在过去的10多年中，得到了一定程度的发展。2008年一系列新的劳动力市场法律出台，包括《中华人民共和国劳动合同法》、《中华人民共和国就业促进法》和《中华人民共和国劳动争议调解仲裁法》等。

第二节　工资指导价位制度和最低工资制度

随着中国劳动力市场的发育，劳动力工资水平与劳动力供求状况之间的联系越来越紧密。与此同时，一些有关工资的制度和规定也相继实施。1999年，劳动和社会保障部发布了《关于建立劳动力市场工资指导价位制度的通知》，标志着中国劳动力市场工资指导价位制度的初步建立。1994年实施的《劳动法》中，明确中国实行最低工资制度，使得该制度以法律的形式确定下来。2004年，劳动和社会保障部颁布了《最低工资规定》，推动了最低工资制度在中国的全面实施。

一、工资指导价位制度

1999年，劳动和社会保障部发布了《关于建立劳动力市场工资指导价位制度的通知》，标志着中国劳动力市场工资指导价位制度的初步建立。建立劳动力市场工资指导价位制度，有利于政府劳动工资管理部门充分利用劳动力市场价格信号指导企业合理进行工资分配，将市场机制引入企业内部分配，为企业合理确定工资水平和各类人员工资关系，开展工资集体协商提供重要依据；有利于促进劳动力市场形成合理的价格水平，为劳动力供求双方协商确定工资水平提供客观的市场参考标准，减少供求双方的盲目性，提高劳动者求职的成功率和劳动力市场运作的整体效率；有利于引导劳动力的合理、有序流动，调节地区、行业之间的就业结构，使劳动力价格机制与劳动力供求机制紧密结合，构建完整的劳动力市场体系。

《关于建立劳动力市场工资指导价位制度的通知》规定，劳动保障行政部门按照国家统一规范和制度要求，定期对各类企业中的不同职业（工种）的工资水平进行调查、分析、汇总、加工，形成各类职业（工种）的工资价位，向社会发布，用以指导企业合理确定职工工资水平和工资关系，调节劳动力市场价格。

按照《关于建立劳动力市场工资指导价位制度的通知》，劳动力市场工资指导价位要在对有关数据资料进行科学的整理和分析的基础上制定，高位数、中位数和低位数必须按照《工资价位调查方法》规定的办法确定，以保证工资指导价位在不同地区之间具有可比性。工资指导价位应在每年6月底以前发布，每年发布一次。工资指导价位要在公共职业介绍机构专项公布，有条件的城市要输入计算机，通过劳动力市场信息网络发布，供企业、劳动者和其他需要者查询。经过近些年的发展，劳动力市场工资指导价位制度建设取得了很大进展。该制度从北京和上海等大中城市起步，逐步向中小城市推进。建立了工资指导价位制度的城市，以及工资指导价位的职位数量逐年增多。

二、最低工资制度

最低工资是指劳动者在法定工作时间或依法签订的劳动合同约定的工作时间内提供了正常劳动的前提下，用人单位依法应支付的最低劳动报酬。一些率先实现工业化的国家，较早地推行了最低工资制度。例如，美国最早在1938年颁布的《公平劳动标准法案》中提出了联邦的最低工资标准。目前，世界上绝大多数国家都已经实行了最低工资制度。

1993年，中国劳动部发布《企业最低工资规定》，开始建立最低工资制度。1994年实施的《劳动法》中，明确中国实行最低工资制度，使得该制度以法律的形式确定下来。2004年，劳动和社会保障部颁布了《最低工资规定》，推动了最低工资制度在中国的全面实施。2007年，针对最低工资制度实施中出现的一些问题，劳动和社会保障部又出台了《关于进一步健全最低工资制度的通知》，进一步健全和严格执行最低工资制度。

1994年《劳动法》中的第五章，是关于工资的规定。在该章中，含有涉及最低工资的内容，该法规定："国家实行最低工资保障制度。最低工资的具体标准由省、自治区、直辖市人民政府规定，报国务院备案。用人单位支付劳动者的工资不得低于当地最低工资标准。确定和调整最低工资标准应当综合参考下列因素：（一）劳动者本人及平均赡养人口的最低生活费用；（二）社会平均工资水平；（三）劳动生产率；（四）就业状况；（五）地区之间经济发展水平的差异。"可以看出，尽管1994年《劳动法》中有关于最低工资的内容，但相对较为简单，也不甚具体。

2004年1月，劳动和社会保障部颁布了《最低工资规定》，自2004年

4月1日起施行。《最低工资规定》的出台,标志着最低工资制度在中国的正式实施。《最低工资规定》中,对最低工资标准的定义、最低工资标准的分类和适用范围以及最低工资标准的确定和调整等,进行了详细、具体和具有可操作性的规定。

根据国际经验,最低工资制度的设计主要涉及三个方面的内容:第一,最低工资制度应该覆盖哪些劳动力;第二,最低工资标准应该如何进行确定和调整;第三,最低工资制度的执行应该如何进行监督和监管。

(一) 最低工资应该覆盖哪些劳动力

《最低工资规定》中指出,"本规定适用于在中华人民共和国境内的企业、民办非企业单位、有雇工的个体工商户和与之形成劳动关系的劳动者。国家机关、事业单位、社会团体和与之建立劳动合同关系的劳动者,依照本规定执行"。也就是说,最低工资规定适用于所有用人单位和劳动者。换句话说,所有用人单位和劳动者,都要执行最低工资制度。

很多国家不把残疾人列入最低工资制度覆盖的范围。其理由是,一些企业实际上是出于人道主义的考虑雇用残疾人。假定通常情况下,残疾人的平均生产率低于具有正常劳动能力的人,如果把残疾人也列入最低工资制度覆盖的范围,那么,对雇用残疾人的企业是不公平的。也有一些国家选择把残疾人列入最低工资制度覆盖的范围,但是政府会给予残疾人工资补贴,以减轻企业的成本。

在中国,《中华人民共和国残疾人保障法》规定,"国家对安排残疾人就业达到、超过规定比例或者集中安排残疾人就业的用人单位和从事个体经营的残疾人,依法给予税收优惠,并在生产、经营、技术、资金、物资、场地等方面给予扶持"。税收优惠主要是指享受增值税、营业税、企业所得税和个人所得税等方面的优惠政策。但是,享受这些税收优惠的用人单位,必须符合若干条件,其中条件之一就是,单位必须向残疾人支付不低于当地最低工资标准的工资。①

(二) 最低工资标准应该如何进行确定和调整

1. 最低工资标准的组成部分

发达国家通常会对最低工资标准的组成部分进行非常细致的规定。例如,英国的《1999年全国最低工资条例》,对计入最低工资的工资范围的

---

① 谢增毅. 英国的最低工资制度:经验与启示. 中国社会科学院研究生院学报,2008 (6).

规定相当严格而且细致。① 在中国，根据《最低工资规定》，"在劳动者提供正常劳动的情况下，用人单位应支付给劳动者的工资在剔除下列各项以后，不得低于当地最低工资标准：第一，延长工作时间工资；第二，中班、夜班、高温、低温、井下、有毒有害等特殊工作环境或条件下的津贴；第三，法律、法规和国家规定的劳动者福利待遇等"。显然，对哪些项目该计入最低工资标准的组成部分，规定不够明确和具体。

例如，劳动者个人缴纳的社会保险费和住房公积金，通常是从劳动者的工资中代扣代缴。在《最低工资规定》中，没有规定这个部分是否应该计入工资。各个城市的规定各有不同。例如，北京市和上海市规定，劳动者个人应缴纳的各项社会保险费和住房公积金，不作为最低工资标准的组成部分，用人单位应按规定另行支付。与之相反，天津市规定，劳动者个人应缴纳的各项社会保险费和住房公积金，作为最低工资标准的组成部分。南京市则规定，住房公积金不作为最低工资标准的组成部分，而劳动者个人应缴纳的各项社会保险费，作为最低工资标准的组成部分。乌鲁木齐市则同时公布了不包含和包含劳动者个人缴纳的社会保险费和住房公积金的最低工资标准。还有很多城市，对劳动者个人缴纳的社会保险费和住房公积金，是否作为最低工资标准的组成部分，没有做出明确规定。这些状况会给最低工资制度的执行和监管带来一定难度。此外，这也造成了各城市的最低工资标准的可比性降低。

2. 月工资还是小时工资

在很多发达国家，例如英国、美国和加拿大等，最低工资标准都是采取小时最低工资标准的形式。在英国，最低工资标准采用小时计算，最低工资条例对工作小时数的计算方式也有严格规定。① 在中国，按照《最低工资规定》，"最低工资标准一般采取月最低工资标准和小时最低工资标准的形式。月最低工资标准适用于全日制就业劳动者，小时最低工资标准适用于非全日制就业劳动者"。尽管《最低工资规定》中对小时最低工资以及月最低工资和小时最低工资之间的转换都有明确的规定，但执行时仍然存在一些问题。

例如，采取月最低工资标准，可能会增加用人单位"滥用规定"的可能性。一些用人单位为了使自己符合最低工资规定，可能会延长劳动者的工作时间。这样一来，表面上看，用人单位支付给了劳动者更高的工资，但这个工资是用正常工作时间之外的劳动换取的。近几年来，对全日制劳

---

① 谢增毅. 英国的最低工资制度：经验与启示. 中国社会科学院研究生院学报，2008 (6).

动者,一些城市在规定月最低工资标准的同时,也规定了小时最低工资标准,但大部分城市仍然只规定月最低工资标准。

3. 最低工资标准根据哪些因素确定和调整

根据《最低工资规定》,中国没有全国统一的最低工资标准,省、自治区、直辖市范围内的不同行政区域可以有不同的最低工资标准。在确定最低工资标准时,通常考虑当地就业者及其赡养人口的最低生活费用、城镇居民消费价格指数、职工个人缴纳的社会保险费和住房公积金、职工平均工资、经济发展水平、就业状况等因素。确定最低工资标准的通用方法,通常是先利用比重法或恩格尔系数法,计算出月最低工资标准后,再考虑职工个人缴纳社会保险费、住房公积金、职工平均工资水平、社会救济金和失业保险金标准、就业状况、经济发展水平等进行必要的修正。

根据世界银行的建议,比较理想的模式是,最低工资标准的调整是自动的,它有一个预定的水平,然后根据一个可靠的模型,系统地进行调整。但是,这样的模式有时可能太过僵化。例如,当遭遇经济危机时,如果仍然按原来的模型进行调整(由于数据与事实通常有时滞),可能会带来较大的就业损失。政策制定者在必要时,根据经济的现实状况,对最低工资标准是否按时进行调整,给出自己的判断,是非常必要的。

在中国,根据《最低工资规定》,最低工资标准每两年至少调整一次。2008年,在287个地级市中,70%的城市都提高了最低工资标准。2008年的金融危机,对中国经济也造成了很大冲击。在金融危机发生后的2009年,所有287个地级市都没有对最低工资标准进行调整。此后的年份,大部分城市提高了其最低工资标准。无论名义还是实际最低工资水平,都呈现显著提高的态势。最低工资的增长速度以2003年为界,分为两个阶段:2003年以前,最低工资增长量和增长率相对慢一些;2003年以后则明显加快。

(三)最低工资制度的实施应该如何进行监督和监管

即使在发达国家,最低工资制度的实施总体而言也是困难的。全世界范围内,通常是劳动和人力资源部门负责最低工资制度的实施。中国也不例外,是由人力资源和社会保障部门负责。但多年以来,由于人力的限制,从事最低工资这块工作的人力相对较为薄弱。为了加强最低工资制度的实施,首先应该大力增加人力,其次要提高工作效率,例如,可以通过与用人单位之间建立网络平台,实现对用人单位的监管。

为了更有效地实施最低工资制度,在有关最低工资的法律和法规中,要对从事最低工资监管工作的人员的权利进行细致的规定，使他们有权及时从用人单位那里，获得与最低工资制度执行有关的信息，并有权惩处规避或违反法律法规的用人单位。当用人单位违反规定时，对用人单位进行的处罚，也要进行详细的规定。当然，与此同时，也要给予用人单位申诉的渠道。

《最低工资规定》规定，用人单位应在最低工资标准发布后10日内将该标准向本单位全体劳动者公示。如果用人单位违反该规定，由劳动保障行政部门责令其限期改正。如果用人单位提供的工资低于最低工资标准，由劳动保障行政部门责令其限期补发所欠劳动者工资，并可责令其按所欠工资的1~5倍支付劳动者赔偿金。总的来看，对于劳动保障行政部门的监管权力，以及当用人单位违反规定时，应该对其进行何种处罚，《最低工资规定》的规定不够具体和细致。

政府有责任通过各种渠道，例如在公共场所张贴、举办讲座和宣传活动、要求用人单位张贴最低工资规定等，让用人单位和劳动者都更好地了解与最低工资制度有关的各种信息，了解自己的权利和义务。尤其是在最低工资制度刚刚开始建立和实施的阶段，这显得尤其重要。这对最低工资制度的实施，具有关键的作用。中国2004年颁布《最低工资规定》，标志着最低工资制度的全面实施迄今只有七八年的时间。各级政府应该大力宣传最低工资制度，促进这一制度的更好实施。

第三节　工资集体协商制度和集体合同制度

工资集体协商制度和集体合同制度是调整劳动关系的重要制度。1994年的《劳动法》中，就有关于集体合同的规定。其后，一系列有关工资集体协商制度和集体合同制度的法律法规和文件陆续颁布实施，为开展工资集体协商和集体合同工作提供了政策依据。2008年实施的《中华人民共和国劳动合同法》中，进行了一些"特别规定"，这包括集体合同、劳务派遣和非全日制用工。与《劳动法》相比，《中华人民共和国劳动合同法》对集体合同进行的规定更加详细、更具有可操作性。本节将描述政府在推进工资集体协商制度和集体合同制度方面所做的努力，并分析集体合同签订状况的进展，以及各地在推进工资集体协商方面的有益探索。

一、政府为推进集体合同所做的努力

在过去几年中，协调劳动关系三方机制在推进工资集体协商工作中，发挥三方各自的职能，优势互补，协调配合，为推进工资集体协商工作，发挥了重要作用。经过10多年的努力，工资集体协商制度和集体合同制度得到了一定的发展。工资集体协商制度覆盖面不断扩大，集体合同签订率不断提高。

1994年的《劳动法》中，就有关于集体合同的规定："企业职工一方与企业可以就劳动报酬、工作时间、休息休假、劳动安全卫生、保险福利等事项，签订集体合同。"此后，各级劳动部门积极开展签订集体合同的试点工作。北京、广东、福建等地选定57户企业进行试点。1995年，北京、广东、福建等8个省、市，在800多家企业进行了集体协商和集体合同制度的试点工作。

1997年，劳动部办公厅发布《外商投资企业工资集体协商的几点意见》，指导外商投资企业开展工资集体协商工作。从全国范围看，1997年，集体协商与集体合同制度逐步建立。1998年4月，全国总工会制定下发了《工会参加工资集体协商指导意见》，明确了工会开展工资集体协商工作的基本要求，全国各地继续推行集体协商与集体合同制度。

2000年颁布实施的《工资集体协商试行办法》，对工资集体协商和工资体协议做了全面的规定，明确了企业与职工开展工资集体协商的基本规则。2001年修订后的《工会法》规定："工会通过平等协商和集体合同制度，协调劳动关系，维护企业职工劳动权益。""工会代表职工与企业以及实行企业化管理的事业单位进行平等协商，签订集体合同。"

2001年，劳动和社会保障部等五部委、协会发出《关于进一步推行平等协商和集体合同制度的通知》，以进一步推行平等协商和集体合同制度，加快培育劳动关系主体双方自主协调的机制。此后，企业集体协商机制稳步推进。截至2002年，30个省、自治区和直辖市建立了省级劳动关系三方协调机制。到2003年，29万多家企业建立了工资集体协商制度。

2004年实施的《集体合同规定》进一步规范了集体协商和签订集体合同行为。2005年，劳动和社会保障部、全国总工会以及中国企业联合会、中国企业家协会联合发布了《关于进一步推进工资集体协商工作的通知》。提出进一步完善集体合同制度，对于外商投资企业、私营企业、乡镇企业尤其是小企业相对集中的地区，由工会组织代表职工与相应的企业组织代表或企业进行平等协商,签订集体合同。2005年,全国地级以上城市普遍建立了协调劳动关系三方机制,年末全国已建立三方协调组织6600多个,34万家企业建立了工资集体协商制度。2006年和2007年,全国已建立三方协调组织分别达到8030个和10702个。

2008年实施的《劳动合同法》对集体合同进行了更加详细的规范。例如,《劳动合同法》规定:"企业职工一方与用人单位通过平等协商,可以就劳动报酬、工作时间、休息休假、劳动安全卫生、保险福利等事项订立集体合同。集体合同草案应当提交职工代表大会或者全体职工讨论通过。"例如,《劳动合同法》中还规定:"在县级以下区域内,建筑业、采矿业、餐饮服务业等行业可以由工会与企业方面代表订立行业性集体合同,或者订立区域性集体合同"等。

温家宝在十一届全国人大一次会议的《政府工作报告》上提出"推动企业建立工资集体协商制度,完善工资指导线制度,健全并落实最低工资制度"。这是工资集体协商制度首次被写入政府工作报告,凸显了工资集体协商制度在新的劳动力市场形势下的重要性。2008年6月,全国总工会连续下发了《中华全国总工会关于建立集体协商指导员队伍的意见》和《中华全国总工会关于开展集体协商要约行动的意见》,2009年7月又下发了《中华全国总工会关于积极开展行业性工资集体协商工作的指导意见》。

2008年4月,人力资源和社会保障部召开全国劳动关系工作座谈会,提出"彩虹计划"。这一计划的内容是全面推进工资集体协商制度和集体合同制度。会议确定了今后5年的发展目标:2008年和2009年,在东部地区规模以上企业普遍建立集体协商和集体合同制度,2010年底要在中部地区规模以上企业普遍建立,2012年底在全国规模以上企业普遍建立。同时,积极推进区域性、行业性集体协商,逐步将集体合同制度覆盖各类中小企业,力争5年内基本在各类企业建立集体协商和集体合同制度。

2010年5月,人力资源和社会保障部、中华全国总工会、中国企业联合会/企业家协会联合下发了《关于深入推进集体合同制度实施彩虹计划》。该计划中提出的目标是,从2010年到2012年,力争用三年时间基本在各类已建工会的企业实行集体合同制度。2010年和2011年,集体合同制度覆盖率分别达到60%以上和80%以上。对未建工会的小企业,通过签订区域性、行业性集体合同努力提高覆盖比例。集体协商机制逐步完善,集体合同的实效性明显增强。

2010年,全国工会基层组织建设工作会议召开,提出要大力推动企业依法普遍建立工会组织,依法普遍开展工资集体协商。会议提出的目标是，2010年、2011年和2012年，全国企业法人单位建会率分别达到60%以上、75%以上和90%以上，职工入会率分别达到82%以上、87%以上和92%以上，基本实现企业依法普遍建立工会组织的目标。

从工会建立和发展的情况看，20世纪90年代全国工会基层组织数基本保持稳定，在20世纪90年代后期还有所下降。2000~2002年，工会基层组织数有一个大幅度的增长。2003年以来，工会基层组织数呈现稳定的增长态势，2011年达到232万个。工会会员人数在整个20世纪90年代基本保持稳定，在1亿人左右。进入21世纪以来，工会会员人数开始迅速增长，2011年达到2.59亿人（见图4-1）。

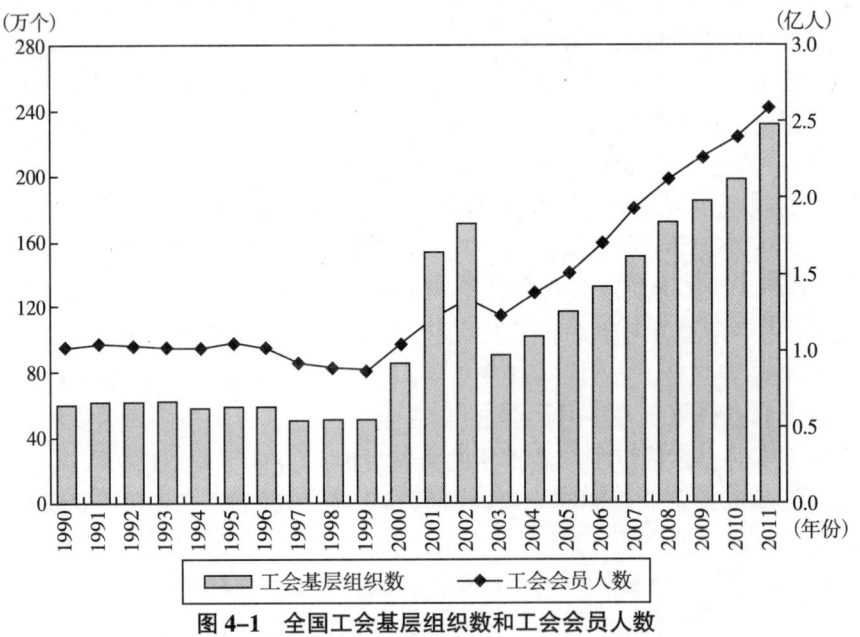

图4-1　全国工会基层组织数和工会会员人数

注：2003年起工会基层组织数统计口径有所调整。
资料来源：国家统计局. 中国统计年鉴（2012）. 中国统计出版社，2012.

2011年初，全国总工会下发了《中华全国总工会2011~2013年深入推进工资集体协商工作规划》。规划中提出，从2011年起用3年时间，到2013年底已建工会组织的企业80%以上建立工资集体协商制度，基本实现已建工会企业普遍开展工资集体协商，其中实现世界500强在华企业全部建立工资集体协商制度。规划还详细制定了2011~2013年每年的年度规划目标，提出了工作重点和主要措施。

二、集体合同签订状况

随着工资集体协商制度和集体合同制度的推进，全国各地报送劳动保障部门审核通过的集体合同数和涉及职工数都在不断增长（见图 4-2）。1998 年，集体合同数为 15 万份，涉及职工 5000 万人；2001 年集体合同数增长至 27 万份，涉及职工 7000 多万人；2002 年，集体合同数有一个大幅度的增长，猛增至 63.5 万份，涉及职工 8000 多万人；在 2008 年《劳动合同法》实施后的 2009 年，集体合同为 70.3 万份，覆盖职工 9400 多万人；2011 年，集体合同达到 96.2 万份，覆盖职工 1.22 亿人。

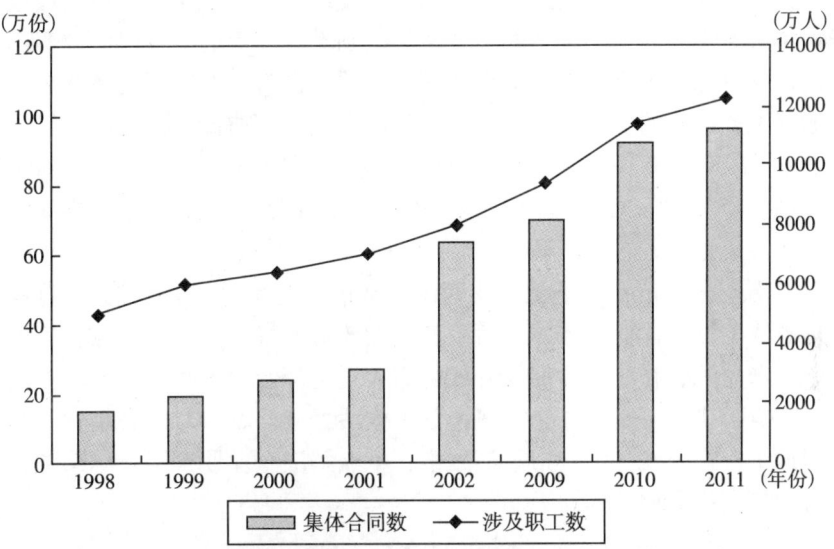

图 4-2 报送劳动保障部门审核通过的集体合同数和涉及职工数

资料来源：人力资源和社会保障部. 人力资源和社会保障事业发展统计公报（历年）. http://www.mohrss.gov.cn/.

三、各地在推进工资集体协商方面的有益探索

全国各地在推进工资集体协商方面，积极开展了很多有益的探索。例如，杭州市出台了《关于进一步推进工资集体协商工作的意见》，规定签订工资集体协商制的企业，如果不肯和员工代表谈涨工资，将及时向企业发出"整改建议书"；对拒不整改的，由劳动保障部门责令限期改正。在杭州，目前已建工会企业中，80%以上都实行了工资集体协商。按照计划，

这个数字2012年达到90%以上。浙江省目前已有近850万名职工按照集体协商定工资。

《北京市工会深入推进工资集体协商三年行动计划》于2010年12月发布。根据该计划，到2013年，北京市将推动规模以上企业独立开展工资集体协商，规模以下企业通过签订区域、行业工资专项协议建立协商机制。80%以上的建会企业普遍建立工资集体协商制度，实现各类企业全覆盖。

近几年，青岛市总工会以建立集体协商和工资共决机制为目标，大力推行工资集体协商，不断探索工资集体协商形式、途径和方法，使集体合同和工资集体协商成为工会协调劳动关系的重要手段。先后出台了一系列文件，明确规定企业建立集体协商制度和要约权利，规定企业应当通过工资集体协商建立职工年度平均工资增长机制。青岛市的工资协商内容不断丰富。既有协商工资水平、工资分配制度的，也有协商工资调整和支付办法的。工资协商的形式多种多样，逐步由企业内部协商向区域性、行业性协商发展。青岛市还积极探索事业单位编制外职工工资集体协商。对无正当理由拒绝签订工资集体协议的，人力资源和社会保障部部门要责令改正，拒不改正的录入《不良信誉单位》档案，向社会公开。

河南省漯河市在推进工资协商的过程中，坚持"一企一策"，有针对性地破解工资集体协商难题。对生产经营效益较好的企业，重点就工资水平、奖金分配、补贴和福利等开展协商；对生产经营困难、效益较差的企业，重点解决工资支付办法、离岗职工生活费等问题；对非公企业，则参考当地工资指导线、消费指数等因素，重点解决企业职工工资总额随企业效益增加而相应提高的问题。

四、主要结论

工资集体协商制度和集体合同制度是调整劳动关系的重要制度。在过去10多年间，一系列有关工资集体协商制度和集体合同制度的法律法规和文件陆续颁布实施，为开展工资集体协商和集体合同工作，提供了政策依据。协调劳动关系三方机制在推进工资集体协商工作中，发挥三方各自的职能，优势互补，协调配合，为推进工资集体协商工作，发挥了重要作用。随着工资集体协商制度和集体合同制度的推进，全国各地报送劳动保障部门审核通过的集体合同数和涉及职工数都在不断增长。工资集体协商制度覆盖面不断扩大，集体合同签订率不断提高。全国各地在推进工资集体协商方面，积极开展了很多有益的探索。

第四节 《中华人民共和国劳动合同法》等法律的实施

在很长时间里，中国的劳动力市场处于无限供给的状态，这使得劳动力在与资本的博弈中处于弱势地位，劳动力很多方面的权益得不到保障。2004年开始，一些地区如珠江三角洲，率先开始出现劳动力短缺现象，此后，这一现象逐渐蔓延到其他地区。[①] 如果考虑到人口年龄结构的变化趋势，可以做出判断，中国劳动力无限供给的特征正在逐渐消失。中国的劳动力市场，正在从无限供给向有限剩余的状态过渡。

从劳动力市场的状况看，有两个方面值得予以特别关注。一方面，近年来中国形成了就业非正规化趋势。[②] 与正规部门相比，在非正规部门中，用工不规范现象更多，用人单位和劳动者之间的冲突也更多。另一方面，尽管近年来中国劳动力的工资有所上涨，但其幅度仍然大大低于劳动生产率的上涨，劳动者仅仅分享了劳动生产率提高成果中的一小部分。[③]

随着城市中非正规就业数量的不断增多和劳动力市场上出现的新变化，进入21世纪以来，中国劳动力市场的规制不断增强，一批与劳动力、就业和工资等有关的法律、法规和条例相继出台，包括《中华人民共和国就业促进法》、《中华人民共和国劳动合同法》和《中华人民共和国劳动争议调解仲裁法》等。其中，《中华人民共和国就业促进法》和《中华人民共和国劳动合同法》是较为重要的促进劳动者就业和保护劳动者合法权益的法律，也是总结以往劳动立法经验，因应了劳动力市场新变化对规制提出的新要求，对其做出准确的理解和认识十分重要。

---

① 蔡昉，王美艳."民工荒"现象的经济学分析——珠江三角洲调研研究.广东社会科学，2005（2）；刘钻石."民工荒"问题的实证分析.开放导报，2008（4）；章铮.民工荒：现状与未来——进入新阶段的农村劳动力转移.人口与发展，2008（3）；王诚.劳动力供求"拐点"与中国二元经济转型.中国人口科学，2005（6）；等等。

② 蔡昉，王美艳.正规就业与劳动力市场发育——读解中国城镇就业增长.经济学动态，2004（2）；Knight, John and Lina Song. Towards a Labour Market in China. Oxford University Press, 2005；等等。

③ 蔡昉，王美艳，曲玥.中国工业重新配置与劳动力流动趋势.中国工业经济，2009（8）。

一、《中华人民共和国就业促进法》

1994年的《劳动法》中就有关于促进就业的内容，主要包括：国家创造就业条件，扩大就业机会；地方各级政府发展职业介绍机构，提供就业服务；劳动者不因民族、种族、性别和宗教信仰等而受歧视；妇女享有与男子平等的就业权利和禁止招用未成年人；等等。总的来看，规定较为笼统和概括。20世纪90年代末，在城市职工大批下岗和失业，城市失业率上升的情况下，政府实施了一系列积极的就业政策，包括实施积极的财政政策，用以调整经济结构，提高经济增长对就业的拉动能力；建立公共和社会就业服务制度；建立和完善"三条保障线"；加强就业和再就业培训；实施再就业扶持和援助；等等。这些积极的就业政策，对于促进就业起到了重要作用。

但是，就业仍然是中国的一大难题，而且会长期存在下去。中国的劳动力总量巨大，劳动力人口在总人口中所占的比例也高，这使得就业成为民生的重大内容，也在制度层面形成了有效需求。在这种情况下，中华人民共和国第十届全国人民代表大会常务委员会第二十九次会议于2007年8月30日通过了《中华人民共和国就业促进法》（以下简称《就业促进法》），自2008年1月1日起施行。该法包括公平就业、就业服务和管理、职业教育和培训、就业援助、监督检查和法律责任等方面的内容，主要目的是促进就业，促进经济发展与扩大就业相协调，促进社会和谐稳定。总结一下该法的内容不难发现，实际上，政府所实施的积极的就业政策的内容，在该法中得到了逐一体现。也就是说，用法律的手段将积极就业政策的内容进行了规定。

例如，关于积极的财政政策，《就业促进法》中规定，"国家实行有利于促进就业的财政政策，加大资金投入，改善就业环境，扩大就业"。关于建立公共和社会就业服务制度，该法中有专门的关于就业服务和管理的规定。关于建立和完善"三条保障线"，该法中指出，"国家建立健全失业保险制度，依法确保失业人员的基本生活，并促进其实现就业"。此外，该法对加强就业和再就业培训、职业教育和培训、实施再就业扶持和援助等都做出了明确的规定。

《就业促进法》除了对政府的积极就业政策进行了规定外，广泛涉及和规定了公平就业的内容。该法中规定，"各级人民政府创造公平就业的环境，消除就业歧视，制定政策并采取措施对就业困难人员给予扶持和援助"。该法中特别规定,对妇女、少数民族劳动者、残疾人、传染病病原携带者和进城就业的农村劳动者,不得进行歧视性对待。毫无疑问,这部法将起到促进就业的积极效果。

以往的研究表明,导致中国城市失业的主要因素不是周期性的,而是摩擦性和结构性因素所导致的。[①] 也就是说,中国失业率的主要组成部分是自然失业率。摩擦性失业是正处于两个岗位的转换期间的失业,受劳动力市场和政府服务信息的直接影响;结构性失业则决定于劳动力技能和岗位的匹配程度。如果我们认定这两种失业是需要解决的主要矛盾,那么培育一个更加完善的劳动力市场、形成良好的就业环境则是急迫的任务。由于自然失业率可以通过改善劳动力市场功能得到降低,因此,加强政府劳动力市场服务职能,对降低中国失业率应该有较大的作用。显而易见的是,《就业促进法》的实施,将有利于扩大就业,降低自然失业。

二、《中华人民共和国劳动合同法》

全国人民代表大会常务委员会通过的《中华人民共和国劳动合同法》(以下简称《劳动合同法》),自 2008 年 1 月 1 日起施行。《劳动合同法》的主要目的是,完善劳动合同制度,明确劳动合同双方当事人的权利和义务,保护劳动者的合法权益,构建和发展和谐稳定的劳动关系。《劳动合同法》既坚持了 1994 年《劳动法》确立的劳动合同制度的基本框架,同时又做出了较大修改。

2008 年《劳动合同法》的主要内容体现在:对 1994 年《劳动法》中已经规定的内容,该法进行了更加详尽和更具有可操作性的规定,有些地方进行了一些具有非常实质性的修订,有针对性地解决现行劳动合同制度中存在的主要问题。目前,劳动合同短期化倾向明显,影响了劳动关系的和谐稳定。为了更好地维护劳动者的就业稳定权,《劳动合同法》在用人单位与劳动者订立无固定期限劳动合同方面提出了更高的要求。该法的新内容还包括关于劳务派遣和非全日制用工的规定,根据实际需要增加维护用人单位合法权益的内容,等等。

《劳动合同法》的颁布引起了激烈的争论,观点各异,其中两种主要的并且看似对立的观点却都陷入某种认识误区,对于我们准确理解该法的

---

① 蔡昉,都阳,高文书. 就业弹性、自然失业和宏观经济政策——为什么经济增长没有带来显性就业. 经济研究,2004(9).

重要性和必要性，起着同样的误导作用。一种观点认为该法的出台时机尚早，可能助推中国劳动力成本提高的趋势，导致劳动密集型产业比较优势过早丧失。另一种观点坚决拥护该法的出台，以便尽早结束劳动力价格低廉的时代。两种观点虽然对立，但是在认为《劳动合同法》初衷就是提高劳动力成本，以致把所有的争论引到该不该提高劳动力报酬上面，忘记了该法保护劳动者合法权益的根本出发点这一点上，却不啻异曲同工。在这部分，我们尝试消除这两种有代表性观点可能产生的误导。

  需要指出的是，围绕《劳动合同法》的颁布执行而产生不同意见，是十分正常的现象，完全不值得大惊小怪。有以下三点理由。

  首先，从劳动经济学传统来看。关于要不要规范劳动力市场，以及如何规范劳动力市场，是劳动经济学旷日持久的争论焦点。甚至对于一些各国普遍采用的成熟的劳动力市场规制，学术界的观点也远远没有取得共识。例如，最低工资制度、男女同工同酬以及强制休假制度，究竟是保护了劳动者的收入，还是伤害了他们的就业机会，迄今没有一致的认识。因此，作为一部旗帜鲜明地保护劳动者权益的新法，具有自由主义倾向的经济学家，表达自己对于过度保护劳动者可能产生养懒汉的现象，以及提高企业用工成本可能伤害雇主的雇佣意愿，结果导致就业机会减少的担忧，也属正常，未必是十分具有针对性的意见。

  其次，从劳动力市场中的利益纷争来看。劳动雇佣关系从来就有明显的利益倾向，因而市场经济国家在处理此类关系时，形成了由劳动者及其代表即工会组织、雇主及其代表如同业公会、政府三方构成的协商机制。前两方在雇佣关系上常常是针锋相对的，因为工资高了就意味着劳动力成本提高，从而利润降低。因此，雇主几乎永远是对保护劳动者权益的规制，以及提高劳动力成本的潜在可能性做出抱怨。

  而政府的作用就在于协调两者之间的利益平衡。长期以来劳动力市场对劳动者的保护不足，目前随着城乡就业的扩大，我们已经到达一个政策调整的转折点，加大对劳动者权益的保护具有紧迫性，而《劳动合同法》恰是这样一个重要的宣示，具有里程碑的性质。

  最后，从各国劳动力市场政策的改革方向来看。劳动力市场的稳定性（Security）和灵活性（Flexibility）两个要求，导致现实劳动力市场政策中存在难以把握的平衡关系，被认为是一个两难的政策选择。不同的国家在这两个要求之间，总是有一定偏倚的。例如，以往人们形容美国的劳动力市场具有"就业机会多但不稳定，收入相对低"的特点，而欧洲国家的劳动力市场则具有"就业稳定但机会少，收入相对高"的特点。

但是，劳动力市场政策是不断调整的，灵活性强的劳动力市场逐渐向提高稳定性的方向调整，稳定性强的劳动力市场则逐渐提高其灵活性，以致在西方国家，人们创造了一个新词"稳定灵活性"（Flexisecurity），把灵活性与稳定性结合起来作为政策追求目标，试图寻求两者之间的平衡。具体来说，就是鼓励一种就业的灵活形式，同时又与对他们的社会保护相容。围绕《劳动合同法》的不同意见，归根结底也反映了针对稳定性和灵活性的不同强调。

具体到针对中国颁布《劳动合同法》是否恰逢其时，广为流行却产生误导的观点，都认为其立法初衷在于通过提高劳动者报酬，把劳资关系的天平向劳动者一方倾斜，因而不可避免的结果就是提高劳动力成本。这种认识并不准确，即《劳动合同法》的实施的确产生提高劳动力成本的效果，但其核心不在于此。为了认识这一点，我们首先必须厘清并区分开与《劳动合同法》相关的两类劳动力成本提高因素，即一类是由于惩罚非法用工行为所造成的，另一类是纯粹由于该法追加的规制约束所造成的。

在前一种情况下，主要的针对性是企业在劳动关系中的滥用现象。针对这种情形在《劳动合同法》中做出的新规定，属于在无论何种条件下，在任何经济发展阶段上，都必须保护的一些劳动者基本权益。这一类的情形如关于试用期及违约金的规定、最低工资标准的运用、基本劳动条件的保障等。由此导致的企业增加成本，应该属于必须和必要的。

在另一类情况下，主要针对以往就业中的非正规性，新法对部分不合理用工和不规范劳动关系进行了规制。也就是说，把以往的不规范、不统一，常常是在一对一的讨价还价中决定的雇佣和解雇行为，从有利于保护雇佣双方合法权益出发加以规范化。由于在劳动关系中存在的不对称现象，长期以来在现实中不利于劳动者的处理方式居多，因此，对此进行规制以后，企业可能面临着增加开支的影响。这一类情形如对劳动合同解除条件的规定、对社会保障的规定、补偿金要求和对劳务派遣公司的约束等。

由于企业的劳动密集程度不同，劳动关系的规范程度也不同，因此，对于不同类别的企业来说，上述因素可能导致企业劳动力成本增加的幅度不尽相同。根据一些观察，并且撇除那些单纯依靠血汗工资制度挣钱的极端情形，我们可以合理地假设，由于《劳动合同法》的执行，在合法雇佣关系范围之内，的确可能使企业增加工资成本支出的一定百分比。如何看待这个劳动力成本增加水平呢？

实际上，即使由于立法因素导致劳动力成本提高，其幅度并没有超过平均工资增长的一般趋势。而且，这个因素导致的工资增长，与一般趋势还具有替代关系。归根结底,近年来工资增长加速,是企业用工需求与劳动力供给数量之间关系变化的反映。工资提高是吸引劳动力的动因,而无论工资提高的因素来自哪里。或者不如说,《劳动合同法》对企业必然要增加的劳动力支出做出了范围、项目和规模的规范。所以,立法因素可能导致的劳动力成本提高,并不会完全叠加到目前的工资增长上面。

这种劳动力成本提高趋势,会不会削弱中国劳动密集型产业的比较优势,从而在国际分工中的竞争优势呢?正如前面章节所论及的,在相当长的时期内,中国的制造业工资水平仍然保持相对低廉的特点。更重要的是,近年来表现出加快的工资增长,其背后是有劳动生产率的迅速提高作为支撑的。根据经济学理论,平均工资上涨的长期趋势,应该与劳动生产率的增长趋势一致。[①]如果劳动生产率提高速度快于工资提高速度,竞争优势就不会丧失。由此可见,在不丧失劳动力丰富比较优势的前提下,中国制造业工资提高的空间是巨大的。

正如我们已经做出的判断,中国劳动力无限供给的特征正在逐渐消失,二元经济结构转换的长期任务正在进入其收获时期。显然,近年来人们观察到的工资上涨趋势正是这个经济发展转折点的结果。与此同时,人们预期的工资进一步上涨,主要仍将是这个变化的结果。即便有劳动力市场规制的因素,也是为了保持和谐的劳动关系所要求的必需变化,而《劳动合同法》并没有干预工资由市场供求关系决定的基本配置机制。

毋庸讳言的是,《劳动合同法》的确具有其明显的保护劳动者权益的取向。如果一定要回答劳资关系中的天平应该如何倾斜的话,我们可以设定一个发展阶段的基准点——在劳动力从具有无限供给特征逐步转变为出现劳动力短缺现象的这个转折点上,劳资关系开始从资方主导的不平衡,逐渐变得劳资双方的市场地位更加平衡。

从时机上看,发达国家的经验表明,政府通过立法保护劳动者权益,工会在工资决定等集体谈判中发挥更大的作用等变化,都发生在劳动力出现系统短缺的这样一个转折时期。从针对性来看,近年来在中国形成的就业非正规化趋势,在扩大了城乡就业的同时,也弱化了对劳动者的保护,降低了社会保障的覆盖率。

另一方面,尽管近年来工资有所上涨,其幅度仍然大大低于劳动生产率的上涨,劳动者仅仅分享了劳动生产率提高成果中的一小部分。由此可以做出的判断是,《劳动合同法》在这个时候的出台和实施,是非常合时宜

---

① Harper, F. A. Why Wages Rise. New York: Foundation for Economic Education, 1957.

的，其中的规定有效地规范了劳动力市场的运行，有利于保障劳动力得到长期以来享受不到的正当权益。而只有让劳动者切实分享到经济增长带来的成果，才能真正保证经济长期又好又快地健康发展，才符合建设社会主义和谐社会的目标。

我们也不否认，在《劳动合同法》的贯彻执行中需要解决许多实际问题。第一类是可能存在的规制过度问题。例如，劳务派遣制度是在政府实施积极的就业政策过程中形成的，它发挥了民间促进劳动力市场供求匹配的作用，推动了灵活就业，对于解决20世纪90年代后期出现的严重下岗、失业现象，帮助度过就业冲击难关功不可没。如今，在中国仍然存在的失业现象中，由于匹配问题产生的摩擦性和结构性失业是主导，而且也不能排除将来不会再次遭遇劳动力市场冲击。因此，保护好这个有效的劳动力市场形式是必要的，虽然并不意味着不要对其进行必要的规范。

第二类是执法中需要与其他制度相衔接的问题。例如，目前企业负担很重，包括税收负担和缴纳各种社会保险费用的负担。如果严格遵照政策规定，企业缴纳的社会保险需要占到工资总额的约30%。许多企业在不堪重负的情况下，规避社会保险缴费负担的方式，就是把一部分新增员工临时化、雇佣关系短期化和非正规化。由于这个实际负担是真实的，因而也将成为执行劳动合同法的一个现实障碍。尽管这一事实并不应成为不给职工正规化雇佣待遇的借口，但是的确有必要把不同的制度统筹考虑，使其相互衔接。

综上所述，对于颁发的《劳动合同法》，我们应该持坚决贯彻落实的态度，坚定不移地保护劳动雇佣关系中双方的合法合理权益。与此同时，通过更加准确地界定本法有关条款的内涵，甚至进行必要的修订，以及颁布实施细则，使之更加完善和配套，更加具有可实施性，让这部法律在构建和谐劳动关系的过程中，真正起到保驾护航的权威作用。

在任何劳动关系中，雇佣双方利益上的不一致是与生俱来的，甚至可以说是永恒存在的。但是，稳定劳动雇佣关系，归根结底既有利于劳动者也有利于雇主。《劳动合同法》颁布和实施的初衷，就是要依法淘汰那些在雇佣关系中投机牟利的企业，让具有竞争力的企业在法治的框架内更好地成长。

另一方面，稳定和规范劳动雇佣关系，也绝不意味着回到"铁饭碗"的时代。为了打破就业体制中的"铁饭碗"，我们曾经付出了巨大的代价——数千万城市职工的下岗和失业，因此，保住劳动力市场发育的这个胜利果实，不让改革成果付诸东流，也应该成为立法的一个基本出发点。

在制定具有操作性的实施条例时，既坚定不移地贯彻该法保护劳动者权益的基本精神，同时坚决维护市场配置劳动力资源的基础作用，真正实现法律规定的实用、适用和执行有效。

三、《中华人民共和国劳动争议调解仲裁法》

劳动争议处理制度是解决劳动争议的重要制度，是劳动争议当事人尤其是劳动者维护自身合法权益的重要途径。1987年，国务院颁布了《国营企业劳动争议处理暂行规定》，标志着中断30多年的劳动争议仲裁制度得以恢复。此后，随着1993年《企业劳动争议处理条例》和1994年《劳动法》的相继颁布实施，以协商、调解、仲裁、诉讼为主要环节的劳动争议处理制度逐步形成。这一制度为保护劳动争议双方当事人合法权益、促进劳动关系和谐和维护社会稳定发挥了重要作用。

随着劳动力市场形势由无限供给向有限剩余的变化，劳动者的就业选择空间越来越大。当他们对企业提供的工资和其他福利待遇，以及其他方面的条件不满意时，他们或许会选择离开现在的企业，重新寻找其他工作，也或许会跟企业提起劳动争议。随着近年来劳动关系复杂多样的变化趋势，劳动争议案件数量持续增长，案情日益复杂。2011年，各级劳动人事争议调解组织和仲裁机构受理的劳动人事争议案件达到131.5万件。[①]工人因不满所在企业的工资和福利等而举行的群体性事件，频繁发生。2005年大连日资企业工人罢工事件、2008年重庆出租车司机罢运事件，以及2010年广东南海本田公司工人罢工事件等，引起了全社会的广泛关注。

现行劳动争议处理制度存在耗时长和申请仲裁时效过短等诸多问题，已经不能适应形势发展的需要。为完善现行劳动争议处理制度，《中华人民共和国劳动争议调解仲裁法》（以下简称《劳动争议调解仲裁法》）由中华人民共和国第十届全国人民代表大会常务委员会第三十一次会议于2007年12月29日通过，自2008年5月1日起施行。

该法就劳动争议调解、仲裁、一般规定、申请和受理、开庭和裁决等方面，进行了规定。该法的主要目的是公正及时解决劳动争议，保护当事人合法权益，促进劳动关系和谐稳定。《劳动争议调解仲裁法》产生了降低

---

① 人力资源和社会保障部. 2011年度人力资源和社会保障事业发展统计公报. http://www.gov.cn/gzdt/2012-06/05/content_2153635.htm.

劳动者的维权成本和延长劳动者的申诉时效等效果。例如,该法中规定,"劳动争议仲裁不收费"。根据1994年《劳动法》,劳动争议申请仲裁的时效期间为六十日,而《劳动争议调解仲裁法》规定,"劳动争议申请仲裁的时效期间为一年"。

为进一步贯彻落实《劳动争议调解仲裁法》,2009年10月,人力资源和社会保障部、司法部等联合下发了《关于加强劳动人事争议调解工作的意见》。为公正及时处理劳动、人事争议,2010年1月,人力资源和社会保障部发布了《劳动人事争议仲裁组织规则》。这些规则的实施,都将有利于切实发挥调解和仲裁在促进劳动人事关系和谐和社会稳定中的重要作用。

第五章 工资增长与工资形成机制

工资改革是劳动力市场化改革的重要内容。在经济转型过程中，建立和形成一个充分竞争的、完善的劳动力市场，就是让工资对劳动力市场供求变化及时做出反应，发挥工资价格信号的调节作用。作为中国价格改革体系的组成部分，工资改革与物价、利率、外汇等方面改革一起形成了市场价格体系的多维变量，在资源配置过程中发挥着杠杆作用。在整个改革阶段，工资改革方向是逐步消除体制和政策等因素对工资形成的影响，让工资形成还原于劳动力市场的供求力量。中国物价改革经过20世纪80年代后期的"闯关"和20世纪90年代的深化改革，改革的重任基本完成。然而，由于要素市场改革明显滞后，工资改革的重任尚未完成。

"双轨制"过渡等渐进式改革方式是工资改革与物价改革的相似之处。但是，工资改革与物价改革有两点不同：一是工资改革与企业或单位的人事、劳动和分配等制度改革紧密相连。工资改革不是一个单项改革，由于触及用人单位的自主权和收入分配关系，因此，工资改革面临的问题非常复杂，需要慎之又慎。二是工资是个人收入的主要来源，工资改革不仅对个人收入水平产生影响，而且也对个人收入分配产生影响。改革以来，个人工资水平有了很大提高，但地区之间、行业之间和个人之间的工资差距都表现出扩大的态势，是社会普遍关心的重大问题。如何看待这些变化，关系到对今后的改革方向把握和政策选择。在简要回顾了工资改革历程之后，本章试图通过观察工资水平和工资差距变化，对改革以来的工资收入分配进行评价，并探讨今后完善工资收入分配的主要途径。

第一节 工资制度改革

在计划经济时代，中国建立和形成了等级工资制度。这项制度构成了工资制度改革的历史起点。在整个改革阶段，工资制度改革循着国有企业改革、公共部门改革和非国有部门工资形成等方面渐次展开。如果讲非国有部门工资形成主要源于劳动力市场的供求力量，形成了工资制度改革过程中的"市场轨"，那么，国有企业改革和公共部门改革则是通过不断放松"计划轨"对工资收入分配的控制，采取边际改革的方式向市场机制靠拢。从改革进程上看，国有企业的工资改革步伐相对快于公共部门的工资改革。

一、改革前的工资制度

中国等级工资制度形成于1956年的工资制度改革。此前的工资制度多种形式并存，有货币工资制度（薪金制）、实物工资制（供给制）等。1956年6月，国务院颁布了《关于工资改革的决定》，对当时的多种形式工资制度实行统一标准。这次改革所建立的等级工资制度，奠定了计划经济时期工资制度的基础。

1956年的工资改革有三个特点：[①]①取消了工资分和物价津贴制度，实行直接以货币规定工资标准。全国按照行业分成16类工资区差别和货币工资标准。对于物价高的地区，采取另加生活费补贴的办法。②统一和改进了工人工资等级制度，根据不同产业工人生产技术的特点，建立了不同的工资等级。③改进了企业职员和机关工作人员和职务等级工资制度，按照职务的高低确定职务等级的划分及工资标准。全国分为11类地区的工资标准，技术人员和行政人员分别规定工资标准，实行职务等级制。如行政人员分为30个等级；机关中的技术人员分为18个等级；科学研究人员、高校教学人员实行13级工资制；等等。

等级工资制度是计划经济时期"统包统配"制度的产物。在计划经济条件下，工资反映了个人与国家之间的分配关系。为了实现"经济赶超"的重工业优先发展战略，国家需要通过计划手段，对收入分配进行控制，处理消费和积累的关系。采取等级工资制度便于通过对个人工资收入直接干预，实现工资总额的总量调节，防止出现工资分配对积累挤占，破坏计划目标。国家与企业的分配关系僵化单一，国有企业缺乏生产经营自主权，把所有利润都上缴国家财政，企业职工工资按照职务等级工资制发放，平均主义的"大锅饭"盛行，无法对个人生产积极性产生激励作用，

---

① 邱小平. 工资收入分配（第二版）. 中国劳动社会保障出版社，2004.

工人"偷懒"和"磨洋工"现象普遍。再加上缺乏制度化的工资增长机制，工资水平在 10 年"文化大革命"时期基本冻结。这些造成了国有企业效率非常低下，推动国有企业改革势在必行。[①]

二、国有企业的工资制度改革

工资制度改革一直是国有企业改革的重要内容。改革以来，国有企业改革经历了从"放权让利"到建立现代企业制度、兼并重组等的深化改革过程。在这个过程中，工资制度改革作为国有企业的分配自主权改革，也经历了从扩大分配自主权到建立市场化工资形成制度的改革过程。

从启动改革到 20 世纪 80 年代，国有企业采取了"放权让利"的改革措施。随着生产经营自主权扩大，国有企业的分配自主权也逐步扩大。1978 年，国有企业试行奖励和计件工资制度。1983 年，国有企业内部实行类似于农村改革的"包干制"，采取企业调整工资与企业经济效益挂钩、职工升级调资与本人贡献挂钩的办法。1984 年实行利改税后，国务院发出了《关于国营企业发放奖金有关问题的通知》，实行奖金同企业经济效益挂钩，"上不封顶、征收奖金税"等办法，调动企业和职工的积极性。1985 年 1 月，国务院发出《关于国营企业工资改革问题的通知》，实行企业工资总额与经济效益挂钩的办法，全面启动国有企业工资制度改革。在这项改革基础上，1986 年进一步明确企业在国家规定的工资总额和政策范围内，可自己决定分配形式和方法。1988 年，开始推行计件工资制和定额工资制。在这个阶段，国有企业改革采取了"增量改革"方式，国有企业的工资制度改革也不例外。

进入 20 世纪 90 年代之后，随着明确提出国有企业应该自主经营、自负盈亏，成为真正相对独立的经济实体，国有企业工资制度改革开始引入市场机制向市场化转轨。[②] 在 20 世纪 90 年代初，国有企业工资分配开始出现股份分红、企业经营者的风险补偿等形式。到 20 世纪 90 年代中期，国有企业的工资制度改革陆续引入了结构工资制，即包括岗位工资、工龄工资、技能工资等内容。国家放开了工资总量调节管理，一些已经改制的企业探索试行资本、技术、管理等生产要素参与收益分配的制度，包括经

---

① 吉林大学中国国有经济研究中心课题组. 对国有企业分配制度改革问题的探讨. 长白学刊，2003（2）.

② 马小丽. 我国改革开放以来工资收入分配改革的回顾. 劳动工资动态，2003（3）.

营者年薪制、股权激励、员工持股、劳动分红、技术入股等要素分配办法，部分地区还开展了工资集体协商的试点。同时，为了调节工资收入差距，国家还在1993年颁布修订的《个人所得税法》，在1994年建立了最低工资制度，以及建立工资指导线等措施，逐步采用市场化机制，推动国有企业的工资制度改革。

2000年以来，全面建立现代企业制度对国有企业工资收入分配改革提出了新的要求，即必须建立市场化的工资形成机制。1999年，中共十五届四中全会通过了《中共中央关于国有企业改革和发展若干重大问题的决定》，提出建立与现代企业制度相适应的收入分配制度。2000年，劳动和社会保障部印发《进一步深化企业内部分配制度改革的指导意见》，提出"市场机制调节、企业自主分配、职工民主参与、国家监控指导"的工资改革目标模式，并在这个模式指导下，中国对国有企业工资分配制度进行了一系列改革。

三、公共部门的工资制度改革

公共部门主要包括国家机关和事业单位。在改革阶段，公共部门的工资制度有三次重大改革。在20世纪80年代，公共部门的工资制度改革与国有企业的改革同步。1985年，国务院发出《关于国家机关和事业单位工作人员工资制度改革问题的通知》，对国家机关和事业单位的工作人员工资制度全面改革，废止了实行近30年的等级工资制，改为以职务工资为主要内容的结构工资制。结构工资制是按照不同职能将职工全部工资所得分解为基础工资、职务岗位工资、工龄津贴、奖励工资四个组成部分，并使各单元按其各自规律运动的一种工资制度。在20世纪80年代后期，国家对这项改革进行了完善。例如，在1986年和1987年建立专业技术人员职务序列，实行聘任制，解决专业技术人员的职务工资问题，等等。

1993年，随着推行公务员制度，国家对公共部门的工资制度进行了第二次重大改革。机关工作人员实行以职务和级别为主的职级工资制。在事业单位建立不同类型、不同行业自身特点的分类工资制度，与国家机关的工资制度脱钩。事业单位工资制包括专业技术职务等级工资制、专业技术职务岗位工资制、艺术结构工资制、体育津贴与奖金制和工人工资制五种类型。根据事业单位特点和经费来源的不同，对全额拨款、差额拨款、自收自支三种不同类型的事业单位，实行不同的管理办法。同时，逐步建立了公务员的社会保障制度和福利制度等。

2006年中国对公共部门的工资制度实行第三重大改革。根据2006年1月起施行的公务员法，公务员实行国家统一的职务与级别相结合的工资制度。事业单位工作人员收入分配制度的改革，旨在建立符合事业单位特点、体现岗位绩效和分级分类管理的收入分配制度，完善工资正常调整机制，逐步实现事业单位收入分配的科学化和规范化。

四、非国有部门的工资形成制度

在市场化改革过程中，非国有部门经历了一个从无到有、从小到大的发展过程。在非国有部门不断壮大过程中，市场机制在工资形成过程中发挥着主导作用，对劳动力市场的一体化做出了积极的贡献。然而，市场经济有高级和低级阶段之分。在非国有部门中，劳动力市场的作用大多是低级形式。企业在消除计划经济影响和规避行政干预的同时，也试图规避合理的市场规制，甚至利用传统体制中一些因素，形成不正常的劳动力市场行为。

在深圳市的若干家企业调研中，我们有几点发现：[1] 首先，市场机制在工资决定过程中发挥重要作用。企业对工资水平的设定需要考虑劳动力市场的供求关系，以及其他一些工资信号。大多数企业都比较重视本行业其他企业的工资水平，并将其作为本企业工资价位的重要依据。在多数情况下，工资刚性只对个体起作用，但从总体上企业仍然可以通过调节工资级别降低工资水平。其次，企业（资方）在工资决定过程中起主导作用，集体谈判的力量在工资形成过程中几乎不起作用。再次，隐性的福利在调节劳资关系时发挥作用。企业除了正常的工资水平以外，还会辅之以一些隐性的福利以调节劳资关系。最后，一些传统体制因素如户籍制度，也对工资形成和水平产生影响。由于深圳是一个移民城市，有大量的外来人口没有获得本地户籍。然而户籍制度仍然对员工的福利水平产生影响，并进而影响员工的实际工资水平。

---

[1] 蔡昉，都阳，王美艳. 中国劳动力市场转型与发育. 北京商务印书馆，2005.

第二节 工资水平变化

改革以来，中国工资增长在不同时期是不平衡的。[①] 无论是货币工资、还是实际工资，在工资和劳动就业制度改革之前都保持着相对较慢增长的态势。但从20世纪90年代开始，特别是从20世纪90年代中期开始，中国工资变化进入了高速增长阶段。如果选择1995年为100，我们可以计算实际工资指数。实际工资在整个20世纪80年代和90年代初期一直保持着缓慢的速度上升，但从20世纪90年代中期开始也进入了高速增长阶段，如图5-1所示。到2010年，以不变价计算的职工平均实际工资指数为518。可以说，21世纪头10年也是城镇单位部门职工工资快速增长的10年，年平均增长12.5个百分点，超过了同期GDP的增速。

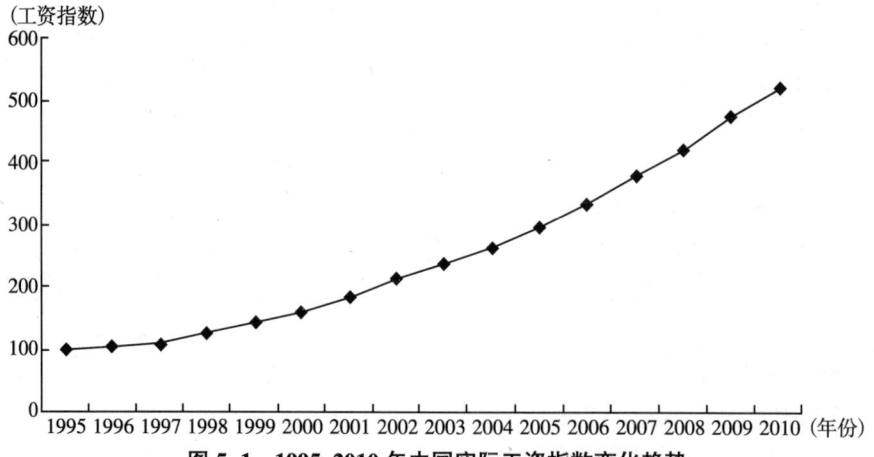

图 5-1 1995~2010年中国实际工资指数变化趋势
资料来源：国家统计局. 中国统计年鉴 (2011). 中国统计出版社, 2011.

1978~2010年，中国货币工资从615元上升到36539元，年平均增长率为13.4%。从时间阶段上看，货币工资的年平均增长率，1978~1985年为9.5%，1986~1990年为13.3%，1991~1995年为21.1%，1996~2000年为11.3%，2001~2005年为14.5%，2006~2010年为15%。也就是讲，货

---

① 王德文. 人口低生育率阶段的劳动力供求变化与中国经济增长. 中国人口科学, 2007 (1).

币工资在20世纪90年代初期和2006年以后分别经历了两次快速增长。但是，由于这两个时期物价变化不同，20世纪90年代初期中国经历了严重的通货膨胀；相反，最近的工资上升虽然也伴随着物价的变化，但并没有出现恶性通货膨胀，因此，在比较这两个时段的工资增长时，我们需要消除物价因素。

选用不同的平减指数[①]对计算实际工资变化有所不同。在实际应用中，可采用消费者价格指数和GDP平减指数两种办法。如果采用消费者价格指数，1978~2010年实际工资的年平均增长率为7.0%。由于GDP平减指数包含的商品和服务范围更广，它的实际指数数值小于消费者价格变化，这样，利用它计算得到的实际工资增长率就高一些，改革以来的年平均增长速度为7.6%。

在消除物价因素之后，采用消费者价格指数计算的实际工资在20世纪90年代上半期的年平均增长为5.9%，而2001~2005年的平均增长率为13.2%，2006~2010年为12.5%，实际工资增长率呈现一路上升的态势。

分部门和行业的实际工资增长也与平均实际工资增长呈现相同的态势。分所有制来看，不同所有制单位的实际工资增长在总体上保持着与平均工资增长相同趋势，但在增长幅度上有所不同。改革以来，国有单位的实际工资增长最快，其次是集体单位，最后是其他单位。三个部门的年平均实际工资增长分别为7.0%、5.8%和5.6%。一个比较有意思的现象是，中国在20世纪90年代后期加快了国有企业改革，这种改革主要是通过劳动力数量调整，而不是工资调整来提高国有企业效率。通过将富余人员分流出来，以及将国有企业的不良资产和优良资产进行剥离、重组，经过改制后的国有企业资本有机程度大幅度提高，结果也带来了工资的大幅度提高。而城镇下岗失业人员主要通过在非国有部门寻找就业机会，结果也在一定程度缓解了这些部门平均工资的快速增长。

分行业来看，所有行业大体上也保持着与平均工资相同的变化趋势。但增长幅度在不同行业之间有较大的差异。与平均工资增长水平比较，在一些竞争性的行业中，如农业、制造业、建筑业和餐饮零售业的实际工资增长相对较慢，而在一些带有一定垄断或非竞争的行业中，如金融保险、社会服务、文化教育、科学研究等行业的工资增长相对较快。1978~2010

[①]《中国统计年鉴》颁布了实际工资指数。根据这个指数，我们可以计算实际工资的平减指数。将这个指数与城镇消费指数比较，两者在1998年之前基本相同，但在1998年之后有显著不同。本文主要利用城镇消费价格指数来计算实际工资。

年，实际工资增长最慢的三个行业为农业、建筑业和制造业，它们的年平均增长率分别为 4.9%、5.4% 和 6.5%。实际工资增长最快的三个行业为金融保险业、社会服务业和科学研究等。

如果计算 1996~2010 年的实际工资年平均增长率，在所有行业中，除了农业、建筑业和房地产业以外，其他所有行业的实际工资增长都在 10%。而这三个行业的实际工资增长也分别达到 7.3%、7.9% 和 9.3%，它们也高于改革以来的各自的增长率。由此可见，工资高增长是 20 世纪 90 年代中期以来所有部门和行业经历的一个普遍现象。

近年来，劳动力市场上出现的另一个显著变化，就是农民工工资的明显上涨。由于中国的工资统计体系尚未完全摆脱计划经济体制下形成的统计制度的影响，农民工工资一直未能与城镇职工工资进行一体化的统计与监测。但利用农村住户调查资料，我们仍然可以观测到农民工工资的变化情况。如图 5-2 所示，在 21 世纪农民工的就业数量和工资水平都呈不断上升的趋势。2001 年农民工的平均月工资水平为 644 元，到 2011 年农民工名义月工资水平上升到 2049 元。如果以 2001 年不变价格计算，2011 年的平均月实际工资为 1593 元，较之 2001 年增长了 147%。需要指出的是，农民工工资在 2004 年以后经历了更快的增长。以不变价格计算，2001~2006 年农民工平均工资的年复合增长率为 6.7%；而 2006~2011 年，

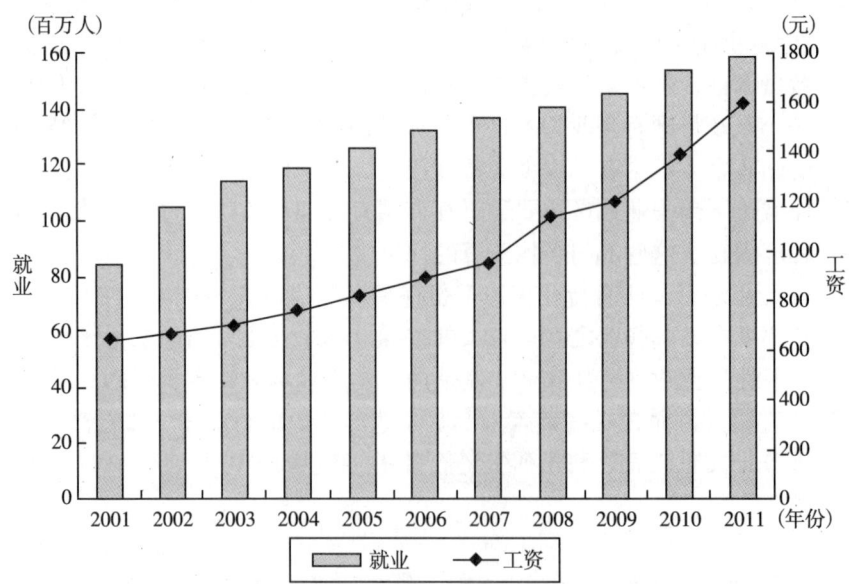

图 5-2 2001~2011 年农民工就业与工资变化情况（2001 年不变价）

资料来源：国家统计局"农民工监测调查"。

年复合增长率则达到了 12.4%。2006 年以后,农民工工资的增长速度已经快于城市单位就业的平均工资增长速度。

第三节 工资增长与收入分配

从劳动力市场看,扩大就业和不同群体之间工资的趋同,是缩小不同群体之间收入分配差距的积极手段。当劳动力市场的改革使劳动力流动成为可能的时候,农村劳动力必然对城乡之间、地区之间劳动力价格的差异做出反应。这也是我们观察到劳动力流动的规模,尤其是农村向城市的迁移规模不断扩大的原因。正是由于中国的劳动力流动和迁移是以获取更高收入为动机的,其对收入分配的影响也非常直接。集中体现为扩大就业的效应和工资趋同效应。

首先,越来越多的农村劳动力由原本低生产率的部门向高生产率的部门流动。由于他们在农业部门的劳动生产率很低,他们在非农部门的就业不仅扩大了就业,也带来收入的改善,并由此成为推动收入分配形势向积极方向转化的主要动力。而一旦非农工资水平开始迅速上涨,就会相应地提高农业劳动的机会成本。如果以农业雇工工价来反映农业劳动投入的成本,我们不难发现,农民工非农劳动的工资水平与农业雇工工资水平也呈现出趋同的局面。

其次,当劳动力流动的规模逐步扩大,伴随着经济发展和人口年龄结构的变化,劳动力市场上的供求关系也会发现明显的转变,并表现出不同于二元经济时代的新特征。其中一个突出的方面就是普通劳动者的工资开始以较快的速度上涨。由此,工资效应和就业扩大效应一起成为改善收入分配的重要推动力。

一、工资收入分配格局变化

1978~2010 年,工资总额增长迅速,从 586.9 亿元上升到 47269.9 亿元,名义增长率年平均为 22%。工资总额增长得益于国有企业和公共部门的多次改革,非国有部门扩大和劳动生产率提高。随着非国有部门扩大,就业人数增加,逐步超过国有部门,也使得工资总额的结构出现显著变化。改革初期,城市经济由国有企业和集体企业组成,非国有部门尚未建立。随着改革深入,包括国有企业和城镇集体企业在内的国有部门缩小,非国有部门扩大,结果也带来了工资收入分配格局的变化。到2006年,国有单位的工资总额比例从82%下降到58%,集体单位的工资总额从18%下降到4%,非国有部门的工资总额比例从零上升到37.5%。由于非国有部门扩展为数量庞大的农村剩余劳动进城务工创造了积极条件。非农部门工资收入不仅是农民收入的重要来源,在其收入构成比重不断提高,从1985年的17.8%左右上升到2006年的38.3%,而且也高于农村工资水平,因此,非农业部门扩大带来的就业增长实际上成为推动农民收入增长的重要源泉,对城乡收入差距和个人收入差距起到了缩小的作用。

尽管工资收入分配出现积极的变化作用,但工资性收入在城镇居民收入来源中比例则处于下降的趋势,从1985年的82%下降到2006年的69%,到2010年进一步下降到65%。城镇居民来自财产性收入比例上升是带来工资性收入结构比例下降的主要因素。工资性收入比例下降并不意味着城镇居民收入增长缓慢。2000年以来,城镇居民的工资收入增长快于农民人均纯收入增长,由于城镇居民财产性收入增长更快,结果带来了工资性收入比例有所下降。

从总量上看,尽管工资总额上涨较快,但由于其增长速度慢于经济增长速度,结果带来了工资总额在GDP中比例不断下降的格局。具体来讲,工资总额占GDP比例从1978年的15.9%上升到1981年的17%,其后一路下降,保持在10%~11%。工资总额只是劳动报酬的一部分,因此,可以用劳动报酬来观察收入分配格局变化。利用劳动报酬计算结果也表明,从20世纪90年代以来劳动报酬在GDP中的比例也表现出下降的趋势。

图5-3展示了2010年各地区人均GDP和劳动者报酬占GDP的比重的相互关系。很显然,随着经济发展水平的提高,劳动者报酬占GDP的比重呈现下降的趋势。由于经济越发达的地区劳动者报酬的比重越低,经济最发达的10个省份,劳动者报酬的比重都在50%以下。因此,我们不难理解为什么总体的比重在近年来一直呈逐步下降的趋势。

工资在收入构成中的下降是由多方面因素相互作用的结果。这里面有统计方面的因素,有体制和政策方面的因素,还有市场不完善的因素,等等。在经济转型过程中,非国有部门中形成了很高比例的非正规部门,目前将近2亿名农村劳动力就业,再加上城市自由职业者数量上升,他们并没有纳入现行的统计框架,城镇很多单位有一部分以各种其他方式支付给劳动者的报酬也不能准确反映到统计数据当中,因此,考虑到这些因素影响,薪金收入占GDP比重下降幅度应该比上面的要小,实际的比重要高

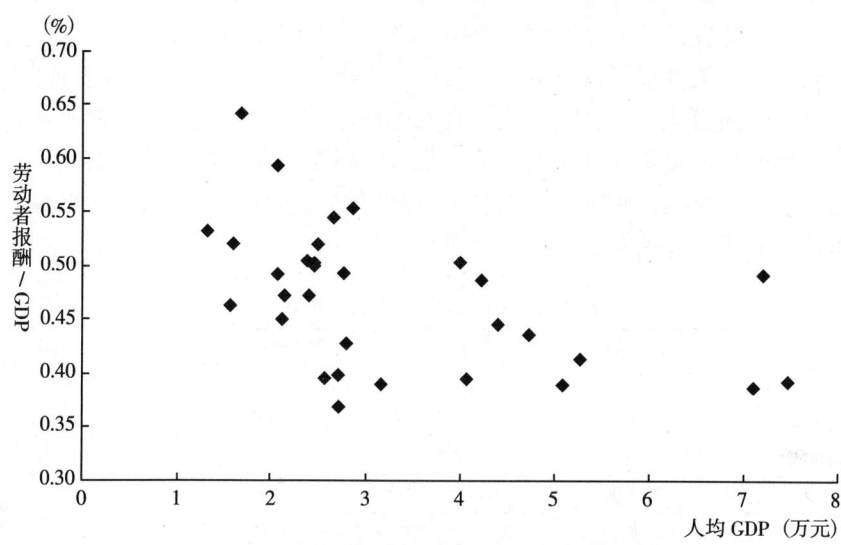

图 5-3 2010 年各地区劳动者报酬占 GDP 的比重
资料来源：国家统计局. 中国统计年鉴（2011）. 中国统计出版社，2011.

于图中数据。在体制和政策方面，中国目前大多数企业中没有工资集体协商制度，劳资双方在博弈过程中农民工等属于弱势群体，保护程度低，工资形成过程中处于不利地位，也使得收入分配格局向资本倾斜。此外，较高的税收比例也是造成不利于提高工资收入分配比例的因素之一。

今后，中国经济发展和城市化进程依然保持较高速度，经济结构、就业结构和社会成员结构仍将迅速变化，随着大量农业人口逐步转变为工薪劳动者，以及劳动密集型的第三产业结构上升，社会劳动者所得到的工薪收入占 GDP 比重应该明显提高。同时，工薪收入今后仍然是城镇中低收入者特别是低收入者最主要的收入来源和生活依靠，因此，必须在劳动者养老、医疗、失业、住房、教育等生活各项费用的个人支出逐步加大的同时，在更大程度上提高他们的工资收入水平。随着机关、事业单位工资改革和规范社会分配秩序进程加快，本应属于劳动者工薪收入的工资外收入将逐步纳入工资总额统计范围，也将在客观上促使劳动者工资占 GDP 比重进一步提高。

二、农民工内部工资差距缩小

既然大规模的劳动力流动在很大程度上是对收入差距的反应，那么劳动力流动本身就应该促进劳动力市场的一体化，并缩小劳动者之间的收入差距，尤其是农民工内部的收入趋同。在以前的经验分析中，我们已经发现了农民工的工资趋同以及劳动力市场一体化不断演进的趋势。随着劳动力市场形势的变化，低收入群体的收入增长速度开始加速，这必然驱使农民工内部的收入差距也将呈逐步缩小之势。同样，我们根据三次的城市劳动力市场调查数据，观察农民工群体内部的收入差距变化情况，所得到的各种收入差异度量指标的计算结果如表5-1所示。

表5-1 农民工内部的收入差距

	CULS2001（a）	CULS2005（b）	CULS2010（c）	（c/a-1）×100%
p90/p10	5.854	5.000	3.750	-35.9
p90/p50	2.614	2.500	2.000	-23.5
p10/p50	0.447	0.500	0.533	19.2
p75/p25	2.003	2.000	2.400	19.8
GE（-1）	0.321	0.210	0.202	-37.1
GE（0）	0.262	0.183	0.168	-35.9
GE（1）	0.291	0.195	0.175	-39.9
GE（2）	0.443	0.253	0.220	-50.3
Gini	0.396	0.334	0.319	-19.4
A（0.5）	0.129	0.090	0.082	-36.4
A（1）	0.231	0.167	0.155	-32.9
A（2）	0.391	0.296	0.288	-26.3

注：CULS是中国社会科学院人口与劳动经济研究所进行的"中国劳动力市场调查"（China Urban Labor Survey）的简写。

表5-1有四类指标：分位值的比、广义熵（Generalized Entropy）、基尼系数及阿特金森指数。我们看到，尽管各类指标对农民工收入差异变化的敏感区域不同，但收入差异指标总体下降的趋势是一致的。2010年和2001年相比，基尼系数下降了19.4%，泰尔指数则下降了40%。而由于普通工人工资的普遍上涨，收入最高的10%农民工和收入最低的10%农民工的平均收入之比，2001年为5.854，到2010年下降到3.750，下降的幅度为35.9%。我们也可以推断，随着刘易斯转折点的来临，普通工人在劳动力市场上供求关系的转变，是导致农民工内部出现工资趋同的重要原因。

三、城市劳动力市场上的工资趋同

虽然农民工的工资趋同正在发生，农民工内部的收入差距在不断缩小，但一个大家关心的问题是，农民工进入城市劳动力市场，是否产生城市的低收入群体，并导致城市劳动力市场上的收入差距不断扩大？为了回答这一问题，我们首先需要了解的是农民工身份是否在城市劳动力市场上仍然是导致其收入差距的决定因素。我们关于劳动力流动政策和户籍制度改革进程的梳理已经表明，从就业和工资决定的角度看，劳动力市场制度的改革较为充分，这也就意味着，随着劳动力市场自由化程度的提高，户籍在工资决定中的作用会逐步弱化。为了从经验上验证居民身份对工资决定的影响，我们将农民工样本和城市本地职工的样本混合，并加入"是否具有外来身份"的虚拟变量，在控制个人特征和劳动力市场区域特征（城市变量）后，观察迁移身份变量的系数变化。回归结果如表5-2所示。

表 5-2 外来身份在工资决定中的作用

	CULS2001	CULS2005	CULS2010
迁移身份（农民工=1）	−0.107（3.85）***	−0.087（2.95）***	−0.048（2.38）**
受教育年限	0.102（25.21）	0.098（20.60）	0.11（30.98）
经验	0.005（1.89）	−0.001（1.09）	0.018（6.48）
经验的平方	−0.0（−1.20）	−0.0（1.12）	−0.0（−5.13）
性别（男性=1）	0.21（10.50）	0.24（11.07）	0.18（11.05）
城市虚拟变量	有	有	有
观察值数	6260	6535	7940
调整后 R^2	0.31	0.42	0.37

注：括号中的数值为 t 统计值。*** 为在1%水平上显著，** 为5%水平上显著。

我们发现，在控制其他变量之后，户籍制度在工资决定中的作用逐步减弱。如表5-2所示，在控制其他变量之后，2001年农民工的平均工资水平较之本地工人低11%，到2005年下降到9%，2010年进一步下降到5%。考虑到农民工流入城市的数量呈扩大趋势，2009年农民工总量是2001年的1.73倍，农民工和城市本地工人之间的工资趋同，必然会成为推动劳动力市场上总体工资差异缩小的重要力量。

当然，劳动力市场竞争性的增强，以及户籍在工资决定中的作用弱化，只是流动人口和城市本地人口工资收入差距缩小的必要条件之一。如果这两个群体在禀赋特征上仍然存在显著的差异，那么，劳动力市场的正常运行也会使二者之间的收入差距继续扩大。我们看到由于教育规模部门的扩张，城市劳动力市场上以受教育年限度量的教育水平在两个群体之间呈缩小的趋势。例如，2001年城市本地职工的平均受教育年限为11.65

年,是农民工的 1.41 倍;2010 年城市本地职工的平均受教育年限为 12.55 年,是农民工的 1.31 倍。同时,农民工在城市工作经历的延伸,也有利于他们获得更高的收入。为了直接观察包含两个群体之后,城市劳动力市场上劳动收入差距的变化情况,我们同样使用三轮的中国城市劳动力市场数据,计算城市本地劳动力和农民工后,城市劳动力市场的收入不平等指数,各种收入差异指标的计算结果如表 5-3 所示。

表 5-3　城市劳动力市场上收入差距的变化

	CULS2001 (a)	CULS2005 (b)	CULS2010 (c)	[(c)/(a)–1] × 100%
p90/p10	5.619	5.000	4.625	–17.7
p90/p50	2.458	2.500	2.220	–9.7
p10/p50	0.438	0.500	0.480	9.6
p75/p25	2.400	2.400	2.557	6.5
GE (–1)	0.333	0.266	0.228	–31.5
GE (0)	0.232	0.214	0.184	–20.7
GE (1)	0.247	0.223	0.185	–25.1
GE (2)	0.352	0.291	0.224	–36.4
Gini	0.371	0.359	0.332	–10.5
A (0.5)	0.112	0.103	0.088	–21.4
A (1)	0.207	0.192	0.168	–18.8
A (2)	0.400	0.347	0.313	–21.8

我们看到,从总体上看包括农民工在内的城市劳动力市场总体工资差异呈逐渐缩小的趋势。2001~2010 年,基尼系数由 0.37 下降到 0.33,泰尔指数由 0.25 下降到 0.19。其他不平等的度量指标也都有不同程度的下降。

值得注意的是,尽管基尼系数的变化受到各界最多的关注,但不同的收入差距度量方式对于我们理解收入分配的变化有不同的意义。就广义熵而言,其参数值越大,度量不平等的指数值对于位于收入分布顶端的收入差异越敏感;而阿特金森指数的参数越大,度量不平等的指数值对于位于收入分布底端的收入差异越敏感;基尼系数则对于中间收入者(众数)敏感。

观察表 5-3 中各种不平等度量指标,也的确呈现出不同幅度的变化。以广义熵为例,如果使用对收入底部差异和收入顶端差异敏感的 GE (–1) 和 GE (2),两个指数从 2001 年到 2010 年的下降幅度分别为 31.5% 和 36.4%。而对位于收入分布中间部分的敏感的收入不平等指标,则变化幅度相对较小，例如基尼系数仅下降了约11%。阿特金森指数的变化也体现了这一特点，对位于收入分布两端敏感的指数分别下降了21.4%和21.8%，而对中间区域敏感的指标下降了18.8%。

由此可见，农村劳动力在城市劳动力市场的表现以及劳动力市场总体供求关系的变化，都有可能影响到城市总体收入差距的变化：由于普通劳动者的工资快速上涨，位于城市劳动力市场上收入分布底部的群体收入差异会有更明显的变化，因此，GE(-1)和A(2)都会有比较明显的变化；而农民工群体中的成功者在城市劳动力市场上也可能会有越来越好的表现，从而使城市劳动力市场上收入分布顶端的群体收入差异也产生比较明显的变化，所以，GE(2)和A(0.5)也会有更明显的变化。

劳动力流动对收入差距产生的影响体现于不同群体的收入变化之中，这也要求我们使用更丰富的指标，更加全面地观察、度量这种变化。某一个收入差异度量指标的变化不敏感，如基尼系数，并不意味着收入分配形势没有改善。

四、总体工资差距缩小

虽然我们通过城市劳动力市场上的微观数据发现农民工内部的工资趋同以及农民工与城市本地职工的工资差异在逐渐缩小，但是，尚不足以说明劳动力流动及刘易斯转折点的来临对总体的收入差距产生了显著的影响。因为，一直以来城乡收入差距都被认为是总体收入差异最主要的组成部分。但由于现行的统计体系在城乡收入调查里都没能有效地包括农民工群体，可能造成严重的抽样偏差，并导致对收入差距的高估。

遗憾的是，我们尚缺乏对总体具有代表性的时间序列资料，分析包括农民工在内的总体收入差异的变化情况。不过，我们可以利用2005年全国1%人口抽样调查资料，观察如果在现有的城乡收入统计体系里加入农民工，会对收入分配的估计产生什么样的影响。在表5-4中第一列是通常对城乡收入差距的估计，即只包括农村劳动力和城市本地人口，而第二列则是包括了农民工的情形。估计结果显示，如果包含了农民工，那么所有的收入差异度量指标值都会下降。

可以预见的是，劳动力流动规模越大，农民工的工资收入越高，在估算收入差距时，忽略农民工群体所造成的偏差就越大。表5-4的信息是基于"2005年1%人口抽样调查资料"。根据国家统计局农村司的调查，2005年农民工的数量为1.26亿人，月平均工资水平为821元（2001年价格);到 2009 年农民工数量增加了 15.6%,实际工资水平增长了 48.7%。因此,我们可以想象,忽略农民工群体所造成的总体收入差距的高估会更严重。

表 5-4 城乡收入差异的变化:有偏和无偏的估计

	农村工人+城市工人	农村工人+城市工人+农民工	变化(%)
p90/p10	10.642	10.145	-4.67
p75/p25	3.604	3.694	2.50
GE (-1)	0.668	0.657	-1.65
GE (0)	0.422	0.408	-3.32
GE (1)	0.425	0.407	-4.24
GE (2)	0.740	0.705	-4.73
Gini	0.484	0.474	-2.07
A (0.5)	0.190	0.183	-3.68
A (1)	0.344	0.335	-2.62
A (2)	0.572	0.568	-0.70

资料来源:笔者根据 2005 年 1% 人口抽样调查资料计算。

第四节 工资收入分配改革展望

前文分析表明,工资改革在国有企业、公共部门和非国有部门三个领域都有未竟事宜。在 30 余年改革历程中,工资收入增长出现了略低于经济增长的可喜变化,但与之相随的工资收入差距扩大令人担忧。由于中国经济转型尚未完成,经济发展正处在从温饱水平迈向全面小康水平的十字路口,下一步改革能否起到促进完成经济转型的效果,将在很大程度取决于我们对工资收入分配变化的看法、改革路线的选择和政策措施安排。

一、如何看待工资收入分配变化

一般而言,工资改革有两个重要目标:一是提高劳动力市场的灵活性和激励功能,发挥工资价格信号的资源配置作用;二是处理好个人收入分配关系,在兼顾公平和效率的基础上,发挥工资价格杠杆的收入分配功能,缩小工资收入差距。在一个充分竞争的、完善的市场体系里,工资高低反映了劳动力的边际价值大小,供求力量相互作用形成了同时满足供求双方意愿的均衡关系，实现劳动力资源的有效配置。同时，工资作为个人劳动贡献的回报，直接参与了初次收入分配。由此可见，充分竞争的、完善的劳动力市场是同时实现工资改革两个目标的前提条件和制度基础，这也决定今后工资改革的方向。

但是，在充分竞争的、完善的劳动力市场体系中，并不意味着不存在工资收入分配差距。劳动力作为生产要素，有自己的特殊性，也就是劳动力的异质性问题。如果所有的劳动力在素质和技能上都相同，也就是说劳动力是同质的，并且劳动力市场是充分竞争的、不存在信息不对称和交易成本等问题，那么，就不会有工资收入分配差距问题。在现实世界中，劳动者之间因先天遗传和后天的人力资本投资，造成相互之间各不相同，即使我们仍假定劳动力市场是充分竞争的、不存在信息不对称和交易成本等问题，可由于劳动力的异质性所带来的边际生产率差异，结果也会带来工资收入分配差距问题。这种因劳动者个人人力资本积累水平和回报水平所表现出来的差异，正是劳动力市场产生激励作用的结果。

回顾计划经济时代实行等级工资制，个人劳动报酬与个人劳动贡献不对等，平均主义现象严重，结果导致了严重的激励不足和效率低下的问题。改革以来，工资市场化改革就是通过建立并强化市场激励机制，刺激个人进行人力资本投资、促进创新、培育企业家能力和精神，以期借助劳动力市场获得更高的工资收入回报。因此，改革以来，劳动者在个人人力资本积累水平上差异，以及教育回报率上的差异，自然构成工资收入差距上升的重要部分，这应该是工资市场化改革所需要的预期结果。

当然，即使劳动者是同质性，由于体制性、政策性和市场不完善性存在，也会造成工资收入差距扩大。如同前文分析，一系列体制性和政策性因素都造成中国工资收入持续扩大。这些因素包括：①国有企业尚未完成全面建立现代企业制度，并按照这套制度运作。大多数国有企业所具有的自然的和人为的垄断性，非国有企业无法进行，形成竞争，结果构成了行业之间工资差距扩大。②公共部门工资形成缺乏市场机制，也造成了部门之间的工资差距。③非国有部门就业因户籍制度和城市就业和社会保障等保护政策存在，对农村劳动力形成就业和工资歧视，也带来了工资差距问题。此外，地区之间由于交通和距离等因素所带来信息不畅，也会对劳动力市场资源配置和工资差距产生一定的影响。这些体制性和政策性因素的存在，扭曲了劳动力市场的激励机制和收入分配机制，是导致工资收入分配不合理的根本原因。

二、收入分配体制的改革路线

工资收入分配改革对初次收入分配有直接影响，因此，它属于收入分配体制改革重要内容。收入分配体制的改革路线从强调效率向重视公平的转变，将把今后的工资收入分配改革带入一个新的阶段，从而为建立市场体系下的工资形成机制和缩小收入差距机制创造条件。

在计划经济时期，中国把按劳分配原则作为收入分配的唯一原则，指导工资收入分配。改革以来，在坚持实行按劳分配的前提下，其他分配方式逐步被承认、确立和完善。同时，收入分配体制改革的指导思想，从改革初期的强调效率优先转向高度重视公平问题，着手通过把初次分配和再分配有机结合，让全体国民分享改革带来的经济成果。

1987年，中共十三大报告明确提出按劳分配为主、其他分配方式补充的原则，把劳动之外生产要素纳入收入分配。1993年，中共十四届三中全会通过的《中共中央关于建立社会主义市场经济体制若干问题的决定》，提出坚持按劳分配为主体、多种分配方式并存的制度，并强调个人收入分配要体现效率优先、兼顾公平的原则。

1997年，中共十五大报告指出要把按劳分配和按生产要素分配结合起来，允许和鼓励资本、技术等生产要素参与收益分配。2002年，中共十六大报告进一步提出确立劳动、资本、技术和管理等生产要素按贡献参与分配的原则，完善按劳分配为主体、多种分配方式并存的分配制度。这样，坚持按劳分配为主体、多种分配方式并存的分配制度就得以确立和完善。在中共十五大和中共十六大的报告中，都急需强调个人收入分配要体现效率优先、兼顾公平的原则。

2007年，中共十七大报告提出收入分配制度改革将遵循以下原则：一是坚持和完善按劳分配为主体、多种分配方式并存的分配制度，坚持各种生产要素按贡献参与分配；二是在经济发展的基础上，更加注重社会公平，合理调整国民收入分配格局，使全体人民都能享受到改革开放和社会主义现代化建设的成果；三是进一步理顺分配关系，完善分配制度，着力提高低收入者收入水平，扩大中等收入者比重，有效调节过高收入，取缔非法收入，努力缓解地区之间和部分社会成员之间收入分配差距扩大的趋势。中共十七大报告第一次提出要更加注重社会公平问题，这种收入分配体制的改革路线调整，必然对今后的工资收入分配制度改革产生决定性的影响。

2013年2月，国务院批转《深化收入分配制度改革若干意见》（以下简称《意见》），提出了以下总体目标：

——城乡居民收入实现倍增。到2020年实现城乡居民人均实际收入比2010年翻一番，力争中低收入者收入增长更快一些，人民生活水平全面提高。

——收入分配差距逐步缩小。城乡之间、区域和居民之间收入差距较大的问题得到有效缓解，扶贫对象大幅减少，中等收入群体持续扩大，"橄榄型"分配结构逐步形成。

——收入分配秩序明显改善。合法收入得到有力保护，过高收入得到合理调节，隐性收入得到有效规范，非法收入予以坚决取缔。

——收入分配格局趋于合理。居民收入在国民收入分配中的比重、劳动报酬在初次分配中的比重逐步提高，社会保障和就业等民生支出占财政支出比重明显提升。

该《意见》强调了完善工资增长机制在初次分配中的作用。提出"促进中低收入职工工资合理增长。建立反映劳动力市场供求关系和企业经济效益的工资决定及正常增长机制。完善工资指导线制度，建立统一规范的企业薪酬调查和信息发布制度。根据经济发展、物价变动等因素，适时调整最低工资标准，到2015年绝大多数地区最低工资标准达到当地城镇从业人员平均工资的40%以上。研究发布部分行业最低工资标准。以非公有制企业为重点，积极稳妥推行工资集体协商和行业性、区域性工资集体协商，到2015年，集体合同签订率达到80%，逐步解决一些行业企业职工工资过低的问题"。《意见》要求"落实新修订的劳动合同法，研究出台劳务派遣规定等配套规章，严格规范劳务派遣用工行为，依法保障被派遣劳动者的同工同酬权利"。

同时，针对部分垄断企业薪酬过高问题，《意见》要求"加强国有企业高管薪酬管理，对部分过高收入行业的国有及国有控股企业，严格实行企业工资总额和工资水平双重调控政策，逐步缩小行业工资收入差距。建立与企业领导人分类管理相适应、选任方式相匹配的企业高管人员差异化薪酬分配制度，综合考虑当期业绩和持续发展，建立健全根据经营管理绩效、风险和责任确定薪酬的制度，对行政任命的国有企业高管人员薪酬水平实行限高，推广薪酬延期支付和追索扣回制度。缩小国有企业内部分配差距，高管人员薪酬增幅应低于企业职工平均工资增幅。对非国有金融企业和上市公司高管薪酬，通过完善公司治理结构，增强董事会、薪酬委员会和股东大会在抑制畸高薪酬方面的作用"。

《意见》还提出完善机关事业单位工资制度。建立公务员和企业相当人员工资水平调查比较制度，完善科学合理的职务与职级并行制度，适当提高基层公务员工资水平；调整优化工资结构，降低津贴补贴所占比例，提高基本工资占比；提高艰苦边远地区津贴标准，抓紧研究地区附加津贴实施方案。结合分类推进事业单位改革，建立健全符合事业单位特点、体现岗位绩效和分级分类管理的工资分配制度。

三、建立市场化的工资形成与增长机制

建立市场化的工资形成与增长机制，是改变工资收入分配格局和缩小工资收入差距的重要途径。如前所述，中国工资收入分配制度改革在三大领域尚未完成。它们面临着不同的问题，对今后的改革也会有相应的要求。

在初次分配中，国有单位分配秩序混乱，垄断性国有企业的工资福利发放缺乏有效的激励约束机制，国家机关、事业单位工资标准和结构不合理，不同部门、地区甚至同一地区的公职人员间收入差距过大等，是国有部门的突出问题。国有部门是政府政策可以直接调控的部门，通过引入市场化机制，重建新的收入分配秩序和标准，将会有助于缩小体制性和政策性因素所造成的不合理的工资收入差距。

对于非国有部门来讲，建立工资形成和增长机制则需要通过建立合适的制度，消除劳动力市场歧视，提高劳动者的谈判地位，加强对劳动者合法权益保护，扭转劳动者长期处于弱势的地位。这需要加快户籍制度改革，彻底消除户口身份对劳动力流动、就业、工资和社会福利、子女教育等方面的限制，让农民工与城市劳动力享有均等的劳动力市场就业机会和社会福利待遇。

提高劳动合同的签约率是加强对劳动者保护的重要措施之一。中国劳动者的劳动合同签约率不高，特别是农民工的签约率很低。从2008年初开始，中国实施《劳动合同法》。这部法律的实施引发广泛的社会关注和争议。其中，有些问题涉及需要加快城镇社会保障体制改革等。中国目前正在着手制度该法的实施细则，对有关无固定期限合同做出解释。随着实施细则的出台，加强这部法律及其细则的实施和监督将有助于提高劳动合同的签订。在加强《劳动合同法》执法的同时，还应建立一套控制支付保障制度，对工资支付的项目、水平、形式、对象和时间等做出详细的支付规定，保障工资按时、完整、全部发放。

最低工资制度和工资集体协商制度对工资形成和增长有重要影响。中

国目前已经建立了最低工资制度，但各地最低工资水平不一样，制定程序和标准也不一样。这些可考虑在科学地分析基础上，建立一套标准化的制定程度，指导各地的最低工资水平，以便促进地区间劳动力市场一体化。工资集体协商制度在国外有非常成熟的经验。中国可在借鉴这些经验的基础，发挥工会的作用，通过集体协商，保障工资按照正常程度保持增长。

最后，还应建立工资宏观调控制度。通过处理好工资与增长、物价、就业、贸易、税收等变量之间关系，把工资增长和城乡居民收入增长纳入国民经济发展规划，努力使工资和收入增长与宏观经济增长速度相匹配，并做到工资收入增长不对实施就业优先战略和提高中国国际竞争力产生负面影响，不会产生加剧通货膨胀的结果。在工资宏观调控中，还可以考虑利用税收制度，加大对个人工资收入和财产收入进行调节，让收入差距保持在合理的区间。

第六章 居民收入增长与分配

随着经济快速发展，我国居民收入水平不断提高。1978年城镇居民家庭人均可支配收入为343.4元，农村居民家庭人均纯收入为133.6元。到了2011年，城镇居民家庭人均可支配收入为21809.8元，农村居民家庭人均纯收入为6977.3元，分别增长了63.5倍和52.2倍。剔除物价上涨因素，城镇居民家庭人均可支配收入和农村居民家庭人均纯收入分别增长了10.5倍和10.6倍。[①]然而，如果把居民收入放在总体经济增长的大背景下观察，则会发现居民收入增长不仅不快，而且是相对缓慢，其结果，居民收入占国民收入的比例下降，消费需求对经济增长的推动能力不足。与此同时，居民收入差距不断拉大，贫富差距不断增大，收入分配问题带来的社会矛盾越来越突出。城乡居民收入增长缓慢已经成为制约当前经济发展的重要问题之一。本文主要研究居民收入增长及其存在的问题，共分四部分：第一部分研究居民收入的来源及增长情况；第二部分分析居民收入增长中存在的问题；第三部分研究居民收入分配的现状与趋势；第四部分讨论如何增加居民收入和缩小收入差距。

第一节 居民收入来源与增长

一、居民收入的来源

我国分城乡统计居民收入，城镇居民统计可支配收入，农村居民统计纯收入。城镇居民可支配收入等于工资性收入、经营净收入、财产性收入

---

① 国家统计局. 中国统计年鉴（2012）. 中国统计出版社，2012.

和转移性收入减去缴纳个人所得税和个人缴纳的社会保障支出后的收入。农村居民纯收入则是工资性收入、家庭经营收入、财产性收入和转移性收入减去家庭经营费用支出、税费支出、生产性固定资产折旧和赠送农村内部亲友支出后的收入。因此，无论城镇居民还是农村居民，从收入的来源来看都包括工资性收入、经营收入、财产性收入和转移性收入四个部分。

在城镇居民收入中，工资性收入是城镇居民家庭平均每人全部年收入中最主要的部分。2011年，城镇居民家庭人均工资性收入为15411.91元，占城镇居民家庭平均每人全部年收入的64.3%。其次是转移性收入。2011年，城镇居民家庭人均转移性收入5708.58元，占城镇居民家庭平均每人全部年收入的23.8%。经营净收入和财产性收入分别为2209.74元和648.97元，分别占城镇居民家庭平均每人全部年收入的9.2%和2.7%。从有明确收入分类统计的1990~2011年，城镇居民工资性收入增长了13.4倍，经营净收入增长了98.2倍，财产性收入增长了41.6倍，转移性收入增长了17.4倍。① 由此可以看出，经营净收入和财产性收入是城镇居民收入中增长最快的部分。

在农村居民收入中，最主要的是家庭经营收入，即个体经营收入和农户务农收入。2011年家庭经营收入是5939.79元，占农村居民家庭人均总收入的60.4%。其次是工资性收入。2011年农村居民家庭人均工资性收入为2963.43元，占农村居民家庭人均总收入的30.1%。与城镇居民相比，农村居民的财产性收入和转移性收入都较少，占总收入的比重也很低。2011年农村居民家庭人均财产性收入和转移性收入分别为228.57元和701.35元，分别占农村居民家庭人均总收入的2.3%和7.1%。从有明确收入分类统计的1990~2011年，农村居民工资性收入增长了21.4倍，家庭经营收入增长了7.3倍，财产性收入和转移性收入平均增长了26倍。②

从2004年开始，政府对农业生产进行补贴，继而开启了新农村建设，农村居民的转移性收入也开始迅速提高，2011年的转移性收入较2003年提高了4.9倍。工资性收入和转移性收入是农村居民收入增长的主要源泉。20世纪90年代中期以后，农村劳动力大量进城务工。到了2011年，约有2.5亿农民工在第二产业和第三产业就业。这些劳动者所得到的工资性收入带回农村，成为农村居民工资性收入的主要来源。工资性收入的提高，也反映了农户兼业化趋势不断加强。如果不存在户籍制度等方面制约，劳动力流动和重新配置一般会带来分工分业和专业化程度不断提高。

---

①② 国家统计局. 中国统计年鉴（2012）. 中国统计出版社，2012.

从区域发展来看，中国农业的专业化程度确实在不断提高，① 但从家庭角度看，工资性收入上升说明农户的兼业化程度不断提高。收入分组资料表明，农民收入结构及其变化在不同收入水平上具有显著的差异性。其中，工资性收入比例差异是造成农户之间收入差距的重要因素之一。在农户普遍兼业化的情况下，高收入农户的非农就业比例较大，工资性收入比例较

表 6-1 城乡居民家庭人均收入增长变化

年 份	城镇居民家庭人均可支配收入		农村居民家庭人均纯收入	
	绝对数（元）	指数（1978=100）	绝对数（元）	指数（1978=100）
1978	343.4	100.0	133.6	100.0
1980	477.6	127.0	191.3	139.0
1985	739.1	160.4	397.6	268.9
1990	1510.2	198.1	686.3	311.2
1991	1700.6	212.4	708.6	317.4
1992	2026.6	232.9	784.0	336.2
1993	2577.4	255.1	921.6	346.9
1994	3496.2	276.8	1221.0	364.3
1995	4283.0	290.3	1577.7	383.6
1996	4838.9	301.6	1926.1	418.1
1997	5160.3	311.9	2090.1	437.3
1998	5425.1	329.9	2162.0	456.1
1999	5854.0	360.6	2210.3	473.5
2000	6280.0	383.7	2253.4	483.4
2001	6859.6	416.3	2366.4	503.7
2002	7702.8	472.1	2475.6	527.9
2003	8472.2	514.6	2622.2	550.6
2004	9421.6	554.2	2936.4	588.0
2005	10493.0	607.4	3254.9	624.5
2006	11759.5	670.7	3587.0	670.7
2007	13785.8	752.5	4140.4	734.4
2008	15780.8	815.7	4760.6	793.2
2009	17174.7	895.4	5153.2	860.6
2010	19109.4	965.2	5919.0	954.4
2011	21809.8	1046.3	6977.3	1063.2

注：绝对数使用当年价，指数使用不变价。
资料来源：历年《中国统计年鉴》。

---

① 蔡昉，德文，曲玥. 中国产业升级的大国雁阵模型分析. 经济研究，2009（9）.

高；反之，低收入农户的非农就业比例较小，工资性收入比例较低。

二、居民收入的增长

我国居民收入增长的速度较快，从 1978 年到 2011 年，城乡居民实际收入的年均增速达到了 7.4%。然而，城乡居民收入的快速增长并没有跑赢人均 GDP 的增长，从 1978 年到 2011 年，人均 GDP 年均增速达到了 8.8%，超过城乡居民收入增长 1.4 个百分点。一般来说，居民收入增长既和总体经济增长有关，又和国民经济中积累和消费的比例有关。在积累和消费比率不变的情况下，经济增长越快，居民收入增长也就越快。但是，如果积累率提高，消费率下降，那么即使经济仍然增长，居民收入也可能会出现停滞甚至负增长的局面。

中国目前就面临着积累率提高而消费率下降的局面。根据《资金流量表》计算，1992 年总储蓄占国内生产总值的比重为 35.1%，2005 年提高到 40.9%，2009 年进一步提高到 45.9%。而居民消费占国内生产总值的比重从 1992 年的 48.3%下降到 2005 年的 39.5%，2009 年为 36.3%。高积累低消费的格局压低了居民收入增长的速度。如图 6-1 所示，城镇居民家庭平均每人可支配收入与人均 GDP 的比率和农村居民家庭平均每人纯收入与

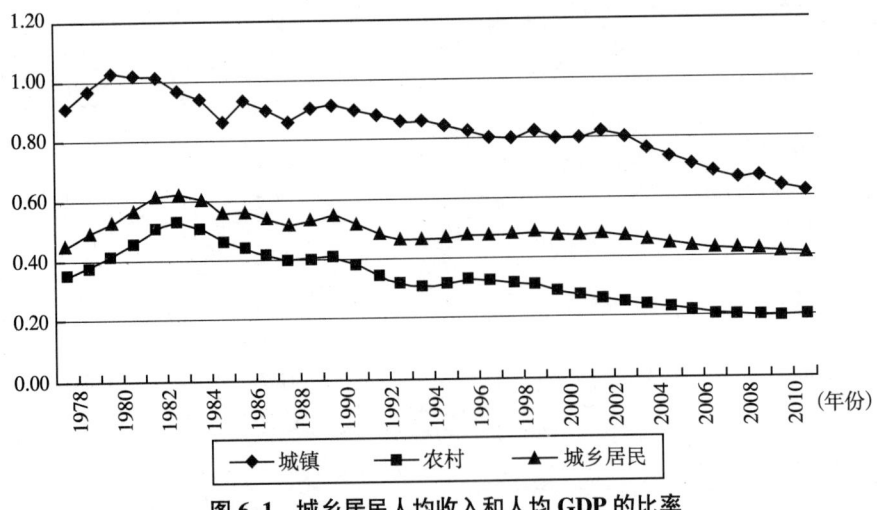

图 6-1　城乡居民人均收入和人均 GDP 的比率

注：居民收入是城镇居民人均可支配收入和农村居民人均纯收入按照城乡人口比例得到的平均居民收入与人均 GDP 的比值。

资料来源：历年《中国统计年鉴》。

人均GDP的比率在1978~2011年呈现下降的趋势。2011年，城镇居民人均收入和人均GDP的比率为0.62，远远低于1978年0.9的水平，农村居民人均收入和人均GDP的比率为0.2，也远远低于1978年0.35的水平。值得注意的是，1980年、1981年和1982年，城镇居民人均收入和人均GDP的比率甚至大于1，这说明城镇居民不但得到了自身的劳动报酬，而且得到了资本收益，还得到了一部分本属于农村居民的收入，是当时转移农村经济剩余支持城市发展做法的结果，也在一定程度上体现了对农村的"剥夺"。

从收入来源来看，工资性收入变化是导致城镇居民家庭人均可支配收入与人均GDP比率下降的主要原因。由于工资性收入是城镇居民收入的主要来源，工资性收入的下降表明实际上居民通过出卖自身劳动，在国民收入中能够分到的收益比重越来越小，劳动要素的回报率下降。究其原因，这主要受到目前中国的劳动力供求形势影响。长期以来，中国人口数量巨大，抚养比不断下降，劳动年龄人口数量不断增长，造成劳动供给相对富余，加之二元经济阻隔，使得中国农村积累了大量劳动力无法充分就业。改革开放以后，农村劳动力大量进入城市工作，为城市发展提供了充足的劳动力，但这也形成了独特的农民工群体。这一群体数量巨大，大多是初中毕业，所从事的多为低技能工作。大量进城农民工与1998年后国有企业改革下岗人员相叠加，形成了我国劳动力供大于求的局面，这一局面在大力推动经济增长的同时，也在客观上造成了城镇劳动者薪金收入水平难以提高的环境。

经济增长较快的年份，居民收入增长的速度反而相对放缓，出现了居民收入"逆周期"现象，而且这一现象在1978年之后多次出现。这其中有两个基本原因。

第一，在改革开放之初，劳动力市场只是初步发育，工资调整机制还不完善，工资表现得非常具有刚性，难以根据经济运行情况适时调整。这就使得在经济不景气的年份，尽管各类单位机构的盈利非常有限，但仍然要支付相对固定数额的工资，工资相对于企业经营收入的比重就会提高，城镇居民人均可支配收入与人均GDP的比率相应提高。而在经济景气年份，尽管企业利润很高，但并不会立即提高工资水平，工资相对于企业经营收入的比重就会下降，城镇居民人均可支配收入与人均GDP的比率相应下降（如图6-2所示）。因此，短期的居民收入"逆周期"现象，是劳动力市场不完善和工资制度不合理造成的。如图6-3所示，1980年、1983年、1986年到1991年都表现出了居民收入和经济增长关系的这一

"逆周期"特征。随着近年来劳动力市场的完善和工资制度的改进,尤其是和经营绩效相挂钩的劳动报酬制度的广泛推行,短期的"逆周期"现象已经不再频繁发生。

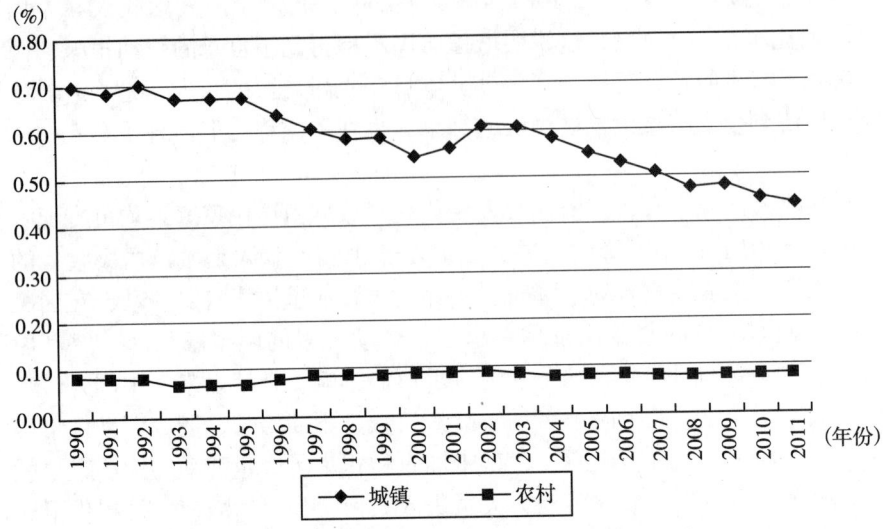

图6-2 城乡居民工资性收入和人均GDP的比率
资料来源:历年《中国统计年鉴》。

第二,长期来看,居民收入也存在"逆周期"现象,这表现为改革开放以来,居民收入增长慢于经济增长。其原因是投资驱动的经济增长方式。一般来说,如果国民收入不变,那么投资和消费就是此消彼长的关系。中国的经济增长主要依靠投资驱动,经济增长较快的年份,说明投资增长更快,居民收入在国民收入中的比重相应下降。在应对经济危机的特殊时期,这一特征更为明显。如图6-3、图6-4所示,20世纪90年代末亚洲金融危机期间和2010年前后全球经济危机期间,都出现了经济增速与城镇居民收入增速反向变化的情况。这些年份都是我国面临外部冲击的年份,国民经济运行都出现了大起大落的风险。例如,为了应对2009年蔓延全球的经济危机,我国推出了大投资计划,使得2009年下降的经济增长速度,在2010年反弹上扬。2009年城镇居民的收入增长速度高于人均GDP的增长速度,2010年则应声下降。可以说,长期的城镇居民收入相对于经济增长速度的下降,投资驱动的经济增长方式是重要的原因。

农村居民收入增长态势和城镇居民不同。农村居民收入在1985年之前增长迅速,之后则下降到了5%的名义年均增速,2000年之后,出现了较为稳定的增长态势。农村居民的收入以务农收入为主,20世纪90年代

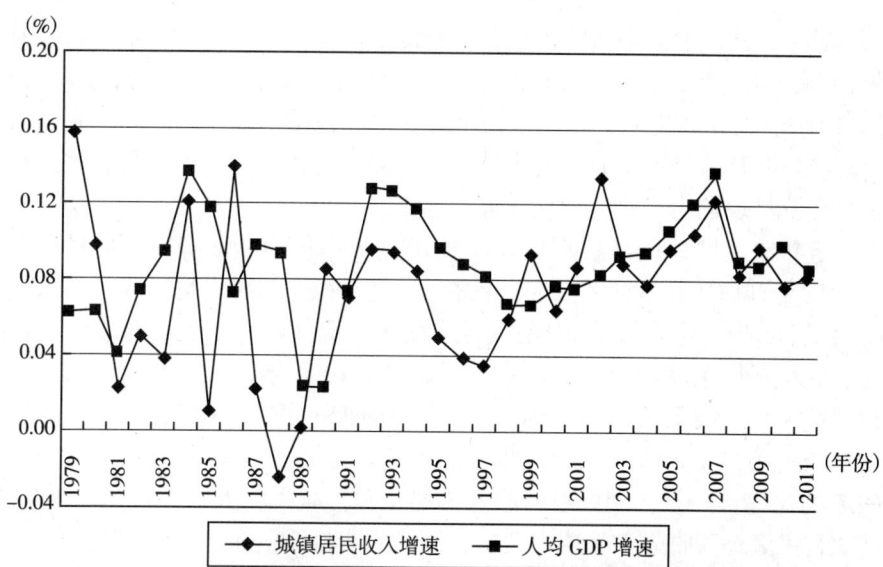

图 6-3　城镇居民人均收入和人均 GDP 的增长速度（名义增长率）
资料来源：历年《中国统计年鉴》。

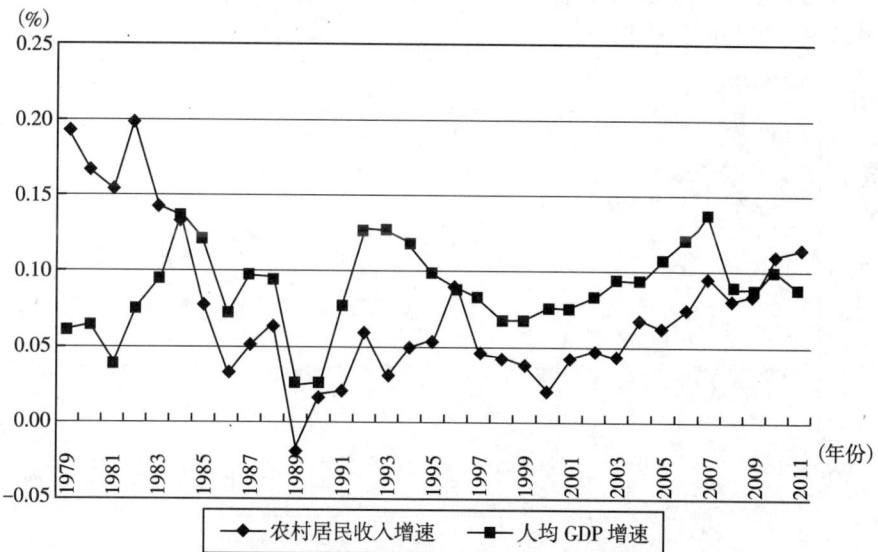

图 6-4　城乡居民人均收入和人均 GDP 的增长速度（名义增长率）
资料来源：历年《中国统计年鉴》。

后期工资性收入开始较快增长。因此，农村居民收入增长速度由低到高的态势反映的是政府对农业生产的更加重视和农民务工收入的增加。自 2003 年以来，无论从第一产业 GDP 平减指数来看，还是从居民食品消费价格指数和农产品生产价格指数来看，它们都表现出一致性的快速增长势头，其中，居民食品消费价格指数在 2003~2011 年比总体价格水平（CPI）年均高出 4.2 个百分点。2004 年开始，政府对农业生产进行补贴，到 2011 年超过 1400 亿元，相当于每个农村居民补贴了 200 元。农产品价格上涨和农业补贴带动了农民经营性收入上涨。总体来看，农村居民收入和国民经济呈现较为一致的增长态势。

近年来，城镇居民收入与人均 GDP 的比率仍然在下降，而农村居民收入与人均 GDP 的比率在 2006 年之后渐趋平稳。农村人均纯收入与人均 GDP 的比例下降不大，原因是农村居民的工资性收入增长相对较快，同时，农村居民家庭经营收入所占比重较高。1990 年，工资性收入只占农村居民人均总收入的 14%，到了 2011 年增加为 30%，工资性收入是总收入增长速度的 2.2 倍。工资性收入的增长，提升了农村居民收入与人均 GDP 的比率。并且，家庭经营收入仍然是农村居民收入中最重要的部分，而农村家庭经营收入扣除成本之后，即为农户经营的生产总值，其收益都归为农户，因此，农村居民家庭经营收入和农业 GDP 的波动趋势是基本一致的。其结果，就是农村居民收入增长与人均 GDP 增长相对于城镇居民来说，更为同步一些。

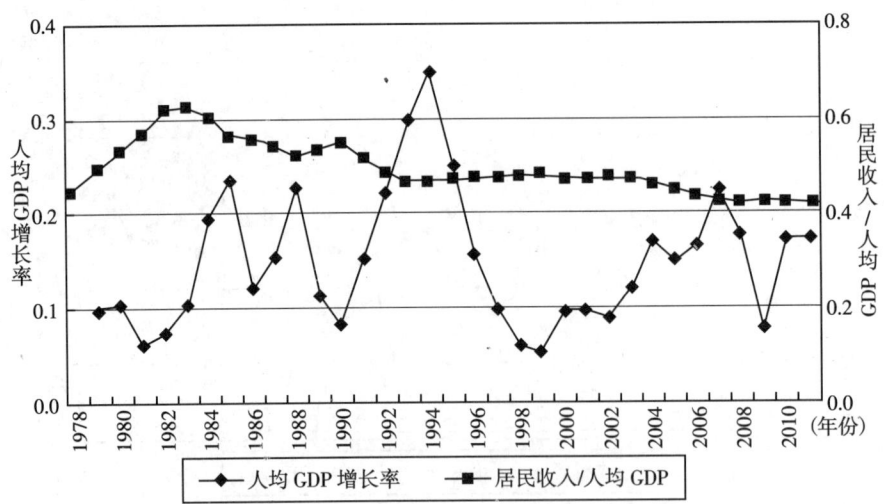

图 6-5　居民收入占人均 GDP 的比率和人均 GDP 的增长速度

注：居民收入是城镇居民人均可支配收入和农村居民人均纯收入按照城乡人口比例得到的平均居民收入与人均 GDP 的比率。

资料来源：历年《中国统计年鉴》。

纵观改革开放以来的发展历程，全国居民人均收入占人均 GDP 的比率，从 1978 年的 0.45 上升到 1983 年的 0.63，然后一路下滑，到了 2005

年，回到了 1978 年 0.45 的水平，2011 年下降到了 0.41。由图 6-5 可以发现，在改革开放早期，居民收入占 GDP 比重下降最快的年份，往往是经济增长速度较快的年份，反之，居民收入占 GDP 比重提高的年份，往往是经济增长速度下降的年份，居民收入和经济增长呈现出"逆周期"关系。要素市场的不完善，尤其是劳动力市场和工资制度的不完善，是造成居民收入难以和 GDP 增长同步的重要原因。近年来，随着我国社会主义市场经济改革的深入，居民收入"逆周期"现象已经大为改观。但是，居民收入占 GDP 比重下降的长期趋势并没有出现逆转，这需要我们从经济发展方式等其他方面寻找原因。

第二节 居民收入增长存在的问题

由于居民收入增长慢于人均 GDP 增长，所以在观察国民收入格局变化时会发现不利于居民部门的变化，具体表现为居民收入占国民收入比重下降。进一步分析可以发现，居民收入占国民收入比重下降与劳动报酬占 GDP 份额下降紧密联系。劳动报酬占 GDP 份额下降意味着劳动报酬相对减少，资本报酬相对增加。我国资本市场不够完善，资本报酬难以转化为居民的资本收入，同时，由于居民收入主要来自工资性收入，因此，劳动报酬占 GDP 份额下降通过工资性收入直接降低了居民收入在国民收入中的比重。低收入群体由于更加依靠工资性收入，因此这一群体受到的影响更大。

一、居民收入占国民收入比重下降

根据国家统计局公布的资金流量表的数据，可以计算我国 1992 年以来收入分配格局的变化。从初次分配来看，1992~2008 年，政府收入和企业收入都呈现上升趋势，企业部门从 17.37%上升到 25.26%，上升了 7.81 个百分点，政府收入则从 16.57%上升到 17.52%，上升接近 1 个百分点，而居民部门收入则大幅度下降，由 66.06%下降到 57.23%，下降了 8.83 个百分点。初次分配阶段居民收入的下降主要有企业部门的上升所解释。

以初次分配收入为起点，各部门经过收入税、社会保险缴款或福利、社会补助以及其他经常性转移等再分配项目调整，形成可支配收入，形成国民收入的再分配。收入税是企业和居民部门向政府缴纳的所得税。社保缴费包括企业和个人缴款两部分，但在国民经济核算中，社保缴费在初次分配阶段被计为劳动者报酬，而在再分配阶段，将企业和个人缴款的总和计入居民部门向政府部门缴纳的社保缴款中。社保福利是政府向居民的转移。由于我国居民社保缴款一直高于政府社保福利支出，故社会保险部分表现为居民部门向政府部门的净转移。社会补助是政府和企业部门对住户进行的转移支付，以政府部门支出为主。

再分配后，国有收入的分配格局仍然表现为企业部门和政府部门的收入占比上升以及居民部门收入的下降。1992~1998年，企业部门份额从11.70%上升到21.60%，上升了9.90个百分点，政府部门从19.96%上升到21.28%，上升了1.32个百分点，居民部门则从68.34%下降到57.11%，下降了11.32个百分点。与初次分配格局相比，再分配使得企业部门收入下降，政府部门收入上升，居民部门收入略有下降。以2008年为例，企业部门收入下降了3.65个百分点，居民部门下降了0.11个百分点，而政府部门则上升了3.77个百分点。政府部门通过再分配得到了更高的收入份额（见表6-2）。

表6-2 中国国民收入分配格局变化：初次分配和再分配

单位：%

年份	初次分配			再分配			初次分配——再分配		
	企业部门	政府部门	居民部门	企业部门	政府部门	居民部门	企业部门	政府部门	居民部门
1992	17.37	16.57	66.06	11.70	19.96	68.34	-5.67	3.39	2.28
1993	20.10	17.29	62.61	15.73	19.65	64.62	-4.37	2.36	2.01
1994	17.77	17.08	65.15	14.53	18.51	66.96	-3.25	1.43	1.82
1995	19.53	15.22	65.25	16.22	16.55	67.23	-3.31	1.33	1.98
1996	16.90	16.62	66.48	13.69	17.88	68.44	-3.21	1.25	1.96
1997	16.90	17.08	66.02	13.10	18.30	68.60	-3.80	1.22	2.58
1998	16.19	17.74	66.06	13.45	18.13	68.41	-2.74	0.39	2.35
1999	17.81	17.15	65.05	14.70	18.10	67.20	-3.11	0.95	2.15
2000	18.96	17.65	63.39	16.60	19.20	64.20	-2.36	1.55	0.81
2001	20.19	18.50	61.31	17.50	20.50	62.00	-2.69	2.00	0.69
2002	20.32	19.14	60.54	18.00	21.00	61.00	-2.32	1.86	0.46
2003	20.93	19.37	59.70	18.20	22.00	59.80	-2.73	2.63	0.10
2004	25.99	16.34	57.68	23.27	18.90	57.83	-2.72	2.56	0.15
2005	23.19	17.45	59.37	20.76	20.04	59.20	-2.43	2.59	-0.16
2006	23.15	17.90	58.95	19.86	21.44	58.70	-3.29	3.55	-0.26
2007	23.57	18.30	58.13	20.22	21.94	57.84	-3.35	3.64	-0.29
2008	25.26	17.52	57.23	21.60	21.28	57.11	-3.65	3.77	-0.11

资料来源：彭志龙，唐思宁. 中国资金流量表历史资料（1992~2004）. 中国统计出版社，2008；国家统计局. 中国统计年鉴（2010）. 中国统计出版社，2011.

无论是初次分配还是再分配，国民收入分配都表现为居民收入比重的下降。初次分配阶段，国民收入分配主要向企业部门倾斜，企业部门的收入增加解释了居民收入下降的近90%，居民收入下降剩下的10%则由政府部门收入上升所解释。在再分配阶段，政府部门收入进一步上升，企业部门收入下降，居民部门微降，其中在2004年之前，居民部门收入份额在再分配阶段比初次分配阶段有所上升，2004年之后则表现为下降，但下降幅度不大，以2008年为例，政府部门再分配阶段收入的上升主要由企业部门收入下降所解释，因此，再分配阶段，国民收入分配格局主要向政府部门倾斜。

综上所述，我国收入分配中存在的最大问题就是居民收入在国民收入中的比重下降，当然，分部门来看，造成居民收入下降的原因在初次分配阶段是因为企业部门收入增加造成的，而从再分配阶段来看是因为收入分配向政府部门倾斜的结果。那么，居民部门收入下降的主要原因是什么呢？由于居民部门不仅拥有劳动要素，而且拥有资本要素，这就需要从功能性分配或者要素分配的角度加以观察。表6-3是资金流量表中不同部门初次分配中收入来源的构成。

表6-3 初次分配中不同部门收入来源构成

单位：%

年份	企业			政府				居民			
	经营性留存	财产收入	小计	间接税	经营性留存	财产收入	小计	劳动报酬	财产性收入	经营性留存	小计
1992	13.74	3.64	17.37	14.50	1.77	0.30	16.57	54.56	4.42	7.08	66.06
1993	16.21	3.89	20.10	15.65	1.29	0.35	17.29	51.54	5.11	5.96	62.61
1994	13.74	4.04	17.77	15.58	1.11	0.39	17.08	52.39	5.77	6.99	65.15
1995	16.41	3.12	19.53	14.21	0.74	0.27	15.22	53.65	4.97	6.63	65.25
1996	13.76	3.14	16.90	15.25	1.12	0.25	16.62	52.87	5.26	8.35	66.48
1997	13.70	3.19	16.90	15.77	1.13	0.19	17.08	53.64	4.33	8.06	66.02
1998	12.79	3.41	16.19	16.68	0.76	0.30	17.74	53.38	4.35	8.34	66.06
1999	15.61	2.20	17.81	16.50	0.45	0.19	17.15	53.27	3.45	8.33	65.05
2000	16.56	2.40	18.96	16.51	0.89	0.24	17.65	51.04	3.19	9.16	63.39
2001	17.78	2.41	20.19	17.10	1.13	0.27	18.50	50.32	3.10	7.89	61.31
2002	17.71	2.61	20.32	17.36	1.51	0.28	19.14	50.93	3.15	6.46	60.54
2003	17.85	3.08	20.93	17.36	1.68	0.33	19.37	49.44	2.82	7.44	59.70
2004	22.86	3.12	25.99	14.96	1.00	0.38	16.34	47.15	2.64	7.88	57.68
2005	19.55	3.64	23.19	15.59	1.55	0.31	17.45	50.13	2.54	6.69	59.37

续表

年份	企业			政府				居民			
	经营性留存	财产收入	小计	间接税	经营性留存	财产收入	小计	劳动报酬	财产性收入	经营性留存	小计
2006	18.54	4.61	23.15	15.95	1.53	0.41	17.90	48.90	3.39	6.67	58.95
2007	18.46	5.10	23.57	16.25	1.54	0.51	18.30	47.77	3.62	6.74	58.13
2008	20.69	4.56	25.26	16.00	0.95	0.57	17.52	47.60	3.50	6.14	57.23

资料来源：彭志龙，唐思宁.中国资金流量表历史资料（1992~2004）.中国统计出版社，2008. 国家统计局.中国统计年鉴（2010）.中国统计出版社，2011.

从表6-3可以看出，1992~2008年，企业的收入占比从1992年的17.37%上升到2008年的25.26%，其中经营性留存从1992年的13.74%上升到2008年的20.69%，而财产收入则从1992年的3.64%上升到2008年的4.56%，经营性留存收入的增加是企业收入份额增加的主要来源。政府收入的增加主要来自于间接税收入的增加，而经营性留存则呈现下降趋势，财产性收入略有上升。居民收入从1992年的66.06%下降到2008年的57.23%，由于劳动报酬收入是居民收入的主要部门，所以，居民收入的下降主要是劳动报酬收入占比下降的结果，不过，居民收入的其他两个来源也都出现了下降，其中财产收入从4.42%下降到3.50%，经营性留存则从7.08%下降到6.14%。因此，居民收入占比的下降虽然主要是由于劳动报酬收入下降引起，但财产收入和经营性留存收入的下降也是居民收入下降的重要因素。由于在编制资金流量表时，使用了各种来源的数据并通过一些假设对数据进行了处理，所以，从资金流量表得到的收入分配格局并不完全准确。从初次分配阶段来看，资金流量表数据存在对劳动报酬数据高估的倾向；而从再分配阶段来看，则存在对政府收入低估以及对企业部门收入高估的倾向。如果通过使用其他来源的数据对资金流量表数据进行调整，则会发现初次分配阶段，劳动报酬收入下降的幅度可能会更大。在再分配阶段，政府收入可能会上升得更多，向政府部门倾斜的现象会更严重。

由此可见，当前国民收入分配格局所发生的最突出的变化就是居民收入在国民收入中的比重不断下降，而造成这一下降的主要原因在于作为居民部门主要收入来源的劳动报酬占GDP的份额出现了下降。同时，虽然资本要素收入占国民收入的比重在提高，居民部门的资本要素收入却下降了，这是由于资本市场的现有规则不利于资本要素收入转变为居民收入。

二、劳动报酬占 GDP 份额下降

目前，各种来源的统计数据似乎都揭示出中国劳动报酬份额不断下降的事实，劳动报酬份额下降已经成为中国收入分配领域中面临的突出问题之一。综合来看，有关中国劳动报酬份额数据可以从这样三个来源得到：一是地区收入法 GDP 核算数据，二是投入产出表数据，三是资金流量表数据。

地区收入法国内生产总值核算得到的劳动报酬份额是目前使用最多的数据来源。利用分省收入法 GDP 加总计算得到的劳动报酬份额，具有时间连续且跨度长等优点，但需要注意的是，我国采取分级核算体制，地区 GDP 核算易受地方干预等弊端，可能出现地方 GDP 加总高出全国核算数据的情况，从而可能影响省份加总法测度全国劳动报酬比重的准确度。根据地区收入法 GDP 核算数据，1978~1984 年全国劳动报酬占 GDP 份额从 49.64%上升到 53.68%的顶点；1985~1998 年全国劳动报酬占 GDP 份额基本保持在 50%以上，处于相对稳定时期；1999 年之后则趋于下降，特别是 2004 年之后开始加速下降，到 2007 年全国劳动报酬占 GDP 份额降至 39.74%的历史最低水平；2009 年和 2010 年劳动报酬份额数据又分别达到 46.62%和 45.01%的水平，回到了与 2004 年前大致相当的水平。

需要指出的是，国家统计局在进行劳动报酬的核算时存在统计口径的调整。在 2004 年之前，国家统计局把个体经营者的全部收入都记入劳动报酬收入，这里的个体经营收入既包括农民的家庭经营性收入，也包括城镇个体工商户的经营性收入。2004 年全国经济普查后，国家统计局改变了上述劳动报酬的统计口径，城镇个体工商户的经营性收入不再记为劳动报酬，而是归为企业的营业盈余。同时，农业不再计营业盈余。在地区收入法 GDP 核算中得到的劳动报酬占 GDP 份额变化中，2004 年的突然下降主要就是统计口径变动的影响，而 2009 年后劳动报酬份额数据又出现突然上升，其最可能原因似乎仍然应该从统计口径变化中去寻找，国家统计局也许又一次把统计口径调整到了 2004 年前的口径。

劳动报酬份额数据的第二个来源是投入产出表数据。投入产出表反映的是国民经济各部门之间的投入和产出之间的关系，是一定时期国民经济系统实际运行情况的缩影。这一数据虽然被使用得比较少，却是相对来说较为准确或者说全面的数据来源，因为投入产出表的编制需要进行大量的调查和核算，而且这一数据中还拥有非常详细的细分行业的状况，能够全面测算不同行业劳动报酬份额状况。但这一数据的缺陷是数据较少、不连续且具有滞后性。到目前为止，国家统计局相继成功编制了 1987 年、1990 年、1992 年、1995 年、1997 年、2000 年、2002 年、2005 年和 2007 年的价值型投入产出表，只有 9 个年份数据可以获得。从投入产出表数据中计算得出的我国劳动报酬占 GDP 份额在不同年份间的变动状况表明，劳动报酬占比自 1997 年以来出现了大幅度的下降局面，从 1997 年的 54.87%下降到 2007 年的 41.36%，10 年下降了 13.51 个百分点。但如果从 1987~2007 年来看，则下降幅度大大减少，仅从 47.23%下降到 41.36%，

表 6-4 劳动报酬占 GDP 份额：不同来源的数据

单位：%

年份	地区收入法	投入产出表	资金流量表	
			调整后	调整前
1987	52.02	47.23	—	—
1988	51.69	—	—	—
1989	51.55	—	—	—
1990	53.31	46.72	—	—
1991	52.12	—	—	—
1992	50.04	45.23	54.59	63.47
1993	49.49	—	51.43	61.49
1994	50.35	—	52.30	60.17
1995	51.44	57.89	52.78	60.00
1996	51.21	—	52.10	57.86
1997	51.03	54.87	53.00	58.71
1998	50.82	—	52.52	58.72
1999	49.97	—	52.60	59.65
2000	48.71	54.06	50.46	59.55
2001	48.23	—	49.63	58.54
2002	47.75	48.38	50.42	59.45
2003	46.16	—	49.20	58.90
2004	41.55	—	47.04	50.60
2005	41.40	41.73	50.30	50.30
2006	40.61	—	49.10	49.10
2007	39.74	41.36	48.00	48.00
2008	—	—	47.79	47.79
2009	46.61	—	—	—
2010	45.01	—	—	—

资料来源：彭志龙，唐思宁.中国资金流量表历史资料（1992~2004）.中国统计出版社，2008；国家统计局.中国统计年鉴（2010）.中国统计出版社，2011.

仅仅下降不足 6 个百分点。

资金流量表中得到的劳动报酬份额也是目前使用得较为广泛的数据来源。国家统计局自 1992 年开始编制资金流量表数据,最新的数据截至 2008 年。资金流量表一方面记录了各机构部门以增加值为起点,经过初次分配,形成初次分配总收入,之后经过再分配形成可支配收入的过程;另一方面还反映了初次分配中各种要素收入,以及再分配阶段各种转移支付项目在部门间的分配情况,资金流量表可用来分析国民收入分配格局及其变化原因。2004 年经济普查后,国家统计局根据普查结果对资金流量表中的劳动报酬数据进行了修改,并对之前的数据进行了回溯调整,所以,目前实际上能够得到两个序列的资金流量表数据,一个是经过回溯调整的数据,另一个是没有经过回溯调整的数据。没有经过回溯调整的序列在 2004 年有一个突然的大幅度下降,经过回溯调整的数据则变得比较平稳。经过回溯调整后中国劳动劳动报酬占 GDP 份额在 1992 年为 54.59%,1995 年为 52.78%,到 2008 年下降到 47.79%。资金流量表数据存在的一个问题在于非经济普查年份的劳动报酬数据常常根据劳动报酬增长率和居民可支配收入增长率相同来推算得到,这往往导致对劳动报酬的高估。

表 6-4 比较了三种来源的劳动报酬占 GDP 份额的变动。从中可以看出,2000 年前,投入产出表数据值最高;2000 年以后,资金流量表数据最高,地区收入法数据相对来说在三组数据中最低,下降趋势也表现得最稳定。2002 年以后劳动报酬份额陡然下降主要表现在地区收入法和投入产出表数据中,资金流量表数据的变化趋势则表现得相对稳定。这是否意味着地区收入法数据和投入产出表数据前后存在统计口径变化的影响,而资金流量表数据自身的统计口径比较一致。综合上述三个来源劳动报酬占 GDP 份额数据可以看到,这些数据之间存在不一致的情况,同时,不同来源数据还存在统计口径变化的问题,因此,虽然从总体趋势上来看,中国劳动报酬确实出现了下降趋势,但由于上述问题的存在,人们对劳动报酬在多大程度上出现下降甚至是否出现下降等仍然存在争议。因为从国际经验来看,世界上很少有像中国这样在经济快速发展过程中出现劳动收入份额如此大幅度下降的国家。

三、低收入群体收入增长更加缓慢

在居民收入总体增长相对缓慢的情况下,低收入群体的收入增长显得更加缓慢,这是我国收入分配领域中一个较为突出的问题。根据 2009 年的统计数据计算,按照收入水平从低到高分为 10 组,最低收入组的居民收入只占全部居民的 1.4%,与最高收入组相比,只占最高收入组居民收入的 4.7%。而最高收入组的居民收入占全部居民的 28.9%。收入越高的居民,不但消费支出高于低收入组居民,而且储蓄率也高。[①] 在城镇居民中,收入最低的 5% 的居民,其日常消费开支往往大于收入,储蓄在很多年份为负增长;收入最低的 10% 的居民,大约有 8% 的收入可用于储蓄或者购买财产;收入最高的 10% 的居民则有 38% 的收入可用于储蓄和购买财产。农村居民中,收入最低的 20% 的居民,平均消费支出大于平均收入,储蓄为负增长。2010 年,农村居民平均储蓄率为 14%,收入最低的 20% 农村居民的储蓄率为-23%,收入最高的 20% 农村居民的储蓄率为 26%。

从以上数字可以看出,无论城镇还是农村,居民内部的收入差距在不断扩大,低收入群体收入增长相对更加缓慢。如表 6-5 所示,1980 年,平均收入在组 6 的位置,到了 2009 年已经到了组 8 的位置,这说明越来越多的居民收入下降到平均收入以下。根据国家统计局发布的数据,2011 年城镇居民人均可支配收入中位数为 19118 元,比人均可支配收入低 2692 元。2011 年农村居民人均纯收入中位数为 6194 元,比农村居民人均纯收入低 783 元。

表 6-5 各收入组占居民总收入的比重

单位:%

年份	1980	1985	1990	1995	2000	2001	2002	2003	2004	2005	2006	2007	2008	2009
组 1	2.0	3.2	2.8	2.1	1.9	1.7	1.6	1.5	1.6	1.5	1.5	1.5	1.5	1.4
组 2	3.1	4.6	4.2	3.5	3.2	3.1	2.9	2.8	2.9	2.9	2.9	2.9	2.9	2.8
组 3	5.4	5.6	5.2	4.4	4.2	4.2	3.9	3.8	3.8	4.0	3.9	3.9	3.9	3.9
组 4	7.2	6.2	6.3	5.5	5.5	5.3	5.0	4.8	4.8	5.0	5.2	5.1	5.9	6.6
组 5	8.5	8.1	7.5	6.8	6.6	6.6	6.3	6.1	6.1	6.6	6.7	8.1	8.3	7.9
组 6	9.8	8.7	9.0	8.5	8.5	8.4	8.0	7.9	7.9	8.9	10.0	9.4	8.8	8.7
组 7	11.5	10.8	11.3	10.8	10.7	10.6	10.3	10.7	11.4	11.7	11.0	10.3	9.7	9.7
组 8	13.2	13.3	13.1	13.9	14.1	14.6	14.4	14.0	13.0	13.1	12.7	12.8	12.7	12.9
组 9	15.6	16.1	16.7	17.5	18.1	17.7	17.3	17.0	16.9	16.8	16.9	17.0	17.1	17.2
组 10	23.8	23.3	23.8	27.0	27.1	27.7	30.3	31.5	31.8	29.4	29.2	29.0	29.2	28.9

注:全部居民按照 10 等分分组。
资料来源:历年《中国统计年鉴》。

[①] 这里的储蓄是指广义的储蓄,包括储蓄、购房建房支出、购买财产支出和馈赠别人支出。

由于越是高收入组的居民越拥有更多的储蓄，而近年来资本回报相对于劳动回报不断提高，因此，高收入组的居民依靠经营性收入和财产性收入与依靠工资性收入的普通居民拉开了收入差距。财产性收入是居民财富积累的回报，经营性收入也主要体现了财富积累的回报，而财富积累是前期收入提高的结果。也就是说，没有前一时期工资性收入差距的拉大，就没有近年来经营性收入和财产性收入差距的拉大。一般认为，中国目前迅速拉大的收入差距，源自20世纪90年代中期开始的城乡之间、城镇内部和农村内部的收入差距。具体来说，这些收入差距表现在行业之间、部门之间和不同层次的人群之间。低收入群体在进入21世纪后收入状况更加恶化，与中国收入差距扩大的总体背景是分不开的。

从变化趋势上看，居民收入分配恶化主要是从20世纪90年代中期开始。从时间上看，它刚好与加速国有企业改革、城镇就业和社会保障体制改革相吻合。这种时间上的一致性，不是一个巧合，而是在市场化改革的冲击下，过去的平均主义工资分配方式逐渐被按照要素贡献分配方式所取代，这样，个人之间和家庭之间的收入差距被不断拉大。[1]在深化国有企业改革过程中，随着大量企业富余人员下岗失业，劳动力市场的冲击也加大了城镇居民的收入分配差距。在国有企业改革的第一阶段（即1988~1995年），地区收入差距是城镇居民收入差距的主要形式，而到国有企业改革的第二阶段（即1995~1999年），经济改革效应的影响是造成城镇居民收入差距扩大的主要原因。[2]有失业人员的家庭数量的增加以及失业家庭收入的减少对1995~1999年间基尼系数上升的贡献率超过78%。此外，亏损企业职工家庭收入的下降也对这一时期收入差距的扩大产生了影响。城镇居民收入分配差距扩大不仅会对消费、投资和社会稳定带来影响，而且也会带来城市贫困等问题。

综上所述，我国居民收入增长中，存在着居民收入增长缓慢，居民收入占国民收入比重下降，劳动报酬占国民生产总值下降，低收入群体收入增长更加缓慢的问题。上述几个方面的问题，是相互关联的。由于居民收入中，工资收入占总收入的比例最高，居民收入占国民收入比重的下降说明在收入分配的格局中出现了不利于劳动者的变化，劳动报酬在国民生产总值中占比的下降与此相联系。同时，低收入群体在劳动力市场上处于弱

---

[1] 李实.中国个人收入分配研究回顾与展望.中国社会科学院经济研究所工作论文，2004.
[2] 孟昕.中国经济改革与城镇收入差距//李实，佐藤宏.经济转型的代价.中国财政经济出版社，2004.

势，劳动报酬占比下降对低收入群体影响更大，低收入群体工资增长更加缓慢，从而导致其收入增长更加缓慢。这造成我国居民收入差距不断拉大，收入不均现象更加突出。

第三节 居民收入分配的现状与趋势

中国的收入差距到底有多大，是不是已经"两极分化"？由于数据来源和方法的差别，尽管"中国的收入差距在扩大"已经成为社会共识，但对扩大的程度仍然存在不同看法。支持"两极分化"看法的认为，我国居民10%的高收入户的人均收入与10%的低收入户的差别，从1980年的12倍扩大到2009年的21倍，同时，基尼系数也在0.48~0.49的高位，贫富两极分化的问题十分明显。反对这一看法的认为，仅就收入分配差别的程度而言，至少基尼系数要达到0.5以上的水平才算得上是两极分化了，而我国即使各种财产及非法收入的影响都计算在内也没有达到这个程度。而且，高收入层与低收入层收入上的差距应被视为打破传统的平均主义的局限，尽管收入差别已扩大，但包括贫困阶层在内的中国所有阶层的绝对收入水平却提高了，对照经济增长速度和经济效率的提高来看，这种收入分配差别是适当的。

如何认识中国当前的收入差距呢？有观点认为，拉开的收入差距是市场化改革的成果，是效率优先原则的体现，只要不出现大的社会动荡，收入差距就是合理的。也有观点认为，由经济效率引起的收入差距，并不是目前中国收入差距拉大的主要原因。市场机制和政策体制的关系、初次分配和再分配的关系、中国处于转型期的特点和经济发展阶段的关系，都是构成中国收入差距拉大的原因。

对于中国当前的收入差距，我们应该认识到，中国作为一个发展中国家和经济转型国家，收入分配会受到经济发展、经济改革和政府政策等多方面的综合影响。收入差距不断扩大，既有市场的原因，也有体制的原因。既体现经济发展阶段的特征，也体现中国自身的特点。因此，要正确认识我国的收入差距问题，需要从地区之间、行业之间、城乡之间、要素之间、社会阶层之间等多个角度加以深入分析。

一、城镇内部、农村内部和全国的收入差距

统计局所发布的城乡居民收入按照收入水平进行了内部分组，我们据此可以计算城镇内部、农村内部和全国整体的基尼系数。

表6-6显示了1985~2010年城镇、农村和全国居民收入的基尼系数。从8分组的城镇居民统计来看，1985~2005年，城镇居民收入差距大幅度提高，基尼系数从0.161上升到0.328。之后一直维持在0.32~0.33，不再呈现上升趋势，2008~2010年略微呈现出下降的趋势。农村居民收入差距大于城镇居民收入差距。1995~2003年，20分组的农村居民收入的基尼系数，从0.344上升到0.374，达到改革以来的最高水平。之后，由于统计中的分组问题，按照固定收入水平进行的20组划分，由于农村居民整体收入水平的提高，已经不再适合进行基尼系数的计算，因此2003年之后以20分组计算的农村居民收入的基尼系数尽管下降了，但不能说明收入差距的缩小。正确的方法是农村居民按照更多分组（如10分组）计算的基尼系数。据此可以发现，2004年以来，农村居民的收入差距呈现不断

表6-6 城镇居民、农村居民和全国居民的收入差距：基尼系数

年份	城镇		农村			全国
	8分组	20分组	20分组	5分组	10分组	历年最多分组
1985	0.161	—	—	—	—	0.316
1990	0.174	—	—	—	—	0.336
1995	0.205	—	0.344	—	—	0.392
1998	0.227	—	0.331	—	—	0.375
1999	0.235	—	0.337	—	—	0.385
2000	0.245	—	0.354	—	—	0.403
2001	0.256	—	0.361	—	—	0.411
2002	0.306	—	0.368	0.343	—	0.434
2003	0.316	—	0.374	0.351	0.373	0.448
2004	0.323	—	0.355	0.341	0.362	0.449
2005	0.328	0.299	0.358	0.347	0.368	0.431
2006	0.325	0.294	0.347	0.345	0.366	0.429
2007	0.321	0.292	0.330	0.345	0.366	0.433
2008	0.329	0.294	0.311	0.349	0.370	0.432
2009	0.323	0.288	0.304	0.356	0.377	0.431
2010	0.317	—	—	0.350	—	—

扩大的趋势，从 2004 年的 0.362 提高到 2009 年的 0.377。从全国来看，居民收入差距的基尼系数经历了从 1980 年到 2003 年快速上升的过程，又在 2004 年开始稳中有降，2009 年全国居民收入的基尼系数是 0.431。

在时隔多年之后，国家统计局又开始公布全国的基尼系数，这为我们认识中国的收入差距问题提供了更好的依据。根据统计局发布的最新结果，2003 年的基尼系数为 0.479，2004 年为 0.473，2005 年为 0.485，2006 年为 0.487，2007 年为 0.484，2008 年为 0.491，2009 年为 0.490，2010 年为 0.481，2011 年为 0.477，2012 年为 0.474，数据自 2008 年起逐年回落（如图 6-6 所示）。一般来说，由于计算方法的原因，同样的数据来源，数据分组越少，计算得到的基尼系数越小。因此，我们计算的基尼系数要稍小一些，但反映出的趋势是基本一致的。

形成目前中国收入差距既有历史的原因，也有发展阶段的原因，还有体制原因。最主要的一个因素是城乡二元结构。我国城市和农村的人均收入之比，1978 年是 2.6 倍，到了 2008 年是 3.3 倍，不过近一两年有缓和迹象。收入差距扩大的一个重要的因素是阶层间的收入差距在扩大。用城市居民的数据，按照 10% 分组，均等地把城市家庭分成 10 组。据统计，最高一组和最低一组，1995 年相差 6.2 倍，2007 年相差 8.7 倍，其实 8.7 倍仍然是低估，实际可能相差得更多。农村人均收入最高和最低组相比，1995 年是 9.5 倍，2004 年是 12.4 倍。总的来看，收入差距都在扩大，只不过农村收入差距扩大趋势比城市要缓和些。在收入差距扩大的因素中，

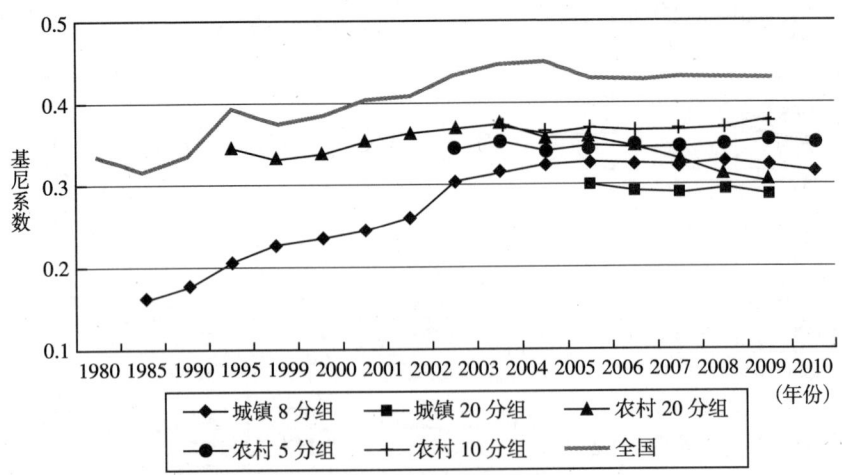

图 6-6　城镇居民、农村居民和全国居民的收入差距：基尼系数
资料来源：国家统计局。

不同阶层之间的居民收入差距已成为导致现在收入差距扩大的主要因素或者说主导因素。尽管城乡差距、地区差距问题并没有解决，但这些年来实行的关注弱势群体、西部大开发、东北振兴政策等，这些区域性政策、农村政策在某种程度上对缓和区域差距和城乡差距有帮助。

二、城乡之间的收入差距

城乡之间的收入差距一直是对全国居民收入差距影响最大的因素，是一直困扰中国的问题。改革开放初期，中国城乡之间的收入差距就已经达到较高的水平，1978年城镇居民人均收入已经是农村居民的近2.4倍。这意味着在计划经济时代，中国城乡之间的收入差距就已经形成了。但由于人为地阻隔城乡交流，大多数人对城乡差距并没有切身体会，因此也就不够重视。

计划经济时期，城市居民收入相当平均，因为那时大家都按照中央统一规定的工资标准来实行。地区之间也有差距，中央通过转移支付支持不发达地区的发展，不发达地区可能工资水平还更高些。农村居民收入水平低，而且城乡之间和农村个体之间的差距都比较大。1978年，城镇居民人均可支配收入是343.4元，农村居民人均纯收入只有133.6元，两者相差2.6倍。研究表明，[1]当时农村人口中32%是贫困人口，而且这是一个非常低的贫困标准，按照人均100元来算，年收入低于100元的占农村人口1/3。

改革初期，由于实行包产到户等一系列的农村改革，调动了农民生产积极性，提高了农村收入。20世纪80年代前期，城乡差距和全国收入差距都趋于缩小。尽管1978年以后城乡居民人均收入都在迅速增长，但1984年以后收入差距却持续扩大。到2002年，中国城镇居民收入的基尼系数进一步扩大到0.319。世界银行[2]研究认为，中国城镇居民收入的基尼系数从1982年的0.185上升到0.327（如图6-7所示）。进入21世纪后，尽管经济的快速增长，城乡居民的收入增长率很高，但是，收入差距还在扩大，尤其低收入组的收入增幅低于高收入组，全国总体的基尼系数上升了5%~7%。按照购买力平价指数调整后的基尼系数更高，按照国际

---

[1] 王小鲁. 我国收入分配现状、趋势及改革思考. 中国市场，2010（20）.

[2] Martin Ravallion and Shaohua Chen. China's (uneven) progress against poverty. Journal of Development Economics，82，2007，pp.1–42.

标准定义的收入,2007 年价格调整前后全国总体基尼系数分别为 0.492 和 0.433;按照国家统计局定义的收入,价格调整前后的全国总体基尼系数分别为 0.478 和 0.421。① 从基尼系数变动情况看,从 1978 年到 1984 年是下降阶段,由于农村率先改革,缩小了城乡差距。而 20 世纪 80 年代中期以后,基本上是差距持续扩大的阶段。

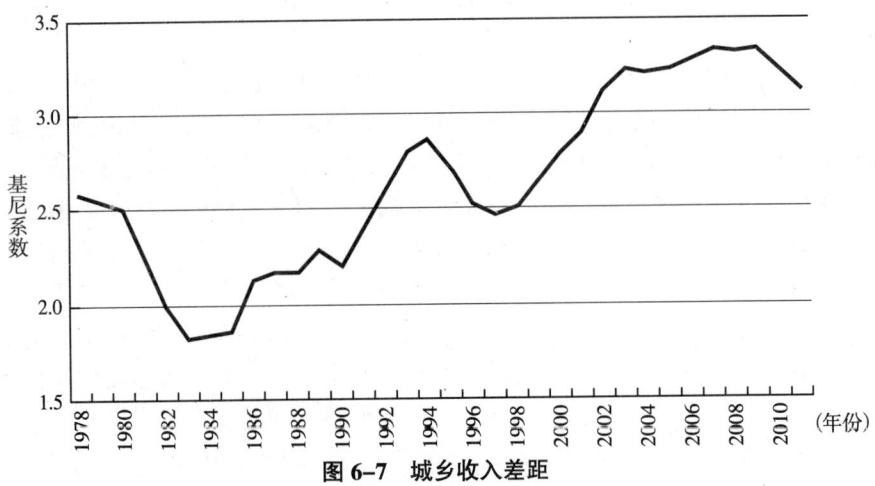

图 6-7 城乡收入差距

资料来源:国家统计局. 中国统计年鉴(历年). 中国统计出版社.

城乡之间实际人均收入比率的变化反映了其相对收入差距的变化。在 20 世纪 80 年代,由于农村改革的启动和成功,农村居民人均纯收入从 1978 年的 133.6 元跃升到 1985 年的 397.6 元,剔除物价上涨因素,实际提高 2.7 倍。农村居民收入这样快的提高,使得该比率曾经出现过较大幅度的下降。1985 年城市改革启动之后,城镇居民收入提高迅速,这使得该比率不断上升,从 1985 年的 1.86 上升到 2003 年的 3.23,又进一步上升到 2009 年的 3.33。1998~2003 年是城乡收入差距扩大最快的时期。值得注意的是,2010 年开始,该比率开始下降,到 2011 年下降到 3.13(见表 6-7)。城乡收入差距的稳定和少许下降趋势一般被认为是农民工务工提高了农村居民工资性收入的结果。

各地区内部的城乡收入差距和全国的趋势是基本一致的,都经历了从改革之初较低的差距水平,快速上升到 2003 年前后较高的差距水平,到

---

① 李实,罗楚亮. 中国收入差距究竟有多大——对修正样本结构偏差的尝试. 经济研究,2011(4).

2009年达到最高之后开始下降这样一个过程。其中，东部地区和东北地区的城乡收入差距较小，中部地区次之，西部地区最高。一般认为，这一格局是和地区间的转移支付有很大联系的。不发达地区得到的转移支付，多被用于城市的经济建设和提高城镇居民收入，而很少用于农村建设和提高农民收入。由于二元经济结构的逐渐破除，尤其是农民工进程务工带来的收入分配效应，东北地区从2003年就出现了城乡收入差距下降的趋势，中部和西部地区的差距保持基本不变，同期该差距在东部地区仍在快速上升（见图6-8）。

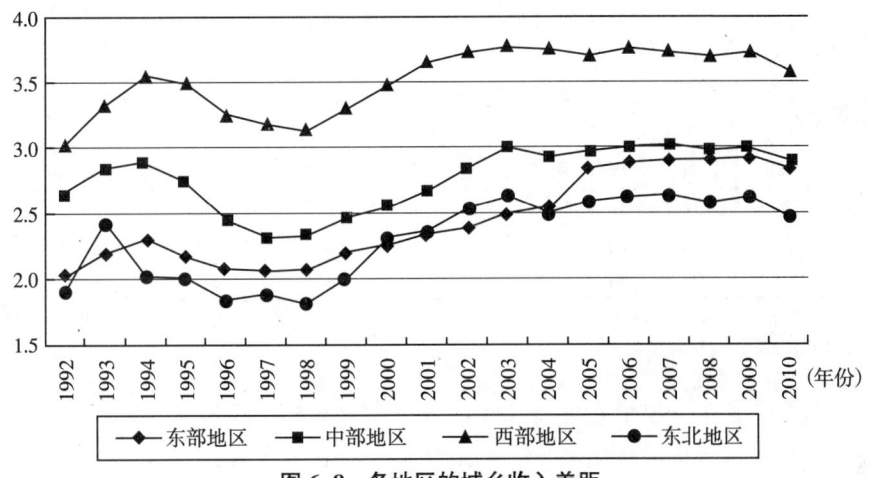

图 6-8 各地区的城乡收入差距

资料来源：国家统计局.中国统计年鉴（历年）.中国统计出版社.

分省来看，城乡收入差距较大的省份主要集中在中西部地区。表6-7中给出了若干个年份城乡收入比排名前十位的行政区域名单及其收入比值。可以看到，排名前十位的省、区、市名单变动不大，西南地区的西藏、贵州、云南和广西，西北地区的新疆、甘肃、陕西、青海，中部地区的山西出现频率较多。从首位省区的变动来看，1978年、1980年、1990年、2000年和2010年收入比最高的省份和指标值分别为甘肃4.04、陕西2.86、贵州3.22、西藏5.58和贵州4.07。

为了能够更全面地反映各省区城乡收入比在全国排位的变动规律，我们绘制了1978~1985年和1985~2010年两个阶段中，期初与期末城乡收入比变动的散点图。图6-9上是1978~1985年省际城乡收入比排位变化，可以看到期初排位高的地区在期末排位高的可能性并不高，说明省际间位次变动比较大；图6-9下是1985~2010年省际城乡收入比排位变化，图中的

表 6-7 主要年份城乡收入比排名前十位的省份

年份	排序	1	2	3	4	5	6	7	8	9	10
1978	省份	甘肃	山东	西藏	安徽	宁夏	山西	湖北	河南	福建	新疆
	收入比	4.04	3.42	3.23	3.02	2.99	2.97	2.94	2.78	2.69	2.68
1980	省份	陕西	云南	宁夏	甘肃	广西	福建	重庆	西藏	山西	湖北
	收入比	2.86	2.85	2.65	2.63	2.62	2.62	2.52	2.49	2.44	2.43
1985	省份	西藏	甘肃	重庆	贵州	宁夏	广西	云南	四川	陕西	青海
	收入比	2.79	2.51	2.50	2.37	2.29	2.26	2.22	2.21	2.20	2.19
1990	省份	贵州	重庆	云南	甘肃	四川	西藏	陕西	安徽	宁夏	湖南
	收入比	3.22	2.88	2.80	2.78	2.67	2.59	2.58	2.51	2.46	2.40
1995	省份	云南	西藏	新疆	贵州	甘肃	四川	重庆	陕西	宁夏	广西
	收入比	4.04	3.72	3.66	3.62	3.58	3.46	3.44	3.44	3.39	3.31
2000	省份	西藏	云南	贵州	陕西	新疆	青海	甘肃	重庆	广西	四川
	收入比	5.58	4.28	3.73	3.55	3.49	3.47	3.44	3.32	3.13	3.1
2005	省份	西藏	云南	贵州	甘肃	陕西	青海	广西	重庆	宁夏	新疆
	收入比	4.54	4.54	4.34	4.08	4.03	3.75	3.72	3.65	3.23	3.22
2010	省份	贵州	云南	甘肃	陕西	广西	西藏	青海	重庆	山西	宁夏
	收入比	4.07	4.06	3.85	3.82	3.76	3.62	3.59	3.32	3.30	3.28

资料来源：国家统计局. 中国统计年鉴（历年）. 中国统计出版社；国家统计局. 新中国 60 年统计资料汇编. 中国统计出版社，2010.

点分布非常紧密，聚集在拟合曲线周围，这表明初始排位高的省，期末排位继续领先，而排位较低的省，期末排位未有显著提升，这显示出各省城乡二元结构模式有固定化的态势。

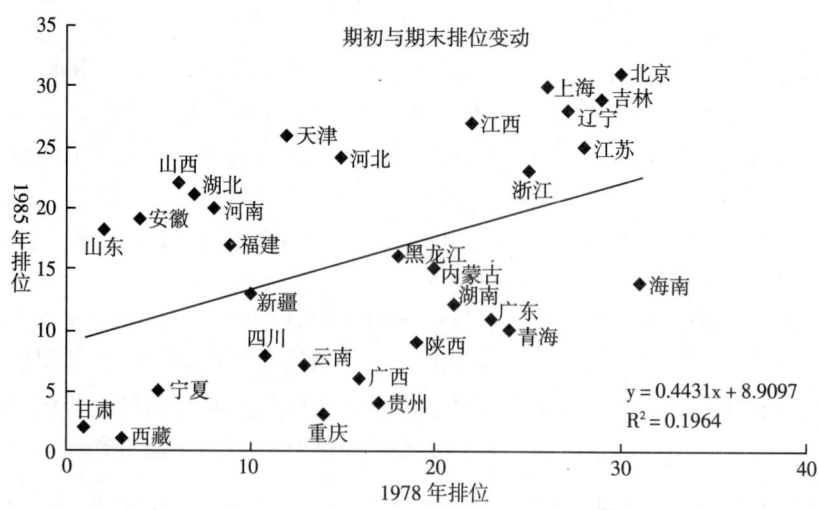

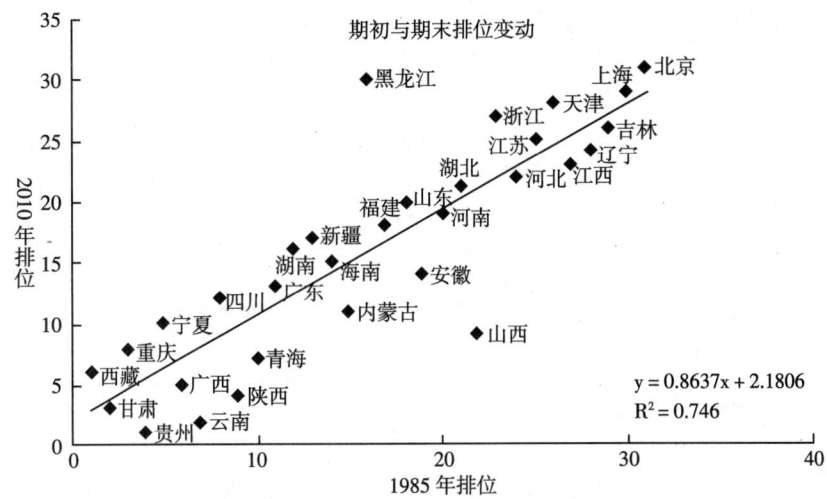

图 6–9　各省区城乡收入比排位变化

资料来源：国家统计局. 中国统计年鉴（历年）. 中国统计出版社；国家统计局. 新中国 60 年统计资料汇编. 中国统计出版社，2010.

三、地区之间的收入差距

造成居民收入差距的另一个重要因素是区域发展不平衡。区域收入差距鸿沟累积巨大，近年缩小幅度有限。过大的地区收入差距既有历史的原因，也有后来出现的新问题。人均经济产出要经过功能性分配、初次分配和二次分配才能转化为居民的可支配收入，因此决定收入差距的因素除了人均产出外，还受到经济结构、税收负担以及政府公共服务力度等的影响。借助于居民人均收入可反映人们"切身感受到的"地区差距。

进入 21 世纪之后，由于东部地区城市化进程加速，东部地区和其他地区农村居民的收入差距扩大了，形成了东部—东北—中部—西部的从高到低的收入格局。这一格局一直持续到现在。如图 6-10 中显示了三大地带间的收入差距，1978~2007 年变异系数基本处于不断上升趋势，2007 年以后开始下降。如果我们将东部地区的收入作为基准，中部与西部收入占东部地区收入的比重就反映了相对差距水平。改革开放之初，中西部与东部收入比比较接近，之后中西部地区收入占东部比重一直在下降，特别是 1978~1995 年，中西部收入占比下降较为迅速，由 0.9 和 0.8 下降到 1995 年的 0.6 和 0.54，2006 年达到最低点，2007 年后收入占比缓慢回升，但幅度很小。收入差距分析的一个重要意义是能够解释地区间人口的流动，20 世纪 90 年代以来大规模的跨区域人口迁移正是由收入差距诱导，但尽管人口不断从内陆地区流向东部沿海地区,但我们并未观察到收入差距的显著缩小。

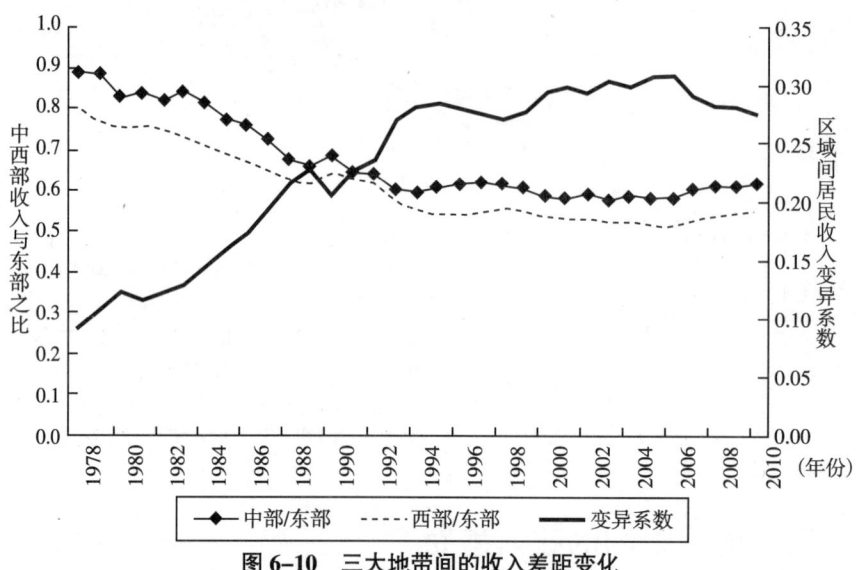

图 6-10 三大地带间的收入差距变化

资料来源:国家统计局.中国统计年鉴(历年).中国统计出版社.国家统计局.新中国60年统计资料汇编.中国统计出版社,2010.

图 6-11 给出了居民收入差距基尼系数、泰尔指数和对数方差的变动,可以看到,三指数趋势完全一致。从发展趋势来看,改革开放初期至 1983 年,三指数有所下降。20 世纪 80 年代中期至 90 年代中期,地区收入差距出现了迅速扩大的态势。1995 年以后,差距指数虽继续扩大,但扩大的速度明显下降,可以说进入了稳定期,该过程一直持续到 2006 年。2007 年以后,地区收入差距变化跨越了拐点,进入下行阶段。结合上文地区发展水平差距的分析,人均收入和人均 GRP 的省际差异指数在变化趋势上基本一致。

四、行业之间的收入差距

在人们对收入差距问题的讨论中,行业之间、企业之间的工资收入差距,特别是部分垄断行业的高工资问题,越来越成为讨论的焦点。一些观点认为,行业垄断是造成行业之间、企业之间工资差距的重要原因。垄断行业依靠对资源的占有和行政特权,采取非市场化手段,获得超额利润。

行业垄断对收入分配的影响越来越大,并且对收入差距产生了多重效应。其中一个方面是垄断行业可以获得垄断利润或垄断租金,并把其中的一部分以不同形式分配给其职工。这会拉大垄断行业与非垄断行业之间的职工收入差距。其次,垄断性行业职工收入的过快增长,远远超过了竞争性行业,进一步拉大了城镇居民收入差距。

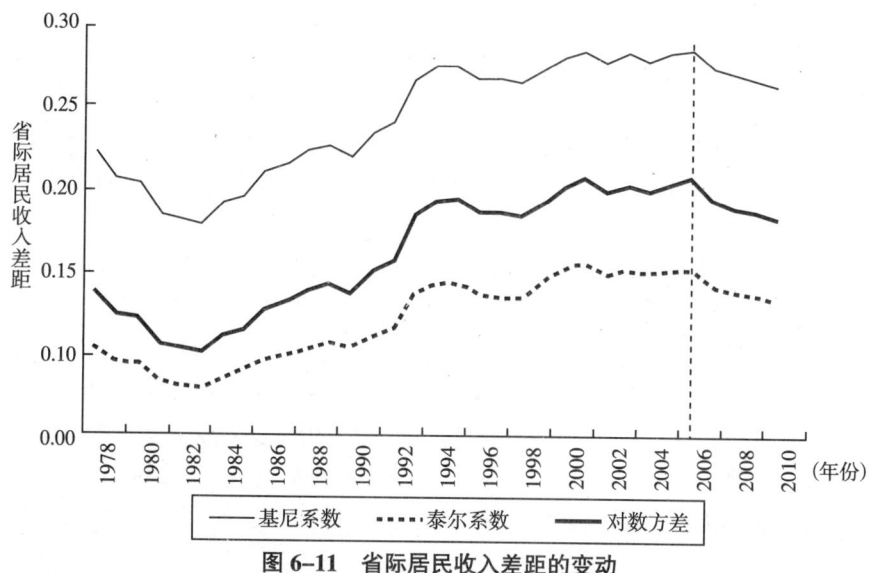

图 6-11 省际居民收入差距的变动

资料来源:国家统计局.中国统计年鉴(历年).中国统计出版社;国家统计局.新中国 60 年统计资料汇编.中国统计出版社,2010.

具体来看,2003~2010 年,工资增长速度超过平均水平的行业主要集中在金融业和采矿业。工资增长速度低于平均水平的行业主要集中在农林牧渔业、制造业、建筑业、信息传输计算机服务和软件业、住宿和餐饮业、居民服务业。2010 年,全国城镇单位就业人员平均工资 36539 元;全国城镇私营单位就业人员平均工资 20759 元。平均工资最高的行业是金融业,70146 元;最低的行业是农林牧渔业,16717 元。最高与最低之比为 4.2:1。有研究认为,目前,电力、电信、金融、保险、烟草、石油等行业职工的平均工资是其他行业职工平均工资的 2~3 倍,如果再加上住房、工资外收入和改革初期职工福利待遇上的差异,实际收入差距可能在 5~10 倍。由此可以发现,行业工资水平的高低和经济发展阶段有关,但主要是产业政策造成的。

行业之间收入差距的扩大,主要和我国的财税体制和产业政策有关。我国的财税体制中缺乏合理的资源税、垄断利润调节税等。全民所有制企业的收益并没有合理的分配体系和透明预算机制,土地流转收益也有同样的问题。当资源型商品价格上涨时,绝大部分收益都转化为企业收益或者地方政府收益。相关企业不仅得到了经营收益,而且得到了应该纳入整个国家分配体系的资源收益。并且,这些企业往往都是全民所有制企业。因此,必须建立一个更健全的财税体制,把资源收益纳入国家财政,用于全民,而不是归于少数占有这些资源的企业和个人。

此外,由于市场化趋向的改革提高了资本和人力资本的回报,也扩大了行业之间的收入差距。人力资本因素对收入差距的影响正在上升。动态分析表明,人力资本占到工资基尼系数指标增加的44.4%,教育和收入的相关性以及教育回报率的增加导致了教育的可解释程度的增加,从而造成工资收入不平等的增加。改革开放后,分配方式过渡到通过市场调节,按生产要素的贡献分配,人力资本越来越重要。表6-8显示了我国按行业分的全国就业人员受教育程度构成,行业之间人力资本水平相差较大。工业化过程中,新技术革命推动了劳动阶层内部出现分化,就业的技能偏向型突出,职业和工资呈现两极化,高技能、高人力资本的劳动者就业增长和工资上涨速度更快,而低技能、低人力资本的劳动者增长缓慢,尤其服务业内部分化更为突出,欧美等发达国家劳动者内部的收入差距扩大正是在这一分化中形成。在行业之间,由于人力资本的密集程度不同,客观上也扩大了行业之间的收入差距。

表6-8 按行业分的全国就业人员受教育程度

行业	合计	农、林、牧、渔业	采矿业	制造业	电力、燃气及水的生产和供应业	建筑业	交通运输、仓储和邮政业
平均受教育年限	9.09	7.59	10.09	9.78	12.06	9.07	10.07
行业	信息传输、计算机服务和软件业	批发和零售业	住宿和餐饮业	金融业	房地产业	租赁和商务服务业	科学研究、技术服务和地质勘查业
平均受教育年限	13.37	10.16	9.57	13.86	11.43	12.21	14.18
行业	水利、环境和公共设施管理业	居民服务和其他服务业	教育	卫生、社会保障和社会福利业	文化、体育和娱乐业	公共管理和社会组织	国际组织
平均受教育年限	10.48	9.38	14.32	13.37	12.11	13.4	14.96

资料来源:国家统计局.中国人口与就业统计年鉴.中国统计出版社,2011.

就业方式发生变化也加剧了行业之间的收入差距。自我雇用劳动者的比重趋于下降意味着劳动者的就业正规化，这符合劳动力市场发展和经济发展的一般趋势，也有利于劳动者报酬在国民经济中比重的提高，美国自雇劳动者比例从1980年的9.4%下降到2010年的7.0%，日本同期从28.1%下降到12.6%，但是，我国自雇就业者的比重一直较高，而且比重还在上升。城镇就业中，1990年自雇就业的比重为4%，1999年上升到29%，2011年上升到33%。农村就业中，1990年仅有4%从事个体就业，到2011年，上升到7%。一般来看，自雇劳动者比例较高不利于收入差距缩小。兼职就业比例的提高也是我国农村就业方式变化的一个重要特征，兼职就业比例提高不利于就业稳定性和收入稳定性，倾向于造成收入差距扩大。

五、公共部门与非公共部门之间的收入差距

公共部门与非公共部门之间的收入差距多来自体制方面因素的影响。非公共部门是指市场部门，公共部门是指政府机关等部门。现行体制中有很多导致收入差距扩大的因素，主要是再分配、社会保障和公共服务体系的问题。有观点认为，首先是再分配体系不健全，如个人所得税。一般来说，个人所得税制是累进的，收入高，税率也高。但实际在征管过程中，由于无法有效监督居民收入，很多收入并未计入个人收入，个人所得税的收入调节所用下降。其次是转移支付，尽管我国转移支付力度不断加大，但转移支付效率偏低，而且，由于制度设计问题，很多转移支付手段不但没有起到平衡收入分配的作用，反而加大了收入差距。最后是社保体系覆盖不全，公共服务不到位、不均等的问题，特别是医疗、教育和廉租房，这些给低收入居民提供的服务还远远不到位。

研究表明，总体来看，1989~1997年，收入较高的居民中，非公共部门比公共部门收入更高。但是2000年至今，在中等收入水平上，公共部门比非公共部门表现出明显的收入优势。在较高收入水平上，非公共部门不再具有收入优势。在20世纪70年代末到90年代中期，农村家庭联产承包责任制和一系列城市改革，打破了传统计划经济体制下的分配制度，在非公共部门中，各种市场回报逐渐趋于合理化。到了20世纪90年代后半期，国有企业通过自身改革和政府赋予的垄断力量加速积累财富，同时延及公共部门。政府和金融机构保留了大量经济资源的使用权，非公共部门的发展受到制约，收入水平相对下降。2003年以后，刘易斯转折点到

来，表现为非公共部门普通劳动者工资水平的提高。进入 21 世纪后，中国经济发展所面对的一个新挑战是，劳动力短缺成为普遍现象，普通劳动者工资持续上涨，劳动力不再是无限供给。2004 年沿海地区出现"民工荒"以来，劳动力短缺已经成为全国性现象，2011 年制造业招工难前所未有地成为企业普遍遭遇的困难。在劳动力供给增速减慢的同时，经济增长仍然保持着对劳动力的强劲需求，城镇就业继续迅速增长。我们把劳动年龄人口作为劳动力供给的代理指标，把进入城市的农民工（调查显示他们的失业率很低）和城镇居民就业人员作为劳动力需求的代理指标，可以看到在 2002~2010 年，劳动力供给的年平均增长率为 1.1%，而劳动力需求的年平均增长率高达 2.6%。

劳动力供求关系的变化，改变了中国资源禀赋长期存在的劳动力无限供给的特征，农业中的劳动边际生产力不再像理论假设的那么低下，工资不再由生存水平决定，而是更加敏感地受到供求关系的影响。这就引起了不同部门城镇居民收入差距的缩小。利用城镇住户调查数据，我们计算了 2003~2009 年城镇居民有在公共部门就业人员的家庭收入与其他部门收入的比较。从表 6-9 可以发现，在公共部门和非公共部门就业的家庭，其人均收入水平尽管保持了之前公共部门收入较高的格局，但是至少从 2003 年之后，东、中、西部的这一差距都在缩小。

表 6-9 城镇住户收入差距：在公共部门和非公共部门就业的家庭

单位：元

		非公共部门	公共部门			非公共部门	公共部门
2003 年	东部	8991	12886	2007 年	东部	14572	20368
	中部	6152	8844		中部	11257	14535
	西部	6154	9152		西部	10094	14631
		非公共部门	公共部门			非公共部门	公共部门
2005 年	东部	11509	15263	2009 年	东部	18242	23907
	中部	8283	10768		中部	13550	19063
	西部	7823	10745		西部	12541	18406

注：在公共部门就业的家庭是指该家庭的所有工作人员都在公共部门中就业，而在非公共部门就业的家庭是指该家庭的所有工作人员都在非公共部门中就业。

资料来源：国家统计局. 中国人口与就业统计年鉴（相关年份）. 中国统计出版社.

第四节 增加居民收入，缩小收入差距

一、如何增加居民收入

总体来看，我国居民收入增长的速度较快，从 1978 年至 2011 年，城乡居民实际收入的年均增速达到了 7.4%。但是，实际人均 GDP 的增长速度更快，达到了年均 8.8%。近年来，城镇居民的工资性收入和农村居民的经营性收入慢于经济增长，最终造成了居民收入增长偏慢的局面。

我国目前所面临的居民收入在国民收入中比重下降的现象和劳动报酬在初次分配中比重过低是相互联系的，因为劳动报酬是居民收入的主要部分。从经营性收入和财产性收入来看，由于我国正从计划经济体制转型，到目前还未建立完全与经济发展相适应的金融体系和资本市场；再加之既得利益集团的阻挠，处于现代经济核心地位的投融资体系迟迟不能得到改革。这直接导致了居民储蓄少有合理的投资途径，不得不进行银行储蓄，而银行利用利率存贷差得到天量垄断收益，国有企业也因低息贷款获益。这一收入分配格局等于是将居民储蓄收益转化为垄断行业的收益。因此，要提高居民经营性收入和财产性收入，就必须改革目前的金融体制。

对于农村居民来说，提高经营性收入和财产性收入不但面临着融资壁垒，还面临着务农收益不高的问题。受耕地面积限制，农户能够耕种的土地面积很少。要提高农户的家庭经营收入，就要转移农村人口，减少农民，提高每个农户所能经营的农场面积。政府从 2004 年开始，对粮食生产、农资农具和良种进行补贴，加上其他类型的转移支付，使得目前农村居民人均能够得到大约 700 元的财政补贴。这对改善农村贫困状况、促进农业生产、缩小农村内部的收入差距都有帮助。

即使在收入分配格局不利于劳动的情况下，提高居民收入也可以有所作为。这是由我国社会主义国家这一特征决定的。深化国有企业改革，不但是我国解决这一问题的特有优势，是中国特色社会主义制度的优越性所在，也是解决当前收入分配不公问题的有效途径，是人民群众最为关心敏感的问题之一。据统计，2011 年全国国有及国有控股企业（不含国有金融类企业）实现净利润 1.69 万亿元，银行业金融机构实现税后利润 1.25

万亿元，是2011年国家财政收入的近1/3，超过了波兰、阿根廷、瑞典的国民生产总值，可谓富可敌国。目前，国有资产收益分配制度滞后，尽管名义上国有资产归国家或全民所有，但是实际上被少数人占有和实际控制，并非名义上所有人拥有分配权。实际控制人又与权力、关系、利益集团等不公平因素相结合，造成了现在的分配不公，即存在"权利资本化"。因此，一直以来国有资产的收益分配流程和规则是不清楚的、不明确的，国有资产的分配制度始终是滞后的、不完善的，从而导致了目前严重的分配不公问题。规范国有企业行为，完善国有企业收益分配机制，让全体人民公平地享受国有资产的收益，将会极大地改善收入分配不公的问题，有助于改善劳动报酬比重过低和居民收入比重过低的问题，更有助于解决收入分配不公的问题。

长期来看，提高居民收入，必须建立居民收入增长和合理分配的长效机制。从初次分配来看，通过工业化和城市化发展创造更多的就业机会，加快农村劳动力转移步伐，利用劳动力市场机制提高工资性收入，利用劳动力市场机制提高工资性收入，发展高效农业增加农业收入，为农业和农村发展创造有利条件。从再分配来看，我国居民储蓄率很高，这就为提高居民收入的再分配制度提供了更大的空间。投资作为我国经济快速发展最重要的驱动力，其资金来源并不像一些国家发展初期那样极端地依靠企业自我积累。近期内需对经济增长的贡献率不断提高，消费经济开始兴旺，抓住这一机遇，建立更为合理有效的再分配制度，我国居民收入增长的步伐必将大大加快。

二、如何缩小收入差距

我国目前居民收入差距仍然比较大，但把我国的收入差距放在国际视野下加以观察则会发现，我国收入差距难以缩小的关键原因在于再分配对收入差距的调节力度不足。

从初次分配来看，很多发达国家的基尼系数和我国相差并不大，但再分配后，这些国家的基尼系数都出现大幅度下降。比如，再分配后，美国基尼系数从0.49下降到0.38，日本从0.46下降到0.33，德国从0.50下降到0.3，法国从0.48下降到0.29，英国从0.46下降到0.35，OECD国家平均从0.46下降到0.31。平均来看，发达国家经过再分配的调节，基尼系数会下降10个百分点以上（见图6-2）。而我国经济再分配调整后，基尼系数变化并不大，甚至有研究指出，综合考虑地区生活成本、住房、社会保障等因素后,中国的基尼系数可能在 0.48~0.49,收入差距不仅没有缩小,反而进一步拉大。①

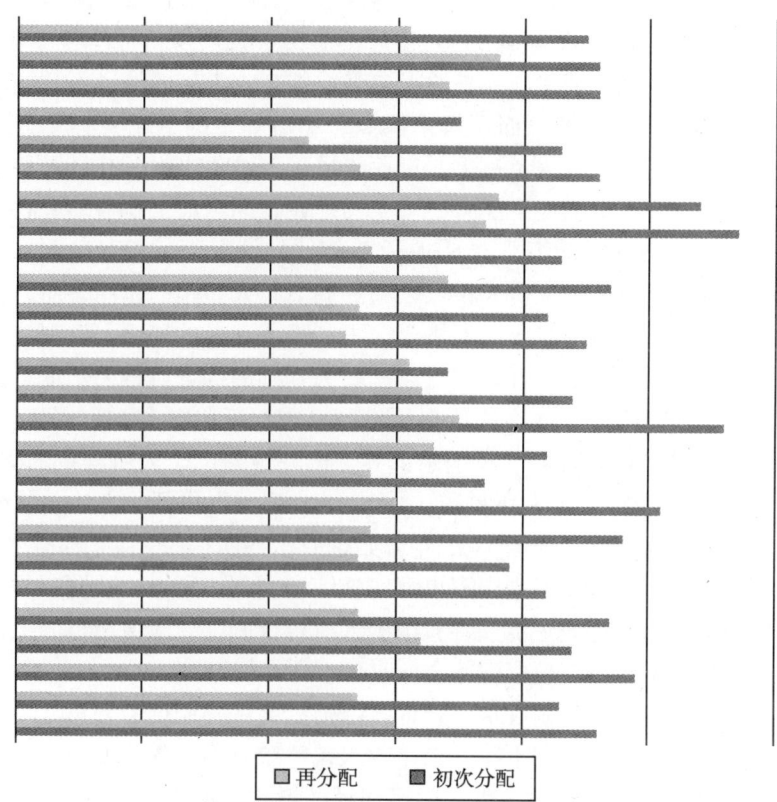

图 6-12 部分 OECD 国家初次分配和再分配后的基尼系数比较
资料来源:OECD 统计局网站。

当前发达国家收入差距的相对均等化主要是再分配政策调整的结果,而缺乏再分配手段的调节作用是中国当前收入差距不断扩大且难以下降的主要原因。因此,通过不断完善再分配机制和手段,我国居民的收入差距完全可以像大多数国家那样逐步得以缩小。从再分配的角度来看,缩小收入差距的政策需要在以下三个方面加以完善:

一是加强税收调节收入分配作用,实施按家庭综合征收个人所得税制度。改变当前税收调节收入分配作用不足局面,一方面需要尽快征收财产

---

① 李实,罗楚亮. 中国收入差距究竟有多大——对修正样本结构偏差的尝试. 经济研究, 2011(4).

持有环节的税种，例如房产税和遗产税等；另一方面需要改革我国个人所得税制度，从分类征收转变为按家庭综合所得征收个人所得税。我国的个人所得税是一种按收入来源分类征收的制度，其中工资、薪金所得免征额经过几次调整后已经提高到 3500 元/月，但由于各项所得适应税率不同，费用扣除标准不同，那些收入来源渠道多、综合收入高的纳税人总能够想到办法不纳税或少纳税，而所得来源少、相对集中的纳税人必然会多纳税，从而造成薪金收入税负过重，工薪阶层成为纳税主力，其结果是个人所得税在很大程度上变成了工薪税。尤其是在我国当前工薪劳动者收入水平增长相对缓慢、劳动报酬占 GDP 份额较低的情况下，相对过重的薪金收入税收负担不仅使个人所得税难以起到调节收入差距的作用，而且在某种程度上进一步加剧了收入分配格局中不利于劳动者的局面。反观世界上其他国家，个人所得税大都是实行以家庭为基础的综合所得税制度。据不完全统计，在 110 个征收个人所得税的国家或地区中，有 87 个国家（地区）先后采用了综合税制。英国是世界上第一个开征个人所得税的国家，1799 年开始分类征收个人所得税，1909 年改革所得税征收办法，从分类征收转变为综合征收。美国 1913 年开始征收个人所得税，实行综合税制。墨西哥、马来西亚等发展中国家也都实施综合税制。所以，从调节收入分配的作用来看，亟待进一步完善我国个人所得税制度，应该像世界上大多数国家一样，尽快实施按家庭综合征收个人所得税制度。

二是完善社会保障制度顶层设计，增强社会保障制度的普惠性。我国社会保障制度再分配作用不足，也是收入差距难以缩小的重要原因。社会保障制度既是再分配手段，也会影响到经济增长的活力。从国际上来看，存在两种基本的社会保障体系：一种是俾斯麦体系。这一体系的特点是需要个人缴费并强调待遇与缴费挂钩，但其调节收入分配的作用较差。采用这一体系的国家包括德国、奥地利、法国、比利时、西班牙等。另一种是贝弗里奇体系。这一体系不强调收入与缴费挂钩，旨在提供一种基本水平的社会保护。它强调社会公平，具有相对更强的收入分配效应，采用这一体系的国家包括如英国、丹麦、荷兰、瑞士等。中国目前的社会保障制度既不是俾斯麦体系，也不是贝弗里奇体系，而是上述两种体系的混合体，其中城镇职工社会保险制度体现了俾斯麦体系的特点，而农村和城镇居民社会保险制度则混合了俾斯麦体系和贝弗里奇体系的制度设计。由于城乡居民社会保险制度待遇水平较低，保障程度不足，总体上来说，我国社会保障制度更多地体现了俾斯麦体系的特征，所以，其再分配作用不足主要是制度本身所决定的。因此，完善我国的社会保障制度，需要从制度的顶层设计入手,增强制度的普惠性和公平性,发挥社会保障制度作为再分配手段调节收入分配的作用。为此,可以考虑在全国推行高龄津贴制度或建立统一的非缴费型公共养老金制度,改革现行城镇职工养老保险制度,建立职业年金制度和企业年金制,降低俾斯麦式制度的比重,增强贝弗里奇式制度的作用。

三是加快实现公共服务均等化,重点解决外来人口的同城待遇。在当前公共服务提供中,最大的不公平来自生活在同一地区甚至同一个城市的人被区分为不同身份而差别对待,其中那些已经长期工作生活在城镇中的农村人口是遭受不公对待的主要群体。根据 2010 年第六次人口普查结果,中国流动人口规模已达 2.2 亿人,其中大部分为农村进城务工人员。这些流动人口离开农村后,实际上就脱离了农村的公共服务和管理体系,但流入地的公共服务和各种社会福利待遇又以是否拥有当地户口为准入条件,从而造成了流动人口被排斥在流入地的城市公共服务体系之外,形成了所谓半城市化的格局。按照常住人口来看,目前城镇化率已超过 50%,但如果按照户籍来看,具有非农业户口人口占全国人口比例不足 40%,二者相差 10 多个百分点,这意味着有大约 1.5 亿人离开户籍地的农村人口无法和流入地城镇居民享受同等公共服务,由此所造成的社会矛盾和问题日益突出。因此,加快实现公共服务的均等化,其当务之急是尽快把工作和生活在同一城市或地区的外来人口纳入到当地的公共服务体系中去,这不仅是缩小收入差距和实现社会公平正义的需要,也是保持社会和谐稳定的需要。为此,国家可以考虑建立以常住人口为依托的公共服务提供体系,一个人只要在城市有稳定住所和工作,并居住超过一定年限,就应该享受到和城里人相同的教育、医疗、社会保障、就业和住房等待遇。

通过加强税收对收入分配的调节作用、增强社会保障制度的普惠性以及加快实现公共服务均等化,我国再分配环节调节收入分配的作用就会大大增强。如果中国也能够建立起像西方发达国家那样的再分配调整机制,收入差距将会大大缩小,收入差距扩大问题基本上就可以得到解决。

第七章 农村扶贫成效与发展

改革开放以来的30多年时间里,中国在消除贫困领域所取得的成就不仅大大地改善了人民的福利,也为世界反贫困做出了重要的贡献。中国的反贫困始自农村,而且和其他国家相比最重要的特点是政府的特殊努力。自20世纪80年代中期开始,中国政府针对农村的贫困群体实施特殊的收入政策,并成为农民收入支持政策的重要组成部分。历经近20年的政府努力,中国的扶贫开发战略在取得了举世瞩目的成效的同时,也使中国农村贫困的性质随之发生转变:贫困分布由区域的、整体性的贫困逐渐过渡到个体性贫困;贫困人口的构成也以边缘化人口为主要组成部分。

鉴于贫困性质产生的变化,扶贫开发战略也需要进行重要的调整。即由以前的区域瞄准和经济增长为主的开发式扶贫,转变到瞄准个体、以社会保障网络救助边缘化人口为主的保障型扶贫。也就是说,扶贫对象越来越变成那些在生产要素禀赋方面存在缺陷的个人和家庭,扶贫实践也相应地转向着眼于提高人力资本以及其他生产条件可得性的领域。

本章将着重分析中国政府的农村扶贫努力所产生的效果,以及农村贫困性质的变化。本章的内容安排如下:首先,我们将简单回顾改革开放以来,中国农村反贫困所取得的成就;其次,我们将着重介绍农村扶贫战略及其演变;再次,进一步讨论农村贫困性质的演化,以及主要的扶贫政策效果;最后,对政策进行展望和建议。

第一节 世界上最大规模的减贫

中国实施改革开放政策以来,不仅实现了世界上最快速的经济增长,也实现了世界上规模最大的减贫。1978年,按中国政府确定的贫困标准统计,贫困人口为2.5亿人,占农村总人口的30.7%。到2006年,农村贫困人口的总数为 2148 万人，贫困发生率下降到 2.3%。到 2010 年底，按 1274 元的扶贫标准计算，全国贫困人口下降到 2688 万人，并且率先实现了联合国千年发展目标中贫困人口减半的目标。2011 年，中央决定将农民人均纯收入 2300 元（2010 年不变价）作为新的国家扶贫标准。这一新标准的出台，使得全国贫困人口数量和覆盖面由 2010 年的 2688 万人扩大到了 1.28 亿人。

中国扶贫开发以及在整体上已经提前完成千年发展目标的巨大成就，得到了国际社会的普遍赞誉。世界银行认为，中国扶贫开发所取得的成就深刻地影响着国际社会。联合国开发计划署也认为，中国的扶贫成就为发展中国家甚至整个世界提供了一种模式。亚洲开发银行认为，中国扶贫开发有许多经验，值得其他国家学习。中国扶贫领域取得的成就，在亚洲首屈一指，中国政府完全可以为之骄傲。这些国际机构承认，30 年来，全人类取得的减贫事业成就中，2/3 应归功于中国。这是中国对国际扶贫和发展事业的巨大贡献，也是对人类文明和进步事业的巨大贡献。

回顾中国农村 30 余年的发展历程，缓解贫困的过程可以分为三个阶段。第一阶段，是 20 世纪 80 年代初期到 80 年代中期的一段时间。这一时期的显著特点是农村经济全面快速增长，同时，自发性的经济增长导致贫困人口数量急剧下降。改革开放之初，生活在绝对贫困线以下的农村贫困人口有 2.5 亿人之多，1985 年农村贫困人口的总量下降到 1.25 亿人。无疑，这是当今世界规模最大、速度最快的减贫过程。

中国的改革开放肇始于农村。1978 年开始农业经营制度进行了重大的变革，以家庭承包经营制度取代人民公社的集体经营制度。这种变革极大地激发了农民的劳动热情，解放了生产力，也显著提高了农业的产出水平。同时，农产品价格的调整，有效地缩小了工农产品价格的剪刀差，在一定程度上遏制了计划经济时期片面强调工业化对农业和农村发展的不利局面。以乡镇企业为代表的乡村工业化在这一时期也开始发展，不仅增强了农村经济的活力，也给一些有知识、有技能的农村劳动力拓展就业渠道、实现脱贫致富提供了新的机遇。

对农村经济体制的全面改革，成为这一时期促进国民经济快速发展的主要动力，并通过改善微观激励机制、提高农产品价格、加速农业结构调整以及乡村工业化等措施，全面促进了农村经济的增长。由于这一轮经济增长主要是通过制度创新实现的，并且解决了微观个体的激励机制问题，改革所带来的收益也因此迅速传递到贫困人口，使贫困农民得以脱贫致富，农村贫困现象大幅度缓解。

由于体制改革和农产品价格的提高，中国农村经济在1978~1985年保持了很高的经济增长率。据统计，1978~1985年全国农业增加值增长了55.4%，农业劳动生产率提高了40.3%。同期，由于农产品价格的较大幅度提高，农产品交易条件的改善，使农产品综合收购价格指数提高了66.8%。据估计农民因价格提高增加的收入占此时期农民新增收入的15.5%。在此时期，农村人均粮食产量增长14%，棉花增长73.9%，油料增长176.4%，肉类增长87.8%；农民人均纯收入增长了2.6倍；农民人均热量摄取量，从1978年的2300千卡/人日增加到1985年的2454千卡/人日。没有解决温饱的贫困人口从2.5亿人减少到1.25亿人，占农村人口的比例下降到14.8%；贫困人口平均每年减少1786万人。

20世纪80年代中期到20世纪末的一段时间可以看做是减贫的第二阶段。这一阶段的显著特点就是，政府开始通过专项扶贫计划，实施针对贫困人口的政府努力。1994年4月15日，国务院发出关于印发《国家八七扶贫攻坚计划》的通知。这个计划力争在20世纪内最后7年，集中力量，基本解决目前全国农村8000万贫困人口的温饱问题。1986年，中国已在全国范围内开展了有计划、有组织、大规模的扶贫开发。到1992年底，全国农村没有解决温饱的贫困人口，由1978年的2.5亿人减少到8000万人。

如果说从1978年开始的农村经济改革是针对农村经济体制的全面改革，所起到的效应也是惠及整个农村地区的话，那么，从20世纪80年代中期开始的专项扶贫则是针对农村特定人群的政府努力。政府成立了专门扶贫工作机构，多渠道安排了专项资金，制定了专门的优惠政策，对传统的救济式扶贫进行彻底改革并确定了开发式扶贫方针。通过采取特殊的政策和措施，开展有计划、有组织、大规模的开发式扶贫。

这一时期的扶贫专项计划同样获得了显著的成效，到2000年，农村贫困人口的总数下降到3209万人。这一时期，农村贫困人口平均每年减少了619万人，促进贫困人口集中地区尽快减少了贫困。1986~1993年，国家重点扶持贫困县的农民人均纯收入从206元增加到483.7元，到2000年增加到1338元。通过这一阶段的政府扶贫努力，农村贫困的总体分布也发生了明显的变化，区域特征更加明显。贫困更加集中于一些自然条件恶劣的中西部地区，如西南的山石区、西北的黄土高原区、秦巴山区、青藏高原区等。

缓解农村贫困不仅体现于以收入度量的贫困人口和贫困发生率的下降，也体现在人文发展和贫困集中地区各项社会事业的发展。通过实施

《国家八七扶贫攻坚计划》，贫困地区基本的基础设施明显改善，属于扶贫重点的基础设施如交通、通信、电力、学校等拥有率已接近非贫困地区。国家统计局的住户调查数据表明，2002年贫困人口所在行政村通路的比重为93.1%，低收入人口为94.5%，而非贫困人口为97%，三者的拥有率均已越过了20世纪90年代所制定的农村总体小康标准。贫困人口所在村能看电视节目的比重为96.4%，低收入人口为97.5%，而非贫困人口为99%。贫困人口所在行政村有小学的比重高达93%，与非贫困人口所在行政村的比重基本一致。

随着《国家八七扶贫攻坚计划》的基本完成，我们也可以认为中国政府的扶贫努力进入第三阶段。从2000年开始，农村地区的贫困发生率基本维持在同一水平。考虑到国家每年投入的扶贫资金在不断增加，我们可以推断区域开发计划已经不再像以前那样具有明显的扶贫效果。21世纪的开始也是农村减贫的新阶段，主要的特点是农村贫困性质的转变和政府扶贫努力的战略取向调整。在这一时期，农村减贫的速度放缓，在部分年份贫困人口的数量甚至有所反弹，2000~2006年的6年间，农村贫困人口每年减少177万人。而农村贫困的性质也主要以边缘化的贫困为主，由于地理、气候等自然条件和由于个人能力所导致的长期贫困成为边缘化贫困的主要特征。在这种情况下，治理贫困的手段也面临着比较大的调整，通过区域瞄准、促进地方经济发展的方法，已经很难惠及这一部分贫困人口。更明确的瞄准措施和更直接的救助方式，将是彻底解决农村贫困的主要手段。

2001年，党中央、国务院制定并颁布实施了《中国农村扶贫开发纲要（2001~2010年）》，通过实施该纲要，贫困地区的各项社会事业有了长足进步。这个纲要的一个显著特点是扶贫到村，被称为"整村推进扶贫战略"。实施该纲要取得的整村推进的效果十分显著。扶贫重点村的农户收入增长速度明显高于贫困县，更高于全国平均水平。在贫困村中，实施整村推进的贫困村农户的收入增长比没有实施整村推进的贫困村高8%~9%。贫困村在生产性基础设施和社会服务设施方面的改善也同样显著，改善速度大大高于贫困县的平均变化速度，使得贫困村的主要基础设施已经接近贫困县的平均水平。①

到2010年底，按1274元的扶贫标准计算，全国贫困人口下降到

---

① 李实，等. 中国农村扶贫开发纲要（2001~2010年）实施效果的评估报告，http://ishare.iask.sina.com.cn/f/20103304.html.

2688万人，并且率先实现了联合国千年发展目标中贫困人口减半的目标，国家开始实施《中国农村扶贫开发纲要（2011~2020年）》，用大幅度提高的扶贫标准，将集中连片特殊困难地区确定为扶贫攻坚的重点，为这些地区的扶贫工作提供更加有力的政策保障和资金支持。国家把按照2010年不变价计算的农民人均纯收入2300元，作为新的国家扶贫标准，比2009年提高了92%。按照国际可比的购买力平价法，这一新的扶贫标准相当于人均每天1.8美元，超过了世界银行2008年制定的每天1.25美元的国际贫困标准。这不仅表明政府将对贫困地区和贫困人口给予更大的扶持力度，还表明中国扶贫战略开始实现从消除绝对贫困向同时解决相对贫困的目标转变。

第二节 农村扶贫政策的演进

　　虽然改革开放初期的农村经济改革取得了最为迅速、最大规模的减贫，但它是通过普遍的经济增长实现的，而且政策也并未针对某个特定群体。政府专门的扶贫努力始自20世纪80年代中期，因此，我们探讨扶贫政策演变的时候，也是从这一时期开始。但是改革开放初期中国农村迅速减贫的实施对以后的农村减贫战略却产生了深远的影响。

　　首先，中国农村在改革初期的大规模减贫是在快速经济增长，特别是农村居民收入普遍提高的前提下进行的，改革开放带来的经济增长和收入水平提高，让人们直接地观察到经济增长对缓解贫困的显著作用。这就为以后中国扶贫政策及减贫的主要路径奠定了一个基调，即通过推动区域经济增长，使增长的成果惠及贫困群体，从而实现大规模减贫。

　　其次，经济增长的区域差异以及由此带来的贫困差异，不仅导致了贫困在区域间的相对集中，也对以后的贫困瞄准方式产生了深远的影响。瞄准区域而非瞄准特定的贫困者，成为中国前期的农村扶贫战略的突出特点。贫困在地域上相对集中，并且贫困群体的构成既存在差异，又存在同质性的情况下，这种瞄准区域的减贫方式，有助于为一部分人力资本水平比较高、具有自我脱贫能力的贫困者创造良好的条件，并实现减贫的目标。而且，在整体经济发展水平还不高、政府可以用于减贫的资源有限的情况下，这种瞄准区域的开发式扶贫，显著地有利于激发贫困群体的自我脱贫能力，也有利于节约政策执行的成本，是在特定历史时期相对有效率的减贫方式。

最后，区域开发式扶贫的主要方式，是政府集中投入扶贫资金，其目的也是为了通过弥补贫困地区发展资金的不足来推动区域经济增长。这样，稀缺的资源被同时用来达到两个迫切的目标——区域发展和个体脱贫。

一、确立扶贫重点区域

如前所述，瞄准区域是中国农村减贫策略的重要特征。因此，确立国定贫困县（以及后来的贫困村），并对贫困县的发展进行政策支持就是一个基本的战略举措。

在确定了区域开发式扶贫的总体思路后，为了集中使用扶贫资金，有效地扶持贫困人口，中国政府制定了国家重点扶持贫困县的标准，确定了一批国家重点扶持贫困县。中国政府于1986年第一次确定了国家重点扶持贫困县标准：以县为单位，1985年农民年人均纯收入低于1150元的县。此后，随着经济的发展，特别是贫困地区经济状况的不断改善，对贫困县的标准也及时做出调整。20世纪80年代中期，国家确立了592个国定贫困县，占全国县级行政单位的将近1/5。

1994年，中国政府重新调整了国家重点扶持贫困县的标准。具体标准是：以县为单位，凡是1992年农民人均纯收入低于400元的县全部纳入国家重点贫困县扶持范围；凡是1992年人均纯收入高于700元的原国家重点扶持贫困县，一律退出国家扶持范围（根据当时的典型测算，凡是超过700元的县，90%以上的贫困人口基本上解决温饱问题）。依据这个标准，列入《国家八七扶贫攻坚计划》的国家重点扶持的贫困县共有592个，分布在27个省、自治区、直辖市，涵盖了全国72%以上的农村贫困人口。

进入21世纪，中国扶贫开发进入新阶段。在东部经济发达地区，贫困发生率已经显著降低。因此，根据贫困人口主要集中于中西部但遍布全国各地农村的分布新特点，在中西部地区确定了592个国家扶贫开发工作重点县。2002年，重点县的绝对贫困人口占全国总数的62.1%，低收入人口占全国总数的52.8%。

21世纪以前，中央政府采取的一系列扶贫开发政策措施，主要是围绕解决国家重点扶持县贫困群众的温饱问题而制定的。由于贫困以县为单位的区域集中性，通过对贫困县的集中有效扶持，带动了全国农村贫困问题的解决，也增强了减贫的效率。在扶贫资金使用上，国家明确要求，中央的各项扶贫资金都用于这些贫困县。这样，有限的扶贫资金可以集中地应用于贫困集中地区，避免了"撒胡椒面"的现象。1996年中央政府又进一步对各省、自治区、直辖市提出了最低配套资金比例（30%~50%），以保证地方配套的扶贫资金用在国家重点贫困县。

进入21世纪，农村贫困的性质开始发生转变。即便是在贫困县内部，贫困人群和非贫困人口的分化也越来越明显。扶贫资金的使用以及区域经济的增长能否真正惠及贫困群体成为一个日渐突出的问题。因此，扶贫政策需要缩小瞄准的范围，以提高资金的使用效率，使扶贫的资源能够真正惠及穷人。在这种情况下，从2001年起在贫困县的范围内确定了一批重点贫困村，继而又在全国各省确定了14.8万个重点贫困村。这样，就缩小了扶贫资金的使用范围，以村为单位，采取分期分批、整村推进的方法，全面改善贫困村的基础设施以及生产生活条件。在首批启动扶贫开发的贫困村中，又对贫困户进行了认定。这样，既瞄准了贫困的区域，又对贫困群体进行更细致的甄别，提高了贫困瞄准的效率。

国家关于扶贫重点县和贫困村的政策，实施《中国农村扶贫开发纲要（2011~2020年）》的保持不变，但鼓励地方政府采取措施，根据实际情况进行调整，实现重点县数量逐步减少。为了防止许多地区为了争取国家扶贫资金而不愿意减少扶贫重点县的现象，纲要承诺对重点县减少的省份，国家的支持力度不减少。

二、扶贫资金的投入

政府的扶贫努力主要体现在对所划定的贫困区域进行资金投入。中国政府专项扶贫资金主要包括两大类：财政扶贫资金和信贷扶贫资金。财政扶贫资金又包括支援不发达地区发展资金、新增财政扶贫资金、以工代赈资金等。1997年，国务院为了加强对各类扶贫资金的管理，提高使用效益，制定了统一的《国家扶贫资金管理办法》。尽管各个时期扶贫资金的投入重点有所变换，但总体上看，主要用于各种项目的建设，以期通过项目带动地方的经济发展，并进而达到帮助贫困人口脱贫的目的。1986~2002年各类扶贫资金的数量如表7-1所示。

随后，中央和地方各级政府不断调整财政支出结构，逐步加大对扶贫的财政投入，财政投入从2001年的127.5亿元增加到2010年的349.3亿元，年均增长11.9%，10年累计投入2043.8亿元。其中，中央财政安排的扶贫资金投入，从100.02亿元增加到222.7亿元，年均增长9.3%，10年累计投入1440.4亿元。财政扶贫资金分配体现了重点倾斜原则，10年

表 7-1 1986~2002 年各类扶贫资金投入情况

单位：亿元

年份	贴息贷款		以工代赈		财政发展资金		合计	
	当年价格	1986年价	当年价格	1986年价	当年价格	1986年价	当年价格	1986年价
1986	23.0	23.0	9.0	9.0	10.0	10.0	42.0	42.0
1987	23.0	21.4	9.0	8.4	10.0	9.3	42.0	39.1
1988	29.0	22.8	0.0	0.0	10.0	7.9	39.0	30.7
1989	30.0	20.0	1.0	0.7	10.0	6.7	41.0	27.4
1990	30.0	19.6	6.0	3.9	10.0	6.5	46.0	30.1
1991	35.0	22.2	18.0	11.4	10.0	6.4	63.0	40.0
1992	41.0	24.7	16.0	9.6	10.0	6.0	67.0	40.4
1993	35.0	18.6	30.0	16.0	11.0	5.9	76.0	40.5
1994	45.0	19.7	40.0	17.5	12.0	5.3	97.0	42.5
1995	45.0	17.2	40.0	15.3	13.0	5.0	98.0	37.4
1996	55.0	19.8	40.0	14.4	13.0	4.7	108.0	38.8
1997	85.0	30.3	40.0	14.3	28.0	10.0	153.0	54.6
1998	100.0	36.6	50.0	18.3	33.0	12.1	183.0	67.0
1999	150.0	56.6	50.0	18.9	43.0	16.2	243.0	91.7
2000	150.0	57.5	50.0	19.2	48.0	18.4	248.0	95.0
2001	185.0	71.5	60.0	23.2	40.0	15.4	285.0	110.1
2002	185.0	72.4	66.0	25.8	40.0	15.7	291.0	113.9
总计	1246.0	553.9	524	225.9	351.0	161.5	2122.0	941.2

资料来源：国务院扶贫领导小组办公室.减贫：中国政府的努力.内部讨论稿，2004.

累计投向国家扶贫开发工作重点县和各省自行确定的扶贫开发工作重点县1457.2亿元，占总投入的71.3%，县均投入1.36亿元；10年共在22个省（区、市）安排中央财政扶贫资金1356.2亿元，其中西部12个省（区、市）877亿元。[1]

不同渠道的扶贫资金的投入重点是：财政扶贫资金主要用于建设基本农田、兴修小型水利工程、解决人畜饮水困难、修建乡村道路、科技培训和推广农业实用技术等；扶贫信贷资金主要用于增加贫困户当年收入的种养业项目。针对贫困地区基础设施薄弱、抵御自然灾害能力较差的实际情况，国家安排必要的以工代赈资金，鼓励、支持贫困农户投工投劳，开展农田、水利、公路等方面的基础设施建设，改善生产条件。

进入扶贫新阶段，有关部门对《国家扶贫资金管理办法》、《财政扶贫

---

[1] 国务院新闻办.中国农村扶贫开发的新进展（白皮书），2012.

资金管理办法》和《以工代赈资金管理办法》进行了修改完善。逐步实行扶贫资金公示制、违反政策的责任追究制，以完善资金管理的治理结构，增加扶贫资金使用的透明度和使用效率。同时，加大对扶贫资金违法违纪问题的查处力度，建立健全扶贫资金监测管理系统。

三、《国家八七扶贫攻坚计划》

以1994年3月《国家八七扶贫攻坚计划》的公布实施为标志，中国的扶贫开发进入了攻坚阶段。《国家八七扶贫攻坚计划》明确提出，集中人力、物力、财力，动员社会各界力量，力争用7年左右的时间，到2000年底基本解决农村贫困人口的温饱问题。1997~1999年这三年中，中国每年有800万贫困人口解决了温饱问题，是进入20世纪90年代以来中国解决农村贫困人口年度数量最高水平。到2000年底，国家"八七"扶贫攻坚目标基本实现。7年时间中国农村贫困人口减少了5000万人，农村贫困发生率从8.7%进一步降低到3.4%。《国家八七扶贫攻坚计划》在农村扶贫战略和政策演变中具有里程碑的意义，主要体现在以下三个方面：

首先，《国家八七扶贫攻坚计划》的颁布成为此后一段时期内政府减贫战略的纲领性文件。这是新中国历史上第一个有明确目标、明确对象、明确措施和明确期限的扶贫开发行动纲领。对于凝聚社会各界的力量，消除贫困有积极的动员作用。

其次，《国家八七扶贫攻坚计划》是在专门的扶贫努力实施一段时间后提出的，因此，可以根据实践过程中学习到的经验和暴露出来的问题对已经实施的扶贫政策进行相应的调整。正是从《国家八七扶贫攻坚计划》以后，扶贫目标开始从以扶持贫困地区为主转为重点解决农村贫困人口的温饱问题。这也为后来的扶贫政策和重点的转移奠定了基础。

最后，由于瞄准区域的扶贫战略取得了较好的成效，使得中国政府更加坚定了开发式扶贫在减贫工作中的重要性，因此，《国家八七扶贫攻坚计划》以后，中央政府的扶贫资金投入有了明显的增长。在"七五"期间，中央政府的扶贫投入平均每年为42亿元，5年间名义价值基本没有多大变化，因价格上升其实际投资值有所下降；"八五"期间，年平均扶贫投入80.2亿元，较"七五"平均增加了近一倍，尤其是《国家八七扶贫攻坚计划》提出后，扶贫投资总量有了较大的增加；"九五"期间，年平均扶贫投入为187亿元，2001~2002年年平均288亿元。事实证明，加大对贫困集中地区的投入成为缓解贫困战略获得成功的重要原因。

四、两个"农村扶贫开发纲要"

《国家八七扶贫攻坚计划》结束后,中国的农村贫困人口规模缩小并进一步集中到西部地区。但贫困人口在西部地区的分布却越来越分散,且居住地的自然条件很差。按照国家统计局的贫困标准,中国的农村贫困发生率已经下降到3%,即使在贫困县,这一比例也低于9%。《国家八七扶贫攻坚计划》期间以县为基本扶持单位的从上到下的扶贫方式已经需要调整。因此,中国政府在新的时期对农村扶贫政策进行了一系列调整。

2001年,制定和颁布了《中国农村扶贫开发纲要(2001~2010年)》。新时期的主要扶贫政策调整包括:调整了592个扶贫工作重点县,进一步将扶贫工作重点放到中西部;以贫困村为基本瞄准单位,并将扶贫投资覆盖到非重点县的贫困乡村;强调发展科技、教育、文化、卫生事业,促进贫困地区社会全面进步;推行参与式村级扶贫开发规划,强调以村为单位进行综合开发和整体推进。根据农村贫困监测调查,2002年底全国农村绝对贫困人口为2820万人,贫困发生率为3.0%,农村低收入标准以下人口共计8645万人,占全部农村人口的比重为9.2%。其中,592个国家扶贫开发工作重点县绝对贫困人口为1752万人,占全国绝对贫困人口的62.1%。

随着农村改革的深入发展和国家扶贫开发力度的不断加大,中国贫困人口逐年减少,贫困特征也随之发生较大变化,贫困人口分布呈现明显的地缘性特征。这主要表现在贫困发生率向中西部倾斜,贫困人口集中分布在西南大石山区(缺土)、西北黄土高原区(严重缺水)、秦巴贫困山区(土地落差大、耕地少、交通状况恶劣、水土流失严重)以及青藏高寒区(积温严重不足)四类地区。导致贫困的主要因素是自然条件恶劣、基础设施薄弱和社会发育落后等。

2011年开始实施的《中国农村扶贫开发纲要(2011~2020年)》,进一步强调了把集中连片特殊困难地区确定为扶贫攻坚的重点,针对特困片区在基础设施、产业发展、生产生活条件、人力资源开发、民生和社会事业投入和生态建设等方面存在的突出问题,综合配套地实施扶贫。特别是把扶贫工作与贯彻落实科学发展观相统一,强调坚持扶贫开发与推进城镇化、建设社会主义新农村相结合,与生态建设、环境保护相结合,充分发挥贫困地区资源优势,发展环境友好型产业,增强防灾减灾能力,提倡健康科学的生活方式,促进经济社会发展与人口资源环境相协调。

第三节 农村贫困的性质及其演化

体现农村扶贫进入新阶段的重要依据是农村贫困性质所发生的变化。也正是由于贫困性质的转变，才产生了扶贫政策调整的实际需要。表7-2列出了不同阶段农村贫困性质的演变以及减贫方式所应做出的调整。

表7-2 不同阶段农村贫困性质的演变

阶段	时间	贫困性质	减贫方式	减贫的根源
第一阶段	1979~1985年	全面贫困	体制改革和发展生产力所带来的自发的经济增长	改革效应
第二阶段	1986~2000年	区域性贫困	区域开发带动经济增长	增长和投入效应
第三阶段	2001年至今	边缘化贫困	就业机会和社会保障	社会保护效应

在第一阶段，中国农村在整体上处于较低的发展水平，因而处于全面贫困的阶段。由于经济体制是束缚生产力发展的主要障碍，因此经济体制改革所带来的经济增长很快使一部分以前缺乏经济机会的贫困人口迅速脱贫。

在第二阶段，贫困的区域特征逐渐显现。部分地区由于自然条件和其他一些因素，经济发展缓慢，无法实现自发的经济增长。因此，政府通过特殊的扶贫政策，投入扶贫资金来带动贫困地区的经济增长。并希望通过区域性的经济发展，惠及贫困人口，实现减贫目标。在这一阶段，减贫的主要机理仍然是通过经济增长减贫，但和第一阶段的主要区别在于，区域性的经济增长是通过政府努力实现的，而非自发性经济增长。区域性经济增长的确使一部分生活在贫困地区，但缺乏经济机会的贫困人口摆脱了贫困。

在经历了前两个阶段的发展之后，因缺乏机会而致贫的贫困人口基本摆脱了贫困，因此，第三阶段的扶贫工作应该致力于解决因为缺乏能力而致贫的边缘化贫困问题。扶贫的手段也应该相应调整，从创造机会为主转向直接救助为主。

我们可以从经济增长的效果、扶贫政策的边际收益和贫困人口构成的演化三个方面来理解新的阶段贫困性质的转变。

首先，依靠资金和项目投入促进区域经济增长的方式，减贫效果已经不再明显。在第二阶段，尤其是《国家八七扶贫攻坚计划》实施以后，资金投入对缓解贫困所产生的边际效应逐渐降低。实际上，通过项目来促进经济增长隐含了两个基本的假定。其一，在贫困地区实施项目，的确可能带来区域性的经济增长；其二，经济增长可以惠及贫困群体。随着时间的推移和贫困地区实际情况的变化，这两个假设都存在商榷之处。以前的研究表明，由于扶贫资金的投入方向不尽合理，资金和项目投入所产生的增长效果也不明显。[①] 至于第二个假定，实际上认为所有贫困人口都可以利用区域发展所带来的经济机会。但由于个体之间存在的差异，一些边缘化的人口总会处于贫困之中。另外，根据世界银行的一项研究，虽然20世纪90年代的经济增长具有显著的减贫效果，但也扩大了收入差距，只有收入最高的20%的人口，其人均收入增长率超过平均增长率。[②] 正是由于这些原因，从总体上观察，就出现了扶贫投入不断增加，但扶贫效果却逐渐减弱的现象。例如，2001年和2002年的年均扶贫投入分别为"八五"和"九五"时期的3.7倍和2倍，而每年减贫的效果则不到这两个时期的1/2和1/3。

其次，区域性的瞄准和扶贫计划，始终不能很好地解决瞄准区域以外的贫困人口的脱贫问题。长期以来，区域瞄准的基本单位都是贫困县。每年中央政府都向这些贫困县拨付扶贫资金，以支持这些地区的经济发展。但贫困县的选择过程直接影响了扶贫资金是否可以落实到贫困群体，即如果贫困县的选择存在偏差，扶贫资金的使用效率就会降低。一些研究也已表明，一些非经济的因素使得贫困县的选择不甚合理。[③] 同时，处于贫困县以外的贫困人口，也会因为项目只瞄准贫困县而得不到帮助。例如，在2000年居住在贫困县的贫困人口仅占农村贫困人口的60%。为了避免贫困瞄准偏差所产生的问题，从2001年开始，中国政府开始强调贫困瞄准到村，甚至到户，确定了14.8万多个贫困村，覆盖了大约83%的农村贫困人口。但由于县一级政府是决定扶贫资金分配的基本单位，因此县域差异仍然是贫困瞄准偏差的基本原因。

我们可以通过图7-1观察贫困县的贫困人口和农村贫困人口之间的差异。自2000年开始，二者的差异几乎维持在同一水平，显示出通过项目

---

① 蔡昉，都阳，陈凡. 论西部开发战略的投资方向：国家扶贫资金使用效果的启示. 世界经济，2000（11）.

② Ravallion, Martin and Shaohua Chen. China's (Uneven) Progress Against Poverty, World Bank Policy Research Paper 3408, Development Research Group, World Bank, Washington, D. C., 2004.

③ Park, Albert, Wang Sangui and Wu Guobao. Regional Poverty Targeting in China. Journal of Public Economics, 2002, 86: 123-153.

和区域经济增长的方式瞄准贫困群体的难度越来越大。近年来，每年大约 300 亿元的扶贫资金主要投在 592 个国家扶贫开发工作重点县，但这些县所覆盖的贫困人口不到 62%。2012 年，国务院扶贫办进一步调整了扶贫开发重点县的名单，将所有的扶贫开发重点县集中于中西部地区。这种变化虽然对进一步推动中西部地区的扶贫开发工作有一定的帮助，但却加剧了瞄准的偏差。

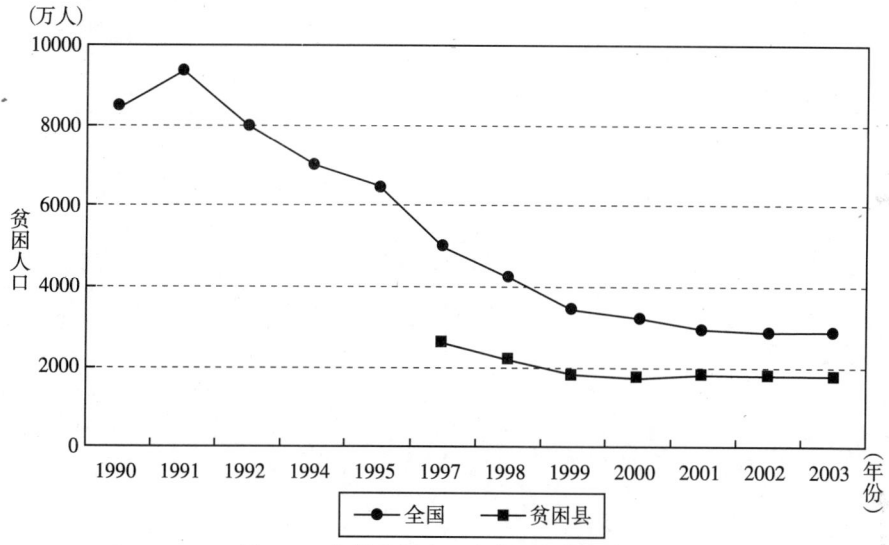

图 7-1　农村贫困人口和贫困县贫困人口
资料来源：国家统计局农调队. 2004 中国贫困监测报告. 中国统计出版社，2004.

最后，贫困人口的构成发生了变化。随着贫困人数的绝对减少，扶贫效果边际递减的现象显示了一个农村贫困人口从地理分布上和人群组合上的边际化倾向，即他们越来越集中在生活和生产条件极为恶劣的边缘化的地区，并且集中在教育水平和健康水平较差、没有足够的生存能力的人群。例如，据有关部门统计，在 2002 年仍然存在的 2820 万农村贫困人口中，有 560 万人为五保户（占 20%），979 万人为残疾人口（占 35%），800 万人（占 28%）居住在不适宜人类生存、条件恶劣的地区，最终需要搬迁移民。剩下的未获温饱人口中，有相当大部分也是患有长期慢性疾病或体弱多病丧失或部分失去正常劳动能力的（转引自亚洲开发银行驻中国代表处经济部，2004）。由于这部分人口边缘贫困的性质非常明显，因此，贫困人口的数量在 2000~2007 年维持了稳定，到 2007 年仍然有 1479 万人。2008 年贫困标准大幅度提高，贫困人口的数量也随之增加，如表 7-3 所示。

表 7-3　中国各年份的贫困线、贫困人口和贫困发生率

年份	贫困线（元/人）	贫困人口（万人）	贫困发生率（%）
1978	100	25000	30.7
1984	200	12800	15.1
1985	206	12500	14.8
1986	213	13100	15.5
1987	227	12200	14.3
1988	236	9600	11.1
1989	259	10200	11.6
1990	300	8500	9.4
1991	304	9400	10.4
1992	317	8000	8.8
1993	—	—	—
1994	440	7000	7.7
1995	530	6540	7.1
1996	—	—	—
1997	640	4962	5.4
1998	635	4210	4.6
1999	625	3412	3.7
2000	625	3209	3.5
2001	630	2927	3.2
2002	627	2820	3.0
2003	637	2900	3.0
2004	668	2610	2.8
2005	683	2365	2.5
2006	693	2148	2.3
2007	785	1479	1.6
2008	1196	4007	4.2
2009	1196	3597	3.8
2010	1274	2688	2.8
2011	2300（2010年价格）	12238	—

资料来源：国家统计局. 2012年中国统计摘要. 中国统计出版社，2012.

根据国家统计局农调队 2000 年的调查，贫困家庭的人力资本水平明显低于非贫困家庭。贫困家庭中，成人文盲率为 22.1%，而非贫困家庭则为 8.9%。此外，贫困家庭还具有一些其他特征，如家庭规模大，资产（尤其是土地）质量低，赡养比例高等。但是，也有的学者对 20 世纪 90 年代中国的贫困分布持不同的看法。在改革开放初期，有些学者否认中国农村贫困人口的边际化趋势，从地理分布上，他们发现在中国的心脏地

带，贫困也普遍存在。①

对于中国农村贫困人口按照地理和人群特征分布的观察与判断不同，隐含的政策建议也是不同的。如果中国农村贫困人口真正边际化了的话，现在以地域性开发式的扶贫战略就不再奏效，而需要转向更加注重瞄准个人和家庭的扶贫方式。如一种建议是用建立农村最低生活保障制度的方式，取代现行的开发式扶贫方式，以解决剩下的 2000 万~3000 万人绝对贫困人口。②由于 2003 年中国农村绝对贫困人口出现反弹，没有减少反而增加了 80 万人，涉及应该用怎样的方式解决农村绝对贫困问题，再次引起争论，在可能预期对扶贫产生效果的三种途径中，即靠农村整体的发展，或依靠开发式的扶贫，或者转向救助式的扶贫，人们越来越倾向于用最低生活保障的方式解决绝对贫困问题。

随着政府扶贫努力的不断加强，在第三阶段，贫困群体的分化现象也越来越突出。因此，提出更加细化和具有针对性的扶贫政策也就更为必要。

第四节　建立农村社会保护网络

从 20 世纪开始，中国已经开始着手建设符合市场经济一般规律的社会保障网络。但大量的工作和改革措施针对城市居民。目前，城市社会保障体系已经基本形成。主要包括养老保险、医疗保险和失业保险等基本安全网络，和以城市居民最低生活保障制度为核心的最后安全线。尽管在具体的运作方式上，城市社会保障网络仍然存在诸多缺陷，但已经形成了对城市居民进行救助的制度体系。

在很长时期内，农村社会救助虽然是政府部门长期以来从事的工作内容之一，但相对于近年来不断完善的城市社会救助体系来说，存在明显不足。农村社会救助主要包括五保供养、农村最低生活保障、特困户基本生活救助、农村医疗救助和农村灾害救助。其内容也涉及养老、医疗和最低

---

① Khan, Azizur Rahman. Povetry in China in the Period of Globalization: New Evidence on Trend and Pattern, Issues in Development Discussion Paper No. 22, Development Policies Department, International Labour Office, Geneva, 1998.

② 关于这一问题的讨论，可以参见亚洲开发银行驻中国代表处经济部. 关于建立农村"低保"制度、全面解决农村温饱问题的建议，2004；蔡昉，都阳. 建立农村"低保"制度的条件已成熟. 中国社会科学院要报，2004。

生活水平的救助等方面。但从以下几个方面看,农村社会救助还需要在制度体系、救助水平、覆盖范围等方面加以完善和提高。

首先,覆盖的范围小,覆盖水平低。养老是农村社会保障制度的最重要的制度。养老的制度性安排仅限于五保。2003年全国需要供养的总人数为570.4万人,实际供养的人数为254.5万人;五保供养对象年人均供养标准为989.7元,远低于农村居民的平均生活水平。

我们再看一看对贫困群体救助的城乡差别。根据民政部2003年实施的调查(民政部,2004),全国农村需要救助的特困人口为1971.9万人,但由于条块分割,当时尚没有整合现有的扶贫资源对这些人口进行物质支持和正式的救助计划。城市低保从1999年开始实施,覆盖范围和投入资金都有迅速增长。政府的低保资金投入由1999年的19.7亿元,迅速增加到2004年的172.9亿元,覆盖人口由281万人,增加到2200万人。自低保全面开展以来,人均投入水平也有显著增长,对于城市生活困难的居民已经实现了"应保尽保"。

进入21世纪,特别是在2004年以后,社会保障制度建设工作的重点被延伸到农村,标志着扶贫新阶段的崭新特征。农村社会保障制度成为扶贫战略的重要组成部分,对缓解农村贫困起到了积极的作用,其中效果最为明显的,是农村最低生活保障制度的实施及其带来的显著减贫效果(见图7-2)。早在实施2001~2010年政府扶贫纲要时,农村低保制度已经成

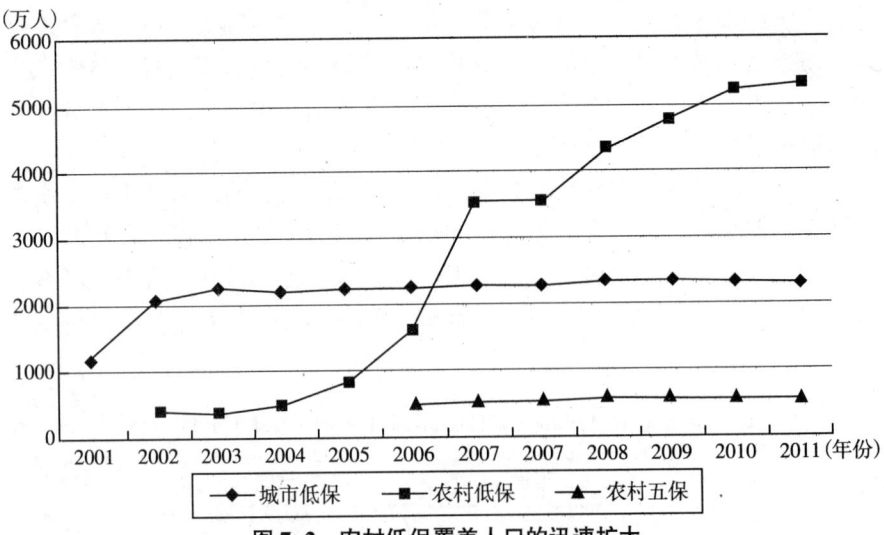

图7-2 农村低保覆盖人口的迅速扩大

资料来源:国家统计局.中国统计年鉴(历年).中国统计出版社.

为扶贫战略的重要内容。截至2012年,农村最低生活保障制度、新型农村合作医疗制度和新型农村社会养老保险制度已经实现制度全覆盖。例如,2011年,新型农村合作医疗制度已经覆盖全国2637个县(市、区),参加人数8.3亿人,人均筹款246.2元,全年筹资总额2047.6亿元,补偿受益13.15亿人次。

第五节 劳动力市场发育的减贫效果

农民工获得高于务农所得的工资性就业岗位,整体上降低了农村的贫困水平,即使没有缩小城乡收入差距,也具有抑制城乡收入差距更为扩大的效应。以土地均等分配为制度基础的家庭承包制,保证了劳动力流动是追求更高收入和更好生活的自愿选择,因此,即使工资率不变,劳动力流动规模的扩大也足以显著增加农民家庭的收入。观察劳动力流动对农村家庭的增收效果,可以从以下三个方面看:

第一,劳动力流动的减贫效果。除去那些家庭劳动力不足或有就业能力缺陷的家庭,许多贫困家庭之所以贫困,是由于就业不充分。而且,以往的研究表明,农村非农就业机会往往为那些有明显技能或者家庭背景有影响力的人群率先获得,而大多数贫困家庭与此无缘。因此,能够外出打工就意味着有机会获得更高的收入。研究表明,贫困农户通过劳动力外出途径,可以提高家庭人均纯收入8.5%~13.1%。[1]毋庸置疑,劳动力和人力资本不足的贫困家庭,也往往遇到无力克服迁移障碍的困境,不能充分从劳动力流动中获益。

第二,工资性收入对农户增收的贡献。按照国家统计局的统计口径,农民家庭纯收入来源被划分为工资性收入、家庭经营纯收入、财产性收入和转移性收入四个部分。外出就业机会的增加显著地提高了农户工资性收入,提高这个收入成分占农户收入的比重,成为增加农民收入的主要来源。根据官方统计,农户工资性收入占比从1990年的20.2%提高到2010年的41.1%,而在2010年的农民纯收入增量中,工资性收入的贡献率为

---

[1] Du, Yang, Albert Park and Sangui Wang. Migration and Rural Poverty in China. Journal of Comparative Economics, Vol.33, No.4, 2005, pp. 688–709.

48.3%。①

第三，被统计体系中的住户调查所遗漏的打工收入。由于官方统计系统内的住户调查是分城乡独立进行的，因此，举家迁出的农村家庭和外出打工农村家庭成员，既因难以进入抽样范围而被显著排除在城市样本外，又因长期外出不再作为农村常住人口，而被大幅度排除在农村样本住户的调查覆盖之外。虽然根据《中国统计年鉴》的有关解释，在外居住时间虽然在6个月以上，但收入主要带回家中，经济与本户连为一体的外出从业人员，仍视为家庭常住人口。但是，常年在外（不包括探亲、看病等）且已有稳定的职业与居住场所的外出从业人员，不算家庭常住人口，这部分外出从业人员的收入，不能反映在农户收入中。

因而，农民工务工收入在相当程度上被低估了。许多研究者注意到收入分配状况改善的趋势，并且尝试从不完善的统计体系中挖掘出相关的证据。高文书等从现行城乡住户收入统计的缺陷出发，选择一个发达地区省份浙江和一个西部地区省份陕西，通过对包括统计局记账户和抽取的其他住户进行调查，重估了被城市和农村遗漏的农民工收入。结论是，仅因官方统计系统的住户调查抽样和定义中存在的问题，就导致城镇居民可支配收入平均被高估13.6%，农村居民纯收入平均被低估13.3%，城乡收入差距平均被高估了31.2%。②

在解决20世纪90年代末大规模企业职工下岗、失业现象期间，形成了包括更加广泛覆盖的社会保障体系、以扩大就业为优先原则的宏观经济调控、积极扶助再就业、创造公益性就业岗位等举措在内的积极就业政策，并且，在应对2008年和2009年世界性金融危机对就业的冲击时，这一政策被进一步强化，相应出台一系列更有针对性的措施，被表述为"更加积极的就业政策"。

随着农业剩余劳动力的减少，劳动力短缺现象普遍出现在各个产业和部门，并且持续存在，加之强农、惠农的各项"三农"政策的实施提高了务农比较收益，都十分有利于普通劳动者特别是农民工在雇佣关系中谈判地位的提高，导致各行业工资全面上涨、熟练劳动力与非熟练劳动力工资的趋同，以及各种工作条件的改善都快于以往。

---

① 根据《中国农村住户调查年鉴》相关年份数据计算得到。
② 高文书，赵文，程杰. 农村劳动力流动对城乡居民收入差距统计的影响//蔡昉. 中国人口与劳动问题报告 No.12——"十二五"时期挑战：人口、就业和收入分配. 社会科学文献出版社，2011.

2004年以后，中央和地方政府通过立法、执法、调整政策等方式，在改善农民工进城打工、居住和享受均等公共服务等政策环境上做出了积极且更有实效的努力。虽然制度变革和政策调整远未完成，但是，对于了解改革开放期间农村劳动力向城市流动发展历史的观察者来说，无疑会十分有意义，2004年作为一个转折点，劳动力流动的政策环境步入黄金时期。与此同时，加快出台《劳动合同法》等一系列劳动法规，加大劳动关系相关的执法力度，推动劳动力市场制度建设。在中央政府的要求下，地方政府则竞相提高最低工资标准，普通劳动者工资正常提高机制逐步形成。

第六节 政策展望与建议

通过改革开放以来经济的迅速发展，特别是自20世纪80年代中期以来专门的政府扶贫计划，中国不仅大大降低了农村贫困人口，而且，使中国农村贫困的性质发生了根本性的转变。从目前情况看，对于剩余的农村贫困人口来说，继续通过单一的开发式扶贫方式已经不足以使其摆脱贫困。由于贫困性质的转变，通过开发式扶贫的资金使用也呈现边际效果递减的趋势。因此，根据不同群体实施不同的扶贫措施将是扶贫战略转移的重要方向。

首先，由于贫困性质已经发生了变化，在扶贫政策实施过程中需要进一步细分贫困群体。即便是在贫困地区，不同人群的行为也存在着明显的差异。而区域性的扶贫政策，尽管可以尽量缩小区域的范围，具有整体脱贫的规模效应，但仍然不足以甄别贫困群体的个体差异。因此，未来的减贫策略还应该更加着眼于微观的个人和家庭。

就扶贫政策的设计而言，应该根据不同的贫困群体特征设定不同的政策。对于具有较强的个人能力和禀赋的劳动者，应该以通过消除城市劳动力市场的制度障碍、实现城乡劳动力市场一体化的方式提高他们的收入。这一部分人口的禀赋状况较好，已经解决了温饱问题，可以通过积极地参与城市劳动力市场进一步提高收入。城市劳动力市场的发育状况将对他们的行为有重要的影响。城乡劳动力市场一体化程度高，他们继续发展的可能性大。否则，这一部分人将容易陷入"温饱陷阱"；对于禀赋条件稍差的群体，处于迁移的临界点附近，政策的临界努力将有利于他们利用非农的劳动力市场，跳出贫困陷阱。教育补贴、培训和迁移补贴将是最有效的脱贫措施；而对于禀赋条件差的贫困群体，则需要通过社会保障政策的完善和更精确的贫困瞄准帮助脱贫。

其次，进一步完善农村社会保障政策，是新时期扶贫政策转变的重要方向。与20世纪相比，农村贫困的性质已经发生了变化，以普遍的增长为目标的扶贫方式已经不适用于这些边缘化的贫困人口，区域性开发式扶贫的效果也日益减弱。因此，扶贫战略的重点应转向建立和完善农村社会保障政策方面上来，并逐步过渡到城乡一体化的社会保障政策体系。从政策层面看，应注意以下三个方面：

（1）要确立各项社会保障政策在农村地区的优先次序。农民和城市居民的一个明显区别是农村居民拥有土地等生产资料。因此，失业保险并不是农村社会保障政策的优先领域。而由于农村地区仍然存在相当数量的特困人口，所以完善农村低保制度，提高其覆盖率和瞄准水平是当务之急。因病致贫和返贫是农村贫困的重要原因，中央财政对农村新型合作医疗制度的支持，继续扩大报销比例也应该是农村社会保障制度的另一个优先领域。虽然社会化的养老制度在农村地区实现了制度覆盖，但目前的实际覆盖率和保障水平仍然较低。建议在提高保障水平的同时，将其逐步演变为一个普惠与贡献相结合的农村社会养老保障制度。完善农村低保制度和农村的社会化养老制度，将有利于进一步降低农村的贫困发生率。

（2）农村社会保障制度的建立滞后于城市社会保障体系，因此，在建立农村社会保障制度时应注意在制度设计上和城市社会保障制度的衔接。可携带的社会保障制度是促进劳动力市场一体化的重要因素。所以，城乡之间社会保障制度的统一将有助于城乡一体化和消除城乡差距。例如，由于城乡之间生活水平的差异，农村低保和养老保险的支付水平可以低于城市，但在组织体系、操作方式、管理制度和瞄准机制等方面应该保持二者的统一。

（3）积极转变现有的扶贫资金使用方式，为农村社会保障融资。农村社会保障的资金来源问题一直是制约农村社会保障制度建设的重要原因。实际上，中央政府每年投入的扶贫资源数量很大，但由于贫困性质的变化和扶贫资金使用方式的局限，所产生的边际减贫效果却处于递减状态。因此，将一部分扶贫资金转变为社会保障资金，就有可能通过不增加总量供给、重新配置资源的方式产生更大的社会效益，增进贫困群体的福利。以农村低保为例，由于实际支付的低保资金是补足家庭人均收入和贫困线之间的差额部分，因此，实际的支付数额将低于按贫困线支付的数额。如果农村低保的实际支付标准达到贫困线标准的60%，仅将扶贫资金中的财政直接转移支付的项目（以工代赈资金和财政发展资金），转做低保资金，就将基本覆盖现有的农村贫困人口。

最后，教育均衡发展是防止贫困代际遗传的根本途径。在劳动年龄人口开始减少、人口抚养比提高，从而人口红利消失之后，不仅推动经济增长的传统要素需要重新组合，而且对于更加长期有效且不会产生报酬递减的经济源泉提出更高的要求。特别是，挖掘和创造第二次人口红利、防止中等收入陷阱，要求显著提高国家总体人力资本水平，也是保持脱贫成果，防止贫困代际遗传的关键举措。

（1）义务教育阶段是为终身学习打好基础，形成城乡之间和不同收入家庭之间孩子的同等起跑线的关键，政府充分投入责无旁贷。学前教育具有最高社会收益率，政府买单是符合教育规律和使全社会受益原则的，应该逐步纳入义务教育的范围。近年来，随着就业岗位的增加，对低技能劳动力需求比较旺盛，一些家庭特别是贫困农村家庭的孩子在初中阶段辍学现象比较严重。一项在贫困农村的调查发现，在2009年9月至2010年10月的1年时间里，初一有5.7%的学生辍学，初二有9.0%，初三高达10%左右，合计初中辍学率为25%之高。[①] 免费义务教育如此，机会成本和直接费用昂贵的高中教育阶段，对于农村贫困家庭显然更加缺乏吸引力。因此，政府应该切实降低义务教育阶段家庭支出比例，巩固和提高义务教育完成率，而通过把学前教育纳入义务教育，让农村和贫困儿童不致输在起跑线上，也大大有助于提高他们在小学和初中阶段的完成率，并增加继续上学的平等机会。

（2）大幅度提高高中入学水平，推进高等教育普及率。高中与大学的入学率互相促进、互为因果。高中普及率高，有愿望上大学的人群规模就大；升入大学的机会多，也对上高中构成较大的激励。目前政府预算内经费支出比重，在高中阶段较低，家庭支出负担过重，加上机会成本高和考大学成功率低的因素，使得这个教育阶段成为未来教育发展的瓶颈。因此，从继续快速推进高等教育普及化着眼，政府应该尽快推动高中阶段的免费教育。相对而言，高等教育应该进一步发挥社会办学和家庭投入的积极性。

（3）通过劳动力市场引导，大力发展职业教育。中国需要一批具有较高技能的熟练劳动者队伍，而这要靠中等和高等职业教育来培养。欧美国

[①] 张林秀，罗仁福，易红梅，黄季焜，史耀疆. 贫困地区农村中学生辍学问题值得关注. 政策研究简报，2011（1）.

家适龄学生接受职业教育的比例通常在60%以上，德国、瑞士等国家甚至高达70%~80%，都明显高于中国。中国应当从中长期发展对劳动者素质的要求出发，加大职业教育和职业培训力度。此外，应建立起高中阶段职业教育与职业高等教育及普通高等教育之间的升学通道，加快教育体制、教学模式和教学内容的改革，使学生有更多的选择实现全面发展。

第八章　社会保险事业发展

社会保险事业是社会保障体系的一个重要组成部分，是支撑现代市场经济运行的重要制度基础。社会保险制度是国家通过立法和政策形式建立的，具有社会性、强制性、互济性和补偿性的基本特点。社会保险具有帮助社会成员应对老年丧失劳动能力和由于疾病、失业等原因导致经济和社会风险的重要功能。社会保险有保障劳动者和公民的基本生活、维护社会稳定、促进经济发展、保持社会公平和增进国民福利等重要功能。社会保险首先在德国问世，随后在西方国家得到持续的发展。最初，这套社会政策的主要目的是维护社会稳定，缓解阶级矛盾和社会冲突。第二次世界大战之后，产生了福利国家的理念和体系，形成覆盖全社会、以公民社会权利为基础、以社会团结为宗旨的现代社会保险制度。综观当今世界，大部分国家都根据经济社会发展特点和需要，建立和发展具有本国特色的社会保险事业。

中国在不同的历史时期，社会保险事业发展具有不同的特点。在新中国成立以后不久，参照苏联的经验和工业化国家的社会保险体系，城市企业建立的劳动保险制度，为职工提供养老、医疗等保险待遇。企业劳动保险制度对于确保重工业优先发展战略顺利实施、建立一个相对完备的工业体系发挥了重要作用，并在一定程度上起到了保障劳动者权益和人民基本生活的作用。但是后来，企业劳动保险制度并没有得到进一步发展。"文革"后，城镇企业的劳动保险制度处于瘫痪和停滞的状态。由于偏向城市的体制和机制，城市的社会保险不覆盖农村居民，农村只有合作医疗制度具有某些社会医疗保险的属性。计划经济时期缺乏现代意义上的社会保险制度安排，其基本背景是城市居民的国家保障和城乡分割，是计划配置资源方式和实现经济"赶超"的发展战略需要。

改革开放为社会保险发展提供了新的契机和动力。从20世纪80年代到90年代初期，各地积极开展企业养老保险、医疗保险的改革探索。但是，此时的探索和试验主要是在国有企业内部进行的。1992年，中央政府明确提出建立社会主义市场经济体制,社会保险的改革步伐大大加快。到 20 世纪 90 年代后期,围绕着国有企业改革这一重点,企业职工基本养老保险制度、企业基本医疗保险制度等新的社会保险制度开始建立。2000 年以后,在国有企业改革取得决定性成效之后,社会保险制度的发展向社会化、规范化、法制化大步迈进。到目前为止,在城市,建立健全了包括养老、医疗、失业、工伤和生育保险在内的社会保险制度。在农村,新型养老保险制度和新型合作医疗制度已经实现了制度全覆盖,并呈现城乡一体化的态势。一个与社会主义市场经济相适应的城乡社会保险体系已经初步建立起来。

中国社会保险事业在建立和发展过程中,面临着诸多非常复杂的困难和挑战。这是其他市场经济国家在相应发展阶段所没有遇到的。在城乡和区域发展不平衡、人口老龄化加速和"未富先老"的大背景下,扩大社会覆盖面、保持财务上的可持续性、流动人口参保、提供社会保险的便携性和统筹层次、提高农村社会保险体系的实际覆盖能力和待遇水平等,都需要给予认真的对待。妥善解决这些问题,对于发展中国城乡的社会保障具有重要意义。这也是全面建设小康社会、保持社会稳定与和谐、确保经济社会可持续发展的需要。

本章内容分为四部分:第一节介绍改革前的企业劳动保险制度及其他具有一定社会保险性质的制度安排;第二节讨论了社会保险制度改革的总体目标和基本框架;第三节考察了改革以来社会保险体制的改革历程和状况;第四节分析了社会保险制度改革的挑战和政策优先领域。

第一节 改革前的劳动保险及相关制度

在计划经济时期,中国并没有发展出完整意义上的社会保险制度,但有一些具有社会保险性质的制度安排。这主要是城市企业的劳动保险制度以及一些相关的国家保险制度。企业劳动保险制度并没有贯穿改革前的全部时期,而是在 1966 年以后经历了停滞和终止。此时,以国有单位体制、统一计划和财政负担为基础的国家保险全面取代了曾经在企业实行的劳动保险制度。由于城乡分割,国家的各项福利保障政策没有惠及农村。在改革前的农村,只有一项制度具有某些类似于社会保险的属性,这就是农村合作医疗制度。

一、城镇企业劳动保险制度

劳动保险制度是 20 世纪 50 年代建立的。新中国成立后不久，中央政府就开始着手在城镇企业中建立劳动保险制度。1951 年 2 月，《中华人民共和国劳动保险条例》（以下简称《条例》）出台，要求在"雇用工人与职员人数在 100 人以上的国营、公私合营、私营及合作社经营的工厂、矿场及其附属单位与业务管理机关"和"铁路、航运、邮电的各企业单位及附属单位"中建立劳动保险制度。这一条例的颁布，标志着新中国企业劳动保险制度的诞生。[①] 1953 年，该《条例》由政务院进行了一些修改，其实施范围进一步扩大，把"工厂、矿场及交通事业的基本建设单位"和"国营建筑公司"都包括进来。按照这一《条例》，在城镇实施的劳动保险制度具有以下特点。

第一，企业是劳动保险制度运行的基本单位。一方面，企业是唯一的劳动保险金缴纳主体：实行劳动保险的企业要按月缴纳劳动保险金，缴费率为工资总额的 3%；企业职工无需缴费，企业亦不得对职工做工资扣除或另行征收。另一方面，企业的工会基层委员会负责本企业劳动保险制度的日常管理。《条例》规定"各工会基层委员会，为执行劳动保险业务的基层单位"，企业的劳动保险基金由工会基层委员会用以支付各种劳动保险费用，月结后余额上缴。

第二，企业职工自动成为劳动保险制度的覆盖对象。企业的正式职工均适用《条例》，有权享受各项劳动保险待遇。《条例》对因工负伤、残疾待遇，疾病、非因工负伤、残疾待遇，对工人和职员及其供养的直系亲属的死亡待遇、养老待遇、生育待遇等都作了明确规定。职工还有享受集体劳动保险事业的权利。

第三，劳动保险制度具有综合性。由于其企业本位的性质，再加上职工个人没有缴费，企业留用的劳动保险基金是统一的，没有对养老保险收支、医疗保险收支等进行单独核算。这就是说，在劳动保险制度的框架之下，没有进一步分离出单项的劳动保险制度。

第四，劳动保险制度具有企业间统筹共济的一定功能。企业劳动保险开支结余上缴，在省、市范围内或产业内，形成劳动保险调剂金。"调剂金由省、市工会组织或产业工会全国委员会用于对所属各工会基层委员会劳

[①] 张左己. 领导干部社会保障知识读本. 中国劳动社会保障出版社，2002.

动保险基金不足开支时的补助或举办集体劳动保险事业之用"。各地、各产业的劳动保险调剂金不足开支时，可以向管理劳动保险总基金的中华全国总工会申请调剂金补助。

关于 20 世纪 50 年代的劳动保险制度，一些研究认为，这是初步建立了企业职工的社会保险体系。但是，当时的劳动保险制度只具有部分的现代社会保险性质。从形式上看，只有企业缴费与企业间统筹具有一定的社会保险意义。劳动者个人不缴费、企业直接管理等，都有悖于现代社会保险制度的基本原则。

更为重要的是，从企业体制变迁的角度上说，劳动保险制度在建立后不久，其社会性就在下降。20 世纪 50 年代初期，劳动保险制度刚刚建立之时，企业的所有制形式多种多样。因此，劳动保险制度的实施范围不仅有国营企业，也包括公私合营、私营及合作社经营企业等。此时，劳动保险制度具有超出公有制部门的社会保险意义。1956 年，社会主义改造完成以后，中国的企业所有制结构发生了重大变化，全民所有制和集体所有制成为主要的经济形式。在高度集中统一的计划经济体制和财政体制形成之后，国营企业和大集体企业成为各级政府的下属单位。此时，企业的各项财务收支成为国家财政活动的一个组成部分，来自企业缴费的劳动保险基金也是如此。从这时起，新中国成立初期具有一定社会统筹意义的企业劳动保险制度实际上已开始向以政府财政为基础的"国家—单位"保障制度蜕变。

二、行政事业单位的相关保障制度

劳动保险制度规定了企业职工的各项劳动保险待遇，这推动了行政事业单位的相关制度建设。国家机关、事业单位、人民团体等机构的工作人员不适用《劳动保险条例》，需要就退休、病假待遇等做出专门的规定。1952 年 6 月，政务院颁布《关于全国各级人民政府、党派、团体及所属事业单位的国家工作人员实行公费医疗预防的指示》，标志着国家工作人员公费医疗制度的形成。1955 年 12 月，国务院发布《国家机关工作人员退休处理暂行办法》，建立了行政事业单位的退休制度。在工伤、生育待遇等方面，机关事业单位也有与企业类似的规定。公费医疗制度、退休制度与其他有关工作人员待遇的政策，构成了与劳动保险制度相对应的机关单位保障制度。需要指出，机关单位保障制度没有任何社会保险或劳动保险的含义，是财政支持的国家保障。从养老、医疗等待遇条件、待遇水平等来看，在企业职工和行政事业单位工作人员之间并没有很大差异。这也从一个侧面说明，在劳动者权益安排上，企业劳动保险制度并没有多少特别之处。

机关单位保障制度建立之后，与企业劳动保险制度的某些安排开始结合。1958年，国务院发布《关于工人、职员退休处理的暂行规定》，企业退休制度从《劳动保险条例》中分离出来，与机关工作人员退休制度合并。《关于工人、职员退休处理的暂行规定》将企业和机关事业两个相对独立的养老保险办法进行了统一，放宽了退休的工龄条件，扩大了实施范围，待遇也适当进行了调整。至此，在国营、公私合营的企业、事业单位和国家机关、人民团体中，一种统一的退休制度基本建立，覆盖了城市的大部分劳动者。[①] 按照这一制度规定，企业退休人员不仅领取待遇确定型退休费（养老金），还可以享受与国家机关工作人员相同的公费医疗待遇。尽管名义上退休制度统一了，但企业、机关退休人员的养老金、医疗费等开支渠道还有一些不同。在实行劳动保险制度的企业单位，退休人员的退休费由本单位的劳动保险基金支付，不足时在地方或行业内部进行调剂，仍然不足时由本企业行政支付差额部分；退休人员享受公费医疗待遇的费用由原企业行政报销。与之不同的是，事业单位、国家机关和人民团体退休人员的退休费由地方的民政部门预算支付，医疗费按照国家机关工作人员享受公费医疗待遇的办法办理。这时，由于劳动保险基金的存在和运行，企业退休人员的养老金制度安排依然具有一定的形式上的企业间统筹性质。在医疗保障方面，并没有建立统一的制度，企业职工仍然按照《劳动保险条例》实行劳保医疗，各级政府、党派、团体及所属事业单位的国家工作人员实行公费医疗。

三、企业劳动保险制度的实际终止

20世纪50年代建立的企业劳动保险制度，在1966~1976年的"文化大革命"期间受到很大冲击。首先是劳动保险的管理机构——工会组织陷入瘫痪，劳动部接管了业务，关于劳动保险基金的统一征收、管理、调剂和支出都无法继续，劳动保险管理一度出现混乱。在劳保退休制度方面，

---

① 按照当时的有关规定，这项退休制度适用于企业、事业、机关、团体的"正式职工、职员"。手工业生产合作社、运输合作社等企业、民办学校、联合诊所等不是由国家经费开支的事业单位的工人、职员不在覆盖范围之内。

据统计,"文化大革命"期间约有 200 万应当退休的企业职工没有办理退休手续。其次是退休费用社会统筹被取消。1969 年 2 月,财政部颁发《关于国营企业财务工作中几项制度的改革意见(草案)》规定,"国营企业一律停止提取劳动保险金","企业的退休职工、长期病号工资和其他劳保开支,该在营业外列支"。这样,已积累的劳动保险基金被用于其他事项,原由各级工会组织负责具体管理的劳动保险基金,从 1969 年起不再筹集。此时,劳动保险基金实际上被废止了,企业的退休制度、医疗制度等不再具有任何社会保险的属性。企业依然使用"劳保医疗"这一概念,但只是在医疗待遇上还沿用过去的有关规定,医疗费用还是由企业直接负担。

关于"文革"前后企业劳动保险制度的变迁,有些学者认为这是对劳动保险制度互助共济功能的破坏,使"社会保险"蜕变为"企业保险"。这种观点,关系到对于中国社会保险事业改革与发展初始状态的认识,值得做深入推敲。实际上,1956 年以后,由于企业的单一所有制形式和企业财务的非独立性,企业劳动保险制度只是在形式上还有统筹共济的功能,实质上已经丧失了社会保险的大部分属性。取消劳动保险基金、由国家财政部门直接管理企业的各项待遇开支,只是管理方式的改变,企业职工并没有因此丧失相关待遇,没有也不会产生社会动荡。此时,以国有单位体制、统一计划和财政负担为基础的国家保障全面取代了曾经在企业实行的劳动保险制度,国家更为直接地承担了企业职工劳动待遇的责任。因此,用"企业保险"来概括"文革"后的企业职工退休、医疗等制度,是一个不大准确的看法。

企业职工退休、医疗等待遇的国家保障性质,"文化大革命"后变得更加明显。以退休制度为例,"文化大革命"结束后,国家对企事业单位退休制度进行了调整,但是并没有恢复 20 世纪 50 年代建立的企业养老保险制度。1958 年以前,按照是否适用《劳动保险条例》划分了企业和机关单位,形成了两种退休制度。1958 年之后,尽管两种制度合并了,但依然区分了劳动保险基金和国家财政两种退休金支付渠道。而根据 1978 年国务院发布的《关于安置老弱病残干部的暂行规定》和《关于工人退休、退职的暂行办法》,企业、事业单位和党政机关、群众团体的干部退休实行一套办法,这些单位的工人实行另一套办法,"干部"和"工人"两种就业身份开始对应着不同的退休制度。在企业干部、工人退休费支付上,原有的劳动保险基金已经不复存在,代之以企业行政。这样,在改革前夕,形成了干部、工人两种就业身份、企业行政和国家财政两条开支渠道交织的城市就业人员退休制度体系。其中,企业用于职工退休待遇的行政开支实际上也是由国家财政最终兜底的。从更一般的意义上说，在退休、医疗等待遇上，企业或单位只是代国家履行向职工提供政策规定的保障和福利的职能。

四、农村合作医疗制度

在计划经济时期，城镇建立了以国家保障为基础的广泛的保障和福利政策，但农村无缘于这一政策体系。农村以人民公社制度为基础，向农村居民提供了非常有限的集体保障。这主要是农村"五保"供养制度、社会救助机制与合作医疗制度。其中，农村合作医疗制度在形式上与社会医疗保险有某些类似的地方。1955年，山西、河南等地农村生产合作社举办了保健站，采取由社员群众出"保健费"与生产合作公益基金补助相结合的办法，由群众集资兴办合作医疗，实行互助共济。这种做法是农村合作医疗制度的雏形，获得了肯定并加以推广。1960年，卫生部、农业部和财政部联合下发了《农村合作医疗章程试行草案》，在全国掀起了农村合作医疗发展高潮。"合作医疗"的主要特点：公社社员每年缴纳一定的保健费；社员看病时只交药费或挂号费；其他的费用由公社、大队的公益基金补助。从个人缴费并有权获得医疗服务来看，有一些类似于医疗保险的属性。但是，由于农村集体经济是以"三级所有、队为基础"，农村合作医疗的互助共济和公益金补贴一般不会超过人民公社范围，是农村集体经济的医疗保障。1976年，全国农村约有90%的生产大队都实行了合作医疗制度，这项制度在保障农民获得基本卫生服务、提高健康水平上发挥了重要作用。但是，1980年以后，随着家庭联产承包责任制在全国范围内实施，以集体经济为依托的农村合作医疗开始走向衰落，农村社会保险事业发展面临新的选择。

第二节 城市社会保险的改革与发展

改革开放后，城市社会保险事业逐步迎来了繁荣和发展的新局面。早在20世纪80年代，在企业养老、医疗等方面，中央政府和地方、部门就开始了积极探索和试验。20世纪90年代是新型城市社会保险制度初步确立的关键时期。2000年以后，各项改革都在深化，城市社会保险各项制度得到不断完善和整合,已经形成一个包括养老、医疗、失业、工伤和生育保险在内的社会保险制度体系。

一、20世纪80年代开始的社会保险改革初期探索

从20世纪80年代中期开始,中国启动了城市经济体制改革。最初的基本思路是建立以承包为主的多种形式的经济责任制、增强企业活力。为了配合国有企业改革,城镇社会保险体制改革首先从养老保险制度入手,并随着有关企业改革政策的出台,制定相应的社会保险改革措施,以保证企业改革的顺利进行。

在养老保险改革方面,探索和试验主要是在公有制内部展开的。1984年,国家在全民和集体所有制企业开始了退休费用社会统筹试点,对市、县一级的国有企业按照"以支定收、略有结余"的原则,实行保险费的统一收缴、养老金的统一发放,将养老保险从"企业保险"转变为"地方保险"。1991年,国务院发布了《关于企业职工养老保险制度改革的决定》,规定实行基本养老保险、企业补充养老保险和职工个人储蓄性养老保险相结合的养老保险制度,费用由国家、企业和个人共同负担,明确规定养老保险费实行社会统筹,并逐步由市、县级统筹过渡到省级统筹。

医疗保险的改革与探索也是在"体制内"进行的。1988年,国务院有关部门起草了《职工医疗保险制度改革设想(草案)》,提出逐步建立起适合中国国情,费用由国家、单位、个人合理负担,社会化程度较高的多形式、多层次的职工医疗保险制度的方案。1989年,丹东、四平、黄石、株洲四城市进行方案试点和经验积累。

失业保险的探索与养老、医疗改革有所不同。1986年,为了配合国营企业实行劳动合同制,国务院颁布了《国营企业职工待业保险暂行规定》,提出建立企业职工待业保险制度,这为企业实行劳动用工制度改革、稳定劳动合同制工人队伍创造了条件。1993年,国务院发布了《国有企业职工待业保险规定》,进一步扩大了待业保险的覆盖范围,提出由企业缴费,建立待业保险基金,用于保障待业职工的基本生活。这项改革是针对新的用工形式——劳动合同制工人设计和实施的,是一种"增量"改革。在计划经济劳动体制下,企业正式职工不会失业,因此没有失业保险或类似的政策安排。新的用工形式推动了改革视野的扩展。

20世纪80年代开始的改革探索取得了一些成就,为社会保险事业的改革发展奠定了一些基础。例如,1991年,国务院在总结部分省市试点

经验的基础上,提出了企业职工养老保险制度改革的一些基本原则和基本改革要求,包括扩大养老保险的制度覆盖,实行国家、企业、个人三方共同负担,养老保障基金统一筹集,等等。但是,这一时期社会保险改革的探索也有很大的局限性。在当时,经济体制改革的整体思路,只是从"计划调节与市场调节相结合"发展到"有计划的商品经济",还没有明确建立市场经济的基本目标。因此,城市的结构性改革是局部性的,表现在"体制外增量"(非公有制经济)上;存量改革更多地考虑国营企业管理机制的自我调整与完善。社会保险制度改革的思考,也是围绕着国营企业自身进行的,基本上没有跳出"体制内"的圈子。在操作层面上,既有地方统筹,也有行业统筹,后者更多地沿袭了中央集权体制下的企业管理方式,冲淡了改革的社会化管理大方向。

二、1993~2000年全面建设城镇社会保险体系

1992年10月,邓小平南方谈话和中共十四大召开,标志着中国的改革开放和现代化建设事业开始进入一个新的阶段。1993年,中共中央十四届三中全会发布了《关于建立社会主义市场经济体制若干问题的决定》,制定了"建立多层次的社会保障体系"、"城镇职工养老保险和医疗保险金由单位和个人共同负担"的目标。该决定还实现了两个突破:其一,明确提出了"社会统筹和个人账户相结合",实际上就是社会统筹和基金积累制的结合;其二,建立统一的社会保障管理机构。按照中共十四届三中全会确定的基本精神和方向,在制度设计上,社会改革不仅仅看做是国有企业改革的配套措施,而且作为新的经济体制的重要组成部分,不再是单个项目的单独试点和推进,而是从整体上全面推开,把它作为社会主义市场经济体制的重要内容,对养老保险、医疗保险等社会保险制度进行全面创新。1994年7月公布的《劳动法》也有关于社会保险的相应条款。该法律规定:"社会保险基金按照保险类型确定资金来源,逐步实行社会统筹。用人单位和劳动者必须依法参加社会保险,缴纳社会保险费"。"劳动者享有平等就业和选择职业的权利、享受社会保险和福利的权利、提请劳动争议处理的权利以及法律规定的其他劳动权利"。《劳动法》按照普适性原则定义了劳动权和社会保险权,突破了过去为国有企业和外资私营企业分别立法的做法,反映了社会主义市场经济要突破部门、身份局限的客观要求。随着这些改革纲领、法律和政策的制定和实施,城镇社会保险体系建设开始全面展开。

养老保险改革是社会保险改革的先导。1995年，国务院发布了《关于深化企业职工养老保险制度改革的通知》，决定建立社会统筹与个人账户相结合的制度模式，明确基本养老保险费用由企业和个人共同负担，开始在全国进行社会统筹与个人账户相结合的制度模式的试点。1997年，国务院发布了《关于建立统一的企业职工基本养老保险制度的决定》，统一了中国企业基本养老保险制度。1998年，国务院下发了《关于实行企业职工基本养老保险省级统筹和行业统筹移交地方管理有关问题的通知》，将原来铁道部、交通部等11个行业部门的基本养老保险行业统筹移交地方管理，加大了基本养老保险基金管理和调剂力度，确保基本养老金按时足额发放。2000年，国务院出台了《关于完善城镇社会保障体系的试点方案》，明确了完善社会保障体系的总体目标和基本原则，提出了试点工作的主要任务，并决定2001年在辽宁全省及其他省市确定的部分城市进行试点。

医疗保险改革的步伐大大加快。1995年，在江苏省镇江市、江西省九江市进行试点，开始探索建立社会统筹与个人账户相结合的医疗保险制度。1996年，国务院办公厅转发了《关于职工医疗保险制度改革扩大试点的意见》，医疗保险改革试点扩大到38个城市。1998年，国务院发布了《关于建立城镇职工基本医疗保险制度的决定》，明确了中国城镇职工基本医疗保险制度的模式和改革方向。

失业保险、工伤保险和生育保险的改革和建设也有很大的进展。在失业保险方面，1999年，国务院对原来的国有企业职工待业保险规定进行了修改，进一步明确覆盖范围、筹资办法、缴费比例、享受条件和保障水平，并将规定上升为法规，发布了《失业保险条例》。在工伤保险方面，1996年，劳动部在总结各地经验的基础上，发布了《企业职工工伤保险试行办法》，规范了工伤保险的认定条件、待遇标准和管理程序，决定建立工伤保险基金，形成规范的工伤保险制度。1994年劳动部颁布了《企业职工生育保险试行办法》，对生育保险的实施范围、统筹层次、基金筹集和待遇支付等进行规范，推动了生育保险制度改革。

这样，到2000年，在养老保险、医疗保险、失业保险、工伤保险和生育保险五大社会保险制度上，已经形成了一组层次很高的法规政策（见表8-1）。至此，计划经济下形成的"国家—企业"保障已经从制度设计上全面否定，一个新型城镇社会保险体系的基本轮廓已经清晰可见。

20世纪90年代中期开始的城镇社会保险改革，从根本上说，是要按照现代市场经济的要求，为城市的所有劳动者提供各类就业关联社会保险。从法权上说，就是要赋予城市企业的劳动者以普适性的社会保险权

表 8-1　中国城镇社会保险主要法规或政策

年　份	法规或政策	属性
1994	企业职工生育保险试行办法	劳动部规章
1996	企业职工工伤保险试行办法	劳动部规章
1997	关于建立统一的企业职工基本养老保险制度的决定	国务院决定
1998	关于建立城镇职工基本医疗保险制度的决定	国务院决定
1999	失业保险条例	国务院行政规章

利。但在全面改革的初期，只有国有企业职工进入了新的制度，其他就业群体的社会保险问题一时还难以解决。1998年，参加基本养老保险的职工总数为8671万人，而国有企业和集体企业职工合计为8714万人，显然非国有和集体性质的新兴部门就业人员基本上还没有参与进来。以国有企业为重点，首先实现突破，把新制度在局部建立起来，这是就业关联社会保险各项改革（如养老保险、医疗保险、失业保险）改革的推进策略。这一时期的城镇社会保险各项改革，是围绕着国有企业重组和企业职工下岗分流进行的。由于当时改革的复杂性、财力紧缺等因素制约，在国有企业中建立健全新的劳动制度和社会保险制度是当务之急，国有企业职工之外的就业群体的权益和保障等问题被拖后了。在这些就业群体中，从农村进入城市的流动人口——农民工是其中之一，也是规模最为庞大的"体制外"劳动群体，其社会保险参与长期处于很低的水平。

三、2000年后社会保险的新进展

2000年以后，随着国有企业改革"攻坚"的顺利推进和最终完成，城市社会保险的改革与发展向更高的层次和水平迈进。制度和政策的补充与完善、扩大覆盖面、法制化等，构成了21世纪社会保险事业建设的主要特点。

第一，社会保险制度不断改进和完善。在基本养老保险方面，2000年，国务院发布了《关于完善城镇社会保障体系的试点方案》，再次明确坚持社会统筹与个人账户相结合的基本养老保险制度，基本养老保险费由企业和职工共同负担，并决定在辽宁省及其他省（自治区、直辖市）确定的部分地区进行试点，以解决个人账户"空账"等问题。2005年，在东北三省试点的基础上，国务院出台了《关于完善企业职工基本养老保险制度的决定》，要求扩大基本养老保险范围，逐步做实个人账户，同时改革养老金计发办法。新的规定与1997年的《决定》相比，简化了个人账户的资金来源，同时增强了缴费年限等鼓励多缴费、多收益的激励。在基本医疗保险方面，部分地区就医疗保险支付方式改革等事项展开更为积极的探索，以减少过度医疗，控制医疗费用，提高服务水平。2009年和2010年，人力资源和社会保障部相继发布了有关基本医疗保险关系和基本养老保险关系转移的政策性文件，为解决这两项制度的区域性分割或便携性问题制定了基本方案。

第二，社会保险的"扩面"工作取得明显成效，社会保险参与走向多元化。这可以用基本养老保险来作为例证。2000年以后，基本养老保险参与人员的所有制结构发生了急剧的变化。2000年，参加基本养老保险的职工总数为10448万人，国有企业和集体企业职工合计7431万人，后者的比例为71%。国有企业和集体企业职工合计的比例随后不断下降，2002年为52%，2006年下降到27%，2010年只有16%。[①]这显示，基本养老保险参保人员结构的多元化，过去十年的进展是十分明显的。这一变化的意义是，城市的社会养老保险"安全网"已经不再是国有企业职工的专利，越来越多的城市新兴部门劳动者成为基本养老保险参与者和未来的受益者。

在社会保险参与"多元化"的过程中，城市农民工格外引人注目。农民工统一参保政策是近年来才明确的。2006年，中央政府出台了一整套农民工新政策，指导思想是促进城乡平等就业。[②]但是，由于社会保险制度本身的复杂性，当时的政策要点是各地按照具体情况，积极探索适合农民工特点的社会保险办法。要不要在全国范围内，为农民工专门建立社会养老保险制度和医疗保险制度？这一直是有争议的问题。2010年出台的《社会保险法》明确了进城农民工统一参加城镇职工社会保险的政策规定。这样，有关农民工单独设保还是统一参保的争论终于尘埃落定。推动农民工参加就业关联社会保险的工作取得了明显成效：2006年，全国农村外出农民工参加基本养老、基本医疗和工伤保险的比例只有10.7%、17.9%和19.2%；到2011年，这三个比例分别提高到17.2%、29.3%和43%。[③]

[①] 人力资源和社会保障部.中国人力资源和社会保障年鉴（工作卷）2011.中国劳动社会保障出版社."体制内"参保人员，还应包括事业单位和机关的工人。因此，用国有企业和集体企业职工人数估计参加人员的所有制结构，可能会低估"体制内"的比重。

[②] 农民工新政策的纲领性文件是国务院2006年发布的《关于解决农民工问题的若干意见》。

[③] 各年度统计指标是根据2007年劳动和社会保障事业发展统计公报和2012年人力资源的社会保障发展统计公报中的相关数字计算的。参见人力资源和社会保障部网站，http://www.mohrss.gov.cn/。

第三，新的城镇社会保险制度问世，作为已经确立的就业关联社会保险的补充。2007年7月，国务院发布《国务院关于开展城镇居民基本医疗保险试点的指导意见》，规定不属于城镇职工基本医疗保险制度覆盖对象的城镇居民都可自愿参加城镇居民基本医疗保险。城镇居民基本医疗保险以家庭缴费为主，政府给予适当补助。由于该制度的建立，过去由于种种原因不能享受城镇职工基本医疗保险的城市群体也可以获得了一定的医疗保障。2011年6月7日，国务院发布了《国务院关于开展城镇居民社会养老保险试点的指导意见》，决定建立个人缴费、政府补贴相结合的城镇居民养老保险制度，实行社会统筹和个人账户相结合，保障原来没有社会养老保险的城镇居民老年的基本生活。到目前为止，新型城镇居民医疗保险和养老保险都已经实现了制度全覆盖，大部分城镇人口都在社会保险政策的保护之下。

第四，城镇社会保险法制建设大步推进。2004年1月，《工伤保险条例》正式施行，工伤保险法律制度得到确立。特别需要指出，该《条例》实施不久，有关部门就明确指出，该条例完全适用于与企业存在劳动关系的农民工。[①] 按照这样的解释，可以说，在其他社会保险制度还保留一些城乡身份分割的情况下，农民工首先获得了普适性的公民工伤保险权。2010年10月，经过长时间的讨论和多次审议，《社会保险法》获得通过，2011年7月1日起开始施行。过去，在社会保险方面，只有失业保险和工伤保险有行政法规，养老保险和医疗保险等是通过国务院部门规章及地方文件来进行政策性调控的。《社会保险法》首次以国家法律的形式，确立了包括养老、医疗、工伤、失业等在内的就业关联社会保险制度体系的框架。

对于公民和劳动者来说，这部法律的主要意义是什么？一种代表性意见是，《社会保险法》有利于打破目前各种形式的分割，推动社会保险制度的整合。[②] 从公民社会权利的角度上说，该法律明确了公民的社会保险权。《社会保险法》明确了"进城务工的农村居民依照本法规定参加社会保险"，从而完全消除了社会保险制度安排上某些城乡分割的属性，农民工参加各项社会保险已经再无制度性障碍。至此，从法律意义上说，与城乡

---

① 劳动和社会保障部于2004年6月1日发出《关于农民工参加工伤保险有关问题的通知》。该通知指出："农民工参加工伤保险、依法享受工伤保险待遇是《工伤保险条例》赋予包括农民工在内的各类用人单位职工的基本权益，各类用人单位招用的农民工均有享受工伤保险待遇的权利"。

② 人力资源和社会保障部副部长胡晓义认为，《社会保险法》颁布实施之后，过去按人群来建立社会保险制度以及地区分割的状况，会得到更好的改善。参见"社会保险法获通过，养老保险实行全国统筹"，腾讯网，http://finance.qq.com/a/20101029/000471.htm。

户籍身份无关的公民（就业关联）社会保险权已经确立。《社会保险法》是城市就业关联社会保险改革与建设的一个里程碑。

纵观过去的历程，2000年之前的主要任务是建立制度框架，城市社会保险事业发展在新的世纪里取得了很大成果。2001年末，参加基本养老保险和基本医疗保险的在业人员总数分别为10802万人和5471万人，是当年城镇就业人员总数的45.1%和22.9%。到2011年末，参加这两项社会保险的在业人员总数分别为21565万人和25227万人，达到当年城镇就业人员总数的60.0%和70.2%。[①] 10余年间，基本养老保险和基本医疗保险的参保人员规模和参与率都有了大幅度的上升。

第三节　农村社会保险的改革与发展

从总体进程上看，相对于城市而言，农村社会保险改革与发展是滞后的。一个重要原因是，改革的大方向迟迟不定。1993年已经明确，在城镇要建立一套社会统筹与个人账户相结合的社会保险制度。但在当时，农村社会保障改革的指导思想尚不明朗。《中共中央关于建立社会主义市场经济体制若干问题的决定》提出，"农民养老以家庭保障为主，与社区扶持相结合。有条件的地方，根据农民自愿，也可以实行个人储蓄积累养老保险。发展和完善农村合作医疗制度"。在实践中，农村合作医疗制度的探索更为积极。

一、新型农村合作医疗制度的推进

20世纪80年代中期之后，绝大多数农村合作医疗制度已经衰落。在这样的背景下，农村"看病难"、"看病贵"，"因病致贫、因病返贫"等问题日益严重，重建农村医疗卫生体系的呼声不断高涨。2002年10月，中共中央、国务院发出《关于进一步加强农村卫生工作的决定》，要求从2003年起，在全国农村逐步建立以大病统筹为主的新型农村合作医疗制度和医疗救助制度。同年，国务院办公厅转发了卫生部等部门《关于建立新型农

---

① 这是根据2001年度劳动和社会保障事业发展统计公报和2011年度人力资源的社会保障发展统计公报中的相关数字计算的。参见人力资源和社会保障部网站，http://www.mohrss.gov.cn/。

村合作医疗制度的意见》，决定从 2003 年起在全国各省、市、自治区各选择先行试点，取得经验后在全国推广，力争到 2010 年，在全国建立基本覆盖农村居民的新型农村合作医疗制度。这项制度试验得到各级政府的大力支持，受到农村居民的欢迎。新型农村合作医疗制度从 2003 年起覆盖面迅速扩大，参加"新农合"的农村人口从 2003 年的 0.8 亿人迅速增至 2011 年的 8.32 亿人。到 2008 年底，已经在全国农村基本建立了新型合作医疗制度。

与传统的农村合作医疗制度相比较，新型农村合作医疗制度的最大特点之一是公共财政的介入。过去，农村合作医疗定位为集体福利事业，资金来源主要是个人缴纳和集体经济补贴，各级财政没有筹资责任。现在，新型农村合作医疗制度主要由政府出资，其中中央政府筹资占一定比重，中西部地区要更大一些。"新农合"推进的 10 年里，由于财政投入的较快增长，筹资水平大幅度提高，最初是人均 30 元，2012 年已经达到 290 元，接近过去的 10 倍。2013 年全国卫生工作会议提出，人均筹资标准将提高到 340 元左右，其中各级政府补助增加到人均 280 元。[①] 照此指标计算，政府补贴为年度人均筹资额的 82%。这一特点，说明新型农村合作医疗具有很强的以公共财政为基础的社会福利性质。但是，由于新型农村合作医疗制度是地方统筹的，而地方经济实力和财政能力差异较大，因此人均筹资水平存在着地区差异。东部地区虽然没有得到中央财政补助，但筹资水平和保障水平仍然明显高于中西部地区。这意味着新型农村合作医疗的地方福利性。

新型农村合作医疗制度的另一特点是互助共济范围的扩大。过去的合作医疗一般都以生产大队（行政村）为单位统筹，少数以公社（乡）为单位统筹，互助共济性较小。新型合作医疗实行以县为单位进行统筹和管理的体制，大大增强了互助共济能力。如果说，过去的农村合作医疗只有类似于社会保险的某些属性，新型农村合作医疗从资金筹集与制度运行已经具有了地方性社会医疗保险的一些性质。从这一意义上说，新型农村合作医疗已经成为农村社会保险体系的一个组成部分。

二、农村养老保险制度的波折和进展

早在 20 世纪 80 年代初，在长江三角洲的一些地方，就开始了建立农

---

① 张然. 新农合人均筹资提至 340 元. 京华时报，2013-01-08.

村养老保险的试验。到1987年，鉴于农村养老问题日益严重并已制约了农村经济的发展，民政部开始借鉴各地经验，在一些经济条件较好的地方，如山东、北京、上海等地，进行了农村社会养老保险的试点工作。1991年，民政部印发了《县级农村社会养老保险基本方案（试行）》。至此，农村社会养老保险开始在全国推行。该方案指出，农村养老保险制度坚持资金个人缴纳为主，集体补助为辅，国家予以政策扶持，由点到面，逐步发展。1995年10月，国务院转发了民政部《关于进一步做好农村社会养老保险工作的意见》，此后，农村社会养老保险取得了较快的发展。但是，在农村社会养老保险推进的过程中，也出现了一些问题，如资金的监管较弱、使用较乱等。1999年7月，《国务院批转整顿保险业工作小组〈保险业整顿与改革方案〉的通知》提出，目前我国农村尚不具备普遍实行社会保险的条件。对民政系统原来开展的农村社会养老保险要进行清理整顿，停止接受新业务。此后，农村养老保险陷入停滞。

2002年中共十六大之后，农村养老保险事业发展进入新的时期。中共十六大报告明确提出，"在有条件的地方探索建立农村社会养老保险制度"。各地区也在总结原有农村养老保险筹资水平低、吸引力不足和监管不力等缺陷的基础上，进行新的探索。2008年10月，中共十七届三中全会通过的《中共中央关于推进农村改革发展若干重大问题的决定》指出，要"按照个人缴费、集体补助、政府补贴相结合的要求，建立新型农村社会养老保险制度"。2009年3月的政府工作报告进一步明确"新型农村社会养老保险试点要覆盖全国10%左右的县（市）"；2009年9月国务院发布《关于开展新型农村社会养老保险试点的指导意见》明确规定：2020年基本建立覆盖城乡居民社会保障体系的目标；在筹资模式上，采用统账结合的制度模式；在基金管理上，新农保基金要纳入社会保障基金财政专户，实行收支两条线管理，单独记账、核算。目前，新型农村养老保险制度推进的速度明显加快。2009年以前，参保人数长期徘徊在5000多万人。到2010年底，全国800多个县或县级行政区划开展国家新型农村社会养老保险试点，参加新型农村社会养老保险人数迅速上升到10277万人，其中领取待遇人数2863万人，为参保人数的27.9%。到2012年底，"新农保"已经在全国农村地区基本实现了制度全覆盖。

"新农保"的快速进展得益于多种因素，但公共财政的大力介入至关重要。过去，对于农村养老保险，国家仅提供政策扶持。农村养老保险的集体补助与集体经济水平高度相关，只有少数农村（如东南沿海）的集体能够提供可观的投入。对大部分农村地区来说，农村养老保险以个人投资为主，农民的参保积极性不高。缺乏国家财政的投入是"老农保"不能顺利发展的主要原因。"新农保"得到了各级政府的财政投入：对于符合领取条件的参保人，政府全额支付基础养老金，其中中央财政对中西部地区的基础养老金标准给予全额补助，对东部地区给予50%的补助；地方政府对参保人缴费给予补贴，补贴标准不低于每人每年30元。"新农保"已经具有了一定的地方社会福利和国家养老金的性质。

三、农村社会保险制度建设的意义

近年来，农村社会保险快速发展，已经开始摆脱过去相对滞后的状态。最近，在一些地方，农村社会保险和城市居民社会保险的发展势头都很好，出现了把不同制度安排结合起来的城乡一体化趋势。这样的进展具有重要意义。在1978年以前，农村人口无缘城市的劳动保险和单位保障，难以抵御年老、疾病等风险。这是过去城乡不平等的主要因素之一。在改革开放之后的最初阶段，农村社会保险没有启动。在城市经济体制改革深化、社会保险制度全面建设的20世纪90年代，农村社会保险刚刚开始探索，走了一些弯路。2000年以后，中央政府明确了城乡统筹的方针，农村社会保障体系的建设走上正轨。"新农合"与"新农保"的实施改变了农村长期缺乏社会保险的局面。从更一般的意义上说，在农村社会保险、社会救助和社会福利的建设中，随着中央和地方财政投入的加大，农村各个人口群体越来越多地沐浴到公共财政的阳光。这是改变城乡分配关系的重大举措，有利于城乡协调发展和中国经济社会的可持续发展。

第四节 社会保险事业发展的未来挑战与对策

中国的社会保险改革与发展已经取得了巨大成就。但是，也面临着一些大的挑战。在城市，主要是进一步"扩面"的困难、低收入政策、制度分割问题、社会保险基金运行和管理等问题。农村社会保险也有一些与城市类似的问题。农村社会保险的保障水平还很低，缩小与城市的差距依然是长期艰巨的任务。

一、社会保险事业发展的未来挑战

（一）扩大社会保险覆盖面的主要障碍

社会保险的覆盖面还不高。以城镇基本养老保险为例，目前参保率为60%，还有1亿多城镇就业人员没有参加养老保险。这些未参保人员，主要是小型非公有制企业、城镇个体工商户和灵活就业人员。这些就业人员的收入低、就业不稳定。在缺乏企业或单位缴费配套的情况下，个人需要缴纳的收入比例过高，这些群体缺乏加入城镇社会保障体系的积极性。在缴费率偏高、又没有有力的优惠政策的情况下，中小企业也没有为员工办理社会保险的动力，不少企业通过采取各种手段逃避缴费。另外，在未参保的就业人员中，相当多的是没有本地户籍的外来流动人口，城市政府也没有把他们纳入社会保险体系的积极性。由于个人、企业和政府三方的积极性都不足，社会保险的进一步扩大覆盖面的困难重重，可以说已经进入了一个"瓶颈期"。

扩大社会保险覆盖面的工作又是不可松懈的。中国已经进入老龄化时期。在过去的十多年里，城镇职工基本养老保险制度的内部抚养比基本上保持稳定，没有受到社会老龄化的影响，主要是参保人员的多元化。如果在未来，不能保证养老保险制度"扩面"的速度，养老金收支的平衡将发生问题，对基本养老保险制度运行本身不利，也可能影响到社会舆论和心理。

（二）低收入和反贫困政策的缺失

与"扩面"问题相联系的是，目前在社会保险制度设计上，缺乏配套的低收入和反贫困政策。按现行的基本养老保险在制度设计上，存在"低收入排斥"机制，就是制度安排不利于低收入者参保。现行规定是，基本养老保险的最低缴费基数是当地职工平均工资的60%。工资收入在平均工资的60%以下，也要按照最低缴费基数计算个人的缴费额。这样，对低收入者而言，缴费额就要高于本人工资的8%，而且收入越低，缴费占个人工资的比例越高。低收入者本来是基本养老保险制度最应该覆盖的对象，也是养老金再分配的潜在受益者。但是，他们可能由于收入约束而被排斥在社会养老保险之外。

在我国的城镇社会保险制度的设计和改革中，一直没有把这一制度与低收入政策、反贫困政策等联系起来。最初的主要着眼点是改革已经难以为继的企业退休制度和劳保医疗制度，此时更强调企业和个人分担保险责任。在建立新制度以后，主要精力是应付制度运行中的问题，再分配没有成为关注的重点。因此，在制度框架本身，没有适用于低收入参保者的政策规定；在制度之外，也没有联系紧密的配套制度或政策。城市有最低收入保障制度。但是，从社会保障的宏观视角来看，不能消极地用贫困线来"托底"，而是应当把尽可能多的人纳入社会保险体系，减少低收入阶层和贫困群体遭遇社会排斥的可能性。

（三）社会保险的制度性分割和多轨制问题

社会保险的制度性分割，过去一度集中在农民工参保的限制上，现在这一问题已经在很大程度上解决了。社会保险的区域分割和统筹层次过低，这可能带来局部的资金筹集问题。目前，虽然名义上所有省份都已经实现了省级统筹，但多数省份只是做到了资金调剂，而不是统一收支。在养老资金区域分割的情况下，各地需要自我平衡，某些地区的养老金缺口可能过大，造成局部的养老金给付困难。另外，由于地方统筹，不同省份的制度内供养比、工资水平、财政盈余能力等方面差别很大，省份之间依然存在巨大的平均养老金水平的差异。

新的农村养老保险制度和正在地方试验的城乡居民养老保险也存在地区差距的问题。新的农村养老保险和城市居民养老保险的待遇水平与地方财政直接挂钩，不仅省（市）、自治区之间，各个省份内部（可能直至农村社区层面）的保险待遇也是不同的。在推进城乡社会保险一体化的地区，例如北京和成都，都投入了大量的财政补贴，并将受益对象限定在本地户籍人口。由于改革与地方财力完全挂钩，这些改革缩小了本行政区域内部的社会保险不平等，但是可能加大地区之间的社会保险不平等。

社会保险的地方统筹和多轨制被形象地统称为"碎片化"问题。20世纪90年代之后，城市中出现了养老保险的"双轨制"。企业的养老保险制度从城市的退休制度中分化出来，就是新的城镇职工基本养老保险制度；机关事业单位的退休制度进行了一些改革，形成了公务员退休制度和多种形式的事业单位退休制度。在企业、事业和机关退休的老年人口之间，退休金待遇水平形成差距，而且这种差距近年来还在加大。[①] 这一问题

---

① 郑秉文，高庆波，于环. 中国计划经济时期社会保障制度的建立和变化//陈佳贵，王延中. 中国社会保障发展报告（2010）. 社会科学文献出版社，2010.

正在导致社会心理的失衡，一些企业职工和退休人员产生了相对剥夺感、不公平感。在企业这一层面上，大多数企业的养老金水平偏低，但少数垄断企业不仅基本养老保险的水平高，还有丰厚的企业年金。此外，在城市中，还有一部分人没有为社会养老保险所覆盖，这主要是小企业雇员和非正规就业人员。这些从业人员也是城市中收入水平较低的群体。缺乏基本的养老保障增加了这一群体进入老年之后陷入贫困的可能性。"双轨制"、垄断企业多支柱保险再加上制度外群体，城市的老年收入不平等呈现出多元性。

（四）社会保险的运行管理问题

中国的主要社会保险制度采取"统账结合"的模式，理论上应该形成大量的个人账户资金。在现阶段，"空账"问题还没有解决，个人账户资金的保值增值问题还不明显。但是，在解决"空账"问题之后，必须考虑个人账户资金的投资渠道问题。对于统筹资金而言，由于实行了现收现付，而目前的制度内抚养比还比较理想，暂时没有资金平衡问题。但是，从长远来看，"统账结合"的模式面临着人口老龄化和资本市场的双重风险。这两方面的问题，在社会保险经办机构的管理能力不适应、相关体制不畅的条件下，可能在某些地方和环节上激化。医疗保险制度的改革与发展，目前受到医疗费用居高不下、可能继续攀升的严峻挑战，可能影响到制度建设的已有成果。由于农村社会保险管理体制分散，导致基金监管比较困难，社会保险运行方面的问题可能更为严重。这些问题和挑战将影响社会保险事业的可持续发展。

（五）社会保险的"城乡差别"

目前，相对于城市，新型农村社会养老保险的保障水平还很低。2011年，农村领取养老金人数为 8525 万人，支付的保险金总额为 588 万元，人均养老保险金大约只有 690 元。多数农村地区每月只有 55 元的基础养老金，老年人仍然不能离开子女的经济支持。而同年，城市离退休者的人均养老保险基金支出达到 18701 元，农村老年人平均领取的养老金不及城市人均退休金的 4%。在城市，离退休者人均获得的财政补贴就有 3328 元，远远高于农村老年人所享有的财政补贴额。[①] 可见，城乡老年人口的养老保障待遇差别还是非常大的；在现阶段和今后一定时期内，农村养老保

---

① 数据来自 2011 年人力资源和社会保障事业发展统计公报。

障主要是低水平、广覆盖。缩小城乡分割造成的城乡养老保障不平等，还需要长期努力。

二、社会保险事业未来发展的对策

（一）深化改革，完善城市社会保险制度

为了有效应对社会保险事业发展所面临的未来挑战，首先需要深化改革，完善城市社会保险制度各项制度。

第一，采取有效措施，进一步扩大社会保险的覆盖面。为了扩大城镇职工基本养老保险的覆盖面，需要做一些政策的调整。一是要适当降低缴费率。目前，20%的企业缴费率过高，中小企业缴费有困难。应该研究降低统一的企业缴费率。如果现阶段降低费率对养老金收支影响过大，可以考虑制定一些在一定条件下适用于小企业的缴费率。在2008年的金融危机中，一些地方曾有这样的政策，但主要是临时性的政策措施。需要有一些规范性的政策规定。二是把低收入政策引入养老保险制度中，广泛吸引中低收入者参保。在强调待遇与缴费挂钩、改进激励机制的同时，如何保护低收入者和贫困人口的社会养老保障权益？国际社会的公共养老金改革提供了这方面的丰富经验，可以加以适当借鉴。

第二，养老金个人账户问题的深入探讨。统账结合的城镇职工基本养老保险制度自建立以来，个人账户一直是一个争议的焦点。一些学者认为，中国不应该做实个人账户，而应当考虑记账式个人账户制。目前，在实际操作中，还是在努力做实个人账户。还有学者认为，个人账户和统筹资金应该完全分开管理，形成一个彻底独立的个人账户资金积累。关于个人账户是"做实"还是"做虚"等问题，理论争论应当继续下去。决策部门要对个人账户资金的运行进行监控，及时发现问题，对现行的个人账户制度做出正确的评估与分析。还要总结这方面的国际经验和教训，通过参照、学习和借鉴，构思新的调整和改革思路。

第三，其他可以考虑的对策。提高养老保险的统筹层次，有利于提高养老保险资金的使用效率和效果，减少地方性收支不平衡。这也是缩小养老保险待遇地区差距的一个重要环节。当前，应该首先把省级统筹落到实处，从资金调剂真正过渡到统一收支。在此基础上，积极创造条件，向养老保险的全国统筹推进。提高退休年龄是应对人口老龄化、改善养老保险财务平衡的重要措施，也有利于其他社会保险制度的建设与发展完善。根

据中国目前的实际情况,不宜普遍提高退休年龄,但可以从提高女性劳动者的退休年龄开始。提高女性的退休年龄,符合国际潮流,也可以大幅度提高养老金的供给。当女性退休年龄达到或接近男性时,再考虑是否进一步提高全体劳动者的退休年龄。医疗保险制度要改革运行机制,提高管理水平,有效控制医药费用的超常增长。

(二) 注重公平,建构统筹城乡的社会养老保险体系

我国社会保险制度的建立,主要参照当时世界银行提出的效率观点。[①]当时的制度设计重点是减轻国家财政负担、应对老龄化和经济效果。因此,新的制度没有配套的低收入政策。为了使制度覆盖成为实际覆盖,需要增加收入再分配和反贫困的政策考量,把社会公平放到重要位置,减小劳动者和老年人口收入和福利的差距。

第一,要在财务可持续的前提下不断提高农村的社会保险给付水平,尽快缩小城乡之间的社会待遇差距。农村新型养老保险即将覆盖全部农村地区,这是一个可喜的成绩。但是,农村养老保障的水平依然非常低,农村老年人口贫困还是一个现实问题。要加大地方政府的财政投入,增加中央和省级政府的转移支付,不断提高农村的基础养老金水平。个人缴费的财政补贴,其目标不应以增加缴费积极性为主,而要与扩大覆盖面、支持低收入农村居民参保密切联系起来,防止逆向再分配。

第二,城市内部的社会要注意不同制度的协调性,减少不同群体之间的社会待遇差距。要拓宽企业的发展空间,提高企业的工资水平和社会保险水平;同时,应该给予公务员、事业单位人员待遇一个合适的参照,"双轨制"的差距尽可能缩小。对于未被任何社会保险覆盖的从业人员,要通过企业监督、收入政策引导等,把他们纳入社会保障。

第三,在城乡各地的社会保险制度中,逐步引入"居住地准则",把没有当地户籍但已经是常住身份的人口纳入制度覆盖范围。为此,一是中央政府要有统一的方针政策引导。二是地方性保险(如新农保、城乡居民养老保险等)提高管理层次,力求在省级层面上统筹规划和统一推进。三是不宜在这类社会保险制度中加入"集体补助",原因是农村集体与农村土地制度、集体资产积累关系密切,增加了制度的排他性。

---

① 中国经济改革研究基金会,中国经济体制改革研究会联合专家组.中国社会养老保险体制改革.上海远东出版社,2006.

第九章 养老保险制度发展

养老保险在一国社会保障体系中居于基础性地位。在新中国成立初期，就建立起了针对城镇企业职工的养老保险制度。在改革开放以后，尤其是20世纪90年代末以来，经过不断改革，城镇企业职工基本养老保险制度已相对完善，目前参保人员已近3亿人。中国的机关事业单位员工，除在计划经济时代的一段时期实行与企业职工相同的养老保险制度外，一直实行退休养老制度，养老保障水平很高。由于缺乏基金积累和可持续性，以及与企业职工养老待遇差距太大，目前机关事业单位养老保险制度正在改革之中。中国农村居民一直以来都缺乏社会养老保险。1992年之后，中国逐步建立起了农村社会养老保险制度。2009年，国家对农村社会养老保险进行重大改革，开始实施新型农村社会养老保险即"新农保"制度，目前参保农村居民已达3.3亿人。2011年，国家开始实施城镇居民养老保险即"城居保"制度，为城镇非从业人员提供养老保障。这样，中国就先后建立了针对城镇企业职工、机关事业单位员工、农村居民和城镇非从业人员的社会养老保险制度，实现了对所有人群的制度全覆盖，并实际覆盖了大部分应保人口。

第一节 城镇企业职工基本养老保险发展

现行的城镇企业职工基本养老保险，是在新中国成立之初建立的劳动保险的基础上不断完善和发展而成的。改革开放后，在20世纪80年代中期到90年代初期改革试点的基础上，从90年代末开始，中国加快企业职工养老保险制度改革步伐，并确立了社会统筹与个人账户相结合的养老保险体制，基本完成了企业职工养老体制从传统的国家和单位保险体制转向社会保险体制。

一、城镇企业职工基本养老保险制度的发展

在改革开放以前,中国城镇企业职工养老保险制度是企业或单位提供养老保险的体制。1951年,政务院公布了《中华人民共和国劳动保险条例》(以下简称《劳动保险条例》),对国营企业职工的养老等社会保险做出了规定:企业按月缴纳相当于企业职工工资总额3%的保险费,用于职工的医疗、工伤保险和福利等,并在全国范围内凡有职工百人以上的国营、公私合营、私营和合作社营的企业中实行。1953年,政务院修订了《劳动保险条例》,实施范围扩大到工矿、交通企业的基本建设单位和国营建筑公司。1956年前后,在全部国营企业中实行了《劳动保险条例》;在一些规模较大的集体所有制企业,也实行或参照实行该条例。1958年,国家统一了企业、事业和机关职工的养老保险制度。这样,统一的城镇职工养老保险制度就在全国范围内建立起来了。

需要指出的是,在1966~1976年的"文化大革命"期间,当时运行良好的企业职工养老保险制度遭到干扰破坏,养老保险机构和社会统筹费用均被取消,社会保险工作无人管理。退休费用改为企业营业外列支,由企业自行负担,社会保险倒退为企业保险。尽管如此,由于国家对企业实行财务上的统收统支、包盈保亏,社会保障资金的积累和支出全部是国家的责任。

改革开放以后,企业职工养老保险制度经历了体制恢复、改革探索、提出整体框架、完善体制内容和自由转移接续五个重要发展阶段。[①]

第一阶段1976~1984年,是城镇养老体制改革的恢复阶段。1978年5月,全国人民代表大会常务委员会批准了《国务院关于安置老弱病残干部的暂行办法》和《国务院关于工人退休、退职的暂行办法》,对企业职工和机关、事业单位的工作人员的退休条件、待遇水平做了统一规定。这是从法规和政策角度让养老保险工作重新回到原有的轨道,但两个文件中仍规定养老费用从企业成本列支,没有实现真正意义上的社会统筹。

第二阶段1985~1992年,是养老保险制度改革探索阶段。从1984年起,全国各地先后实行了养老保险费用社会统筹,即按照工资总额的一定

---

① 关于企业职工养老保险的四阶段划分,参见蔡昉、王德文. 养老体制改革//蔡昉. 中国劳动与社会保障体制改革30年研究. 经济管理出版社,2008. 本文在此四阶段划分的基础上,根据近年来的新进展增加了第五阶段即"自由转移接续阶段"。

比例统一筹集资金,并统一支付离退休人员的养老金。这个办法首先在国有企业中实施,并逐步扩大到城镇各类企业。统筹层次由市县级逐步向地市级和省级统筹过渡。养老保险费用社会统筹对于均衡企业负担,防范养老金支付风险发挥了积极作用。1991年,国务院在总结改革探索经验教训的基础上,发布了《关于企业职工养老保险制度改革的决定》,提出了建立基本养老保险、企业补充养老保险和个人储蓄性养老保险相结合的养老保障体系,实行国家、企业、个人三方共同负担。

第三阶段1993~2000年,确立了城镇养老保险制度的改革目标和基本框架。1993年,中共十四届三中全会通过的《中共中央关于建立社会主义市场经济体制若干问题的决定》,提出了养老保险实行社会统筹与个人账户相结合的原则。根据这个原则,上海、广东、宁波等地对建立个人账户进行了积极探索。1995年,国务院下发了《关于深化企业职工养老保险制度改革的通知》,明确了基本养老制度适用城镇各类企业职工和个体劳动者,鼓励各地进行试点。经过这一阶段的试验,1997年国务院正式颁布了《关于建立统一的企业职工基本养老保险制度的决定》,提出建立统一的社会统筹和个人账户相结合的城镇职工养老保障体系。全国统一按职工工资的11%建立个人账户,其中个人缴费逐步从4%提高到8%,其余部分由企业缴费划入。企业缴费率由省级人民政府确定,一般不得超过企业工资总额的20%。

2000年,国务院印发了《关于完善城镇社会保障体系的试点方案》,决定2001年先在辽宁全省和其他各省(自治区、直辖市)确定的部分市进行试点。2000年新方案着眼于解决养老保险制度改革中的转轨成本问题,即试图同时解决养老保险问题中的新人、中人和老人的问题,并形成多支柱式的养老保险体系。重点是缩小个人账户规模,由空账变为实账。试点方案在坚持社会统筹和个人账户相结合的基本制度的前提下,调整了个人账户规模,把个人账户的规模从相当于个人工资的11%降为8%,将个人缴费比例从平均5%提高到8%,个人账户完全由个人缴费形成。原规定的用人单位20%的缴费比例不变,但不再划入个人账户,全部形成社会统筹基金。

第四阶段2001~2008年,主要着力解决城镇养老体制框架下的个人账户空账、提高统筹层次、解决历史欠债和扩大养老保障覆盖面等一系列深层次问题。在2001~2003年在辽宁、吉林、黑龙江东北三省改革试点的基础上,2005年底国务院公布了《关于完善企业职工基本养老保险制度的决定》,把东北三省试点经验向全国推开。新的改革措施包括逐步做实个人账户、统一对城镇个体劳动者和灵活就业人员的参保缴费政策改革计发办法等10个方面的改革,解决养老金缴费激励不足问题,提高中国养老金筹资和支付能力,逐步化解养老体制的转轨成本,实现养老保险制度的可持续发展。从制度设计看,这次改革是以做实个人账户为重点,从养老金征收和发放两个角度来提高个人缴费的积极性。与1997年改革相比,这次改革将个人账户规模由过去的11%改为本人缴费工资的8%,完全由个人缴费形成,单位缴费不再划入个人账户。同时,将缴费时间长短和数额多少与待遇水平挂钩,参保人员每多缴一年,养老金中的基础部分就增发一个百分点,上不封顶,能够形成"多缴费、多收益"的激励约束机制。对于城镇个体工商户和灵活就业人员收入不稳定的特点,将他们的缴费比例统一为当地上年度在岗职工平均工资的20%,其中8%计入个人账户,低于企业职工的缴费比例。为与做实个人账户相衔接,从2006年1月1日起,个人账户的规模统一由本人缴费工资的11%调整为8%,全部由个人缴费形成,单位缴费不再划入个人账户。

第五阶段是2009年到现在,主要是解决农民工参加企业职工养老保险并实现跨地区转移接续的问题。2009年2月,国家人力资源和社会保障部向社会公布《农民工参加基本养老保险办法》,规定在城镇就业并与用人单位建立劳动关系的农民工,应当参加基本养老保险。用人单位和农民工个人共同缴纳基本养老保险费。缴费基数按基本养老保险有关规定确定。单位缴费比例为12%;农民工个人缴费比例为4%~8%,由所在单位从本人工资中代扣代缴,并全部计入其本人基本养老保险个人账户。原来已参加基本养老保险的农民工和用人单位,可按本办法调整缴费标准。为促进人力资源合理配置和有序流动,保证参保人员跨省流动并在城镇就业时基本养老保险关系的顺畅转移接续,国务院决定从2010年1月1日起施行的《城镇企业职工基本养老保险关系转移接续暂行办法》。该办法的主要内容包括:农民工在内的参加城镇企业职工基本养老保险的所有人员,其基本养老保险关系可在跨省就业时随同转移;在转移个人账户储存额的同时,还转移部分单位缴费;参保人员在各地的缴费年限合并计算,个人账户储存额累计计算,对农民工一视同仁。

当前,中国已经建立起相对完善的企业职工养老保险制度。尤其是2011年7月1日《中华人民共和国社会保险法》的正式施行,标志着我国社会保险进入法制化阶段。该法对企业职工基本养老保险的一些重大问题进行了进一步明确规定。例如,该法第十六条规定,参加职工基本养老保险的个人,在达到法定退休年龄时,累计缴费年限不满十五年的,可以缴费至十五年，从而按月领取基本养老金；也可以转入新型农村社会养老保险（农村居民）或者城镇居民社会养老保险（城镇居民），并按照国务院规定享受相应的养老保险待遇。该法第十九条规定了劳动者在不同地区特别是跨省就业时，社会保险的转移接续问题。同时，《社会保险法》还规定了农村居民在城镇与用人单位建立劳动关系的，其缴费的职工基本养老保险在符合条件时，可以转入新型农村养老保险中，也为农民职工参加职工基本养老保险提供了保障。

二、城镇企业职工养老保险的覆盖与管理

随着制度的不断完善和发展，城镇企业职工养老保险参保人数不断增加。1989~2011 年，全国参加基本养老保险的人数从 5710 万人，逐步上升到 2.84 亿人，参保人数增加了约 4 倍。其中，参保在职职工数量由 4817 万人上升到 2.16 亿人，增长了 3.5 倍；参保离退休人员数量由 893 万人增长到 6826 万人，增长了 7.6 倍（见图 9-1）。1989~2002 年，城镇基本养老的覆盖面有两次跳跃。[①] 一是在 1992 年，城镇参加基本养老保险职工数量比上年增加了 37.5%，城镇离退休人员数量比上年增加了 54.7%。

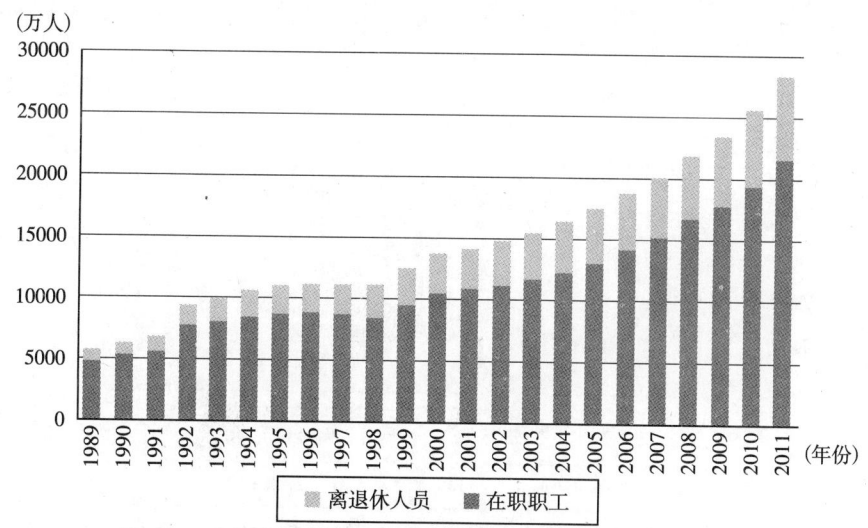

图 9-1 中国城镇企业职工养老保险参保人数（1989~2011 年）
资料来源：国家统计局. 中国统计年鉴（历年）. 中国统计出版社.

[①] 王德文. 完善社会保障基金运行机制的思路与对策//陈佳贵，王延中. 中国社会保障发展报告（2001~2004）No.2，社会科学文献出版社，2004.

这主要是1991年国务院颁布了《关于企业职工养老保险制度改革的决定》，推动了扩面工作。二是在1999年，城镇参加基本养老保险职工数量比上年增加了14.4%以上，城镇离退休人员数量比上年增加了9.4%。

伴随参保人数的增加，城镇企业职工养老保险的覆盖率不断提高。我们以参保在职职工占全部城镇就业人员的比例来表示企业职工养老保险的覆盖率。结果发现，在20世纪90年代初期，这一比例不足35%；整个20世纪90年代，这一比例约为40%左右；在2000年之后，职工养老保险覆盖率稳步提升，从45%左右逐步上升到2011年的60%（见图9-2）。需要指出的是，由于城镇就业人员中，有相当一部分是机关事业单位工作人员，他们大部分实行传统的退休养老制度，不适用于城镇企业职工养老保险；而且城镇就业人员中，有相当一部分是自我雇用的进城农民工，他们没有工作单位，尚未纳入城镇企业职工养老保险制度。因此，上述计算结果会在一定程度上低估城镇企业职工养老保险的覆盖率。如果以当前机关事业单位员工3000万人、自我雇用者占全部进城农民工的40%，即6400万人计算，则2011年城镇企业职工基本养老保险的制度覆盖率，已经达到近90%。

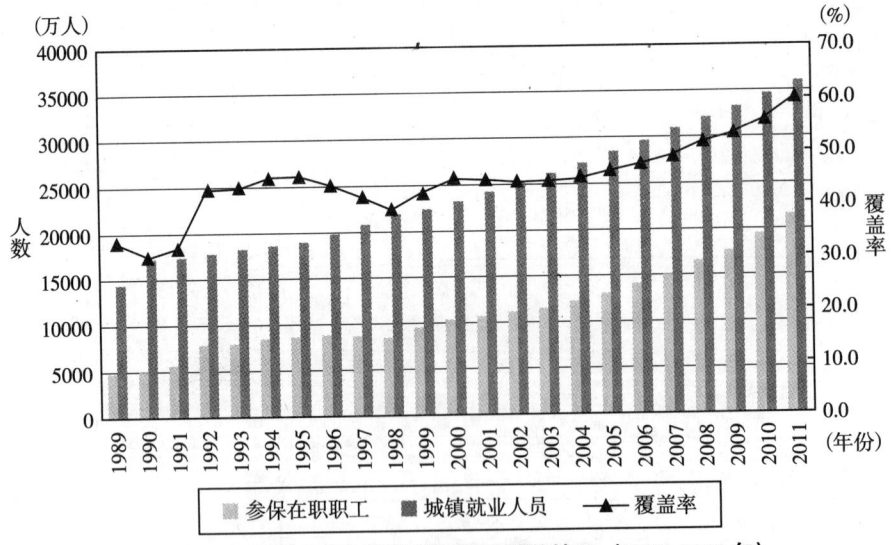

图9-2 城镇企业职工基本养老保险覆盖情况（1989~2011年）

资料来源：国家统计局.中国统计年鉴（历年）.中国统计出版社.

在不断完善城镇企业职工基本养老保险制度、扩大其覆盖面的同时，国家也加强了养老基金的征缴、运营和监督等制度化和规范化的管理工作。1999年1月，国务院颁布了《社会保险费征缴暂行条例》，对社会保险费征缴范围和征缴办法作了进一步规定。1999年6月，财政部、劳动和社会保障部联合发布了《社会保险基金财务制度》，财政部发布了《社会保险基金会计制度》，对社会保险经办机构的财务行为作了进一步规范。2000年11月，全国社会保障基金理事会正式成立，对社会保障基金进行管理。2001年12月，财政部、劳动和社会保障部联合发布了《全国社会保障基金投资管理暂行办法》，对社会保障基金的投资运作进行规范。此外，劳动和社会保障部还制定并发布了《社会保险基金行政监督办法》、《社会保险稽核办法》等，来加强基本养老金等社会保险费的征缴和监督管理工作。

随着社会保险费征缴力度的加强，城镇职工基本养老保险基金收入不断增加。2011年，城镇基本养老保险基金总收入16895亿元，比2010年增长25.9%，其中征缴收入13956亿元，比2010年增长25.6%。各级财政补贴基本养老保险基金2272亿元。全年基金总支出12765亿元，比2010年增长20.9%。年末基本养老保险基金累计结存19497亿元。[①]

社会保障基金监管的加强为其征缴和防范风险发挥了重要作用。社会保险基金被老百姓称为"养老钱"、"救命钱"，涉及千家万户，确保社会保险基金安全运行至关重要。2003年，社会保障部门对全国33万家企业的养老保险费征缴情况进行了稽核，共查出少报、漏报缴费人数168万人，少报、漏报缴费基数64亿元，少缴、漏缴养老保险费17亿元，在这次稽核行动中企业补缴养老保险费近9亿元。各级社会保险经办机构对近1300万名离退休人员领取养老金的资格进行了核查，核查面达到38%，查出虚报、冒领养老金1万多人，虚报、冒领金额2.6亿元，已经追回被冒领金额1.9亿元。[②] 2002年国家审计署审计发现，自1998年开始，财政部将11个行业移交的统筹资金结余收缴存入中央财政养老保险基金专户，没有按规定安排使用，余额高达59.34亿元。[③] 2006年11月，国家审计署审计了29个省、直辖市、计划单列市，查出了71.4亿元的违规资金，审计部分对此做了处理。这些监管工作保证了社会保障基金的安全。

---

① 中华人民共和国人力资源和社会保障部. 2011年度人力资源和社会保障事业发展统计公报，http://www.mohrss.gov.cn/page.do？pa.

② 社会保险在线. 2003年劳动和社会保障事业发展综述，http：//www.cnss.cn/2003zongshu.htm.

③ 李红兵. 国家审计署质疑59.34亿元社保资金违规. 21世纪经济报道，2003-07-02.

三、城镇企业职工基本养老保险的进一步完善

经过多年的努力,中国城镇基本建立了一套符合社会主义市场经济要求的社会保障体制。社会保障体制不断完善为社会保障基金安全、完全和高效运行提供了一个良好的制度框架。社会保障基金收入、支出、运营和监管工作正常运行,也为实现社会保障目标提供了物质保证,对中国经济转型起到了促进作用。但是,在社会保障体制走向完善的过程中,城镇企业职工基本养老保险也面临着养老金财务缺乏可持续性、扩大社会保障体系覆盖面存在制度约束以及城镇养老体制改革地区不平衡等问题,迫切需要认真应对和解决。[①]

(一) 养老金财务上缺乏可持续性

为了实现养老体制改革顺利转型,中国对新体制建立前后参加基本养老保险的城镇职工采取了"老人老办法、中人中办法、新人新办法"。对建立新制度前离退休的城镇职工(即"老人"),采取由社会统筹基金来支付他(她)们的退休金;对建立新制度前已经工作但不到退休年龄的城镇职工(即"中人"),采取由社会统筹基金来支付他(她)们的基础养老金和过渡性养老金,以及新制度建立后按个人账户积累资金发放养老金;对建立新制度后参加工作的城镇职工(即"新人"),采取由社会统筹基金来支付他(她)们的基础养老金,以及新制度建立后按个人账户积累资金发放养老金。

由于传统的现收现付制度下没有基础养老金积累,因此,新体制必须为"老人"的退休金、"中人"的基础养老金和过渡性养老金寻找支付办法。这实际上是一笔庞大的隐性债务。然而,制度设计上并没有为如何化解养老金"隐形债务"提供一个清晰的改革思路。按照劳动和社会保障部估计,目前城市养老金缺口在2.5万亿元,在未来30年时间里将达到6万亿元。而据曹远征和马骏等发布的《化解国家资产负债中长期风险》预测,到2013年中国养老金缺口将达到18.3万亿元。[②]

[①] 蔡昉,王德文.养老体制改革//蔡昉.中国劳动与社会保障体制改革30年研究.经济管理出版社,2008.

[②] 郑秉文. 2013年养老金缺口18万亿靠谱.中国养老金网,2012-12-17,http://www.cnpension.net/yljkx/2012-12-17/news1355709030d1362667.html.

表面上看，社会统筹资金不足是造成个人账户成为名义账户的直接因素，但是，养老金缺口持续扩大有深层次的制度上的原因：首先，中国养老保险体制制度设计偏差和管理体制改革不到位。[①] 中国基本养老体制是一种部分积累制的混合模式，它试图结合社会统筹和个人账户的优点，做到在维护社会公平的同时，又能够促进效率。但是，由于在体制设计中没有明确社会统筹与个人账户两者之间的关系，对转轨成本没有明确的制度安排，以及对社会统筹账户和个人账户没有分开管理，结果导致统筹账户挪用个人账户，形成了个人账户空账。其次，个人账户预期收益率低使得个人缺乏参加基本养老保险计划的积极性。再次，缴费率高导致企业负担过重，导致经营效益不好的企业无力缴纳，一些新成立的企业采取各种方式逃避缴纳社会保障义务。最后，缴费基数不真实减少了征缴基金收入。由于工资外的收入很难统计，并纳入统计范畴，这样，工资数据不真实既高估了中国养老金的替代率，又加大了基本养老保险基金的收支缺口。

（二）扩大社会保障体系覆盖面存在制度约束

城镇养老保险制度基本上覆盖了城镇单位就业人员，但城镇个体劳动者、灵活就业人员、城镇困难家庭群体、进城农民工等并没有全部加入，养老保险制度的覆盖面还需进一步提高。这些群体由于缺少单位依托，而社会保障制度设计在覆盖对象划定、缴费水平、缴费收益等方面存在着不完善的地方，扩大覆盖面的工作难度很大。由于机关和事业单位改革尚未有效进行，这些人员被排除在城镇养老保险覆盖范围之外。

从制度设计角度看，利用劳动力市场，通过扩大新人总量，是解决养老负担过于沉重的一个可行办法。[②] 增加劳动力市场上新人数量的一个途径，是把农村进入城市就业的劳动者吸纳到城镇养老保障体系中来。按照中国经济增长和结构变化的要求，农村劳动力大量转移到城市将是长期的趋势，也是经济发展不可回避的规律。而由于户籍制度的改革相对滞后，这些打工者不能成为合法、稳定的城市劳动者，从而既没有为自己积累起相应的养老基金，也未能对城市目前的社会养老统筹做出贡献。因此，加快户籍制度改革，有利于利用这些新生劳动者年轻的优势，提高养老保障体制向新体制过渡期的承受能力，同时也避免当这些流动打工者退出劳动力市场时出现养老危机。通过一个简单的模拟表明，如果不把农村迁移劳

[①] 王延中. 中国社会保险基金模式的偏差及其矫正. 经济研究，2001（2）.
[②] 蔡昉，孟昕. 人口转变、体制转轨与养老保障模式的可持续性. 比较，2004（1）.

动力吸纳到城镇养老保障体系,且继续实行现收现付的旧体制,社会的养老负担率到 2020 年最高将达到 44.2%。但如果既实行完全的个人积累养老保障新体制,同时又把农村迁移劳动力吸纳到这个体系中,社会养老负担率到 2020 年最低只有 25.3%,比前者低大约 19 个百分点。

(三) 城镇养老保险体制改革地区不平衡

城镇养老保险体制改革先是在县市进行改革和统筹,逐步提高到省级进行统筹。目前,还未能真正做到在全国进行统筹。由于地区之间社会经济发展水平差异,就导致了省际之间社会保障发展水平之间存在巨大差距。

由于受经济发展水平和财政收支状况制约,地方政府对基本养老保险体制改革的积极性并不一致。经济增长和财政收入增长较快的省份,养老保险体制改革进度较快,难度和社会负担相对较小,社会保险的覆盖范围较高;相反,经济增长和财政收入增长较慢的省份,或者国有企业比重高的省份,由于财政不足或存在财政赤字,养老保险体制改革的进度较慢,社会保险的覆盖范围较小。例如,东部沿海经济发达的省份,如广东、浙江、上海、江苏、山东、天津、河北、海南等,城镇职工参保比例几乎接近 100%,而西部一些省份则低于 60%,有的甚至不到 40%。

(四) 进一步完善城镇企业职工基本养老保险的政策建议

未来 20 年中国老年人口总数将持续增加,老龄化率也将持续上升。与此同时,也是中国养老保障制度转变的关键时期。选择正确的养老保障模式,可以为潜在的老龄化危机提供一种防范机制,最大限度地减轻社会养老负担,实现经济和社会的可持续增长。建立一个具有可持续性的养老保障体系,迫切需要进行若干重要的政策调整。

首先,化解转轨成本、做实个人账户。要对养老金隐性债务的规模进行科学测算,然后确定处理方式和各地政府在分摊转轨成本的责任,从而为化解养老金隐性债务找到一条切实可行的出路,减少挪用个人账户资金来填补养老金缺口带来的财务危机。具体财政措施包括加大财政投入力度。变现部分国有资产,利用国有股减持或出售中小企业、国有土地和厂房等来进行筹资。发行社会保障国债、彩票及开辟一些特殊税种来筹集资金。通过上述办法筹集的资金进入社会统筹资金账户,作为养老保险的储备金,用于支付"老人"和"中人"的转轨负担。做实个人账户需要明确个人账户的所有权和收益权,逐步实行个人账户市场化运作,以便个人自由地选择基金管理公司来进行投资,提高个人账户基金投资收益。

其次，提高统筹层次和扩大社会保险覆盖面。一方面，通过加强对非正规部门扩大覆盖面工作、加快机关和事业单位的养老保险体制改革等措施，把城镇所有从业人员都纳入进来，实行统一的城镇就业人员养老保险制度，率先建立省级养老统筹资金调剂机制，提高省级统筹水平。在此基础上，逐步实现全国统筹。另一方面，通过把农村转移劳动力纳入新的保障体系，提高当前保障基金的缴费水平，提高社会供养能力，实现养老保障制度改革的平稳过渡。在社会保障基金收支状况不断改善的基础上，通过降低社会保险缴费率来保障社会保险基金的征收到位率。正对中西部地区，通过加大财政转移方式，对这些地区养老保障事业发展提供政策扶持。

最后，加强对养老基金的运营管理和监督。对于养老保险的统筹账户，应采取收支平衡的基本原则，做到"量出为入、略有结余"；对于个人账户，要通过保险精算来保持长期平衡，避免临时性决策对社会保险基金支出预期的影响，实现养老金管理的动态平衡。同时，随着社会保障基金规模日益扩大，应调整其投资结构，加大对公司债券、股票和实业项目，如房地产、大型建设项目、基础设施项目等方面的投资，来提高社会保障基金的投资收益率。随着条件进一步成熟，中国社会保障基金还可以利用风险投资、指数投资等新型投资工具对国际资本市场投资，来最大限度地实现保障基金的保值增值。

第二节 机关事业单位养老保险改革

中国现行的城镇职工养老保险制度，分为企业职工基本养老保险制度和机关事业单位养老保险制度，两者之间在制度设计和待遇领取等方面都有明显差异，城镇养老保险存在显著的制度分割。正如本章第一节所述，企业职工养老保险经过不断调整和改革已日臻成熟，基本实现了制度性全覆盖。但机关事业单位养老保险制度改革明显滞后，迄今仍停留在试点阶段，尚未取得实质性突破。当前，我国机关事业单位员工达到3000多万人，机关事业单位养老保险改革已成为中国城镇养老保险进一步完善和发展的重点和难点。

一、机关事业单位养老保险制度沿革

从新中国成立到1958年,是机关事业单位养老保险制度的初创时期。1950年3月15日,政务院发布了新中国成立后第一个有关退休和养老方面的法规,即《关于退休人员处理办法的通知》,但这个法规实施范围较小,只限定在过去有退休金的机关、铁路、海关、邮电等部门的职工。1955年12月21日,国务院通过了《国家机关工作人员退休处理暂行办法》,规定国家机关工作人员符合一定条件的,可以退休并按月领取退休金。该办法的出台实施,是国家机关和事业单位职工养老保险建立的标志。

1958~1978年,是机关事业单位人员和企业职工实行统一的养老保险制度时期。1958年3月7日,国务院颁布了《关于工人、职员退休处理的暂行规定》,此规定增加了优惠的保险项目,提高了职工的退休待遇,统一了国家机关事业单位工作人员和企业职工的养老保险制度。该规定明确指出,国营、公私合营的企业、事业单位和国家机关、人民团体的工人和职员,符合一定条件应该退休,并按月领取退休金。具体而言,男工人、男职员年满60周岁,连续工龄满5年,一般工龄满20年的;女工人年满50周岁、女职员年满55周岁,连续工龄满5年,一般工龄满15年的,可以退休;从事井下、高空、高温、特别繁重体力劳动或者其他有损身体健康工作的工人、职员,男年满55周岁、女年满45周岁,其连续工龄和一般工龄又符合上述条件的,也可以退休。工人、职员退休以后,按月发给退休费,直至本人去世为止。

1978~1992年,是机关事业单位养老保险制度从企业职工养老保险中独立和恢复时期。1978年,国务院颁布《关于安置老弱病残干部的暂行办法》和《关于工人退休、退职的暂行办法》。这两个政策文件将机关事业单位职工的养老保险制度与原来统一的企业职工基本养老保险制度又区别开来,标志着中国机关事业单位养老保险制度的成型。随后,国务院先后颁布了《关于老干部离职休养的暂行规定》和《关于发布老干部离职休养制度几项规定的通知》,对离退休干部的优惠制度进行了具体规定。这两部条例也对完善事业单位养老保险制度起到了很大的帮助。1986年,国务院下发《关于发布改革劳动制度四个规定的通知》,规定国家机关、事业单位和社会团体的退休养老实行社会保险制度。

1992年至今,是机关事业单位养老保险不断改革时期。1992年,原人事部印发《关于机关、事业单位养老保险制度改革有关问题的通知》,要求逐步改变退休金实行现收现付、全部由国家包下来的做法。1994年，原人事部印发《关于机关、事业单位工资制度改革实施中若干问题的规定》，对退休金的计发基数、比例标准做了详细规定。2000年，国务院《关于印发完善城镇社会保障体系试点方案的通知》规定，公务员和全部由财政供款的事业单位维持现行养老保险制度，部分财政供款事业单位的养老保险办法在调查研究和试点基础上分别制定。2006年，原人事部、财政部印发《关于印发〈关于机关事业单位离退休人员计发离退休费等问题的实施办法〉的通知》明确规定，事业单位工作人员退休后的退休费按本人退休前岗位工资和薪级工资之和的70%~90%计发。2009年，经国务院批准，事业单位分"三步走"实施绩效工资制度。在职职工领取绩效工资，对离退休人员发放生活补贴，绩效工资不作为计发离退休费的基数。因此，目前事业单位退休人员待遇分为两个部分：一是按本人退休前岗位工资和薪级工资之和的一定比例计发的基本退休费；二是属地化的生活补贴，即替代绩效工资的部分。①

表9-1 中国机关事业单位养老保险制度改革重要文件

时间	事件	内容简介	意义
1958年2月	国务院公布施行《关于工人、职员退休处理的暂行规定》	覆盖范围包括国营、公私合营企业、事业单位、国家机关、人民团体的工人、职员，内容包括退休年龄、工龄、退休待遇等	机关事业单位与企业的退休制度统一
1978年6月	国务院公布《关于安置老弱病残干部的暂行办法》和《关于工人退休、退职的暂行办法》	重新规定了干部和工人离退休、退职的条件及待遇标准	干部和工人的退休待遇基本没有区别，只是在退休年龄和工龄方面有所区别
1992年1月	人事部下发《关于机关事业单位养老保险制度改革有关问题的通知》	对机关事业单位养老保险制度改革情况、机关事业单位劳动合同制工人养老保险基金管理问题进行了明确规定	首次提出"按照国家、集体、个人共同合理负担的原则，建立国家统一的，具有中国特色的机关事业单位养老保险制度"

---

① 财政部财政科学研究所课题组. 我国事业单位养老保险制度改革研究. 经济研究参考，2012（52）.

续表

时间	事件	内容简介	意义
1997年1月	人事部、财政部起草《关于机关和事业单位工作人员养老保险制度改革试点的意见》	该方案延续了企业职工基本养老保险统账结合的思路,适用范围则涵盖机关事业单位的各类人员	该方案改革了事业单位养老金计发办法:一是由基础养老金、个人账户养老金和过渡性养老金组成基本养老金,和企业养老金水平保持一致;二是专门针对事业单位增发的退休津贴
2000年12月	国务院发布《关于印发完善城镇社会保障体系试点方案的通知》	规定国家公职人员和由财政供款的事业单位维持现行养老保险制度,部分财政供款事业单位的养老保险办法分别制定	事业单位养老保险制度分类改革初见端倪
2005年11月	人事部发布《事业单位公开招聘人员暂行规定》	该规定打响了分类推进事业单位改革的"第二炮",对经营开发服务类事业单位首先进行改企转制	配合机构改革的推进人事制度的调整,进一步推进事业单位养老保险制度改革
2008年2月	国务院会议讨论并原则通过了《事业单位工作人员养老保险制度改革试点方案》	确定在山西、上海、浙江、广东、重庆5省市先期开展试点,与事业单位分类改革配套推进	为事业单位养老保险制度改革扫清政策障碍
2009年1月	人力资源和社会保障部正式下发《事业单位工作人员养老保险制度改革试点方案》	要求山西、上海、浙江、广东、重庆5个试点省市认真做好启动准备工作	我国的事业单位养老保险制度改革正式拉开序幕

资料来源:陈佳.中国事业单位养老保险制度改革研究.南开大学博士论文,2009.

二、机关事业单位养老保险制度的主要问题

机关事业单位养老保险制度,对保障退休人员生活、维护社会稳定发挥了重要作用。但随着社会主义市场经济的发展,也出现了一些问题亟待解决,如制约企事业单位之间的人员流动,事业单位养老保险畸轻畸重,以及企事业单位退休人员待遇差距过大等问题。虽然20世纪90年以来我国一直尝试对机关、事业单位养老保险制度进行改革,但其发展仍滞后于企业职工养老保险,至今尚处在探索阶段。其面临的问题主要体现在以下三方面:

首先,筹资压力巨大,难以持续发展。总体上看,我国机关事业单位退休人员并没有专门的养老金积累,其养老金基本是由财政全额支付的。

而目前机关事业单位养老金替代率高达90%以上,[1] 随着机关事业单位人员规模的逐步扩大以及老龄化趋势加剧,退休人数日渐增多,离退休退职总费用逐年攀升,筹资压力异常沉重。数据显示,1998年机关事业单位离退休总费用是286亿元,到2006年增加到1330亿元,8年间增加了3.65倍;从每年的增长率来看,基本都在15%以上,有好几个年份甚至在30%以上(见图9-3)。

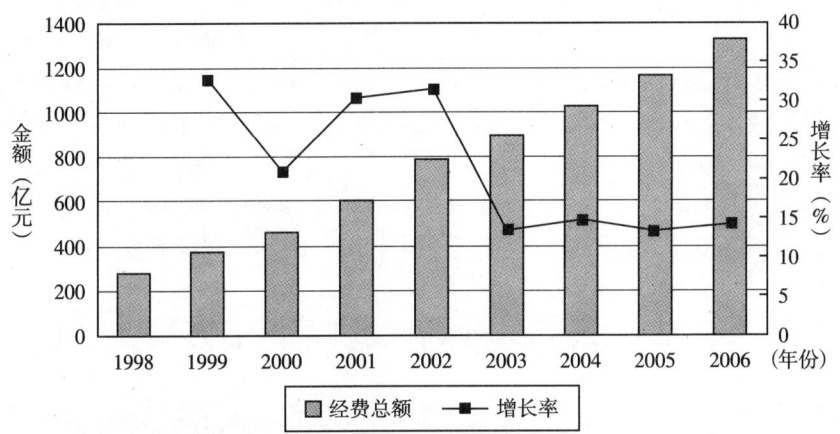

图9-3 中国机关事业单位离退休总费用及增长情况(1998~2006年)
注:2006年之后的统计年鉴中未再分列机关事业单位离退休费用。
资料来源:国家统计局.中国统计年鉴(历年).中国统计出版社.

其次,养老金计发方式不合理,与企业职工养老保险待遇差距过大。目前,企业职工养老保险做到了退休待遇与个人缴纳养老费的多少挂钩,退休金按其缴纳的养老保险费以及当年的社会平均工资等因素计发。机关事业单位人员的养老金待遇,基本还是根据退休前最后一个月标准工资的一定比例计算,这种方式很不合理。有些机关事业单位虽然实施了个人缴费制度,但缴费全部进入了社会统筹基金,个人账户没有真正地建立起来,养老金是根据工龄的长短和在职时的工资水平等因素计发,不与其在职时的缴费情况挂钩。近年来,企业职工基本养老保险的替代率只有50%左右,而事业单位养老金的替代率则在90%左右。[2] 20世纪90年代中期以前,企业与机关事业单位职工在养老保险待遇方面几无差距,而近些年

---

[1] 赵艳秋.我国机关事业单位与企业基本养老保险制度比较及并轨研究.河北大学硕士论文,2011.
[2] 张祖平.中国城镇职工养老保险制度的缺陷与改进建议.江西财经大学学报,2012(3).

前者甚至不足后者的一半,①差距十分明显。这些都意味着机关事业单位和企业职工之间的分配不公。

最后,与企业职工社会保险难以接转,制约劳动力流动。在市场经济体制下,劳动力流动是一种常态,而现行的企业和机关事业单位养老保险的分立,已经对劳动力流动造成了巨大的障碍。如果企业职工进入机关事业单位,他们之前的个人账户积累,没有办法与退休待遇衔接起来;而机关事业单位劳动者流动到企业工作,由于他们之前没有个人账户,没有缴费的那部分资金又得不到保障。而且,由于当前两套制度下退休人员的待遇差距十分悬殊,也就是说,机关事业单位人员往企业流动时,必然意味着退休金大打折扣。从国际、国内发展趋势看,在全国范围内建立包括私营部门和公共部门的所有劳动者在内的统一的基本养老保险制度,是养老保险制度发展的必然趋势。我国机关事业单位养老保险制度,需要根据现实国情不断改革,最终建立与企业职工相统一的养老保险制度。

三、事业单位养老保险制度改革试点方案

2008年初,国务院原则通过《事业单位工作人员养老保险制度改革试点方案》,确定在山西、上海、浙江、广东和重庆5省市先期开展试点工作,未进行试点的地区仍执行现行事业单位退休制度。2009年1月,人力资源和社会保障部正式公布了《事业单位养老保险制度改革方案》,改革的主要内容如下。②

实行社会统筹与个人账户相结合的基本养老保险制度。基本养老保险费由单位和个人共同负担,单位缴纳基本养老保险费的比例,一般不超过单位工资总额的20%。个人缴纳基本养老保险费的比例为本人缴费工资的8%,由单位代扣。按本人缴费工资8%的数额建立基本养老保险个人账户,全部由个人缴费形成。个人账户储存额只能用于本人养老,不得提前支取。参保人员死亡的,其个人账户中的储存余额可以继承。

基本养老金的计发办法。本方案实施后参加工作、个人缴费年限(含视同缴费年限)累计满15年的人员,退休后按月发给基本养老金。基本

---

① 刘婉琳,唐瑜.关于企业与机关事业单位养老保险待遇差距问题的思考.中国经贸导刊,2009(17).
② 中华人民共和国人力资源和社会保障部.事业单位工作人员养老保险制度改革试点方案,2009.

养老金由基础养老金和个人账户养老金组成，退休时的基础养老金月标准以当地上年度在岗职工月平均工资和本人指数化月平均缴费工资的平均值为基数，缴费每满1年发给1%。个人账户养老金月标准为个人账户储存额除以计发月数，计发月数根据本人退休时城镇人口平均预期寿命、本人退休年龄、利息等因素确定。本方案实施前参加工作、实施后退休且个人缴费年限累计满15年的人员，按照合理衔接、平稳过渡的原则，在发给基础养老金和个人账户养老金的基础上，再发给过渡性养老金。本方案实施后达到退休年龄但个人缴费年限累计不满15年的人员，不发给基础养老金；个人账户储存额一次性支付给本人，终止基本养老保险关系。本方案实施前已经退休的人员，继续按照国家规定的原待遇标准发放基本养老金，参加国家统一的基本养老金调整。

建立基本养老金正常调整机制。为使事业单位退休人员享受经济社会发展成果，保障其退休后的基本生活，根据职工工资增长和物价变动等情况，国务院统筹考虑事业单位退休人员的基本养老金调整。

建立职业年金制度。为建立多层次的养老保险体系，提高事业单位工作人员退休后的生活水平，增强事业单位的人才竞争能力，在参加基本养老保险的基础上，事业单位建立工作人员职业年金制度。具体办法由劳动保障部会同财政部、人事部制定。

逐步实行省级统筹。进一步明确省、市、县各级人民政府的责任，建立健全省级基金调剂制度。具备条件的试点省（市）可从改革开始即实行省级统筹；暂不具备条件的，可实行与企业职工基本养老保险相同的统筹层次。

自2009年1月人力资源和社会保障部正式下发《事业单位养老保险制度改革方案》后，山西、上海、浙江、广东和重庆5省市均按照国务院有关要求起草了实施方案，并开展了测算工作。但受多因素限制，各试点省市进展缓慢。主要原因在于：[1] 一是改革范围的确定有难度。按照规定，作为事业单位分类改革的配套措施，事业单位养老保险改革只适用于分类改革后的公益类事业单位工作人员。但目前事业单位分类改革工作尚未完成，纳入基本养老保险制度改革的公益性事业单位也就无法完全确定。二是具体改革方案难以出台。由于事业单位养老保险改革方案出台时，尚未出台绩效工资制度。随着绩效工资制度改革的逐步到位，现行事业单位人

---

[1] 财政部财政科学研究所课题组. 我国事业单位养老保险制度改革研究. 经济研究参考，2012（52）.

员退休费计发办法将随之发生较大调整，必须考虑与事业单位绩效工资制度的衔接问题。因此，在各地事业单位绩效工资制度实施到位之前，试点地区出台基本养老制度改革具体方案的难度较大。

四、进一步推进事业单位养老保险制度改革

机关事业单位养老保险制度是中国社会保障制度的重要组成部分，对于保障退休人员生活、维护社会稳定发挥了重要作用，但也存在一些问题亟待解决，尤其是缺乏基金积累，与企业职工养老保险待遇差距悬殊，造成社会不公正、不平等。《事业单位养老保险制度改革方案》虽然已经出台，但在试点省市进展一直非常缓慢。因此，如何切实推进事业单位养老保险制度改革发展，已成为中国养老保险体系建设的重大问题。

首先，政府对财政负担要有清醒认识，并承担改革成本。据统计，机关事业养老保险替代率高达90%，随着机关事业单位职工工资的上涨，再加上机关事业单位人员数量大，使财政不堪重负。尽管在事业单位改革之后事业单位范围和人数会有较大压缩，但事业单位养老保险制度改革对各级财政支出负担将在一定时期会是增加的。面对基金缺口和转轨成本，应该明确政府责任，合理调整财政支出结构，提高养老保险支出占财政总支出的比重。全额拨款事业单位，无论是基本养老保险还是补充养老保险，采取财政发放补贴与建立职业年金制度相结合的办法实现待遇水平的平稳衔接，财政应给予全额补助；自收自支事业单位没有财政缴费，执行企业的基本养老保险制度，可以建立企业年金，缩小待遇差距；差额拨款事业单位则要根据财政承担的缴费比例对其职业年金的建立给予适当补助。①同时，应该采取多种渠道筹措养老保险基金，确保社保基金运营的保值增值。

其次，对现行事业单位养老保险制度试点办法做适当调整和改革，实行"基本养老保险加职业年金"方式。②按现行《事业单位工作人员养老保险改革试点方案》规定计算，事业单位退休职工基础养老金只能按当地在岗职工平均工资的15%发放，比现行企业职工基础养老金发放比例20%还要低，而作为补充养老保险的职业年金如何建立和发放没有作具体规定，

---

① 刘敏. 我国事业单位养老保险制度症结、改革取向与对策. 商业经济，2012（12）.
② 财政部财政科学研究所课题组. 我国事业单位养老保险制度改革研究. 经济研究参考，2012（52）.

结果将是事业单位退休职工养老金待遇不仅比老职工退休待遇低，还比企业职工退休养老金待遇低，这也是当前事业单位养老保险制度改革难以推进的一个重要原因。因此，一是调整事业单位退休职工基础养老金发放办法，适当提高基础养老金发放比例，缴费满15年的以不低于当地在岗职工月均工资的20%为宜。二是要同时出台事业单位职工职业年金办法。按照国外的经验，职业年金采取单位或个人强制缴费形式，可以由单位和个人共同缴费，也可以只由单位缴费，缴费率不超过8%为宜，采取个人账户完全积累形式。

再次，提高统筹层次，增强互济能力。现行机关事业单位养老保险，很多都是实行县市级统筹，统筹层级很低。提高统筹层次，不仅可以增加基金的来源渠道，扩大统筹范围，而且有利于提高养老保险的社会化程度，所以提高统筹层次势在必行。[①]一方面，提高统筹层次能够使有限的资金得到充分利用。另一方面，提高统筹层次有利于提高社保人员素质。随着紧锣密鼓的开展养老保险制度的改革工作，专业人才队伍也日渐壮大，所以对从事社会保障工作的人员的素质也应有所要求。如果将统筹层次提高到省级，社保经办机构的人财物管理权归省一级政府统一管理，那么管理手段就会相对比较完善，社保基金面临的风险相对减少，人员的整体素质也会得到提高。

最后，加快相关法律法规建设。立法先行是社会保险制度安排的一项基本原则，由于法律法规的欠缺，机关事业单位养老保险改革很难强制性开展，规范性也不够。只有以法制化为前提才能规范化和高效化，才能摆脱偶然性和任意性的羁绊。《中华人民共和国社会保险法》于2010年10月发布，这项立法对于维护公民参加社会保险和享受社会保险待遇的合法权益具有十分重要的意义，但是对于建立养老保险制度尤其是事业单位养老保险制度来说还很不成熟，许多配套法规还远远不够。由于缺乏法律的约束，使得各地事业单位养老保险制度的改革无法统一，造成彼此间制度的不平衡。应制定出台统一的机关事业单位养老保险政策及征缴条例、配套规章，建立起统一规范的具有中国特色的机关事业社会养老保险制度。对职业年金的权利与义务实行定位，对其运营和管理更要有配套的政策法规支持，特别是资金的来源做出法律保障等，也需要制定出专门的政策法规。

[①] 高薇. 我国事业单位养老保险制度研究. 财政部财政科学研究所研究报告，2012.

第三节 城乡居民养老保险发展

在城镇劳动者基本被职工基本养老保险和机关事业单位养老保险覆盖以后，中国的养老保险体制建设开始关注农村地区的劳动者和非劳动人口，以及城镇地区没有就业的居民。1992年，民政部制定《县级农村社会养老保险基本方案》，明确坚持资金个人缴纳为主，集体补助为辅，国家予以政策扶持；坚持自助为主，互济为辅；坚持社会养老保险与家庭养老相结合，这就是所谓"老农保"的基本原则。但由于政策不统一、政府不出资、集体不补助、农民收入低等原因，"老农保"最终陷入停滞状态。2002年底，国家提出开始新型农村养老保险探索。2009年9月，国务院颁布《关于开展新型农村养老保险试点的指导意见》（即"新农保"），指出要按照"保基本、广覆盖、有弹性、可持续"原则，探索建立个人缴费、集体补助、政府补贴相结合的新农保制度，实行社会统筹和个人账户结合，保障农村老年人的基本生活。由此，由政府承担部分出资责任的新型农村社会养老社会保险制度开始建立起来。2011年7月，国家启动城镇居民养老保险制度即"城居保"试点，对城镇非农业居民提供与"新农保"相类似的养老保障制度。目前，国家正实施"新农保"和"城居保"的合并，将两者统一为城乡居民养老保险。

一、农村居民养老保险改革与探索

（一）"老农保"的改革历程

在改革开放之前，中国农村居民基本没有养老保险，主要是针对无依无靠的老人、残疾人和孤儿实行"五保"制度，即由农村集体保吃、保穿、保医、保住、保葬（儿童保教）。改革开放以后，农村养老体制改革试点提上议事日程。1986年，国家"七五"计划要求各地进行农村社会保险的试点。1992年，民政部制定了《县级农村社会养老保险基本方案（试行）》，确立了"老农保"制度。从总体上看，"老农保"大致经历了探索试点、稳步推进和整顿规范三个阶段。①

第一阶段是 1986~1992 年，为探索试点阶段。1986 年 10 月，民政部在江苏省张家港市（当时的沙洲县）召开了全国农村基层社会保障工作座谈会，提出探索农村基层社会保障雏形，其中包括发展社区型的养老保险制度。随后，上海郊区、苏南地区等一些富裕的乡镇开展试点。1991 年 6 月，国务院《关于企业职工养老保险制度改革的决定》明确提出农村（包括乡镇企业）养老保险改革由民政部负责。同年，民政部成立了"农村社会养老保险办公室"，选择了包括山东烟台市的牟平、龙口、招远县（市）和威海市的荣成、乳山县（市）等 20 个有条件的县进行试点。

第二阶段是 1992~1998 年，为稳步推进阶段。在总结试点经验的基础上，1992 年，民政部制定了《农村社会养老保险基本方案》，提出了建立农村社会养老保险体系基本思路和框架。在随后的短短几年时间里，农村养老保险发展非常迅速，但也带来了养老基金管理混乱、激励不足和养老基金管理运营等体制设计上的问题。1995 年 10 月，国务院办公厅转发民政部《关于进一步做好农村社会养老保险工作的意见》，提出要逐步建立农村社会养老保险制度，结合财政、金融和税收体制改革，加强对农村社会养老保险基金管理的政策研究，要求逐步建立适应社会主义市场经济体制的基金增值运营机制和基金管理监督体系。在这些政策倡导和扶持下，农村养老保险在全国大多数省份都有所发展。

第三阶段是 1998~2002 年，为整顿规范阶段。1998 年，政府机构改革对农村养老保险业务的调整，对其影响较大。在机构调整过程中，农村养老保险从民政部转移到劳动和社会保障部。当时，不少专家学者的意见认为，建立农村养老保险制度的条件尚不成熟，加上体制上设计不完善和基金管理上混乱，一些人认为应该暂停农业养老保险业务，以免对农村金融体制和农村社会稳定带来负面影响。这些意见对当时的政策形成产生了相当大的影响，新出台的政策要求停止吸收新的农村参保人员，对已经参保人员将其转移为商业保险，或者由参保者领取已经缴纳的保费和相应的部分收益等。在治理整顿期间，农村参保人数出现了较大幅度下滑，并在随后的几年基本保持在大致稳定的状态。

(二)"新农保"的探索和试点

2002 年底，中共十六大明确提出在有条件的地方探索建立农村社会

---

① 赵殿国. 建立新型农村社会养老保险制度. 中国金融，2007 (6).

养老保险制度。2007年，劳动与保障等部门联合发文提出，要建立以个人账户为主、保障水平适度、缴费方式灵活、账户可随人转移的新型农村养老保险制度和参保补贴机制。各地在探索实践过程中总结出一些有代表性的模式，尤其四川成都、陕西宝鸡、北京、江苏、浙江、广东等模式备受关注。尽管各地做法存在差异，但它们的经验表明，政府应该在农村养老保险制度中承担重要责任。2008年中共十七届三中全会提出要贯彻"广覆盖、保基本、多层次、可持续"原则，健全农村社会保障体系，明确全国"新农保"制度的基本原则和方向。

2009年，在"新农保"试点准备的基础上，国务院颁布《关于开展新型农村养老保险试点的指导意见》，按照"保基本、广覆盖、有弹性、可持续"原则，实行社会统筹和个人账户结合，采取个人缴费、集体补助、政府补贴相结合的筹资模式，保障农村老年人的基本生活。"新农保"制度的一个重要特点是在中国相当长的历史中，政府首次为农村养老金计划直接提供支持。中央财政对中西部地区按中央确定的基础养老金标准给予全额补助，对东部地区给予50%的补助，另外50%由地方政府负担，地方政府应当对参保人缴费给予补贴，补贴标准不低于每人每年30元。2009年"新农保"试点覆盖面为全国10%的县，2010年扩大到23%的县，2011年覆盖40%的县，并计划在2013年实现制度上全覆盖。

（三）现行"新农保"的制度框架

现行的"新农保"制度框架，是由2009年9月1日国务院颁布的《关于开展新型农村养老保险试点的指导意见》确定的。[①] 其基本原则是"保基本、广覆盖、有弹性、可持续"。一是从农村实际出发，低水平起步，筹资标准和待遇标准要与经济发展及各方面承受能力相适应；二是个人（家庭）、集体、政府合理分担责任，权利与义务相对应；三是政府主导和农民自愿相结合，引导农村居民普遍参保；四是中央确定基本原则和主要政策，地方制定具体办法，对参保居民实行属地管理。

"新农保"实行个人缴费、集体补助和政府补贴相结合的制度，实行社会统筹与个人账户相结合，与家庭养老、土地保障、社会救助等其他社会保障政策措施相配套，保障农村居民老年基本生活。凡是年满16周岁（不含在校学生）、未参加城镇职工基本养老保险的农村居民，均可在户籍地自愿参加。

---

① 国务院关于开展新型农村社会养老保险试点的指导意见，国发〔2009〕32号。

新农保基金由个人缴费、集体补助、政府补贴构成。个人缴费标准，设为每年100元、200元、300元、400元、500元5个档次，地方可以根据实际情况增设缴费档次。参保人自主选择档次缴费，多缴多得。国家依据农村居民人均纯收入增长等情况适时调整缴费档次。集体补助方面，要求有条件的村集体应当对参保人缴费给予补助，补助标准由村民委员会召开村民会议民主确定。政府补贴方面，政府对符合领取条件的参保人全额支付新农保基础养老金，其中中央财政对中西部地区按中央确定的基础养老金标准给予全额补助，对东部地区给予50%的补助。

国家为每个新农保参保人建立终身记录的养老保险个人账户。个人缴费，集体补助及其他经济组织、社会公益组织、个人对参保人缴费的资助，地方政府对参保人的缴费补贴，全部记入个人账户。个人账户储存额目前每年参考中国人民银行公布的金融机构人民币一年期存款利率计息。

养老金待遇由基础养老金和个人账户养老金组成，支付终身。中央确定的基础养老金标准为每人每月55元。地方政府可以根据实际情况提高基础养老金标准。个人账户养老金的月计发标准为个人账户全部储存额除以139。参保人死亡，个人账户中的资金余额，除政府补贴外，可以依法继承；政府补贴余额用于继续支付其他参保人的养老金。

养老金待遇领取条件是，年满60周岁、未享受城镇职工基本养老保险待遇的农村有户籍的老年人，可以按月领取养老金。新农保制度实施时，已年满60周岁、未享受城镇职工基本养老保险待遇的，不用缴费，可以按月领取基础养老金，但其符合参保条件的子女应当参保缴费；距领取年龄不足15年的，应按年缴费，也允许补缴，累计缴费不超过15年；距领取年龄超过15年的，应按年缴费，累计缴费不少于15年。国家根据经济发展和物价变动等情况，适时调整全国新农保基础养老金的最低标准。

新农保基金纳入社会保障基金财政专户，实行收支两条线管理，单独记账、核算，按有关规定实现保值增值。试点阶段，新农保基金暂实行县级管理，随着试点扩大和推开，逐步提高管理层次，有条件的地方也可直接实行省级管理。

（四）农村养老保险的参保状况

经过多年的改革和探索，中国农村社会养老保险体系经历一个从无到有并不断完善的过程。在经历了最初较快发展、中间整顿停滞之后，近年来出现了参保人数回升势头。尤其是2009年以来"新农保"的试点和推行，使得农村养老保险参保人数不断增加，覆盖面迅速扩大。数据显示，在20世纪90年代初期，参加农村养老保险的人数只有约4000万人，仅占农村人口的4%左右；之后一直到2009年"新农保"制度实施，农村养老保险参保人数有一定增长，但多数年份徘徊在6000万人左右，占农村人口的8%左右；而2009年国家开始实施"新农保"制度之后，参保人数迅速增加，到2011年农村社会养老保险参保人数已经达到3.3亿人，已占农村人口的50%（见图9-4）。

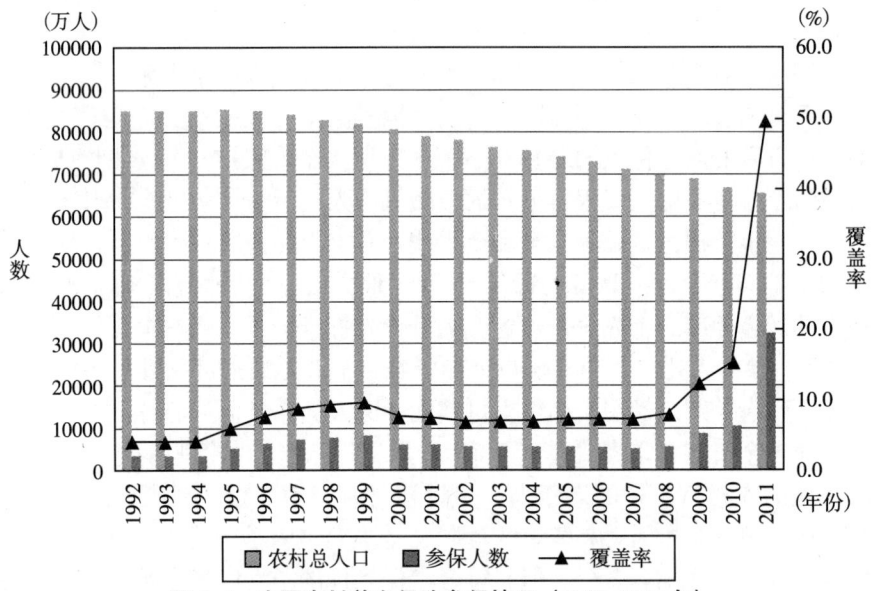

图9-4 中国农村养老保险参保情况（1992~2011年）

资料来源：笔者根据历年国家《劳动和社会保障事业发展年度统计公报》和《民政事业发展统计报告》整理计算。

到2011年末，全国有27个省、自治区的1914个县（市、区、旗）和4个直辖市部分区县开展国家新型农村社会养老保险试点。2011年末国家新型农村社会养老保险试点地区参保人数32643万人，比2010年末增加22367万人。其中实际领取待遇人数8525万人。全年新型农村社会养老保险基金收入1070亿元，比上年增长135.9%。其中个人缴费415亿元，比上年增长84.0%。基金支出588亿元，比上年增长193.3%。基金累计结存1199亿元。[1]

---

[1] 国家人力资源和社会保障部. 2011年度人力资源和社会保障事业发展统计公报，2012-06-05，http://www.mohrss.gov.cn/page.do? pa.

二、城镇居民养老保险的建立和发展

相对于农村养老保险制度，城镇居民养老保险制度的探索历程相对较短，但步伐比较快。从 2007 年开始，各地根据自身实际情况开始试点推行城镇居民养老保险制度，上海、广州、北京和四川成都等，建立了具有特色的制度模式。上海 2006 年出台试行城镇高龄无保障老人社会保障政策，2008 年正式确立城镇老年居民养老保障制度。北京 2009 年在全市范围内实施城乡居民养老保险政策，制度设计与全国职工养老保险有些类似，实施部分积累制，基础养老金与个人缴费账户相结合，基础养老金每月 280 元由政府负担，居民养老保险可与城镇职工养老保险衔接和转换。广州 2008 年实施了专门针对无固定养老待遇的老人提供社会养老保险，采取基础养老金和个人缴费账户相结合的方式。

在各地试点的基础上，2011 年 7 月国务院出台《关于开展城镇居民社会养老保险试点的指导意见》，确立了个人缴费、政府补贴相结合的城镇居民养老保险制度（以下简称"城居保"），实行社会统筹和个人账户相结合，保障城镇居民老年基本生活。实施范围与"新农保"试点基本一致，2011 年覆盖全国 60%的城镇，2012 年基本实现城镇居民养老保险制度全覆盖，而且，制度模式与"新农保"基本一致，中央确定的基础养老金标准也相同。这一制度弥补了中国养老保险体系最后一项制度的缺失，将覆盖约 5000 万城镇非从业居民。至此，中国已经初步建立了以城镇职工养老保险制度、城镇居民养老保险制度、新型农村养老保险制度为基础的社会养老保险体系。

"城居保"的制度框架与"新农保"基本相同，只是在覆盖范围、缴费标准的档次和集体补贴等方面不同。"城居保"的参保范围，是年满 16 周岁（不含在校学生）、不符合职工基本养老保险参保条件的城镇非从业居民，可以在户籍地自愿参加城镇居民养老保险。"城居保"基金主要由个人缴费和政府补贴构成，相比之下，"新农保"多了集体补助这一来源。"城居保"的个人缴费标准，设为每年 100 元、200 元、300 元、400 元、500 元、600 元、700 元、800 元、900 元、1000 元 10 个档次，比"新农保"多出了后面 5 个高的缴费标准档次。

"城居保"制度也对政府补贴、个人账户、养老金待遇等，进行了与"新农保"相类似的规定。中央财政对中西部地区按中央确定的基础养老金标准给予全额补助，对东部地区给予 50%的补助。地方人民政府应对参保人员缴费给予补贴,补贴标准不低于每人每年30元。国家为每个参保人员建立终身记录的养老保险个人账户。个人缴费、地方人民政府对参保人的缴费补贴及其他来源的缴费资助,全部记入个人账户。个人账户储存额目前每年参考中国人民银行公布的金融机构人民币一年期存款利率计息。养老金待遇由基础养老金和个人账户养老金构成,支付终身。中央确定的基础养老金标准为每人每月55元。地方人民政府可以根据实际情况提高基础养老金标准。个人账户养老金的月计发标准为个人账户储存额除以139。参保人员死亡,个人账户中的资金余额,除政府补贴外,可以依法继承。参加城镇居民养老保险的城镇居民,年满60周岁,可按月领取养老金。国家根据经济发展和物价变动等情况,适时调整全国城镇居民养老保险基础养老金的最低标准。城镇居民养老保险基金暂以试点县(区、市、旗,以下简称试点县)为单位管理,随着试点扩大和推开,逐步提高管理层次,有条件的地方也可直接实行省级管理。[①]

到2011年末,全国共有27个省、自治区的1902个县(市、区、旗)和4个直辖市部分区县及新疆生产建设兵团开展国家城镇居民社会养老保险试点。2011年末国家城镇居民社会养老保险试点地区参保人数539万人,其中实际领取待遇人数235万人。全年城镇居民社会养老保险基金收入40亿元,其中个人缴费6亿元。基金支出11亿元。基金累计结存32亿元。[②]

三、城乡居民养老保险的进一步完善

"新农保"和"城居保"的实施,填补了中国养老保障制度的一大空白,并取得了积极的成效。但是,城乡居民养老保险也面临一系列问题和挑战,主要是城乡居民之间制度的统一、青年人的参保激励不足、养老待遇水平低、统筹层次较低、基金管理成本较高等问题,亟待采取有效措施加以完善。

(一)城乡居民养老保险制度的统一

中国的社会保障体制一直以来存在显著的城乡分割。居民养老保险方

[①] 国务院关于开展城镇居民社会养老保险试点的指导意见,国发〔2011〕18号。
[②] 国家人力资源和社会保障部. 2011年度人力资源和社会保障事业发展统计公报,2012-06-05,http://www.mohrss.gov.cn/page.do? pa.

面的城乡分立，必然成为统筹城乡发展和城镇化进程的重要阻碍。随着"新农保"和"城居保"制度的全面实施，如何实现城镇与农村两个制度的衔接和统一，便成为社会保障体系改革与发展的重要问题。从2008年开始，一些地方便开始探索覆盖城乡居民的统一养老保险制度，目前已经有很多地方实现了城乡居民养老保险的制度一体化。

在2009年全国"新农保"制度实施之前，北京、天津、浙江等一些地方便开始探索城乡统一的居民养老保险制度，这些地方制度基本上采取了统筹账户与个人账户相结合的模式，但是，在筹资模式、缴费标准等方面存在较大差异。2009年"新农保"制度实施后，浙江省、重庆市、山东青岛市、江苏泰州市等地方，率先将制度范围扩展到城镇居民，直接实施了城乡居民养老保险制度。

2011年7月，城镇居民养老保险制度全面实施，城镇与农村居民养老保险制度之间的差别进一步缩小，这为城乡居民统一的养老保险制度提供了基础。各地的探索也为全国统一的城乡居民养老保险制度提供了经验积累和有益参考。由于城镇居民养老保险制度框架与新农保制度框架基本一致，只是在缴费标准的档次等方面略有差别，这也为城乡居民养老保险奠定了制度基础。在2011年7月1日正式实施的《社会保险法》中也明确规定国家建立和完善城镇居民社会养老保险制度。省、自治区、直辖市人民政府根据实际情况，可以将城镇居民社会养老保险和新型农村社会养老保险合并实施。"到2011年12月底，已经有12个省、市、自治区和直辖市实现了城乡居民养老保险制度的统一，分别为北京、天津、江苏、浙江、安徽、河南、湖北、广西、重庆、陕西、甘肃和宁夏。①

（二）提高参保激励水平

在"新农保"实施中，很多有参保意愿的人群，但无能力缴费；而很多有能力缴费的人，又不愿参保。16~44岁的中青年城乡居民参保积极性不高，如何调动他们的参保积极性是各试点地区都面临的一大难题。参保激励不足，是影响有缴费能力中青年居民不愿参保的重要因素。也就是说，当前较低的补贴水平，不足以激励养老保险需求较低的年轻人参保。相关调查研究也证实，年轻人的参保率明显较低。在当前激励水平下，如何维持城乡居民参保意识成为重要问题。城乡居民养老保险是自愿参保，凡属自愿保险都必然面临如何长期维持居民的参保意愿这一难题。受传统

---

① 农保处.城乡居民养老保险制度统一省份情况（2011年12月底）.中国社会保障，2012（3）.

观念影响和生存环境限制，城乡居民更注重眼前利益，尤其是年轻人对长期性养老保险的兴趣和热情普遍很低，对城乡居民养老保险能否维持长期缴费意愿具有很大不确定性，即使参保，中途断保的可能性也很大。①

笔者在四川的调查中发现，金堂县被调查参保农户中有16.8%仅仅开户未继续缴费。尽管筹资渠道中除了个人缴费和政府补贴，还有集体补助的方式，但实际上集体补助的激励效果受到集体经济发展状况的约束，而且，各地"新农保"实施意见中也没有明确具体的集体补助措施。因此，如何适当地提高参保激励水平将是解决年轻人和高收入居民的参保不足问题的关键。

（三）提高养老待遇与保障水平

在当前"新农保"和城镇居民养老保险实施初期阶段，养老待遇水平较低，养老金替代率相对于城镇职工基本养老保险明显更低。2009年全国平均农民人均纯收入为5153元，据此估算，"新农保"的基础养老金替代率仅为12.8%。较低的养老待遇仅能发挥有限的保障水平，尚不能满足老年人基本生活需要。尽管养老金逐渐成为老年人生活消费支出的重要来源之一，但是当前大部分老年人每个月仅能领取55元的基础养老金，难以满足老年人的基本生活需要。

领取养老金待遇的相关制度规定也影响老年人保障水平。各地在"新农保"制度实施中要求，60岁以上老年人不缴费便可以享受基础养老金，但前提要求家庭成员的子女必须参保（即"子女捆绑"），这一规定的初衷在于尽快提高覆盖率，但显然违背了自愿参保的基本原则。子女不参保可能导致老年人无法享受保障，甚至影响家庭的和谐关系，可能削弱老年人的家庭保障功能。吉林省试点县调查显示，94%的农民反对"子女捆绑"的参保方式，认为违背了自愿参保原则，容易引发家庭矛盾。以子女参保为条件发放基础养老金，会不同程度地削弱家庭养老的地位，甚至造成子女不管老人或放弃赡养义务的局面。

（四）提高统筹层次并保障基金保值增值

当前"新农保"和城镇居民养老保险基金的统筹层次较低，大部分仍然是县（区）级统筹，养老保障基金监督控制难度大，管理成本和风险高，投资运营效率低下，基金保值增值面临较大风险，社会保障基金的互

---

① 薛惠元. 城乡居民养老保险制度六题待解. 中国社会保障，2012（6）.

助共济分散风险的功能也未得到较好发挥。尤其是相对于城镇的管理机构，农村地区的政府管理效率和水平相对更低，官僚作风更为突出，农村地区县级统筹的养老基金管理将面临更大风险和挑战。

根据国家政策规定，"城乡居民养老保险基金纳入社会保障基金财政专户，实行收支两条线管理，单独记账、核算，按有关规定实现保值增值"。但是"有关规定"迄今为止尚没有出台，各地的通行做法是存银行，少部分地区还投资于国债。存银行和买国债这两种投资方式安全性高，但收益率低，若收益率低于通货膨胀率会使得城乡居民养老保险基金面临贬值风险。近年来通货膨胀率一直处于较高水平，养老基金实际上处于"缩水"状态，基金更难以达到增值目的。

第十章 医疗保障制度发展

第一节 引言

一、医疗保障的含义和内容

健康是人全面发展的基础，关系千家万户的幸福，是建设和谐社会的必然要求；同时，健康是人力资本的支柱，维护人民健康是经济可持续发展的保障。虽然研究表明，医疗卫生在影响健康的因素中所占比重并不是最大，但由于医疗是守护健康的最后一道防线，医疗支出在个人和政府支出中的比重越来越大等原因，为国民提供与社会经济发展水平相适应的医疗保障，促进和保障人民健康是各国步入现代化的必然要求，而且从国际趋势来看，越来越成为经济、社会，甚至是政治领域的焦点，中国也不例外。

医疗保障制度通常是指国家和社会依据有关法律和规定，为公民提供医疗服务并给予经济补偿与帮助，以防止或减轻受伤、患病和遭遇事故对其造成的损害，从而保障其生存需求的经济社会制度。[①] 按照保障内容的不同，医疗保障制度主要有两方面功能：一是财务保障功能，二是服务保障功能。所谓财务保障，即保障居民在遭遇疾病风险时，能够有效地获得经济上的帮助，分担由疾病带来的财务负担，使得其个人支付的医疗费用在可接受、支付得起的合理范围内，也有人称之为狭义的医疗保障，或者医疗筹资保障；所谓服务保障，即保障居民在需要的时候，能够获得安全、

[①] 李玲，江宇，陈秋霖. 城镇医疗保障体制//蔡昉. 中国劳动与社会保障体制改革30年研究. 经济管理出版社，2008.

有效、方便的医疗卫生服务。按照实现财务保障和服务保障两方面功能的程度不同，医疗保障制度可以分为两大类模式。第一类是将财务保障和服务保障合二为一的国家医疗服务体制（National Health Service），也称为直接服务模式，以英国、泰国、中国香港等地为代表。直接服务模式同时具有财务保障和服务保障的功能。第二类是提供财务保障的社会医疗保险或者商业医疗保险体制，也称为购买服务模式，以德国、加拿大、中国台湾等地为代表。

中国对于"医疗保障"的研究，通常分析的是医疗保障体系的财务保障功能，"医疗保障"也往往是指医疗筹资保障，特别是医疗保险。本章将侧重介绍中国医疗保障制度的财务保障，同时分析财务保障和服务保障结合和分离的变迁，从而总结医疗保障制度发展的历史经验，探讨中国医疗保障制度模式的变迁和发展前景。

二、医疗保障制度发展的城乡差异和时代特征

由于城乡之间发展不平衡和户籍制度的限制，中国城乡之间医疗保障制度具有很大的差异性。在新中国发展的60多年中，中国的医疗保障制度也和其他社会经济制度一样，经历了曲折的变化。总体而言，在改革开放前，改革开放到2003年"非典"，以及"非典"之后的三个时期，呈现出比较明显的变迁。

改革开放之前初步建立时期（1949~1978年）。新中国成立后，在计划经济体系建立的过程中，中国逐步建立了和其他社会保障制度结合在一起的低水平、广覆盖的医疗保障制度，作为社会主义建设的要求和经济建设的配套要求。在城市，建立了以单位为基础的公费医疗和劳保医疗制度，在农村建立了以集体经济为基础的农村合作医疗制度等。这一时期的医疗保障模式是服务保障和财务保障并重，政府集中力量建设城市卫生服务机构，逐步建立了城乡三级医疗服务及卫生防疫体系，使得没有被公费医疗、劳保医疗和农村合作医疗覆盖的居民，也能享受到公立医疗机构提供的价格低于成本的医疗服务，从而获得国家提供的服务保障。这些制度的建立和实施，为这一时期中国人口健康水平的改善做出了重要贡献，[①]也

[①] 在新中国成立后的前30多年里，中国用相对廉价的医疗卫生体制保护了世界最大人口的健康，被世界卫生组织和世界银行誉为"以最少投入获得了最大健康收益"的"中国模式"（世界银行. 1993年世界发展报告：投资于健康. 中国财政经济出版社, 1993）。

为之后的基本医疗保险制度的建立和推广做了必要的准备。

市场改革时期（1979~2003年）。改革开放以来，中国开始探索市场化经济改革，作为经济改革的配套，中国也启动了以市场化为特征的医疗改革。[①] 在农村，随着农村集体经济的解体等原因，农村合作医疗开始衰落，只有极少部分地区仍然坚持和探索，农村居民的医疗逐渐以自费为主，大大降低了农村居民的医疗可及性，"因病致贫"成为农村贫困的重要原因。在城市，开始试点在原有的保障模式框架内探索解决费用控制不力、企业负担不均衡等问题，但是1994年以前保障模式的框架没有根本改变。[②] 以1994年开始的城镇职工基本医疗保险试点为标志，医疗保障模式开始转型，保障对象重点为企事业单位职工。1997年，中共中央、国务院《关于卫生改革与发展的决定》出台，全面推进城镇职工基本医疗保险。但是，在城镇职工享受比较完善的医疗保障的同时，这一时期也成为改革开放以来城镇医疗保障覆盖面最小的时期，将近一半的城镇居民没有任何形式的医疗保障。

调整完善时期（2003年以来）。2003年"非典"以来，在科学发展观的指导下，我国调整了医疗卫生事业的定位和医改的思路，强调强化政府责任。实现全民医保在这一时期成为医疗保障体制改革的重要目标，我国逐步形成由城镇职工基本医疗保险、城镇居民基本医疗保险、新型农村合作医疗和城乡医疗救助及补充医疗保险组成的医疗保障体系，医疗保障覆盖面和覆盖水平不断提高。在农村，大力推行新型农村合作医疗制度的建设。在城市，在完善城镇职工基本医疗保险制度的基础上，推出了城镇居民基本医疗保险制度。在低水平基础上，初步实现了基本医疗保险的全覆盖；并通过发展大病保险制度、商业补充保险等方式，逐步扩大保障覆盖水平。2011年，城乡居民参加职工医保、城镇居民医保、新农合人数超过13亿，覆盖率达到95%以上，我国建立起世界上最大的医疗保障网。[③] 这一时期也加强了医疗服务体系的改革和建设，重点加强基层医疗服务体

[①] 关于中国医疗改革的起始时期，目前通常的看法是，1979年卫生部副部长钱信忠宣布"对于医药卫生机构逐步试行用管理企业的办法来管理"，并在北京44家医院进行试点，是我国医疗卫生改革最早的措施；1985年，卫生部出台《关于卫生工作改革若干政策问题的报告》，被认为是医疗卫生改革全面实施的标志。

[②] 关于医疗保障体制改革历史的分期，一种看法是，以20世纪90年代中期为界，分为改革开放初期和深化改革时期，本文从更长的历史时期考察医疗保障的发展，因此没有对此进行细分。

[③] 卫生部.2011年我国卫生事业发展统计公报，http://www.moh.gov.cn/zwgkzt/pgb/201204/54532.shtml.

系建设和开始公立医院改革，但财务保障和服务保障如何有效地结合，仍然是政策的焦点和难点。

第二节　城镇医疗保障制度的变迁和发展

一、改革开放前的城镇医疗保障制度

新中国成立以后，逐步建立了覆盖国家机关、事业单位干部的公费医疗制度和覆盖城市职工及其家属的劳保医疗制度。1951年，政务院颁布《中华人民共和国劳动保险条例》，1952年颁布《政务院关于全国各级人民政府、党派、团体及所属事业单位的国家工作人员实行公费医疗预防的提示》，1953年，卫生部下发《国家工作人员公费医疗预防实施办法》，扩展公费医疗范围。公费医疗通过医药部门向享受公费医疗的人员及其家属提供免费的医疗保健服务，个人只需缴纳象征性的挂号费等费用。劳保医疗由企业组织实施，面向本企业职工及其家庭成员，职工无论在职还是退休，均能享受到免费的医疗待遇，只象征性地收取挂号费等，劳保医疗经费来源于企业的成本列支和利润提成。到20世纪70年代末，公费医疗保障了大约3000万名城镇工作人员，加上受惠家属，总受益人口达5000万人左右；劳保医疗的受益人口超过2亿人。[①]

这一时期城镇医疗保障制度和当时的经济社会背景紧密结合。第一，历经长期战乱，甩掉"东亚病夫"的帽子，成为党领导人民医治战争创伤，增强民族凝聚力和国家力量的重要途径，医疗卫生成为重要的政治问题，政府对于医疗卫生进行了有力的领导；第二，计划经济时期，为了保障优先发展重工业的赶超战略的实施，尽快实现工业化，必须尽量降低劳动力成本，同时，维护社会公平是政府执政的主要理念之一，因此医疗卫生体制的主要目标是控制成本和保障公平性；第三，计划经济时期，城镇居民实现了形式上的充分就业，社会组织程度空前提高，国有企事业单位是城市一切社会保障的主要载体，医疗保障模式也是基于这个基础而建立的。

[①] 郑功成.论中国特色的社会保障道路.武汉大学出版社，2009.

二、市场经济改革期间的城镇医疗保障制度

改革开放初期，随着社会经济的发展，公费医疗和劳保医疗保障体制存在弊端，成为城镇医疗保障面临的突出问题。首先，以企业为基础的保障模式，强化了不同行业、企业之间的待遇差别，一部分企业资源过度集中、闲置浪费，一部分企业职工医疗需求难以满足；其次，公费医疗和劳保医疗的制度设计比较粗放，对于医疗服务的供给方和需求方都没有足够的控制成本的措施，导致开大处方、乱开药等状况比较普遍，资金的浪费现象比较严重。据估算，[1]按照享受公费医疗待遇人数、全国实际支出公费医疗经费数和人均医疗费用三项指标，1953 年分别为 400 万人、1.05 亿元和 26.25 元，1979 年分别为 1429 万人、5.7 亿元和 39.9 元，1985 年分别为 2128 万人、15.44 亿元和 72.57 元；再以劳保医疗为例，按照医疗费用总额和人均医疗费用，1978 年分别为 27.3 亿元和 36.1 元，1985 年分别为 64.65 亿元和 65.1 元，1992 年分别达到 318.2 亿元和 248 元。[2]

为了解决公费医疗和劳保医疗存在的支出不合理膨胀、不同企业之间的负担苦乐不均、小企业负担不起医疗费用等问题，这一时期在原有保障模式的框架内，各地采取了一些局部和自发的修补措施。在各地试验的基础上，20 世纪 90 年代初开始，国家也开始组织一些小范围的改革试点，包括加强对供方的管理，出台了一些对于医疗机构的行政管理措施；[3]引入个人共付机制；[4]劳保医疗引入社会统筹机制，比如大病统筹制度。但这一时期的改革，主要停留在局部和自发的状态，属于对原有制度的小修小补，并没有从根本上解决问题，甚至还造成一些新的社会问题，比如引入个人自付后，削弱了医疗保障互助互济的功能。[5]

---

[1] 郑功成. 论中国特色的社会保障道路. 武汉大学出版社, 2009.
[2] 郑功成, 等. 中国社会保障制度变迁与评估. 中国人民大学出版社, 2002.
[3] 例如，1980~1982 年，卫生部等部门相继颁布了《关于用陶瓷、玻璃旅行杯等做包装的药品不得从公费医疗经费中报销的通知》、《关于不准将化妆品充当药品销售使用的通知》、《关于滋补、营养、饮料等保健类药品不准做公费医疗报销的通知》、《关于重申中央级行政事业单位工作人员疗养费用开支的通知》等。
[4] 1984 年，卫生部、财政部《关于进一步加强公费医疗管理的通知》指出："公费医疗制度的改革势在必行，可以考虑（费用）与享受单位、医疗单位或个人适当挂钩。"1988 年，经国务院批准成立了医疗制度改革讨论小组，起草了《职工医疗保险制度改革设想（草案）》，提出了：建立职工医疗保险基金，由国家、单位和个人共同负担，原则上按职工工资总额的一定比例提起。1989 年以后，这一办法逐步在全国得到推广，到 1993 年全国公费医疗单位普遍实行了医疗费用和职工个人挂钩的办法，80%以上的企业劳保医疗也实行了这一办法（宋晓梧.中国社会保障制度改革. 清华大学出版社, 2001)。
[5] 郑功成.中国特色的社会保障道路. 武汉大学出版社, 1997.

20世纪80年代末至90年代初，一方面，对医疗卫生机构放权让利的一系列措施起到了提高供给、搞活机制的作用，但同时也带来了费用的急剧上升；另一方面，国有企业改革导致大量企业改制，职工下岗，原有依托于企业的医疗保障覆盖面明显缩小，而大病统筹等试点措施，未能从根本上解决企业之间负担不平衡、费用控制不力等问题。[1] 为了减轻企业负担，保障国企改革的顺利推进，需要为企业职工建立新的保障方式。1992年，国务院成立医疗制度改革领导小组，标志着中国对城镇医疗保障制度的总体改革进入了预备阶段。

这一改革的最大特征是开始将劳保医疗、公费医疗向社会医疗保险的转变。可以将城镇职工基本医疗保险制度的建立过程分为三个阶段：第一阶段是改革开放之初至1994年，主要是引入个人分担部分医疗保险费用机制和职工大病医疗费用社会统筹试点的改革；第二阶段是1994~1998年，主要是建立社会统筹与个人账户相结合的社会医疗保险制度试点；第三阶段是1998年至今，建立和完善城镇职工基本医疗保障制度。从1994年起，参加职工基本医疗保险的人数从1994年的400.3万人，增加到2002年的9401.2万人，增加了22.5倍。

1988年，卫生部、财政部、劳动部等八部门成立医疗保险改革研讨小组，研究医疗保险改革方案并进行试点。随后，医疗保险制度改革试点和社会保障制度综合改革试点在丹东、四平、黄石、株洲和深圳、海南开展。[2] 其他的省市也相继开始了医疗保险的改革试点。1994年3月，国家体改委、财政部、劳动部、卫生部共同制定了《关于职工医疗制度改革的试点意见》，经国务院批准，确定在江苏省镇江市和江西省九江市按照社会统筹与个人账户相结合的模式进行职工医疗保险制度改革试点，即"两江"试点。1996年4月，国务院在总结"两江"试点的基础上，选择了58个城市扩大医疗保障制度试点。这些改革在一定程度上消除了原有制度的弊端，提高了职工的医疗保障水平。同时也引入了个人分担机制，但是仍未从根本上建立起有效的医疗费用约束机制，出现了困难企业调剂金和职工个人账户金不到位的混乱现象。1998年，在长期试点的基础上，国务院做出了《关于建立城镇职工基本医疗保险制度的决定》，公费医疗和劳保医疗转型为城镇职工基本医疗保险，以财务保障为主的社会医疗保险

---

[1] 蒋正华. 医疗保险制度改革的难点分析//成思危. 中国社会保障体系的改革与完善. 民主与建设出版社，2000.

[2] 国务院批转《国家体改委1989年经济体制改革要点》，1989年3月4日。

成为城镇职工医疗保障的主要方式。城镇职工基本医疗保险的覆盖范围逐渐遍及机关事业单位和绝大多数的国有集体企业，并扩大到外资企业、私营企业和民办非企业单位。但是，在城镇职工享受比较完善的医疗保障的同时，城镇居民既不享有服务保障，又不享有财务保障，这一时期成为改革开放以来城镇医疗保障覆盖面最小的时期，将近一半的城镇居民没有任何形式的医疗保障。[1]

三、全民医保时期的城镇居民医疗保障制度

21世纪头几年，"看病难、看病贵"的问题进一步严重，连续多年成为老百姓最关心的民生问题。1998~2003年，城市居民年均收入水平增长8.9%，而年医疗卫生支出增长了13.5%。2003年卫生部第三次全国卫生服务总调查表明，[2] 城乡居民对医疗卫生服务的利用下降，有效需求发生转移。城镇患者两周患病未就诊比例为57.0%，医生诊断应该住院治疗的患者而没有住院的比例为27.8%。

2003年春天非典型肺炎（SARS）疫情的发生，引发了政府对公共卫生的重视，也成为推动反思医疗卫生发展，撬动新一轮医改的标志性事件。2003年以来，中央和各地政府进行了一系列行之有效的探索，出台了大量措施，初步缓解了"看病难、看病贵"的问题，并且为进一步的改革积累了大量经验。在这些基础上，2006年《国民经济和社会发展第十一个五年规划纲要》以"提高人民健康水平"为题，以数倍于前几次计划（规划）的篇幅，系统阐述发展卫生事业的规划目标，强调"政府主导、社会参与"，"强化政府在提供公共卫生和基本医疗服务中的责任，建立各级政府间规范的责任分担与资金投入机制"；2006年10月，十六届六中全会提出要"坚持公共医疗卫生的公益性质，建设覆盖城乡居民的基本卫生保健制度，为群众提供安全、有效、方便、价廉的公共卫生和基本医疗服务"；[3] 第十六届中共中央政治局进行第三十五次集体学习，内容是国外医疗卫生体制和中国医疗卫生事业发展，中央负责同志在主持学习时的讲

---

[1] 李玲，江宇，陈秋霖.城镇医疗保障体制//蔡昉.中国劳动与社会保障体制改革30年研究.经济管理出版社，2008.

[2] 卫生部.第三次国家卫生服务调查主要结果.卫生部网站，2004-12-03，http://www.moh.gov.cn/mohwsbwstjxxzx/s8211/200809/37882.shtml.

[3]《中共中央关于构建社会主义和谐社会若干重大问题的决定》，2006年10月中共十六届六中全会通过。

话中明确了"新医改"的基调,提出要坚持公共医疗卫生的公益性质,强化政府责任。这次学习会之后,中国的医疗卫生改革步伐进一步加快,2006年9月,国务院成立16个部门组成的深化医药卫生体制改革部际协调工作小组,2007年2月,工作小组委托北京大学、复旦大学、国务院发展研究中心、世界银行、世界卫生组织、麦肯锡公司六家机构开展独立研究,分别提出医药卫生体制改革总体方案。2009年4月,《中共中央、国务院关于深化医药卫生体制改革的意见》和《医药卫生体制改革近期重点实施方案(2009~2011年)》相继公布和实施,中国新一轮医改拉开了帷幕。

这一时期,城镇职工基本医疗保险覆盖面继续扩大,2011年参加城镇职工基本医疗保险的人数达到25227万人,[①] 除此之外,主要的工作还包括:

(1) 建立城镇居民基本医疗保险制度。2007年7月,国务院发布《国务院关于开展城镇居民基本医疗保险试点的指导意见》,规定不属于城镇职工基本医疗保险制度覆盖范围的中小学阶段的学生、少年儿童和其他非从业城镇居民都可自愿参加城镇居民基本医疗保险。城镇居民基本医疗保险以家庭缴费为主,政府给予适当补助。基金重点用于参保居民的住院和门诊大病医疗支出。2011年,参加城镇居民基本医疗保险人数已达22116万人。[②]

(2) 实施城市医疗救助。2005年3月,国务院办公厅转发民政部等部门《关于建立城市医疗救助制度试点工作意见》,主要目的是帮助城市贫困群众解决就医方面的困难和问题。2011年全年累计救助城市居民2222万人次,全年各级财政共支出城市医疗救助资金67.6亿元。[③]

(3) 商业医疗保险的覆盖面有所扩大。中国商业健康保险始于20世纪80年代初人寿保险业务的恢复时期,根据保监会的数据,2011年全国健康保险收入为691.72亿元,同比增长2.1%,在人身险业务中占比为7.12%。

(4) 部分地区为以农民工为主的流动人口建立了医疗保险。目前,进城农民工的人数已达1.6亿人左右,他们的医疗保障是城镇医疗保障体系不可忽视的组成部分。近年来,国内对农民工的社会保险进行了积极探

---

①② 2011年度人力资源和社会保障事业发展统计公报, http://www.gov.cn/gzdt/2012-06/05/content_2153635.htm.

③ 2011年社会服务发展统计公报, http://cws.mca.gov.cn/article/tjbg/201210/20121000362598.shtml.

索，分三种情况：一是执行现行城镇社会保险制度，农民工与城镇职工实行同等交费、享受同等待遇；二是在现行城镇社会保险制度框架内，根据农民工的情况适当降低门槛，如浙江省实行"低门槛进入，低标准享受"；三是实行单独的农民工社会保险制度，如上海市为外来务工人员建立了综合保险制度，包括老年补贴、工伤和住院医疗。①

（5）部分地区开始了不同医疗保障制度的整合。即使完成城镇居民基本医保和新型农村合作医疗的全覆盖，中国的医疗保障体制还是按人群分割的，而长期趋势是整合成一个统一的体制，部分地区已经开始了这方面的试验，例如，重庆市结合统筹城乡综合配套改革试点的实际需要，于2007年10月把新型农村合作医疗和城镇居民基本医保整合成城乡居民合作医疗保险。

（6）部分地区进行了医疗保险支付方式改革的探索，改革按服务项目支付的方式，减少过度医疗，控制医疗费用。2004年起，卫生部要求天津、辽宁、山东、黑龙江等六省一市开展按病种收费试点。目前，北京等地已经对部分疾病采取了"单病种付费"的管理模式；江苏镇江医保支付采用"就诊人头"为核心的"总额预算"方式。

第三节 农村医疗保障制度的变迁和发展

合作医疗制度一直是中国农村医疗保障制度的主体部分，它"是在各级政府支持下，按照参加者互助共济的原则组织起来，为农村社区人群提供基本医疗卫生保健服务的医疗保健制度"。② 合作医疗与"赤脚医生"、农村三级卫生保健网一起，被称为解决中国农村"缺医少药"问题的"三大法宝"。"三大法宝"在保障农民获得基本卫生服务、提高健康水平、促进经济社会发展方面发挥了重要的作用，被世界卫生组织和世界银行誉为"以最小投入获得了最大健康收益"的"中国模式"。③ 但这一制度在经济体制改革过程中却经历了一个曲折发展的过程。

---

① 国务院发展研究中心. 中国农民工考察报告. 中国言实出版社, 2005.
② 景琳. 农村合作医疗实用手册. 四川科技出版社, 1998.
③ 世界银行. 1993年世界发展报告：投资与健康. 中国财政经济出版社, 1993.

一、改革开放前农村合作医疗的发展

新中国成立之初，农村合作医疗是在特定历史条件下形成的，依托于农村合作社。其最初始于医疗服务方面的合作，之后慢慢过渡到医疗筹资方面的合作。1953 年，山西省高平县米山乡创建了高平县第一个联合诊所，在合作化的浪潮中，1955 年 5 月，该联合诊所演变为联合保健站，实行"医社结合"，保健站由农业生产合作社、农民和医生三方集资兴建，日常经费来自农民缴纳的"保健费"、农业社提取 15%~20%的公益金，以及医疗收入（主要是药费）。[1] 在 1959 年 12 月卫生部党组向党中央提交了《关于全国农村卫生工作山西稷山现场会议情况的报告》和附件《关于人民公社卫生工作几个问题的意见》，提出了"合作医疗"的主要特点：一是社员每年交纳一定的保健费；二是看病时只交药费或挂号费；三是其他的费用由公社、大队的公益基金中补助。1968 年，毛泽东同志批示推广湖北长阳县乐园公社办合作医疗的经验，掀起了全国兴办合作医疗的高潮。1978 年 3 月 5 日，《中华人民共和国宪法》规定，国家积极支持、发展合作医疗事业，使医疗卫生工作更好地保护人民公社社员身体健康，发展农业生产服务。对于经济困难的社队，国家给予必要的补助。这就将合作医疗纳入了国家的基本法律框架之内。1979 年 12 月，卫生部等部委联合发布了《农村合作医疗章程（试行草案）》，再次对合作医疗进行肯定，确立合作医疗为社会主义性质的医疗制度，是群众的集体福利事业。[2] 1958 年时，合作医疗覆盖率约为 10%，到 1962 年，这个数字已接近 50%。[3] 到 20 世纪 70 年代末，全国 90%以上的行政村（生产大队）实行了合作医疗。而合作医疗的经费主要有以下三个来源：集体经济的公益金、农民缴纳的保健费和业务收入（药品利润）。[4]

二、农村合作医疗的衰落和徘徊

进入 20 世纪 80 年代，农村合作医疗迅速衰落。随着家庭联产承包责

---

[1] 王绍光. 学习机制与适应能力：中国农村合作医疗体制变迁的启示. 中国社会科学，2008（6）.
[2] 卫生部等五部委. 农村合作医疗章程（试行草案），1979.
[3] 胡晓义. 走向和谐：中国社会保障发展 60 年. 中国劳动社会保障出版社，2009.
[4] 张琪. 中国医疗保障：理论、制度与运行. 中国劳动社会保障出版社，2003.

任制在全国范围内实施,以集体经济与"人民公社"体制为依托的合作医疗出现了滑坡的局面。到1985年,继续坚持合作医疗的行政村由过去的90%下降到5%,根据1989年的统计,这个数字又下降到4.8%。①到了20世纪90年代初期,合作医疗仅存在于上海和苏南地区。②合作医疗的滑坡使相当规模的农村居民失去了社会或社区提供的集体医疗保障,全国大多数的农民医疗费用的支出靠自费医疗。受疾病模式变化、人口老龄化和医疗服务价格提高等因素影响,农民的医疗保健费用急剧上涨,农民看不起病和因病致贫、因病返贫的现象比较严重。根据全国卫生服务总调查的数据,农民生病无钱就医的比例1985年为4%,1993年上升到7%,因为无钱住院的比例1985年为13%,1993年上升到了24%。③

从20世纪90年代开始,随着初级卫生保健工作的深入,一些地方又积极探索新形势下发展合作医疗的办法。到20世纪90年代中后期,上海、苏南等地区合作医疗覆盖率已经达到了80%以上,抵抗风险能力和保障程度较高。④中央对此也非常重视。1993年11月14日,中国共产党第十四届中央委员会第三次全体会议通过了《中共中央关于建立社会主义市场经济体制若干问题的决定》,决定要求"发展和完善农村合作医疗制度"。1996年《关于国民经济和社会发展"九五"计划和2010年远景目标纲要的报告》提出要重视农村医疗卫生工作,发展合作医疗,完善县、乡、村三级医疗保健网,改善农村饮水质量和卫生状况。1996年7月,卫生部在河南召开全国农村合作医疗经验交流会,强调举办合作医疗要在政府的组织领导下,坚持民办公助和自愿参加的原则,筹资以个人为主,集体扶持,政府适当支持。之后,多个省区召开了农村卫生工作会议或合作医疗工作会议。1996年,北京、河北、吉林、四川、湖北、河南、新疆等15个自治区、直辖市共选择了168个县市作为本地区合作医疗试点。1997年1月,中共中央、国务院发布实施《关于卫生改革与发展的决定》,对积极稳妥地发展和完善合作医疗制度作出了规定。虽然中央在政策上给予了很多支持,但收效甚微,这个时期农村合作医疗发展非常缓慢,至1997年,合作医疗的覆盖率也只恢复到约13%。

合作医疗衰落和徘徊难发展的原因主要有以下四点。一是缺乏认识。在政府方面,有人认为合作医疗是"左"的路线的产物予以否定;也有人

---

① 朱玲. 政府与农村基本医疗保健保障制度选择. 中国社会科学, 2000 (4).
② 王保真. 医疗保障. 人民卫生出版社, 2005.
③④ 蔡仁华. 中国医疗保障制度改革实用全书. 中国人事出版社, 1997.

认为合作医疗与社会主义市场体制不符；也有担心引导农民自愿出资办合作医疗会违反减轻农民负担的政策。在农民方面，也有许多人认为交了钱不看病，不划算，加上经济收入本就不高，不愿意参加。二是缺乏具体可行的政策。对合作医疗自己筹集、管理、监督缺乏明确的政策。合作医疗管理不善，造成资源浪费和分配不公等问题没有能够根本解决。三是"文化大革命"的影响未消除，社会上仍有很多人将合作医疗当成是"文化大革命"的产物予以否定。四是集体经济对合作医疗的扶持削弱后，没有用其他形式的补贴予以替代。[①]

不过20世纪90年代以来对合作医疗的探索均形成了一定经验，为后续的新型农村合作医疗的推广提供了有益参考。

三、新型农村合作医疗的发展

进入21世纪，薄弱的农村公共卫生服务体系和日益高昂的医疗卫生费用，使"看病难"、"看病贵"的问题日益凸显。接近90%的农民作为自费医疗群体成为医疗服务体系中最大的弱势群体。"因病致贫、因病返贫"问题，医疗卫生费用筹资不公平问题，农村卫生服务体系功能弱化问题，已经成为全面建设小康社会与建设社会主义和谐社会的严重制约。农村卫生问题引起了政府的高度重视。2001年5月24日，国务院办公厅转发了由卫生部等部门联合提出的《关于农村卫生改革和发展的指导意见》，要求地方各级人民政府要加强对合作医疗的组织领导。为了解决农村卫生发展滞后，农民群众得不到健康保障和由此而导致的一系列问题，2002年10月，中共中央、国务院做出《关于进一步加强农村卫生工作的决定》，在全面总结合作医疗经验教训的基础上，决定从2003年起，在全国农村逐步建立以大病统筹为主的新型农村合作医疗制度和医疗救助制度。2002年12月28日，《中华人民共和国农业法（修订草稿）》经九届人大会议通过，新修订的《农业法》规定："国家鼓励支持农民巩固和发展农村合作医疗和其他形式的医疗保险，提高农民的健康水平。"在法律上对农村合作医疗制度予以肯定。[②] 此后，农村的合作医疗制度发展迎来了春天。2003年，国务院办公厅转发了卫生部等部门《关于建立新型农村合作医疗制度的意见》，决定从2003年起在全国各省、市、自治区各选择2~3个县（市）

[①] 蔡仁华. 中国医疗保障制度改革实用全书. 中国人事出版社，1997.
[②] 王红漫. 大国卫生之论：农村卫生枢纽与农民的选择. 北京大学出版社，2006.

先行试点,取得经验后逐步推开,目标是到 2010 年在全国建立基本覆盖农村居民的新型农村合作医疗制度。

2003 年春季突如其来的"SARS"疫情的冲击,进一步推动了中国政府对医疗卫生改革的力度和投入,加速了农村新型合作医疗制度的建立和完善。新型农村合作医疗制度从 2003 年起开展试点并逐步在全国推广,覆盖面迅速扩大,全国参合人口数从 2003 年的 0.8 亿元增至 2011 年的 8.32 亿元。到 2008 年已经在全国农村基本建立新型合作医疗制度,比原定于 2010 年实现的时间目标提前两年。新农合筹资力度逐年加大,医疗保障水平大幅提升。新农合人均筹资水平从 2003 年的 30 元提高到 2011 年的 246 元,受益人数从 2004 年的 0.76 亿人次提高到 2011 年的 13.15 亿人次,政策范围内住院费用报销比例达到 70%以上。新农合重大疾病保障机制初步建立,2012 年上半年已有超过 34 万人次获得补偿。政府对参合农民的补助标准也从开始的人均每年 20 元上升到 2012 年的人均每年 200 元。[①]

与传统合作医疗制度比较,新型合作医疗制度有以下五个不同点:

一是改变了合作医疗的性质。新型合作医疗是政府主导下的农民医疗互助共济制度,由政府组织、引导、支持;而过去的合作医疗则主要依靠乡村社区自行组织。

二是加大了政府的支持力度。新型合作医疗的资金来源,主要靠以政府投入为主的多方筹资,中央和地方财政每年都要安排专项资金予以支持;而过去的合作医疗资金,主要靠个人缴纳和村级集体经济补贴,政府各级财政不负筹资责任。

三是突出了以大病统筹为主。新型合作医疗的重点是解决农民因患大病而出现的因病致贫、因病返贫问题;而过去的合作医疗主要解决小伤小病,抗风险能力差。

四是提高了统筹层次。新型合作医疗实行以县为单位进行统筹和管理的体制,互助共济的作用较大;而过去的合作医疗一般都以村为单位统筹,少数以乡为单位统筹,互助共济的能力较小。

五是同步推进医疗救助制度的建立。设立由政府投资和社会各界捐助等多渠道筹资的专项基金,对农村贫困家庭和五保户进行医疗救助。2003 年开始建立农村医疗救助制度,2011 年全国农村医疗救助总人次达

---

① 《深化医药卫生体制改革三年总结报告》出台,http://news.xinhuanet.com/2012-06/25/c_112286717.htm。

6297.1万人次,救助资金支出120.1亿元。①

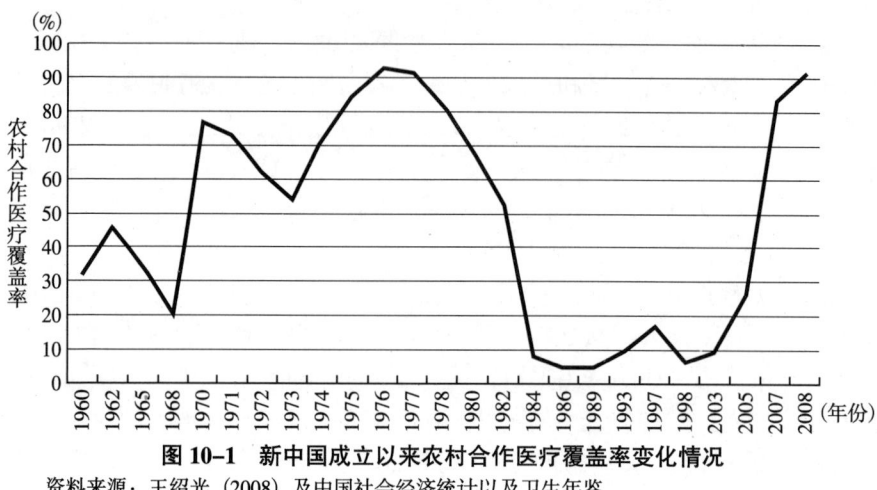

图10-1　新中国成立以来农村合作医疗覆盖率变化情况
资料来源:王绍光(2008)及中国社会经济统计以及卫生年鉴。

第四节　中国基本医疗保障发展现状

一、城乡居民医疗保障体系覆盖情况

经过近些年的改革,尤其是2009~2011年三年新医改,以职工基本医疗保险(以下简称"城职工")、城镇居民基本医疗保险(以下简称"城民保")、新型农村合作医疗(以下简称"新农合")为主体,城乡医疗救助制度为兜底,商业健康保险及其他多种形式医疗保险为补充的中国特色医保制度体系初步形成,织起了世界上最大的基本医疗保障安全网。截至2011年底,城乡居民参加三项基本医保人数超过13亿人,比改革前增加了1.72亿人,覆盖率达到了95%以上,超过预定目标5个百分点。②

---

① 民政部. 2011年社会服务发展统计公报, 2011-06-21, http://cws.mca.gov.cn/article/tjbg/201210/20121000362598.shtml.
② 国务院医改办公室. 深化医药卫生体制改革三年总结报告, 2012-06-25, http://news.xinhuanet.com/2012-06/25/c_112286717.htm.

1. 城职工：推行时间早，稳中有增速

自 1999 年全面推广起，城镇职工基本医疗保险参保人数不断增长。截至 2010 年底，全国参加城镇职工基本医疗保险人数达到 23734.7 万人（其中职工 17791.2 万人，退休人员 5943.5 万人），比 2009 年末增长 8.19%（见表 10–1 和表 10–2）。

表 10–1　城镇职工基本医疗保险参保情况（1999~2010 年）

单位：万人

年份	1999	2000	2001	2002	2003	2004	2005	2006	2007	2008	2009	2010
职工	1509.4	2862.8	5470.7	6925.8	7974.9	9044.4	10021.7	11580.3	13420.3	14987.7	16410.5	17791.2
退休	555.9	924.2	1815.2	2475.4	2926.8	3359.2	3761.2	4151.5	4600	5007.9	5526.9	5943.5
总计	2065.3	3787	7285.9	9401.2	10901.7	12403.6	13782.9	15731.8	18020.3	19995.6	21937.4	23734.7

资料来源：国家统计局. 中国劳动统计年鉴（2011）. 中国统计出版社，2011.

表 10–2　城镇职工基本医疗保险覆盖人数增长率（2000~2010 年）

单位：%

年份	2000	2001	2002	2003	2004	2005	2006	2007	2008	2009	2010
职工	89.66	91.10	26.60	15.15	13.41	10.81	15.55	15.89	11.68	9.49	8.41
退休	66.25	96.41	36.37	18.24	14.77	11.97	10.38	10.80	8.87	10.36	7.54
总计	83.36	92.40	29.03	15.96	13.78	11.12	14.14	14.55	10.96	9.71	8.19

注：增长率 =（本年覆盖人数 − 上年覆盖人数）/ 上年覆盖人数。

资料来源：国家统计局. 中国劳动统计年鉴（2011）. 中国统计出版社，2011.

同时，在城镇职工基本医疗保险内部，在职职工和退休人员的参保比例相对维持稳定。总体来看，在职职工一般占参保总人数的 3/4，退休人员一般占 1/4。2010 年，在职职工参保人数占参保总人数的 74.96%，退休人员占 25.04%（见表 10–3）。

表 10–3　城镇职工基本医疗保险内部比例（1999~2010 年）

单位：%

年份	1999	2000	2001	2002	2003	2004	2005	2006	2007	2008	2009	2010
职工	73.08	75.60	75.09	73.67	73.15	72.92	72.71	73.61	74.47	74.95	74.81	74.96
退休	26.92	24.41	24.91	26.33	26.85	27.08	27.29	26.39	25.53	25.05	25.19	25.04

资料来源：国家统计局. 中国劳动统计年鉴（2011）. 中国统计出版社，2011.

2. 城居保：起步时间晚，增长速度快

截至 2007 年底，国务院确定的 88 个试点城市全部按照要求启动实施了城镇居民基本医疗保险试点工作，全国参保人数 4291 万人；2008 年扩

大试点，参保人数达到 11826 万人，参保人数增长率达到 175.6%。城镇居民基本医疗保险制度在设立之初，主要针对老人、儿童、失业人员和残疾人员等弱势群体，这部分人群生活水平不高，参保能力偏低。2009 年，居民医保在继续做好原有"一老一小"和灵活就业人员等群体的参保续保工作的同时，有力推进了大、中、小学学生的参保工作。将大学生群体纳入居民医保不但有效提高了居民医保的保障质量，而且使退出公费医疗的大学生们重新有了医疗制度保障。至 2010 年，参保人数升至 19528.3 万人（见表 10-4）。

表 10-4　城镇居民基本医疗保险参保情况（2007~2010 年）

年份	2007	2008	2009	2010
城镇居民参保人数（万人）	4291.1	11826	18209.6	19528.3
参保人数增长率（%）	—	175.59	53.98	7.24

资料来源：国家统计局. 中国劳动统计年鉴（2011）. 中国统计出版社，2011.

3. 新农合：覆盖范围广，参合比例高

截至 2010 年底，全国已有 2678 个县（区、市）开展了新型农村合作医疗，参合农民达到 8.36 亿人，参合率为 96%。与 2009 年相比，开展新农合的县（区、市）减少了 38 个，参合农民增加 0.03 亿人，参合率上升 1.81 个百分点（见表 10-5）。

表 10-5　新型农村合作医疗参合情况

年 份	开展新农合县（市、区）（个）	参加新农合人数（亿人）	参加人数增长情况（%）	参合率（%）
2004	333	0.80	—	75.20
2005	678	1.79	123.75	75.66
2006	1451	4.10	129.05	80.66
2007	2451	7.26	77.07	86.20
2008	2729	8.15	12.26	91.53
2009	2716	8.33	2.21	94.19
2010	2678	8.36	0.36	96.00

资料来源：卫生部. 中国卫生统计年鉴（2011 年）. 中国协和医科大学出版社，2011.

同时，卫生部在《中国农村卫生发展项目基线调查分析报告》中认为新型农村合作医疗的参合率稳步升高，但地区间及不同人群间参合率不均衡。该调查报告主要针对世行贷款/英国赠款中国农村卫生发展项目[①]的40个项目县进行调查。该调查显示，2008年1~6月40个项目县农民的参合率为95.1%，高于全国全年水平91.53%。具体来看，黑龙江省参合率最低，为74.5%，贫困人口参合率为62.9%。同时，与2007年相比，所有农业人口参合率由89.7%提高到了95.1%，提高了5.4%。

二、基金筹集及使用情况

由于制度设计、参保对象等不同，三大医保制度在基金筹集、使用情况上表现出较大的差异。新农合采用"财政+个人"的筹资模式，财政负担相对较大，筹资水平偏低，相应地保障水平也较低；城镇居民基本医保同样采用"财政+个人"的筹资模式，但由于保障人数较少，财政负担较小，筹资水平和保障水平在三项保障制度中居中；城镇职工基本医保采用"企业+个人"的筹资模式，财政不参与筹资，企业负担大部分，在三项医保制度中筹资水平和保障水平都最高。

1. 城镇职工

城镇职工基本医疗保险自推广起，基金收入、基金支出持续增长。1998年基金收入为60.6亿元，基金支出为53.3亿元；2010年，基金收入实现3955.4亿元，基金支出达到3271.6亿元。在基金收入、基金支出稳步增长的同时，基金累计结余也不断增长（见表10-6）。

表10-6 城镇职工基本医疗保险基金运行情况（1998~2010年）

单位：亿元

年份	1998	1999	2000	2001	2002	2003	2004	2005	2006	2007	2008	2009	2010
基金收入	60.6	89.9	169.9	383.6	607.8	890.0	1140.5	1405.3	1747.1	2214.2	2885.5	3420.3	3955.4
基金支出	53.3	69.1	124.5	244.1	409.3	653.9	862.2	1078.7	1276.7	1551.7	2019.7	2630.1	3271.6
累计结余	20.0	57.6	109.8	253.0	450.7	670.7	957.9	1278.1	1752.4	2440.8	3303.6	4055.2	4741.2

资料来源：国家统计局.中国劳动统计年鉴（2011）.中国统计出版社，2011.

从增长幅度来看，城镇职工基本医疗保险基金收入增长幅度在经历一个上升时期后总体呈下降趋势，最高增幅在2001年，增长达125.78%，

---

① "世行贷款/英国赠款中国农村卫生发展项目"是由世界银行（WB）贷款及英国赠款支持、在我国江苏、河南、山西、黑龙江、重庆、青海、陕西、甘肃共8个省、40个县范围内开展的农村卫生综合、全面的改革试点项目。

在2004年之后进入平稳期，年增长率维持在25%左右，而2009年开始增长幅度进一步下降到20%以内；基金支出增长幅度2001年最高为96.06%，2006年最低为18.36%。累计结余增长率从1999年的最高188%一直呈下降趋势，在2010年最低为16.92%。虽然城镇职工基本医疗保险基金收支、累计结余基本实现同步增长，但三者中累计结余的增长幅度最大，始终在30%以上（见表10-7）。

表10-7 城镇职工基本医疗保险基金比上年增长情况（1999~2010年）

单位：%

年份	1999	2000	2001	2002	2003	2004	2005	2006	2007	2008	2009	2010
基金收入	48.35	88.99	125.78	58.45	46.43	28.15	23.22	24.32	26.74	30.32	18.53	15.64
基金支出	29.64	80.17	96.06	67.68	59.76	31.86	25.11	18.36	21.54	30.16	30.22	24.39
累计结余	188.00	90.63	130.42	78.14	48.79	42.84	33.43	37.11	39.28	35.35	22.75	16.92

资料来源：国家统计局. 中国劳动统计年鉴（2011）. 中国统计出版社，2011.

通过计算基金使用率，可以发现，1998~2010年，城镇职工基本医疗保险的基金使用率一直维持在70%左右，1998年最高为87.95%，2001年最低为63.63%。总体较为稳定，但在2010年基金使用率回升到82.71%的高位（见表10-8）。

表10-8 城镇职工基本医疗保险基金使用率（1998~2010年）

年份	1998	1999	2000	2001	2002	2003	2004	2005	2006	2007	2008	2009	2010
基金使用率（%）	87.95	76.86	73.28	63.63	67.34	73.47	75.60	76.76	73.08	70.08	69.99	76.90	82.71

注：基金使用率=基金支出/基金收入。
资料来源：国家统计局. 中国劳动统计年鉴（2011）. 中国统计出版社，2011.

2010年，城镇职工基本医疗保险的基金使用率地区差异相对较小，中部地区最高为85.64%，与城镇居民基本医保不同，中部地区最低为65.19%，西部地区为76.70%，说明东、中、西部在城镇职工基本医保方面制度效率相似。

基金累计结余中，从全国水平来看，统筹基金占63.42%，个人账户占36.58%；统筹基金结余比例最高的是东部地区，为64.47%；个人账户结余比例最高的是中部地区，为38.57%（见表10-9）。

表10-9 2010年分地区城镇职工基本医疗保险基金使用率及累计结余情况

单位：%

	基金使用率	累计结余	
		统筹基金百分比	个人账户百分比
全国	82.71	63.42	36.58
东部地区	83.35	64.47	35.53
中部地区	85.64	61.43	38.57
西部地区	78.20	62.43	37.57

注：基金使用率＝基金支出/基金收入。
资料来源：国家统计局.中国劳动统计年鉴（2011）.中国统计出版社，2011.

表10-10 2010年分地区城镇职工基本医疗保险基金情况

单位：亿元

	基金收入	基金支出	累计结余	累计结余	
				统筹账户	个人账户
全国	3955.4	3271.6	4741.2	3007.0	1734.1
东部地区	2441.8	2035.2	2787.2	1796.9	990.3
中部地区	708.6	606.9	971.7	596.9	374.8
西部地区	805.0	629.5	982.3	613.2	369.1

资料来源：国家统计局.中国劳动统计年鉴（2011）.中国统计出版社，2011.

2. 城居保：筹资起点高，发展迅猛

城镇居民基本医疗保险自2007年实施推广以来，发展迅速。基金收入、基金支出都有大幅增加。通过表10-11可看出，2007年基金收入为42.97亿元，2008年则为154.9亿元，筹资增长260.49%，而到2010年已达到353.5亿元，比2007年翻了八番；基金支出则由2007年的10.12亿元增长为2008年的63.9亿元，增幅达531.52%，至2010年达到266.5亿元，与2007年相比翻了26倍；当年基金结余2007年为32.85亿元，2008年为91亿元，增长率为177.01%，至2010年累计结余306亿元。

在基金收入、支出大幅增长的同时，基金结余也有所增加，基金使用率也从初期较低的范围逐步增大。2007年基金使用率仅为23.55%，2008年虽有所上升，但仍处于低水平状态，仅为41.25%，而2009年资金使用率达到66.49%，涨幅61.2%，截至2010年资金使用率达到75.39%。

据报道，2009年城镇居民基本医疗保险人均统筹基金支出为88.23元，比上一年度同期增长63%，结合大额医疗费用补助制度，各地封顶线多已达到居民可支配收入的6倍左右。[①]

---

① 郭健.2009：居民医保坚实的一步.中国社会保障，2010（3）.

表 10-11　城镇居民基本医疗保险基金情况（2007~2010 年）

单位：亿元，%

年　份	基金收入	基金支出	当年基金结余	累计结余	基金使用率
2007	42.97	10.12	32.85	36.08	23.55
2008	154.90	63.90	91.00	128.10	41.25
2009	251.60	167.30	84.30	220.70	66.49
2010	353.50	266.50	87.00	306.00	75.39

注：基金使用率＝基金支出/基金收入。

资料来源：国家统计局. 中国劳动统计年鉴（2011）. 中国统计出版社，2011.

值得注意的一点是，在城镇居民基本医疗保险推广过程中，东、中、西部地区的发展路径从较大差异不断趋同。从基金使用率来看，东部最高，中部次之，西部最低。2008 年，中部和西部地区的基金使用率分别为 30% 和 27.83%，严重低于全国同期平均水平的 41.25%，而到 2010 年西部地区的基金使用率为 76.7%，与全国平均水平的 75.39% 基本持平（见表 10-12）。

表 10-12　2010 年分地区城镇居民基本医疗保险基金情况

单位：亿元，%

	基金收入	基金支出	累计结余	基金使用率
东部地区	118.1	98.2	83.2	83.14
中部地区	106.3	69.3	118.8	65.10
西部地区	129.1	99.0	104.0	76.70

资料来源：国家统计局. 中国劳动统计年鉴（2011）. 中国统计出版社，2011.

3. 新农合：筹资水平低　使用率渐高

相比城镇居民基本医疗保险和城镇职工基本医疗保险，新型农村合作医疗基金筹集具有一个典型特点——筹资水平低。[①]

新农合的指导思想是"低水平、广覆盖"。如表 10-13 所示，2003 年中央财政补助人均筹资 3.16 元，农民个人缴费 14.6 元，合计人均筹资 34.01 元。虽然从 2006 年起，中央和地方各级政府均已逐渐加大投入，但总体水平仍不高，2007 年新型农村合作医疗实际筹集到位资金仅为 427.96 亿元，[②] 参合农民人均筹资 58.62 元，虽比 2003 年上涨 72.36%，但

[①] 李立清. 新型农村合作医疗制度. 人民出版社，2009.
[②] 卫生部. 2008 年卫生统计年鉴. 卫生部政务公开网，2008-04-26.

绝对值相比城镇职工和城镇居民仍偏低。根据卫生部最新数据显示，2009年新农合筹资总额为944.35亿元。其中，中央财政补助资金269.62亿元，地方财政补助资金471.98亿元，农民个人缴费194.17亿元，利息收入及其他8.58亿元。全国实际人均筹资水平为113.37元，比2008年提高17.12元。

表10-13 2003年全国新型农村合作医疗制度的筹资结构

筹资来源	应筹集资金（亿元）	到位资金（亿元）	基金到位率（%）	人均筹资（元）
中央财政补助	4.876	3.288	67.3	3.16
省级财政补助	4.07	3.3	80.9	3.17
市级财政补助	3.718	2.43	65.1	2.33
县级财政补助	5.724	4.691	82	4.51
乡级财政补助	5.554	5.761	100.7	5.54
农民个人缴费	15.63	15.216	97.3	14.6
医疗救助资金	0.965	0.725	83.6	0.7
合计/平均	40.537	35.411	52.41	34.01

注：基金使用率＝基金支出/基金收入。
资料来源：国家统计局. 中国劳动统计年鉴（2011）. 中国统计出版社，2011.

低筹资水平决定了新型农村合作医疗只能提供较低的医疗保障水平。从新型农村合作医疗筹资的主要来源看，各级政府的补助资金是统筹资金的主要部分，农民个人缴费是次要部分。

2004年，新型农村合作医疗筹集到位资金44.18亿元，当年参合人口平均筹资水平仅有41.17元。从筹资结构看，中央财政补助资金3.12亿元，仅占筹资总额的7%；省级财政补助资金5.36亿元，占筹资总额的12.13%；市（地）财政补助资金3.51亿元，占筹资总额的7.94%；县级财政补助金8.75亿元，占筹资总额的19.81%。四级政府财政补助金总计占筹资总额的47%左右。农民个人缴费16.03亿元，仅占筹资总额的36.28%，人均年筹资额只有14.94元。

虽然低水平的筹资在农村有其积极一面，如符合农民的经济负担能力，可以严格控制农民负担的增长；但其消极一面也不容忽视，筹资水平太低可能成为制约这一制度持续健康发展的重要因素。

《中国农村卫生发展项目基线调查分析报告》中指出，合作医疗筹资总额增长明显，主要来源于各级财政，但地区间差异较大。基金结余量均较大，基金的流向欠合理，住院基金多流向县及县以上机构，门诊基金多流向乡村机构。①

此外，由于中国各地农村经济、社会发展不平衡，与之相对应，新型农村合作医疗在资金筹集与保障水平上存在一定的地区差异。②

由于经济发展水平较高，地方财政和农民的筹资能力较强，东部地区新农合的开展虽然没有得到中央财政补助，但筹资水平和保障水平仍然较高。2006年，东部地区新农合人均筹资额达到61.77元，高于全国平均水平。东部九省市③均已建立了稳定的筹资机制，政府投入逐年增加并在筹资中占主导地位。上海市筹资水平最高，人均达到373.23元，政府投入和个人缴纳的比率达到1.51；北京市人均筹资水平143.7元，市政府补助投入为主导，并按不同区县的经济水平实现分类补助；天津市人均筹资水平为121.47元，并制定规划，要求各级政府增加投入，到2010年实现新农合人均筹资不低于170元。④除筹资能力较强外，东部地区同时具有较高的报销水平。

中部地区的经济发展水平没有东部地区高，但是中部地区新农合的开展可以得到中央政府的补助。总的来看，中部地区新农合筹资水平比东部地区低，一般比国家规定的30元筹资标准稍微高一点儿。相应地，保障水平也比东部地区低。

西部地区经济发展水平最低，而且贫困人口较多，贫困面大。因此，无论是地方政府的配套支持还是农民个人的筹资能力都很低，制度的保障水平在三个地区中最低。⑤

新农合基金使用率自2004年至2009年不断提高，由2004年的65.43%提高到了2008年的84.42%，呈稳步增长趋势（见表10-14）。2009年新农合基金支出总额为922.92亿元，基金使用率达到97.74%，实现跨越式增长，2010年回归到90.75%。具体来看，住院补偿支出762.47亿元，门诊补偿支出121.81亿元，特殊病种大额门诊补偿11.90亿元，但部分地区出现超支现象，值得引起注意。

基金使用率的不断提升，反映出新型农村合作医疗在制度上的日渐成熟，使资金得以有效利用。

---

① 卫生部. 中国农村卫生发展项目基线调查分析报告, 2009.
② 杨红燕. 中国农村合作医疗制度可持续发展研究. 中国社会科学出版社, 2009.
③ 东部九省市包括：北京市、上海市、天津市、江苏省、浙江省、山东省、福建省、辽宁省、广东省。
④ 东部地区新农合亮点纷呈. 健康报, 2007-12-24.
⑤ 汪和平, 叶宜德, 等. 西部6县（市、区）新型农村合作医疗试点运行年度比较分析. 中国农村卫生事业管理, 2007 (1): 18-20.

表 10-14 新型农村合作医疗基金使用情况

单位：万元

年 份	2004	2005	2006	2007	2008	2009	2010
本年度筹资总额	403000	754000	2136000	4279625.73	7845836.5	9442888	13089250
当年基金支出	263700	617500	1558100	3466300	6623100	9229200	11878400
基金使用率（%）	65.43	81.90	72.94	81.00	84.42	97.74	90.75

注：基金使用率=当年基金支出/本年度筹资总额。
资料来源：卫生部.中国卫生统计年鉴（2011）.中国协和医科大学出版社，2011.

三、基金补偿受益情况

根据《第四次国家卫生服务调查主要结果》，我国城乡居民医疗费用补偿水平得到提高。调查发现，城镇职工医疗保险覆盖的居民中，72.6%的门急诊患者的医药费用全部或部分得到了报销，或从医保卡中直接进行了支付；94.8%的住院患者的医药费用得到了报销，报销费用占其住院费用的66.2%。享有城镇居民基本医疗保险制度的人群中，有1/3的门、急诊患者的医药费用获得了报销；79.3%的住院患者医药费用得到报销，报销费用占其住院总费用的49.2%。新型农村合作医疗制度覆盖的居民中，有33.5%的门诊患者得到报销或从家庭账户中支付，65.6%的门诊患者需完全自付医疗费用；有85.3%的住院患者的医疗费用得到报销，获报销费用占其住院总费用的34.6%。

同时，《第四次国家卫生服务调查主要结果》说明医疗费用过快增长趋势基本得到控制。调查发现，城乡居民医疗费用的增长速度明显减缓。居民门、急诊次均就诊费用为169元，次均住院费用为5058元，分别比

表 10-15 居民门急诊、住院次均费用及变化情况

	次均就诊费用			次均住院费用		
	合计	城市	农村	合计	城市	农村
1998年实际费用（元）	65	123	46	2515	4489	1526
2003年可比价（元）	122	222	93	4203	7715	2708
2008年可比价（元）	151	282	112	4531	8085	3238
1998~2003年均增长（%）	12.9	12.2	14.8	10.8	11.4	12.2
2003~2008年均增长（%）	4.4	4.9	3.9	1.5	0.9	3.6

资料来源：国家卫生服务调查。

2003年增加50元和1514元，其增长幅度远低于同期GDP和城乡居民收入的增长。按可比价计算，2003~2008年年均就诊平均费用增长4.4%、住院平均费用增长1.5%，明显低于1998~2003年的12.9%和10.8%的增长速度。本次调查，城市次均就诊费用为312元，次均住院费用为8958元；年均增长分别为4.9%和0.9%；农村次均就诊费用为128元，次均住院费用为3685元，年均增长分别是3.9%和3.6%。

1. 城镇医保：政策报销比率高

各地在具体推广城镇职工基本医疗保险和城镇居民医疗保险过程中，结合本地实际，有所倾斜、有所侧重，取得了不同的受益效果。现有针对实际报销比、实际补偿比的数据有所欠缺，可获得的关于补偿受益情况的数据主要是政策报销比。

受经济发展水平差异等因素影响，各地在实际推广过程中的报销比例、支付方式等也有所差异。

2008年，福建省城镇职工医疗保险报销比例已达到70%~75%；城镇居民医疗保险统筹基金平均报销比例达到40%左右。

广东深圳市规定，综合医疗保险参保人门诊基本医疗费用，门诊使用地方补充医疗保险药品目录的药品、诊疗项目的费用，由个人账户支付。个人账户不足以支付的，社会医疗保险年度内超额的门诊基本医疗费用，在上年度城镇职工年平均工资10%以上的，由基本医疗保险统筹基金支付70%，个人自付30%。

北京市则按医院等级和费用数额采取分段计算、累加支付的办法，由基本医疗保险统筹基金和个人按照不同比例分担。例如，在二级医院发生的医疗费用，在起付标准至1万元的部分，统筹基金支付82%，职工支付18%；1万~3万元的部分，统筹基金支付87%，职工支付13%；3万~4万元的部分，统筹基金支付92%，职工支付8%；超过4万元的部分，统筹基金支付97%，职工支付3%。

陕西省规定，城镇居民医保报销不低于50%，提高住院报销水平，进一步提高城镇居民医保待遇。统筹基金支付范围内的支付比例原则上不低于50%，对达不到最低支付比例的，按最低支付比例报销。

湖南省劳动和社会保障厅、省卫生厅提出，2010年，全省城镇职工医保报销比例将由现在的75.32%提高到78%以上，城镇居民医保的报销比例将由现在的45.77%提高到52%以上，新农合的报销比例将由现在的40%左右提高到50%以上。2011年，城镇职工、城镇居民医保报销比例将分别提高到80%和55%以上。

2. 新农合：受益水平稳步提升

新型农村合作医疗的补偿受益人次呈不断增长趋势。2004年补偿受益为7600万人次，到2010年达到108700万人次，同时当年基金支出金额不断增长，增速明显。

2009年全国参合农民受益75900万人次。其中，住院补偿0.62亿人次，门诊补偿6.7亿人次，特殊病种大额门诊补偿0.05亿人次。统筹基金最高支付限额提高到当地农民人均收入的6倍左右，初步统计政策范围内住院费用报销比例已达到55%。

另外，全国1/3的地区开展了门诊统筹工作，陕西、安徽、云南等地开展支付方式改革试点，浙江、广西等地启动地市级统筹试点，目前各项试点工作进展顺利。

分地区来看，东部地区在参合人数、补偿受益人次上都不同程度地优于中西部地区。2010年，东部地区补偿受益38637.7万人次，中部和西部地区的补偿人数为40724.9万人次和29303.3万人次。

表10-16 新型农村合作医疗补偿受益情况（2004~2010年）

年 份	补偿受益人次（万人次）	当年基金支出（万元）
2004	7600	263700
2005	12200	617500
2006	27200	1558100
2007	45300	3466300
2008	58500	6623100
2009	75900	9229200
2010	108700	11878400

资料来源：卫生部.中国卫生统计年鉴（2011）.中国协和医科大学出版社，2011.

表10-17 2010年新型农村合作医疗分地区补偿受益情况

地 区	参加新农合人数（万人）	补偿受益人次（万人次）	本年度筹资总额（万元）
总计	83560	108666	13083346.4
东部	22568.2	38637.7	4040529.32
中部	34581.9	40724.9	5111063.95
西部	26409.9	29303.3	3931753.12

资料来源：卫生部.中国卫生统计年鉴（2011）.中国协和医科大学出版社，2011.

第五节 发展经验和主要挑战

一、医疗保障制度变迁的重要特征

1. 政府和社会在医疗保障中的责任经历了逐渐淡化又回归的过程

卫生总费用中政府、社会和个人支出的比重,体现了医疗保障制度的变迁(见图10-2)。可以明显看出,20世纪80年代以前,政府和社会支出占卫生总费用的比重比较高,但80年代中期以后,逐年下降。个人卫生支出所占比重自改革开放以来至2003年呈上升趋势,"看病贵"、"看病难"的问题从这个侧面可以有一定的刻画。2003年之后,个人承担的卫生费用不断降低,作为替代的政府卫生支出不断增加,特别是2009年新医改之后,政府的作用显著增强。

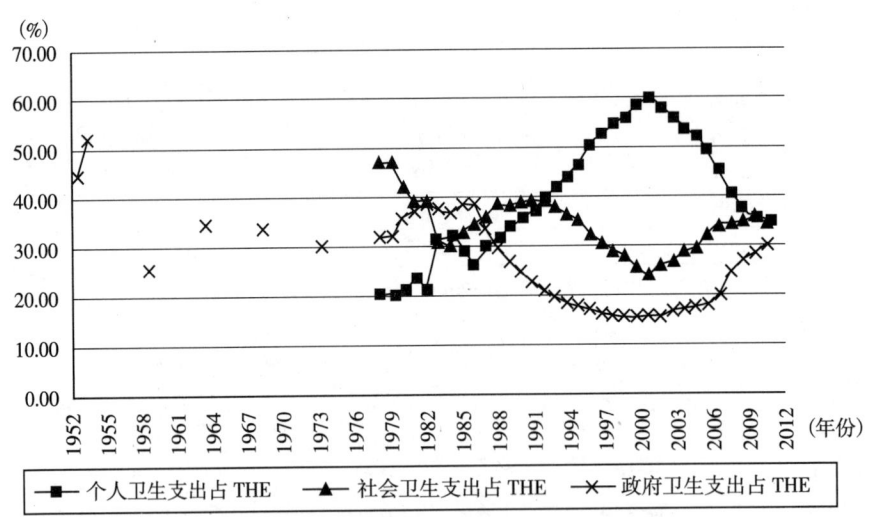

图10-2 新中国成立以来卫生支出筹资结构变动

注:图例中THE指卫生总费用。
资料来源:卫生发展研究中心. 中国卫生总费用报告(2011). 中国卫生出版社,2011.

2. 医疗保障制度模式从直接提供服务模式向购买服务转变

总体而言,我国的医疗保障制度模式在改革开放前以直接提供服务模式为主，在改革的过程中，逐步向购买服务转变（见表10-18）。

表10-18 中国的医疗保障项目和模式演变

保障项目	保障对象	起止时间	保障模式
城镇			
公费医疗	机关、事业单位职工及其家属等	20世纪50~90年代初	直接提供→购买
劳保医疗	城镇职工及其家属等	20世纪50~90年代初	直接提供→购买
大病统筹	城镇职工、退休职工	20世纪80年代末至20世纪90年代初	购买
职工基本医疗保险	城镇职工	1998年至今	购买
社会医疗救助	城镇低收入居民	2005年至今	购买
农民工医疗保险	农民工	2005年后部分地区	购买
居民基本医疗保险	城镇非就业居民	2007年至今	购买
农村			
合作医疗	全体农民	20世纪50年代中期至20世纪90年代	直接提供→购买
新型农村合作医疗	全体农民自愿参加	2003年至今	购买
城乡居民			
商业医疗保险	居民自主购买	20世纪80年代开始出现	购买

新中国成立后，与社会主义政治、经济体制相匹配，在医疗卫生领域，主要采用直接提供服务模式，逐步建立了城乡医疗卫生服务体系，为老百姓提供"低水平、广覆盖"的医疗卫生服务。在城镇，与公费医疗和劳保医疗相配套，逐步形成了由政府、国有企业和集体单位建立的公立医疗卫生服务体系。通过政府举办和补贴的公立医疗机构提供的价格低廉的服务，让即使没有被公费医疗和劳保医疗惠及的其他居民也获得了一定的保障。在农村，合作医疗在各地推广初期，既有购买服务模式，也有保障模式，但是逐渐都发展成为直接提供服务模式，逐步形成了集预防、医疗、保健功能于一身的三级（县、乡、村）卫生服务网络。20世纪70年代末，这个网络，除了51万正规医生外，还拥有146万不脱产的生产大队赤脚医生、236万生产队卫生员和63万多农村接生员。[①]

和世界医疗卫生体制发展的浪潮相呼应，在20世纪80年代中期开始的医疗卫生改革过程中，医疗卫生保障模式逐渐转型为购买服务模式。劳保医疗向城镇职工基本医疗保险转轨，一些地区的公费医疗也转为城镇职

---

① 卫生年鉴编委会. 中国卫生年鉴（1982），第60页.

工基本医疗保险，没有转变的公费医疗也有一部分开始转为报销制。基本医疗保险基金或相关单位一般都和定点的医疗卫生机构签订合同购买医疗卫生服务。新出现的商业医疗保险、大病统筹和针对一些特定人群的医疗保险项目也都是通过和医疗机构签订合同的方式购买医疗卫生服务。社会医疗救助既有购买服务的方式，也有直接提供服务的方式，比如有的地方建立了惠民医院。20 世纪 80 年代仍然在坚持的农村合作医疗业逐步转为购买服务模式，参合农民在医疗卫生机构就医后从合作医疗基金获得报销。在医疗卫生保障模式契约化的过程中，伴随的是医疗保障覆盖的下降和政府对于医疗卫生机构的补贴逐步减少，医疗卫生机构的逐步商业化。[1]在医疗卫生机构，尤其是在三级医院得到飞速发展、医疗技术和设备不断更新的过程中，医疗卫生费用也被不断推高。在这种情况下，没有被任何保障项目覆盖的自费人群，就面临很大的疾病负担。在 2007 年进行城镇居民基本医疗保险试点以前，这类人群约有 3 亿人。[2]

目前中国城乡的三个主要的医疗保障项目都具有社会医疗保险的性质。城镇职工医疗保险是典型的社会医疗保险筹资。按照 1998 年底国务院确定的医疗改革方案，城镇所有用人单位和职工都要参加职工基本医疗保险。单位缴费率为职工工资总额的 6%，职工缴费率为本人工资的 2%。新型农村合作医疗和城镇居民基本医疗保险是家庭缴费和各级政府补贴相结合的筹资方式。虽然这两个保障项目都是"自愿参加"原则，但是由于政府的高度重视，以及一些地方将"参合率"等指标纳入地方官员考核体系，因此实际上在推广过程中"自愿参加"原则对覆盖率的影响并不大。在服务提供方面，三个保障项目均实行和定点医疗机构签约的方式。但是 2003 年以来，政府加大了对医疗服务机构，尤其是社区医疗的补贴，因此，在整体上并不是典型的购买服务模式。

二、医疗保障制度发展经验

医疗保障制度 60 多年的改革和发展历程，是我国对"建设什么样的医疗保障制度、怎样建设医疗保障制度"的问题不断深化认识的过程。总结起来，有以下五点经验：

第一，医疗保障制度要有正确的定位。我国曾经对医疗保障的意义认

---

[1] 世界卫生组织. 2008 年世界卫生发展报告. 人民卫生出版社，2008.
[2] 根据第三次全国卫生服务总调查结果估算。

识不够,把医疗卫生仅仅作为普通的居民消费来看待,实际上,健康是人全面发展的基础,是生产力的源泉,是社会和谐的保障。医疗保障制度,应当立足于覆盖全民,为全体国民提供安全、有效、方便、廉价的基本医疗卫生服务,有效分散疾病风险。

第二,医疗保障制度要有整体设计,不能够"头痛医头,脚痛医脚"。和其他社会保障制度一样,中国医疗保障制度改革的一个突出教训是,过分强调医疗保障制度改革配合国有企业改革,无论从改革措施出台的时机、目标和具体的政策操作上,都是为国有企业改革服务的,大量非国有企业职工和非就业城镇居民被排除在医疗保障体系之外,这种状况持续了近20年。除了在覆盖人群上缺乏总体规划之外,在改革的措施上也缺乏总体规划,导致各部门出台的改革措施不配套、不同步的状况一再出现。

第三,服务保障和财务保障要双管齐下。服务保障和财务保障是一个问题的两个方面,不可偏废,前者是为了保障"有钱可付",后者是为了保障"有医可就",国际上比较成功的医疗保障体制,都是有效结合了服务保障和财务保障的手段。中国曾经在改革的过程中,较为重视财务保障而忽视了服务保障,以至于医疗卫生服务体系丧失公益性,导致财务保障措施也没有起到作用,直到最近,这种倾向才开始扭转。

直接服务模式是指,承担保障任务的主体(通常为政府或集体、用人单位)通过设立医疗机构,免费或者收取较低的费用向被保障方提供医疗服务。采用直接服务模式,国家的主要职能是合理规划和统筹全社会的医疗卫生资源,出资举办公立医疗机构,使所有居民都能够享有与经济社会发展水平相适应的医疗服务。居民既能够获得安全、有效、方便的医疗卫生服务,同时,由于政府通过税收等方式补贴医疗机构,这些服务是免费或者低收费的,也就实现了财务保障的目标。

购买服务模式是指,承担保障任务的主体(通常为政府、保险公司等),通过向定点或者非定点的医疗机构支付费用或者报销费用,为被保障方免除或减轻财务负担。采用购买服务的方式,国家的主要职能是举办各种社会医疗保险和医疗救助项目,以减轻和分担居民的医疗卫生负担和分散疾病风险。购买服务模式,主要实现的是财务保障的功能。由于医疗卫生服务具有和一般产品不同的诸多特殊性,如风险较大、信息不对称、供给诱导需求比较严重、需求不确定性强、需求弹性小等,有钱并不一定能购买到合意的医疗卫生服务,财务保障的实现不一定能够自动地保证服务保障的实现。

卫生总费用中的广义政府卫生支出包含医疗保障卫生支出和狭义政府

卫生支出，从图10-3可以看出，医疗保障支出占广义政府卫生支出的比重2003年之后开始逐年上升，2008年之后维持在70%左右。

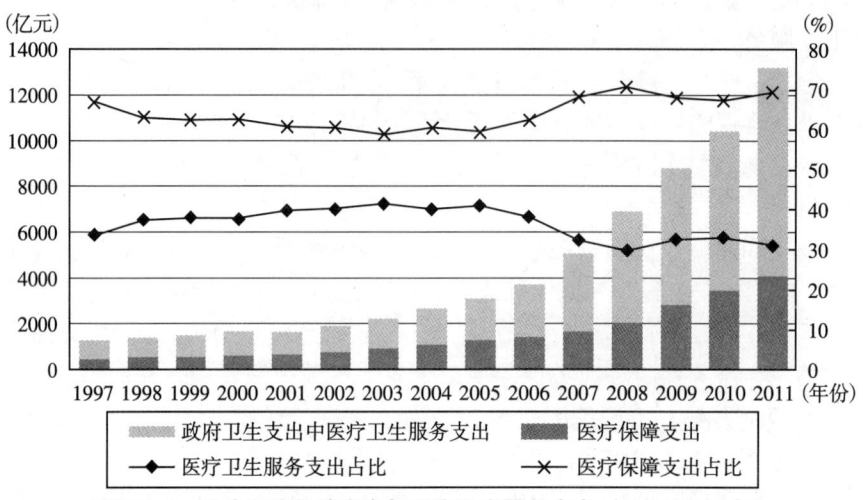

图10-3 政府医疗保障支出与医疗卫生服务支出（1997~2011年）
资料来源：卫生发展研究中心. 中国卫生总费用报告（2012）. 中国卫生出版社，2012.

服务保障和财务保障并重，是医疗保障显著区别于其他社会保障的特点。其他社会保障一般以提供现金补助为主要手段，而医疗保障体系不仅要为社会成员提供资金，还要保障社会成员能够获得医疗服务。国内外医疗改革的实践都证明，只有同时兼顾服务保障功能和财务保障功能的体系，才是比较完善和有效的医疗保障体系。

第四，在不同的阶段，要合理确定医疗保障体系的阶段性目标。医疗保障体制要兼顾三个基本目标：①保证医疗卫生保障的覆盖（Coverage）和人们对医疗卫生服务的公平可及性（Accessibility）；②提高卫生投入的效率和医疗卫生体系各环节运行的效率（Efficiency）；③满足人民群众不断增长的多元化的需要，提高医疗卫生服务的质量（Quality）。[1] 这三个目标是既统一又存在矛盾的，必须根据现实要求，不断调整其优先顺序。国际经验表明，优先顺序的安排是否合理，将直接影响改革的成败。计划经济时期，我国医疗保障体制的公平性和宏观效率较高，微观效率不足；改革开放以来，尤其是到2003年以前，微观效率得到明显提高，但同时，也损害了公平性和保障覆盖面，因此，最近改革的首要目标是恢复医疗卫

---

[1] 北京大学课题组. 中国医药卫生体制改革总体方案：规划报告，2007.

生服务体系的公益性，扩大保障的覆盖面，增强保障的公平性。今后，我们仍然需要根据现实情况的变化合理确定不同阶段的政策目标。

第五，正确认识市场机制和政府职能，充分认识医疗卫生产品的特殊性。最近30多年来的医疗卫生改革的许多动向，是和当时企业改革的思路高度契合的。20世纪80年代医院改革是和企业改革同样的"放权让利"，20世纪90年代企业改革开始试点股份制、产权改革时，卫生系统也在相当程度上照搬了这些做法。其中许多做法，并不符合医疗卫生领域的规律，何况，这些措施对于企业来说，也并非"放之四海而皆准"。医疗卫生领域的市场机制和政府职能是什么，医疗卫生产品的特殊性在哪里，我们对这些问题的认识仍然很不够，是进一步改革中需要探索和研究的重要问题。国际社会普遍认为，中国新医改取得的阶段性成就，得益于对过去市场化路径的转变，得益于政府重拾在医疗卫生领域中的责任。作为加强政府责任的重要体现，增加政府卫生投入是"非典"以来医疗卫生发展的重要特征，是2009年开始的新医改的重要政策。为有效监测改革进展，中国对每一级政府都设定了要达到的医改目标，在2009~2011年，大部分目标是基于投入提出的，地方各级政府的卫生投入责任大大加强。[1]国务院医改办《深化医药卫生体制改革三年总结报告》称，2009~2011年，全国财政医疗卫生累计支出15166亿元，其中中央财政4506亿元，与2008年同口径支出基数相比，三年新增投入12409亿元，比既定的8500亿元增加了3909亿元。[2]

三、面临的关键挑战

1. 通过保障制度模式改革，实现有效的医药费用控制

但是，新医改以来，医药费用增长的势头并没有根本扭转，甚至更快。据一些调查显示，经过三年医改，"看病贵"的问题依然突出。[3] "看病贵"的一个重要表现是医药费用的增长过快，超过经济和收入增长的速

---

[1] 中国医改具全球影响. 人民网，2012-04-17，http://theory.people.com.cn/GB/49154/49156/17674321.html.

[2] 《深化医药卫生体制改革三年总结报告》出台. 新华网，2012-06-25., http://news.xinhuanet.com/2012-06/25/c_112286717.htm.

[3] 搜狐健康"新医改三年回顾调查"显示，报销难、报销费用少、药费检查费只升不降仍然是患者对于医保花费的三大困扰。这些困扰，综合影响了75.5%的患者，他们认为，经过三年医改，看病贵的问题依然突出。资料来源：世界银行首席卫生经济学家：中国医改取得重要成果. 中国广播网，2012-10-30，http://www.cnr.cn/hnfw/yyws/yaowen/201210/t20121030_511254635.shtml.

度。医保效果被医疗卫生费用的快速上涨所抵消,个人医疗负担不降反升。三年医改所取得的最显著的成绩是城镇职工医疗保险、城镇居民医疗保险和新型农村合作医疗三个社会医疗保险覆盖面和覆盖水平的提高。但是从宏观水平来看,根据《2012年卫生总费用摘要》显示,我国卫生总费用从2008年的14535.4亿元增加到2011年的24268.78亿元,扣除物价因素,卫生总费用增加幅度高达46%,是同期GDP增加幅度的1.47倍。卫生总费用中,个人现金卫生支出在这三年中增加了44.09%,是同期城镇居民人均可支配收入增长幅度的1.15倍,和同期农村居民人均纯收入增长幅度持平。因此,总体而言,个人医疗负担没有明显下降,甚至不降反升。

虽然理论和实践都表明,政府卫生投入有利于促进人群健康,有利于促进健康公平。但是增加政府投入的目的是降低老百姓的负担,必须实现对个人支出的替代,必须进行有效的卫生总费用控制。否则一方面政府投入增加使老百姓有了一定的医疗保障,而另一方面医疗费用仍在不断攀升,就会把政府投入的资金蚕食掉,就会损害老百姓的切身利益。同时,如果医药费用增长过快,将对财政造成很大的困难,直接威胁到整个保障系统的可持续性。增加资金投入和保障资金安全都是深化改革的关键。①甚至有的观点因此认为三年新医改并不成功,而是回到了起点。而改革成效不显著的原因就是改革在总体方向上存在偏差,因此政府主导的改革方针和增加政府投入的改革策略受到质疑。

合理控制医疗卫生费用增长,成为改革和持续发展的关键。虽然目前我国卫生总费用占GDP的比例不算高,只有5%左右,国际排名远低于我国经济水平的国际排名,但是我国GDP结构中,消费的占比和劳动报酬的占比和其他国家相比偏低,因此卫生总费用占消费的比例和占劳动者报酬的比例已经很高,超过部分OECD国家的水平,国际排名远高于我国经济水平的国际排名。② 这是我国卫生总费用占GDP水平不高,但老百姓"看病贵"问题突出的重要原因。近年来,随着医疗保障覆盖的扩大,卫生总费用五年翻一番,这和美国1965年实施老人医疗保障和穷人医疗救助制度后的情况类似,长期面临卫生总费用快速上升的压力。在实现全民

---

① 2009年4月10日,国务院深化医药卫生体制改革领导小组组长李克强副总理在主持深化医药卫生体制改革地方负责人座谈会上的讲话,http://news.xinhuanet.com/newscenter/2009-04/12/content_11173454_1.htm。

② 根据世界银行和世界卫生组织的数据,2008年我国人均GDP水平国际排名第83位,卫生总费用占GDP的比例国际排名148位,卫生总费用占消费的比例国际排名第52位。

医保覆盖的同时，应合理控制医疗卫生费用增长，有两个关键：一是要建立新的补偿方法，扭转医生、医院尽可能多提供服务的激励。支付制度改革能够产生一定的效果，但很多国家的经历表明，支付制度改革的趋势是，历经按服务项目收费（FFS）、按病种组合收费（DRGs）、按日付费、按人头收费、总额预算等创新，逐步变迁到 HMO、医生薪金制等投入方式，实现筹资方和服务方的整合或实质上直接提供服务的方式。①研究发现，实施购买服务为主的国家，比实施直接提供服务为主的国家，医疗卫生成本更高。②③ 二是重视预防和公共卫生，以避免疾病和由此导致的高医疗成本。真正落实预防为主的方针，必然要求实现医疗服务和公共卫生服务的有效整合。OECD 国家的数据显示，实行购买服务为主的国家，比实行直接提供服务的国家，预防和公共卫生服务占医疗卫生服务总量的比重普遍更低。④ 缺乏这两个关键，全民医保覆盖就太"贵"了。⑤

2. 通过制度融合，实现城乡医疗保障整合

目前我国的医疗保险由城镇职工基本医疗保险、城镇居民医疗保险和新农村合作医疗三大体系构成。三种保险在地域上、身份认定以及管理机构、经办单位都有差别。中共中央、国务院《2009~2011 年深化医药卫生体制改革实施方案》提出："扩大基本医疗保障覆盖面、提高基本医疗保障水平、规范基本医疗保障基金管理、提高基本医疗保障管理服务水平"等具体任务，最终实现制度框架的基本统一。

学术界对统筹城乡的一体化医疗保险的研究是针对各种医疗保险制度分割，各地呈现"碎片化"的情况而探讨的。主要内容包括制度、模式、组织管理机构、管理原则、运营方式等五个方面的整合和统一。另外还应包括卫生资源统一、保障资金统一等方面。⑥

构建城乡一体化的医疗保障制度，是因为：①实现社会公平的要求。从法理上讲，《中华人民共和国宪法》第四十五条规定：中华人民共和国公

---

① 李玲，江宇等. 中国公立医院改革——问题、对策和出路. 社会科学文献出版社，2012.

② Wagstaff, A., R. Moreno-Serra. Europe and Central Asia's Great Post-communist Social Health Insurance Experiment: Impacts on Health Sector and Labor Market Outcome. World Bank Policy Research Working Paper, 2007 (4371).

③ Wagstaff, A.. Social Health Insurance Vs. Tax-financed Health Systems: Evidence from the OECD. World Bank Policy Research Working Paper, 2009 (4821).

④ 陈秋霖. 医疗卫生制度对健康绩效的影响研究，北京大学博士论文，2010.

⑤ David de Ferranti & Julio Frenk. Toward Universal Health Coverage. The New York Times, 2010-04-05.

⑥ 刘新建，刘彦超. 实现城乡医疗保障一体化目标的对策初探. 山西农业大学学报（社会科学版），2007 (3).

民在年老、疾病或者丧失劳动能力的情况下，有从国家和社会获得物质帮助的权利，国家发展为公民享受这些权利所需的社会保障、社会救济和医疗卫生事业。平等地获得卫生保障是宪法规定的每个公民的基本权利。有研究[1]认为在平等立法的基础上应该让不同的医疗保险获得制度上的统一。从社会政策的角度上讲，医疗保障是现代保障社会个体生存权的一个重要方面。在当前我国社会结构急剧转型的大背景下，努力促成一个统一平等的医疗保障体系，对于提高社会成员的认同感，平滑转型期的社会摩擦都有重要意义。从公共决策的角度看医疗服务在贫困救助、社会保险、义务教育、公共住房等社会服务阶梯中处于最高的平台，医疗服务质量与公民身心健康状况成为衡量社会结构现代化程度、社会发展质量、社会福利水平、社会公平、社会平等的重要指标。[2]②提高行政效率的要求。三项制度在城乡之间、地区之间、不同人群之间分布不同，迫切需要整合和衔接。为了降低经办成本，提高管理效率，城乡所有基本医疗保险也应一体化管理。[3]一方面，割裂的三项制度，形成更多的利益集团，各利益集团以自身利益为出发点，从而增加了政策制定和决策过程中协调统一的难度；另一方面，机构、部门设置重复，加大行政成本，不利于资源利用效率的提高。[4]③建设完善市场经济制度的要求。从经济体制建设上讲，全国统一的劳动力市场逐步形成，人员流动越来越频繁，但医保关系跨地区转移与接续困难重重，成为制约人才流动的"瓶颈"之一，[5]进而影响到宏观劳动力资源的再次优化调整。忽视在市场经济条件下城乡居民面临共同的疾病风险和农民拥有经济资源不足的现实，非但没有承担起农民的医疗保障功能，反而沦为加大城乡居民收入差距、弱化农民经济状况的制度安排，是市场体制不完善的表现。可以说，构建城乡统筹、更为公平的医疗保障制度是完善社会主义市场经济体制的内在要求。[6]④缩小城乡差距的要求。现在的医疗保险制度使得不同人群从属于不同的保险体系。对于同样的疾病，城市居民和农村居民待遇不同。一方面，基本卫生服务和基本医疗服务涉及公民权利，应当考虑一致。另一方面，现在地区差距、城乡差距很

---

[1] 董文勇.医保待突破适用性难题.中国社会保障，2008（1）.

[2] 刘继同.统筹城乡卫生事业发展与全民医疗保险制度建设的核心理论政策议题.人文杂志，2007（2）.

[3][5] 王保真.浅析我国多层次医疗保障体系的建立与完善.卫生经济研究，2008（11）.

[4] 尹莉娟.从分散到统一：荷兰基本医疗保险制度改革对我国的启示.中国卫生事业管理，2008（2）.

[6] 衣同晔，车莲鸿.构建城乡统筹的医疗保障制度.合作经济与科技，2008（11）.

大，如果继续分城乡、分地区来设计制度，只能进一步扩大差距。所以应该城乡一体化，而且水平要大致均等。①

但是实现城乡统筹的难度还很大。首先，理念认识上不统一。经过改革开放近30年的高速发展，目前我国已具备建立城乡统筹医疗保险的经济条件。但由于长期二元社会结构导致的巨大城乡差异和地区差异，现有医疗保险体系自身的缺陷，加上理念不清、思路不明、认识不到位等原因，统筹城乡医疗保险体系建设也面临诸多认识上的障碍。人们如何理解疾病与健康？患病属于个人麻烦与个人倒霉，还是个典型公共政策议题？健康是公民的基本权利，还是私人事务？健康不平等与不公平是正常现象，还是社会问题？无疑，如果这些基本的价值理念与价值目标尚存争议，全民医保制度建设必然困难重重。②只有这些问题在决策层有一个一致的认识，人民对这些问题的看法形成了社会认识的合力，全民医保才不只是"乌托邦"式的口号。理念的认识特别是在当下医疗保障问题被大众如此热议的情况下显得更为重要。从近些年的情况来看，特别是"非典"之后，党中央、国务院对医疗保险改革问题给予了高度的重视。另外，随着人民生活水平的提高，新农合的推广，八亿农民医疗服务需求的巨大释放，全民医疗服务需求的不断增长，医保问题得到了社会舆论和普通老百姓前所未有的关注。这些都是在理念认识上不断改进的表现。其次，涉及财务上和制度上的可持续性。部分学者举出国际上的医疗保险说明全民医保花费巨大。目前中国尚不具备全民医保的经济实力，资源限制是做出决定的依据，离开这一点再好的改革也只是"乌托邦"。③另外，城乡边缘化人群的制度划归难界定。从目前人群身份上看，失地农民、"农转非"人口以及部分农林渔场职工，因其居住在农村、小城镇或城市边缘，又以农业生产为主。由于社会保障缺失，为了保护这部分人群的健康，维护社会稳定，部分地方政府将其确定为新农合的覆盖人群。但是，随着城乡居民基本医疗保险试点工作的启动，以上几类非农户籍的参合人口同时也属于城乡居民基本医疗保险的覆盖范围。因此，在将非农人口纳入新农合的地区，两个制度如何有机结合，从而覆盖全体居民，是目前面临的一个难题。④最后，

---

① 葛延风. 如何设计中国卫生的未来. 中国医疗卫生前沿, 2006 (7).
② 刘继同. 统筹城乡卫生事业发展与全民医疗保险制度建设的核心理论政策议题. 人文杂志, 2007 (2).
③ 梁小民. 全民医保，中听不中用. 新财经, 2005 (9).
④ 付晓光, 汪早立, 张西凡, 程念. 新农合与城镇居民医疗保险制度相衔接问题的讨论. 中国农村医疗服务管理, 2008 (3).

各地区差异大,各方面发展不平衡。对全民医保提出最大异议的方面就是目前我国地区经济社会发展不平衡,给制度在不同人群和不同地区的统一造成了很大的困难。李剑阁[1]认为,因为地区发展不平衡,城乡双轨的医疗保障体系将在相当长的时间内存在。此外在相当长的时期里,城乡差距还会存在。在过渡时期,只能实行城乡双轨的医疗保障体系。在城镇实行基本的医疗保险,在农村实行新型的合作医疗保险。

目前,学术界提出了多种可供选择的城乡统一模式。但多数人同意分阶段实现全民一体化的医疗保障制度。比如,郑功成[2]从动态角度将医疗保障发展战略目标的实施分为三阶段:第一阶段,多元医疗保障制度覆盖全民并实现新农合与城镇居民医保制度并轨;第二阶段,城镇居民医保与城镇职工医保进一步整合,形成区域型统一的缴费型医疗保险制度;第三阶段,全民健康保险制度建成,城乡之间的公共卫生事业与医疗保障水平差距基本消除。田文华[3]提出,在现有农村合作医疗和城市医疗保险之间,建立一个农民市民化医疗保险,由三者共同构成城乡阶梯式医疗保障体系,体系内可相互转化、衔接和流通,为二元结构向一体化结构的转变搭建过渡的阶梯。王根贤[4]提出基本医疗保障"二步走"模式:第一步,实现由城镇全民社会医疗保险和农村全民社会医疗保险组成的城乡复式全民社会医疗保障模式;第二步,城乡一体化的全民社会医疗保障模式。

---

[1] 李剑阁. 过渡时期提倡全民医保存在误导. 东北之窗, 2008 (1).
[2] 郑功成. 中国社会保障改革与发展战略报告. 中国社会保障论坛 2008 年年会, 2008.
[3] 田文华, 梁鸿, 陈琰, 等. 上海浦东城乡医疗保障体系一体化的发展策略——城乡阶梯式医疗保障体系的构建. 人口与经济, 2005 (3).
[4] 王根贤. 复式全民社会医保下的医保税制设计. 中央财经大学学报, 2008 (3).

第十一章 农村养老保险改革与发展

顺应经济发展阶段变化和构建和谐社会所提出的要求，中国社会保障体制改革步伐不断加快。但是，社会保障体制改革基本上遵循先城市、后农村的改革路径，这决定了农村与城镇社会保障体制发展的不平衡。2010年，中国60岁以上的老年人口比重已经达到13%，农村人口老龄化更是达到15.4%。在城镇化加快推进、农村人口和劳动力流动的背景下，农村老龄化更加严峻。加快农村养老保险制度发展是应对快速老龄化的一项重要举措，更是实现2020年人人享有基本保障这一目标的重要途径。

在各地改革探索经验的基础上，2009年新型农村养老保险制度（简称"新农保"）在全国范围试点实施，到2013年基本实现制度上全覆盖，这项制度填补了农村养老保障体系的空白，具有里程碑的重要意义。本章将系统评述中国农村养老保险改革与发展状况，具体分为四个部分：第一部分，回顾农村养老保险制度改革的历程；第二部分，评价农村养老保险制度改革的实施进展与效果；第三部分，讨论制度推进和发展面临的主要问题和挑战；第四部分，提出农村养老保险改革发展的政策建议。

第一节 农村养老保险制度的改革历程

改革开放以前，中国农村社会保障以集体经济为依托，没有社会化的养老保险制度。1978年改革开放以后，原有建立在人民公社体制基础上的集体保障功能丧失，农村居民只能依靠传统的家庭保障和土地保障，但随着出生率下降和家庭结构变化，城镇化过程中农村青壮年从农村向城市迁移，传统的保障已经不能承担越来越大的农村社会风险。伴随着快速的经济增长，城乡差距也逐步扩大，农村养老保险制度的滞后也加剧了城乡差距,阻碍了农村减贫的步伐,带来社会公平问题。[1]一个良好的养老金计划对于中低收入国家的老年人及其家庭的贫困削减具有积极作用,[2]中国迫切需要建立合适的农村养老保险制度,以缩小城乡差距、促进经济持续发展、维护社会和谐稳定。

从20世纪80年代中期,农村社会养老保险制度开始探索,不到30年的改革历程以"老农保"和"新农保"为两个里程碑式的标志,这个过程大体可以分为四个阶段:

1986~1991年:改革探索阶段。1986年,国家"七五"计划要求有条件的地区进行农村社会保险的试点探索。随后,民政部启动了近5年的农村养老保险制度改革试点,1991年国务院明确农村养老保险改革由民政部负责,民政部成立了农村社会养老保险管理机构,并选择了山东烟台市等20个县开展试点。

1992~2002年:"老农保"阶段。在早期试点探索的基础上,1992年民政部制定了《县级农村社会养老保险基本方案(试行)》,采取个人缴纳为主、集体补助为辅、国家予以政策扶持的筹资模式,建立个人账户积累式的养老保险,目前研究一般称其为"老农保"制度。到1997年底,全国2008个县、285个地市开展了这项工作,超过57%的乡镇、几乎所有的县、约75%的地市和87%的省份建立了管理机构。但是,这种模式政府没有投入或投入很少,而农村集体经济实力不强,实际上成为一种个人储蓄,再加上政府机构调整、基金管理混乱等问题,实际覆盖的农村老年人不到10%,1998年国务院开始对该项目进行治理和整顿,农村养老保险从民政部转移到劳动和社会保障部,此后"老农保"基本处于停滞状态。"老农保"制度的发展可以说是高度不稳定的,它最终未能形成一个全国统一的制度,直接反映出地方政府在农村老年人实际的福利需求类型方面存在偏差和冲突,[3]而政府责任缺失也是重要原因之一。当然,这一过程明确了建立农村社会养老保险制度的必要性,并为之后探索与中国农村经济社会发展相适应的新型农村养老保险制度积累了有益经验。

---

[1] Yinan Yang, John B. Williamson, Ce Shen. Social Security for China's Rural Aged: A Proposal Based on a Universal Non-contributory Pension, International Journal of Social Welfare, Vol. 19, 2010, pp.236-245.

[2] Ce Shen, John B. Williamson. China's New Rural Pension Scheme: Can It be Improved? International Journal of Sociology and Social Policy, Vol.30, 2010, pp.239-250.

[3] Shih-Jiunn Shi. Left to Market and Family-again Ideas and The Development of the Rural Pension Policy in China, Social Policy & Administration, Vol. 40, No.7, 2006, pp. 791-806.

2003~2008年:"新农保"探索阶段。进入21世纪,中国社会保障体系改革步伐明显加快,农村养老保障体系改革也迎来新的发展阶段。2002年底,中共十六大明确提出在有条件的地方探索建立农村社会养老保险制度,随后被征地农民养老保险、农村部分计划生育家庭奖励扶助制度等也在试点推进。2007年劳动与保障等部门联合发文提出,要建立以个人账户为主、保障水平适度、缴费方式灵活、账户可随人转移的新型农村养老保险制度和参保补贴机制。2007年底,全国有1905个县(市、区、旗)不同程度地开展了新型农村养老保险试点工作,但仅有5374万农民参保。各地在探索实践过程中总结出一些有代表性的模式,尤其四川成都、陕西宝鸡、北京、江苏、浙江、广东等模式备受关注。尽管各地做法存在差异,但它们的经验表明,政府应该在农村养老保险制度中承担重要责任,而农村居民养老保障仍然可以完全依靠传统的土地、家庭的主导观念应该改变,这也正是"老农保"失败的教训。诸多学者对新型农村养老保险的模式进行探讨,普遍的观点支持以非缴费型的现收现付制为基础或第一支柱,在此基础上建立一个基金积累制个人账户制度,有学者在参考世界银行提出的最低限度保障的非缴费性的养老金计划("零支柱")基础上,提出了最低养老金("零支柱")+ 个人账户的新型模式,[①] 以体现国家责任和社会公平。地方"新农保"探索和研究为全国统一的农村养老保险制度改革提供了重要的参考。2008年十七届三中全会提出要贯彻广覆盖、保基本、多层次、可持续原则,健全农村社会保障体系,明确了全国"新农保"制度的基本原则和方向。

2009年以来:"新农保"全面实施阶段。2009年国务院颁布《关于开展新型农村养老保险试点的指导意见》,按照"保基本、广覆盖、有弹性、可持续"原则,实行社会统筹和个人账户结合,采取个人缴费、集体补助、政府补贴相结合的筹资模式,保障农村老年人的基本生活。"新农保"制度的一个重要特点是在中国相当长的历史中,政府首次为农村养老金计划直接提供支持。中央财政对中西部地区按中央确定的基础养老金标准给予全额补助,对东部地区给予50%的补助(另外50%由地方政府负担),地方政府应当对参保人缴费给予补贴,补贴标准不低于每人每年30元。2009年"新农保"试点覆盖面为全国10%的县,2010年扩大到23%的县,2011年覆盖40%的县,并计划在2013年实现制度上全覆盖。2011年7月

[①] 刘昌平,谢婷. 财政补贴型新型农村社会养老保险制度研究. 东北大学学报(社会科学版),2009(5).

1日《社会保险法》正式实施,"新农保"制度的基本原则和框架得以再次强调,并以法律形式得以保障。

伴随着"新农保"在全国范围快速推进,城乡一体化的居民养老保险制度也在探索发展。城镇与农村养老保障体制的分割已经成为中国统筹城乡发展和城镇化进程的重要阻碍。[①] 在"新农保"加快实施的同时,2011年7月城镇居民养老保险制度也在全国范围全面实施,城镇与农村两个居民养老保险制度之间的差别进一步缩小,这为城乡居民统一的养老保险制度提供了基础。早在2009年"新农保"制度实施之前,地方已经开始探索城乡居民养老保险制度,如北京市、天津市、浙江嘉兴市、广东连山县、河南郑州市、陕西榆林市、安徽芜湖市等,但是,地方模式在筹资模式、缴费标准等方面存在较大差异,中央财政没有发挥作用,各地经济发展水平和财政状况差异直接反映在养老金待遇上。2009年以来,部分地方在推进全国"新农保"制度的同时,率先将制度范围扩展到城镇居民,直接实施了城乡居民养老保险制度,如浙江省、重庆市、山东青岛市、四川成都市等,这些地方制度以全国"新农保"制度为基本框架,并探索创新符合自身情况的新模式,如四川成都城乡居民养老保险制度更多地参照了城镇职工养老保险制度,为城乡居民养老保险与城镇职工基本养老保险的关系转移与衔接创造了条件。《社会保险法》明确规定:"省、自治区、直辖市人民政府根据实际情况,可以将城镇居民社会养老保险和新型农村社会养老保险合并实施。"统筹的城乡居民养老保险制度是中国养老保险制度改革的一个重要目标,目前已经有10个省份统一实施了城乡居民养老保险制度。

第二节 农村养老保险的发展状况

政府尤其是中央政府在农村养老保险制度改革与发展中承担更大责任,不断加大财政投入,覆盖面在较短的时间内快速扩大。但是,在"低水平、广覆盖"的基本原则指导下,当前农村养老保险的保障水平仍然较低,实际参保率也存在地区差异。尽管制度全覆盖目标基本实现,但人员

---

① Dewen Wang. China's Urban and Rural Old Age Security System: Challenges and Options, China & World Economy, Vol. 14, No. 1, 2006, pp.102–116.

全覆盖目标尚有一定距离。除了制度设计之外,居民参保决定还会受到个人和家庭特征、收入水平、缴费能力、政策认知、流动性等多方面因素影响。养老保险的经济社会效果正在显现,对于保障农村老年人基本生活开始发挥作用,并将对整个农村经济社会稳定产生影响。

一、从制度全覆盖走向人员全覆盖

随着"新农保"试点范围的扩大,制度覆盖率快速提高。中央财政不断加大对"新农保"的财政补贴投入,从 2009 年试点初期的 10.8 亿元增加到 2011 年的 352 亿元,覆盖面从 2009 年全国 10% 的县扩大到 2011 年全国 60% 的县(2011 年原计划覆盖面为 40%),中央政府也将制度全覆盖的目标提前到本届政府任期内,即 2013 年。根据人力资源与社会保障部公布的数据,截至 2010 年 6 月底,全国 320 个"新农保"试点县和 4 个直辖市参保人数为 5965 万人,参保人数占适龄农业人口的 63.8%。到 2010 年 12 月底,国家"新农保"试点地区共有 1.03 亿人参保,2863 万人领取养老金。加上 15 个省份的 316 个县(市)主动开展新农保试点,试点地区共有 1.43 亿人参保,4243 万农村居民领取了新农保养老金。2011 年底,实际参保人数已经从 2009 年的 8700 万人增加到 3.3 亿人,人员覆盖率相应地从 11% 大幅提高到 65% 左右(见图 11-1)。享受养老金待遇的农村居民已经接近 9000 万人,2011 年基金支出 588 亿元,平均每人每年领取的养老金为 660 元,基金累计结余约 1200 亿元,各地也都有基金结余,目前来看基金运行状况良好(见表 11-1)。农村养老保险制度已经从制度全覆盖逐渐走向人员全覆盖,为 2020 年实现人人享有基本养老保障的目标奠定了坚实基础。

覆盖率存在地区差异,部分先行探索试点地区的覆盖率相对较高。北京、天津、上海、江苏、浙江、青海、宁夏、西藏、海南等率先实现了"新农保"制度全覆盖。江苏省"新农保"起步较早,投入力度较大,2010 年底农民参保率已经超过 95%。根据江西省社会保障局公布的数据,截至 2010 年 6 月底,江西省 11 个试点县(区)"新农保"参保人数达 211 万人,参保率达 79%。根据 2010 年全国试点县随机抽样调查显示,[①] 试点县实际参加"新农保"的比例为 74%,尚未实现全覆盖。由于 60 周岁及

---

① 慕良泽,任路. 惠农政策的嵌入与乡村治理资源重组——基于对新型农村养老保险政策的调查分析. 理论与改革,2010(6).

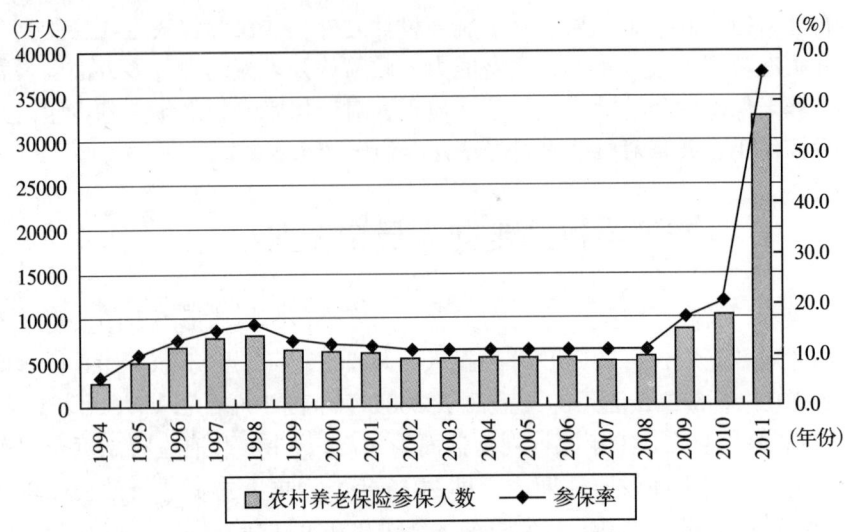

图 11-1 农村居民养老保险的参保情况

说明：参保率＝参加农村养老保险人数/符合参保条件的农村人口总数。农村养老保险包括"老农保"和"新农保"。

资料来源：根据国家统计局公布的《中国劳动统计年鉴》（各年）和人力资源与社会保障部公布的《人力资源和社会保障事业发展统计公报》（各年）整理所得。

表 11-1 新型农村居民养老保险的参保情况（2011 年）

地 区	参保人数（万人）		基金收支情况（亿元）		
	全部	其中：领取养老金人数	基金收入	基金支出	累计结余
全 国	32643.5	8921.8	1069.7	587.7	1199.2
北 京	173.4	22.1	22.5	10.2	75.4
天 津	85.0	67.0	31.0	11.4	56.0
河 北	2317.7	511.3	52.5	25.6	47.8
山 西	949.5	214.4	23.1	10.0	27.2
内蒙古	290.0	71.7	10.9	6.7	13.2
辽 宁	755.9	213.3	19.4	10.2	13.2
吉 林	389.5	264.2	10.2	6.1	5.6
黑龙江	279.0	74.7	14.4	5.2	12.3
上 海	75.9	39.6	18.6	15.4	69.9
江 苏	2060.6	632.2	55.5	41.1	174.9
浙 江	813.1	360.1	44.5	30.2	61.6
安 徽	2178.0	572.7	54.6	29.6	37.3
福 建	767.2	182.6	18.8	9.7	15.7
江 西	1298.7	288.9	31.1	12.3	23.2
山 东	3546.0	988.1	116.9	57.0	161.5

续表

地区	参保人数（万人）		基金收支情况（亿元）		
	全部	其中：领取养老金人数	基金收入	基金支出	累计结余
河南	3305.9	747.9	59.6	30.2	62.8
湖北	1684.3	402.9	42.6	20.7	32.7
湖南	2137.2	617.0	43.7	28.4	25.7
广东	806.6	182.2	58.9	17.8	39.9
广西	796.1	275.6	25.2	14.4	16.7
海南	191.0	43.6	3.9	2.6	4.1
重庆	1125.1	347.7	87.7	82.7	14.9
四川	1514.4	623.1	66.6	38.5	69.1
贵州	834.5	310.7	30.4	21.3	15.7
云南	1247.9	253.3	23.0	11.4	24.1
西藏	119.1	20.1	2.5	1.5	1.1
陕西	1277.5	283.5	34.7	16.9	35.2
甘肃	781.6	159.1	42.5	10.0	36.3
青海	177.0	33.1	4.7	2.5	5.1
宁夏	175.1	33.7	5.3	1.9	5.9
新疆	490.6	84.7	14.5	6.0	15.1

注：统计范围是经国务院批准开展"新农保"试点地区，不包含"老农保"和地方自行开展"新农保"试点地区数据。

资料来源：国家统计局. 中国统计年鉴（2012）. 中国统计出版社，2012.

以上的老年人可以享受养老金待遇，因此，已经享受养老金待遇的覆盖率要明显高于缴费参保人群的覆盖率。

政府部门统计的覆盖率与研究机构的调查覆盖率存在差异，后者往往偏低。根据世界银行成都农村养老保险课题组[1]调查显示，2010年成都市国家试点县的实际覆盖率仅为27.8%。2010年6月，安徽省全省试点县的平均参保率刚刚超过50%，其中最低的仅为20.1%。[2] 2010年，华中师范大学中国农村问题研究中心对全国20个省68个试点县（市）68个村庄的1942个农户进行了调研，被调查村庄平均参保率为57.6%。部分"新农保"试点地区的农民平均参保率不高，很多试点地区农村居民未能实现高水平覆盖。

---

[1] 世界银行课题组. 农村居民养老保险制度研究——以成都市为例. 研究报告，2010年12月.
[2] 罗遐. 新型农村养老保险试点问题的实证研究——基于安徽省四县市的调查. 社会保障研究，2011（1）.

尽管人员全覆盖目标尚有一定距离，但农民的参保意愿在逐步增强。农民参保意愿的提高有两个方面的因素：一方面，近年来政府不断加大对养老保障的财政投入、农村少子女化与人口老龄化趋势加速等外部因素；另一方面，农民对养老保险制度认知度的提高等内部因素，农民对养老问题的选择越来越趋于理性。[1] 短期来看，政府行政推动和财政投入有助于提高覆盖率，但长期来看，农民是否能够持续缴费参保，有效覆盖率能否达到较高水平，仍然是需要考虑的问题。

二、参保缴费档次和养老待遇水平较低

当前仍处在新制度全面实施的初期阶段，参保缴费档次较低，养老待遇水平也不高。"低水平、广覆盖、多层次、可持续"是中国养老保障体系的基本原则，这决定了起步阶段农村养老保险制度的相对低水平。从试点地区的缴费档次来看，绝大多数参保农民选择了最低缴费档次。根据世界银行课题组调查显示，2010年成都市国家试点县参保者中选择最低档次的比例占到46%，而选择最高档次的仅为8%。安徽省试点县[2]调查显示，超过2/3的参保农民选择最低缴费档次100元，而部分地区几乎全部参保者都选择了最低档次。理论上来看，参保比例应该最大的中间缴费档次实际选择的农户却只占了很少的一部分，这反映出政策预期与实际情况存在差异。目前地方财政对每个档次的补贴标准基本上相等，在没有更强缴费能力和意愿的情况下，选择最低档次缴费对农民而言是最经济的选择。

基础养老金是目前养老金待遇的主要构成部分，同样处于低水平阶段。"新农保"的基本养老金起步阶段均为每月55元（即每年660元），按照2009年全国平均纯收入水平（5153元）测算，基础养老金替代率为12.8%。目前享受的"新农保"养老金待遇大部分来自基础养老金。有调查显示，领取养老金的农民中只领取55元基础养老金的人数所占比重高达55%，每月领取养老金在100元以上的所占比重不到15%。[3] 根据世界银

---

[1] 刘军伟.基于理性选择理论的农民工参加新型农村养老保险制度影响因素研究.浙江社会科学，2011（4）.

[2] 罗遐.新型农村养老保险试点问题的实证研究——基于安徽省四县市的调查.社会保障研究，2011（1）.

[3] 耿永志.新型农村社会养老保险试点跟踪调查——来自河北省18个县（市）的农户.财经问题研究，2011（5）.

行课题组①调查显示,尽管调查地区成都市农村养老保险改革起步较早,在地方政府支持下养老金水平也相对高于全国水平,但是,仍然有大约 3/4 领取者的养老金待遇每月在 150 元以下(见图 11-2),实际收入替代率为 31%(相对于当年成都市农村居民人均纯收入 6699 元/人)。显然,制度实施初期阶段的养老金水平还难以满足老年人的基本生活需求,制度替代率远远低于合意替代率,养老待遇水平有待逐步提高。

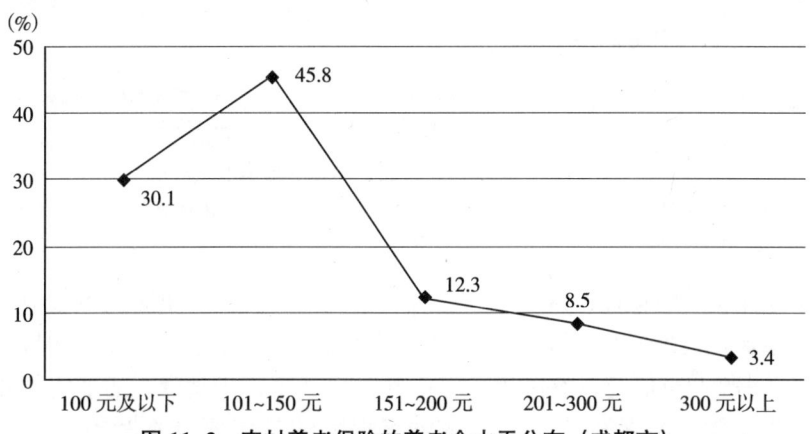

图 11-2 农村养老保险的养老金水平分布(成都市)

资料来源:世界银行成都农村养老保险课题组(2010 年)在试点地区成都市开展的农户抽样调查,样本量为 1400 户。

三、参保农户的行为特征明显

农户参加农村养老保险的决定因素包括两个方面:一方面,制度设计本身,如缴费档次设置、预期养老待遇、缴费补贴激励以及相关约束政策("子女捆绑"措施)等;另一方面,参保者因素,包括个人及家庭特征(尤其是年龄、教育水平、健康状况)、收入状况、职业特征、政策认知、流动性等。在制度设计方面,相对较低的缴费水平、更高的养老金水平以及更高的政府补贴水平能够激励农民参保。在参保者方面,年龄、教育水平、健康状况、收入水平、迁移等因素也不同程度上影响参保行为,导致参保农户的行为特征明显。

---

① 世界银行课题组. 农村居民养老保险制度研究——以成都市为例. 研究报告,2010 年 12 月.

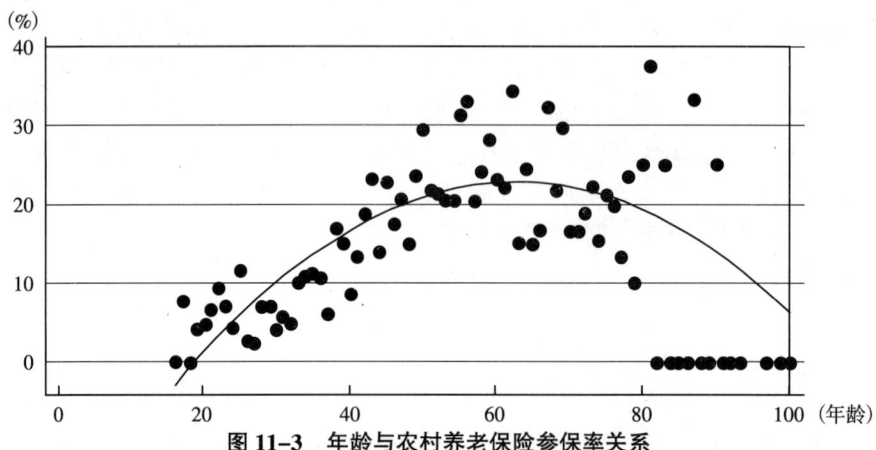

图 11-3　年龄与农村养老保险参保率关系

资料来源：世界银行成都农村养老保险课题组（2010 年）在试点地区成都市开展的农户抽样调查，样本量为 1400 户。

参保农户的特征表现为年龄较大、教育水平较低、更多从事农业。年轻人参保积极性较低，参保率明显低于中老年人。根据世界银行课题组[①]和高文书[②]调查研究，参保者平均年龄为 51.4 岁，未参保人的平均年龄为 43.4 岁，随着年龄的提高，农村养老保险的参保率会不断提高（见图 11-3），若将全部人群划分为 16~19 岁、20~29 岁、30~39 岁、40~49 岁、50~59 岁和 60 岁及以上共六个年龄组，计算出他们各自的养老保险参保率分别为 1.9%、6.0%、7.4%、15.9%、23.4% 和 19.2%，50~59 岁年龄组是参保率最高的群体。"新农保"试点政策吸引更多的是中低收入水平、中低学历程度、健康水平低、参保回报时间短的人群。[③]吉林省试点县调查显示，不愿意参加"新农保"的农民平均年龄为 41.3 岁，而愿意参加"新农保"的农民平均年龄为 48.7 岁。[④]安徽省试点县[⑤]调查表明，参保农民中有 49% 的年龄在 45~59 岁，只有 6.7% 在 30 岁以下。浙江省某试点县调查发现，85% 的参保人员年龄在 45 岁以上，35 岁以下只占 1% 左右。[⑥]

[①] 世界银行课题组. 农村居民养老保险制度研究——以成都市为例. 研究报告，2010 年 12 月.
[②] 高文书. 新型农村社会养老保险参保影响因素分析. 华中师范大学学报（人文社会科学版），2012 (4).
[③] 穆怀中，闫琳琳. 新型农村养老保险参保决策影响因素研究. 人口研究，2012 (1).
[④] 刘善槐，邬志辉，何圣财. 新型农村社会养老保险试点状况及对策——基于吉林省 5000 农户的调查研究. 调研世界，2011 (2).
[⑤] 罗遐. 新型农村养老保险试点问题的实证研究——基于安徽省四县市的调查. 社会保障研究，2011 (1).
[⑥] 封进. 新型农村养老保险制度：政策设计与实施效果. 世界经济情况，2010 (8).

年轻人参保率较低,一方面与其养老需求意识有关,养老对他们来说是一个较为"遥远"的事情,另一方面与流动性有关,农村大量年轻人外出打工影响了参保,迁移会降低农户参保率,而迁移人口的人力资本水平相对更高,所以会呈现参保者的教育水平反而更低。年轻人参保率低将是农村养老保险制度可持续发展的重要挑战。

收入水平是影响农民参保的重要经济因素,但也未必收入越高参保积极性和参保率就越高。收入水平直接影响参保者的缴费能力,在控制了其他因素之后,收入水平实际上对参保率具有显著的正面作用。世界银行课题组①研究发现,随着收入水平提高,选择较高缴费档次的比例上升,而选择最低档次的比例下降,人均纯收入 2500~4999 元组选择最低档次比例为 50%,5000~7499 元组选择最低档次比例下降到 46.6%,7500 元以上组别该比例进一步下降到 42.1%。不过,收入水平与缴费档次选择并非线性关系,收入水平影响缴费能力,但同时也影响养老保险需求强度和参保缴费意愿。收入增长到一定水平之后,个人自身的收入保障状况较好,在养老金收入水平较低的情况下,可能导致参保意愿出现下降。

政策认知也会影响参保者的行为决策。农民对政策的了解程度对其参保行为有显著的促进作用,研究显示,农民对缴费档次了解程度每增加 1 个单位,其参保可能性就会提高 84.2%,对缴费年限了解程度每增加 1 个单位,参保可能性就会提高 1.5 倍左右。②农民对政策的认知较大程度上与基层工作人员的宣传、引导有关,对于干群关系较好的村子,农民对于村干部比较信任,倾向于以积极的态度去对待新政策,有助于扩大参保率。③但是,目前农民对政策的认知情况仍有待提高。吉林省试点县调查显示,仍然有 45%的农民对"新农保"政策并不清楚,6%的农民从未听说过。④河北省试点县调查显示,只有 27%的农民明确知道参加保险会得到政府补贴。⑤

---

① 世界银行课题组.农村居民养老保险制度研究——以成都市为例.研究报告,2010 年 12 月.
② 吴玉锋.社会互动与新型农村社会养老保险参保行为实证研究.华中科技大学学报,2011 (4).
③ 田栋.新型农村社会养老保险参保档次分布的影响因素分析及对策建议——基于河南省某试点县的调查.郑州大学学报(哲学社会科学版),2011 (3).
④ 刘善槐,邬志辉,何圣财.新型农村社会养老保险试点状况及对策——基于吉林省 5000 农户的调查研究.调研世界,2011 (2).
⑤ 耿永志.新型农村社会养老保险试点跟踪调查——来自河北省 18 个县(市)的农户.财经问题研究,2011 (5).

四、经济社会效应逐步显现

养老保险制度对于保障老年人基本生活发挥了积极作用。享受到养老金之后，农村老年人的个人安全感和自尊感明显增强，养老金帮助农村老年人支付食品、医疗、衣着、水电等必要的生活消费，增强了经济稳定、降低了对其他方面经济支持的依赖。世界银行课题组[1]研究发现，超过半数老年人按月会领取养老金，部分老年人对养老金收入具有一定的依赖程度，71.4%领取者表示养老金用于食品消费，其次是健康医疗、购买生产资料和储蓄。

当然，不同地区的福利效应存在差异。在富裕的经济发达地区，"新农保"对消费影响不大，在经济欠发达地区，"新农保"显著增加了消费，而对于有较多劳动力外出打工的欠发达地区，"新农保"并不会影响劳动力流动，不会改变劳动力从农村流入城镇并参加城镇职工的养老保险制度这一大的趋势。[2] 此外，在农村养老保险制度推动下，基层政府的机构调整也在逐渐发生变化，以适应国家主导的资源赋予型的乡村社会发展，税费改革后闲置的基层干部重新获得了角色地位，成为乡村公共事务中不可或缺的治理资源。[3]

农村养老保险制度正在逐渐影响着农户个人、家庭以及整个农村经济社会。农村养老保险制度不仅有助于解决农村老年人的养老问题，而且是一种重要的经济社会机制，影响收入分配、阶层关系和资本市场等各方面，有利于缩小城乡差距、打破城乡二元社会结构，让城乡居民共享改革和发展的成果。[4]

第三节 农村养老保险面临的问题与挑战

在人口流动和农村老龄化加快的形势下，随着农村养老保险覆盖面逐

---

[1] 世界银行课题组. 农村居民养老保险制度研究——以成都市为例. 研究报告，2010年12月.
[2] 封进. 新型农村养老保险制度：政策设计与实施效果. 世界经济情况，2010（8）.
[3] 慕良泽，任路. 惠农政策的嵌入与乡村治理资源重组——基于对新型农村养老保险政策的调查分析. 理论与改革，2010（6）.
[4] 邓大松，刘远风. 社会保障制度风险：以新型农村养老保险为例. 当代经济科学，2011（4）.

步扩大，制度的发展也面临一系列问题和挑战：青年人的参保激励不足、低收入和特殊困难群体的缴费能力不足成为人员全覆盖目标的重要障碍，养老待遇水平尚不能满足老年人基本生活需要，而提高补贴水平又可能导致公平性问题，各级财政负担不平衡，地方政府尤其是县级财政压力影响制度可持续，统筹层次较低、基金管理成本较高，基金保值增值的风险较大，制度统筹和可携带性的障碍尚未有效解决，经办服务能力不足的矛盾也日益凸显。

一、参保激励与覆盖水平

尽管"新农保"制度覆盖率快速扩大，但实现人员全覆盖目标将是一个较长的过程。而且，不同经济发展水平地区的覆盖率存在明显差异，北京、浙江、江苏等沿海发达地区较快地提高覆盖率，而中西部地区尤其是贫困地区的覆盖率扩大面临挑战。实现从制度全覆盖走向人员全覆盖的首要障碍是低收入群体和特殊困难群体的缴费能力或经济负担，另一个障碍是参保激励不足，既影响缴费能力，又影响有缴费能力的参保意愿。

"新农保"实施中存在两个"死角"群体，一是有参保意愿但无能力缴费的群体，二是有能力缴费却不愿参保的农民。不参保的农民大多是16~45岁的青年群体，现有制度的吸引力不够；无能力缴费的农民主要是40~59岁的大龄农民，经济落后地区的农民以及体弱病残没有劳动能力的农民。贫困群体缺乏缴费能力是更为突出的问题，国家贫困线标准从2010年的农民人均纯收入1274元大幅提高至2300元，全国贫困人口数量和覆盖面扩大到1.28亿人，占农村总人口的13.4%，占全国总人口的近1/10。贫困家庭仍然难以承受目前制度所要求的个人缴费，这将导致最贫困的穷人无法纳入养老保险制度，而"新农保"制度的成功较大程度上取决于广覆盖和高参保率。因此，如何帮助低收入、贫困和特殊困难群体顺利地进入养老保险范围，将是实现高覆盖率面临的重要挑战。

参保激励不足是导致有缴费能力却不愿参保的重要原因。当前较低的补贴水平不足以激励养老保险需求较低的年轻人参保，年轻人的参保率明显较低。地方财政最低30元的补贴对中西部地区农村居民参保能够起到一定的激励作用，但对于经济较发达地区将缺乏吸引力，而且不同缴费档次的政府补贴水平没有明显差异，参保者选择较高档次的激励更弱。[1] 在当

---

[1] 华黎，郑小明. 完善新型农村社会养老保险财政资金供给的思路与对策. 求实，2010（10）.

前激励水平下，年轻人维持长期缴费的意愿也有很大不确定性，即使参保，中途退保或停止缴费的可能性也较大。世界银行课题组[1]调查发现，被调查参保农户中有16.8%仅仅开户而未继续缴费。尽管筹资渠道中除了个人缴费和政府补贴，还有集体补助的方式，但实际上集体补助的激励效果受到集体经济发展状况的约束，而且，各地"新农保"实施意见中也没有明确具体的集体补助措施，这种软约束可能导致有补助能力的集体经济主体产生"搭便车"现象。[2]如何适当地提高参保激励水平将是解决年轻人和高收入居民的参保需求不足问题的关键，更是扩大覆盖率的不可回避的挑战。

二、激励效应与公平性

提高政府补贴水平、增强激励效应有助于提高居民的参保积极性，逐步扩大激励水平也是实现全覆盖目标的重要途径。但是，当前制度设计和激励方式仍然不完善，仅仅提高政府补贴水平有可能导致"富人补贴多、穷人补贴少"的公平性问题，从而不利于贫富差距缩小，甚至进一步拉大贫富差距，这与社会保障的收入分配效应初衷相悖。

收入水平高的居民有能力选择高缴费档次，得到更多的政府补贴，从而导致公平性问题。根据制度规定，对于选择高缴费档次的参保者，地方政府可以在最低30元补贴标准基础上适当给予额外补贴，并不提倡按比例补贴，这主要考虑到在提高激励水平的同时保证公平性。但是，实际制度推行中缴费补贴产生了有悖于养老保险制度初衷的逆向选择，即收入越高的农民自我保障能力越强，却为获得更多的财政补贴选择更高的缴费档次。[3]而受到经济水平的制约，部分低收入居民尽管有很强的参保意愿，但无法真正根据自身需要选择最适合和最有利的档次，逆向选择乃至逆向淘汰问题可能出现。[4]尤其经济发展水平较高、财政能力较好的地方，较大幅度地提高选择高档次的缴费补贴标准，地区经济发展水平差距也由此反映到缴费激励水平上，可能造成更突出的地区保障水平差距。部分发达县（市）政府大幅度地增加缴费档次和提高缴费额（有地区达到2000元），

---

[1] 世界银行课题组. 农村居民养老保险制度研究——以成都市为例. 研究报告, 2010年12月.
[2] 苏明政, 韩朔. 基于地方政府支付责任的新型农村养老保险制度研究. 金融发展研究, 2010 (6).
[3] 邓大松, 刘远风. 社会保障制度风险：以新型农村养老保险为例. 当代经济科学, 2011 (4).
[4] 田栋. 新型农村社会养老保险参保档次分布的影响因素分析及对策建议——基于河南省某试点县的调查. 郑州大学学报（哲学社会科学版），2011 (3).

缴费越多得到补贴越多，居民收入差距进一步反映到养老保障水平上，这种"富多保，穷少保"的现象会进一步拉大贫富差距，不利于社会公平的体现，违背了社会保障的公平宗旨。

按照同比例给予补贴的制度设计，名义上更为"公平"，而实质上将带来更为突出的公平性问题。世界银行课题组①研究发现，成都市制度与国家"新农保"制度存在差异，按照单一比例对缴费基础进行财政补贴，选择较高缴费档次可以同比例地获得更多的财政资源，使有能力选择较高档次的人获得更多的财政补贴，养老待遇水平明显更高，根据测算，最高档次的养老金平均约为最低档次的3倍。这虽然有利于鼓励居民选择较高档次，但由于城乡之间和城乡内部居民收入水平和缴费能力的差异，可能造成财政资源更多地补贴富人，导致养老水平差距扩大的公平性问题，从而背离缩小城乡差距、实现城乡一体化的目标。有调查发现，某些试点地区的县财政按核定的个人缴费额4%~8%进行补贴，在此之上，镇财政按核定的个人缴费额1%~5%进行补贴，地方财政按照同比例方式实施的"多缴多补"更突出"效率优先、兼顾公平"，这将损害低收入群体利益，导致低收入群体利益转移到高收入群体，从而产生了"逆向分配"现象。"新农保"的收入再分配偏向于选择较高档次缴费的人群，而"子女捆绑"政策产生了逆向的收入再分配效应。②

当前关于扩大激励效应与公平性也存在争议，有人认为当前高档次的缴费激励不足，所有档次补贴都按照最低档次的标准实施，会造成最低档次选择倾向突出，由此，应该相应提高较高档次的补贴水平，以鼓励选择高标准和高保障水平。但更多人考虑到公平性问题，认为应该重视"补贴富人"问题，防止保障水平的贫富差距。"效率优先"补贴机制显然与社会保障的再分配理念相背离，低收入群体的养老保障需求应该放在更为突出重要的位置，因此，"公平优先，兼顾效率"的养老保障改革理念应该是更为合理的政策取向。

三、养老待遇与保障水平

养老待遇既是影响居民参保行为的一个重要因素，又直接反映了养老

---

① 世界银行课题组. 农村居民养老保险制度研究——以成都市为例. 研究报告，2010年12月.
② 王翠琴，薛惠元. 新型农村社会养老保险收入再分配效应研究. 中国人口·资源与环境，2012（8）.

保险制度的保障水平，较大程度上决定了制度的运行效果和可持续性。当前"新农保"实施初期阶段，养老待遇水平总体较低。这与当前经济发展水平和农村居民收入状况有关，也有制度设计的基本原则和价值观念支撑，低水平起步反映了制度覆盖优先于实现制度目标的价值取向，也反映了逐步提高保障水平的稳健态度。①但是，养老待遇的低水平影响了居民参保积极性，而不完善的养老金制度要求也存在负面影响。

目前养老金待遇处于较低水平，保障水平有限，尚不能满足老年人基本生活需要。2009年全国平均农民人均纯收入为5153元，据此估算，"新农保"的基础养老金替代率仅为12.8%，根据领取的养老金总额与农民纯收入水平的比率，替代率为14%~31%，远低于城镇职工基本养老保险的目标替代率59.2%。②现行政策所实行的统一额度计发办法造成各地收入替代率失衡，且存在实际收入替代率不断下降的风险，与之相配套的财政补贴办法导致地方政府财政负担苦乐不均。③尽管养老金逐渐成为老年人生活消费支出的重要来源之一，但是当前大部分老年人每个月仅能领取55元的基础养老金，而农村地区老年人每月的平均消费支出已经达到200元。目前的养老金水平难以满足老年人的基本生活需要，尚不能达到制度所要求的"保基本"的原则。

领取养老金待遇的相关制度规定也影响老年人保障水平。各地在"新农保"制度实施中要求，60岁以上老年人不缴费便可以享受基础养老金，但前提要求家庭成员的子女必须参保（即"子女捆绑"），这一规定的初衷在于尽快提高覆盖率，但显然违背了自愿参保的基本原则。子女不参保可能导致老年人无法享受保障，甚至影响家庭的和谐关系，可能削弱老年人的家庭保障功能，而随着人口迁移和家庭结构变化，"家庭成员"的界定也更模糊，这可能为基层政府的腐败行为提供机会。④实际运行中的确存在这种情况，吉林省试点县调查显示，94%的农民反对"子女捆绑"的参保方式，认为违背了自愿参保原则，容易引发家庭矛盾。⑤以子女参保为条件发放基础养老金，会不同程度上削弱家庭养老的地位，甚至造成子女不管老

---

① 邓大松，刘远风. 社会保障制度风险：以新型农村养老保险为例. 当代经济科学，2011 (4).
② 李伟. 关于新型农村社会养老保险试点情况的调查. 经济纵横，2011 (6).
③ 何晖，殷宝明. "新农保"基础养老金计发办法与筹资机制研究. 中国软科学，2012 (12).
④ Ce Shen, John B. Williamson. China's New Rural Pension Scheme: Can It be Improved? International Journal of Sociology and Social Policy, Vol.30, 2010, pp.239-250.
⑤ 刘善槐，邬志辉，何圣财. 新型农村社会养老保险试点状况及对策——基于吉林省5000农户的调查研究. 调研世界，2011 (2).

人或放弃赡养义务的局面。在养老金水平较低的情况下，不完善的制度规定进一步影响了保障功能的发挥。

四、财政负担与可持续性

养老保险制度的筹资主要来自于个人缴费和政府补贴，虽然原则上也鼓励集体补助，但是大多数地区尤其是中西部经济欠发达地区的集体经济名存实亡，难以发挥缴费补助的作用，政府补贴将长期是筹资的重要来源。基础养老金完全由政府承担，随着人口老龄化的加快，养老金账户平衡将受到影响，财政负担的压力将逐步加大。而且，随着缴费水平和养老金水平的逐步提高，制度的可持续将面临越来越大的挑战。

在"低水平、广覆盖"的基本原则下，财政总体负担可以承受，但地方财政的压力相对较大。假定到2013年底实现了人员全覆盖，即便按照最低养老金和缴费补贴标准，政府财政总投入将从2009年的80亿元逐步提高到2020年的1000多亿元，其中，中央财政投入占主导地位，将从56亿元逐步提高到约750亿元，地方财政从25亿元逐步提高到270亿元。在制度实施初期的"十二五"期间，政府财政投入的增加非常快，到

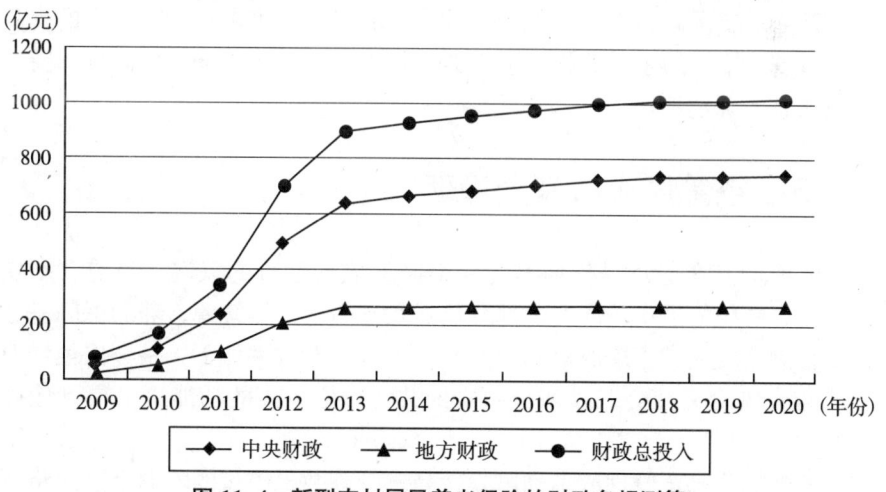

图 11-4　新型农村居民养老保险的财政负担测算

注：假定覆盖率逐年翻番，2009年覆盖全国10%的县，下一年覆盖20%，再下一年40%，然后80%，2013年实现全覆盖。补贴标准按照最低养老金补贴标准（55元/月/人）和最低参保缴费补贴标准（30元/年/人）测算。

资料来源：程杰. 新型农村养老保险制度的财政负担测算——兼论"十二五"期间实现全覆盖的可行性. 社会保障研究, 2011 (1).

2020年政府累计总投入约为9000亿元，其中，中央财政投入约6500亿元，约占到72%（见图11-4）。总体上来看，农村养老保险制度短期内的财政负担是可承受的，但是，由于各省份经济发展水平、财政状况以及人口结构的差异，不同地区的财政负担状况也存在差异。而且，未来养老金标准将随着经济发展水平、生活成本等因素逐步提高，实际的政府财政投入应该更高。

地方政府尤其是县级财政压力更为突出。从全国31个省（市）"新农保"实施意见来看，执行最低标准并由省财政全额出资的仅有1个省份，由市县级财政全额出资的有5个省份，其他省份的市县级政府出资比例在20%~80%，增加补助的省份的补贴资金大部分由省级以下的市县级地方政府解决，这种"上出政策，下出资金"的体制对市县级地方财政的预算平衡影响较大，使各市县级财政承担着较大的支出压力。[1]尤其是，贫困地区地方政府更加难以支付必要的保费配套补贴，从而影响制度的扩展与推进。

地方政府的财政负担可能导致负债风险，制度可持续运行具有不确定性。地方财政特别是县级政府具有兜底职责，需要对具体经办的金融机构、邮政部门给予补贴，而且，地方政府还需承担基金投资活动中的风险和损失，导致地方政府承担较大的债务风险。长期来看，依靠出让土地的地方财政收入增长模式难以为继，地方财政的持续增长的困难越来越大，地方政府可支配财力也将受到更大约束，养老保险需求和保障水平的提高与财政支出增长的矛盾日益凸显。[2]地方财政能否保证养老保险制度的持续运行具有不确定性。

五、统筹层次与基金管理

有效的基金管理是任何养老保障制度成功运行的关键。当前"新农保"基金的统筹层次较低，大部分仍然是县（区）级统筹，养老保障基金监督控制难度大，管理成本和风险高，投资运营效率低下，基金保值增值面临较大风险，社会保障基金的互助共济分散风险的功能也未得到较好发挥。

养老保险基金管理成本和风险较高。管理数亿人口的养老金账户将不

---

[1] 苏明政，韩朔. 基于地方政府支付责任的新型农村养老保险制度研究. 金融发展研究，2010（6）.

[2] 世界银行课题组. 农村居民养老保险制度研究——以成都市为例. 研究报告，2010年12月.

可避免地面临挑战，管理成本和不当管理风险非常高、控制难度比较大。各级地方政府管理部门的不规范和腐败问题也是需要重视的问题，监管不到位可能导致养老基金被视为地方的"第二财政"，出现被挤占、被挪用的风险。相对于城镇的管理机构，农村地区的政府管理效率和水平相对更低，农村地区县级统筹的养老基金管理将面临更大风险和挑战。而且，由于"新农保"个人缴费链条过长，大量资金沉淀在乡村。有地方实施办法是，村干部收取参保农民缴纳的现金，待缴费人数达到应参保人数一定比例（如80%），村干部到县地税局按参保缴费人员逐个开具票据，将资金存入县社保机构管理的"新农保"收入户或县地税局管理的过渡户，最后上缴至县财政局"新农保"财政专户。资金在途时间较长，大量资金沉淀在乡村，不仅影响到参保人员个人账户的建立，使参保人员蒙受了利息损失，也影响到基金安全和保值增值。①

养老保险基金的保值增值渠道单一，养老基金运营效率低下。目前"新农保"基金的增值渠道主要是银行储蓄，一般按照活期存款利率或三个月整存整取存款利率保值，以保证资金安全为主要目标。这可能导致两个问题：一是个人账户出现"空账"，基金入不敷出需要政府兜底，增加了政府的财政风险；二是养老金贬值，2001~2009年中国社保基金仅2%左右的平均投资收益率不仅低于该期间平均CPI指数，更低于两位数左右的平均工资增长率，养老金实际购买力是下降的。尤其是通货膨胀预期仍然在增强，养老基金实际上处于"缩水"状态，基金更难以达到增值目的。

县级基金管理为地方政府带来债务风险，也对统筹层次的提高造成障碍。当前县级统筹管理缺乏较好的预算约束，2010年1月，国务院出台《关于试行社会保险基金预算的意见》规定，要求社会保险基金必须编制相应的预算，但"新农保"试点县普遍未编制"新农保"基金预算。而地方政府需要承担基金投资运营活动中的风险和损失，最终可能造成潜在的负债风险。而且可能为今后提高统筹层次埋下障碍，有大量基金剩余的县市不愿意提高统筹层次，担心会补贴基本赤字的县市；相反地，有基金赤字的县市乐意提高统筹层次，希望解决筹资不足的窘境。

六、制度衔接与转移接续

制度衔接与转移接续既影响到居民参保积极性，也直接影响着参保者

---

① 李兰雄. 解决新型农村社会养老保险基金管理存在的问题. 财会月刊, 2011 (6).

的利益。当前突出存在农村养老保险与其他社会保障制度的衔接、城乡之间养老保险制度的衔接以及养老保险制度在地区之间的转移接续问题,制度统筹整合和可携带性将是未来养老保险制度改革发展不可回避的问题。

社会保障制度的"碎片化"是养老保险制度衔接的重要障碍。目前仍然存在多个相关社会保障配套制度或政策需要协调,包括城镇职工养老保险制度、农民工养老保险制度、被征地农民养老保险制度、"老农保"制度、农村计划生育户奖励扶助政策、村干部养老保险政策、农村"五保户"政策、农村最低生活保障制度等。制度的"碎片化"不仅造成了行政管理的复杂性,而且使不同群体的保障待遇参差不齐,制度之间的协调性差,面临制度分割风险。尽管已经出台了养老保险制度衔接的原则性意见,但还没有全国统一、具体可操作的实施细则。

"新农保"与"老农保"的制度衔接问题更为紧迫。这两类保险制度在覆盖范围、筹资方式、缴费标准、养老金待遇等方面存在根本性差别,但是,全国"老农保"参保人数已经积累了相当规模,而且在全国"新农保"制度之前,各地也探索实施了多种不同类型的地方"新农保",制度差异如何更好地衔接,将是当前"新农保"实施迫切需要解决的问题。例如,安徽马鞍山 2007 年在全市范围内探索"新农保",当时承诺女性年满55 周岁就可以领取养老金,但是全国"新农保"试点方案中规定,男女都必须达到 60 周岁才能领取养老金,这对参加本地"新农保"的女性影响很大,对政府的信任度降低,影响了"新农保"的实施。而且,即便是全国"新农保"制度,在试点实施中也存在诸多差异,不同试点县(市)在缴费基数、个人缴费、政府补贴比例、基金统筹层次、养老金计发办法、领取标准等方面都可能存在差异。

城乡养老保险制度的衔接尚未通畅。随着城镇化步伐加快,大量农村居民迁移到城镇工作生活,参加"新农保"参保者如何转移到城镇居民养老保险或者城镇职工养老保险,而在城镇工作的农民工选择参加城镇职工养老保险,在返回农村后如何转移到"新农保"制度中,当前这种城乡之间的衔接制度和办法仍在研究和征求意见中,有待出台明确政策和措施。制度衔接和转移接续问题已经成为阻碍农村居民选择保障水平更高的城镇职工养老保险的重要因素,矛盾主要集中在统筹账户转移、缴费年限核算、待遇水平等问题上。[1]

---

[1] 顾永红,刘鑫宏.制度衔接:新型农村养老保险与城镇基本养老保险.农村经济,2011(5).

七、经办服务与管理

随着覆盖面迅速扩大，经办服务水平和能力问题日益凸显，包括服务网点和机构的全面建立、人员配备、信息管理系统，以及财政和金融等部门的支持与配合等。经办能力不足已经成为"新农保"制度的重要"瓶颈"，构建较为完善的经办服务体系、提高制度执行能力是制度顺利实施的关键因素之一。

经办服务水平和管理能力不足暴露出诸多问题。在政策宣传上，许多农民对"新农保"政策一知半解甚至一无所知，更谈不上缴费参保。在养老金发放上，发放金融机构有时会出现错发、多发或少发、拖延发放等问题，部分基层政府拖欠养老金，部分地方养老金的领取由村协管员代领代发，导致养老金的领取和发放存在风险。[①] 在管理上也出现一些违规现象，如虚假为"学生"以逃避缴费，虚报年龄以骗取养老金，将个人缴费设置为享受基础养老金的先决条件，某人去世继续领取基础养老金则停发该村民组所有人2个月养老金的"连坐监督制"等。[②]

多层次养老保险经办服务网络尚未全面建立起来。按照劳动社会保障发展规划要求，建立县、乡、村三级社保服务经办网络是完善农村社保服务体系的目标之一，社保经办服务向村级延伸也是工作重点。然而，"新农保"经办业务主要由县（市、区）、乡（镇）和行政村三级经办，而恰恰这三级经办机构力量十分薄弱，经办手段比较落后。目前，大部分试点地区经办工作还以手工操作为主，经办成本高、效率低，村一级的工作量最大，要保证及时更新情况、动态跟踪，主要依靠村干部，而村干部大都是一身兼多职，只是协助社保部门工作，工作中的责任和权利分离可能会导致信息的准确性和安全性出问题。

基层业务经办人员严重不足，而且业务素质偏低。根据河南省调查显示，试点县级政府中保险工作人员平均为12人，每个乡镇大约6人，乡镇中从事业务经办人员仅有14.1%是专职的。[③] 根据陕西省农保中心提供的数据，2009年参保人数已经达到300万人，而每个县的管理人员仅有4~5人，服务人次比达到了1:12000。根据成都市调查，[④] 263个乡镇共有535

[①] 李伟.关于新型农村社会养老保险试点情况的调查.经济纵横，2011 (6).
[②][③] 慕良泽，任路.惠农政策的嵌入与乡村治理资源重组——基于对新型农村养老保险政策的调查分析.理论与改革，2010 (6).
[④] 世界银行课题组.农村居民养老保险制度研究——以成都市为例.研究报告，2010年12月.

个养老保险经办人员，平均每个乡镇有 2.03 人，其中只有 50 个人是编制内的正式经办人员，而且，这些社保经办人员待遇低，工作量大，缺乏专业学习与培训。

社保信息管理系统也面临着软硬件投入不足的问题。养老保险需要记录大量个人信息，而且需要长期保存，这对数据库容量、系统安全性等提出了较高要求。缴费管理、账户管理、档案管理、信息数据管理等，也是"新农保"制度推行中的一大难题。目前农村养老保险业务主要由邮政局或者协作银行经办，制度平台、管理平台、技术平台较为落后。在经办服务信息化方面，县、乡两级信息化程度较高，基本实现信息共享与互通互联，但大多数乡镇与村之间没有建立社保信息网络联系与共享平台。信息系统建设和维护的投入不足与不断扩大的养老保险覆盖面之间形成了"瓶颈"。

第四节 完善农村养老保险的政策建议

以人人享有基本的养老保障为目标，针对当前农村养老保险制度面临的问题和挑战，应该从以下七个方面进行制度改进和完善：根据经济发展水平和财政收入状况，逐步提高养老金水平；完善政府缴费补贴方式、适当提高补贴标准，对不同特征群体给予差别化的激励政策；中央财政进一步加大投入，对经济、财政状况较差的县市级政府加大转移支付力度；尽快提高统筹层次并以全国统筹为最终目标，探索安全、有效的基金保值增值渠道；制定全国统一的具体操作措施，实现城乡养老保险制度之间、养老保险与其他社会保障之间的有效衔接和顺畅转移；加强社会保障经办服务体系的标准化和规范化建设，提高经办服务水平；同时，考虑建立适当的补充养老金计划。

一、逐步提高保障水平

目前农村养老保险的保障水平仍然较低，应该根据经济发展水平和财政收入状况，逐步提高制度的养老待遇水平，保证农村居民能够得到基本的生活保障。

适当提高基础养老金水平。"新农保"属于财政补贴型养老金制度，政府财政补贴标准应该是为了达到既定的养老金目标替代率。提高政府的养老金目标替代率是提高保障水平的基本途径。对于农村居民，可以考虑基础养老金部分按当地上年农民人均纯收入20%比例给付，从而随着经济发展、财政收入的提高及人民生活水平的提高，农民养老的保障水平也不断提高。同时，基础养老金的财政补贴也应该有侧重性，尤其应该保障特殊困难群体居民的基本生活。

逐步完善个人账户缴费模式。当前个人账户筹资方式基本采取固定金额档次缴费，未能将缴费水平与经济发展和居民收入水平的变动相关联，有效的缴费标准调整机制应该是将缴费标准与居民收入水平（反映缴费能力）适当挂钩。可以考虑以农民人均纯收入作为缴费基数，实行比例费率制，缴费标准随着农民人均纯收入的增加自动增长，从而确保个人账户养老金替代率保持稳定，例如，100~500元的缴费档次占2008年全国农民人均纯收入的比重为2.1%~10.5%，相当于个人缴费率为2%、4%、6%、8%、10%共5个档次。[①] 这种缴费方式应该保证未来个人账户养老金水平与经济社会发展和居民收入水平相适应，目前已经有地区采取这种模式，如成都的城乡居民养老保险制度。

建立养老保障水平的长期调整机制。适当的养老保障水平调整机制应该把经济发展水平、城乡居民收入、工资水平、物价、财政收入状况和能力等因素考虑进去，做到养老保障的待遇水平与社会经济发展水平相适应。尤其在通货膨胀率较高、生活成本上涨较快、社会在职人员工资提高的情况下，养老金待遇指数调整是保证老年收入比例相对于在职人员不下降的关键。政府应该在养老保障制度中承担兜底性责任，通货膨胀等经济风险是个人和集体无法承受的风险，政府应予以承担，应该以财政资金担保建立养老金的指数化增长机制，使养老金增长与物价提高、生活成本上涨或收入增长挂钩。

二、适度增强参保激励

目前制度对农村居民尤其是对青年人和家庭经济困难群体的参保激励效果较弱，这是未来人员全覆盖目标实现的最大挑战之一。应该完善政府缴费补贴方式、适当提高补贴标准，对不同特征群体给予差别化的激励政

---

① 邓大松，薛惠元. 新型农村社会养老保险替代率精算模型及其实证分析. 经济管理，2010(5).

策,从而更好地激励农民参加保险。

实现更为灵活的个人缴费制度。目前个人账户的定额缴费制缺乏自动调整机制,限制了有效缴费水平的选择范围,可以根据经济发展水平和居民收入增长情况适当扩大缴费档次范围。[①] 缴费档次的设置应该更为灵活,让参保者在经济宽松的时候可以多缴费。当然,尽管提高缴费率可以提高个人账户养老金水平,但是目前居民收入水平总体上还处于较低水平,个人缴费率应保持相对稳定,这有利于减轻农民的心理负担。

制定有差别的缴费标准和相应的补贴标准。应该根据年龄、家庭经济状况等特征制定差异化的缴费标准,并确定相适应的补贴标准,以更好地激励其参保。对于不同年龄段居民,可以考虑实施分年龄群体的养老保险缴费机制,在青年阶段缴费标准随年龄上升而增加,在中老年阶段则随年龄的上升而减少,具有完全劳动能力的中年人具有较强的经济能力,可对其设定相对较高的、适合其经济状况的缴费标准,对于青年、老年群体,缴费标准适度降低。[②] 同时,也应该设计差别化的激励机制,对选择较高档次和超过缴费年限的给予适当奖励,对于残疾、家庭经济特殊困难等弱势群体给予更多的补贴激励或完全由政府承担。

在保证公平性基础上适当提高补贴标准。建立财政补贴与参保缴费档次之间的比例关联,虽然有利于提高中高收入居民的参保积极性,但会造成更为突出的"富人补贴多、穷人补贴少"的现象,导致严重的公平性问题。政府应该以"公平优先、兼顾效率"为原则,根据各地经济发展状况和实际情况选择合适的财政补贴方式,适当提高补贴标准,既要注重农民的参保积极性,又要保证财政补贴的公平性。除了政府补贴激励之外,应该探索发挥集体经济的补贴激励机制,通过加快集体经济组织的股份制改造,增强农村集体组织的补助意愿。

三、加大中央及省级政府财政投入

政府财政投入是农村养老保险制度实施和持续运行的重要保障,目前中央和省级财政所承担的基础养老金和个人账户缴费补贴没有太大问题,但市县级财政尤其是中西部经济欠发达地区面临较大压力,难以承受随着覆盖率扩大而大幅提高的缴费补贴和经办机构业务支出。中央财政应该进

---

① 余桔云. 江西省新型农村养老保险有效缴费水平的测算. 经济问题探索, 2011 (1).
② 封铁英, 戴超. 以需求为导向的新型农村养老保险参保意愿与模式选择研究. 人口与发展, 2010 (6).

一步加大投入，并鼓励省级财政加大支持，对中西部地区和经济、财政状况较差的县市级政府加大转移支付力度，形成良好的中央、省、市县各级财政分担机制。

中央和省级财政加大对转移支付力度。在市县级地方政府面临较大支付压力且其财政收入短期无法显著增加的情况下，中央、省级政府的转移支付就显得尤为重要。中央财政要加大对经济、财政困难县的支持，省一级要增加可用于省以下转移支付的财政资金，加大对县级的转移支付力度，可以考虑建立地市一级的以财政收入为担保的调剂金互助体制，形成以共济为性质的横向支付体系。转移支付地区的区分应该改变传统东、中、西部地区划分的方法，而根据不同地区老龄人口数、地方财政收入及地方财政承担养老保险补贴负担状况等因素做出合理和适量的专项转移支付。对于地方各级财政的分担，由于各地区经济发展水平和财政能力不同，地方财政补贴在省、市、县三级财政的分担没有必要制定一个统一的标准，在经济欠发达、财政收入低的县，县级财政可以相应地减轻负担。

中央财政应该适当分担个人账户缴费补贴。除了基础养老金以外，中央财政可以按照各地经济和社会发展水平的不同对养老保险的缴费补贴予以分担，如国家级贫困县的缴费补贴由中央财政承担。可以考虑建立"养老负担能力指数"，中央财政据此更加合理地对各地区予以补助，例如以地方财政用于社会养老保险补贴负担的比例作为参照系数，以 1%作为基数，超过 1%的地区实行转移支付，超过部分由中央财政补贴，[①]从而解决地方政府在制度推行中财政负担失衡的问题。

四、提高统筹层次和基金管理水平

以县级统筹为基础的管理模式难以较好地分散风险，更难以提高基金管理水平，这始终是制度财务可持续性的重要障碍和挑战。应该尽快提高统筹层次并以全国统筹为最终目标，探索安全、有效的基金保值增值渠道，提高基金运营效率。

制度试点实施完成后尽快推进省级统筹。统筹层次越高，风险越分散，保障水平越高。随着制度全覆盖目标的实现，应该实现县级统筹向市级统筹和省级统筹过渡，尽快在省级范围内实行统一制度、统一标准、统

---

① 丁煜. 新型农村社会养老保险制度的缺陷与完善. 厦门大学学报（哲学社会科学版），2011（3）.

一征收和统一管理，提高基金管理水平，也有助于消除各地制度模式的"碎片化"现象。可以尝试设立由省级农村社会养老保险基金管理部门，将基金的统筹和管理工作集中由一个部门负责，各个县市只负责养老保险基金的缴纳和发放工作。[①]提高统筹层次最终要实现全国统筹。

实行预算管理，开辟新的保值增值渠道。各级政府应该根据《关于试行社会保险基金预算的意见》编制基金预算，明确各级政府职责，约束基金收支行为，增强基金管理的透明度，实行统一管理和调度。应该逐步放开监管限制，实现个人账户养老保险基金市场化运营，探索多个渠道的保值增值。例如，逐步允许"新农保"基金参与到资本市场中，尝试将属于地方国资委的国有股股权划拨给以省为单位的"新农保"基金，使"新农保"基金能够享受国企利润分配，参考全国社会保障基金和企业年金基金的管理模式以省级社会保险经办机构为受托人的信托型管理方式，选择信誉较好和实力较强的金融机构或基金公司对风险较小、收益相对稳定的理财产品进行适当的投资，投资高速公路、机场建设、铁路等国家基础设施建设项目，同时建立风险评估指标体系和基金收益跟踪指数等监测评估机制。

完善基金管理程序，加强监督管理。应该减少基金管理环节，以降低管理成本，可以将地税部门从"新农保"缴费链条中脱离出来，其业务交由县社保机构承担，县社保机构委托金融机构为参保人员办理缴费卡，将养老保险费直接划扣至"新农保"财政专户。业务管理与基金管理应该分开，社保机构主要负责参保登记、养老保险费审核、个人账户管理、统计管理等工作，而基金的财政专户管理、会计核算、基金预算及保值增值等由财政部门负责。建议成立养老保险基金监督委员会，负责养老保险基金收支预算审批和监督预算执行情况，加大内部审计和外部审计力度，保障基金收支和发放的合规性，坚决杜绝违规办理养老保险的业务出现。

五、尽快完善制度衔接和经办服务

制度统筹整合和可携带性将是养老保险制度改革发展不可回避的问题，而在覆盖面逐步扩大的情况下，制度衔接过程中经办服务能力不足的"瓶颈"更为凸显。应该尽快出台全国统一的具体操作措施，实现城乡养老保险制度之间、养老保险与其他社会保障之间的有效衔接和顺畅转移，

---

① 林全玲. 我国新型农村社会养老保险制度的构建与完善. 社会科学家，2011（4）.

加强社会保障经办服务体系的标准化和规范化建设，提高经办服务水平。

制度实施要适当保持弹性，预留制度接口。"新农保"制度不应该是一个独立运转的封闭体系，而是可与其他制度衔接、协调的开放体系，逐步排除人口流动和职业变化的阻碍因素，"新农保"制度实施过程中应该预留制度接口，与"老农保"、失地农民工养老保险、农民工养老保险等制度有效衔接。有学者建议将"新农保"的财政补贴与农村最低生活保障制度整合，对特殊群体的政策性补贴也可以整合，如库区移民补贴、农村村组干部、计划生育户等，属于补贴待遇性质的部分进入统筹账户，属于补贴缴费性质的部分进入个人账户。但是，由于不同社会保障政策目标和功能存在差异，覆盖对象也不同，因此，在制定整合过程中也要考虑到差异性，不能简单地处理。

加强社会保障经办服务体系建设。在经办业务组织机构方面，应该建立县农村社会养老保险管理中心——乡镇劳动保障所——村级农保协管员三级管理体制，安排相应的编制，配备专门的经办服务人员。政府需要对社会保障体系建立投入力度，并把社会保障经办服务经费列入财政预算，确保社会保障经办服务的行政管理费用。建立规范化的经办服务流程和标准化的服务内容，保障经办服务的水平和质量。整合现有的信息平台资源，并加强社保经费服务人员定岗、培训和能力建设，业务的培训应该包括社会保障相关政策、规范性流程、法律知识等内容，提升经办队伍的工作水平。同时，可以通过政府购买服务或服务补贴的方式引入市场力量或社会力量，如引导保险机构和农村金融机构等市场微观主体参与社会保障管理服务体系建设，公开招聘村级农保协管员等。

六、探索建立补充养老金计划

随着人口迁移加快和老龄化加深，农村居民的养老保障需求将快速提高，应该考虑探索建立适当的补充养老金计划，构建更为完备的农村居民养老保障安全网。

中国建立非缴费型补充养老金计划具有重要意义。随着经济社会发展和生活水平不断提高，养老需求也将不断增强，中国需要一个适当的社会养老金计划来补充。[1] 这种补充养老金计划应该是统一的非缴费型养老金计

---

[1] Ce Shen, John B. Williamson. China's New Rural Pension Scheme: Can It be Improved? International Journal of Sociology and Social Policy, Vol.30, 2010, pp.239-250.

划，它更接近于转移支付，而非储蓄或社会保险计划。从国际经验来看，这类养老金计划一般包括两种类型：一是统一的养老金，即达到一定年龄后所有人享受统一养老金待遇；二是收入调查养老金，即一定收入水平线以下的老年人享受养老金待遇。在南非、新西兰等许多国家，统一养老金计划取得了成功，有效地削减了老年人贫困，增强了老年人及其家庭的生产率，扩大了生产投资和就业创造，能够保证所有的老年人都能够享受养老待遇。这种统一的补充养老金计划可以视为城乡统一的国民养老金计划，将为城乡老年人提供一个不与缴费贡献挂钩、由财政负担的最低收入保障，这对2020年人人享有基本养老保障目标的实现具有重大意义，也应该成为城乡居民养老保障制度改革与发展的重要内容。当然，这一计划实施要求的基本条件是，具备基本的基金管理水平、财政水平以及制度法律保障。[①]

对于中国而言，是否能够承担这样的养老金计划，则关键要看两个因素：一是享受待遇的年龄，二是养老金待遇水平。中国目前的经济发展水平有能力承担这一计划。假定按照城乡居民收入的15%~20%替代率作为养老金标准，这一养老金计划需要财政每年投入1800亿~2400亿元，根据目前财政和经济状况，这不会造成明显的财政负担。中国适合选择这样的养老金，政府可以考虑设立一项统一的非缴费型养老金补充计划，将目前"新农保"、城镇居民养老保险制度与非缴费型养老金计划合并，从而提供保障水平，削减老年人贫困，缩小城乡收入不平等，更好地促进经济社会发展和政治稳定。

---

① Jessica K. M. Johnson and John B. Williamson. Do Universal Non-contributory Old-age Pensions Make Sense for Rural Areas in Low-income Countries? International Social Security Review, Vol. 59, 2006, pp. 47–65.

第十二章 最低生活保障制度发展

最低生活保障制度是社会保障体系中的一项重要制度，是保障贫困人口和家庭基本生活的安全网。中国的最低生活保障制度是经济体制全面改革的产物。1978年以前和改革开放初期，在计划经济的框架下，没有制度化的社会救助项目。20世纪90年代，随着国有企业改革的深化，城市中出现了新的贫困群体，呼唤着社会救助体系的创新，最低生活保障制度应运而生。最低生活保障制度首先以改革试验的方式在一些城市推进，自1997年起，中央政府在全国范围内建立了城市最低生活保障制度。中国农村的最低生活保障制度起步较晚，但发展的步伐非常快。城乡最低生活保障制度在保障人民的基本生活水平、减低贫困、维护社会稳定等方面发挥着越来越大的作用。为加大减贫力度，促进收入分配合理化，确保社会公平并兼顾效率，最低生活保障制度还需要进一步发展和完善。

第一节 最低生活保障制度的内容和特点

最低生活保障制度具有收入扶持的作用，是社会保障体系中的一项重要制度。现代社会保障体系一般包括社会保险、社会救助、社会福利三大组成部分，最低生活保障制度是社会救助体系的一个重要组成部分。中共十七大提出，"要以社会保险、社会救助、社会福利为基础，以基本养老、基本医疗、最低生活保障制度为重点，以慈善事业、商业保险为补充，加快完善社会保障体系"。这一表述，指出了最低生活保障制度的位置和重要性。

最低生活保障制度有以下两个基本特点：一是非缴费性，二是非普享性。与实行缴费的各类社会保险项目（如养老保险、失业保险、医疗保险）不同，最低生活保障是没有缴费的保障制度，受益者无须缴费，只要符合条件,就可以从政府领取维持生活的低保金。这一特点,并非最低生活保障所独有:社会救助各类项目都由公共财政负担,不需要受益者缴费。再者,最低生活保障金发放的目标群体是人均收入低于指定的最低数额(官方贫困线)的家庭,低保资格要通过核查家庭收入的家计调查来确定。这样,最低生活保障制度又同普享型的非缴费、无家计调查社会福利现金给付(如未成年子女津贴)制度区别开来。

与社会救助的其他项目相比,最低生活保障有一些重要的特点。目前在我国,社会救助的类型包括灾害救助、最低生活保障、农村贫困救助、城市流浪乞讨人员救助、特定人群救助、临时救助等。社会救助的一些临时性项目,如自然灾害救助、临时救助,也需要确定救助对象,但一般不需要像最低生活保障那样,通过家计调查来进行。专项的社会救助,如农村"五保"供养制度,救助对象的认定也无须家计调查。最低生活保障涉及面广,透明度高,规范性强,这也是其特点之一。

在我国,目前有两种最低生活保障制度:城市居民最低生活保障制度和农村最低生活保障制度。城市居民最低生活保障制度的规范化、法制化程度相对较高。现行城市居民最低生活保障制度的基本内容,包括保障对象、管理体制、管理方式等,都在1999年国务院颁布的《城市居民最低生活保障条例》(以下简称《条例》)中得到了一一表述。按照这一条例,城市居民最低生活保障制度的保障对象(简称城市低保对象)是家庭人均收入低于当地最低生活保障标准的持有本地非农业户口的城市居民,即本地户籍市民。按照该《条例》,低保对象主要涉及两类人员:第一类人员为"无生活来源、无劳动能力又无法定赡养人、扶养人或者抚养人的城市居民";第二类人员为"尚有一定收入",但家庭人均收入低于当地城市居民最低生活保障标准的城市居民。从字面上说,第一类人员是过去社会救济的对象,但那时主要是不能工作的人,不含失业者,因为计划经济体制下没有失业。改革开放以后,才出现了失业。城市的失业人员属于有劳动能力、但暂时没有生活来源。如果一个家庭过去的就业者都失业了,那么该家庭将由于没有了收入而成为第一类低保对象。这种由失业致贫的情形,在改革前基本上是不存在的。如果一个家庭有人失业,造成就业者减少、人均收入降低,家庭成员可能成为第二类低保对象。第二类低保家庭还可能是没有人失业,但就业者收入偏低。在改革开放之前,在职和退休人员工资低以致需要政府提供收入扶持的情况也极为少见。因此,可以说因失业形成的第一类低保家庭和与失业可能有关、也可能无关的第二类低保家庭都是城市中的新现象。

相对于城市居民最低生活保障制度，农村最低生活保障制度建立的时间较晚。2007年7月11日，国务院发布《关于在全国建立农村最低生活保障制度的通知》（以下简称《通知》），标志着这一制度在全国范围内正式建立。目前，关于农村最低生活保障制度，还没有一部与《城市居民最低生活保障条例》那样的中央政府法规。作为农村最低生活保障的规范性法律文件，国务院的这一《通知》阐述了建立农村最低生活保障制度的意义、目标和总体要求，就保障标准和对象范围、运行管理、资金安排等事项做了原则性规定，这类规定与城市居民最低生活保障制度的相关内容非常相近。目前，各地主要依据《通知》精神和规定，结合本地实际情况，推进本地的农村最低生活保障制度建设。

现行的城乡居民最低生活保障制度框架由中央政府制定，但地方政府拥有很大的管理权限，是保障资金的主要供给者，并管理该制度的日常运行。从这一意义上说，居民最低生活保障制度实行地方政府负责制，通俗的说法是"地方分权"。实际上，中国社会保障的各类现行制度大都具有地方分权的属性，不仅城乡居民最低生活保障制度，城市养老、医疗、失业保险等社会保险制度，新农合、新农保等新的农村社会保障制度也是如此。不过，随着《社会保险法》出台，随着各项社会保险统筹层次的提高，城市社会保险制度的全国统一性在不断增强。与新农合、新农保、城居保等类似，城市居民最低生活保障标准由地方政府自行确定。这里，"地方"包括县、县级市和更高级别的城市。实施城市居民最低生活保障制度所需资金列入地方预算，由地方财政负担。在这样的体制背景下，各地的最低生活保障标准差别很大。

中国城乡居民最低生活保障制度的特点，并不局限于"地方分权"。实际上，在有些国家，旨在减贫的收入扶持也不是中央政府直接管理的。最大的特色是，中国城乡最低生活保障制度与中国特有的人口管理制度——户籍制度密切相关。按照有关规定，"持有非农业户口的城市居民"才可以在本地申请城市居民最低生活保障待遇，要以家庭为单位，由户主向户籍所在地的街道办事处或者镇人民政府提出书面申请。因此，城市最低生活保障制度不适用于本行政区域内的农村（农业户籍）人口，这样的制度安排也排除了非本地户籍人口（或外来人口、流动人口）成为保障对象的可能性，不论他们是外地的农业（户籍）人口还是非农业（户籍）人口。农村最低生活保障制度也要求本地户籍，申请人要在户籍所在地的乡（镇）人民政府提出申请。本地户籍作为城乡居民最低生活保障申请资格这一点，与按照劳动力市场原则建立城市就业关联社会保险诸项目，如基本养老保险、基本医疗保险、失业保险等有明显区别：1997年以后陆续建立的城市社会保险项目，在制度设计上，大都取消了户口限制，以发生劳动关系为基础。这就是说，这些社会保险项目并没有明确排斥非本地户籍和本地农业户籍劳动者。不过，在城市社会保险改革中，一度存在事实上的对非本地户籍劳动者的参与排斥。《社会保险法》进一步明确了参加社会保险与户籍身份无关的原则，并在操作环节推动着这一原则的贯彻落实。

目前，尽管还有城乡差别和其他一些问题，城市和农村的最低生活保障制度在中国已经初步建立起来。这看上去是一个全新的制度：不同于养老、医疗保险等在经济体制改革前就存在的项目，最低生活保障制度这一名词是过去所没有的。但是，最低生活保障制度有自己的"前身"或具有类似功能的制度安排，这类制度从"前身"到当代形式的转变是中国社会保障体系改革和建设的一个组成部分，是观察和预测中国经济和社会发展变迁的一个重要视角。下面将回顾最低生活保障制度建立前的相关制度安排和最低生活保障制度的发展进程。

第二节　计划经济时期的城市单位保障和农村集体保障

从国际范围来看，社会救助和社会保险是社会保障发展的两大主线，但各国的轨迹不尽相同。英国的社会保障发展是从社会救助开始的。早在17世纪，就建立了具有社会政策萌芽性质的贫困救济制度。到20世纪30年代，英国对旧的《济贫法》进行了修订，开始形成现代的社会救助制度。而此时的英国，社会保险立法才刚刚开始。在德国，1883年后相继颁布了劳工健康保险、养老保险等法律，德国的社会保险制度一度在欧洲取得领先的地位。但是，直到"二战"前夕，德国还没有成型的社会救助制度。"二战"之后，现代福利国家在西方国家开始确立。1945~1948年，以《贝弗里奇报告》为基础，英国政府陆续颁布了一系列社会保障法律，包括《国民保险法》（1946）和《国民救济法》（1948），建立了统一的社会保障体系。在战后的德国，社会保障体系依然以社会保险为核心，但已经把社会救助包括进来。发达国家的实践表明，尽管由于社会保险的普及化和水平的提高使得社会救助的相对重要性大大下降，但由于其扶助贫困人口的独特功能，社会救助还是现代社会保障体系的一个不可或缺的组成部分。目前，在主要的经济合作与发展组织（OECD）国家，"收入维持"相当于我国的城乡最低生活保障，是非缴费性社会福利的一项基本内容。[①]

改革前中国的社会保障，一方面，社会保险与社会救助发展是不协调。在城市，早在新中国成立初期就参照现代工业国家，建立了以就业为基础的劳动保险制度。另一方面，社会救助不但没有很好地发育，甚至有所萎缩。后一点主要表现在，城市的传统救助范围非常有限且不断缩小，城乡没有建立规范的最低生活保障制度。为什么在计划经济时期，社会救助没有像劳动保险那样得到很大的发展？就当时的城市而言，没有这个必要。主要原因是，按照计划体制下的劳动制度，大部分城市人口享有"单位保障"——形式上由公有制就业单位提供、实际上国家最终负责的就业、收入、保险和生活保障。企业的劳动保险制度和行政事业单位的相关制度中的一些基本安排，如医疗保险、养老保险等，是"单位保障"的重要组成部分。这类劳动保险制度，尽管形式上与西方发达国家的就业关联社会保险类似，但其内容实质有很大不同。另外，在计划经济的劳动制度下，城市居民一般不会因失业、伤残或其他原因而减少或丧失收入、陷入贫困。因此，城市中不会出现因失业产生数量较大的贫困人口，不需要以收入扶持为宗旨的最低生活保障制度。只是当无工作单位的少数居民面临生活困难时，政府才提供一些微薄的社会救助，这类社会救助是"单位保障"的一个补充。

一、城市的单位保障

在计划经济体制下，国家在城市取消了私营、个体经济和劳动力市场，建立了高度集中统一的劳动制度，包括劳动力统一招收和调配制度、统一的工资分配制度和统一的劳动保险和单位福利制度。与这一组劳动制度安排相配套的是国营和集体企业制度：作为经济计划（包括劳动工资计划）的执行者和行政性基层组织，国营企业和（纳入国家计划的）大集体企业无权解雇工人；同时，企业不会破产，其财务状况一般不会影响职工的工资发放和保险福利待遇。这样，大部分城市的劳动年龄人口通过当地政府的统一安置，到指定的企事业单位就业，成为这一单位的"正式职工"，在工作单位获得稳定、均等化的工资收入。由于劳动就业的计划管理，职工的跨单位流动率非常低，往往在最初分配的就业单位工作终身，

[①] 毛捷. 中国社会福利体系适度性研究——国际比较与实证分析. 财贸经济，2012（2）.

退休后领取养老金。因此，正常情况下，只要成为公有制（国营和大集体）企业的正式职工，就业和收入就有了保证。同时，按照中央政府1951年颁布、1988年才完全失效的《中华人民共和国劳动保险条例》，企业职工还享受劳动保险待遇，不会因伤病等意外原因而承受严重的收入损失。按照国家规定，遭遇疾病或伤残、不能工作的职工在就业单位领取劳动保险费，有三年以上工龄职工的这项收入为原工资的60%。完全丧失劳动能力的职工提前领取"退职养老金"，并继续享受就医等劳动保险待遇、直至死亡；对因工伤残且继续工作、但工资有所降低的职工，企业要根据工资减少情况支付补助费。除了对一般公有制单位职工的收入和福利保障，国家还通过创办福利企业，为城市的特殊群体——残疾人提供工作岗位和相应的保障。总之，城市劳动者在获得政府分配的工作的同时，从单位（实际上是从国家）获得了就业、收入和保险"三位一体"的保障。

企业职工所享受的劳动保险福利中，一部分待遇还从职工本人延伸到其直系亲属。按照当时的有关规定，依靠职工本人的职工供养直系亲属，如60岁以上或丧失劳动能力的父母、不满16岁的子女等，也享受医疗保险等一些劳动保险待遇。企业还要为职工子女办完全由企业出资的托儿所，职工只负担托儿饮食费，家庭困难的职工还可以获得托儿饮食费补助，这项补助也来自劳动保险基金。对于那些由于收入偏低或赡养人口较多而处于相对贫困的职工，他们所在的企业还有责任对其家庭提供现金或实物形式的困难补助。不仅如此，劳动部门还有招工政策要求：企业在招收新职工时，优先考虑因工致死、致残以及生病的职工所供养的直系亲属。从这一意义上说，在计划经济的劳动就业和保险制度之下，城市居民，无论是否是劳动年龄人口，只要其家庭成员（通常是主要成员）通过劳动部门的统一分配，进入公有制就业单位，就已经被"组织"起来，纳入城市的收入、保险和福利的保障网之中。这些职工及其家属的"生、老、病、死"都由就业单位负责，他们的生活一般不会陷入严重贫困，不再需要社会途径的收入救助。由于在公有制企事业单位就业的职工是城市劳动年龄人口的主体，城市也就不需要一个在"政府—单位"系统之外的社会性的最低生活保障制度安排了。

单位化的城市保障网尽管非常完备，但并没有把城市人口百分之百地覆盖进去。由于种种原因，在改革前，即使实行了充分就业政策，还有少数城市劳动年龄人口不能进入国营或大集体企业，只能在收入低而不稳定、没有劳动保险福利的小型集体企业（如街道办的集体企业）就业，或属于"临时工"身份，或以个体经营的方式自谋生计。还有少量城市居民没有任何生活来源。这些处于"单位保障"之外的城市人口需要国家提供社会救助。当时，负责国家救济的主要政府部门是民政部，救济对象是无劳动能力、无收入来源、无法定赡养人的"三无人员"和城市的其他困难户。作为"三无人员"，无依靠的老人、病人、残疾人以及没有自理能力的孤儿可以得到国家的定期救助；而对于困难户，政府救助原则是以个人或家庭自助为主，国家救助为辅。这些社会救助都要事先进行家计调查，而且有劳动能力的人还要设法让其就业。由于贯彻了这些原则，政府将城市社会救助的人数控制在最低限度，救助水平也是相当低的。[①] 这类个人和家庭在城市中所占比例极低，而且非常容易掌握，城市政府通过街道组织等就可以直接救济。但这种社会救济只是一个针对"边缘人口"的辅助性政策措施，没有也不会发展成为一项正式的社会救助制度安排。

二、城乡分割与农村的集体保障

城市的单位保障体系和社会救助制度是城乡分割式的，或者说是排斥农村人口和劳动力的。按照改革前的户籍制度、劳动制度和农村集体经济制度，户籍身份为"农业户口"的农村居民不能在城市单位就业，户口从农村向城市迁移受到极其严格的限制，因此农村人口被完全隔绝在城市保障和救助体系之外。一个例外的情况是，有时候，企业要从农村招收临时工、季节工，以应对正式职工劳动供给上的短期不足。但是，这种用工形式只涉及非常少量的农村劳动力，通常要得到农村集体的批准，而且劳动者不会发生户口变动。临时工或季节工也可以得到某些劳动保险待遇，但这是有期限的或一次性的，如工作期间出现工伤或疾病，可以按照规定享受一定时间限制的医疗待遇。这就是说，来自农村的临时工或季节工不会像城市的正式职工那样，享受长期、完全的劳动保险。另外，由于不可能成为城市居民，他们也不能成为城市社会救助的对象。

农村没有最低生活保障制度，社会救助也是低水平的。但农村有一项集体保障制度，这就是"五保"供养制度。这是自20世纪50年代建立高级农业合作社时起开始建立的。"五保"是指农村集体对本集体内无法定供养人、无劳动能力、无生活来源的老人、残疾人和孤儿负责，保证他们的基本生活需要，即"保吃、保穿、保住、保医、保葬（保教）"。这项供养制度的标准是，"五保户"的生活要不低于所在集体的平均水平。另外，

[①] 尚晓援. 中国社会保护体制改革研究. 中国劳动社会保障出版社，2007.

由于农村集体的社员必须在本地参加农业生产劳动，因此不存在失业问题，没有或丧失劳动能力就是发生贫困的唯一原因，而"五保"制度就是针对这样的"三无"个人或家庭的，就是农村的一项广泛覆盖的集体保障制度。可以说，在当时的中国农村，"五保"制度对特定群体或对象来说，具有最低生活保障功能。但是，相对于城市居民所享有的收入和福利保障而言，"五保户"的保障水平是非常低的。这是因为在计划经济时期，农村集体的生产经营被限定在生产力低下的农业，国家还通过价格"剪刀差"把农业产出的一部分拿出来，用于发展城市和重工业，农村集体内部的收入分配水平与城市居民的收入分配水平形成巨大反差。同时，由于农村实行"自负盈亏"，不同地区的农业生产条件差异很大，因此，"五保户"待遇水平在不同集体也不同。

除了以集体经济为基础的"五保"制度，农村的社会救助主要是灾害救助。由于农业生产抵御自然灾害的能力极其薄弱，少数农村集体可能由于多种原因而减少甚至没有产出，因而陷入集体贫困，该地区所有农村人口都需要国家救济。只有在这种情况下，国家财政才介入农村。这种国家救济是临时性的，而且主要是针对某些地区，是为了应对自然灾害而进行的，不是一项规范的、经常性的收入保障制度。

三、20 世纪 80 年代的"增量改革"与单位保障的延续

1978 年，中国开始了经济改革。在 20 世纪 80 年代，经济体制改革最初以农村改革为重点，城市改革最初是以"增量改革"为主的方式推进的。城市劳动制度的增量改革性质主要体现在"体制外"（非国有部门）的就业改革和"体制内"（国营企业内）的新增人员的改革两个方面。自 1980 年起，在城市中，实行了在国家统筹规划和指导下，劳动部门介绍就业、自愿组织起来就业和自谋职业相结合的"三结合"就业方针；同时，新型集体企业、个体经济、私营经济和外商投资经济也得到政策鼓励，成为扩大城市就业的新渠道。这样，国家"统包统配"的单一就业渠道被打破了，社会上出现了新的就业形式和劳动关系。但是，从改革的角度上看，这些政策措施的主要目的是在"体制外"增加就业，没有触动计划经济的劳动制度。1986 年，改革波及国营企业内部，开始对全民所有制企业新招工人实行劳动合同制。这一举措直接触及了包得过多、统得过死的旧的劳动用工制度，把契约劳动关系引入国有部门。体制内外的劳动

制度改革使得一批城市劳动者脱离或部分脱离了计划经济劳动制度的束缚，同时对他们而言，失业问题以及相应的贫困问题就成了需要面对的风险。对于当时覆盖面窄、功能单一、主要针对无劳动能力边缘群体的城市救济体系来说，这项改革意味着一些挑战。

但是，从20世纪80年代到1992年，建立城市居民最低生活保障制度的呼声还不是很高。这是因为，这一时期没有对劳动体制"存量"部分的重大改革，国营企业对于原有职工（固定工）还要继续执行20世纪50年代和60年代形成的劳动就业和保险政策。同时，由于当时国营企业的垄断地位和企业改革对国营企业的一系列优惠、扶植政策，大部分企业获得了较多的利润留成，在工资与效益挂钩的口号下大幅度提高了职工的工资收入和福利待遇，职工对企业的经济依赖不但未减、反被加重。因此，"单位保障"不但没有受到大的触动，反而在某些方面被强化了。在这样的背景下，国营企业对新职工实行劳动合同制也是困难重重，在很大程度上流于形式。这样，城市劳动者被分隔在正式体制的内部和外部：大批国有部门职工依然受到旧的劳动制度的保护，真正进入新兴经济部门的劳动者还是少数。成为劳动力市场主体的劳动者暂时还不构成城市劳动人口的主体；他们需要新的社会化的保障制度，包括养老、失业等社会化劳动保险制度和以城市居民为对象的最低生活保障制度，但这种制度需求的力量是有限的。在城市的单位保障还在延续的情况下，城乡社会保障发展不可能有大的突破。因此，农村没有社会保障的格局也没有什么改变。

第三节 城市最低生活保障制度的建立和发展

改革开放以后，计划经济下的单位保障被逐步打破，城市劳动力市场开始发育，这些变化呼唤着建立城市最低生活保障制度。经历了20世纪80年代的延续，旧的单位保障制度在全面改革中受到根本性的冲击，一些城市自20世纪90年代起开始了建立城市最低生活保障制度的试验。到20世纪90年代后期，城市最低生活保障制度正式建立，但一度还有为国有企业改革配套服务的功能。2000年以后，随着经济体制改革的深化和经济社会的发展，城市最低生活保障制度建设取得很大进展，已经进入平稳运行、完善提高的阶段。

一、20世纪90年代的劳动制度全面改革与最低生活保障制度的建立

从1992年起,城市劳动制度改革进入了以"存量"为重点的新阶段,全面建立劳动力市场机制成为改革的新纲领。1992年,中共十四大明确提出,中国经济体制改革的目标是要建立社会主义市场经济体制。1993年《中共中央关于建立社会主义市场经济体制若干问题的决定》指出,要"改革劳动制度,逐步形成劳动力市场","形成用人单位和劳动者双向选择、合理流动的就业机制"。1994年颁布的《中华人民共和国劳动法》明确规定,包括国有企业在内的所有企业都要实行劳动合同制,这样就从法律上界定了与市场经济相适应的劳动关系形式。这些方针政策的制定和基础性立法为新兴部门劳动关系的发展铺平了道路,也给国有部门的劳动制度改革确定了基调。

随着城市劳动制度的全面改革,国有部门和新兴部门的下岗失业人员增多,形成了新的城市贫困群体。这样,需要得到收入扶持的城市群体已经不再局限于传统的"三无人员",社会救助体系面临着创新。因此,一个新型的社会救助制度——城市最低生活保障制度开始在地方问世。上海参照国外经验,于1993年6月在全国第一个建立了城市居民最低生活保障制度。民政部随后肯定了上海的做法,于1994年提出"对城市救济对象逐步实行按当地最低生活保障线标准进行救济",并在东部沿海部分地区展开试点。1995年上半年,上海、厦门、青岛、大连、福州、广州6个城市建立了城市居民最低生活保障制度;到1995年底,建立最低生活保障制度的城市已有20多个。此后,城市居民最低生活保障制度试点范围不断扩大。1997年9月,国务院发出《关于在全国建立城市居民最低生活保障制度的通知》,要求各地高度重视、抓紧抓好这一工作,于1999年底前在全国所有城市和县人民政府所在地的镇建立城市居民最低生活保障制度。这一《通知》意味着,城市居民最低生活保障制度从局部试点走向全面建设。到1997年底,这项工作取得重大进展:全国有375个城市公布决定建立城市居民最低生活保障制度,其中317个城市开始进入具体操作阶段,比2006年增加了227个,已占全国城市总数的47.6%。

20世纪90年代中后期城市居民最低生活保障制度建设和发展有一个重要背景,这就是国有企业改组改制和职工下岗分流。1998年6月,中共中央、国务院发出通知,提出要用3年左右的时间使大多数国有大中型

亏损企业摆脱困境的目标，要求切实做好国有企业下岗职工基本生活保障和再就业工作。国有企业实行下岗分流、减员增效措施，从根本上触及了长期遗留的企业富余人员问题，在经济结构调整的同时开始了对劳动力存量的全面深入改革。这一改革在开始阶段，没有把企业的富余人员直接以失业者的身份推向劳动力市场，而是采取了"下岗"这样一种过渡的方式：为了破解下岗职工社会难以接受、企业又无力负担的历史性难题，实行了国有企业下岗职工基本生活保障制度，保障下岗职工的基本生活，并帮助他们实现再就业。与这一制度相衔接的还有失业保险制度和城市居民最低生活保障制度，三项制度构成了当时的三条社会保障线。①

在"体制内"改革——国有企业及其劳动制度深化改革的推动下，以1999年10月1日《城市居民最低生活保障条例》实施为标志，作为城市基本保障"安全网"最后一道防线的城市居民最低生活保障制度在全国建立起来了。1999年底，在全国所有的城市和县人民政府所在地的镇，全部建立了城市居民最低生活保障制度。到2000年底，国家用于城市居民最低生活保障的支出达27.2亿元，比1999年增长76.6%；共有402.6万城镇居民得到了最低生活保障，比1999年增长51.4%。这是按照社会主义市场经济的客观要求，推进社会救助体系制度化建设的重要成果。

在《城市居民最低生活保障条例》实施初期，城市中并存着两种生活保障制度，即国有企业下岗职工基本生活保障制度和城市最低生活保障制度。二者的资金来源不同：国有企业用于保障下岗职工基本生活的资金保障制度原则上采取"三三制"的办法解决，即财政预算安排1/3、企业负担1/3、社会筹集1/3，财政兜底；城市最低生活保障资金由地方政府财政负担。由于企业要为下岗职工建立再就业服务中心并为其投入部分资金，国有企业下岗职工基本生活保障制度保护原有职工，依然带有传统的"单位保障"的色彩。与之形成鲜明对照，城市最低生活保障制度是面向全体城市居民的，是一种完整意义上的社会保障。按照中央的部署，2001年以后，原则上国有企业不再建立新的再就业服务中心，下岗职工基本生活保障开始向失业保险并轨；享受了失业保险之后依然不能再就业的劳动者，将享受城市最低生活保障。

---

① 信长星. 中国劳动力市场发展的回顾与前瞻//蔡昉. 转型中的中国劳动力市场. 中国人口出版社，2005.

二、"十五"期间的城市最低生活保障制度

"十五"期间，城市居民最低生活保障制度的发展表现出"上水平"、"调结构"两大特点。上水平包括制度覆盖人数扩大、保障标准提高和管理水平提升。2000年6月，民政部制定了《民政事业发展"十五"计划和2015年远景目标纲要（草案）》，该草案提出，"城镇要全面贯彻《城市居民最低生活保障条例》，完善配套法规，加强规范管理，争取在2002年将居住在城市和县城以外的其他非农业人口中的贫困人口全部纳入最低生活保障范围，形成以最低生活保障为主体、临时救济为补充、社会互助和优惠政策相配套的城镇社会救助体系"。① 所谓调结构，就是在经济体制改革和国有企业转制的统一部署下，收入保障各类制度的社会化改革：从过去单一的单位保障到单位保障与最低生活保障并存，最后过渡到城市最低生活保障，形成一个与新的经济体制和机制相适应的制度化、经常性的城镇社会救助体系。

从传统的单位保障转换到社会化的最低生活保障，是一个渐进的过程。按照1999年的《城市居民最低生活保障条例》，该制度的覆盖范围是所有拥有本地户口的城市居民。这是规范的最低生活保障制度模式。但在最初一段时期，城市居民最低生活保障的实施以国有企业下岗失业职工为重点。在有关国有企业改革和职工安置的政策中，通常包含与之配套的最低生活保障政策。例如，2000年6月，中共中央办公厅、国务院办公厅联合下发了《关于进一步做好资源枯竭矿山破产工作的通知》，决定对一批资源枯竭矿山实施关闭破产。该《通知》提出了资源枯竭矿山企业破产后的职工安置政策，其中包括关于不同身份职工及其家属享受城市居民最低生活保障待遇的几种规定。另一方面，国家民政部门在城市居民最低生活保障工作中，有时又需要作出针对某些职工的具体安排。例如，2003年12月，民政部发出《关于做好今冬明春城市低保工作的紧急通知》。该《通知》的一项重要内容是"加强对农垦、森工企业困难职工家庭的低保工作"，要求将农垦、森工企业符合低保条件的困难职工家庭全部纳入保障范围，做到应保尽保。

偏重下岗失业职工的保障政策措施有力地配合了国有企业的深化改革，也是城市居民最低生活保障制度初期建设的一个主要动力。不过，由

---

① 中华人民共和国民政部. 中国民政统计年鉴（2001）. 中国统计出版社，2001。

于偏向国有部门的推进方式，"体制外"的城市居民享受低保的权利最初受到了一些忽略和限制。例如，2002年以前，某些地方，如四川和山西，申请城市最低生活保障的除了当地居民身份资格外，还有工作单位的附加条件，中央和省属的失业下岗职工及其家属不能享受地方政府提供的最低生活保障待遇。[①]到2002年，这些限制都取消了，所有符合国家标准的城镇人口都有权利按照属地（户口所在地）原则获得当地的城市居民最低生活保障。这就是说，从制度安排的意义上说，把所有城市居民纳入保障的覆盖范围。从2003年起，城市居民最低生活保障制度建设重点转向"配套措施"和"分类救助"，前者指为解决低保对象在医疗、子女教育、住房等方面问题所采取的配套政策，后者指对低保家庭中有特殊需要的家庭成员，如老人、未成年人、残疾人、重病人等所采取的特殊政策。[②]从总体上看，"十五"期间的城市居民最低生活保障工作是不断朝着普遍性、规范性的方向发展的。

"十五"期间，城市最低生活保障的享受人员结构不断变化，反映出有关的结构性调整成效。表12-1显示了2002年和2005年享受城市最低生活保障的各类人员人数及构成。表12-1显示，在得到最低生活保障的城市居民中，下岗人员的数量和比重都明显下降，从2002年的554.5万人、占比26.86%下降到2005年的430.7万人、占比19.28%。这表明，城市最低生活保障的扶助企业下岗职工的功能正在弱化。另外，在最低生活保障的受益者中，各类从业人员的家属人数和比重都在上升，从2002年

表12-1 城市最低生活保障人数及构成

人员类别	2002年		2005年		百分比变化
	人数（万人）	%	人数（万人）	%	
在职人员	186.8	9.05	114.1	5.11	-
下岗人员	554.5	26.86	430.7	19.28	-
退休人员	90.1	4.36	61.3	2.74	-
失业人员	358.3	17.35	410.1	18.36	+
家属	783.1	37.93	1122.1	50.23	+
"三无"人员	91.9	4.45	95.8	4.29	-
合计	2064.7	100	2234.2	100	—

资料来源：中华人民共和国民政部.民政事业发展统计公报（2002年和2005年），http://www.mca.gov.cn/.

---

① 尚晓援.中国社会保护体制改革研究.中国劳动社会保障出版社，2007.
② 唐钧.中国城乡低保制度：历史、现状与前瞻.社保财务理论与实践，2007（1）.

的783.1万人增加到2005年的1122.1万人，比重从37.93%上升到50.23%，其上升幅度要明显高于下岗人员的下降幅度。这也标志着，城市最低生活保障制度的覆盖对象向一般意义上的城市贫困人口扩展。与下岗人员的情况类似，接受最低生活保障的在职人员和退休人员的比重也在下降，这可能与企业经营状况的改善和企业职工基本养老保险制度的建设有关。

在城市居民最低生活保障制度的发展过程中，中央政府加大财政投入起到了决定性的作用。[①] 在20世纪末期建立了最低生活保障制度后，因救助标准提高和救助范围扩大，很多地方的财政难以负重，一些压缩低保人数的"土政策"在各地应运而生，如利用"虚拟收入"来计算家庭收入，减少应保人口。因此，资金问题已经成为各地实施最低生活保障制度的"瓶颈"，最需要低保的经济不发达地区反而难以推进这项制度。对此问题，国务院于2003年1月重申关于对困难企业职工按"实际收入"计算家庭收入的政策。民政部于3月发出《关于按照国务院要求进一步健全城市低保制度的通知》，要求各地于6月底以前全面落实这项政策。更为重要的是，针对最低生活保障的资金问题，中央政府自2001年起大幅度增加了对财政困难地区的最低生活保障补助。1999~2002年，中央政府各年的最低生活保障资金投入分别为4亿元、8亿元、23亿元和46亿元，在城市最低生活保障资金构成中的比重从1999年的20.3%迅速上升到2002年的43.94%（其余的为地方财政投入）。

中央财政投入增加不仅改变了城市低保的资金结构，也把城市低保完全纳入了公共财政的轨道，完成了从单位保障到公共财政负担的社会保障的转变。在城市居民最低生活保障制度的试验时期，很多地方的试点延续了计划经济下的"单位保障"特征。例如，最早得到民政部推广的"上海模式"要求有"单位"的市民由就业单位提供最低生活保障，民政部门只向没有就业单位的市民提供保障。1997年，国务院在《关于在全国建立农村最低生活保障制度的通知》中规定，"实施城市居民最低生活保障制度所需资金，由地方各级人民政府列入财政预算"，从而明确了地方政府的保障责任。随后，中央政府也以转移支付的方式承担了城市最低生活保障的一定责任。这样，从中央到地方各级政府真正成为城市最低生活保障的主体。

综观"十五"期间，通过结构调整和加大投入和管理力度，城市最低

---

① 张车伟. 劳动供求关系变化与就业政策. 中国人口出版社，2006.

生活保障有了一个"大跃进"。1999~2003 年，全国获得最低生活保障的城市居民数量完成了一个"爬坡"（见图 12-1）。2001 年、2002 年和 2003 年这三年，获得最低生活保障的城市居民人数的年增长率分别为 190.8%、76.4%和 8.8%。从受保人员的数量上看，2002 年以后稳定下来，以后保持在 2200 万人左右。《2005 年民政事业发展统计报告》指出，城市低保对象连续三年稳定在 2200 多万人，"城市最低生活保障制度进入了平稳发展时期"。[①] 中国城市居民最低生活保障制度的发展实现了民政事业发展"十五"规划中关于城市居民最低生活保障的发展目标，为建立健全社会救助体系、发展社会保障事业做出了重要贡献。

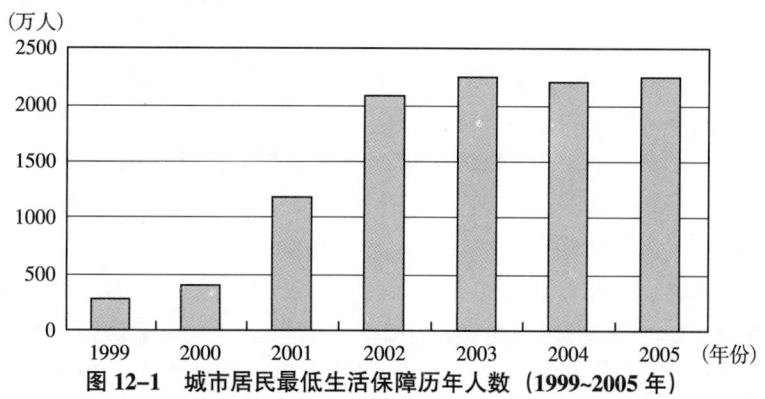

图 12-1　城市居民最低生活保障历年人数（1999~2005 年）

资料来源：中华人民共和国民政部. 中国民政统计年鉴（2007）. 中国统计出版社，2007.

三、2005 年以后城市最低生活保障制度的发展

自 2006 年起，城市最低生活保障制度进入了一个新的发展阶段。民政部、国家发展和改革委员会 2006 年 6 月印发的《民政事业发展第十一个五年规划》提出，"进一步完善城市最低生活保障制度，规范家庭收入核算办法，科学制定保障标准，逐步提高保障水平"。[②] 这标志着城市最低生活保障制度已经全面确立，并朝着新的、更高的规划目标迈进。另外，经过"三年解困"以及随后的努力，国有企业下岗职工基本生活保障制度和城市最低生活保障制度并存的局面也最后终结。2007 年 3 月 5 日，在十届全国人大第五次会议上，温家宝总理在《政府工作报告》中表示，"经过

---

① 中华人民共和国民政部. 中国民政统计年鉴 2006. 中国统计出版社，2006.
② 中华人民共和国民政部. 中国民政统计年鉴 2007. 中国统计出版社，2007.

多年努力，国有企业下岗职工基本生活保障向失业保险并轨基本完成"。这意味着从1998年开始，专门为国有企业下岗失业职工建立的一套再就业保障制度退出了历史舞台，也标志着城市居民最低生活保障制度的"跨体制"全面覆盖和实施。总体上看，城市最低生活保障制度已经进入稳定发展时期。

第一，享受城市最低生活保障的人数呈现出相对稳定的状态。2006~2011年，城市最低生活保障人数保持在2300万人左右的水平上。2006年，这一人数为2240.1万人，是这6年间最低的；2009年，这一人数为2345.6万人，是这6年间最高的。这两个数字的差只有105.5万人，可以说数量波动非常小。在今后，如果国家贫困线标准没有大的调整，这样的一个数量水平可能继续保持下去。

第二，最低生活保障人员构成大致定型。在最低生活保障人员的年度统计中，2006年还有下岗人员350万人，占总人数的15.6%，但以后不再有这一类人员的统计。自2007年起，获得最低生活保障的人员分类为在职人员、灵活就业人员、老年人、登记失业人员、未登记失业人员、在校生和未成年人等七大类（见表12-2）。该表显示，登记失业人员、未登记失业人员和灵活就业人员的比例列前三位，三类人员接近最低生活保障人员总数的60%。其中，登记失业人员的比例最高，一直维持在20%以上。2007~2008年，未登记失业人员的比例高于灵活就业人员，但2008年以后灵活就业人员的比例上升到第二位。这表明，就业脆弱群体是城市最低生活保障扶助的主要对象之一。

表12-2 城市最低生活保障人数及构成（2007~2010年）

单位：万人

人员类别	2007年		2008年		2009年		2010年	
	人数	%	人数	%	人数	%	人数	%
在职人员	93.9	4.1	82.2	3.5	79.0	3.4	68.2	3.0
灵活就业人员	343.8	15.1	381.7	16.3	432.2	18.4	432.4	18.7
老年人	298.4	13.1	316.7	13.6	333.5	14.2	338.6	14.7
登记失业人员	627.2	27.6	564.3	24.3	510.2	21.8	492.8	21.3
未登记失业人员	364.3	16.0	402.2	17.2	410.9	17.5	419.9	18.2
在校生	321.6	14.2	358.1	15.3	369.1	15.7	357.3	15.5
未成年人	223.0	9.8	229.6	9.8	210.7	9.0	201.2	8.7

资料来源：中华人民共和国民政部.民政事业发展统计公报（2007年、2008年及2009年）；中华人民共和国民政部.社会服务发展统计公报（2010），http://www.mca.gov.cn/。

图12-2显示了2010年城市最低生活保障人员的构成。按照表12-2，

由在职人员、灵活就业人员、老年人、登记失业人员、未登记失业人员、在校生和未成年人七类人组成的最低生活保障人员结构，在过去的几年中变化不大。如果在未来一段时间，城市最低生活保障的制度安排大体稳定，那么大致可以推测，该图所描述的城市最低生活保障人员的基本结构还将保持不变。

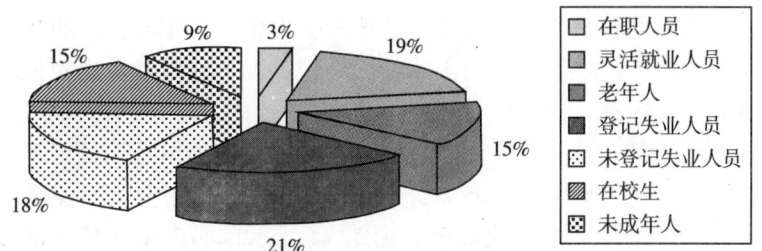

图 12-2 城市居民最低生活保障人员构成（2010 年）
资料来源：中华人民共和国民政部．民政事业发展统计公报（2007 年、2008 年及 2009 年）；中华人民共和国民政部．社会服务发展统计公报（2010），http：//www.mca.gov.cn/.

第三，用于城市最低生活保障的公共财政支出保持快速增长。图 12-3 显示，2005~2011 年中央和地方各级财政支出的城市最低生活保障资金和年增长率。2008 年的财政支出增长最快，比 2007 年增长了 41.8%。2010 年的年增长率较低，但也达到 8.8%。在财政支出构成中，中央财政的比重大幅度上升。全年各级财政共支出低保资金 482.1 亿元，其中，中央财

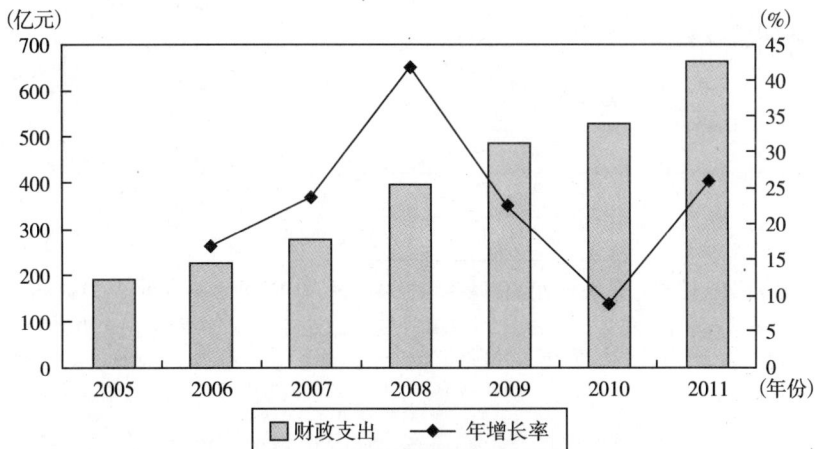

图 12-3 城市居民最低生活保障的财政支出和年增长率（2005~2011 年）
资料来源：中华人民共和国民政部．民政事业发展统计公报（2005~2009 年）；中华人民共和国民政部．社会服务发展统计公报（2010 年和 2011 年），http：//www.mca.gov.cn/.

政补助资金为359.1亿元,占全部支出资金的74.5%。与2002年的43.94%相比,中央财政城市最低生活保障财政支出的比重提高了30个百分点,平均每年提高6个百分点。中央财政投入偏向中西部地区,具有转移支付的性质。

第四,城市最低生活保障的保障水平不断提高。关于最低生活保障的保障水平,有两个基本指标:一是最低生活保障标准,又称为最低生活保障线;二是人均补助(补差)水平,即根据申请人的家庭人均收入与最低生活保障线的居民之差计算的实际补助额,补助目的是使受助对象达到当地的最低生活标准。根据现行规定,地方政府有关部门按照当地维持城市居民基本生活所必需的衣、食、住费用,确定当地的城市居民最低生活保障标准。图12-4显示了2005~2011年全国城市居民最低生活保障平均标准和月人均补助水平的变化情况。图12-4显示,两项指标都在增长,但月人均补助水平增长更快,已经接近前者。2005年,最低生活保障平均标准为156元,月人均补助水平为72.3元;2011年,这两项指标为287.6元和240.3元,分别提高了84.4%和232.4%。城市最低生活保障水平的持续提高,体现了各级政府对这项工作的高度重视和财政投入的稳步增加。

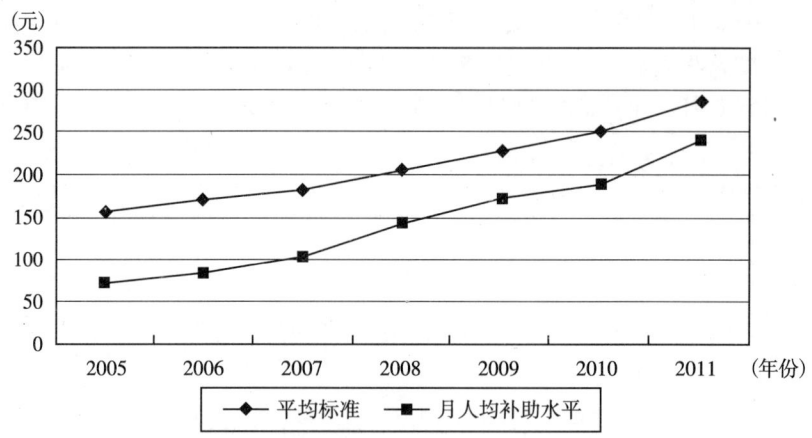

图12-4 城市居民最低生活保障平均标准和月人均补助水平(2005~2011年)

资料来源:中华人民共和国民政部. 民政事业发展统计公报(2005~2009年);中华人民共和国民政部. 社会服务发展统计公报(2010年和2011年), http://www.mca.gov.cn/.

第四节　农村最低生活保障：从局部试点到全面建设

早在20世纪90年代中期，当城市居民最低生活保障制度展开试验之时，农村最低生活保障制度的探索也开始了。早在1994年，一些地方民政部门就开始了农村最低生活保障制度试点工作。1996年，民政部发出《关于加快农村社会保障体系建设的意见》，明确了建立农村最低生活保障制度是农村社会保障体系建设的一个重点。到2002年底，全国已有10个省份出台了建立农村低保制度的地方性法规，主要内容涉及农村低保的对象、标准、资金投入、低保方式等。但是，直到2007年7月，国务院才发出《关于在全国建立农村最低生活保障制度的通知》，比国务院《关于在全国建立城市居民最低生活保障制度的通知》的发布时间晚了近10年。这就是说，尽管试验探索的时间差不多，农村最低生活保障制度全面建设明显落后于城市居民最低生活保障。这种状况值得深入讨论。从反贫困的意义来说，在农村建立最低生活保障制度的迫切性并不比城市低。农村贫困一直是一个大问题。而就城市而言，20世纪90年代中后期才出现了新的贫困群体。20世纪90年代后期到21世纪初期，由于城市建设最低生活保障制度的全面建设，由于城乡收入差距的进一步拉大，农村贫困问题更加严重。但是，为什么全国农村最低生活保障进展缓慢？

根源在于，在农村，公共财政的投入大大滞后于城市。实际上，农村最低生活保障建设与城市居民最低生活保障建设一样，都呼唤着保障模式的根本性转变，都要求政府承担越来越大的保障责任。农村最低生活保障制度的试验初期，正值国有企业改革的"攻坚"时期，改革和发展的重心还在城市。由于这一大的背景，由于农村当时的乡村财政结构，各地在很大程度上延续了"集体保障"的模式。1996年，民政部规定，农村最低生活保障资金由当地各级财政和村集体分担。1999年8月，广东省政府发布《城乡居（村）民最低生活保障制度实施办法》，规定城镇居民最低生活保障资金由财政预算安排，"农村村民最低生活保障资金由财政和乡镇、村民委员会集体经济共同负担"。这实际是一种"财政投入+集体保障"的模式，较之过去单一的集体保障是一个进步。但是，富裕农村的"村集体分担"财源来自集体经营收入，没有集体经营的村只能来自村提留或乡统筹，实际上是农民个人负担。在这种部分由个人负担的"集体保障"模式下，农村最低生活保障的覆盖面和保障水平受到地方经济发展能力和政府财政状况的限制，只有财力雄厚、能够向农村增加投入的地方政府有条件在自己的行政区划内推行最低生活保障；特别需要最低生活保障的农村贫困地区难以有效推行、发展这一制度。农村最低生活保障要从试点走向普及，就需要在财政投入大幅度增加的前提下，摆脱旧的"集体保障"，向公共财政型社会保障转型。但是，2000年以前，城市和国有部门曾一直是社会保障改革及投入倾斜的重点，农村社会保障建设难以获得国家财力的有力支持。这就是为什么从20世纪90年代中期到21世纪初，农村最低生活保障制度建设整体进展不快的主要原因。

2002年以后，城乡分配关系开始发生根本性变化。在中央和地方财政支农惠农投入不断增加的前提下，农村实施了一系列税费改革，2006年全面取消了农业税。在这种背景下，集体保障的原有财政基础已经不复存在，国家开始承揽起农村社会救济的主要责任。计划经济时期建立的农村社会救济项目——农村"五保户"制度的资金投入结构变迁就是一个很好的实例。在2006年1月颁布的新的《农村五保供养工作条例》中，删除了1994年《条例》中"五保供养是农村的集体福利事业"的提法，同时规定"农村五保供养资金，在地方人民政府财政预算中安排"。只是有农村集体经营等收入的地方，才被要求安排资金补助和改善供养对象的生活。新的《条例》还规定，"中央财政对财政困难地区的农村五保供养，在资金上给予适当补助"。这样，农村"五保"制度已经不再属于集体保障，而是地方公共财政的一个组成部分。

农村最低生活保障制度作为未来农村社会救济体系的主要制度安排，理所当然地同农村"五保"制度一样，迎来从集体保障到公共财政主导社会保障的历史性转变。2002年以后建立农村最低生活保障制度的一些地方，如北京、福建，都规定农村低保资金完全来自财政预算。这固然与这些地方的经济发展水平和财政实力有关，但也是与农村税费改革大方向相一致。2007年7月，国务院发出《关于在全国建立农村最低生活保障制度的通知》，规定"农村最低生活保障资金的筹集以地方为主，地方各级人民政府要将农村最低生活保障资金列入财政预算，省级人民政府要加大投入"，"中央财政对财政困难地区给予适当补助"。同过去民政部门关于农村最低生活保障资金来源的规定相比，《通知》前进了一大步，就是明确了农村最低生活保障完全属于地方公共财政的范围，而且中央政府明确了农村最低生活保障资金由各级财政分担的原则和省级政府在资金投入中的突出地位，并承担了必要的转移支付责任。由于确立了新的保障模式和财政政策，中国的农村最低生活保障制度已经进入全面建设、整体推进的阶段。

全国农村最低生活保障制度建设虽然起步较晚，但有着发展的一系列有利条件。第一，中央的大政方针是明确的。中共十七大报告提出，"完善城乡居民最低生活保障制度，逐步提高保障水平"，推进农村最低生活保障制度建设已经成为繁荣农村、统筹城乡发展的一项重要任务。同时，国家经济实力和财政投入能力也比20世纪90年代有显著的增强。因此，农村最低生活保障制度建设工作将受到高度重视，财政投入将得到有效保证。第二，农村最低生活保障建设可以直接进入主题，普遍覆盖广大农村人口，而不是像城市居民最低生活保障那样，最初要为企业改革服务，以保障国有企业下岗失业职工为重点。第三，农村最低生活保障制度建设可以充分借鉴城市居民生活保障制度建设的做法和经验，在制度设计和管理上少走弯路。

2002年以后最低生活保障制度，可以划分为地方先行和全面建设两个阶段。2003年，一些地区开始了农村居民最低生活保障工作。2004年底，全国有8个省份、1206个县（市）建立了农村最低生活保障制度。到2006年底，全国已有23个省份建立了农村最低生活保障制度。得到最低生活保障的人数从2003年的367.1万人、176.8万户上升到2006年的1593.1万人、777.2万户。此时，最低生活保障的范围已经扩大到大部分农村地区。2007年，农村最低生活保障制度在全国范围内普遍建立。到2007年底，有3566.3万人（1608.5万户）得到了农村最低生活保障，比2006年底增加1973.2万人，增长了123.9%，此后，保障人数的年增长率逐渐降下来（见图12-5）。截至2011年底，全国共有农村低保对象2672.8万户、5305.7万人。按照当年的城乡人口统计，得到最低生活保障的农村人口大约为农村人口总数的8.1%。①

农村最低生活保障起步较晚，但保障水平提升较快。2007年，农村平均低保标准为每人每月70元，人均补助为38.8元。2011年，这两项指标为143.2元和106.1元，分别提高了104.6%和173.5%。公共财政投入是提高保障水平的基础。2011年，全年各级财政共支出农村低保资金667.7亿元，比2010年增长50.0%。在财政支出中，中央补助资金为502.6亿

---

① 这是根据2011年乡村人口数——65656万人（《中国统计年鉴（2012）》第101页）推算的。实际上，现行的统计上的城乡划分包括城市、镇和乡村，镇一般都有农业户口人口。因此，估计农村最低生活保障的人员比例，以乡村人口为基数测算会导致一定程度上的高估。

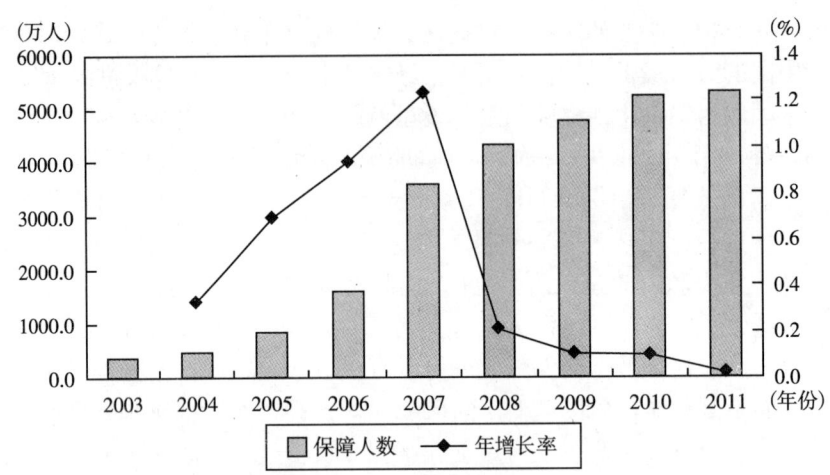

图 12-5　农村最低生活保障人数和年增长率（2003~2011 年）
资料来源：中华人民共和国民政部.民政事业发展统计公报（2003~2009 年）；中华人民共和国民政部.社会服务发展统计公报（2010 年和 2011 年），http://www.mca.gov.cn/.

元，占总支出的 75.3%。

在过去的 10 年里，农村最低生活保障经历了从局部推进到全面建设的飞跃。这项成就的意义重大。在计划经济时期，社会保障仅仅覆盖城市，广大农村人口被排斥在外，无法得到城市居民所享受的单位保障。实行改革开放后的一段时期内，社会保障依然保持了过去偏重城市的特征，城市居民从各种渠道获得了国家的社会保障投入；同时，农村社会保障建设主要依赖农村集体和个人的投入，农村人口依然置于无社会保护状态和巨大的贫困风险之下。这样，亿万农民实际上依然被排斥在政府主导的再分配体系之外。近年来，随着农村新型养老保险、新型合作医疗等社会保险制度和农村最低生活保障制度的相继建立，农村人口开始获得与城市居民同等的国民待遇，参与分享经济发展的成果。这是加快新农村建设、缩小城乡差距、构建城乡协调发展的一项重要举措，有助于实现全民性的社会公平。农村最低生活保障制度与个人缴费的各项社会保险制度不同，资金投入完全来自政府。这项制度的建立直接地体现了农村人口与城市居民相对于公共财政的同等地位，是国民收入分配制度的重大变革和社会理念的显著进步。

第五节　城乡居民最低生活保障制度的发展问题与应对思路

从20世纪90年代后期至今，在一个不太长的时间内，中国城乡最低生活保障体系建设取得了可观的进展。在城市，完成了结构性转变，依托国家计划和财政的单位保障已经成为历史。城市居民最低生活保障建设上，有了比较完整的法律法规制度，形成了规范有序的管理体制和运行机制。该项制度进一步发展完善的具体内容包括规范家庭收入核算办法，科学制定保障标准，逐步提高保障水平和实施分类救助，加强低保制度与失业、养老等社会保险制度的有效衔接等。在农村，在经历了部分"集体保障"的徘徊之后，公共财政基础上的最低生活保障制度已经在全国建立，开始进入稳定发展的阶段。农村最低生活保障起步晚，但是力度大、进展快，已经大大缩小了与城市最低生活保障在发展水平上的差距。因此，城乡最低生活保障之间的协调性大大增强，规划管理上的一体化程度显著提高。在取得重大成就的基础上，城乡最低生活保障制度要进一步提高水平，同时需要解决一些大的管理问题和体制性问题，以更好地应对各类挑战。

2011年12月，民政部、国家发展和改革委员会印发的《民政事业发展第十二个五年规划》中提出，要"完善城乡最低生活保障制度，巩固动态管理下的应保尽保"。① "十二五"规划的具体任务包括：落实保障标准与物价上涨挂钩的联动机制；规范保障标准制定和调整工作；实行分类施保；规范相关程序；加强最低生活保障与相关社会政策的配套衔接；等等。要达成这些具体目标，不仅仅是现有框架下的低保制度操作和管理，而是涉及复杂的自身和相关制度安排。为了顺利实现城乡最低生活保障制度发展的"十二五"目标，保证这一社会保障制度的实际效果和可持续发展，需要讨论一些影响较大的体制性、政策性问题，探索应对思路。

第一，建立健全居民收入审核制度，改进低保人员及其贫困程度的识别。

我国城乡最低生活保障制度的思路是：制定保障标准，对收入低于这

---

① 中华人民共和国民政部，http://www.mca.gov.cn/。

个标准的家庭给予补差救助。这样的制度设计，在实际操作中遭遇的最大问题之一就是居民家庭收入的核查。农业和非农业从业混合的农村居民收入调查历来是一个难题。在城市，低保对象主要是无业人员和非正规就业者，情况要略好一些，但也并非没有问题。由于没有有效的家庭收入核查手段，各地民政部门在实施低保制度过程中，在救助资格认定上花费了大量的精力，但成效有限。由于居民收入核查问题，再加上基层单位（特别是贫困、边远的农村社区）的管理能力不足，大多数地方无法按照严格的家计调查来筛选低保对象，而是使用了一些变通的做法。例如，一些农村地区放权给村委会，通过一些民主程序来确定救助对象。[1] 为了确定低保对象，一些城市的民政部门在家庭消费等方面制定一些"土政策"。[2] 这些不规范的工作方法，影响了最低生活保障的贫困瞄准成效。在少数农村地区，也出现了低保对象认定上的不正之风。

现阶段各地的非规范方法是现实条件下不得已的选择，具有一定的可行性。但是，从长远来看，必须从现在就着手，建立居民收入核查制度。建立这样一项制度，是发达国家较为普遍的做法。这不仅仅是发展城乡救助事业、减少和防止贫困的需要，也是推行低收入政策甚至是更一般的社会政策体系的需要。因此，要在中央政府的统一部署下，整合银行、税务、民政、劳动和社会保障等政府资源，加快建立收入核查制度的步伐。可以首先在一些城市中开启这项制度。

第二，加强最低生活保障与积极就业政策、包容性社会保障政策的衔接。

目前，城乡最低生活保障制度与两大相关制度——劳动就业制度和社会保障制度之间的衔接还不够流畅。2010年，在职人员、灵活就业人员、登记失业人员、未登记失业人员这四类人员在获得城市最低生活保障人员中的占比超过了60%，劳动人口的比重显得比较高。[3] 这意味着，对于有劳动能力的低保人员，如何把低保救助与就业服务紧密联系起来，帮助他们实现再就业，或提高就业层次或质量，还有很多工作可以做。有些国家推行"工作福利"计划，尽可能避免受救助者陷入"失业陷阱"，值得我们加以借鉴。在社会保障制度方面，目前对低收入、反贫困的考量还不多。

---

[1] 张秀兰，等. 最低生活保障制度与农村反贫困//王延中. 中国社会保障发展报告（2012）. 社会科学文献出版社，2012.

[2] 陈爱云. 我国城市最低生活保障制度的问题及对策探索. 特区经济，2011（4）.

[3] 在香港，有类似于最低生活保障制度的"综合社会保障援助"制度，受益者中，老年人占53%。参见高传胜. 中国社会救助体系建设还可以做什么. 中国民政，2011（9）.

例如，处于就业状态的贫困者、低收入者如何参加城镇职工基本养老保险，就业关联的社会保险政策与社会救助政策如何协调、配套？这些方面还需要加强研究和尝试。

第三，提高城乡最低生活保障制度的管理层次和统一性。

城乡最低生活保障制度实行地方政府负责制。最重要的是，地方自行制定最低生活保障标准，保障资金列入地方预算。关于保障标准，中央政府的基本精神是，各地从当地农村经济社会发展水平和财力状况的实际出发，合理确定保障标准和对象范围。目前各地制定最低生活保障的标准不一，主要有"市场菜篮子法"（标准预算法）、贫困线法和收入比例法。无论使用何种方法，地方的财政能力都是决定性因素。[①] 因此，各地的最低生活保障标准以及保障覆盖能力的差别很大。

2010年3月，民政部社会救助司的监控显示，在全国36个中心城市中，城市低保（月）标准最高的城市是天津，为430元。除了天津，上海、深圳、北京、广州、杭州、宁波6个城市的低保标准都超过了400元。乌鲁木齐的城市低保标准最低，只有156元，只有天津低保标准的36%，36个城市平均低保标准的50%。低保标准很低的城市包括西宁（203元）、南昌、西安和银川四个城市（后三者均为230元）。此外，西部地区城市昆明、兰州、贵州的城市低保标准也是偏低的。[②] 这还是中心城市，不发达地区的小城市和县城的低保标准要更低，有些县城的低保标准在100元以下。需要指出，低保标准的差异只是问题的一个方面。在不发达地区，不仅低保标准低，对低标准下的保障对象是否能够完全按需救助也是一个大问题，即在"应保尽保"上与发达地区形成差距。最低生活保障水平上的较大差异，固然与各地生活费用差异、低保管理缺乏统一标准有关，但不可否认财政负担能力的地区差异起了重要作用。低保标准的巨大区域差异使得城市居民最低生活保障制度的效果产生区域不平等，影响了该制度的统一性和公平性。

城市居民最低生活保障制度最初是在各地试点、由地方政府主导推动的，早期就形成了以地方政府为主的治理方式。不过，2000年以后，中央财政和省级财政对最低生活保障制度的投入有了显著的增加。因此，最低生活保障管理权限的适当上移的条件已经成熟。实际上，地方过度分权

---

① 张秀兰，等. 最低生活保障制度与农村反贫困//王延中. 中国社会保障发展报告（2012）. 社会科学文献出版社，2012.
② 中华人民共和国民政部社会救助司，http: //dbs.mca.gov.cn.

是目前中国社会保障各项制度的普遍性问题，提高最低生活保障的管理层次与提高各项社会保险的统筹层次的大方向是一致的。需要注意的是最低生活保障管理升级面临着一些比较复杂的问题，例如，假如省级政府在本行政区划内制定单一的城市低保标准，而省内城市的物价水平又有一定差异，那么这个低保标准可能有对某些地区过高，而对另一些地区过低，进而或产生依赖思想，或不能提供基本的生活保障。因此，要从各地的实际出发来确定提高最低生活保障的管理层次的步伐，也可以从统一低保标准的制定程序或确定低保的指导性标准入手，逐步提高省级政府在最低生活保障治理上的主导和协调能力。

第四，流动人口以常住居民身份在流入地享受最低生活保障权利。

在户口所在地享受最低生活保障是一项现行原则，无论城市还是农村都是如此。这与最低生活保障的地方政府负责制有着密切关系。在这一"属地原则"下，不同区域的本地（户籍）人口之间出现了低保待遇差异，这在前面已经讨论过了。"属地原则"还通过户籍身份的限制，将一个城市或农村地区的非本地（户籍）人口置于当地最低生活保障之外。这意味着，一个外来流动人口家庭户如果陷入贫困，这个家庭不能获得当地的最低生活保障。这是一种最低生活保障权利方面的"本地—外来"不平等。外来人口的确可以回到家乡申请最低生活保障。但是，他们并不是单纯地在家乡和流入地之间流动，而是在流入地长期谋生。外来人口在流入地长期居住的比例越来越高，他们已经是当地的常住居民，只不过没有当地户籍而已。因此，"属地原则"实际上推卸了对外来人口提供他们所需要的最低生活保障的责任。这样，最低生活保障制度在保障流动人口生活、促进人口流动与迁移方面没有正面的作用。这也造成了最低生活保障制度与社会保险制度的脱节。按照新的《社会保险法》，外来人口，无论是农业户籍外来人口（外来农民工）还是城市户籍外来人口（外来市民），只要与用人单位发生劳动关系，都应当可以参与养老、医疗、失业等就业关联社会保险。如果只是由于非本地户口，外来人口不能享受最低生活保障，那么他们还没有完全进入流入城市的社会保障体系。或者说，城市的社会保障体系依然缺乏广泛的包容性。

这表明，最低生活保障制度的"属地原则"需要改革。一个可行的选择是，用"常住身份"代替户籍身份，作为外来人口在居住、工作地点申请最低生活保障的资格。曾经有过一种思路，就是为外来人口或者农民工专门建立一项最低生活保障制度。现在，《社会保险法》、《劳动合同法》等法律已经从公民身份的意义上，定义了社会保险权利和劳动就业权利。为外来流动人口建立专门的制度安排，与上述立法的潮流是不一致的。在现阶段，被排斥在城市居民最低生活保障制度之外的不仅是失地农民和进城农民工，还有拥有外地城市户口的"外来市民"，后者的比例已经达到城市外来人口总数的1/4。另外，即使是来自农村的流动人口，他们的社会流动性已经显著增强，阶层分化也开始明显。因此，很难对所谓的"城市外来人口"设计一套普遍适用的制度安排。因此，应当按照常住人口同等待遇的公民权原则，调整和改进城乡最低生活保障制度，把外来流动人口纳入最低生活保障的社会保护范围之内。

第十三章 人力资本培养

改革开放以来的30多年间，中国经济增长迅速，创造了经济发展的奇迹。在接下来的十年中，中国仍然将保持较快的经济增长速度。2010~2015年，中国GDP潜在增长率约为8.4%；2016~2020年，GDP潜在增长率约为7%。[①] 我们也有理由预期，2020年以后，中国仍然将保持一定的经济增长速度。经济增长的一个不可或缺的重要要素，就是人力资本。人力资本积累是经济增长特别是落后国家赶超发达国家的重要引擎，这在发展经济学和经济增长理论中无疑是广泛的共识。

拥有高素质的劳动力，对未来中国实现可持续的经济增长至关重要。正如很多研究所指出的，[②] 人力资本积累不仅对中国的经济增长起着重要作用，而且能够抵消中国全要素增长率的不良表现。劳动力素质的显著提高，将对未来中国的潜在GDP增长，起到重要作用。

伴随着人口的老龄化，中国的劳动年龄人口增长速度越来越慢。根据预测，中国的劳动年龄人口大约在2015年前后达到最高值，其后，劳动年龄人口将开始下降。[③] 现在，中国各地面临普遍的"民工荒"，劳动力开始短缺。目前的劳动力短缺，不是暂时的、结构性的现象，而是人口转变和人口年龄结构发生变化的结果。与"民工荒"相伴随的，是工资水平的迅速提高，不仅农民工的工资水平在提高，其他城镇就业者和农业雇工的

---

① Kuijs, Louis. China through 2020—A Macroeconomic Scenario. World Bank China Office Research Working Paper, No.9, 2009.

② Whalley, John and Xiliang Zhao. The Contribution of Human Capital to China's Economic Growth. NBER Working Paper, No.16592, 2010; Kuijs, Louis. China through 2020—A Macroeconomic Scenario. World Bank China Office Research Working Paper, No. 9, 2009.

③ United Nations. The World Population Prospects: The 2010 Revision. http://esa.un.org/unpd/wpp/index.htm, 2010.

工资水平都在提高。① 许多研究表明，中国的刘易斯转折点已经到来。②

随着劳动力供给状况的变化和工资水平的提高，中国的比较优势产业，将逐步从劳动密集型产业转变为资本密集型产业和技术知识密集型产业。产业结构的升级，是伴随经济发展的一个自然而然的过程，是不可避免的。在这个阶段，中国面临的重要挑战，是如何用劳动力的质量替代劳动力的数量。这个时期最需要的是人力资本贡献的显著提高，以适应产业结构升级的需要。如果不能顺应这个要求，不仅不能实现产业结构顺利升级，还会造成劳动力短缺条件下的就业困难。换句话讲，中国已经进入或者说即将进入以知识为基础的发展阶段。过不了这个关，中国就无法进入现代经济增长阶段。

劳动力素质的提高，主要通过两种方式进行：一是各级教育的扩张，二是大力发展培训。教育是民族振兴、社会进步和国家发展的基石，是提高国民素质、促进人的全面发展的根本途径。培训是教育的重要补充，是人力资本积累不可或缺的重要途径。过去几十年间，中国建立起了较为完整的教育和培训体系。随着经济的发展和产业结构的转变，中国的教育和培训体系面临诸多挑战。在接下来的若干年中，中国的人力资本培养如何适应未来的经济发展？中国的教育和培训应该做出哪些重要调整，才能培养出适应经济发展的劳动力？这是本章将要讨论的主要问题。

本章的主要内容包括：第一部分将讨论产业结构变化与劳动力素质适应性，分析刘易斯转折点的到来和产业结构的升级，对劳动力素质将提出何种要求；第二部分将分析其他国家人力资本积累的经验和教训，并总结中国从这些经验和教训中，能够得到什么样的启示；第三部分将考察妨碍中国人力资本积累的主要因素，并探讨这些因素是如何形成的；第四部分将讨论从何处入手，突破人力资本积累的局限，培养适应中国经济增长的劳动力。

---

① 蔡昉，都阳. 工资增长、工资趋同与刘易斯转折点//蔡昉主编. 中国人口与劳动问题报告 No.12——"十二五"时期的挑战：人口、就业和收入分配，社会科学文献出版社，2009.

② 蔡昉. 刘易斯转折点——中国经济发展新阶段. 社会科学文献出版社，2008；张晓波，杨进，王生林. 中国经济到了刘易斯转折点了吗？——来自贫困地区的证据. 浙江大学学报（人文社会科学版），2010（1）.

第一节 产业结构变化与劳动力素质适应性

根据国际经验，一个国家或地区产业结构的演变，一般遵循这样的规律：在经济发展的较早阶段，一般以劳动密集型为主；随着经济的逐步发展，产业结构从以劳动密集型产业为主，逐步转向以资本和技术密集型产业为主，经济结构将从第二产业为主，转向第三产业（服务业）为主。与劳动密集型产业相比，资本和技术密集型的产业，对劳动力人力资本的要求更高。与第二产业相比，服务业（特别是生产性服务业）也要求更高的人力资本。

与其他国家和地区类似，中国同样将经历产业结构和经济结构的逐步升级。随着刘易斯转折点的到来和人口红利的逐步式微，未来中国全要素生产率的增长，将主要依靠人力资本。为了适应产业结构升级的要求，必须大力提高劳动力素质，促进人力资本积累，这已经成为中国面对的重要问题和重大挑战。

一、资本和技术密集型产业要求更高的人力资本

产业升级的目的是提高生产率，特别是全要素生产率，所以演变方向体现更多的人力资本。随着劳动力市场的发育，劳动力市场在劳动力资源的配置方面越来越起着主导作用。在那些对技能和知识要求较高的产业中就业的劳动力，相应地也具有较高的受教育水平。显然，与劳动密集型产业相比，资本密集型产业和技术密集型产业对劳动力的受教育水平要求更高。如表13-1所示，在第二产业中，资本密集型产业中的劳动力，具有比劳动密集型产业劳动力更高的受教育水平。在第三产业中，技术密集型产业中的劳动力，具有比劳动密集型产业中的劳动力更高的受教育水平。第二产业的劳动密集型产业中的劳动力，具有最低的受教育水平，第三产业的技术密集型产业中的劳动力，具有最高的受教育水平。

在中国从中等收入国家向高收入国家转变的过程中，必然要经历产业结构升级的过程。产业结构从以劳动密集型为主转向以资本和技术密集型为主，劳动力的人力资本水平需要相应提高。如何满足产业结构转变和经济发展对人力资本的需求，是摆在中国面前的一项重要而紧迫的任务。

表 13-1　城镇分产业教育水平构成

单位：%

受教育水平	第二产业		第三产业	
	劳动密集型产业	资本密集型产业	劳动密集型产业	技术密集型产业
小学及以下	17.1	9.4	15.6	1.7
初中	63.7	46.9	50.2	11.9
高中	16.4	30.3	26.4	29.0
大专及以上	2.9	13.4	7.9	57.4
平均受教育年限（年）	9.1	10.4	9.6	13.3

注：(1) 学者们对劳动密集型产业、资本密集型产业和技术密集型产业如何划分，存在诸多争论。此处我们选择一些基本不存在争议的劳动密集型产业、资本密集型产业和技术密集型产业进行分析。

(2) 第二产业中的劳动密集型产业，包括纺织业，纺织服装、鞋、帽制造业，皮革、毛皮、羽毛（绒）及其制品业和家具制造业；资本密集型产业包括石油加工、炼焦及核燃料加工业，化学原料及化学制品制造业，黑色金属冶炼及压延加工业，有色金属冶炼及压延加工业，金属制品业，交通运输设备制造业，电气机械及器材制造业，通信设备、计算机及其他电子设备制造业。

(3) 第三产业中的劳动密集型产业包括批发业、零售业、住宿业、餐饮业、居民服务业和其他服务业；技术密集型产业包括电信和其他信息传输服务业、计算机服务业、软件业、银行业、证券业、研究与试验发展、专业技术服务业和科技交流和推广服务业。

资料来源：根据 2005 年 1% 人口抽样调查微观数据 20% 样本计算得到。

二、服务业（特别是生产型服务业）要求更高的人力资本

源于国际分工模式由产品分工向要素分工的转变，宏碁集团创办人施振荣先生提出"微笑曲线理论"，用来描述全球产业链的研发、制造和营销三个环节（见图 13-1）。发展中国家的企业缺少核心技术，主要从事制造环节的生产，付出的只是土地、厂房、设备和水电等物化要素成本和简单劳动成本，在不同国家间的可替代性强。而研发和营销环节，需要投入信息、技术、品牌、管理和人才等知识密集要素，通常具有不可替代性。制造环节产生的利润低，研发与营销的附加价值高，产业未来应朝"微笑曲线"的两端发展。

中国在经历了主要从事制造环节的生产的发展阶段后，未来将在研发和营销环节逐步发挥更大的作用。显然，当中国在研发和营销环节占有越来越重要的地位时，由于需要投入信息、技术、品牌、管理和人才等知识密集要素，对劳动力的人力资本水平的要求会不断提高。基于此，中国在人力资本积累方面，面临着大力发展教育和培训，大幅度提高劳动力素质的艰巨任务。

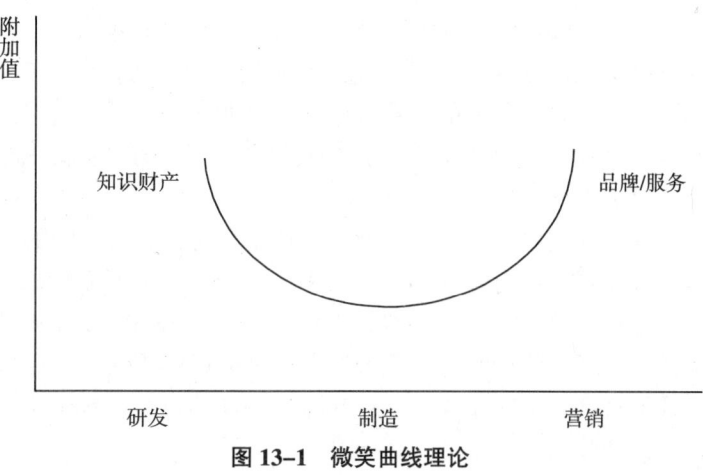

图 13-1 微笑曲线理论

第二节 日本和美国人力资本积累的教训

发达国家所经历的经济发展和产业结构升级，也是中国必将要经历的。因此，发达国家在人力资本积累方面的教训，值得中国引以为戒。日本是亚洲第一个成功实现对西方发达国家赶超，并跻身最富裕行列的国家。在整个日本经济发展中，教育对西方国家的赶超，是其成功的重要因素之一。然而，成也萧何、败也萧何，日本教育发展中存在的问题，也在一定程度上对其 1990 年以后经济增长乏力，进而陷入长期停滞状况负有责任。

另外，正如我们所看到的，2008 年金融危机后，美国经济在经历着无就业复苏甚至失业复苏。美国经济学家估计，这一次"无就业复苏"可能会持续 10 年之久。无就业复苏有很多原因，其中之一，就是劳动者的素质与产业结构不相适应。这个教训也值得中国好好思考。

一、日本在人力资本积累方面的教训

在整个日本的高速经济增长过程中，教育赶超都是令人惊异的成就。例如，用劳动年龄人口人均受教育年限来衡量，日本相当于美国水平的百分比，从 1890 年的 19.7% 提高到 1947 年的 71.2%，进而于 1966 年开始超

过80%，1990年为84.8%。① 众所周知，这整个期间，日本从一个贫穷落后的农业经济社会追赶成为高度工业化的富裕社会。然而，到了20世纪70年代中期以后，日本对美国的教育赶超速度就明显减慢了。当然，我们可以说，日本已经是一个教育高度发达的经济体，进一步追赶的难度加大，速度自然会慢下来。

不过，如果我们对日本在不同教育阶段上与美国教育差距的变化做一番研究，可以发现一些有趣的现象，对中国教育的发展不无裨益。著名的日本经济学家神门善久，通过艰苦的工作，估算了1890~1990年日本与美国劳动年龄人口的人均受教育年限及其各教育阶段的构成。借用这位作者的数据，我们现在来考察1947~1990年日本与美国每个教育阶段的人均受教育年限差距变化（见图13-2）。

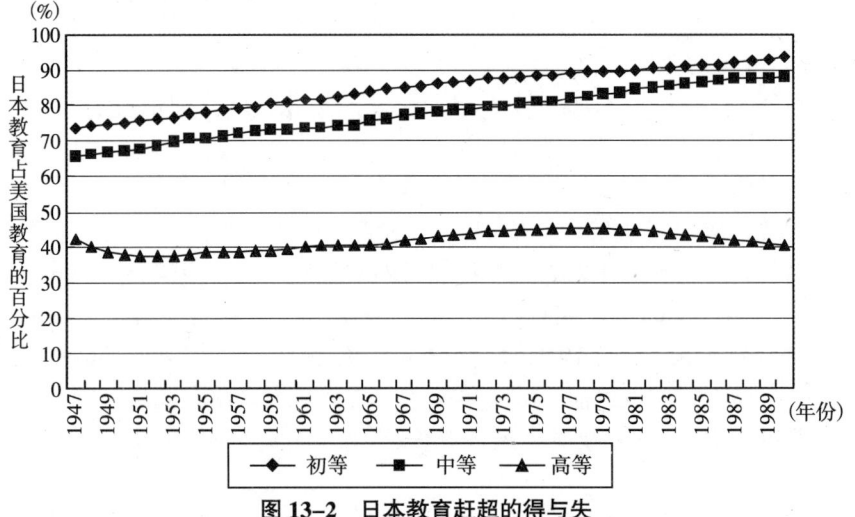

图 13-2　日本教育赶超的得与失

注：按照资料来源的定义，本图中的初等教育指1~8年级，中等教育指9~12年级，高等教育指超过12年级以后的教育阶段。

资料来源：Yoshihisa Godo. Estimation of Average Years of Schooling by Levels of Education for Japan and the United States, 1890–1990. Meiji Gakuin University.

从中可以发现，20世纪50年代以后，日本高等教育的赶超速度就开始徘徊。实际上，由于担心高等教育质量下降，日本文部省还有意制止了高等教育的扩张。在20世纪70年代中期以后，虽然在初等教育和中等教育上，日本仍在继续缩小与美国的差距，而在高等教育中的差距反而逐渐

---

① Yoshihisa Godo. Estimation of Average Years of Schooling by Levels of Education for Japan and the United States, 1890–1990. Meiji Gakuin University.

扩大。就劳动年龄人口中人均接受高等教育的年限来说，日本相当于美国的水平，从 1976 年的 45.3% 下降到 1990 年的 40.4%，回到了 1965 年的水平上。

这种在不同教育阶段的不同表现，不仅相对降低了日本劳动者中更高级人才的比重，也导致日本在劳动者总体受教育年限上未能进一步缩小与美国的差距。实际上，当讨论日本经济在 20 世纪 70 年代中期以后的减速和 1990 年以后的停滞时，我们提出的问题是：为什么日本没有像欧洲和美国那样，继续保持适度的、在技术创新前沿上的经济增长。很显然，教育发展的相对减慢，无疑是一个十分重要的因素。

日本教育对西方国家的赶超未能彻底完成的原因，既与日本经济赖以高速增长的模式有关，也与其经历刘易斯转折点之后未能实现经济增长方式的转变有关。日本经济在其赶超过程中，主要依靠借鉴和模仿欧美国家的制造业技术，因此，面向大规模青年劳动者的中等教育，满足了经济增长的需要，也的确产生了积极而显著的效应。在特定的发展阶段，即劳动力丰富并加快转移的二元经济发展时期，这种经济增长方式充分利用了后发优势，不啻为一种有效的发展战略。

日本经济在 1960 年前后到达了刘易斯转折点，即劳动力短缺和工资上涨成为常态现象。随后的经济增长，不再能够靠廉价劳动力的跨地区和跨部门流动从而获得资源重新配置效率而获得，而是越来越需要依靠劳动生产率的提高。日本对此做出的反应是，从 20 世纪 60 年代开始，主要通过投资提高重化工业比重，进而导致日本经济的整体资本——劳动比大幅度提高。与此同时，由于在技术创新前沿上未能像欧美那样不断突破，因而不可避免地遇到资本报酬递减现象，全要素生产率增长停滞，对经济增长贡献率下降。因此，对于日本经济增长方式未能实现转变，从而 1990 年以后陷入"失去的 20 年"，教育发展的失误不无咎责，对于我们来说则有诸多教训可以吸取。

二、美国在人力资本积累方面的教训

现在的美国经济在经历着无就业复苏甚至失业复苏。美国的无就业复苏首次出现是在 1991 年经济衰退之后，以后历次经济危机，虽然经济在缓慢复苏，但是就业并不随经济复苏而恢复，美国经济学家估计，这一次"无就业复苏"可能会持续 10 年之久（见图 13-3）。

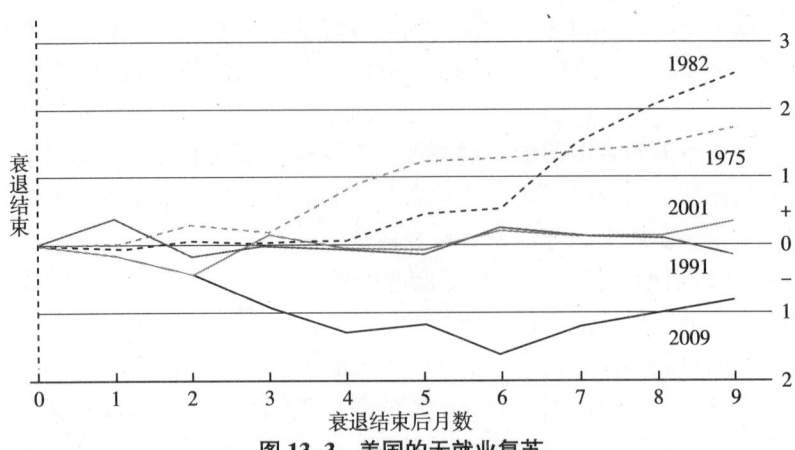

图 13-3　美国的无就业复苏

资料来源：http://lilijie.51ielts.com/space.php?uid=690053&do=blog&id=131536.

无就业复苏有很多原因，其中之一，就是劳动者对产业结构的适应问题。第二次世界大战后，制造业中的非技术性蓝领工作——以汽车业为典型——成为美国人迈入中产阶级的捷径。但是，随着劳动密集型产业陆续转移到其他国家，美国"从中学直接进入中产阶级"模式彻底失败。随着产业结构的转变，制造业中的这些缺乏技能的工人，并没得到很多再教育和再培训的机会，大量工人失业。另外，"从中学直接进入中产阶级"的模式，也导致很多人没有上大学的激励。

虽然有很多的最优秀的人才去适应产业结构的升级，但也有相当大的一部分劳动力是在向下走，连大学都不上。在美国，没有大学学历的劳动者的失业率，是上过大学的劳动者的3倍。比较优势原则表明，美国已经处在升级后的产业结构上，劳动力也要与新的产业结构相适应，而被美国淘汰的产业则转移到新兴的发展中国家。由于教育不足，一部分劳动者不能适应升级了的产业结构的需要，陷入持续的就业困难。美国的人力资本积累，没有为升级了的产业结构做好准备。美国经历的"无就业复苏"，反映了美国在人力资本上的失败。

第三节　妨碍中国人力资本积累的主要因素

目前，妨碍中国人力资本积累的因素主要集中在以下四个方面：第一，近些年来，中国技能工人和非技能工人开始出现工资趋同的现象，教育回报率相对下降。这些现象会产生上学的负激励，导致一些孩子过早辍学，进入劳动力市场。第二，尽管高等教育自20世纪90年代末以来开始扩张，但城镇和农村生接受高等教育的机会不均等，农村生在高等教育中的占比下降，这影响了农村生上高中的激励。第三，在劳动年龄人口中，年龄越大的人口，人力资本越低。第四，流动儿童和留守儿童面临教育不足。

一、工资趋同和教育回报率相对下降等导致的上学负激励

伴随着刘易斯转折点的到来，劳动力市场上的工资决定也会发生变化。在二元经济结构下，由劳动力无限供给性质决定，从农业和农村转移到非农部门和城市就业的劳动力，其工资水平并不由劳动的边际生产力决定。经济发展越过刘易斯转折点后，劳动力市场上日益变化的供求关系开始在不同群体发生作用，即熟练劳动者的稀缺性相对稳定，而非熟练劳动者的稀缺性显著增强，其工资形成基础逐渐从生存水平转变为劳动边际生产力。因此，在这个特定时期，劳动力市场总体上将呈现工资趋同。

有数据表明，从2001年到2010年和从2005年到2010年，都显示出工资率随受教育水平上升而上升的趋势。受教育程度较低即在基期上处于低工资水平的劳动力，在所观察的时期有更快的工资涨幅。[1]换句话说，普通工人与高技能工人的工资在趋同。

除此之外，教育的相对收益在下降。2001~2010年，具有高中以上教育的农民工，其相对教育收益率由80.4%下降到57.1%，降低幅度大大高于同期初中回报率下降（从25.9%降低到16.9%），相应地，接受高中教育的农民工的相对教育收益率，从2001年较之初中高出25.9%，下降到2010年仅高16.9%（见图13-4）。这种教育收益的相对下降说明，由于劳动力市场上供求关系变化，即普通工人的短缺，使得低技能工人开始摆脱劳动力无限供给的制约，边际劳动生产力决定工资的机制开始发挥作用，其教育回报相应得到较明显的提高。

普通工人与高技能工人工资率趋同，以及教育收益下降，可能会产生

---

[1] Cai Fang and Yang Du. Wages Increase, Wages Convergence, and Lewis Turning Point in China. China Economic Review, Vol. 22, No. 4, 2011, pp.601-610.

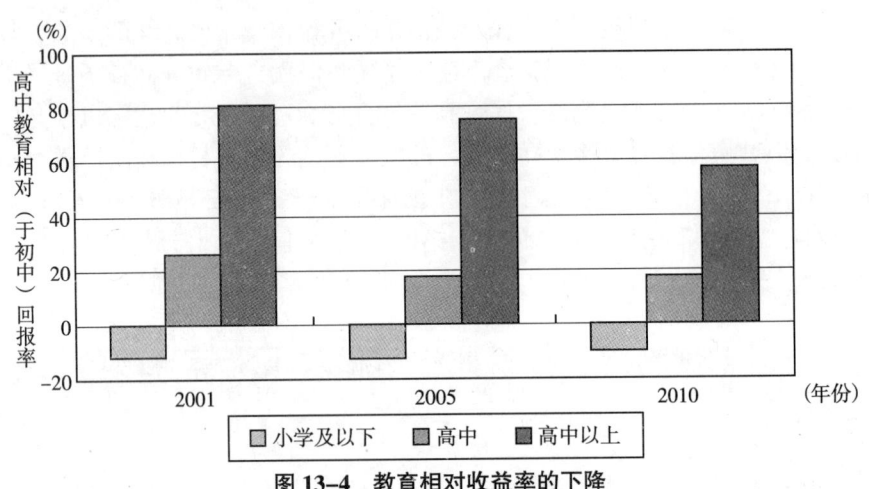

图 13-4 教育相对收益率的下降

资料来源：Cai Fang and Yang Du. Wages Increase, Wages Convergence, and Lewis Turning Point in China. China Economic Review, Vol. 22, No. 4, 2011, pp.601–610.

一种错误激励，低收入家庭特别是农村低收入家庭的子女，在结束义务教育之后继续上学的机会成本大幅度提高，加上学费等有形物质支出，受教育激励显著降低，使低收入家庭年轻劳动力辍学并提前进入劳动力市场，有时甚至会出现从义务教育阶段辍学的现象。这显然会对未来的劳动者素质造成损伤，有可能面临着下一代（农民工）人力资本不能适应产业结构升级需求的危险，而且这会成为生产率提高的制约因素，还会造成部分劳动者群体的就业困难。

二、高等教育机会尚少及机会不均等，减少上高中的激励

1999 年中国高等教育扩大招生以来，全国普通高校招生数、在校生数和毕业生数都在快速增长（见表 13-2）。1998 年普通高校的招生数为 108.4 万人，2011 年增长到 681.5 万人，为 1998 年的 6.3 倍。1998 年普通高校的在校生数为 340.9 万人，2011 年增长到 2308.5 万人，为 1998 年的 6.8 倍。与招生数和在校生数相比，普通高校毕业生数的快速增长出现的略晚一些。1998 年普通高校毕业生数为 83.0 万人，从 2002 年开始，高校毕业生数开始迅速增加，为 133.7 万人，2011 年达到 608.2 万人，为 1998 年的 7.3 倍。

在高等教育扩招的同时，高等教育毛入学率呈现持续的上升趋势。

表 13-2 全国普通高校扩招状况

单位：万人，%

年　份	招生数	在校生数	毕业生数	高等教育毛入学率
1998	108.4	340.9	83.0	9.8
1999	159.7	413.4	84.8	10.5
2000	220.6	556.1	95.0	12.5
2001	268.3	719.1	103.6	13.3
2002	320.5	903.4	133.7	15.0
2003	382.2	1108.6	187.7	17.0
2004	447.3	1333.5	239.1	19.0
2005	504.5	1561.8	306.8	21.0
2006	546.1	1738.8	377.5	22.0
2007	565.9	1884.9	447.8	23.0
2008	607.7	2021.0	511.9	23.3
2009	639.5	2144.7	531.1	24.2
2010	661.8	2231.8	575.4	26.5
2011	681.5	2308.5	608.2	26.9

注：毛入学率是指各级教育在校学生总数与政府规定的该级教育学龄段人口总数的百分比。
资料来源：国家统计局.中国统计年鉴（历年）.中国统计出版社；教育部.全国教育事业发展统计公报（历年），教育部网站。

1998 年，中国高等教育毛入学率为 9.8%，2011 年达到 26.9%。1973 年美国学者马丁·特罗（Martin Trow）提出了高等教育大众化理论，指出高等教育毛入学率在 15% 以内为精英教育阶段；15%~50% 为高等教育大众化阶段；在 50% 以上为高等教育普及阶段。按照这一理论，中国在 2002 年进入高等教育大众化阶段。

发达国家从高等教育的大众化到普及化，通常用 25~30 年的时间（李立国、黄海军，2010）。与发达国家相比，目前中国高等教育普及化的速度并不快。从 2002 年实现高等教育大众化，到 2005 年高等教育毛入学率每年增长 2 个百分点。从 2006 年开始，高等教育毛入学率的增长速度下降。《国家中长期教育改革和发展规划纲要》中提出，到 2020 年，高等教育毛入学率达到 40%。现在看来，这一任务是非常艰巨的，实现这一目标需要付出艰辛的努力。与发达国家相比，中国学生面临的高等教育机会尚少。

除此之外，在高等教育尤其是重点大学中，农村生占比在不断下降，这也减少了农村学生上高中的激励。目前城乡大学生的比例分别是 82.3% 和 17.7%。20 世纪 80 年代，高校中农村生源占 30% 以上。农村孩子在大学生源中的比例，30 年来几乎下降了近一半。①当然，这其中不排除有城镇化水平提高，农村人口比例下降的因素。

重点大学招收的新生中，农村学生的比例也呈下降趋势。以北京师范大学为例，1998 年新生中，农村学生比例为 30.9%，1999 年为 28.7%，2002 年，这一比例下降到 22.3%。②1978~1998 年，北京大学新生中来自农村的学生约占三成，2000 年至今降到只占一成左右。在清华大学 2010 级的学生中，农村生源也仅占 17%，而在 2010 年的高考考场里，全国农村户籍考生的比例是 62%。③而在非重点的地方普通院校，以河北科技大学为例，新生中农村学生的比例，从 1998 年的 54.7%增加到 2001 年的 60.8%。④另有研究也表明，在进入重点大学的机会方面，来自农村家庭的学生始终处于劣势地位。⑤

农村劳动力将是中国未来劳动力供给的主体。近年来，尤其是高等教育扩招以来，高校毕业生的就业困难问题，已经引起政府部门和学者们的高度关注。与重点大学的毕业生相比，非重点大学的毕业生面临着更加严重的就业困难。北京大学教育学院于 2009 年 6 月进行的"高校毕业生就业状况研究"调查表明，⑥毕业生毕业时，"211"重点大学毕业生的落实率达到 77.3%；普通本科院校毕业生的落实率只有 58.8%。⑦大学尤其是重点大学中农村生占比的下降，显然会减少父母尤其是家庭经济困难的农村父母对子女高中教育投资的激励。很多父母看到大学毕业后的就业前景并不乐观，可能干脆让子女在完成义务教育，甚至还没有完成义务教育就辍学。

三、劳动年龄人口随年龄提高而人力资本下降

由于计划生育政策的实行，以及同一时期改革开放推动的高速经济增长和社会发展，中国的生育率大幅度下降，人口快速增长的势头得到了控制。至今，中国用不到 30 年的时间走完了发达国家经过上百年才完成的

---

① 李龙. 农村大学生比重为何少了一半. 广州日报，2009-01-24.
②④ 杨东平. 高等教育入学机会：扩大之中的阶层差距. 清华大学教育研究，2006（1）.
③ http://cul.sohu.com/s2011/zhuanzhe/.
⑤ 岳昌君. 规模扩大与高等教育入学机会均等化. 北大教育经济研究（电子季刊），2009（4）.
⑥ 该研究将毕业生毕业时的状况分为以下 10 类：(1) 已确定单位；(2) 升学（国内）；(3) 出国、出境；(4) 自由职业；(5) 自主创业；(6) 其他灵活就业；(7) 待就业；(8) 不就业拟升学；(9) 其他暂不就业；(10) 其他。前六种状况均视为"落实"，并由此计算出"落实率"。
⑦ 北京大学课题组. 2009 年高校毕业生就业状况调查统计. 北京大学教育经济研究所，高等教育研究所简报，2009（1）.

向现代人口增长模式转变的过程。与同等收入水平的发展中国家相比，中国较早实现了人口转变过程。

随着用较短的时间实现了人口再生产类型的转变，中国人口年龄结构也相应地发生变化，老龄化水平不断提高。联合国把一个国家65岁及以上人口比重超过7%定义为老龄化社会。人口普查和人口抽样调查数据显示，65岁及以上人口在总人口中所占的比例，1953年为4.4%，1964年为3.6%，1982年为4.9%，1990年为5.6%，2000年为7.0%，2005年上升到7.7%，2010年进一步上升到8.9%。按照该标准，2000年第五次人口普查时，中国已经基本进入老龄化阶段。

人口老龄化不仅表现为老年人口比例的提高，还表现为少儿人口比例的下降，以及劳动年龄人口比例的先上升后下降的动态。20世纪70年代和20世纪80年代，中国15~64岁劳动年龄人口增长迅速。自20世纪90年代开始，劳动年龄人口增长速度开始放缓。2015年前后，劳动年龄人口将达到其峰值，大约为9.96亿人。[①] 换句话说，劳动年龄人口将在2015年前后停止增长，随后将开始减少。劳动年龄人口比例也将在2015年前后达到最高值（72.7%），然后开始下降。

当劳动年龄人口在2015年前后达到其峰值时，其本身的构成也将发生显著变化。[②] 总的来看，劳动年龄人口本身在逐步老化。在接下来的20年中，20~34岁组和35~49岁组劳动年龄人口都将减少，50~64岁组迅速增长。到2020年，50~64岁组人口将占到全部的31%，2030年，这一比例将达到35%（见图13-5）。[③]

年龄越大的劳动年龄人口，人力资本水平越低。24~64岁，年龄每增加1岁，受教育年限平均减少10.2%。而越是在偏大的年龄上，这个教育水平递减的趋势就越明显，44~64岁，年龄每增加1岁，受教育年限平均减少16.1%。[④] 尤其是"文化大革命"期间接受教育的那部分劳动年龄人口，在人力资本形成上遭受了很大损失，其人力资本禀赋使得他们在劳动力市场上处于不利的竞争地位。[⑤] 如何利用培训，提高年龄较大的

---

①② United Nations. The World Population Prospects: The 2010 Revision. http://esa.un.org/unpd/wpp/index.htm, 2010.

③ 此处我们之所以分析20~64岁而不是15~64岁的劳动年龄人口，是因为高等教育的扩招将继续，15~19岁的劳动年龄人口中，很多人是在上学而不是到劳动力市场上就业。

④ 王广州，牛建林. 我国教育总量结构现状、问题及发展预测//蔡昉. 中国人口与劳动问题报告No.10——提升人力资本的教育改革. 社会科学文献出版社, 2009.

⑤蔡昉，都阳."文化大革命"对物质资本和人力资本的破坏. 经济学（季刊），2003（4）.

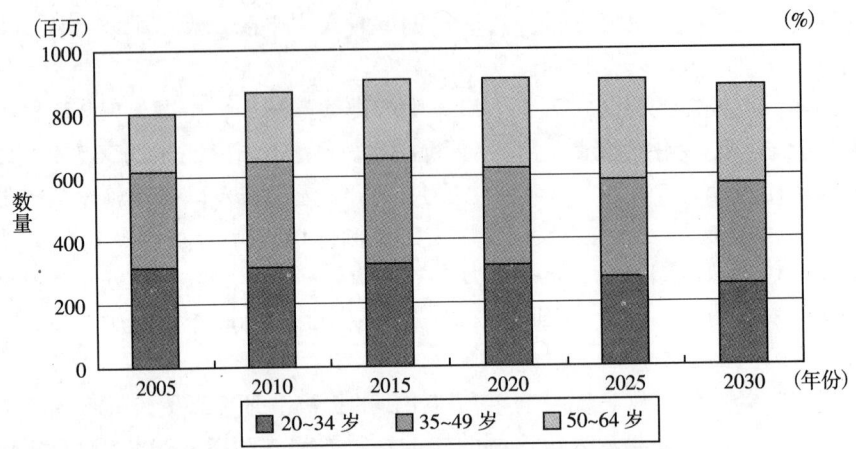

图 13-5 劳动年龄人口不断变化的年龄构成

资料来源：United Nations. The World Population Prospects: The 2010 Revision. http://esa.un.org/unpd/wpp/index.htm, 2010.

劳动年龄人口的人力资本，使其适应劳动力市场的需求，是摆在中国面前的巨大挑战。

从与美国的比较看，在所有的年龄组，中国劳动年龄人口的受教育水平都显著低于美国（见图 13-6）。随着年龄的提高，受教育水平与美国的差异越来越大。例如，受教育年限在 20 岁年龄组这个起点上，中国就比

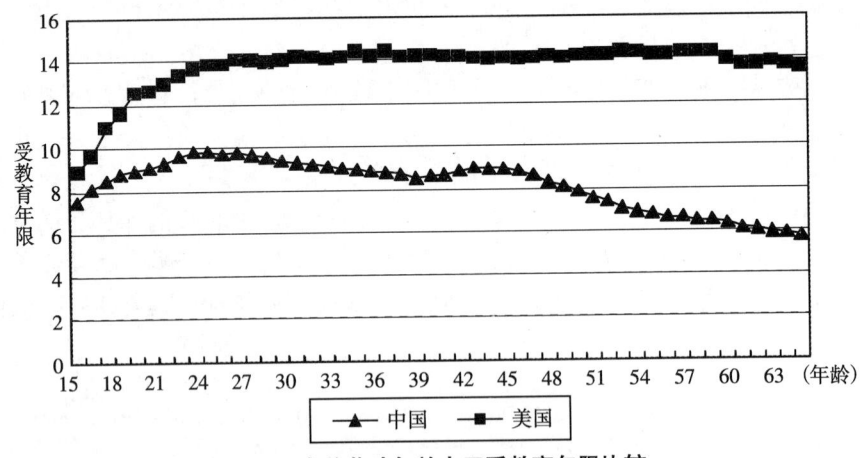

图 13-6 中美劳动年龄人口受教育年限比较

资料来源：Wang, Guangzhou and Jianlin Niu. Composition and Development of the Chinese Education System. in Cai, Fang (eds.) The China Population and Labor Yearbook Volume 2: The Sustainability of Economic Growth from the Perspective of Human Resources, Leiden. Boston: Brill, 2010.

美国低 28.8%。这个差距在 30 岁扩大到 34.6%，40 岁为 38.9%，50 岁为 47.0%，60 岁高达 55.5%。

四、流动儿童和留守儿童面临教育不足

流动儿童和留守儿童的教育问题，值得予以特别关注。近年来，按照大多数地方政府的规定，流动儿童有免费就读城市公立学校的权利。但实际上，很多流动人口为了让他们的子女进入城市公立学校就读，却不得不支付额外的费用。很大比例的流动人口子女不得不就读打工子弟学校。北京的一项调查表明，61.4%的流动儿童就读于打工子弟学校，30.8%就读于公立学校，6.5%就读于私立学校。[①]大多数打工子弟学校的质量很差。

城市流动儿童和城市本地儿童的在校率存在一定差距（见表13-3）。对于 6~11 岁和 12~14 岁的儿童而言，城市流动儿童和城市本地儿童的在校率差距不大。[②]但是，15~17 岁儿童的情况则不然。在这个年龄段，城市流动儿童的在校率远低于城市本地儿童。这表明，很大比例的 15~17 岁的城市流动儿童在完成义务教育后离开学校，而大部分城市本地儿童则在完成义务教育后继续接受更高层次的教育。这显然会带来城市流动儿童和城市本地儿童在教育获得方面的差距。

表 13-3　城市流动儿童和本地儿童在校率

单位：%

年龄组	6~11 岁		12~14 岁		15~17 岁	
性别	男孩	女孩	男孩	女孩	男孩	女孩
城市流动儿童	95.68	95.43	94.37	94.15	46.33	36.62
城市本地儿童	96.36	96.56	96.56	96.29	82.26	82.82

资料来源：高文书. 留守与流动儿童教育问题研究//蔡昉. 中国人口与劳动问题报告 No.10——提升人力资本的教育改革. 社会科学文献出版社，2009.

[①] 高文书. 留守与流动儿童教育问题研究//蔡昉. 中国人口与劳动问题报告 No.10——提升人力资本的教育改革. 社会科学文献出版社，2009.

[②] 中国实行的是九年制义务教育。儿童通常在 6 岁入学，开始接受小学教育，6~11 岁和 12~14 岁，正是儿童接受义务教育的阶段。

城市流动儿童教育面临的另一个重要问题是，他们不能在城市参加高考。因此，很多流动人口不得不将其子女留在家乡就学。而那些将子女带在身边，在城市接受义务教育和高中教育的流动人口，则时时在考虑应该何时将其子女转回到家乡上学，以便在家乡参加高考。所有这些，显然都会影响流动人口子女的教育。

2011年7月，教育部召开发布会指出：完成义务教育的随迁学生，可以在当地高考，但"尚无时间表"。这是因为，中国各地情况差异很大，有些外来人口压力不大的城市，已经放宽了随迁学生尤其是农民工子女的高考条件，但北京、上海和广东等地压力比较大。教育部官员表示，对流动人口子女异地高考的问题，中央要有指导性意见，地方再出具体办法，不会"一刀切"。

6~11岁和12~14岁的农村留守儿童中，不论男孩还是女孩，其在校率都在95%以上。这表明，农村留守儿童接受义务教育的状况较好。15~17岁留守儿童的情况则不然。在这个年龄段，男孩和女孩的在校率分别只在80%左右（见图13-7）。这表明，一部分15~17岁农村留守儿童在完成义务教育后离开学校。

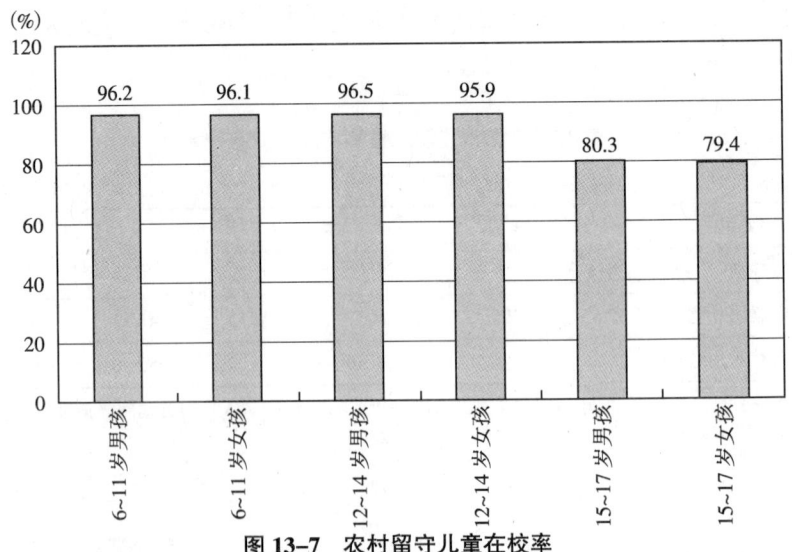

图13-7 农村留守儿童在校率

资料来源：全国妇联. 全国农村留守儿童状况研究报告. 2008-06.

此外，农村留守儿童缺乏父母关爱，其教育和健康会受到影响。农村地区0~5岁、6~11岁和12~14岁的留守儿童中，一半以上的儿童是双亲外出，其余的儿童则是父亲或母亲中有一方外出；15~17 岁留守儿童中，其中 42%是双亲外出，其余 58%是父亲或母亲中有一方外出（见表 13-4）。这些留守儿童通常与爷爷奶奶在一起生活，与父母在身边的儿童相比，其在教育和健康方面得到的父母的关爱要少得多。

表 13-4 农村留守儿童的居住安排

单位：%

年龄组	0~5 岁	6~11 岁	12~14 岁	15~17 岁
单亲外出留守	44.70	42.37	49.56	57.63
双亲外出留守	55.30	57.63	50.44	42.37
合计	100	100	100	100

资料来源：全国妇联.全国农村留守儿童状况研究报告.2008-06.

此外，留守儿童在农村地区接受教育，其教育质量本身就比城镇地区差。城镇和乡村地区的教师质量差距，从一个侧面可以反映城镇和乡村地区的教育质量差距。能够反映教师质量的指标之一，是教师的受教育水平。在城镇地区，只有 4.77%的教师的受教育水平为初中及以下，18.09%的教师的受教育水平为高中。在乡村地区，这两个比例分别为 12.95%和 42.76%。在城镇地区，42.1%的教师的受教育水平为大专，35.04%为本科及以上。在乡村地区，只有 38.51%的教师的受教育水平为大专，5.77%为本科及以上（见图 13-8）。

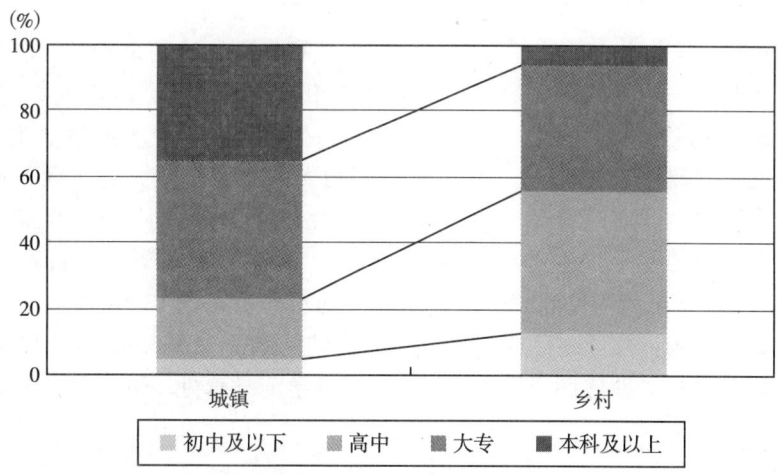

图 13-8 城镇和乡村地区教师的受教育水平构成

注：此处教师包括各级教育的教师。
资料来源：根据 2005 年 1%人口抽样调查微观数据 20%样本计算得到。

第四节　从何处入手突破人力资本局限

针对中国经济发展和产业结构升级对劳动力人力资本的要求，以及妨碍中国人力资本积累的主要因素，本部分将主要从以下四点入手，讨论如何突破人力资本局限。第一，将学前教育纳入义务教育；第二，将高中教育纳入义务教育；第三，继续发展高等教育，保持招收规模，提高上高中的激励；第四，大力发展在职培训，提高劳动力素质。

一、将学前教育纳入义务教育

学前教育对幼儿的身心健康、习惯养成和智力发展，具有重要意义。研究表明，在各级教育中，学前教育的投资回报最高。[①] 近些年来，中国的学前教育得到了一定的发展，但还存在诸多问题。

首先，与其他国家相比，中国学前教育的普及率低。2006 年，在 OECD 28 个国家中，学龄前儿童毛入园率平均已达到 83.9%，西班牙等 9 个国家已经达到 100%。在欧洲 39 国中，学前儿童平均在园率已达到 90.8%，西欧 20 个国家学前教育普及率已达到 100%。而在中国，到 2009 年，学前教育毛入园率才达到 50.9%。[②]

其次，学前教育的质量较差。园均人数和生师比这两个指标，能从一定程度上反映学前教育质量。在其他条件相同的情况下，园均人数越少，表明教育质量越好；反之，教育质量越差。生师比越低，表明教育质量越好；反之，教育质量越差。2001 年，园均人数有一个较大的飞跃，此后的若干年中，呈现持续上升的态势。生师比先是下降，但 2001 年突然升至一个很高的水平（生师比为 32）。虽然此后在逐年下降，但直到 2009 年，也只是下降到与 20 世纪 90 年代相当的水平（见图 13-9）。

最后，学前教育还存在诸多其他方面的问题。中央教科所对 16 省市 30 个区县进行的抽样调查发现，25% 的区县学前教育处于既无管理机构也

---

① Carneiro, Pedro and James Heckman. Human Capital Policy. National Bureau of Economic Research Working Paper, No. 9495, 2003.
② 徐卓婷. 对中国普及学前教育的研究与思考. 社会科学战线, 2010 (11).

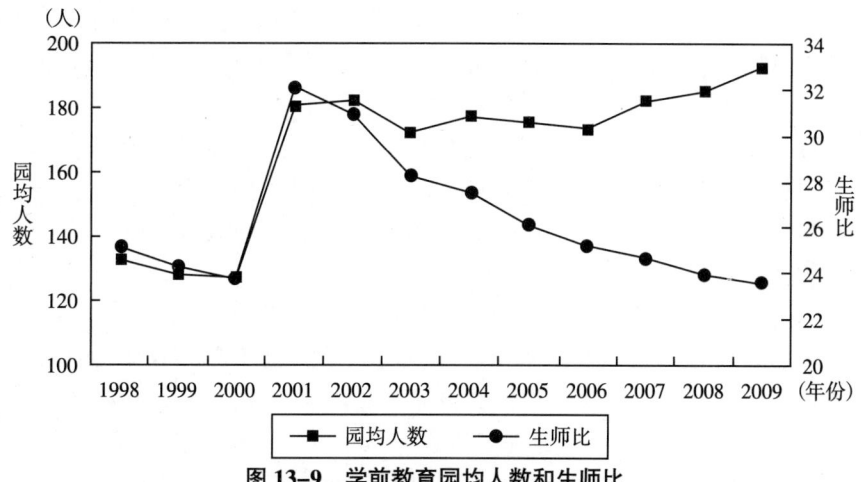

图 13-9 学前教育园均人数和生师比

注：园均人数是指每个幼儿园平均幼儿数量；生师比是指幼儿园幼儿数与教师数之比。
资料来源：教育部. 全国教育事业发展统计公报（历年），http: //www.moe.edu.cn/publicfiles/business/htmlfiles/moe/moe_335/index.html.

无管理人员的"两无"状态。学前教育在地区、城乡之间发展不平衡，农村学前教育普及率低、基础设施差，很多地方甚至"无园可入"；城镇普遍面临"上公办园难"、"入民办园贵"等问题。[①] 流动儿童和留守儿童中的很大比例，或者根本没有接受正规的学前教育，或者是就读的幼儿园质量很差。

尽管在大多数发达国家，学前教育并非义务教育，但总的来看，学前教育的经费充足，学费较为低廉，而且低收入家庭在交费方面享有诸多优惠政策，这样能够保证愿意接受学前教育的幼儿都能得到学前教育的机会。世界主要国家和地区积极采取多种扶助政策，保障弱势儿童享有平等的学前教育。[②] 重视和加强学前教育，已经成为大多数国家的普遍做法。

美国有若干个全国性的学前儿童保育与教育计划。例如，《开端计划》就旨在向贫困家庭的 3~5 岁儿童与残疾幼儿免费提供学前教育、营养与保健。20 世纪 90 年代，政府与国会为了消除财政赤字，大幅度削减社会福利开支，但托幼事业经费不但没有减少，而且逐年增加。在德国，政府和

[①] 人民论坛专题调研组. 学前教育如何均衡发展——政府主导型的"房山经验". 人民论坛，2011 (2).

[②] 庞丽娟，夏靖，孙美红. 世界主要国家和地区弱势儿童学前教育扶助政策研究. 教育学报，2010 (5).

民间对学前教育的投入非常可观。不同家庭所交的学前教育费用不同，孩子的父母按照其收入情况向幼儿园交费。学前教育的充足经费和根据父母收入交费的灵活政策，使得所有愿意接受学前教育的儿童，都能得到接受学前教育的机会，有效地解决了贫困家庭儿童入园的问题。在瑞士，政府高度重视学前教育。20世纪60年代，瑞士法律规定，各州儿童至少享受1年以上的义务学前教育。20世纪70年代以来，瑞士教育改革的趋势是，通过州的立法，改变学前教育的非义务性。

《国家中长期教育改革和发展规划纲要》中提出，到2020年，普及学前一年教育，基本普及学前两年教育，有条件的地区普及学前三年教育。还提出重点发展农村学前教育，努力提高农村学前教育普及程度，着力保证留守儿童入园等。自《国家中长期教育改革和发展规划纲要》发布以来，国家把大力发展学前教育，作为贯彻落实规划纲要的起步之举和突破口，采取了很多举措。例如，出台了《关于当前发展学前教育的若干意见》，把大力发展学前教育作为保障和改善民生的重要内容；国家有关部委启动实施学前教育的重大项目；等等。

中国与其他国家存在的一个最大差异是，学前教育在地区、城乡之间发展不平衡。农村地区的学前教育质量较低，农村留守儿童、流动儿童以及贫困家庭的孩子，很多不能接受到良好的学前教育。尽管《国家中长期教育改革和发展规划纲要》未提出将学前教育纳入义务教育，但是，在中国，将学前教育纳入义务教育是非常必要的，以保证所有家庭的孩子都能接受到正规的、质量较高的学前教育。

二、将高中教育纳入义务教育

按照2006年《中华人民共和国义务教育法》，中国实行小学和初中九年义务教育制度，义务教育不收学费、杂费。而且国家建立义务教育经费保障机制，保证义务教育制度实施。九年义务教育是所有适龄儿童少年必须接受的教育，具有强制性、免费性和普及性。所有适龄儿童少年都有接受义务教育的义务。2000年，中国实现了基本普及九年制义务教育的目标。但中国迄今尚未将高中教育列为义务教育。

高中教育是一个重要的教育阶段和教育环节，它衔接着初中教育和高等教育，直接关系到一个国家的教育水平和教育质量。世界各国政府和地区都十分重视高中教育。中国高中教育普及率近年来大幅提升。高中教育毛入学率从2002年的42.8%迅速提高到2011年的84%。2004年以来，毛入学率呈现快速的上升态势（见图13-10）。《国家中长期教育改革和发展规划纲要》中提出，到2020年，普及高中阶段教育，毛入学率达到90%。

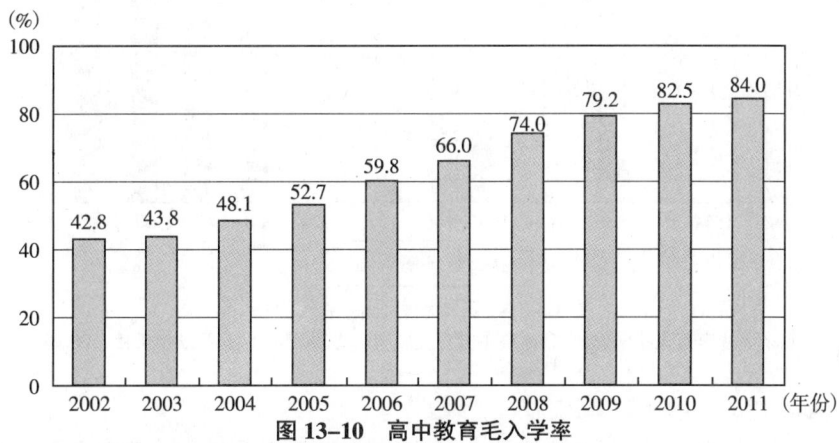

图13-10 高中教育毛入学率

资料来源：教育部．全国教育事业发展统计公报（历年）．http://www.moe.edu.cn/publicfiles/business/htmlfiles/moe/moe_335/index.html．

中国的刘易斯转折点已经到来。根据国际经验，当一个国家的刘易斯转折点来临时，往往是其高中教育发展较快的时期。日本在1960年到达了刘易斯转折点。日本高中教育发展最快的时期，正好是20世纪60年代的10年间。在此期间，日本制定并实施了多项政策，以促进高中教育的发展。而且在这个阶段，日本非常重视职业教育。1958年，日本颁布了《职业教育法》，改革传统的培训制度，建立职业辅导与技能培育制度。在这些政策的推动下，高中入学率迅速提高。1950年，高中入学率为42.5%，1974年迅速提高至90.8%，高中教育得到普及（见图13-11）。

经历了高速增长的韩国经济在1970年迎来了刘易斯转折点。从20世纪60年代起一直到70年代，韩国制定了多项法规和政策，促进高中教育的发展。在这个阶段，韩国非常重视职业教育的发展，出台了一系列法规和政策强化职业教育。在这些法规和政策的推动下，高中入学率迅速提高。1966年，高中入学率仅为26.4%，1980年迅速提高至63.3%，1985年提高至90%，高中教育得到普及。1997年，高中入学率更是提高至99.5%。

德国在20世纪初就普及了高中阶段教育，并且在1919年通过的宪法中规定义务职业教育制度。法国于1959年提出，将义务教育延长至高中一年级，并于1967年实现了这一目标，而且同时实现了高中教育普及。

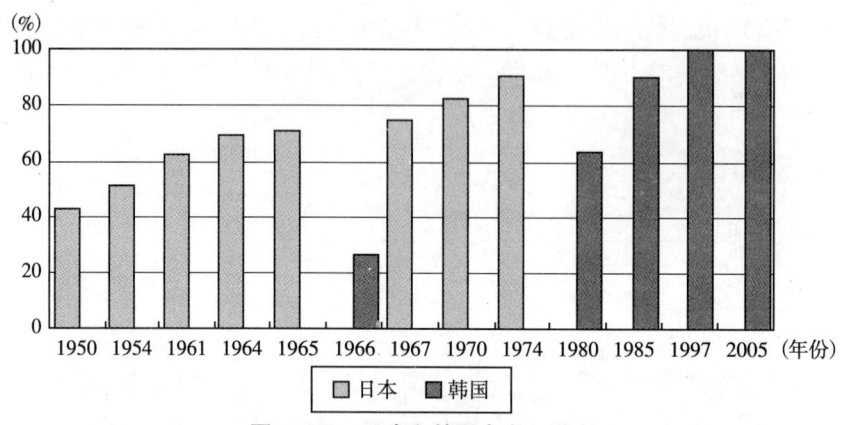

图 13-11　日本和韩国高中入学率

资料来源：李其龙，张德伟. 普通高中教育发展国际比较研究. 教育科学出版社，2008.

英国于 1968 年实现了高中教育普及。[①]

美国在 1990 年前后开始普及高中阶段教育。美国普及高中教育的历程，与美国劳动力市场对劳动力的需求不断提高密切相关。从 1950 年到 2000 年，美国劳动力市场对专业人员的需求基本稳定在 20%左右；对熟练技术工人的需求从 1950 年的 20%增长到 1991 年的 45%，进而增长到 2000 年的 65%；对非技术工人的需求，则相应从 1950 年的 60%下降到 1991 年的 35%和 2000 年的 15%（见表 13-5）。在这种情况下，美国高中教育从 1950 年前后开始大众化，在 1990 年开始普及高中阶段教育，以满足劳动力市场对人才的需求。

表 13-5　美国各类劳动力需求占劳动力总量的比例

单位：%

年份	专业人员	熟练技术工人	非技术工人
1950	20	20	60
1991	20	45	35
2000	20	65	15

资料来源：李其龙，张德伟. 普通高中教育发展国际比较研究. 教育科学出版社，2008.

随着中国产业结构的升级和刘易斯转折点的到来，对劳动力素质的要求也在不断提高。对中国而言，大力发展高中教育，实现高中教育的普及，也成为势在必行的任务。不仅如此，中国还需要将高中教育纳入义务

[①] 李其龙，张德伟. 普通高中教育发展国际比较研究. 教育科学出版社，2008.

教育范畴。这是因为，中国有很多贫困家庭，尤其是农村地区的贫困家庭，他们没有能力供孩子上高中。如果不将高中教育纳入义务教育范畴，会有很多家庭因为没有经济能力，而使孩子丧失接受高中教育的机会，并进而失去接受高等教育的机会。

近几年，少数地区在试点推行从幼儿园一直到高中的全部免费教育。珠海市政府早在2007年秋季就开始实行12年免费教育，九年义务教育阶段学费、书费、杂费全免，高中教育阶段免学费。湖南省吉首市于2011年也宣布，将义务教育范围扩大到高中三年，高中阶段学生免收学费。陕西省吴起县在推行高中阶段免费教育方面，是一个范例（见专栏13-1）。

专栏13-1
陕西吴起推行免费教育　财政蛋糕优先分给教育

20世纪90年代，陕西省吴起县的石油业开始兴起。2009年，吴起县地区生产总值达到81.87亿元，财政总收入27.6亿元，城镇居民人均可支配收入16361元。但是，吴起县的农民收入仍然较低。2006年，吴起县农民人均纯收入仅为2298元，分别低于全国、全市平均水平1289元和127元。

在吴起县，从2007年秋季开始，实行高中阶段免费教育。从2010年秋季开始，实行从幼儿园一直到高中的全部免费教育。对义务教育阶段学生实行"五免一补"，即免学杂费、课本费、信息费、住宿费、取暖费，补助寄宿学生生活费。同时，对全县幼儿学前教育实行"一免三补"，即免除课本费，补助午餐费、幼儿园运转费和教师津贴。

资料来源：陕西吴起推行免费教育，财政蛋糕优先分给教育.人民日报，2010-09-15.

高中阶段教育包括普通高中和职业高中。《国家中长期教育改革和发展规划纲要》中提出，今后一个时期总体保持普通高中和中等职业学校招生规模大体相当。国际经验表明，普通高中教育与职业高中教育之间的比重关系，与经济发展对人力资本的需求密切相关。当经济发展需要较多技术人才与熟练劳动力时，职业教育得到较快发展；当经济发展到一定水平，科技水平不断提高，第三产业迅速扩展，技术与知识密集型产业迅速发展时，对职业教育的需求减少，普通高中教育迅速发展，以便在完成普通高中教育后，继续接受高等教育。

各国普通高中和职业高中学生相对比例差异很大（见图13-12）。在日本，普通高中学生一直占全部高中教育学生的主流。1955~1970 年，普通高中学生占全部高中教育学生的比例基本在接近 60% 的水平。20 世纪 70 年代和 80 年代，这一比例迅速提高，1995 年达到最高点，为 74.2%。此后，这一比例略有下降，但保持比较稳定的水平，在 73% 左右。韩国与日本的情况非常类似，普通高中学生一直占全部高中教育学生的主流。与日本不同的是，韩国在 20 世纪 70 年代和 80 年代，普通高中学生占全部高中教育学生的比例处于波动状态。20 世纪 90 年代以来，这一比例开始大幅度提高，2005 年提高到超过 70%。

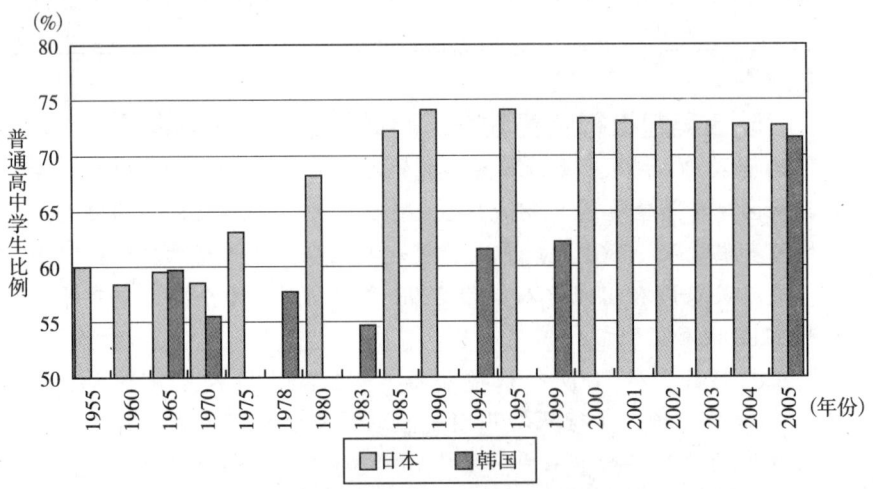

图 13-12　日本和韩国普通高中学生占全部高中教育学生比例
资料来源：李其龙，张德伟. 普通高中教育发展国际比较研究. 教育科学出版社，2008.

与日本和韩国类似，法国也更重视普通高中的发展。1987 年，普通高中学生占到高中教育学生的 2/3 左右。20 世纪 90 年代以来，这一比例一直保持稳定。与日本、韩国和法国不同，德国的职业高中学生一直占全部高中教育学生的主流。1960 年，普通高中占 15~18 岁学生人数的比率仅为 12.6%，1989 年这一比例达到最高，也不过 26.6%。而职业高中学生占 15~18 岁学生人数的比率最低时也达到 35.2%，最高时达到 62.9%（见图 13-13）。

由此可见，在高中教育阶段，普通高中与职业高中的学生比例并没有一成不变的规律可循。每个国家都是根据自己的实际情况，选择适合自己的方案。重要的是，要使普通高中和职业高中的学生都有更多的选择和出路。例如，在德国，职业教育在高中教育中占的比例非常高。随着德国产

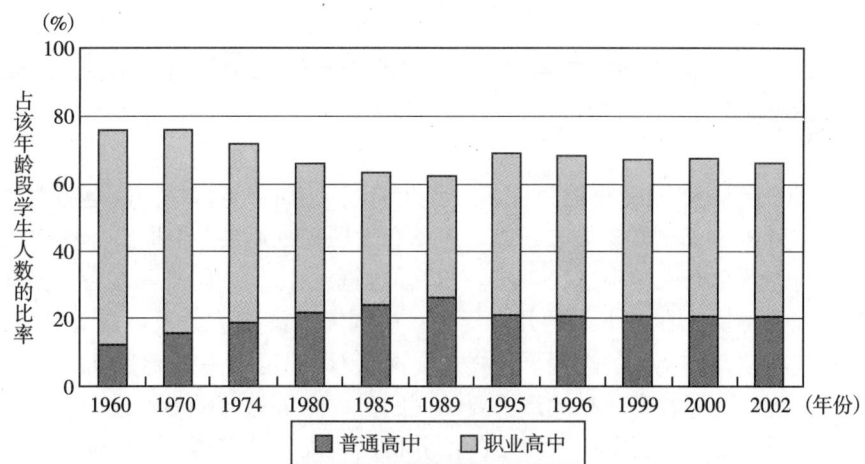

图 13–13　德国普通高中与职业高中学生人数占 15~18 岁学生人数的比率
资料来源：李其龙，张德伟. 普通高中教育发展国际比较研究. 教育科学出版社，2008.

业层次的不断提高，很多人担心，这些接受了职业教育的人，如果不继续接受更高层次的教育，其技能可能难以适应新的就业岗位的要求。但是，德国的职业高中教育非常灵活。那些就读职业高中想读大学的青少年，同样也可以进入大学就读。这样，进入职业教育系统的学生就没有了后顾之忧。当需要继续接受高等教育时，他们有进入高等教育的渠道。

以往的研究表明，中国制造业职工的受教育年限每提高 1 年，企业劳动生产率可以提高 17%。如果把目前职工平均受教育年限提高到全部为高中水平，企业劳动生产率可以提高 24%。[①] 为了保持人力资本积累的可持续性，激励农民家庭的子女上高中及接受更多教育，需要政府显著增加对教育的公共投入，保持高校扩招规模，以便吸引普通家庭孩子读高中；并尽早将高中阶段教育纳入义务教育范围，以减轻家庭在教育支出上的负担，弥补高中学生在学的机会成本。同时，要建立灵活的职业教育体系，使得接受职业教育的学生在有接受高等教育的愿望和需要时，能够有进入高等教育的途径。

---

① 蔡昉，都阳，曲玥. 人口红利：延续还是替代//蔡昉. 中国人口与劳动问题报告 No.10——提升人力资本的教育改革. 社会科学文献出版社，2009.

三、继续发展高等教育，保持招收规模，提高上高中的激励

2002年，中国高等教育进入大众化阶段。2011年，中国高等教育毛入学率为26.9%。《国家中长期教育改革和发展规划纲要》中提出，到2020年，高等教育毛入学率达到40%。与其他国家相比，中国高等教育普及化的进程并不快。在接下来的几十年中，中国需要继续大力发展高等教育，加快高等教育普及化的进程。这样也会提高青少年上高中的激励。

目前，高等教育存在的最重要的问题是，高等教育的专业设置与劳动力市场需求脱节。目前，大学生的培养机制脱离经济发展的实际需要。经济发展需要的很多方面的人才，大学不能供应，而经济发展不需要的人才，大学又拼命培养。国外经验表明，高等教育的层次结构和专业结构不合理，高等教育职业方向不明确，与社会需求不相符，是造成大学生就业困难的重要原因。与此同时，一些高级职业学校和技术类学校不受重视，教育质量低下，招生困难。教育与劳动力市场需求相脱节，导致大批大学毕业生在就业时遇到困难。

中国亟须对学科布局、专业设置和教学方法进行改革，引导高等学校适应劳动力市场和经济社会发展的需求。与普通劳动力不同，大学生在接受了高等教育后，更加看重所学的专业知识与工作岗位的匹配程度，这本身就会造成就业困难，再加上目前中国面临产业结构的转型，实现所学专业与就业岗位的匹配，就变得更加困难。因此，在大学中，通用型知识和技能的培养变得越来越重要，要降低专业知识内容的比重，把大学毕业生变成能够适应多种类型就业岗位的人才。

四、大力发展在职培训，提高劳动力素质

随着经济的发展和产业结构的变化，劳动力市场上的就业岗位对劳动力的知识和技能需求也随之不断变化。一方面，劳动力原来具有的知识和技能可能会无法满足劳动力市场的新需求；另一方面，劳动力转换工作岗位时，也需要具有新技能才能适应新的工作岗位的要求。这时就需要继续学习新的知识和技能。对于已经进入劳动力市场的劳动力而言，这个过程通常需要在职培训来完成。对劳动力进行在职培训，是人力资源开发的一个重要手段。为劳动力提供高质量、多层次、多元化的在职培训，能够有

效地提高劳动力的素质。

亚洲发展银行的一份报告指出，中国已经建立起一套职业技术教育和培训体系。但是，中国职业技术教育和培训还存在一些问题，主要有以下五点：第一，与劳动力市场的关联性较弱；第二，工作过于零散；第三，管理较差；第四，用于职业技术教育和培训的财力不够充足；第五，用于职业技术教育和培训的财力资源配置，存在低效和不公平现象。[①]

在职培训与劳动力市场的关联性较弱，是中国培训体系存在的一个值得关注的重要问题。当在职培训与劳动力市场的关联性较弱时，培训出来的劳动力无法很好地满足劳动力市场的需求。在这种情况下，培训的质量再高都是没有意义的。在职培训最重要的一点，应该是以企业为主，大力推进校企合作。因为企业能够直接感知劳动力市场的需求，其主导的培训更有针对性。

---

① 亚洲发展银行. 中国职业技术教育和培训融资政策建议. 成果号 No. ARM091243，马尼拉，2009.

第十四章 人口发展与政策趋势

改革开放以来，中国实现了较长时期的稳定低生育水平，较低的人口抚养比，人口教育水平大幅提高，健康状况明显改善，人口发展政策为实现高速经济发展做出了重要贡献。但是，当前中国正处在人口、经济、社会转型发展的关键时期，现行人口政策面临着人口老龄化加深、人口抚养比提高、劳动力供给下降、人口性别结构失衡、人口流动加速以及经济社会结构变化等越来越严峻的挑战。人口发展政策需要与经济社会发展相适应、相协调，实施人口长期均衡发展战略是中国的必然选择。

本章主要讨论中国人口发展的格局和趋势变化，提出调整和完善人口发展战略和政策措施，具体包括三个部分：第一部分是全面地分析中国人口发展状况与趋势特征，立足于当前人口格局，重点讨论和展望未来人口发展变化趋势；第二部分系统地回顾和总结中国人口发展政策的变迁历程；第三部分讨论如何完善中国人口发展政策，以保障未来经济社会稳定可持续发展。

第一节 中国人口发展状况与趋势特征

在经济社会发展和人口控制政策影响下，中国人口生育水平已经保持几十年的下降，人口增长率逐渐下降，总量基本保持平稳，人口质量逐步提升。但是，人口结构也在发生重大变化，人口老龄化加深，劳动年龄人口增速下降并将出现绝对减少，长期处于低水平的人口抚养比也面临逆转，人口性别结构失衡依然严峻，流动人口保持快速增加。

一、人口总量增速下降并将进入负增长阶段

改革开放之前的约 30 年，中国经历了人口的膨胀阶段，从新中国成立初期的 5.5 亿人（1950 年）迅速增长到改革开放初期的约 10 亿人（1980 年），30 年时间翻了近一倍。随着改革开放和人口控制政策的出台实施，人口增长从 20 世纪 80 年代末开始出现明显减速，人口自然增长率在 1987 年达到阶段性高峰（16.6‰），10 年之后（1997 年）便下降到 10‰，目前已经下降到 5‰以下，2011 年为 4.8‰（见图 14-1）。人口自然增长率的下降主要归因于出生率下降，即生育水平的下降，出生率从 20 世纪 80 年代初的 20‰左右逐步下降到目前的不到 12‰，死亡率过去几十年基本平稳，保持在 6.5‰左右，最近几年随着老龄化加深，死亡率还有所提高，2011 年达到 7.1‰。中国的人口再生产类型已经由"高出生、低死亡和高增长"转变为"低出生、低死亡和低增长"。根据 2010 年第六次全国人口普查结果，目前中国人口总量为 13.7 亿人，较 2000 年第五次人口普查的总人口增长 5.84%，年均增长只有 0.57%。

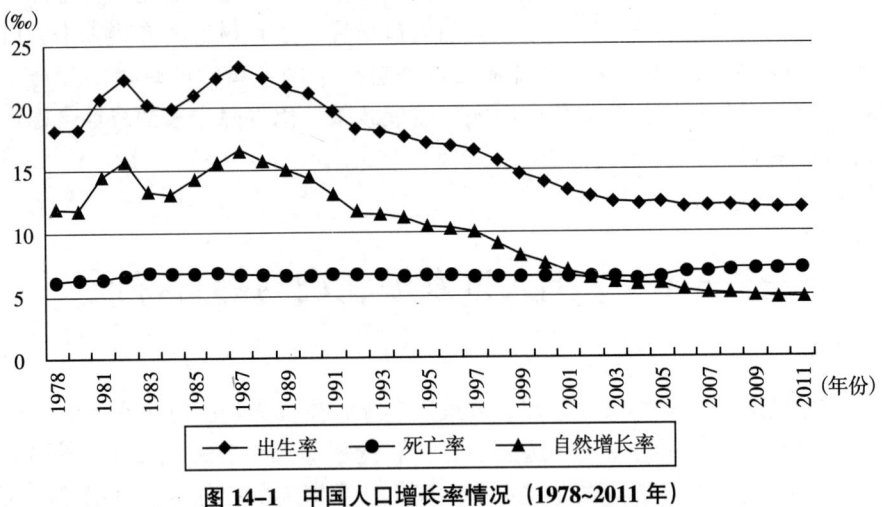

图 14-1 中国人口增长率情况（1978~2011 年）

资料来源：国家统计局. 中国统计年鉴（2012）. 中国统计出版社，2012.

在经济社会发展和人口控制政策影响下，中国的人口出生率保持较长时期的下降，人口生育率已经处于很低水平，而低生育率将决定中国人口的未来，人口增长仍将继续放缓，并最终达到人口高峰进入负增长阶段。

尽管对于中国人口生育率水平存在争议,[①] 但大量研究表明，早在 20 世纪 90 年代，生育率已经下降到远低于维持人口自身再生产的更替水平（约平均每个妇女一生生育 2.1 个孩子），结合第六次全国人口普查再次证实，21 世纪初生育率水平已经下降到 1.5~1.6 的水平，如果不考虑漏报，目前生育率很可能已经下降到 1.5 以下。[②] 联合国《世界人口前景 2010（修订本）》大幅下调了中国近期和未来的生育率，从 2000~2005 年的 1.7 下降到 2005~2010 年的 1.64，2015~2020 年进一步下降到 1.51，随后才开始逐步上升，联合国调低生育率也反映了国际机构对中国人口发展形势的共识。当然，中国低生育率的背后不仅有人口控制政策的影响，还有经济社会发展、教育水平提高、生活压力增加、婚姻生育推迟以及全球化等多种重要因素共同决定。

人口增长将继续放缓，人口负增长阶段将在 2025 年前后到来。根据联合国机构的人口预测（中方案），中国人口增速在未来较长时期继续下降，预计 2020 年人口总量将达到 13.87 亿人，即 2010~2020 年这 10 年间人口增长为 3.5%，比上一个 10 年增幅（5.8%）下降 2.3 个百分点。预计 2026 年中国人口总量将达到 13.96 亿人的高峰，随后开始逐渐下降，至此将进入人口负增长阶段，到 2050 年人口总量将下降到 13 亿人，相当于 2005 年前后的水平（见图 14-2）。2050 年，中国将退居世界第二大人口国，占世界人口比重也将逐渐下降，中国人口占世界总人口比重也将逐渐下降，从目前的约 20% 逐渐下降到 2049 年的 14%。印度人口将保持更快的增长，预计在 2020 年印度人口将接近 14 亿人，超过中国，成为世界第一人口大国。

二、人口老龄化加速并将进入重度老龄化社会

人口老龄化是当前中国人口结构变化的最大特征。中国人口结构正在

---

① 长期以来，关于生育率水平存在两种截然不同的声音：一是以控制人口增长为重要目标的国家人口计生委为代表，认为生育率一直在 1.8 左右，而且还有反弹的风险，认为各种调查包括人口普查得出的低生育率，归因于出生低报或漏报。另一种声音是国内外人口学界的研究和讨论达成的基本共识，认为即便考虑低报或漏报，低生育率也是不容置疑的，目前生育率水平已经下降到 1.5~1.6。国家统计局（2007）在评估中国人口形势时也认为生育率下降到了 1.6，除了联合国以外，国际人口咨询局（Population Reference Bureau）和美国人口普查局国际部（US Census Bureau International Programs）也都先后把中国 2000 年以来的生育率水平调整到 1.5 左右。

② 蔡泳. 从"六普"和联合国对中国人口的预测看我国人口的未来//蔡昉. 中国人口与劳动问题报告 No.13，社会科学文献出版社，2012.

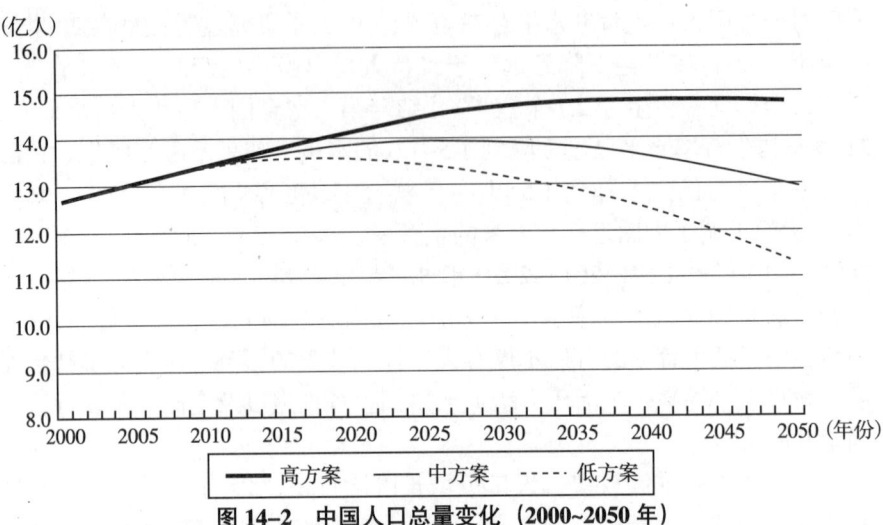

图 14-2　中国人口总量变化（2000~2050 年）

注：联合国发布的人口预测根据生育率水平设定了高、中、低、不变四种不同的预测方案，一般讨论和决策重点关注的是中方案，高方案、低方案和不变方案作为参考。
资料来源：联合国经济与社会事务部.世界人口前景，2010.

发生重大变化，老龄化处于加速阶段。按照联合国的标准，早在 2000 年中国已经进入老龄化社会，即 60 岁及以上老年人比重超过 10%，65 岁及以上老年人口比重达到 7%。根据第六次全国人口普查，2010 年 60 岁及以上老年人接近 1.8 亿人，占总人口比重达到 13.3%，65 岁及以上老年人接近 1.2 亿人，占总人口比重达到 8.9%，老龄化水平进一步加深。

中国老龄化将继续加深，老年人口持续快速增长。根据联合国的人口预测（中方案），未来几十年是中国人口老龄化的急速发展阶段，2000~2010 年 65 岁及以上老年人比重提高了约 2 个百分点，2010~2020 年这一比重将增加约 4 个百分点，2020~2030 年和 2030~2040 年这一比重将分别再增加 5 个百分点和 7 个百分点，老龄化将以递增的速度不断加深。预计 65 岁及以上老年人在 2020 年将接近 2 亿人，2030 年达到 2.7 亿人，2050 年将达到 4.3 亿人（见图 14-3）。预计 60 岁及以上老年人在 2020 年将达到 2.7 亿人，占人口比重为 18.9%，2030 年将达到 3.8 亿人，占人口比重达到 26.5%，到 2050 年将达到 5.4 亿人，占人口比重为 38.6%，接近 40% 的人是老年人。全部人口平均年龄将从 2010 年的约 35 岁增长到 2030 年的 43 岁，2049 年将达 48 岁。人口结构的转变将把中国带入重度老龄化社会。

农村老龄化比城镇老龄化更为严峻。在城镇化和人口流动推动下，以

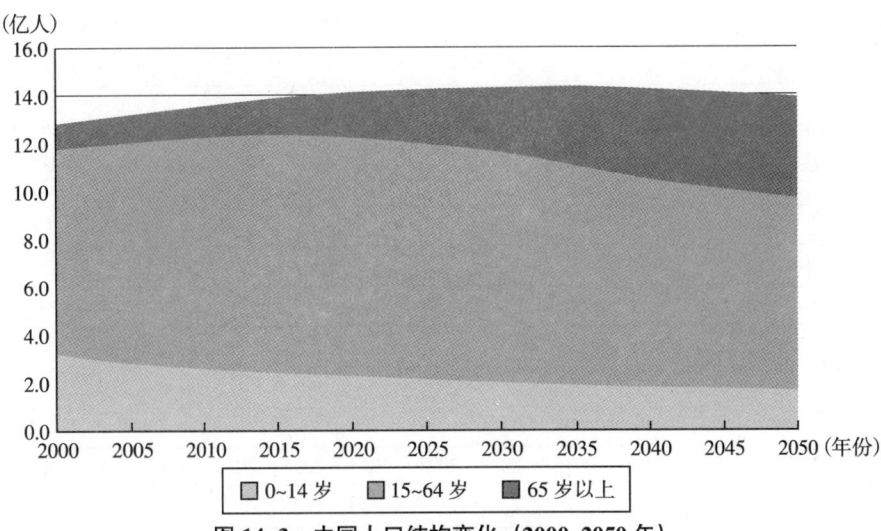

图14-3 中国人口结构变化（2000~2050年）

资料来源：联合国经济与社会事务部. 世界人口前景，2010.

劳动力为主体的农村人口流动明显地改变了农村人口结构，导致农村人口老龄化加剧。根据第六次全国人口普查结果，2010年60岁以上农村老年人比重已经达到15.4%，超过全国总体老龄化水平（13.3%），农村老龄化问题比城镇更为严峻。根据相关预测，2020年60岁以上老年人比重将达到18%左右，而农村老龄化水平将达到22%，人口流动将持续影响农村老龄化。

高龄化现象也将日趋突出，高龄人口规模逐步扩大。在人口老龄化加速的同时，人口预期寿命也在不断提高，预计中国人口平均预期寿命将从目前的74岁逐步提高到2050年的85岁，老年人口的高龄化现象突出。2010年中国80岁及以上的高龄老人达到3600万人，预计2020年将超过5300万人，2030年将增加到7800万人，约占总人口的5.5%，到2050年将增加到约2亿人，占总人口约14%（见图14-4）。中国将呈现出一个高龄化突出的重度老龄化社会。

三、人口抚养比上升而劳动力供给将减少

人口抚养比已经出现逆转，标志着中国人口结构的重大转变。人口抚养比指非劳动年龄人数与劳动年龄人数之比，表示每个劳动力赡养的老年人和抚养的少儿的数量，人口抚养比低、劳动力资源相对丰富、社会负担

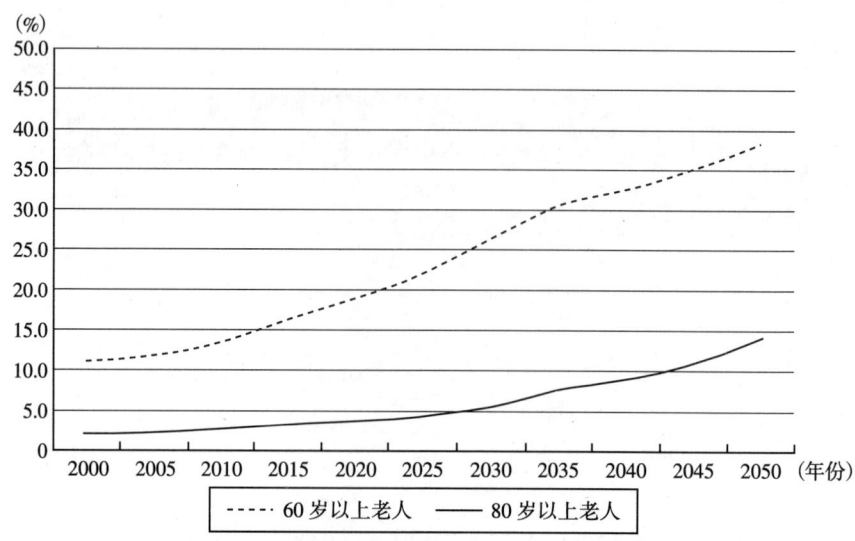

图 14-4　中国人口老龄化情况（2000~2050 年）

资料来源：联合国经济与社会事务部. 世界人口前景，2010.

相对较轻，一定意义上有利于经济增长，这也就是通常所说的"人口红利"。改革开放以来的30多年，中国的人口抚养比持续下降，从20世纪80年代初期的62.6%逐步下降到2010年的34.2%（见图14-5），这意味着从平均3个劳动力供养2个人，下降到平均3个劳动力供养1个人，抚养比下降对中国30多年的高速经济增长作出重要贡献。测算表明，中国人均GDP增长率中大约有27%的贡献来自"人口红利"。[①] 其中，在人口控制政策下，出生率快速下降是人口抚养比下降的主要贡献，少儿抚养比从20世纪80年代初期的55%下降到目前的22%，而老年抚养比实际上保持平稳增长，从20世纪80年代初期的8%逐步提高到目前的12%。但是，值得关注的是，2010年成为人口抚养比的转折点，人口抚养比达到了阶段性最低点34.2%，2011年提高到34.4%，至此，中国人口抚养比将从下降转变为上升，人口结构的重大转变已经到来。

劳动力供给即将达到顶峰，开始逐渐减少。人口抚养比的上升背后就是劳动力比重的相对下降、劳动力供给的相对不足。根据第六次全国人口普查结果，2010年15~64岁劳动年龄人口接近10亿人，占总人口比重为74.5%，2011年劳动年龄人口总量有所增加，但占人口比重已经开始下降（74.4%）。若按照15~59岁年龄界定，国家统计局公布数据显示，2012年

[①] 蔡昉. 人口红利对GDP的贡献或将消失. 经济观察报，2010-01-16.

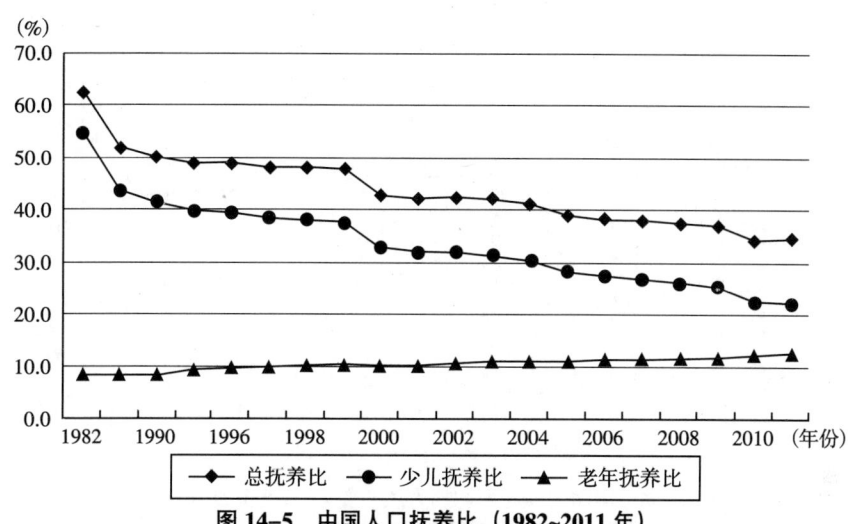

图 14-5　中国人口抚养比（1982~2011 年）

注：人口抚养比 =（0~14 岁少儿 + 65 岁及以上的老年人）/15~64 岁的劳动年龄人口。
资料来源：国家统计局. 中国统计年鉴（2012）. 中国统计出版社，2012.

15~59 岁劳动年龄人口较 2011 年下降了 345 万人，首次出现劳动力供给的绝对减少。劳动力供给已经达到顶峰。可以确定的是，中国已经开始从劳动力的无限供给转向劳动力的有限剩余，如果把劳动年龄人口看做劳动力供给的基础，劳动力无限供给的特征正在消失，中国已经进入了"刘易斯转折点"的初始阶段。①

未来劳动力供给将在较长时期呈现下降态势。根据联合国的人口预测（中方案），劳动力供给在达到 10 亿人峰值后开始出现负增长，2020 年将下降到 9.9 亿人，2030 年将下降到 9.6 亿人，随后继续快速下降，2050 年劳动力总量将减少到 8 亿人以下，占人口比重将下降到 56%（见图 14-6）。劳动年龄人口下降、而老年人口增长，人口抚养比尤其是老年抚养比快速上升，支持中国经济快速增长的"人口红利"将消失，劳动力供给减少将成为未来中国经济社会发展的一大挑战。

四、人口流动加快并改变城乡结构

人口流动持续加快，城镇人口已经超过农村人口。中国正处在城镇化加速发展阶段，大量农村人口向城镇迁移流动，流动人口规模持续扩大，

---

① 蔡昉，王美艳. "未富先老"与劳动力短缺. 开放导报，2006（1）.

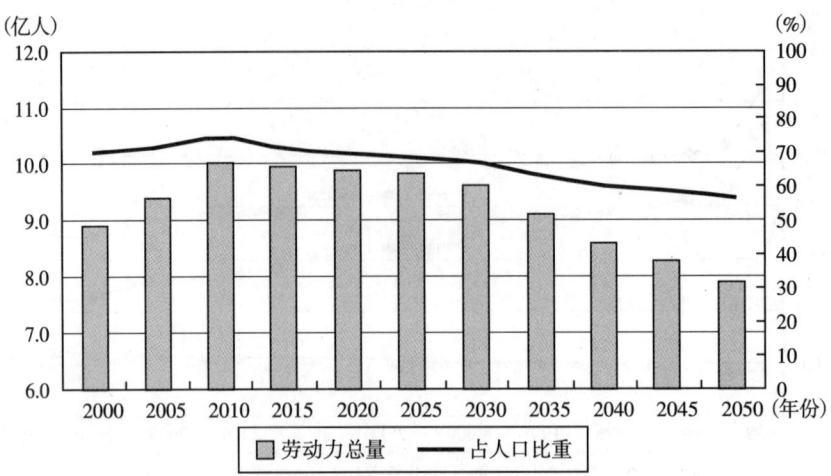

图 14-6 中国 15~64 岁劳动力总量变化（2000~2050 年）
资料来源：联合国经济与社会事务部.世界人口前景，2010.

城镇人口规模和比重不断提高，人口的城乡结构已经发生根本性变化。根据第六次全国人口普查结果，2010 年全国城镇人口已经达到 6.7 亿人，占总人口比重约为 50%，城镇化水平较 2000 年的 36% 提高了约 14 个百分点，2012 年城镇人口比重进一步提高到 52.6%，城镇人口已经超过农村人口（见图 14-7）。改革开放以来的城镇化历程基本可以分为两个阶段：第

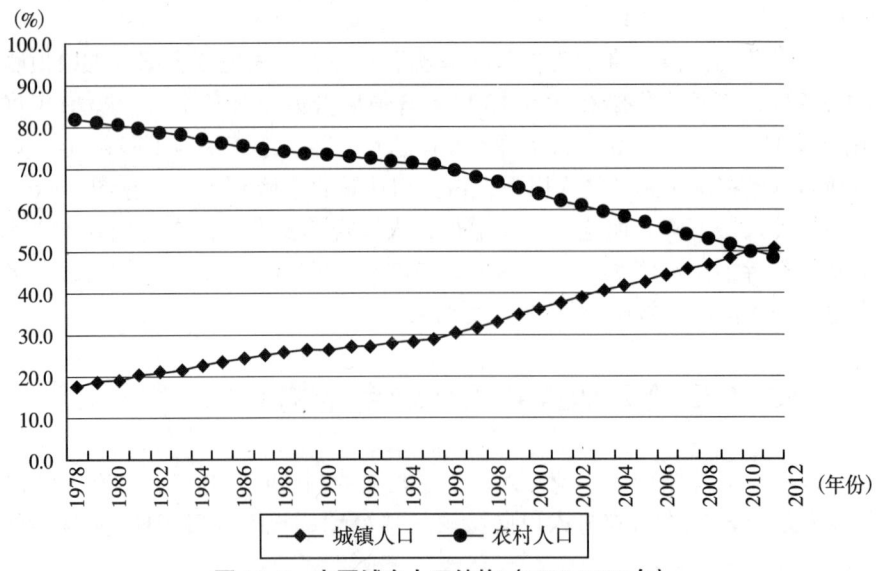

图 14-7 中国城乡人口结构（1978~2012 年）
资料来源：国家统计局.中国统计年鉴（2012）.中国统计出版社，2012.

一阶段是稳步发展阶段（1978~1995年），政府将经济建设作为工作中心，实施了一系列经济改革措施，推动了经济的快速发展，人口平稳地向城镇流动，这一阶段城镇化水平提高了10.6个百分点，年均提高0.62个百分点，年均增加城市人口1055万人。第二阶段是快速推进阶段（1995~2010年），市场经济体制全面建立，实现了经济高速增长，产业结构不断升级，工业和服务业发展加快，这一阶段城镇化水平提高20个百分点，年均提高1.3个百分点，城市人口年均增加2120万人。

农村流动人口规模快速扩大，农民工成为流动人口主体。尽管城镇人口规模已经超过农村人口，但是，目前约50%的城镇化水平是按照"常住人口"计算，若按照"户籍人口"计算的城镇化水平仅为34%，这其中16%的差距就是在城市就业、居住但没有城镇户口的农村流动人口，其中大部分是农民工。由于农民工现象本身复杂，加上农民工政策本身经过曲折调整过程，统计部门针对农民工专门统计工作相对滞后，难以获得指标定义清晰一致的农民工数量时间序列数据。根据不同来源信息估计，中国农民工总数大约从1985年的6700万人，增长到2000年的约1.5亿人，2010年达到2.4亿人，约占当年非农劳动力总数的一半。[1]根据国家统计局公布的数据，[2]2012年底全国农民工总量已经达到2.6亿人，其中外出农民工（在本乡镇地域以外从业6个月及以上的农村劳动力）约为1.6亿人，举家外出的农民工达20%，本地农民工约1亿人。20世纪80年代乡镇企业发展较快，农民工以在本地乡村"就地打工"为主，随着20世纪90年代后期乡镇企业大规模调整，本地打工农民工人数显著下降，2000年下降到6000万人左右，进入21世纪后，随着新一轮经济增长又开始逐步回升，2006年超过8000万人，目前已经接近1亿人。外出农民工呈现持续增长态势，尤其是进入21世纪以来增长较快，2002年达到1亿人，2010年突破1.5亿人，最近10年间增长了约56%（见图14-8）。从输出地看，2011年东部地区农民工达到1.08亿人，占农民工总量的42.7%，中部和西部地区分别占31.4%和25.9%。在外出农民工中，省内务工的农民工8390万人，比2010年增长10.1%，占外出农民工总量的52.9%；省外务工的农民工比2010年减少244万人，下降3.2%，占外出农民工总量的47.1%。[3]去省外务工人数减少，改变了多年来跨省外出农民工比重大于

---

[1] 卢峰.中国农民工工资定量估测（1979~2010）.北京大学中国经济研究中心工作报告（No. C2011020），2011-11.

[2] 国家统计局.2012年国民经济发展稳中有进.统计分析报告，2013-01-18.

[3] 国家统计局.2011年我国农民工调查监测报告.统计分析报告，2012-04-27.

省内务工比重的格局。

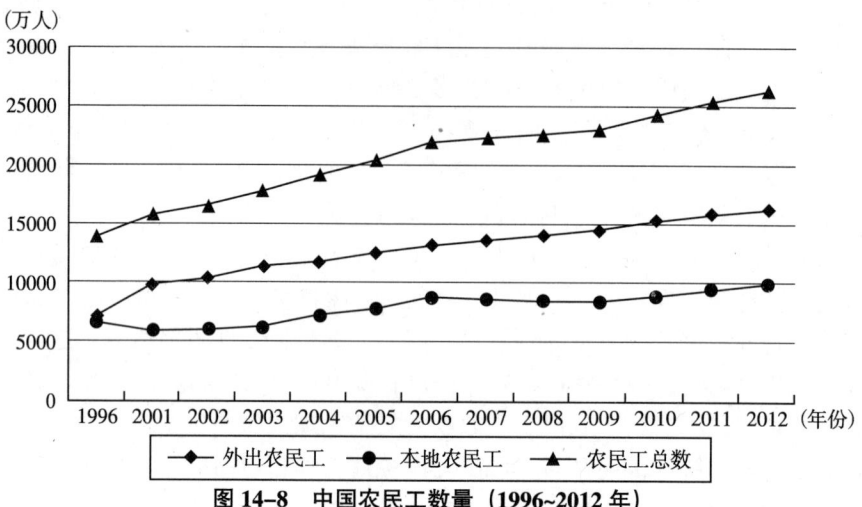

图 14-8　中国农民工数量（1996~2012 年）

资料来源：《中国农村统计年鉴》和中国农村住户调查数据，以及国家统计局发布的《中国农民工监测调查报告》各年。

随着城镇化的深入推进，未来流动人口规模将继续增长。按照"十二五"规划目标，到 2015 年城镇化水平将接近 55%，结合国民经济社会发展状况，预计未来 20 年城镇化水平将以年均 1 个百分点的速度递增，2030~2050 年将按照年均 0.5 个百分点的速度递增。到 2020 年城镇化水平将达到 60%，2030 年达到 70%，预计到 2050 年城镇人口规模将超过 10 亿人，城镇化水平接近 80%，达到中等发达国家水平，城镇化进程已经完成。伴随着城镇化推进，农村人口也将继续向城镇迁移。根据国家统计局相关预测，到 2015 年新增农村迁移人口约 870 万人，2020 年约为 700 万人，2030 年约为 580 万人，2050 年将减少到 380 万人（见图 14-9），农村人口迁移基本完成，人口流动处于稳定状态。

五、人口性别结构失衡严重但将趋于缓和

出生人口性别比持续偏高，人口性别结构失衡问题严峻。20 世纪七八十年代以来，在传统观念影响下，随着人口控制政策和 B 超设备的普及，中国出生人口性别比开始持续偏高，从 1970 年的 106.3 提高到 2000 年的 116.9，2008 年达到最高峰 120.6（见图 14-10）。根据自然规律，正常情况下，每出生 100 个女孩，相应出生 103~107 个男孩。由于男孩的夭

折率比女孩高，到婚育年龄，男女数量趋于均等，联合国将出生人口性别比的正常值设定为103~107。中国的出生性别比大幅超过正常水平10多个百分点，造成严重的人口结构失衡隐患。全部人口性别比也从20世纪70年代的105.9逐步上升到2000年的106.7。

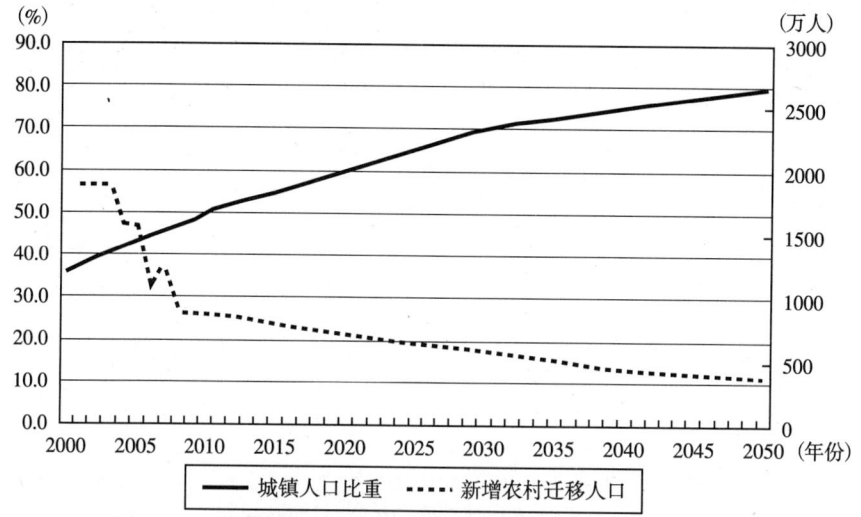

图14-9 中国城镇化水平与新增农村迁移人口（2000~2050年）

资料来源：城镇化水平根据当前城镇化发展状况和政府规划目标设定，2010~2030年按照平均每年1个百分点递增，2030~2050年按照平均每年0.5个百分点递增。新增农村迁移人口根据国家统计局（2009年）预测。

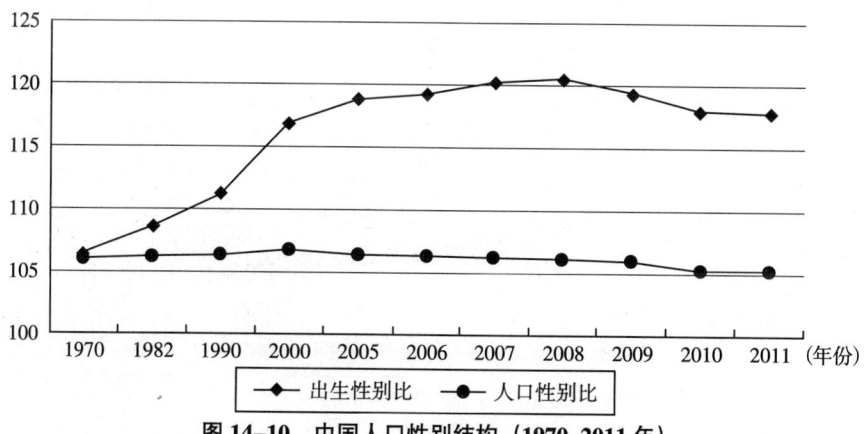

图14-10 中国人口性别结构（1970~2011年）

资料来源：人口性别比数据来源于国家统计局发布的《中国统计年鉴（2012）》，出生人口性别比根据国家统计局和国家人口与计划生育委员会公布数据整理得到。

人口性别结构失衡出现缓和迹象，未来人口性别比将趋于下降。性别偏好和性别结构较大程度上与经济社会发展水平有关，随着经济的发展和生活水平的提高，尤其在人口控制政策调整的情况下，未来人口性别结构失衡问题有望得到缓解。实际上，最近几年人口出生性别比已经出现了逆转迹象，2009 年下降到 119.5，2010 年为 117.9，2011 年下降到 117.8，出生人口性别比 30 余年来首次出现"三连降"。根据联合国机构的人口预测（中方案），目前中国的人口性别比正处在高峰时期，2015 年之后将进入下降阶段（见图 14-11），人口性别结构失衡问题将逐步缓解。

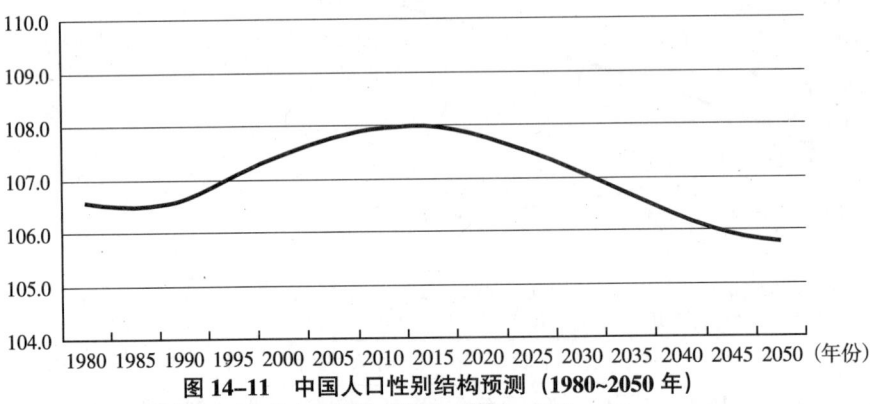

图 14-11　中国人口性别结构预测（1980~2050 年）

资料来源：联合国经济与社会事务部. 世界人口前景，2010.

六、人口健康状况明显改善

人口健康状况是人口质量的重要表现，过去几十年人口健康水平持续改善。根据历次全国人口普查结果，中国人口平均预期寿命从 20 世纪 80 年代初（1982 年）的 67.77 岁提高到 2000 年的 71.40 岁，进一步提高到 2010 年的 74.83 岁，其中，男性和女性分别为 72.38 岁和 77.37 岁（见表 14-1）。人口健康状况是预期寿命提高的重要因素，或者说预期寿命可以反映总体的人口健康状况。直接反映人口健康状况的两个指标是儿童死亡率和孕产妇死亡率。

表 14-1　历次人口普查的预期平均寿命

	1982 年	1990 年	2000 年	2010 年
总体（岁）	67.77	68.55	71.40	74.83
男	66.28	66.84	69.63	72.38
女	69.27	70.47	73.33	77.37

注：1982 年人口普查为 1981 年数据。

资料来源：国家统计局. 中国统计年鉴（2012）. 中国统计出版社，2012.

儿童死亡率和孕产妇死亡率均呈现快速的下降，而且，城乡人口之间的健康状况差距也在逐步缩小。以 5 岁以下儿童死亡率来看，全国总体的儿童死亡率从 20 世纪 90 年代初的 61.0‰逐步下降到 2011 年的 15.6‰，城市和农村分别从 20.9‰和 71.1‰下降到 7.1‰和 19.1‰，城乡差距从 50 个百分点下降到 12 个百分点（见图 14-12），差距明显缩小。全国总体的孕产妇死亡率也从 20 世纪 90 年代初的 80.0‰下降到 2011 年的 20.1‰，城市和农村分别从 46.3‰和 100.0‰下降到 25.2‰和 26.5‰（见图 14-13），城乡差距基本消失。

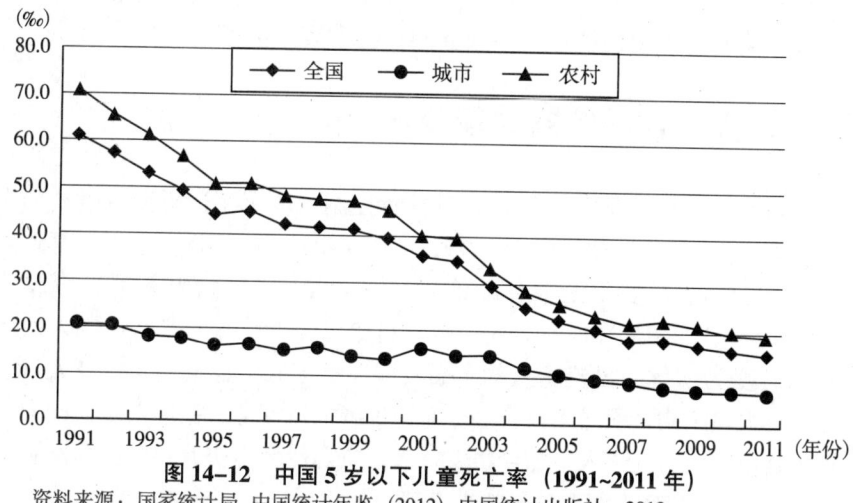

图 14-12 中国 5 岁以下儿童死亡率（1991~2011 年）
资料来源：国家统计局. 中国统计年鉴（2012）. 中国统计出版社，2012.

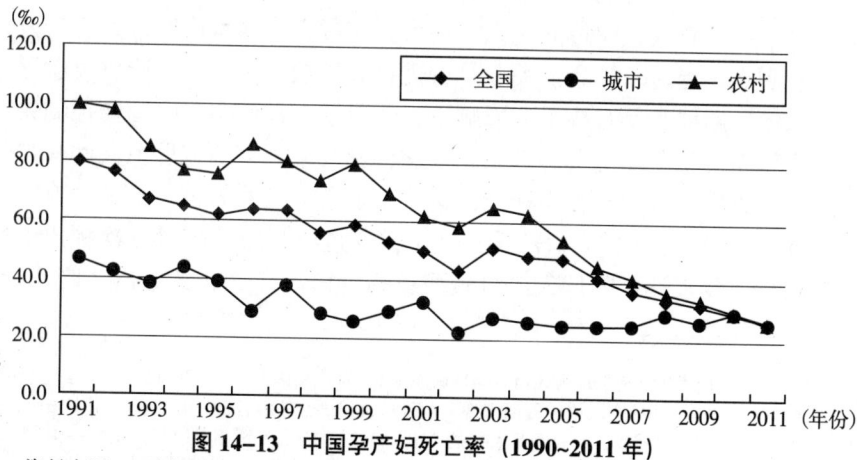

图 14-13 中国孕产妇死亡率（1990~2011 年）
资料来源：国家统计局. 中国统计年鉴（2012）. 中国统计出版社，2012.

第二节 中国人口发展政策的变迁

改革开放 30 多年来，伴随着经济高速发展和居民生活水平的提高，中国的人口发展形势和人口管理理念也在逐步发生变化，人口发展政策的变革与整个经济社会变革是密不可分的。目前，人口政策已经发展为包括人口数量控制（计划生育政策）和人口分布控制（流动人口政策）两个大类及其相关的优生和福利等公共服务的社会政策体系。[①]

一、人口数量控制政策变迁

人口政策最初的基本目标是人口数量控制，政策变迁历程可以划分为四个阶段："晚稀少"生育政策（1971~1979 年）、大力提倡一孩生育政策（1980~1984 年）、多元化生育政策（1984~2001 年）和服务型生育政策（2002 年至今）（见表 14-2）。人口政策目标已经由单纯的严格控制人口增长逐渐转变为"优先投资于人的全面发展，稳定低生育水平，提高人口素质，改善人口结构，引导人口合理分布，保障人口安全，促进人口大国向人力资本强国转变，促进人口与经济、社会、资源、环境协调和可持续发展"。

改革开放以前的人口政策受到"左倾"路线影响，全盘否定了适当控制人口增长的必要性和科学性。1954 年，中国公布第一次人口普查结果，调查显示中国总人口超过 6 亿人，这大大超过人口数量为四万万五千万人的固有观点。当时，社会上关于是否进行人口数控控制的讨论比较激烈。[②]在"左倾"路线和反右斗争的影响下，形成了一种谁主张中国要控制人口增长谁就是马尔萨斯主义的教条，以这种标准来划分马克思主义和马尔萨斯主义既否定了真理有客观标准，又歪曲了马克思主义。[③]

20 世纪 70 年代，人口政策出现了转变迹象。1971 年第一次提出人口控制目标，要求逐年降低人口自然增长率。1973 年，正式提出"晚、稀、

---

① 苏杨等. 改革开放三十年中人口政策回顾与展望. 当代中国人口，2008（5）.
② 当时相对广泛的社会讨论中逐渐出现了两种最具代表性的声音：一是积极主张中国应当控制人口数量，提高人口质量，代表为马寅初的《新人口论》；二是针锋相对地坚持认为中国无须控制人口增长，主要以王亚南的《再论马克思主义的人口理论与中国人口问题》为代表。
③ 邬沧萍，谢楠. 1980~2010：中国人口政策三十年回顾与展望. 甘肃社会科学，2011（1）.

少"和"一个不少，两个正好，三个多了，一个家庭有两个孩子最理想"的口号。这标志着计划生育政策正式开始，明确提出了家庭生育数量上的限制。但是，这一时期的人口控制政策实施力度有限，直到1973年7月，国务院才正式成立计划生育领导小组，编制10人，由卫生部代管。由于受"文化大革命"的影响，全国计划生育工作基本瘫痪。

改革开放带来了中国经济奇迹，也带来了中国人口政策的剧变，进入到"大力提倡一孩生育政策"阶段（1980~1984年）。中共十一届三中全会确立我国社会主义初级阶段的基本路线，彻底否定"以阶级斗争为纲"的错误理论和实践，做出把党和国家工作重心转移到经济建设上来的重大决策，也从根本上使人口政策和人口学摆脱了长期以来教条主义的束缚。1980年，中共中央发布《中共中央关于控制我国人口增长问题致全体共产党员、共青团员的公开信》，提倡一对夫妇只生一个孩子，此后中国的人口控制政策进入了一个新阶段。1982年，计划生育被定为基本国策，并写入《中华人民共和国宪法》（以下简称《宪法》）。《宪法》规定："国家推行计划生育，使人口的增长同经济和社会发展计划相适应。"但是，这一时期的人口政策不区分城乡，严格实施"一胎化"政策，政策急于求成，提出了激进目标，要求全国人口总量在20世纪末不超过12亿人。这种严格政策的实施力度也比较有限，实际的生育水平并没有大幅下降，反而造成了干群矛盾紧张。

进入20世纪80年代中后期，随着对人口问题重要性和复杂性的认识的深入，人口控制政策进行了调整和完善，考虑到城乡、民族等差异性，实施了"多元化生育政策"（1984~2001年）。1984年，中共中央批转国家计划生育委员会党组《关于计划生育工作情况的汇报》，即7号文件，重新调整了生育政策的某些规定，在农村仍要继续提倡一对夫妇只生一个孩子，但适当放宽生育二胎的条件，政策开始考虑城乡差别。人口控制政策目标也进行了调整，将1991~2000年人口计划控制目标定在年均自然增长率12.5‰以内，人口总量在2000年末控制在13亿以内。1991年中共中央、国务院还发出了《关于加强计划生育工作，严格控制人口增长的决定》，在1991~1996年中共中央连续6年召开全国人口与计划生育座谈会，反复强调计划生育工作的重要性。多元化的计划生育政策适应了中国社会经济发展状况、民族众多、城乡差异较大的特点，而且一定程度上有利于缓解实施计划生育带来的干群冲突。正是在这一时期，从1990年开始中国的人口出生率稳定下降，随后迎来了低生育率、低自然增长率和低死亡率的局面。

进入21世纪，人口政策的理念发生变化，从"控制"逐渐转向"服务","服务型生育政策"正在逐渐形成。2000年,中央颁布《中共中央国务院关于加强人口与计划生育工作稳定低生育水平的决定》,为新时期的计划生育工作指明方向,同时进一步明确,实行计划生育是国家的基本国策。随着我国依法治国进程的加快,计划生育工作也被纳入法治的轨道上来。2001年,《中华人民共和国人口与计划生育法》颁布实施,这标志着中国的计划生育工作进入法治新阶段。2006年12月17日公布的《中共中央国务院关于全面加强人口和计划生育工作统筹解决人口问题的决定》再次强调,"必须坚持计划生育基本国策和稳定现行生育政策不动摇"。尽管稳定低生育水平仍然是人口政策首要目标,但计划生育政策更加强调以人为本,注重社会和谐,开始注重建立利益导向的工作机制来引导生育,以计划生育家庭奖励扶助制度、"少生快富"工程和特别扶助制度为主体的利益导向政策体系初步形成。

尤其是进入"十二五"期间,均衡人口发展政策理念进一步加强。2011年,国务院出台了《国家人口发展"十二五"规划》,提出以建设人口均衡型社会为主线,坚持计划生育基本国策,逐步完善政策,稳定低生育水平,提高人口素质,优化人口结构与分布,促进人口长期均衡发展,促进人口与经济社会、资源环境相协调。同时,明确了"十二五"期间人口增长目标,人口年均自然增长率控制在7.2‰以内,全国总人口控制在13.9亿人以内。2012年,中共十八大报告提出"坚持计划生育的基本国策,提高出生人口素质,逐步完善政策,促进人口长期均衡发展",人口政策的理念继续发生变化,对比中共十七大报告提出"坚持计划生育的基本国策,稳定低生育水平,提高出生人口素质","稳定低生育水平"被"长期均衡发展"代替,这意味着人口政策不再只强调控制人口数量,更加强调提高人口质量,更加强调人口与经济社会协调、均衡、可持续发展。

表14-2 中国人口数量控制政策(计划生育政策)的演变历程

阶 段	标志性事件	重要特征	政策目标	政策评价
"晚稀少"生育政策(1971~1979年)	1973年,正式提出"晚、稀、少","一个不少,两个正好,三个多了,一个家庭有两个孩子最理想"的口号	计划生育政策正式开始,明确提出家庭生育数量上的限制;提出了合情合理的生育政策	1971年第一次提出人口控制目标,逐步降低人口自然增长率,力争到1975年城市降低到10‰左右,农村降低到15‰以下	总的来看,当时适度的人口政策收到了明显的效果,到1982年,全国总和生育率已经低至2.24‰;"两个正好"考虑到了人们生育观念的转变,具有人性关怀

续表

阶 段	标志性事件	重要特征	政策目标	政策评价
大力提倡一孩生育政策（1980~1984年）	1980年，中共中央发出了《关于控制人口增长问题致全体共产党员、共青团员的公开信》，提倡一对夫妇只生育一个孩子	城乡不加区分地紧缩为"一胎化"政策；急于求成，不切实际，提出了激进目标	争取全国人口总量在20世纪末不超过12亿人	人口控制能力大幅滑坡，实际生育水平急剧上升，1982年全国总和生育率回升，而且导致第三次人口高峰于1986年提前到来；采取强制措施，导致干群关系紧张，有悖于以人为本
多元化生育政策（1984~2001年）	中共中央在1984年批转国家计划生育委员会党组《关于计划生育工作情况的汇报》，重新调整了生育政策的某些规定，在农村仍要继续提倡一对夫妇只生一个孩子，但适当放宽生育二胎的条件	生育政策在城乡之间、地区之间和民族之间差异化；人口总量规模控制越来越科学化、制度化和成熟化；中国人口控制政策逐步法制化；工作内容逐步拓展，将生殖健康引入生育政策	切合实际地将1991~2000年人口计划控制目标定在年均自然增长率12.5‰以内，即人口总量在2000年末控制在13亿人以内	多元化的生育政策适应了中国社会经济发展状况、民族众多、城乡差异较大的特点，缓解了干群冲突；从1990年起，中国的人口出生率稳定下降，随后迎来了低生育率、低自增率和低死亡率的局面
服务型生育政策（2002年至今）	2001年12月29日颁发了《中华人民共和国人口与计划生育法》。该法于2002年9月1日施行	多元化生育政策法制化；注重建立利益导向的工作机制来引导生育，标志着中国计划生育政策向生育服务政策转变	将稳定低生育水平视为新时期人口和计划生育工作的首要任务；开始重视人口长期均衡发展，更加重视人口质量	低生育率保持稳定；计划生育政策更加强调以人为本，注重社会和谐；利益导向政策的功效难以发挥

资料来源：苏杨等.改革开放30年中人口政策回顾与展望.当代中国人口，2008（5）.

二、流动人口政策变迁

随着经济快速发展和流动人口规模不断扩大，流动人口政策也在逐渐变化，构成中国人口发展政策体系的重要内容。关于流动人口政策变迁历程，存在多种不同的划分方式和标准，较为一般的划分包括三个典型阶段：改革开放初期到20世纪80年代末的流动人口相对开放阶段、20世纪80年代末至90年代末的流动人口管制阶段以及21世纪以来的流动人口融合阶段（见表14-3）。

表 14-3　中国流动人口政策的演变历程

阶　段	标志性事件	重要特征	政策目标	政策评价
流动人口开放政策（1978~1988年）	1984年10月，国务院发布《关于农民进入集镇落户问题的通知》	开启农民涌向城镇务工经商的闸门；迈开了户籍制度改革步伐	实现人口城乡自由流动，加快城市化进程，解决城镇劳力稀缺，繁荣商品经济，促进乡镇企业发展	大量农民涌进城市，在缓解城镇劳动力压力，繁荣城镇经济的同时给城市基础设施和公共资源造成压力；人口流动服务管理缺位，而且缺乏有序引导，导致人口盲目流动
流动人口管制政策（1989~1999年）	1989年3月，国务院正式发出了《关于严格控制民工外出的紧急通知》，从此揭开了中国流动人口管制政策的序幕。其后的政策特色都是"以堵为主"	采取强制遣送和劝返以及就业经商歧视等来严格控制人口盲目流动；建立了比较严格的人口管理网络	控制农民盲目流动，鼓励、引导和实行宏观调控下的有序流动	初期，人口流动规模得到控制，但是后期人口自由流动成为趋势，难以控制；人口流动依然盲目无序，缺乏有效的宏观调控政策；管理上缺乏对人的尊重
流动人口融合政策（2000年至今）	2000年6月，中共中央、国务院发布《关于促进小城镇健康发展的若干意见》，标志中国流动人口融合政策的开始。其后的政策开始由"堵"向"疏"转变，开始重视服务	流动人口管理理念向以人为本转变；促进流动人口的社会融合成为流动人口管理的基本目标	提高流动人口社会融合水平，建立健全流动人口融合政策的监管机制	对流动人口的歧视得到有效减少，流动人口的服务和权益保护得到有效增加；流动人口社会融合处于低水平阶段，流动人口融合政策的监管机制不健全

资料来源：苏杨等. 改革开放30年中人口政策回顾与展望. 当代中国人口，2008（5）.

在新中国成立之初，中国并没有严格的限制人口流动政策。随着国民经济的恢复和发展，从农村向城镇流动的人口日渐增加，20世纪50年代中期以后，政府开始实行严格的人口流动控制。在当时资本十分稀缺的条件下发展资本密集型的重工业，政府采取一系列扭曲产品和要素价格的办法来压低重工业发展的成本，隔断城乡人口流动的户籍管理制度就是与之相配套的一种制度安排，基本目的在于防止农村劳动力从农业中转移出来，把城市中享受低价农产品的人数限制在有限的范围内。

流动人口政策的巨大变革同样与改革开放密不可分。改革开放以来，中国流动人口政策大体经历了相对开放、严格管制、社会融合三个阶段。流动人口政策的演变特点和发展趋势主要表现为：管理内容正从"管理控制"向"服务管理"转变，流动人口服务工作已成为政策之要务；管理理念由"人治"向"法治"转变，依法行政、消除歧视、保障公平正成为政策之要旨；管理手段由"繁杂式"向"简约化"转变，建立惠及流动人口的公共服务体，促进流动人口主动登记将成为未来政策之方向。[①]

改革开放初期实施了长达 10 年的流动人口开放政策（1978~1988 年）。20 世纪 80 年代初，全国农村推行家庭联产承包责任制改革，改革使农民有了生产经营自主权利，大量农民从土地上解放出来成为剩余劳动力。与此同时，随着农村商品生产和商品交换的迅速发展，乡镇工商业蓬勃兴起，越来越多的城郊农民因此转向城镇务工经商，迫切要求解决迁入集镇落户问题。国务院于 1984 年 10 月发布了《关于农民进入集镇落户问题的通知》，规定在城镇有固定住所、有经营能力或在乡镇企事业单位长期务工、经商、办服务业的农民和家属可以在城镇落户。至此，农民涌向城镇的闸门逐渐开启，户籍制度改革也开始启动。随着商品经济快速发展，大城市为了缓解建筑业、家庭服务业劳动力短缺的问题，促进城镇商业、饮食业、修理业等第三产业的发展，不仅鼓励外地人员进城经商和务工，而且开始有计划的招收农民工参与城市建设与服务。例如，1986 年 9 月北京市政府连续颁布了两部规章，即《北京市国营企业使用农民合同制工人管理办法（试行）》和《北京市家庭服务员管理暂行规定》，前者将农民合同制工人的招收纳入本市劳动计划，后者允许本市或外地女性申请在京从事家庭服务员工作。这一阶段的人口流动政策相对开放和宽松，当然主要允许农民在县以下集镇落户，在大城市里自由居住还有严格限制。1985 年 7 月公安部颁布的《关于城镇暂住人口管理的暂行规定》，对暂住时间拟超过三个月的 16 周岁以上的人须申领《暂住证》，采取雇用单位和常住户口所在地主管部门管理相结合的办法，暂住证管理制度在一定程度上给人口的流动设置了门槛，并为之后的严格限制人口流动政策埋下伏笔。

20 世纪 90 年代成为流动人口严格管制阶段（1989~1999 年）。1989 年 3 月，国务院办公厅正式发出了《关于严格控制民工外出的紧急通知》，从此揭开了流动人口管制政策的序幕。1989 年 4 月，公安部、民政部联合下发《关于进一步做好控制民工盲目外流的通知》，要求相关省份继续做好本省外流民工的劝阻工作。此后，政府还曾多次通过行政命令要求对流动人口进行管制。1990 年 4 月，政府提出了要运用法律、行政、经济的手段对进城务工的农村劳动力实行有效控制和严格管理，并建立临时务工许可证和就业登记制度。1991 年 2 月，国务院办公厅进一步发布了《关于

[①] 尹德挺，黄匡时. 改革开放 30 年我国流动人口政策变迁与展望. 新疆社会科学，2008（5）.

劝阻民工盲目去广东的通知》。在此阶段之初，各项管理政策的主要目的在于控制人口的盲目流动。

1992年邓小平南方谈话和中共十四大召开为流动人口政策带来新的转机，社会主义市场经济体制建立，政府对人口自由流动的认识逐渐转变，开始鼓励和引导农村剩余劳动力逐步向非农产业转移和地区内自由流动，对流动人口的管理政策也由"控制盲目流动"调整为"鼓励、引导和实行宏观调控下的有序流动"。1994年11月，劳动部发布了《农村劳动力跨省流动就业管理暂行规定》，开始对跨省人口流动进行控制，包括实行流动就业证制度控制流动人口流动跨省，采取本地就业优先原则限制流动人口跨省流动，严格控制招收方式等。1995年，中央社会治安综合治理委员会颁布了《关于加强流动人口管理工作的意见》，明确将是否具有暂住证和就业证作为收容遣送的重要依据，将流动人口收费合法化、明确化。流动人口管制政策也逐步走向规范化和制度化。1997年4月，流动人口治安管理工作领导小组成立，统筹指导、协调全国流动人口治安管理工作。在流动人口严格管制的后期也出现了户籍制度改革的探索，1997年5月，公安部颁布了《小城镇户籍管理制度改革试点方案》，允许已经在小城镇就业、居住并符合一定条件的农村人口在小城镇办理城镇常住户口，以促进农村剩余劳动力就近、有序地向小城镇转移，促进小城镇和农村的全面发展。户籍制度改革和流动人口政策调整的迫切要求在进入21世纪之际表现得更加强烈。

21世纪以来，流动人口政策进入融合阶段。流动人口尤其是农民工在中国经济快速发展中扮演越来越重要的角色，成为城镇新增劳动力的重要来源，这为流动人口政策调整提供了经济上的基础。2000年6月13日，中共中央、国务院发布《关于促进小城镇健康发展的若干意见》，从2000年起允许我国中小城镇对有合法固定住所、稳定职业或生活来源的农民给予城镇户口，并在子女入学、参军、就业等方面给予与城镇居民同等待遇，不得实行歧视性政策，不得对在小城镇落户的农民收取城镇增容费或其他费用。这标志着中国流动人口政策发生了积极变化，流动人口政策开始进入融合阶段。中央政府开始逐步清理和废止了对流动人口带有歧视性的法规、规章和政策措施，为流动人口的社会融合扫清障碍，例如，取消针对进城务工人员的行政事业性收费，取消对流动人口的就业等歧视，[①]

[①] 2003年1月5日，国务院办公厅发出《关于做好农民进城务工就业管理和服务工作的通知》，要求取消对企业使用农民工的行政审批，取消对农民进城务工就业的职业工种限制。

废除收容遣送制度,① 取消流动儿童借读费、赞助费,② 取消流动人口就业证制度③ 等。

流动人口管理理念发生根本性变化,从"以堵为主"转变为"引导服务",明确以人为本的理念。2003年10月,中共十六届三中全会提出了以人为本的理念,这不仅为我国流动人口融合政策提供了指导思想,而且标志着流动人口管理理念的重大转变。中央政府不断完善流动人口的就业、就医、子女就学、社会保障等公共服务,逐步实现流动人口和户籍人口公平对待,不断促进流动人口的社会融合。2004年2月,中共中央国务院发布了《关于促进农民增加收入若干政策意见》,首次提出"推进大中城市户籍制度改革,放宽农民进城就业和定居的条件",这意味着流动人口融合政策的范围逐步从中小城镇扩大到大中城市。2006年3月27日,国务院颁发了《关于解决农民工问题的若干意见》,这是中央政府关于农民工的第一份全面系统的政策文件,它涉及了农民工工资、就业、技能培训、劳动保护、社会保障、公共管理和服务、户籍管理制度改革、土地承包权益等方面的政策措施。在此基础上,2007年12月中央综合治理委员会出台了《关于进一步加强流动人口服务和管理工作的意见》,进一步明确了未来流动人口融合政策和流动人口服务管理的方向,提出"公平对待、搞好服务、合理引导、完善管理"的工作方针,首次提出构建以社区为依托的流动人口服务和管理平台,首次提出流动人口信息化建设目标,要求把流动人口服务和管理工作纳入当地国民经济和社会发展中长期规划和年度计划,在制定公共政策、建设公共设施等方面统筹考虑长期在本地就业和居住的流动人口对公共服务的需要,逐步建立和完善覆盖流动人口的公共服务体系,明确要求逐步实行居住证制度。这一阶段流动人口管理的体制层面也在发生变化,2006年国家建立国务院农民工工作联席会议制度,2008年人力资源和社会保障部新设农民工工作司,国家人口与计划生育委员会设流动人口服务管理司,更有针对性地提高管理能力和服务能力。相关法律法规的完善,进一步增强和保障了流动人口权益,如2007年的

---

① 2003年6月,国务院颁布了《城市生活无着的流浪乞讨人员救助管理办法》,这标志我国的收容遣送制度正式废除。
② 2003年9月,国务院办公厅发布《关于进一步做好进城务工就业农民子女义务教育工作意见的通知》,明确流入地政府负责进城务工就业农民子女接受义务教育工作,并以全日制公办中小学为主,农民工子女入公办学校与当地学生一视同仁,不得收取借读费、赞助费。
③ 2005年2月7日,劳动和社会保障部发出《关于废止〈农村劳动力跨省流动就业管理暂行规定〉及有关配套文件的通知》,决定废除关于外出人员就业登记卡和就业证的相关规定。

《劳动合同法》和2008年的《就业促进法》保障流动人口公平的劳动权益和就业权利，2010年的《社会保险法》保障流动人口的基本社会保险权益。

户籍制度是流动人口政策的核心内容，最近几年户籍改革的步伐明显加快。与社会福利和公共服务挂钩的户籍被视为限制人口流动的最关键性制度性障碍，中央和地方在积极探索户籍改革之路。一些省市纷纷尝试取消"农业户口"和"非农业户口"的划分，统一登记为"居民户口"。成都市作为全国统筹城乡综合配套改革试验区，2010年出台《关于全域成都城乡统一户籍实现居民自由迁徙的意见》，将实现城乡统一户籍，居民在本市内可自由迁徙，并享有平等的基本公共服务和社会福利。2010年，广东省内开始全面推广实施积分制入户政策，出台了《关于开展农民工积分制入户城镇工作的指导意见（试行）》，计划从2010年起到2012年，引导和鼓励180万名左右农民工通过积分制入户城镇、融入城镇。2011年9月，国务院办公厅发布《关于积极稳妥推进户籍管理制度改革的通知》，成为未来一段时期全国户籍改革的指导性文件，分类明确户口迁移政策，除了少数大城市之外，全国绝大多数大中小城市的户口趋于放松，符合一定条件的流动人口都可在居住地或者工作地落户。

从中央和国家出台的一系列政策可以看出，2000年以来的十多年是国家对流动人口问题最为关注的时期，人口城乡有序流动机制正在逐渐形成。[①] 几乎每年的中央"一号文件"和中央全会的决议文件，中共十七大报告、"十二五"规划纲要以及中共十八大报告等全局性、长期性规划，都强调流动人口管理和服务。尤其，中共十八大报告最新提出"加快改革户籍制度，有序推进农业转移人口市民化，努力实现城镇基本公共服务常住人口全覆盖"，明确了未来户籍改革和流动人口服务的方向。可以说，流动人口政策实现了从限权到平权的演变过程，即对流动人口进行权利限制已经转向给予流动人口平等权利，公共服务排斥也转向了公共服务均等化。[②]

第三节 加快完善中国人口发展政策

在经济社会加快发展和人口发展政策共同影响下，中国实现了较长时

---

① 王道勇，郑彦辉. 改革以来中国流动人口管理理念变迁及发展趋势. 城市观察，2011（5）.
② 熊光清. 从限权到平权：流动人口管理政策的演变. 社会科学研究，2012（6）.

期的稳定低生育水平，较低的人口抚养比，人口教育水平大幅提高，健康状况明显改善，为实现高速经济发展做出了重要贡献。但是，中国正处于人口、经济社会转型的关键时期，目前的人口发展政策面临着越来越严峻的挑战：人口总量增速下降并将进入负增长阶段，人口老龄化加速并将进入重度老龄化社会，人口抚养比已经发生逆转，劳动力供给开始绝对减少，人口性别结构失衡依然严重，流动人口规模继续扩大人口的经济社会结构也在发生变化。人口发展政策需要与经济社会发展相适应、相协调，目前已经到了人口政策调整与完善的关键时期。

一、实施人口长期均衡发展战略

在人口发展的重大转折期，必须从战略上重视人口问题，遵循人口发展规律，客观认识人口政策面临的问题和挑战，实施人口长期均衡发展战略。总体上，坚持计划生育的基本国策，提高出生人口素质，逐步完善政策，促进人口长期均衡发展，为经济社会可持续发展奠定基础。

首先，适时稳妥地调整人口数量控制政策，人口政策转向以质量提高和结构调整为主。人口生育率已经较长时期低于维持人口自身再生产的更替水平，有学者担心若再不调整现行数量控制政策，中国极有可能掉入"低生育水平的陷阱"。[①] 人口数量控制政策已经到了调整的关键时期，应该考虑适时、稳妥地进行政策调整，以保证人口长期可持续发展。关键是如何分步骤、稳妥地调整，学者们也给出了不同建议，如全面放开"二胎"。人口学家田雪原[②] 提出了数控控制调整的具体思路：在继续控制人口数量增长的同时，加大提高人口素质、调整人口结构的力度，为实现向以质量提高和结构调整为主的转变创造条件：其一，全国不分城乡，双方均为独生子女者结婚一律允许生育两个孩子；其二，无论是城镇还是农村，一方为独生子女者结婚，允许生育两个孩子；其三，在有效控制三孩及以上多孩生育条件下，农村可不分性别普遍生育两个孩子。

其次，更加重视人口素质，加快人口大国向人力资源强国转变。尤其重视提高出生人口素质，加大出生缺陷干预力度，完善计划生育生殖健康服务，开展健康教育、优生咨询、高危人群指导、孕前筛查、营养素补充

[①] 蔡泳. 从"六普"和联合国对中国人口的预测看我国人口的未来//蔡昉. 中国人口与劳动问题报告 No.13，社会科学文献出版社，2012.
[②] 田雪原. 新中国 60 年人口政策回顾与展望. 学习论坛, 2010 (2).

等生育服务，进一步降低孕产妇和婴儿死亡率。加强公共卫生服务体系建设，健全医疗保障和服务体系，形成以预防为主、防治结合的公共卫生服务体系，逐步缩小城乡居民基本公共卫生服务差距，加强传染病和慢性病综合防控，提高人口健康水平。提升国民教育水平，全面实施素质教育，加快发展学前教育，普及高中教育，大力发展职业教育和培训，促进教育公平，加快构建覆盖城乡的基本公共教育服务体系。

最后，人口政策与教育、劳动就业、医疗卫生、社会保障等政策融合。人口政策的重心转向质量提升和结构调整，政策体系涉及各项公共服务与福利制度，人口发展战略应该有完善的顶层设计、系统的政策体系和具体的实施措施。与人口发展相关的教育培训、劳动就业、医疗卫生、社会保障等各项政策涉及多个政府职能部门和机构，有必要加快行政机构改革，增强协调性，提高政府管理和服务能力，保障人口发展战略得到有效实施。

二、完善和创新流动人口政策

中国尚处在城镇化发展的中期阶段，流动人口将在较长时期存在，流动人口政策也将长期成为人口发展战略和政策体系的重要内容。流动人口政策的核心应该是公共服务均等化，关键是引导和有序推进农业转移人口市民化。

首先，加强流动人口基本公共服务均等化应该成为各级政府工作重点。根据地方经济社会发展情况，逐步向流动人口提供与城市户籍人口均等的基本公共服务，逐步消除流动人口在就业、社会保障、子女教育、住房、计划生育、医疗卫生、精神文化等方面与当地户籍人口之间的差异，促进流动人口的社会融合。具体的政策内容应该包括：继续清除针对流动人口的歧视性政策，取消暂住证，实行统一的居住证；建立完善城乡一体化的劳动力市场，加强对流动人口尤其是农民工的培训，提高流动人口的素质和就业能力；完善流动人口的社会保障体系，尽快解决流动性导致的社会保障权益损失问题；改革教育制度，解决流动人口子女就学困难，落实以流入地政府管理为主、以全日制办公中学为主的方针。

其次，加快户籍改革步伐，推动流动人口更便捷地进城落户。户籍价值的地区不平衡突出、城市之间差异很大，这成为地方推动户籍改革存在巨大的阻力，改革必须要全国整体推进、由中央政府发挥主导作用，以基本公共服务和福利均等化为思路的户籍改革方案在财政上具有可行性，关键在于全国总体的改革设计和良好的成本分摊机制。① 中央政府应该承担更大责任，全国整体推进、打破行政区域分割，兼顾地区差异但不能简单地以城市规模或东中西区域为划分标准。应该将符合条件的农业转移人口逐步转为城镇居民作为推进城镇化的重要任务，进一步放宽落户条件，把有合法稳定职业并有合法稳定住所的农村人口逐步转为城镇居民。

再次，合理优化人口布局。中国已经形成了 10 个初具雏形的城市群，10 个城市群经济集中度将近 70%，大大高于 40%强的人口集中度的水平，更高于空间集中度，人口与经济集聚出现明显的不匹配现象。② 人口布局应该与经济和资源分布相适应，推进实施与主体功能区相配套的人口政策，促进形成合理的人口分布格局。积极推进资源环境承载能力较强、经济发达的城市化地区吸纳和集聚人口，引导人口超载的重要生态地区人口自愿、平稳、有序转移。研究促进人口有序流动、合理分布的政策，探索优化人口分布的有效途径。

最后，创新流动人口管理服务机制。建立全国流动人口生存发展状况、分布的动态监测体系，更全面、详细地掌握流动人口信息，为面向流动人口服务提供依据。在流动人口集中地区建立综合服务中心，为流动人口提供"一站式"服务，提高流动人口管理和服务的信息化水平，引导流动人口参与城市社区管理。

---

① 屈小博，程杰. 户籍改革成本与城市化推进. 中国社会科学院人口与劳动经济研究所，工作论文，2012-12.
② 张车伟，蔡翼飞. 中国城镇化格局变动与人口合理分布. 中国人口科学，2012 (6).

第十五章　应对人口老龄化

伴随社会经济的发展和计划生育政策的实施，中国经历了快速的人口转变。在2000年，中国65岁及以上人口占总人口的比例达到7%，标志着中国开始步入老龄化社会。此后，中国老龄化步伐不断加快。预测表明，中国人口老龄化的程度会呈现持续增长的态势，而且老年人口高龄化现象明显。随着人口老龄化的加快，中国劳动年龄人口增长减速直至停止，"人口红利"将消失，对经济增长带来不利影响。人口老龄化还会对中国的养老保障体系带来冲击。"未富先老"对中国的挑战可以说是前所未有的。为应对人口老龄化，必须要转变经济发展方式，提高全要素生产率；要完善养老保障体系，增强养老保障的可持续性，并推动养老服务体系建设；要合理开发老年人力资源，创造适合老年人的就业岗位，并探索弹性退休制度；要逐步完善生育政策，在坚持计划生育基本国策前提下，进行生育政策调整。

第一节　中国人口老龄化状况及趋势

中国人口结构一直比较年轻化，但在2000年开始步入老龄化社会，此后老龄化不断加快。而且，由于劳动力从农村向城市的流动，中国农村的老龄化程度更高。中国的快速人口老龄化，是计划生育政策和社会经济发展共同作用的结果。预测表明，中国的人口数量在2030年前后达到峰值14.6亿人左右，然后就会步入缓慢下降期，但人口老龄化的程度一直会保持持续增长的态势。

一、中国的人口老龄化状况

国际上把一个国家或地区60岁以上人口比重超过10%，或65岁及以上人口比重超过7%定义为老龄化社会。从中国的人口结构变化看，改革前由于人口出生率高，中国尚处在一个人口结构年轻的社会。改革前60岁及以上人口占总人口比例保持在7%~8%，65岁及以上人口在总人口中所占的比例保持在3%~5%。改革以来，人口老龄化速度加速上升。1982~2000年，60岁及以上人口占总人口比例从7.6%上升到10.5%，65岁及以上人口占总人口比例从4.9%上升到7.0%。按照联合国标准，2000年第五次人口普查时，中国已进入老龄化社会。2010年第六次人口普查结果显示，中国60岁及以上人口、65岁及以上人口分别占总人口的比例进一步上升到13.6%和8.9%（见图15-1）。

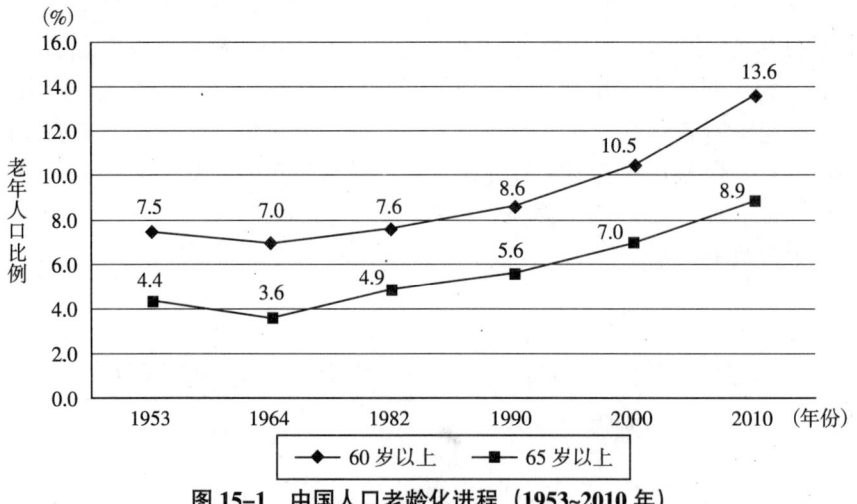

图15-1 中国人口老龄化进程（1953~2010年）

资料来源：姚新武，尹华.中国常用人口数据.中国人口出版社，1994；国务院人口普查办公室，国家统计局人口与社会科技司.中国人口普查资料（相关年份）.中国统计出版社。

中国人口老龄化不仅速度快，而且数量庞大。2000年，中国60岁以上人口有1.3亿人、65岁以上老年人口有8811万人。到2010年，60岁以上人口达1.78亿人、65岁以上老年人口达1.2亿人。而且，随着改革以来城市化进程加快，农村青壮年人口向城市流动，大规模劳动力流动的结果虽在一定程度上延缓了城市老龄化步伐，但造成了农村比城市人口老龄化速度更快、城乡老龄化程度差异进一步扩大的格局。

中国人口年龄老龄化的一个特点是，农村的老龄化程度更高。从历年人口普查数据看，无论是60岁及以上人口比例，还是65岁及以上人口比例，城镇人口老龄化水平都低于农村。2000年，城镇60岁及以上和65岁及以上人口比例分别为9.7%和6.4%，而农村60岁及以上和65岁及以上人口比例分别为10.9%和7.5%。2010年，城镇60岁及以上和65岁及以上人口比例分别为11.7%和7.8%，农村60岁及以上和65岁及以上人口比例分别为15.0%和10.1%（见图15-2）。农村更高的老龄化程度，主要是由于大量的青壮年劳动力从农村流动到城镇就业的结果。在城乡收入差距仍保持高位的情况下，城乡老龄化水平和速度差异进一步凸显出农村老年养老保障问题的严重性。

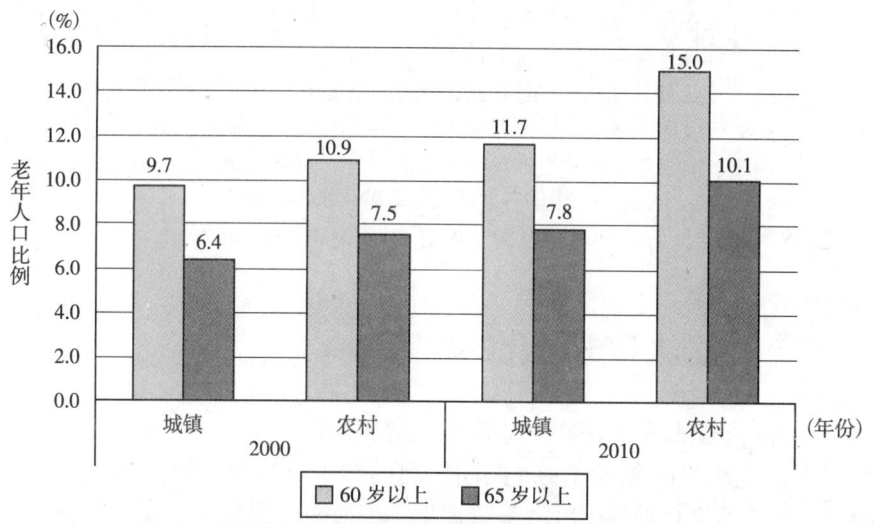

图15-2 城乡之间人口老龄化程度的差别（2000、2010年）
资料来源：国务院人口普查办公室，国家统计局人口与社会科技司. 中国人口普查资料. 中国统计出版社, 2000, 2010.

中国人口老龄化程度在各地区之间有着较大差异。由于收入水平和社会发展水平的差异，各省份之间老龄化水平差别很大。对各省份老龄化程度的比较发现，除了北京、上海、天津等直辖市由于收入水平高和控制人口流入等因素外，如广东、浙江、江苏等省份城镇人口由于大量本地和外来年轻劳动力流动，人口老龄化比例并不高。而一些中西部人口大省，如安徽、湖南、四川、河南等有大量农村流出的省份，人口老龄化比例也非常高。重庆、四川的人口老龄化水平已经高达12%。这也说明了人口流动和迁移对人口老龄化对不同区域的影响。相对来讲，西部一些省份，如青海、新疆、西藏、甘肃等，由于收入水平低，人口老龄化水平也较低（见图 15-3）。

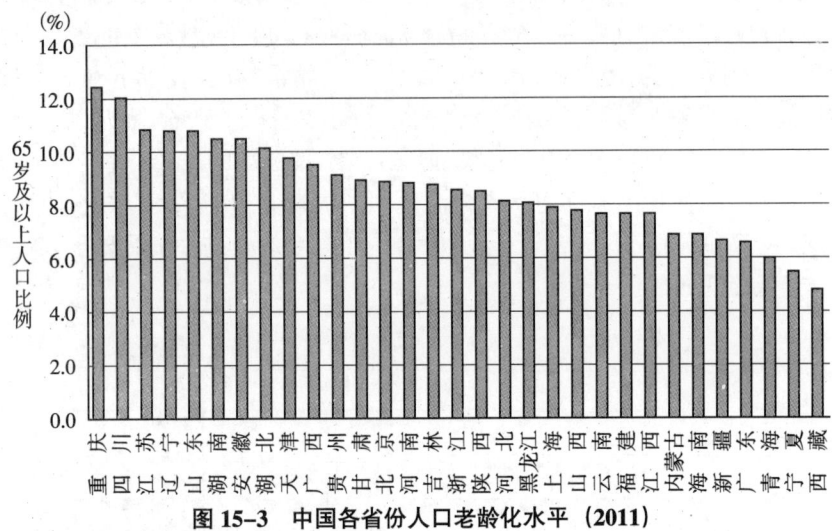

图 15-3 中国各省份人口老龄化水平（2011）
资料来源：国家统计局. 中国统计年鉴（2012）. 中国统计出版社，2012.

二、中国人口老龄化的成因

中国人口老龄化速度在全球首屈一指。这种快速的人口老龄化变化是计划生育政策和社会经济发展共同作用的结果。从 20 世纪 70 年代末开始，中国开始推行计划生育政策，提倡"一对夫妇只生一个孩子"和"晚婚晚育、少生优生"。从此，中国的生育率开始了大幅度下降，人口快速增长的势头得到了控制。与此同时，中国启动了以市场化为导向的经济改革，经济增长带来了人均收入水平和社会保障状况大幅度改善，对家庭的经济依赖逐渐降低，个人的经济独立性不断增强。加之抚养子女的成本上升和教育支出增加，人们的生育意愿和生育行为逐步改变，期望减少子女数量提高抚养子女的质量，家庭规模也逐步由传统的扩展型家庭向小型化家庭转变。这样，社会经济发展和计划生育政策的双重作用大大缩短了中国人口转变进程。

中国的生育率在 20 世纪 70 年代已经显著下降的基础上，20 世纪 80 年代以来继续下降。总和生育率在 1969~1971 年期间的平均水平为 5.7，1979~1981 年的平均水平为 2.6，1989~1991 年期间为 2.3，1992 年以后降到 2.0，以后一直处在替代水平之下。在很长的时间里，官方一般认为中国的总和生育率为 1.8，而学者通常认为充其量只有 1.6 甚至更低。①联合国在 2010 年发表的《世界生育率模式 2009》中，把中国 2006 年的总和生育率修正为 1.4，归入低生育国家的行列。

数据显示，中国的人口出生率在 20 世纪 80 年代较高，大致在 20‰~25‰之间波动；20 世纪 90 年代之后，出生率则一直处于快速下降的轨道，目前已经下降到 12‰以下。而同期，中国的人口死亡率则比较稳定，一直维持在 7‰左右。从而，中国的人口自然增长率表现出与人口出生率大致相同的趋势，整体上呈现不断下降的态势。近几年来，中国的人口自然增长率已经降到 5‰以下（见图 15-4）。

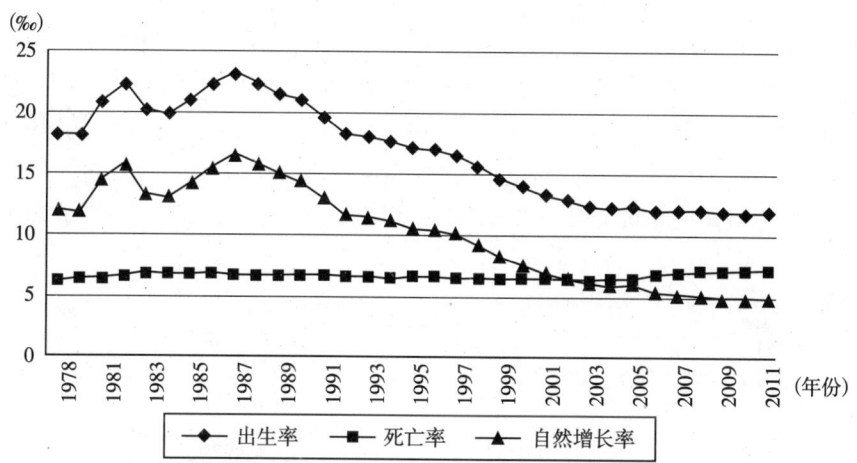

图 15-4　中国的人口出生率、死亡率和自然增长率（1978~2011 年）
资料来源：国家统计局. 中国统计年鉴（2012）. 中国统计出版社，2012.

人口转变的国际经验表明，从生育率和死亡率都相当高的状况转变到两者都很低的状况的过程，一般要经历三个阶段：第一个阶段的特征是高出生率、高死亡率，从而导致低自然增长率；第二个阶段以高出生率、低死亡率为特征，导致高自然增长率；第三个阶段的特点则是低出生率、低死亡率，导致低自然增长率。如果按照自然趋势发展的话，中国可能会像许多发展中国家一样，持续处于人口转变的第二个阶段，即形成高出生

---

① 关于中国总和生育率水平，有不同的争论。直接从 2000 年人口普查数据获得总和生育率只有 1.2 左右，但经过不同数据来源比对以及考虑到结构性变化因素，郭志刚等（2007）认为实际上在 1.6 左右（参见郭志刚等. 中国当前生育水平与未来人口展望//曾毅等. 21 世纪中国人口与经济发展. 社会科学文献出版社，2006）。

率、低死亡率、高自然增长率的人口增长格局。但是，由于从20世纪70年代末开始实行的计划生育政策，使得中国的人口转变在不到30年时间里就越过了这个阶段，而发达国家在社会经济发展过程中用了上百年的时间（如西欧国家用了100~150年）才完成这个转变。

三、中国人口老龄化发展趋势

中国人口老龄化未来趋势有不同的预测。根据联合国2006年中位参数预测数据中国人口数量到2045年之前一直保持持续增长的趋势，但增长幅度不断递减。到2045年，中国人口总量届时将达到14.6亿人左右。此后，中国人口数量将逐年缓慢下降。不过，从年龄分组来看，中国人口结构的变动趋势并不一致。从图15-5可以看出，65岁及以上老年人口比例一直处于不断上升的态势。2010年65岁及以上老年人口比例达到8.4%，2020年达11.9%，2030年达16.2%，2040年高达22.2%，2050年达到23.7%，处于一个老龄人口比例的高位平台期。从绝对数量看，65岁及以上老年人口不断增加。2010年达到1.13亿人，2020年达到1.70亿

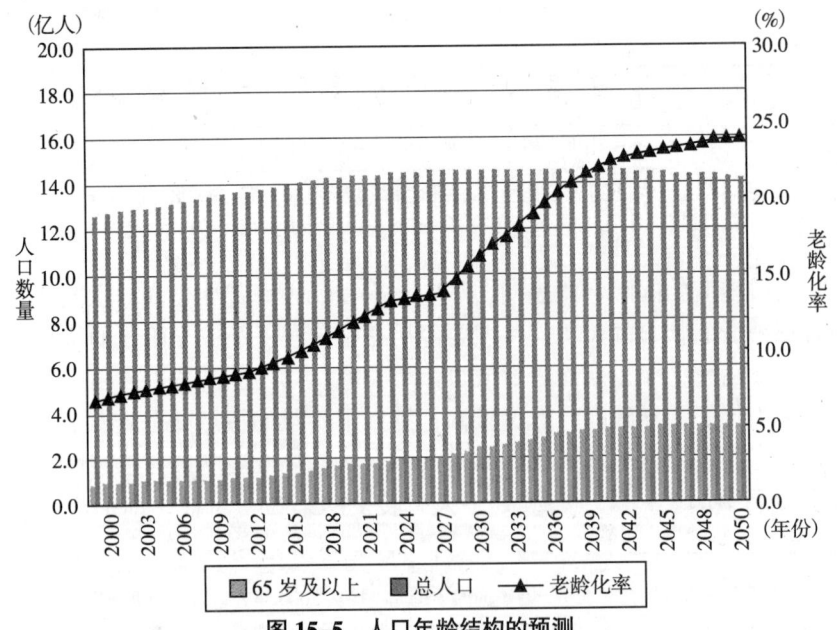

图15-5　人口年龄结构的预测

资料来源：本预测数据由中国社会科学院人口与劳动经济研究所王广州研究员提供，人口预测系按照总和生育率为1.8的假设进行的。

人，2030 年高达 2.36 亿人，2040 年达到 3.22 亿人，2050 年达到 3.34 亿人。[①]

根据中国社会科学院王广州研究员的预测，中国的人口数量在 2030 年前后达到峰值 14.6 亿人，然后就会步入缓慢下降期，到 2050 年大概下降到 14.2 亿人。65 岁及以上人口数量将逐年增加，在 2020 年将达到 1.7 亿人，2030 年为 2.4 亿人，2050 年为 3.4 亿人。人口老龄化的程度则一直会保持持续增长的态势。65 岁及以上人口占总人口的比例，在 2020 年会达到 12%，2030 年达到 16.4%，2050 年会达到 24%（见图 15-5）。这个预测表明，中国人口总量增长的转折点和快速老龄化的到来，比大多数人所预期的要来得更早。

与中国人口老龄化的发生相伴随的，是老年人口的高龄化现象。目前中国高龄老人每年增长率约为 4.5%，相当于总人口年平均增长率的 6 倍。根据联合国提供的预测数据，2010 年，中国 80 岁及以上的高龄老年人口将达到 1858 万人，2020 年达到 2739 万人，2030 年高达 4045 万人。从这些数字中，我们可以看到高龄老年人口数量的迅速增长。伴随着老年人口中的高龄人口的绝对数量和比例不断上升，这将对老年人的健康保障和生活照料等带来一系列影响。

第二节 人口老龄化的社会经济影响

中国是在人均收入水平比较低的情况下步入老龄化社会的。伴随人口老龄化进程的加快，推动中国经济增长的"人口红利"逐渐消失，中国不可避免地要进入"人口负债"阶段，经济增长将面临不利影响。人口老龄化的快速发展，不仅影响中国的劳动力资源供给，还会给中国的尚不完善的养老保障体系带来严重冲击。

[①] Population Division of the Department of Economic and Social Affairs of the United Nations Secretariat, World Population Prospects: The 2006 Revision and World Urbanization Prospects: The 2005 Revision, http://esa.un.org/unpp.

一、中国人口老龄化的特殊性

与发达国家相比,中国的老龄化发展表现出以下三个特点:第一,中国是在人均收入水平较低的条件下,达到较高的老年人口比例;第二,中国的老龄化与养老保障制度转变同时发生,历史欠账形成沉重的转轨成本,表现为已退休人员和改革前参加工作的"中人"需要靠"新人"的缴费供养,形成个人账户空转;第三,农村老龄化程度高于城市,已经没有"削峰填谷"的余地。

人口年龄结构的变动也会影响到中国劳动力资源的长期供给状况。从人口年龄预测看,虽然从现在起到 2020 年,是中国劳动力资源最为丰富的时期,但是,养老负担率却呈直线上升的趋势。在这之后,中国劳动力资源供给总量将会逐年减少,养老负担也将越来越大。由于劳动力资源不断减少的时期也是老年人口比例不断上升的时期,每个劳动年龄人口对老龄人口的负担率将不堪其重。

按照国际经验,人口老龄化是社会经济发展到较高收入水平的产物,它的出现是一个伴随着收入水平提高人口才开始出现老化的缓慢过程。在这个过程中,整个社会通常有足够的时间,为老龄化的到来在各个方面做好准备,尤其是养老方面。当老龄化真正到来之际,社会也有了足够的能力迎接老龄化的挑战。但是,中国在社会经济发展水平还不高的情况下,提前进入了老龄化社会。这也对养老问题提出了极大的挑战。也就是说,中国在经济发展水平尚较低的情况下,实现了人口转变过程,过早地迎来了人口老龄化,产生了其他国家未曾遇到的问题,构成特殊的政策挑战。发达国家人口老龄化与经济增长基本上是一个同步过程,而中国老龄化的进程却超前于社会经济的发展。这对养老保障提出了严峻的挑战,主要表现为经济活动人口的养老负担率大幅度提高,与此同时,体制转轨造成巨大的养老保障资金的缺口,并且独生子女政策对传统的家庭养老模式造成冲击。[①]

中国人口老龄化特殊性还表现在人口转变与经济转型和社会保障体制转型的相互交织。在以市场为导向的改革过程中,养老保障体制也随之发生相应的转轨,从过去的现收现付制转向社会统筹和个人账户相结合的制度。由于体制转轨的复杂性和需要时间,中国城镇的社会保障体制覆盖率

---

① 蔡昉,王美艳."未富先老"对经济增长可持续性的挑战.宏观经济研究,2006(6).

仍然不高，而且，还存在着体制转轨过程中的历史欠债、制度激励和运行管理等问题。农村目前依然依靠家庭养老为主，农村正式的养老保障体制只是在部分地区和省市进行试点工作。因此，中国人口老龄化是在社会保障水平不高和体系不完善的情况下发生的。而随着人口老龄化速度加快，老年抚养比将加速上升，不仅意味着社会供养负担进一步加重，而且可获得的用来支持养老的劳动年龄人口进一步减少。如果养老保障基金继续依靠现收现付制度筹集，那么，劳动年龄人口减少将削弱用来供养的老年人能力。在城市化过程中，中国还面临着农村转移劳动力的养老保障、失地农民的养老保障、农村人口养老保障等一系列问题。

二、人口转变、老龄化对经济增长的影响

人口转变过程中的生育率下降，同时伴随着人口年龄结构的变化，即16~64岁间劳动年龄人口的增长率，在时间上显现一个先上升、随后下降、直至零增长的倒U字型变化轨迹。[①] 在人口转变的初期，这个变化形成了对经济增长产生正面影响的"人口红利"，即在劳动年龄人口上升期间，劳动力的充足供给和高储蓄率，对经济增长产生积极的影响。然而，随着人口老龄化的加快，劳动年龄人口增长减速直至停止，这种意义上的"人口红利"将消失，对经济增长带来不利影响。

伴随人口转变，中国的人口年龄结构相应发生变化，即首先是少儿年龄人口比重逐渐下降，劳动年龄人口比重上升。根据中国统计年鉴的数据，从1953年第一次人口普查到2000年第五次人口普查期间，少年儿童（0~14岁）占人口比例从36.3%降低到22.9%，劳动年龄人口（15~64岁）比重从59.3%提高到70.2%，而老年人口（65岁及以上）比重从4.4%上升到7.0%。人口结构的这种变化，大大减轻了人口抚养负担，提高了人口结构的生产性。社会抚养少儿人口和老年人口负担较轻的条件下，产生了两个潜在的促进经济增长的源泉，即所谓"人口红利"。

在具备劳动年龄人口比重大这一潜在人口优势的条件下，劳动的参与率和就业率均保持在较高水平上，就意味着一个人口结构产生的充足劳动力资源得到了较好的利用。1978~2011年，经济活动人口逐年增加，其占劳动年龄人口的比例即劳动参与率也达到并保持在78%~86%的高水平，

---

① Williamson, Jeffrey. Growth, Distribution and Demography: Some Lessons from History, NBER Working Paper, No.6244, 1997.

高于世界上大多数国家（见图 15-6）。同时，经济增长带动了就业的增长，虽然就业的部门结构和所有制结构都发生了重大的变化，但总量保持持续的增长。由于劳动力资源禀赋上的优势，以及总体就业机会的增加，使得在这一时期的经济增长获得了充足的劳动供给。中国经济中生产要素具有较大的可替代性，因此，改革期间劳动密集型产业扩张迅速，得以大规模吸纳就业，从而把人口年龄结构优势转化为中国经济的比较优势。

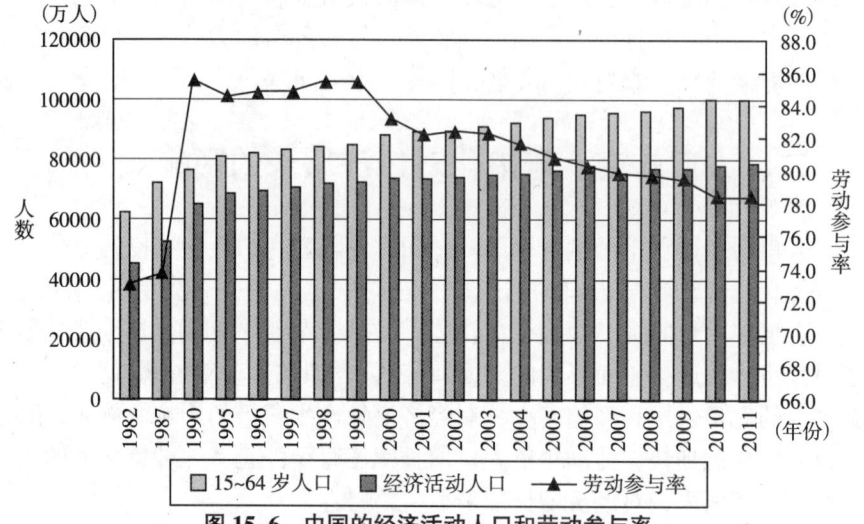

图 15-6　中国的经济活动人口和劳动参与率
资料来源：国家统计局. 中国统计年鉴（2012）. 中国统计出版社, 2012.

较高的劳动参与率水平，使得社会储蓄总量大，经济活动中的剩余总量也大。这帮助中国在这一期间达到了很高的储蓄率。在整个改革期间储蓄率始终在 30% 以上，近年来已经达到 50% 左右。一方面，这得益于改革开放以来的高速经济增长，以及在促进就业的同时，大幅度提高了城乡居民的人均收入水平；另一方面，由于整体人口抚养比的下降，减轻了社会的抚养负担，提高了人口的生产性，"人口红利"最大限度地得到利用。此外，人口优势蕴涵的高储蓄率的实现，还有赖于市场化改革为储蓄和投资创造的逐渐改善的环境和机制。

对中国的经济增长分析表明，人口抚养比即依赖型人口与劳动年龄人口之比的下降，对 1982~2000 年人均 GDP 增长率的贡献为 26.8%。[①] 人口

[①] Cai Fang and Dewen Wang. China's Demographic Transition: Implications for Growth, in Garnaut and Song (eds.). The China Boom and Its Discontents, Canberra: Asia Pacific Press, 2005.

转变发生在很短的时间内，固然为中国提供了利用"人口红利"加速经济增长的机会，但同时少儿抚养比下降与老年抚养比上升之间的间隔也很短，使得总体抚养比只在相对短暂的时期内处于较低的水平上，即在21世纪只会再继续一个较短的下降，最低点为2013年的38.8%，随后将以老年抚养比提高为特征大幅度回升（见图15-7）。其结果是社会总体养老负担迅速加重。到2017年，少儿抚养比仍然会高达26.4%，老年抚养比将超过14%，老年人口占总人口的比例将超过10%。换句话说，在"十二五"时期，中国将失去充足劳动力供给意义上的"人口红利"。

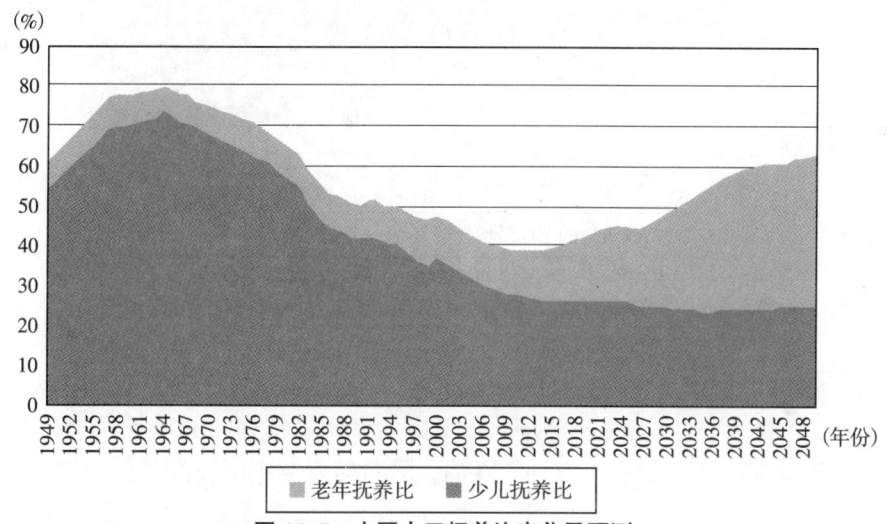

图15-7 中国人口抚养比变化及预测

资料来源：关于抚养比数据，1953年、1957年、1963年、1964年、1975年、1978年、1982年、1984~1987年、1989年来自杨子慧.中国历年人口统计资料研究.改革出版社，1996；1990~2002年数据来自国家统计局人口和社会科技统计司.中国人口统计年鉴（历年）.中国统计出版社；2003年以后的预测数字由中国社会科学院王广州研究员提供。

中国劳动年龄人口的增长率，在20世纪80年代中期就达到最高点，随后开始递减。相应地，每年新增劳动年龄人口数量逐渐减少。由于农村人口转变相对滞后于城市，其劳动年龄人口减速发生的相对晚一些，在就业持续扩大的过程中支撑着城市劳动力需求。图15-8显示了2002~2022年，考虑到自然变化和机械变化的城乡劳动年龄人口变化趋势，其间，城市为净增长，农村为净减少（由于净迁出）。图15-8中，浅色面积表示城镇劳动年龄人口的年度新增量，深色面积表示农村劳动年龄人口增量的减少，作为负值的浅色面积是城市增量中为农村迁移人口满足的部分。在这个期间，作为劳动力供给基础的劳动年龄人口呈现明显的增长递减趋势，从 2015 年开始，农村转移出的数量开始少于城市的新增量，城乡总劳动年龄人口呈负增长。

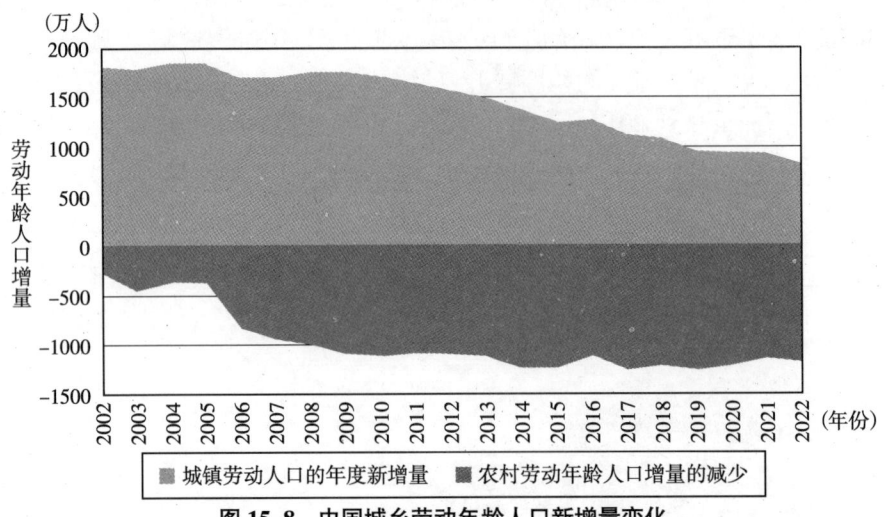

图 15-8 中国城乡劳动年龄人口新增量变化
资料来源：都阳，胡英．分城乡劳动年龄人口预测（未发表背景报告），2011．

简而言之，人口转变使得中国享受了从 20 世纪 60 年代中期开始的"人口红利"。改革以来，总抚养比下降对中国经济增长的贡献在 1/4 强；如果把未来"人口红利"也计算在内，人口转变对中国经济增长的贡献在 1/3 左右。但是，当"人口红利"消失时，经济增长减速就是必然的。

2010 年是中国"人口红利"消失之年。根据人口普查数据预测，2010 年 15~59 岁劳动年龄人口达到峰值，随后绝对减少；据此计算的人口抚养比达到谷底，随后迅速提高。因此，在预测今后潜在增长率时，劳动力供给这个参数是负增长。此外，由于劳动力不再是无限供给，资本报酬率递减现象已经发生，近年来资本边际回报率显著下降，今后资本形成的增长率也必然减缓。因此，即便在假设全要素生产率的增长率不发生大幅度跌落的情况下，潜在增长率也会以较大的幅度下降。

在上述假设下，我们做出的估算是，潜在 GDP 年增长率将由"十一五"时期的平均 10.5%下降到"十二五"时期的 7.2%和"十三五"时期的 6.1%（见图 15-9）。潜在增长率是在资本和劳动力都得到充分利用的前提下，在一定生产要素的供给制约下，以及全要素生产率提高限度内，可以实现的正常经济增长率。这个定义有两个含义，即在充分就业的假设下，只要实际增长率不低于潜在增长率，第一，就不会产生周期性失业现象。

这就是为什么2012年经济增长速度不能达到8%，劳动力市场上没有出现严重的就业压力，"民工荒"和"招工难"反而继续成为企业发展瓶颈。第二，也不需要额外的需求刺激。2001~2011年，拉动GDP增长的需求因素中，消费需求贡献了4.5个百分点，资本形成（投资需求）贡献了5.4个百分点，净出口贡献了0.56个百分点。因此，即使"十二五"期间净出口的贡献为零，投资需求减半，靠国内消费需求和一半投资需求形成的需求拉动（4.5个百分点加2.7个百分点，共7.2个百分点），也足以支撑这一时期的潜在增长率（7.2个百分点）。

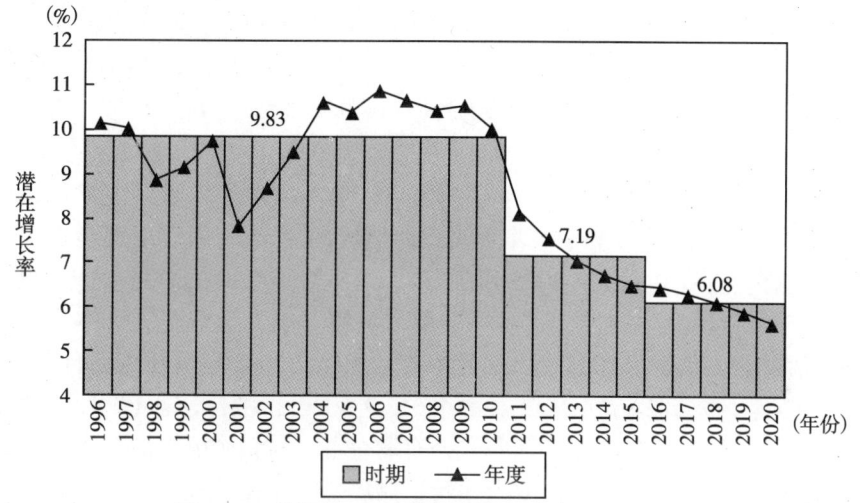

图 15-9 估计的 GDP 潜在增长率（1996~2020 年）

资料来源：蔡昉，陆旸.中国今后10年可以实现怎样的增长率//陈佳贵.中国经济蓝皮书(2012)，社会科学文献出版社，2012.

一个从二元经济发展向新古典增长转变的国家，随着传统增长源泉如"人口红利"的式微乃至消失，经济增长越来越依靠技术进步带来的全要素生产率的提高。由于生产率的提高需要付出艰难的努力，不再有捷径可走，因此，经济增长速度减慢是不可避免的，也是顺理成章的。但是，从上一个五年规划期的10.5%下降到7.2%，则是由于"人口红利"消失转折点所致。

三、老龄化对养老保障可持续性的影响

人口老龄化是任何国家养老保障体系都要面临的重大挑战。中国的养

老保障体系，是以养老保险为核心内容的。改革开放以来，中国逐步建立了以城镇职工基本养老保险制度为基础，以新型农村居民养老保险制度和城镇居民养老保险制度为补充的养老保障体系。但是，中国的特殊性在于人口、经济与社会转型与养老保障体制转型的相互交织。在市场化改革过程中，养老保障体制从过去的现收现付制度转向社会统筹与个人账户相结合的制度，体制转型过程中既要面对复杂的历史遗漏问题，又要面对新形势下的制度激励、社会公平、经济可持续等问题。对于"未富先老"又处在经济社会转型关键时期的中国，老年化对养老保障体系的挑战可以说是前所未有的。

人口老龄化对养老保障体系带来的最直接冲击就是制度赡养率的提高，即需要被抚养的老年人增加，每一个参保劳动者平均负担的人数提高，这将影响到养老保障体系的正常运行。从城镇职工基本养老保险制度来看，制度赡养率从1990年的18.6%逐步上升到1998年的32.2%，相应地参保职工比重也从84.4%逐步下降到75.7%。1997年7月，国务院颁布《关于建立统一的企业职工基本养老保险制度的决定》，将制度逐步扩大到城镇所有企业及其职工，2005年12月，国务院颁布《关于完善企业职工基本养老保险制度的决定》，进一步要求城镇各类企业职工、个体工商户和灵活就业人员都参加企业职工基本养老保险，2008年《新劳动合同法》和2011年《社会保险法》在法律上明确了企业职工参保要求。1998年之后，养老保险的覆盖范围和重点转向非公有制企业、城镇个体工商户和灵活就业人员的年轻人，在一定程度上扭转了制度赡养率持续提高的局面，过去十多年基本稳定在33%左右，即平均每三个人养一个人（见图15-10）。

中国的养老保障体制是从过去的现收现付制度向现行的社会统筹与个人账户相结合的制度转变的。尽管目前基金收支状况保持良好，2011年末养老保险基金累计结余已经接近2万亿元，但仍然掩盖不了体制转轨的潜在风险，随着老龄化进程加速，养老保险制度的财务可持续性问题将愈加突出。由于传统的现收现付制度下没有基础养老金积累，新体制又必须为"老人"的退休金、"中人"的基础养老金和过渡性养老金寻找支付办法。因此，转轨成本造成的养老金隐性债务（IPD）使得养老金财务上缺乏可持续性。关于IPD规模，《法制日报》2005年5月8日报道，劳动和社会保障部承认，城市养老金缺口在2.5万亿元，在未来30年里将达到6万亿元。这个估计数据可能低估了养老金缺口的严重程度。据世界银行估算，养老金缺口3万~4万亿元。如果假定在50年时间里分摊转轨成本，按3.7万亿元缺口和平均利率4%计算，每年分担的平均转轨成本将为

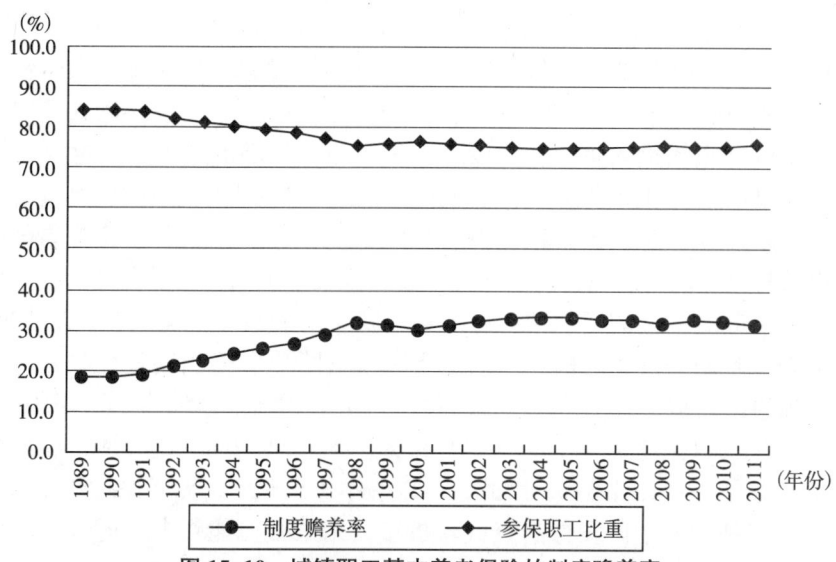

图 15-10 城镇职工基本养老保险的制度赡养率

注：制度赡养率＝参保离退休人员人数占参保职工人数的比例，参保职工比重指参保职工占全部参保人数的比例，也反映制度赡养情况。

资料来源：根据国家统计局公布的《中国劳动统计年鉴》各年相关数据计算得到。

1600 亿元左右；如果利率提高到 5%，每年的平均转轨成本将为 1900 亿元左右。虽然测算结果不一，但基本共识是隐性债务的增长速度十分迅速，数量也十分庞大。

在企业面临缴费不足和养老金缺口的情况下，统筹基金与个人账户的"混账"管理使得挪用个人账户来填补养老金缺口。据有关估计，个人账户空账规模 1997 年为 140 亿元，1998 年为 450 亿元，1999 年为 1000 亿元以上，2000 年上升到 2000 多亿元，并以每年 1000 多亿元的规模增加，2003 年个人账户空账累计为 6000 多亿元，2005 年末达到 8000 亿元。根据郑秉文估算，2011 年城镇基本养老保险个人账户"空账"已经超过 2.2 万亿元，较 2010 年增加约 5000 亿元，即每年以 25% 的速度增加。[①] 对此问题，国家从 2000 年开始了"做实"个人账户试点，截至 2011 年底，参与试点的辽宁、江苏、山东等 13 个省份共积累个人账户基金 2703 亿元，但相对于近 2.5 万亿元的个人账户累计记账额，仍有很大空缺。

养老金收支失衡问题将凸显。从当前基金收支状况来看，城镇职工基本养老保险的基金收入保持平稳增长，最近几年增长率都在 20% 左右，但

[①] 郑秉文. 2011 中国养老金发展报告. 经济管理出版社，2012.

这主要得益于养老保险制度改革的"窗口期"或可称为"红利期",即以缴费为主的新加入参保者的较快增长。随着覆盖面扩大的难度较大,新加入参保者增速下降,加上人口结构正在发生深刻变化,劳动年龄人口增速明显下降并很快进入负增长阶段,而进入退休年龄的老年人数量快速增加,可以预见,目前养老金支出与养老金收入增速基本接近的状况将发生变化,未来养老金支出增速将会超过养老金收入,基金总体平衡格局很可能会被打破。从当期基金结余状况来看,收支平衡状况似乎也进入了刘易斯拐点。养老基金的当期结余更能够反映当前的收支平衡状况,从1997年养老保险制度改革之前,当期结余率(当期结余额/当期基金收入)呈现快速递减趋势,2007年达到最高峰的24%,随后出现了下降,2010年下降到21%(见图15-11)。中国已经进入经济转型的关键时期,经济增速下降将是一个长期趋势,因此,可以基本做出判断,养老保险基金的当期结余率基本到了阶段性高点或转折点,未来很可能将进入逐步下降的阶段。①

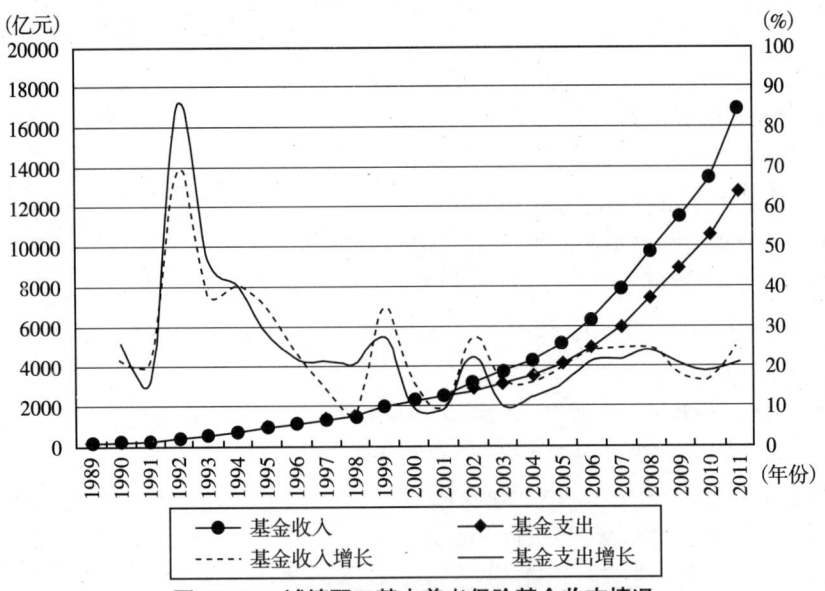

图 15-11 城镇职工基本养老保险基金收支情况

资料来源:根据国家统计局公布的《中国劳动统计年鉴》各年相关数据计算得到。

---

① 程杰. 老龄化背景下的养老保障改革. 中国社会科学院人口与劳动经济研究所研究报告,2012.

世界各国的经验表明，养老（包括经济支持、生活照料和精神慰藉）是个人、家庭和社会的共同责任，而且要求事先做好充分的准备。然而，在中国养老保障问题已经显示出潜在危机的情况下，个人、家庭和社会对未来却缺少未雨绸缪的充分准备。首先，政府和社会缺乏对于养老危机的宣传，老百姓缺乏关于养老保险的必要知识。其次，由于缺乏充分的宣传，个人和家庭都没有为养老做出足够的保险安排，在相当大程度上还对政府有强烈的依赖感。再次，新的一代独生子女家庭观念和对父母的责任感大大降低，中国的家庭养老模式也遇到挑战。最后，由于就业压力增强，实际退休年龄趋于大幅降低，加大了社会和家庭的养老负担。由此可见，中国现行的养老保障制度无论在运行的可持续性上还是在个人和家庭的参与上，都是非常脆弱的。

四、老龄化与老年服务产业供求矛盾

中国的养老服务供求矛盾非常突出。近10年来，中国80岁以上高龄老年人增加了近1倍，已经超过2000万人，60岁以上失能及半失能老年人已达3300多万人，随着年轻人异地工作，父母与子女异地居住，空巢老人越来越多，迫切需要提供不同程度的护理照料服务。中国老龄科研中心等的调查表明，当前全国城乡空巢家庭超过50%，部分大中城市达到70%，农村留守老人约4000万人，占农村老年人口的37%。但是，到2009年底，全国共有各类养老服务机构39904家，床位314.9万张，收养老年人242.6万人，仅占全国老龄人口的1.59%。这个比例不仅低于发达国家5%~7%的比例，也低于一些发展中国家2%~3%的比例。养老服务的供需矛盾非常严峻，城市建设中对养老服务用地和养老机构、服务设施建设缺乏规划的情况还比较普遍，农村养老服务设施短缺的情况更为严重，特别是农村失能、半失能老人和留守老人的养老服务严重不足。养老服务存在着区域之间、城乡之间发展不平衡，出现了"一床难求"、"床位闲置"、"住不起"、"等不起"、"床位价格上涨"、"公立与民办的两极分化"等现象。

当前需要照料的老年人比例急剧增高，养老护理员的潜在需求在1000万人左右，现有养老护理员仅30多万人，其中取得职业资格的不足10万人。全国老龄办于2011年8月16日发布的全国《民办养老服务机构基本状况调查报告》显示，民办养老服务机构占全国机构中的10.6%，民办养老机构平均一个机构只有一名专业护士，医生平均不到一名。大多数护工人员是下岗职工以及农民工，他们没有经过专业性学习培训，有三成左右为中专或中专以下学历。

另外，随着经济的发展和居民收入水平的不断提高，加上养老保障体系的逐步完善，尤其是养老金水平的提升，整体的老年人收入状况将逐渐改善，这为老年服务产业的发展提供了消费基础。根据中国老龄科学研究中心的一项调查，城市老年人中有42.8%的人拥有储蓄存款，另外退休金一项到2010年就将增加到8383亿元，2020年为28145亿元，2030年为73219亿元。经济基础不断增强将为老年服务产业从潜力转变为现实，养老产业化、老年医疗产业化、老年教育产业化等，都将在人口老龄化进程中得到发展。国家政策也开始更加重视对养老服务业的支持，要求在"十二五"期间探索建立一套老年服务体系，将加强养老服务体系建设规划的制定，对长期照护制度和护理保险机制、建立现代老年产业体系等加大探索，并通过补贴等方式鼓励非营利性的民办养老机构、居家养老服务设施或组织发展。

第三节 人口老龄化的应对策略

应对人口老龄化，迫切要求中国转变经济发展方式，通过提高全要素生产率的途径来推动经济可持续增长；要通过增强养老保障的可持续性，推动养老服务体系建设，来完善养老保障体系，并利用家庭养老传统补充社会养老资源的不足；要合理开发老年人力资源，创造适合老年人的就业岗位，探索弹性退休制度。同时，国家要根据人口发展现实逐步完善生育政策，在坚持计划生育基本国策前提下，对计划生育政策进行适当调整。

一、转变经济发展方式，提高全要素生产率

（一）可持续增长的源泉

随着人口老龄化的快速发展，中国的"人口红利"将很快消失。"人口红利"消失之后，如何保持经济增长的可持续性呢？归根结底，劳动生产率的不断提高，才是经济增长经久不衰的可持续源泉。

劳动生产率的提高有两种方式。第一种方式是提高资本劳动比率。物质资本的投入快于劳动力的投入，从而企业和产业的资本构成提高，有助

于改善劳动生产率。但是，提高资本劳动比率是有限度的，在劳动者素质和技术水平不变的情况下，增加设备后工艺过程效率反而下降，包括人与设备的协调程度降低等情形，即所谓资本报酬递减现象。第二种方式是通过提高全要素生产率。全要素生产率是指通过技术进步、改善体制和管理以更有效配置资源，提高各种要素的使用效率。这个劳动生产率提高源泉可以抵销资本报酬递减的不利影响，是长期可持续的，是经济增长经久不衰的引擎。当老龄化加快，劳动力短缺，在增加资本投入的同时也要求机器设备的技术进步、操作者素质的提高以及体制机制的改革，以释放出更多的微观效率。此外，这些因素也要通过企业的优胜劣汰和产业结构的调整发挥作用。

经济增长从主要依靠资本和劳动投入到主要依靠全要素生产率提高的转变，是一个艰难的过程。从国际范围看，国家贫富差别主要缘于全要素生产率的差别，一些曾经经历过高速经济增长的国家，其终究陷入低速增长或停滞的主要原因，也是全要素生产率的停滞不前。对于那些经历过"人口红利"期的经济体而言，抚养比停止下降就意味着"人口红利"消失，如果全要素生产率贡献未能及时跟进，经济增长减速乃至停滞就在所难免。

近年来，推动中国劳动生产率的因素发生了明显的变化。根据世界银行的估算，全要素生产率对劳动生产率提高的贡献，从1978~1994年的46.9%大幅度降低到2005~2009年的31.8%，并预计将进一步降低为2010~2015年的28.0%。与此同时，劳动生产率提高更多地依靠投资导致的资本劳动比率升高。在上述三个时期，资本劳动比提高对劳动生产率的贡献，从45.3%提高到64.7%，并预计将提高到65.9%。[1] 然而，单纯依靠物质资本的投资，无论是作为需求方面的经济增长拉动力，还是作为供给方面的经济增长源泉，都是不可持续的。

经济发展方式从过度依靠资本投入，转到依靠生产率提高和创新驱动的轨道上，对于实现人口、资源、环境相协调的可持续发展具有关键的意义。如果能够确立全要素生产率驱动的发展方式，则可以创造出一种内在的激励，通过技术进步、价格引导、体制创新形成一个人口均衡、资源节约和环境友好的可持续发展模式。[2]

---

[1] Kuijs, Louis. China through 2020—A Macroeconomic Scenario. World Bank China Office Research Working Paper, No. 9, 2009.

[2] 蔡昉. "未富先老"与中国经济增长的可持续性. 国际经济评论，2012 (1).

(二) 提高全要素生产率

提高全要素生产率特别是其中的技术效率，是企业自己的事情，政府所能做的，不是在微观层次或投资领域的越俎代庖，而是创造一个良好的政策环境，让有效率的企业存活和发展，并淘汰那些没有效率的企业。其实，整体经济的健康程度，取决于那些全要素生产率表现好的企业能够占主导，并不断提高其份额，因此，熊彼特所倡导的"创造性毁灭"就是提高整个经济健康程度的机制。只不过，这个机制包含的内容很多，而不是简单地把创造与毁灭相提并论。

首先，政府要舍得让那些没有效率，并且被证明没有希望回到效率轨道上的企业淘汰出局。中国政府特别是地方政府，长期以来扮演着发展型政府的角色，为许多企业的诞生和成长殚精竭虑，因此，在企业生存面临挑战时，政府无论从感情上，还是从现实的 GDP、税收和就业考虑，都十分地割舍不开。但是，在经济发展方式和产业结构调整时期，一部分企业垮掉是取得更高整体效率所必须支付的代价。日本政府在 20 世纪 90 年代就犯了保护低效率企业的错误，而且这个错误如此严重，形成了一批该死不死的"僵尸企业"，成为"失去的十年"乃至"失去的二十年"的微观根源。[①]

其次，政府职责是加强人力资本的积累，加快建设社会保护制度，使劳动者获得能够适应产业结构升级的技能，以及一旦经历结构性冲击，能够得到必要的社会安全网的有效覆盖。刘易斯转折点到来之后，出现了非熟练劳动者短缺的现象，他们面临着一个就业机会增加、工资上涨迅速的大好时光。[②] 然而，这个"好时光"不会延续太久。如果在这个时候，劳动力市场上产生了不利于人力资本形成的激励机制，如更多的就业岗位和不断提高的报酬使青年人急于辍学就业，这一代劳动者群体终究会遭遇到产业结构升级的冲击。此外，一个有效保护暂时被劳动力市场排挤出来的劳动者的社会安全网，也是创造性毁灭机制达到预期目的的制度保障。创造性毁灭的目的不是毁灭，也不是对劳动力市场上的脆弱群体视而不见，而是通过这种机制提高整体经济的健康程度。因此，完善社会保障制度并进

[①] Hoshi, Takeo, and Anil Kashyap. Why Did Japan Stop Growing? Report Prepared for the National Institute for Research Advancement (NIRA), 2011, http://www.nira.or.jp/pdf/1002english_report.pdf.

[②] Cai Fang and Yang Du. Wages Increase, Wages Convergence, and Lewis Turning Point in China, China Economic Review, forthcoming, 2011.

一步将社会保护扩展到更广泛的领域,包括教育干预、医疗援助和家庭扶持等,面临着巨大的需求和最适当的时机。

最后,政府应该把握宏观经济政策的适度性,为"创造性毁灭"提供一个良好的环境。熊彼特认为经济危机是实现"创造性毁灭"的最佳方式,所以发生危机的时候也是"创造性毁灭"的最好时机。其实,这只是理论上的设想或者一种理想表述而已。在危机和衰退时期,金融体系变得缺乏信心和格外谨慎,企业创新和风险投资几乎无法获得任何金融支持。此外,在危机时期,政府为了稳定就业,往往不加区分地对濒死企业进行保护,所以并不是筛选有效率企业的恰当时刻。推而广之,过于紧缩的宏观经济政策,是不利于勇于创新的新生企业以及有活力的中小企业获得金融支持的,所以,这种政策环境并不鼓励资源重新配置的发生。相反地,在过于宽松的宏观经济环境下,那些缺乏效率的企业和错配的投资,也变得容易生存和发生,因此,这时也难以发挥创造性毁灭的筛选功能。总而言之,稳定和适度的宏观经济政策力度,是保证市场行使优胜劣汰职能的合适土壤。

(三) 全面提高人力资本

在第一次"人口红利"消失之后,不仅推动经济增长的传统要素需要重新组合,而且对于更加长期有效且不会产生报酬递减的经济源泉提出更高的要求。特别是,挖掘和创造第二次"人口红利"、防止"中等收入陷阱",要求显著提高国家总体人力资本水平。[①]

首先,义务教育阶段是为终身学习打好基础,形成城乡之间和不同收入家庭之间孩子的同等起跑线的关键,政府充分投入责无旁贷。学前教育具有最高社会收益率,政府买单是符合教育规律和使全社会受益原则的,应该逐步纳入义务教育的范围。改革开放以来,随着就业岗位增加,对低技能劳动力需求比较旺盛,一些家庭特别是贫困农村家庭的孩子在初中阶段辍学现象比较严重。

其次,应大幅度提高高中入学水平,推进高等教育普及率。高中与大学的入学率互相促进、互为因果。高中普及率高,有愿望上大学的人群规模就大;升入大学的机会多,也对上高中构成较大的激励。目前政府预算内经费支出比重,在高中阶段较低,家庭支出负担过重,加上机会成本高和考大学成功率低的因素,使得这个教育阶段成为未来教育发展的瓶颈。

---

① 蔡昉. 中国人口与可持续发展. 中国科学院院刊, 2012 (3).

因此，从继续快速推进高等教育普及化着眼，政府应该尽快推动高中阶段免费教育。相对而言，高等教育应该进一步发挥社会办学和家庭投入的积极性。

最后，应通过劳动力市场引导，大力发展职业教育。我国需要一批具有较高技能的熟练劳动者队伍，而这要靠中等和高等职业教育来培养。欧美国家适龄学生接受职业教育的比例通常在60%以上，德国、瑞士等国家甚至高达70%~80%，都明显高于我国。我国应当从中长期发展对劳动者素质的要求出发，加大职业教育和职业培训力度。此外，应建立起高中阶段职业教育与职业高等教育及普通高等教育之间的升学通道，加快教育体制、教学模式和教学内容的改革，使学生有更多的选择，实现其全面发展。

二、完善养老保障体系

（一）增强养老保障的可持续性

增强养老保障体系的可持续性是有效应对人口老龄化严峻挑战的关键所在，可持续性问题首先是养老保险制度的财务平衡问题，但又不仅仅是一个简单的基金收支问题，而是涉及制度体系的各个层面，尤其是要加快妥善解决历史遗留障碍，通过继续深化改革和加强管理，提高制度的抗风险能力，从而不断增强制度的可持续性。具体来看，以下四个方面应该予以重点关注。

首先，增强政府责任以妥善解决历史债务。通常所说的"转轨成本"实际上是政府转移养老负担引起的，"老人"和"中人"已经对国家做了贡献，国家应当明确承担他们的养老保障责任。可以考虑通过政府转移支付和国有资产划转、全国社保基金等措施，不能指望通过加大企业和职工的当前负担（高企业费率、挪用个人账户等）来填平历史债务。尽管与养老基金支出同步增长的养老保险制度财政补贴，已经在承担偿还历史债务的责任，但是，由于没有一个明确的规范和测算，或者操作上的随意性、各级财政讨价还价等的纠缠，这种"偿还"的功能和效果被明显削弱。因此，当务之急是尽快合理清算历史债务，然后确定一套偿还历史债务的可行方案和具体实施配套措施。

其次，继续做实个人账户。尽管统账结合的城镇职工基本养老保险制度建立以来，关于是否应该做实个人账户一直存在争议，有人认为中国不应该做实个人账户,而应当考虑记账式个人账户制,有人认为个人账户和统筹资金应该完全分开管理,形成一个彻底独立的个人账户资金积累,而政府部门在实际操作中也在试图努力做实个人账户。个人账户与统筹账户资金在制度设计上就有着不同的功能和属性,因此,在养老保险制度基本框架和模式明确情况下,应该继续做实个人账户,这是实现未来基金有效运营和制度可持续性的重要保障,政府财政应该继续发挥积极支持,同时,对于目前已经试点实施的做实个人账户情况应该进行很好的评估,提出适用于全国范围推行的改革措施和意见。

再次,提高养老保险制度的统筹层次。养老保险制度的统筹层次过低,导致保险基金难以在区域之间、省份之间,甚至县市之间合理调节,严重降低了基金使用效率,造成了地方性收支不平衡和养老保障水平的地区差异,明显地限制了制度的可持续性。因此,当前应该首先把城镇职工基本养老保险制度的省级统筹落到实处,从资金调剂真正过渡到统一收支,在此基础上,积极创造条件,加快推进向养老保险制度的全国统筹过渡。对于城乡居民养老保险制度,考虑到政府主导作用和福利性质更强,应该有条件更快地推动统筹层次提高,尽早地实现全国范围统筹。

最后,加强养老保险基金的运营管理。随着养老保险基金规模的不断扩大,基金的保值增值和监督管理压力越来越大,基金的高效运营和有效监督是制度可持续运转的重要保障之一。随着监督体制的完善和资本市场的日趋成熟,政府管理部门应该制定一个开发基本养老保险基金投资限制的战略方案,拟定具体的投资政策,探索各种风险可控的投资渠道,如发行特种国债、资本市场投资、基础设施和产业投资等途径,同时在制度上予以规范,制定相应的法律法规和实施办法,提高基金的投资收益率,保证养老保险基金保值增值。

(二) 推动养老服务体系建设

养老服务体系是养老保障体系的重要组成部分,应该与养老保险制度很好地结合。根据国务院发布的《社会养老服务体系建设规划 (2011~2015年)》,2015 年中国老年人护理服务和生活照料的潜在市场规模将超过 4500 亿元。加快发展居家养老、社区养老和政府福利养老等多种模式,推进老年福利事业社会化、产业化,打造多层次的养老服务体系,从而满足不断增长的老年群体对养老服务的需求。

积极发挥不同养老模式的优势。居家养老、社区养老和机构养老是三种主要养老模式,其中,居家养老是基础,社区养老是依托,机构养老是补充,这三种模式应该更好地衔接。可以考虑建立一种对老人的长期护理模式,把三者的优势整合起来,形成一个具有连续性的体系。长期护理着重于将大部分需要长期护理的老人都留在社区中生活,在自己家中或者其他社区设施中接受长期护理服务,一旦身体孱弱时,又可以及时快捷地转到更高一级的养老机构里去。当老人到60岁之后,他首先将经历低龄老人(60~69岁)阶段,此时老人们一般身体很好只需有些社区文化活动就可以了;在中龄老人(70~79岁)阶段,老人们可能身体差了,但是家庭内的照料足以应付;到高龄老人(80岁以上)阶段,可能专业的护理人员就要参与进来了。对老年人的长期护理体系正是这样一种照护老人全程的服务体系。

切实加强对民办养老机构的支持。目前,民办养老机构的运营如履薄冰,对于国家已经出台的优惠政策,各级相关部门应认真细化、量化,并且根据当地经济发展情况,研究制定系统性、操作性更强的配套优惠政策,推动养老服务事业的发展。切实将老龄产业列入国家扶持行业目录,进一步增强在土地、用水、用电、用气、税收、财政、金融、行政收费等方面的优惠力度,支持民间资本投资建设专业化养老服务机构,培育发展养老事业。建议有关部门将办养老服务机构的所有权和经营权相分离,采取承包、租赁、股份制等形式,把经营权、管理权、服务权交由企业、社会组织等非政府部门或个人,吸收民间资本,转变经营机制,实现养老服务机构独立法人实体运营。通过这样的模式,降低社会力量进入养老行业的"门槛",进而压低养老院的入住价格,吸纳更多老人入住。同时,针对中国的养老机构及养老服务人员短缺、技术水平低的局面,应该加强人才队伍建设,建设专业的护理人员培养机构,在大学、大专、中专院校设立"社会福祉"学科,在各省市地区设立"护理人员培训中心"、"取得护理专业的资格认定中心"等,为养老服务业发展提供人力资源支持。

建立和完善农村养老服务体系。中国的农村老龄化状况更为严峻,而养老服务体系较城镇又明显滞后。应该在农村地区发展完善老年护理服务产业的组织架构,同时注重各种社会资源的有效整合及其各类社会力量的有序参与,将其联合成农村社会公共服务产业链之间的聚合体。在资源支持政策方面,可以考虑以乡镇为管理边界和统筹单位,建立农村老年护理服务体系。县乡政府机构及其相关部门是养老服务政策体系的直接推动者,在政策执行过程中起着政治保障和资源支持的作用。

(三) 利用家庭养老传统补充社会养老资源的不足

家庭养老系指子女在父母年老时提供经济赡养、生活照料和精神慰藉。家庭养老形式在各国皆有，但东方国家尤以子女乐于赡养父母著称，而中国人则历来具有赡养老人的优良传统。家庭养老主要通过两种形式：一是家居方式的选择，即与老人同住，以便提供生活上的照料，并获得家庭开支上的节约；二是进行大家庭内的收入转移，即向老人提供经济资助。许多研究表明，通过家居方式的选择和大家庭内部的收入转移，可以提高老年人的福利水平，从而使家庭养老成为公共养老保障项目的一个重要补充。

与大多数国家相比，目前中国的养老金替代率很高。如果按照这种替代率的概念，我们可以对将来的情形做出预期。首先，由于人口的老龄化，社会总体养老负担率将迅速上升，保持原来替代率水平的可能性已经不大了。其次，由于劳动者工资水平不断在提高，要保持已经退休人员的退休金实际替代率不变，就需要不断提高他们的退休金水平，因此，即使在人们退休很多年以后，其养老金的负担仍然在继续加重。所以，按照这样高的退休金替代率，未来的退休金上涨压力仍然是很大的。最后，在目前平均工资总体上尚不高的情况下，转向个人积累制的养老保障模式后，个人账户积累的养老基金也将不足以维持现在的替代率水平。因此，在相当长的时间里，社会养老保障基金将不会是一种充足的资源，必须利用其他可能的养老资源。

由于实行了几十年国家通过企业包揽职工的养老保障，在养老保障体制转型的条件下，许多家庭或出于习惯性对政府的依赖，或由于缺乏个人保险意识，或者干脆由于没有经济实力，因而没有对养老进行充分的储蓄。我们的城市调查显示，尽管社会保障体系特别是养老保障制度已经开始改革多年，相当多一部分家庭和个人对养老保障及其改革的结果仍然相当缺乏知识，更不知道这种改革必然带给个人和家庭的巨大影响。因此，政府应该通过大力宣传，让老百姓了解中国在养老问题上的潜在危机，提高他们未雨绸缪的紧迫感。同时，政府也应该大力宣传新的养老保障体制实行后，对个人和家庭会产生什么影响，特别是在基本养老金的替代率大幅度降低后，个人需要做出多少额外的储蓄，才能保持必要的生活水平这类信息。

选择适当的家居方式并且进行大家庭内部的收入转移，在中国应该也具有显著的补充社会养老基金不足的效果。在五城市劳动力调查中，我们发现普遍存在家庭内部收入的转移。了解究竟是哪些因素影响这种收入转移，有助于我们理解其对于家庭养老的意义。计量分析显示，第一，已婚或者与子女同住，显著地减少了转移的收入。这也可以解释为特定的家居方式可以降低家庭的经济负担，减轻家庭的养老压力。第二，受教育程度的提高显著地增加向父母或子女转移的收入。第三，一个家庭的住房面积越大，老人与子女同住的可能性就越大。第四，个人收入水平越高，越可能不与子女同住。可以引申的含义则是，与子女同住这种家居方式具有补充老人收入不足的作用。第五，与子女同住的愿望与实际上是否与子女同住密切相关，表示愿意与子女同住的人在非常显著的程度上实际选择了与子女同住。换句话说，老人选择与子女同住的结果，通常是符合自己愿望的，并对这种结果表示满意。可见，选择与子女同住，可以获得家庭消费支出以及住房方面的规模经济，从而对于低收入家庭的养老提供一种有益的降低成本的手段，同时也符合老人们的愿望。另外，我们的研究结果还显示，与子女同住可以显著地减轻家务劳动的时间，从而提高老年人的福利水平。

三、开发利用老年人力资源

合理开发老年人力资源，创造适合老年人的就业岗位，探索弹性退休制度。目前，我国人口在24~64岁年龄段，年龄每增加1岁，受教育年限平均减少10.2%。而越是年龄偏大，教育水平递减的趋势就越明显，在44~64岁，年龄每增加1岁，受教育年限平均减少16.1%。可见，普遍提高退休年龄的条件尚不成熟，亟须通过发展教育和培训来创造，以便在未来提高老年人的劳动参与率，缓解社会养老资源不足的问题，延长"人口红利"期。

对于"未富先老"的中国来说，最大的挑战在于，在劳动者中，年龄越大受教育程度越低，因而临近退休年龄的劳动者学习新技能的能力不足，适应产业结构变化遇到更大的困难。如果这时不能退休，就意味着把他们推到脆弱的劳动力市场地位。劳动者不是同质的。在雇主感受到年轻劳动力严重不足的同时，他们并不愿意雇用年龄偏大的劳动者；当具有高教育水平和高技能的老专家受到劳动力市场青睐时，年近退休的普通劳动者仍然面临就业困难。

可见，至少就中国目前条件而言，单纯提高退休年龄并不是提高老年人劳动参与率的唯一出路。扩大劳动力总体规模和降低社会对老年人的供养负担，恐怕不应该在当前的临近退休年龄人口身上做文章，而是需要创造条件，把当前的这一代年轻人逐渐培养成为拥有更充足人力资本的劳动者，使得他们不仅适应产业结构变化的要求，而且能够在未来具备能力延长工作时间。中国应该选择一个有差别和选择自由的退休年龄制度，在近期内主要着眼于提高实际退休年龄而不是法定退休年龄。这个制度框架应该包括以下内容，通过立法和严格执法、发展教育和培训，以及广泛的劳动力市场制度和社会保险制度安排逐步推进。

首先，严格执行现行法定退休年龄，制止提前退休现象。在遭遇经济冲击和就业压力大的时期，企业在政策的默许之下推动许多尚未达到退休年龄的职工提前退休，导致实际退休年龄大大低于法定退休年龄。在20世纪90年代末的宏观经济低迷时期，大量职工提前退休导致实际退休年龄一度降低到平均只有51岁。而在2009年遭遇世界性金融危机期间，返乡农民工中那些年龄偏大的，虽然往往只有40岁左右或者以上，但许多人从此不再回到城市打工。因此，严格执行现行退休年龄，并将其适用性延伸到农民工，有助于防止实际退休年龄低于法定退休年龄的现象再度发生。

当然，保持农民工劳动参与率的制度保障是多方面的，其中特别有赖于户籍制度的改革。目前，在中国城市化率达到51%的情况下，具有非农业户口的人口比重只有35%，不仅难以稳定农民工劳动力供给，还失去了这个年轻群体可能对基本养老保险制度做出的净贡献。一方面，要通过推动以农民工市民化为内涵的深度城市化，把各种政府承担的基本公共服务项目延伸至新移民，使目前"候鸟式"的农民工的就业更加稳定，使他们更加乐于接受教育和培训，为将来延长退休年龄做好充分的准备。另一方面，以农民工为主要对象的基本养老保险制度的扩面，可以在一段时间内大幅度增加个人和社会养老保险基金的积累，缓解养老金支付危机的效果，从目前来看要明显高于提高法定退休年龄。

其次，对于就业者具有受教育程度高、技能需求强的特征的部门、行业和企业事业，如政府部门、社会团体、高科技企业、科研机构、高校和文化事业单位，应该实行具有弹性的退休年龄制度，允许在单位和劳动者都有意愿的条件下，适当延缓退休时间的制度。女性职工与男性职工退休年龄的统一，也可以从这些部门着手进行。养老保险制度应对此作出必要的调整，形成合理、适度的激励机制，让那些提高劳动参与率的自发性制度安排，能够得到正规制度的允许、鼓励和激励。譬如可以允许企业适度降低雇用成本，同时使延缓退休人员从工资和退休金的平衡上总体增加收入。

再次,国家通过发展教育和在职培训,提高新成长劳动力教育水平和在职劳动者的技能,并使其具备根据产业结构调整的需求更新技能的适应力,为未来整体提高法定退休年龄做好人力资本准备。由于这是一项关系长期增长潜力和具有未雨绸缪性质的事业,政府应该承担主要的财政责任,不断加大投入。近年来,随着就业岗位增加,对低技能劳动力需求比较旺盛,一些家庭特别是贫困农村家庭的孩子在初中阶段辍学现象比较严重。从家庭的短期利益着眼,这种选择似乎是理性的,但是,人力资本损失最终将由社会和家庭共同承担。因此,政府应该切实降低义务教育阶段家庭支出比例,巩固和提高义务教育完成率,而通过把学前教育和高中教育纳入义务教育,让农村和贫困儿童不至于输在起跑线上,也大大有助于提高他们在小学和初中阶段的完成率,并增加继续上学的平等机会。此外,应当从中长期发展对劳动者素质的要求出发,加大职业教育和职业培训力度。

最后,加强对就业促进法的宣传和执法检查力度,制止和消除就业中存在的性别歧视、年龄歧视和户籍身份歧视。由于导致劳动者年龄与受教育程度呈反方向变化关系这种人力资本不足现象,是一种历史性的政策遗产,即劳动力存量的人力资本不足,是教育发展大环境造成的,而不是家庭或个人受教育激励不足的结果,因此,解决劳动力存量的人力资本问题,需要政府来埋单。政府公共就业服务特别应该向那些临近法定退休年龄的劳动者倾斜,为他们提供技能培训以及更加积极的就业保护和扶持政策。

四、逐步完善生育政策

中国的人口政策需要与时俱进地进行调整。虽然人口转变归根结底是经济社会发展所推动的,人口老龄化的趋势终究难以逆转。国际经验表明,总和生育率与 GDP 增长率之间,呈现一种倒 U 型关系。那些总和生育率处于很高水平的国家,GDP 增长率较低;随着总和生育率的下降,GDP 增长率上升;而总和生育率下降到一定水平时,GDP 增长率达到最高值,相应也达到了一个从上升到下降的转折点;随着总和生育率的进一步下降,那些总和生育率较低的国家,GDP 增长率也较低。不过,在坚持计划生育基本国策前提下,进行生育政策调整仍然大有可为。[1]

---

[1] 蔡昉. 中国人口与可持续发展. 中国科学院院刊, 2012 (3).

首先，通过政策调整促进未来人口平衡的空间仍然存在。调查显示，从目前中国家庭的生育意愿看，平均每对夫妻期望的孩子数大约是1.7个。而政策生育率，即生育政策允许的孩子数平均为1.5个，实际总和生育率为1.4。可见，在政策生育水平和生育意愿之间仍然存在一定差异。

其次，按照政策预期，独生子女政策已经成功地完成了历史使命。1980年中共中央在正式宣布这个政策时指出："到30年以后，目前特别紧张的人口增长问题就可以缓和，也就可以采取不同的人口政策了。"如今，当年设定的这个"采取不同的人口政策"的条件，即总和生育率下降到较低的水平，比当初所能预计的要成熟得多，因此，政策调整具有充分的政策依据。

最后，各地政策调整的实践提供了改革的路径图。目前，绝大多数省份已允许夫妻双方都是独生子女的家庭生育二胎（俗称"双独"政策）。这种政策松动并未产生显著的生育率变化。按照这一路径，如政策演进到夫妻有一方是独生子女就可以生育二胎时（即"单独"政策），政策调整的覆盖面就会更大，或许将对人口均衡性产生一定的长期效果。

中国劳动和社会保障体制发展大事记

1978年

1978年4月7日，中共中央批准重新成立中央爱国卫生运动委员会。1978年3月5日由五届全国人大一次会议通过的《中华人民共和国宪法》把"合作医疗"列入。

1978年5月7日，国务院发出《关于实行奖励和计件工资制度的通知》，开始在企业恢复奖金和计件工资制度。1979年，在全国范围普遍恢复和实行了奖金制度。这是"文革"结束以后，拨乱反正，恢复按劳分配原则的一个重要标志。

"劳服企业"，全称为"劳动就业服务企业"，原称"劳动服务公司"。始建于1978年。为两类：一是国家各级劳动部门所属的具有组织就业训练、生产自救、介绍就业等职能的事业单位；二是企业及其主管部门为安置失业青年和企业富余人员而组织的集体所有制性质的经济组织。当时，由于大批"上山下乡"知青返城，与城镇每年新成长的几百万劳动力汇合在一起，使中国城镇失业问题成为社会生活中一个最突出的问题。为了安置失业人员，在党中央和国务院领导的指导下，各地纷纷组织劳动服务公司。

1978年12月13日，邓小平同志在中共中央工作会议闭幕会上发表了《解放思想，实事求是，团结一致向前看》的重要讲话。这次中央工作会议为即将召开的中共十一届三中全会作了充分准备。邓小平同志的这个讲话，实际上是三中全会的主题报告。就在这个讲话中，邓小平同志强调应该集中力量制定10部法律。其中，包括"劳动法"。中共十一届三中全会刚刚闭幕，当时的国家劳动总局党组立即组织力量，成立"劳动法起草小组"。后来，劳动人事部、劳动部的领导也都重视起草研制工作。在长达15年的研制过程中，先后产生了30余稿。

1979 年

1979 年 1 月 13 日，卫生部副部长钱信忠向《人民日报》记者发表谈话，宣布卫生工作的重点转为现代化建设，对于医药卫生机构逐步试行用管理企业的办法来管理。1979 年 4 月 28 日，卫生部等发出《关于加强医院经济管理试点工作意见的通知》，要求用经济方法管理医院的业务活动和财务收支，给医院较大的自主权和机动权，以便充分发挥医疗单位的主观能动作用，国家对医院的经费补助准备实行"全额管理、定额补助、结余留用"的制度。

1979 年，卫生部、农业部、财政部、国家医药总局、全国合作供销总社联合发布《农村合作医疗章程》（试行草案），对农村合作医疗进行了规范。

1980 年

1980 年 7 月 26 日，国务院最先在《中华人民共和国中外合资经营企业劳动管理规定》中确定，对中外合资经营企业职工实行劳动合同制度。上海、广西等地方，也开始在新招收的工人中试行劳动合同制。1986 年 7 月 12 日，国务院颁布《国营企业实行劳动合同制暂行规定》，从而使劳动合同制度在一定范围实行得到国家的确认。

1980 年 8 月，中共中央召开全国劳动就业会议，充分肯定了劳动服务公司的作用，将其作为解决就业问题的一个重要措施。

"三结合"就业方针，指"要积极创造条件，在国家统筹规划和指导下，实行劳动部门介绍就业、自愿组织起来就业和自谋职业相结合的方针"。这是中国在中共十一届三中全会以后提出并贯彻实施的一项极其重要的就业政策。它由 1980 年召开的全国劳动就业会议确定，后写进中共中央于 1980 年 8 月 17 日转发的全国劳动就业会议文件《进一步做好城镇劳动就业工作》。"三结合"就业方针的贯彻实施，扩大了就业门路，改变了单纯依靠国有企业等用人单位招工安排就业的状况。而且，也促进了城镇集体经济和个体经济的大发展，使中国的所有制结构向合理化方向转化。

1980 年 8 月 20 日，国务院批准卫生部《关于允许个体开业行医问题的请示报告》，允许部分个体医生开业行医。

1981 年

1981 年 3 月 18 日，卫生部下发《医院经济管理暂行办法》和《关于加强卫生机构经济管理的意见》，规定医院在国家和地方政府的计划指导下，上下结合实行五定，即定任务、定床位、定人员编制、定业务技术指标、定经费补助，并制定相应的定额标准和管理制度。

1981 年 10 月 17 日，中共中央、国务院发布《关于广开门路、搞活经济、解决城镇就业问题的若干问题决定》。中央在文件中提出，国营企业要实行合同工、临时工、固定工等多种形式的用工制度，逐步做到人员能进能出。这是中央政府第一次提出在国营企业实行不同形式的用工制度。

1981 年，国务院批转卫生部《关于合理解决"赤脚医生"补助问题的报告》对赤脚医生的待遇问题进行了规定。

1982 年

1982 年 3 月 12 日国务院常务会议通过，1982 年 4 月 10 日国务院颁布施行《企业职工奖惩条例》，这是改革开放以来，中国发布的第一部劳动法规，是中国企业奖励和惩处职工的法规依据。从此，企业有了奖励和惩处职工（包括开除、除名）的权力，"铁饭碗"在制度上开始松动。该条例已于 2008 年 1 月 15 日失效。

1983 年

国务院于 1983 年 1 月 24 日发布《关于印发〈企业职工奖惩条例〉若干问题的解答意见的通知》，《企业职工奖惩条例》（以下简称《条例》）颁发和贯彻执行以来，不少地区和部门反映，《条例》中有一些规定不够明确。为有利于《条例》的贯彻执行，拟定了《关于〈企业职工奖惩条例〉若干问题的解答意见》。

1983 年 2 月 20 日，劳动人事部发布《关于试行劳动合同制的通知》。提出要在新招收的工人中试行劳动合同制度，在一个时期内以"新人新制度、老人老制度"（即原有固定工仍然实行现行制度）作为过渡，经过若干步骤，最终达到所有职工都实行劳动合同制。这是中央政府第一次发布有关劳动合同制度的专项文件，体现了政府对当时以固定工为主体的企业用工制度的改革意图。

国务院于 1983 年 4 月 13 日颁发《关于城镇劳动者合作经营的若干规定》和《〈关于城镇非农业个体经济若干政策性规定〉的补充规定》的通

知,已经失效。

1984年

职工退休费用社会统筹,是政治和经济体制改革中出现的产物,先由个别地方自发兴起,后来在全国范围逐渐推广。1984年,最早在江苏省的泰州市、广东省的东莞市和江门市、辽宁省的黑山县等地试点。职工退休费用社会统筹,改变了退休费用完全由本企业负担的做法,解决了企业负担退休费用畸轻畸重的问题,从而使退休人员的生活更有保障,也使企业能在相对平等的条件下开展竞争,揭开了中国社会保险领域的养老保险制度改革的序幕。目前,中国实行社会统筹与个人账户相结合的办法。

劳动人事部于1984年2月23日发布《关于贯彻执行〈体力劳动强度分级〉国家标准的通知》。该标准是由劳动人事部委托中国医学科学院卫生研究所起草的体力劳动强度分级国家标准草案,业经国家标准局以国标发〔1983〕415号文批准为国家标准,编号和名称为GB3869-83体力劳动强度分级。该标准自1984年12月1日起正式实行。标准文本由中国标准出版社出版。体力劳动强度分级国家标准,是劳动保护工作科学管理的一项基础标准,是确定体力劳动强度大小的根据。应用这一标准,可以明确工人体力劳动强度的重点工种或工序,以便有重点、有计划地减轻工人的体力劳动强度,提高劳动生产率。本标准不是处理现行经济待遇的依据。

卫生部、财政部于1984年4月28日公布了《关于进一步加强公费医疗管理的通知》。该通知是为了保障干部和职工的身体健康,防止浪费,提高经济效益,切实改革和加强公费医疗管理,共提出了5条意见。

国务院于1984年5月10日公布了《关于进一步扩大国营工业企业自主权的暂行规定》。随着利改税制度的完善,该规定有效地解决了国家和企业的分配关系。该规定为了进一步调动企业的积极性,把经济搞活,提高企业素质,提高经济效益,对扩大企业自主权方面的若干问题作出十项规定。该规定已经失效。

1985年

1985年4月25日,国务院批转卫生部《关于卫生工作改革若干政策问题的报告》,指出医疗机构实行中央办、地方办和部门办同时并举的方针,国家对医院的补助经费,实行定额包干,补助经费定额确定后,单位有权自行支配使用。积极发展集体卫生机构,支持个体开业行医。鼓励在职医务人员兼职,对一些应用新仪器新设备和新开展的医疗诊治服务项目，可按成本制订收费标准；对新建、改建、扩建后医疗条件好的医疗单位，其医疗收费可以适当提高。

1985年9月，邓小平在中国共产党全国代表大会上的讲话中指出，思想文化教育卫生部门，都要以社会效益为一切活动的唯一准则。1985年，北京市崇文区服务公司率先在本公司下属基层企业之间实行了住院治疗费用统筹。1985年，由世界银行贷款、卫生部与美国兰德公司合作在四川省简阳、眉山两县进行为期8年的"中国农村健康保险制度系列研究"启动。

1986年

1986年7月12日，国务院颁布《国营企业实行劳动合同制暂行规定》、《国营企业招用工人暂行规定》、《国营企业辞退违纪职工暂行规定》和《国营企业职工待业保险暂行规定》四项暂行规定，简称"劳动制度改革'四项暂行规定'"。从1986年10月1日起开始实施。按照四项暂行规定，中国国有企业对新招用的工人正式实行劳动合同制，从而改变了过去单纯依靠行政手段录用和分配工人，一次分配定终身的固定工制度；改革了招工制度，企业与工人在一定条件下有了相互选择的可能，废除了"子女顶"和"内招"办法；企业有了辞退违纪职工的权力；建立了中国失业保险制度，凡破产企业职工，濒临破产企业在法定整顿期间被精简的职工，企业终止、解除劳动合同的工人和企业辞退的违纪职工，均可按照规定享受失业保险待遇。"四项暂行规定"，是一个系统工程，其核心是从根本上改革劳动制度，为培育与发展劳动力市场，特别是为后来制定、颁布《中华人民共和国劳动法》奠定了基础。

1986年7月，国务院发布《国营企业劳动争议处理暂行规定》，依据这一法律，正式恢复了已中断30年的劳动争议处理制度。

1986年12月5日，国务院发布《关于深化企业改革增强企业活力的若干规定》。该规定提出全民所有制小型企业可积极试行租赁、承包经营。全民所有制大中型企业要实行多种形式的经营责任制。各地可以选择少数有条件的全民所有制大中型企业进行股份制试点。明确提出要在企业实行厂长（经理）负责制，以替换原有的"党委领导下的厂长负责制"。《规定》的出台是推动城市经济体制改革的重大步骤，对于进一步扩大企业经营自主权、促进企业内部机制改革，对于企业内部的劳动关系变化都具有重要影响。

1986年，中国政府明确承诺，要在2000年实现"人人享有卫生保健"的目标。

国务院于 1986 年 7 月 12 日发布了《国营企业职工待业保险暂行规定》,该规定是为适应劳动制度改革的需要,促进劳动力合理流动,保障国营企业职工在待业期间的基本生活需要而制定的。该规定已经失效。

1987 年

中国最早体现"三方性原则"的法规是 1987 年 7 月 31 日国务院颁布的《国营企业劳动争议处理暂行规定》。按照该规定,企业设立劳动争议调解委员会,由职工、企业行政和企业工会三方代表组成;县、市、市辖区设立劳动争议仲裁委员会,由同级劳动行政机关、总工会、与争议事项有关的企业主管部门或企业主管部门委托的有关部门三方面代表组成。当然,在中国还很难找到完全意义上的企业利益代表者式的"雇主组织"。"企业主管部门"在这种情况下,就是最合适的代表组织。

1987 年,安徽医科大学与卫生部医政司联合进行的二省一市"农村合作医疗保健制度系列研究"启动。

国务院于 1987 年 2 月 17 日发布了《化学危险物品安全管理条例》。该条例是为了加强对化学危险物品的安全管理,保证安全生产,保障人民生命财产的安全,保护环境而制定的。

劳动人事部于 1987 年 11 月 17 日发布了《关于继续做好劳动定员、定额管理工作的通知》。该通知为了使劳动定员、定额工作适应承包经营责任制和劳动、工资制度改革的需要,对在定员、定额方面提出要抓"充分认识加强劳动定员、定额工作的必要性"等 5 项工作。该通知已经失效。

国务院于 1987 年 12 月 3 日发布《中华人民共和国尘肺病防治条例》。该条例是为保护职工健康,消除粉尘危害,防止发生尘肺病,促进生产发展而制定的。

1988 年

1988 年,经国务院批准成立了医疗制度改革讨论小组,起草了《职工医疗保险制度改革设想(草案)》,提出建立职工医疗保险基金,由国家、单位和个人共同负担。1988 年卫生部政策与管理研究专家委员会进行了"中国农村医疗保健制度研究"。

国务院于 1988 年 6 月 28 日发布《女职工劳动保护规定》。该规定是为维护女职工的合法权益,减少和解决女职工在劳动和工作中因生理特点造成的特殊困难，保护其健康，以利于社会主义现代化建设而制定的。

1989 年

1989 年，国务院批转了《关于扩大医疗卫生服务有关问题的意见》，要求积极推行各种形式的承包责任制，允许有条件的单位和医疗卫生人员从事有偿业余服务，医疗卫生事业单位实行"以副补主"。

劳动部于 1989 年 1 月 5 日发布《关于加强职业技术培训师资队伍建设的意见》，为发展中国职业技术培训事业，提高劳动者素质，必须加强职业技术培训师资队伍建设。由于职业技术培训教师数量不足（尤其是生产实习指导教师）、素质偏低、结构不合理的状况很突出，这种状况说明，如不采取有力措施解决师资培养、提高问题，势必阻碍职业技术培训事业的进一步发展。建设一支素质良好、适应需要的师资队伍，是发展职业技术培训事业的战略性措施，因此发布了该意见。

劳动部于 1989 年 3 月 4 日发布了《关于加强劳动定额标准工作的意见》。该意见是关于优化企业劳动组合要严格按劳动量、工作量定额定员的精神，建立社会主义商品经济新秩序的一项重要措施。

劳动部于 1989 年 5 月 10 日发布了《关于技工学校深化改革的意见》。为了进一步提高技工学校的培训质量和办学效益，加快改革的步伐，使技工学校在培养学生的数量与质量上，能够更好地适应经济建设和社会发展的需要，发布了该意见。

卫生部和财政部于 1989 年 8 月 9 日发布了《公费医疗管理办法》。该办法是为了加强公费医疗管理，进一步健全和完善公费医疗管理制度，根据前中央人民政府政务院《关于全国各级人民政府、党派、团体及所属事业单位的国家工作人员实行公费医疗预防的指示》和国家的有关规定，结合新的情况而制定的。

1990 年

1990 年 11 月 20 日，国务院颁布《劳动就业服务企业管理规定》后，劳动部门所属的劳动服务公司中具有管理职能的组织，各地改称"劳动就业管理局"或者"劳动就业服务机构"；劳动服务公司范畴的经济组织，一律改称为"劳服企业"。现在，全国共有劳服企业 15.7 万个，安置失业人员和下岗职工 910 万人，在解决就业问题上做出了重大贡献。

第七届全国人民代表大会常务委员会第十七次会议通过，1990 年 12 月 28 日中华人民共和国主席令第三十六号公布，自 1991 年 5 月 15 日起施行《中华人民共和国残疾人保障法》。该法是为了维护残疾人的合法权益，发展残疾人事业，保障残疾人平等地充分参与社会生活，共享社会物质文化成果，根据《宪法》而制定的。

1991 年

1991 年，国务院批转卫生部等部门《关于改革和加强农村医疗卫生工作的请示》，提出"稳步推行合作医疗保健制度，为实现'人人享有卫生保健'提供社会保障"。

国务院于 1991 年 6 月 26 日发布《关于企业职工养老保险制度改革的决定》。该决定是按照国民经济和社会发展十年规划和第八个五年计划纲要的要求，在总结各地经验的基础上，对企业职工养老保险制度改革做出的决定。

1991 年 9 月 4 日七届全国人大常委会第二十一次会议通过，1991 年 9 月 4 日中华人民共和国主席令第五十号公布，自 1992 年 1 月 1 日起施行《中华人民共和国未成年人保护法》。该法是为了保护未成年人的身心健康，保障未成年人的合法权益，促进未成年人在品德、智力、体质等方面全面发展，把他们培养成为有理想、有道德、有文化、有纪律的社会主义事业接班人，根据《宪法》而制定的。

国务院于 1991 年 10 月 17 日发布《关于大力发展职业技术教育的决定》。该决定是为了进一步贯彻落实《中华人民共和国职业教育法》和《中华人民共和国劳动法》，适应全面建设小康社会对高素质劳动者和技能型人才的迫切要求，促进社会主义和谐社会建设，大力发展职业教育而做出的决定。

1992 年

1992 年 2 月 25 日，劳动部发布《关于扩大试行全员劳动合同制的通知》，要求各省、自治区、直辖市选择市县试行全员劳动合同制。试行的范围要包括企业干部、固定工人、劳动合同制工人和其他工人，这些人都要与企业签订劳动合同。全员劳动合同制度的推行，在否定了在国营企业实行了 40 多年的"固定工"用工制度的同时，具有进一步强化国营企业经济功能的目的。

在 1992 年 7 月 23 日国务院发布《全民所有制工业企业转换经营机制条例》后，劳动部于 1993 年 2 月 2 日发布《关于实施〈全民所有制工业企业转换经营机制条例〉的意见》。该文件对《条例》中企业的用工权力和工资奖金分配权力作了进一步的规定。按照这个文件的规定，企业享有招收录用职工，选择用工形式，安排工作岗位，依法确立、变更、终止或解除同职工劳动关系的自主权；企业可以根据生产经营需要，依照法律、法规和企业规章，自主决定招收职工的时间、条件、方式和数量；企业可以结合生产实际，制定本企业的定员定额标准，并在此基础上，采用公开考评、平等竞争、择优上岗方式实行优化劳动组合。这个文件实际上总结了从1978年企业改革以来，管理者在用工制度方面所获得的各种权力。

1992年，中共中央、国务院做出《关于加快发展第三产业的决定》，确定医疗卫生为第三产业。

1992年9月，卫生部下发了《关于深化卫生改革的几点意见》，要求拓宽卫生筹资渠道，完善补偿机制，转换运行机制，推进劳动人事及工资制度改革，医疗卫生单位应积极兴办医疗卫生延伸服务的工副业或其他产业，支持有条件的单位办成经济实体或实行企业化管理，做到自主经营、自负盈亏；对不需要经费补贴的单位可以用人放开、自定编制；允许试行"一院两制"或"一院多制"的经营模式和分配方式；允许试办股份制医疗卫生机构。

1992年，国务院成立医疗制度改革领导小组。

1992年，卫生部、财政部《关于加强农村卫生工作若干意见的通知》提出按照自愿互利的原则，多方筹集资金举办农村合作医疗。

民政部于1992年1月3日发布《县级农村社会养老保险基本方案（试行）》。由于农村社会养老保险是国家保障全体农民老年基本生活的制度，是政府的一项重要社会政策，因此建立农村社会养老保险制度，要从中国农村的实际出发，以保障老年人基本生活为目的；坚持资金个人交纳为主，集体补助为辅，国家予以政策扶持；坚持自助为主、互济为辅；坚持社会养老保险与家庭养老相结合；坚持农村务农、务工、经商等各类人员社会养老保险制度一体化的方向，以此为指导思想制订了该方案。

1992年4月3日，七届全国人大第五次会议通过，1992年4月3日中华人民共和国主席令第五十七号公布，1992年4月3日起施行《中华人民共和国工会法》。该法是为保障工会在国家政治、经济和社会生活中的地位，确定工会的权利与义务，发挥工会在社会主义现代化建设事业中的作用，根据宪法而制定的。

1992年4月3日，七届全国人大第五次会议通过，1992年4月3日中华人民共和国主席令第五十八号公布，自1992年10月1日起施行《中华人民共和国妇女权益保障法》。该法是为了保障妇女的合法权益，促进男女平等，充分发挥妇女在社会主义现代化建设中的作用，根据宪法和中国的实际情况而制定的。

劳动部与1992年7月13日发布《关于做好劳务输出、境外就业劳动管理工作的通知》。该通知是为加强劳务输出、境外就业管理工作而制定的，国务院办公厅经征求有关部门意见，就部门间的分工问题提出五点协调意见。对此，国务院领导同志批示：同意协调意见，要提倡在国务院各部门之间，既有明确的分工，又有很好的合作，共同把劳务输出工作搞得更好，并使其有一个大的发展。

1992年11月7日七届全国人大常委会第二十八次会议通过，1992年11月7日中华人民共和国主席令第六十五号公布，自1993年5月1日起施行《中华人民共和国矿山安全法》，该法是为了保障矿山生产安全，防止矿山事故，保护矿山职工人身安全，促进采矿业的发展而制定的。

1993年

1993年6月，上海市民政局发出《关于在本市建立城镇居民最低保障线的通知》，在全国率先建立了城市居民最低生活保障制度。

1993年6月11日，国务院第五次常务会议上对1987年颁布的《国营企业劳动争议处理暂行规定》作了修改。经过修改于7月6日重新颁布的《中华人民共和国企业劳动争议处理条例》，仍然保留了"三方性原则"。只是将"与争议事项有关的企业主管部门或企业主管部门委托的有关部门"修改为"政府指定的经济综合管理部门"。

1993年8月4日，劳动部颁布《劳动监察规定》，依据这一行政规章，中国建立了劳动监察制度。

改革开放以来，劳动领域的各项改革，一直坚持市场取向的。但是，对于"劳动力市场"概念，在很长时间都采取回避的做法。常常以不规范的、含义不清的"劳务市场"概念来代替。因此，妨碍了改革的顺利进展。1993年11月召开中共十四届三中全会，通过《中共中央关于建立社会主义市场经济体制若干问题的决定》，正式采用了"劳动力市场"概念，并将劳动力市场作为重点培育发展的要素市场，从而推动劳动领域的各项改革进入新阶段。

最早提出实施"再就业工程"的时间是1993年。劳动部针对当时在产业结构和企业组织结构调整的过程中，城镇职工失业和富余人员下岗日益增多的趋势以及其中很多人再就业难、基本生活缺乏必要的保障的状况，提出了实施再就业工程的设想，并向各地劳动部门发出关于实施再就业工程的《通知》。

1993年，国务院政策研究室和卫生部在全国进行了广泛的调查研究，提出《加快农村合作医疗保健制度的改革与建设》的研究报告。不久，卫生部与世界卫生组织在7省14个县开展了合作医疗试点，将河南省开封市和林州市作为重点地区，开展合作医疗试点工作，并总结出一定的经验。1993年，中共中央在《关于建立社会主义市场经济体制若干问题的决定》中提出，要"发展和完善农村合作医疗制度"。

由中华人民共和国第八届全国人民代表大会常务委员会第五次会议于1993年12月29日通过公布，自1994年7月1日起施行《中华人民共和国公司法》。该法是为了适应建立现代企业制度的需要，规范公司的组织和行为，保护公司、股东和债权人的合法权益，维护社会经济秩序，促进社会主义市场经济的发展，根据《宪法》而制定的。

劳动部于1993年11月24日发布《关于印发〈企业最低工资规定〉的通知》。《企业最低工资规定》是为了适应社会主义市场经济发展的需要，保护劳动者个人及其家庭成员的基本生活和劳动者的合法权益，促进劳动者素质的提高和企业公平竞争而制定的。该规定现已失效。

中国共产党第十四届中央委员会第三次全体会议1993年11月14日通过《中共中央关于建立社会主义市场经济体制若干问题的决定》。该决定是为了贯彻落实党的第十四次全国代表大会提出的经济体制改革的任务，加快改革开放和社会主义现代化建设步伐而制定的。

劳动部于1993年11月5日发出《印发〈关于加强企业工资总额宏观调控的实施意见〉的通知》。该通知是为贯彻关于加强企业工资总额宏观调控的实施意见而下发的。

劳动部于1993年11月5日发布关于颁发《劳动争议仲裁委员会组织规则》的通知。劳动部会同全国总工会、国家经贸委等有关部门，制定了《劳动争议仲裁委员会组织规则》。该规则是为保证劳动争议仲裁委员会（以下简称仲裁委员会）正确行使仲裁权，公正、及时处理劳动争议案件而制订的。

劳动部于1993年9月21日发布《关于切实保障企业职工合法权益的通知》。该通知为了更好地贯彻执行国家劳动管理政策法规，纠正企业违反劳动法规的行为，切实保障企业职工的合法权益而制定的。

1994年

缩短工时，是改革开放20年的一个突出成就。1994年1月24日国务院第 15 次常务会议通过，并于 2 月 3 日颁布《国务院关于职工工作时间的规定》，确定从 1994 年 3 月 1 日起，实行职工每日工作 8 小时、平均每周工作 44 小时的工时制度。

1994 年 5 月，民政部召开第十次全国民政工作会议，总结并肯定了上海市的经验，提出"对城市社会救济对象逐步实行按当地最低生活保障线标准进行救济"的改革方向。

1994 年 7 月 5 日颁布的《中华人民共和国劳动法》规定："建立劳动关系应当订立劳动合同。"这为在全国全面推行劳动合同制度，提供了法律依据。劳动合同制度，是在社会主义市场经济条件下培育与发展劳动力市场的基础。

1994 年，城镇职工失业人数达到 180 万人，相当于前 7 年的总和；平均失业周期，由前几年的 4 个月增加到 6 个月。为解决这一问题，劳动部在 1994 年组织上海、沈阳、青岛、成都、杭州等 30 个城市进行了再就业工程的试点工作。

改革开放使中国农业生产力得到前所未有的大解放。这使中国农村所存在的巨量隐性富余劳动力"一夜之间"显性化，大量从农业分离出来的劳动力四处寻找出路。1994 年，乡镇企业吸收了 1.2 亿农业劳动力，另外还有 6000 万农民进城打工。多的时候达到 8000 万人。其中，跨地区流动的有 2000 万~5000 万人之多。每逢年节，形成庞大的"民工潮"，给交通、治安等方面带来压力。为了缓解这方面的问题，劳动部于 1993 年 10 月提出并组织实施"农村劳动力跨地区流动有序化工程"。重点实施地区是劳动力主要输入、输出地。重点地区是：广东、福建、山东、浙江、江苏等沿海发达地区和京、津、沪等三大城市；四川、安徽、湖北、湖南、广西、贵州、江西、河南、河北、甘肃等劳动力输出地区。1994 年 11 月 17 日，劳动部颁布《农村劳动力跨省流动就业管理暂行规定》，要求输入地向求职劳动者发放就业证，输出地给外出打工人员签发登记卡。各省之间相互建立"劳务工作站"。由于"有序化工程"实施得力，近几年"民工潮"有所趋缓。

1994 年 1 月 7 日　国务院第 14 次常务会议又一次讨论通过了《劳动法（草案）》。2 月 18 日，国务院总理李鹏签署了《国务院关于提请审议〈中华人民共和国劳动法（草案）〉的议案》，提请全国人大常委会审议。1994 年 7 月 5 日，在八届全国人大常委会第八次会议上，《中华人民共和国劳动法》终于被通过。这是中共十一届三中全会以来劳动战线上的一件大事，是中央决定实行社会主义市场经济新体制的结果。

1994年11月召开的"全国建立现代企业制度试点工作会议"上，国务院确定在全国100家国有企业实行现代企业制度的试点。

1994年3月，国家体改委等部门制定了《关于职工医疗制度改革的试点意见》，经国务院批准，在镇江、九江等地进行试点。

1994年，国务院研究室、卫生部、农业部与世界卫生组织合作，在全国27个省14个县（市）开展"中国农村合作医疗制度改革"试点及跟踪研究工作。

劳动部于1994年12月14日发布了《关于发布〈企业职工生育保险试行办法〉的通知》。该试行办法是为了维护企业女职工的合法权益，保障她们在生育期间得到必要的经济补偿和医疗保健，均衡企业间生育保险费用的负担，根据有关法律、法规的规定而制定的。

劳动部于1994年12月14日发布了《关于印发〈职业培训实体管理规定〉的通知》。该规定是为规范职业培训实体的管理，发展职业培训事业，根据有关法律、法规的规定制定的。

1994年12月9日，劳动部发布《关于印发〈就业训练规定〉的通知》。该规定是为了规范和推动就业训练工作，提高劳动者的职业技能，促进就业，根据有关法律、法规的规定制定的。

劳动部于1994年12月9日发布《关于颁发〈未成年工特殊保护规定〉的通知》。该规定是为维护未成年工的合法权益，保护其在生产劳动中的健康，根据《中华人民共和国劳动法》的有关规定制定的。

劳动部于1994年12月6日发布《关于印发〈工资支付暂行规定〉的通知》。该规定是为维护劳动者通过劳动获得劳动报酬的权利，规范用人单位的工资支付行为，根据《中华人民共和国劳动法》有关规定制定的。

劳动部于1994年12月5日发布《关于印发〈集体合同规定〉的通知》。新的《集体合同规定》已于2003年12月30日经劳动和社会保障部第7次部务会议通过，自2004年5月1日起施行。1994年规定现已失效。

劳动部于1994年12月3日发布《关于印发〈违反和解除劳动合同的经济补偿办法〉的通知》。该办法是为了规范违反和解除劳动合同对劳动者的经济补偿标准，根据《中华人民共和国劳动法》的规定制定的。

劳动部于1994年12月3日发布《关于印发〈股份有限公司劳动工资管理规定〉的通知》，根据《中华人民共和国公司法》和《中华人民共和国劳动法》的有关规定，对股份有限公司（以下简称公司）劳动工资管理作出规定。1992年6月1日印发的《股份制试点企业劳动工资管理暂行规定》同时废止。该规定现已部分停止执行。

劳动部于 1994 年 12 月 3 日发布《关于发布〈企业职工患病或非因工负伤医疗期规定〉的通知》。该规定是为了保障企业职工在患病或非因工负伤期间的合法权益，根据《中华人民共和国劳动法》第二十六、二十九条规定而制定的。

劳动部于 1994 年 11 月 17 日发布《关于颁布〈农村劳动力跨省流动就业管理暂行规定〉的通知》。该规定是为了加强农村劳动力跨地区流动就业的管理，规范用人单位用人、农村劳动者就业和各类服务组织从事有关服务活动的行为，引导农村劳动力跨地区有序流动而制定的。现已失效。

劳动部于 1994 年 11 月 14 日发布《关于印发〈企业经济性裁减人员规定〉的通知》。该规定是为指导用人单位依法正确行使裁减人员权利，根据《中华人民共和国劳动法》的有关规定制定的。

劳动部于 1994 年 11 月 14 日发布《关于发布〈劳动监察员管理办法〉的通知》。该办法是为加强劳动监察员管理工作，规范劳动监察行为，提高劳动监察工作质量，保障劳动法律、法规的贯彻实施，根据《中华人民共和国劳动法》有关监督检查人员的规定制定的。

劳动部于 1994 年 10 月 27 日发布《关于劳动就业服务企业实行股份合作制试点工作的通知》，推动劳动就业服务企业深化改革，建立适应社会主义市场经济要求的新机制，提高经济效益，进一步扩大就业安置，劳动部决定在全国百家劳动就业服务企业中开展股份合作制的试点工作。

劳动部于 1994 年 10 月 27 日发布《关于印发〈职业指导办法〉的通知》。该办法是为促进劳动者就业，规范和推动职业介绍工作，根据《中华人民共和国劳动法》的有关规定而制定的。

国务院发布《关于在若干城市试行国有企业破产有关问题的通知》，为配合在 18 个城市进行企业优化资本结构试点工作的开展，建立和完善企业优胜劣汰机制，指导和规范这些城市国有企业破产工作，根据《中华人民共和国企业破产法（试行）》（以下简称《破产法》）和其他有关法律、行政法规的规定，作出了对具体问题的指导意见。

劳动部于 1994 年 10 月 8 日发布《关于实施最低工资保障制度的通知》。该通知指出，建立最低工资保障制度是适应社会主义市场经济要求，推动劳动力市场建设与工资分配法制化，充分保障劳动者合法权益的一项重要举措。各级劳动行政部门要充分认识这项工作的重要性与紧迫性，在当地人民政府的领导下，积极与有关部门和社会团体（组织）协商，力争在 1995 年 1 月 1 日《劳动法》实施前拟定出本地区最低工资标准，保证最低工资保障制度的顺利实施。

劳动部于 1994 年 10 月 7 日发布《关于颁布〈劳动就业服务企业实行股份合作制规定〉的通知》。该规定是为深化劳动就业服务企业改革，进一步发挥劳动就业服务企业促进就业、平抑失业率和保障社会稳定的作用，根据国家有关法律、法规制定的。

劳动部于 1994 年 10 月 8 日发布《关于印发〈促进劳动力市场发展，完善就业服务体系建设的实施计划〉的通知》，为指导和推动全国各地在今后两年体制转换的关键时期抓紧建立劳动力市场，并取得切实成效，制定了《促进劳动力市场发展，完善就业服务体系建设的实施计划》。

由中华人民共和国第八届全国人民代表大会常务委员会第八次会议于 1994 年 7 月 5 日通过，自 1995 年 1 月 1 日起施行《中华人民共和国劳动法》。该法是为了保护劳动者的合法权益，调整劳动关系，建立和维护适应社会主义市场经济的劳动制度，促进经济发展和社会进步，根据宪法制定的。

国家体改委、财政部、劳动部、卫生部于 1994 年 4 月 14 日发布《关于职工医疗制度改革的试点意见》。该意见提出了为推动职工医疗制度的改革，建立适应社会主义市场经济体制要求、符合中国国情的医疗保险新制度，并考虑到此项改革关系到职工的切身利益而进行的试点工作安排。

劳动部于 1994 年 2 月 22 日发布《关于颁发〈职业资格证书规定〉的通知》，该规定是为了深化劳动、人事制度改革，适应社会主义市场经济对人才的需求，客观公正地评价专业（工种）技术人才，促进人才的合理流动而制定的。

1995 年

1995 年 2 月 17 日，国务院召开第 8 次全体会议，对 1994 年的《国务院关于职工工作时间的规定》作了修改，3 月 25 日国务院颁布了修改后的规定，决定从 1995 年 5 月 1 日起，职工每日工作 8 小时、每周工作 40 小时。从此，广大职工有了"双休日"。

1995 年 3 月，劳动部向国务院报送《劳动部关于实施再就业工程的报告》，建议在全国各地区、各部门逐步全面实施再就业工程，重点帮助失业 6 个月以上的人员和生活困难的下岗职工尽快实现再就业。国务院很快批准了劳动部的报告，并在同年 5 月，由国务院办公厅发文向各地区、各部门转发了劳动部报告。从此，再就业工程在全国开展起来。目前，再就业工程主要解决国有企业下岗职工分流安置问题，即解决下岗职工基本生活保障和再就业问题。

1995年5月1日，《中华人民共和国劳动法》开始施行。

1995年6月9日，劳动部和国家经济贸易委员会发布《现代企业制度试点企业劳动工资社会保险制度改革办法》，明确规定企业经营者试行年薪制。实行年薪制的企业，经营者年薪由企业董事会确定，劳动行政部门应对年薪水平提出指导意见；未实行公司制的企业，经营者年薪由劳动行政部门会同经贸、财政部门确定。

1995年，国务院颁发了《中国妇女发展纲要（1995~2000年）》。1995年11月劳动部颁发了《关于贯彻实施〈中国妇女发展纲要〉的通知》。

劳动部于1995年12月20日发布《关于颁布〈劳动监察程序规定〉的通知》。该规定是为了规范劳动监察行为，保障劳动法律、法规的贯彻实施，根据有关法律、法规的规定而制定的。

劳动部于1995年11月9日发布《关于颁布〈职业介绍规定〉的通知》。该规定已被《劳动力市场管理规定》（发布日期：2000年12月8日，实施日期：2000年12月8日）取代，现已失效。

国务院办公厅转发民政部于1995年10月19日发布的《关于进一步做好农村社会养老保险工作意见的通知》。该工作意见对于深化农村改革、保障农民利益、解除农民后顾之忧和落实计划生育基本国策、促进农村经济发展和社会稳定，都具有深远意义。强调各级政府要切实加强领导，高度重视对农村养老保险基金的管理和监督，积极稳妥地推进这项工作。

1995年6月30日第八届全国人民代表大会常务委员会第十四次会议通过，1995年6月30日中华人民共和国主席令第五十一号公布《中华人民共和国保险法》，为了规范保险活动，保护保险活动当事人的合法权益，加强对保险业的监督管理，促进保险事业的健康发展，制定本法。该法现已被修正。

劳动部和国家经贸委于1995年6月9日发布《关于印发〈现代企业制度试点企业劳动工资社会保险制度改革办法〉的通知》。该办法是为了指导和规范现代企业制度试点企业劳动工资社会保险制度改革，根据《中华人民共和国劳动法》和国家的有关规定而制定的。

由八届全国人大常委会第十三次会议于1995年5月10日通过，自1995年7月1日起施行《中华人民共和国商业银行法》。该法是为了保护商业银行、存款人和其他客户的合法权益，规范商业银行的行为，提高信贷资产质量，加强监督管理，保障商业银行的稳健运行，维护金融秩序，促进社会主义市场经济的发展而制定的。

劳动部于1995年3月3日发布《关于改进完善弹性劳动工资计划办

法的通知》。该通知是为促进社会主义市场经济体制下企业工资总额宏观调控机制的建立，切实加强经济体制转轨时期企业工资总额的宏观调控，改进完善弹性劳动工资计划办法而发布。

劳动部于1995年3月1日发布《关于深化企业职工养老保险制度改革的通知》。该通知是为了适应建立社会主义市场经济体制的要求，必须进一步深化改革，根据《中共中央关于建立社会主义市场经济体制若干问题的决定》精神，经过调查研究和广泛征求意见，就深化企业职工养老保险制度改革的有关问题而发布。

1996年

为了提高劳动者素质，缓解当时的就业压力，1996年劳动部提出在新成长的劳动力范围实行劳动预备制度。即将城镇初、高中毕业后不能升入更高一级学校学习，并有就业愿望的青年组织起来，要求他们在就业前参加1~3年的职业培训和相关教育，取得相应的职业资格后，在国家政策的指导和帮助下实现就业。同时，有步骤地组织农村初、高中毕业后不能升入更高一级学校学习，并准备向非农产业转移或进城务工的青年参加这一制度。1996年12月31日，劳动部发布《关于进行劳动预备制度试点工作的通知》，要求各省、自治区、直辖市选择3~5个城市（区）同步进行试点。目前，试点城市一共有36个，都相应建立了有关政策制度。如，就业准入政策、培训承办制度等，保证了试点工作的正常进行。

1996年1月，劳动部社会保险司下发了《落实〈关于贯彻实施《中国妇女发展纲要》的通知〉的意见》。1996年7月，劳动部颁发了《关于印发〈劳动部贯彻《中国妇女发展纲要（1995~2000年）》实施方案〉的通知》。

1996年12月，民政部印发了《关于加快农村社会保障体系建设的意见》，建立农村最低生活保障制度成为农村社会保障体系建设的重点。

1996年12月，劳动部和国家科委联合发布《关于在国家社会发展综合实验区全面建立生育保险制度的通知》。

1996年底，"统账结合"的医疗保险制度改革开始在全国57个地级市推广。

1996年12月9日，中共中央、国务院举行全国卫生工作会议，这是新中国成立以来由党中央、国务院召开的第一次全国卫生工作会议。会议讨论了《中共中央、国务院关于卫生改革与发展的决定》，就卫生改革、农村卫生、完善卫生经济政策、增加卫生投入等进行了部署。

1996年7月中旬，卫生部在河南省开封市、林州市召开了全国农村合作医疗经验交流会，会后，全国有19个省、市、自治区共选择了183个县（市、区）作为省级合作医疗的试点。同年全国卫生工作会议把发展和完善合作医疗制度、解决因病致贫作为农村卫生工作的重点。

劳动部于1996年10月30日发布《中华人民共和国矿山安全法实施条例》。该条例是根据《中华人民共和国矿山安全法》而制定的。

劳动部于1996年9月25日发布《劳动行政处罚若干规定》。该规定是为规范劳动行政处罚行为，保障和监督劳动行政部门有效实施行政管理，保护公民、法人和其他组织的合法权益，根据《中华人民共和国行政处罚法》制定的。

劳动部于1996年9月27日发布《劳动行政处罚听证程序规定》。该规定是为规范劳动行政处罚听证程序，根据《中华人民共和国行政处罚法》制定的。

1996年8月29日，八届全国人大常委会第二十一次会议通过，自1996年10月1日起施行《中华人民共和国老年人权益保障法》。该法是为保障老年人合法权益，发展老年事业，弘扬中华民族敬老、养老的美德，根据宪法而制定的。

劳动部于1996年8月12日发布《关于发布〈企业职工工伤保险试行办法〉的通知》。该办法是为了保障劳动者在工作中遭受事故伤害和患职业病后获得医疗救治、经济补偿和职业康复的权利，分散工伤风险，促进工伤预防，根据《劳动法》而制定的。该办法现已失效。

劳动部于1996年7月25日发布《关于加强职业介绍机构管理的通知》。该通知是为了规范职业介绍行为，维护劳动力市场正常秩序，保障用人单位和求职者的合法权益，根据《劳动法》和中共中央办公厅、国务院办公厅《关于转发〈中央社会治安综合治理委员会关于加强流动人口管理工作的意见〉的通知》的有关规定，就加强职业介绍机构管理的有关问题而发布的。

劳动部于1996年5月17日发布《关于逐步实行集体协商和集体合同制度的通知》。该通知是为了进一步统一认识，加强指导，逐步建立起集体协商和集体合同制度，就有关问题而发布的。

1996年5月15日，八届全国人大常委会第十九次会议通过，1996年5月15日中华人民共和国主席令第69号公布，自1996年9月1日起施行《中华人民共和国职业教育法》。该法是为了实施科教兴国战略，发展职业教育，提高劳动者素质，促进社会主义现代化建设，根据《教育法》

和《劳动法》而制定的。

劳动部于1996年3月18日发布《关于进一步完善劳动争议仲裁三方机制的通知》。该通知是为进一步完善三方机制，充分发挥劳动争议仲裁委员会的作用，更好地开展劳动争议仲裁工作，提高受案率和结案率，以适应当前劳动争议数量持续上升这一客观形势的需要，根据《劳动法》和《企业劳动争议处理条例》的有关规定，结合近年来各地开展劳动争议仲裁工作实践的成功经验，就坚持三方原则的有关事项而发布的。

劳动部于1996年3月13日发布《关于企业职工基本养老保险基金转移问题的通知》。该通知是为贯彻落实国务院《关于深化企业职工养老保险制度改革的通知》的精神，保证以社会统筹与个人账户相结合为原则的养老保险制度改革顺利进行，有利于劳动力合理流动，保障退休人员的基本生活，就企业职工基本养老保险基金转移问题而发布的。该通知现已失效。

1997 年

1997年1月上旬，国务院召开的国有企业职工再就业工作会议上，中央政府提出，解决国有企业的困难，要在坚持企业改组、改造、改制和加强企业管理的同时，坚持走减员增效、下岗分流、规范破产、鼓励兼并的路子。

1997年2月7日，劳动部颁布《关于"九五"时期企业工资工作的主要目标和政策措施》，提出新的举措，即采用市场经济国家通行的做法，通过集体协商确定企业工资水平。这一举措使工资总额同经济效益挂钩的办法逐渐向通过集体协商确定企业工资水平的方向过渡。

中共十四大提出建立社会主义市场经济体制，标志中国进入新时期。为了适应新时期的要求，劳动部在组织科研的基础上，于1997年12月召开的全国劳动工作会议上提出了新时期的就业方针：在国家政策的指导下，实行劳动者自主择业、市场调节就业和政府促进就业的方针。这一方针，将取代历史上曾经起过重大作用的"三结合"就业方针。新时期就业方针的提出，得到了理论界的肯定和社会的普遍认同。

1997年7月，国务院妇女儿童工作委员会发布《关于转发〈关于研究深入开展职工生育保险制度改革的会议纪要〉的通知》；1997年8月，劳动部颁发《转发国务院妇女儿童工作委员会〈关于转发《关于研究深入开展职工生育保险制度改革的会议纪要》的通知〉的通知》；1997年10月，劳动部下发《关于印发〈生育保险覆盖计划〉的通知》。

1997年1月，中共中央、国务院《关于卫生改革与发展的决定》要求各地"要积极稳妥地发展和完善合作医疗制度"。同年，卫生部等部门向国务院提交了《关于发展和完善农村合作医疗若干意见》并得到批复，在全国形成重建合作医疗的高潮。

国务院于1997年9月2日发布关于在全国建立城市居民最低生活保障制度的通知。为了妥善解决城市贫困人口的生活困难问题，国务院决定在全国建立城市居民最低生活保障制度。

国务院于1997年7月16日作出《关于建立统一的企业职工基本养老保险制度的决定》。由于随着人口老龄化、就业方式多样化和城市化的发展，现行企业职工基本养老保险制度还存在个人账户没有做实、计发办法不尽合理、覆盖范围不够广泛等不适应的问题，需要加以改革和完善。为此，在充分调查研究和总结东北三省完善城镇社会保障体系试点经验的基础上，国务院对完善企业职工基本养老保险制度作出决定。

劳动部于1997年4月3日发布《关于加强劳动合同管理完善劳动合同制度的通知》。为规范订立和履行劳动合同的行为，促进劳动合同制度顺利实施，有效发挥新型劳动用人机制的作用，巩固和完善劳动合同制度，就有关事项作出通知。

1998年

中共十四大提出建立社会主义市场经济体制，标志中国进入新时期。1998年4月，江泽民总书记在视察重庆时指出："要实行在国家政策的指导下，劳动力自主择业，市场调节就业，政府促进就业的方针。"1998年6月9日，中共中央、国务院发出《关于切实做好国有企业下岗职工基本生活保障和再就业工作的通知》，明确提出："要建立和完善市场就业机制，实现在国家政策指导下，劳动者自主择业、市场调节就业和政府促进就业的方针。"

新一届中央政府于1998年上半年形成。1998年4月1日，新到任的劳动和社会保障部部长张左己，为劳动和社会保障部标牌揭幕，标志着新的劳动和社会保障部诞生。1998年5月14~16日，中共中央、国务院召开"国有企业下岗职工基本生活保障和再就业工作会议"。会议刚刚落幕，劳动和社会保障部紧接着召开了劳动和社会保障厅局长座谈会。张左己部长在会上提出"三二一"工作思路，即"三个重点、两个确保、一个统一"。所谓三个重点，一是国有企业下岗职工再就业，二是养老保险制度改革，三是医疗保险制度改革；所谓两个确保，一是确保国有企业下岗职工的基本生活,二是确保离退休人员养老金的发放;所谓一个统一,就是对社会保险实行统一管理。劳动和社会保障部"三二一"工作思路的提出和实施,将中国劳动和社会保障工作推向新的阶段。

1998年5月14~16日,中共中央、国务院召开了国有企业下岗职工基本生活保障和再就业工作会议。中共中央总书记、国家主席江泽民在会上作了重要讲话。中共中央政治局常委、国务院总理朱镕基在大会闭幕时作了总结讲话。中共中央政治局委员、国务院副总理吴邦国作了工作报告。李鹏、胡锦涛、尉健行、李岚清等中央领导同志以及全国各省、自治区、直辖市和各部门的主要领导出席了会议。会议的主要任务是,贯彻落实中共十五大和九届全国人大一次会议精神,部署国有企业下岗职工基本生活保障和再就业工作。做好这项工作,是实现中央提出的国有企业三年改革和脱困目标的前提。会议要求,必须切实加强对国有企业下岗职工基本生活保障和再就业工作的组织领导。为了切实贯彻会议精神,做好国有企业下岗职工基本生活保障和再就业工作,中共中央、国务院在1998年6月9日颁发《关于切实做好国有企业下岗职工基本生活保障和再就业工作的通知》,即"中央十号文件"。国有企业下岗职工基本生活保障和再就业工作会议和"中央十号文件",都把解决国有企业下岗职工基本生活保障和再就业问题,提到全局高度,要求作为一项全局性的工作来抓。召开如此高层会议,同时以中共中央、国务院名义颁发文件,部署和解决劳动和社会保障业务问题,并且成为全局性的工作,新中国成立以来这是第一次。

1998年,国有企业下岗职工"再就业服务中心"开始建立。"再就业服务中心"具有三项职能:一是负责为下岗职工发放基本生活费;二是代下岗职工缴纳养老、医疗、失业等社会保险费用;三是组织下岗职工参加职业指导和再就业培训,引导和帮助他们实现再就业国有企业下岗职工基本生活保障。

城镇职工医疗保险制度改革,是本届政府"一个确保、三个到位、五项改革"的"五项改革"中的一项。因此,全国职工医疗保险制度改革工作会议的召开,不仅是劳动和社会保障战线上的一件大事,也是全局工作的一件大事。会议于1998年11月26~27日召开。中共中央政治局委员、国务院副总理吴邦国出席会议并作重要报告,中共中央政治局常委、国务院副总理李岚清出席会议并作总结讲话。各省、自治区、直辖市以及有关部门的负责同志出席了会议。会议讨论了《国务院关于建立城镇职工基本医疗保险制度的决定(征求意见稿)》,研究有关政策措施;布置全国城镇职工医疗保险制度改革工作。全国城镇职工医疗保险制度改革工作会议的召开和《决定》的出台，是中国医疗保险制度改革与发展的一个里程碑，标志着中国城镇职工医疗保险制度改革工作进入一个新阶段。

1998年3月，国务院妇女儿童工作委员会下发《关于印发〈《中国妇女发展纲要》目标职责分解书〉的通知》；1998年10月，劳动和社会保障部下发了《关于印发〈《中国妇女发展纲要》目标职责分解书〉实施计划的通知》。

劳动和社会保障部办公厅1998年12月24日发布《关于加强职业中介管理整顿劳动力市场秩序的通知》。该通知是为了加强对劳动力市场职业中介活动的管理，配合下岗职工再就业及做好民工有序流动工作，集中力量对全国劳动力市场的职业中介机构进行清理整顿而发布的。

国务院于1998年12月14日作出关于建立城镇职工基本医疗保险制度的决定，在认真总结近年来各地医疗保险制度改革试点经验的基础上，国务院决定，在全国范围内进行城镇职工医疗保险制度改革。

劳动和社会保障部、国家计委、建设部、水利部、农业部1998年10月20日发布《关于做好灾区农村劳动力就地安置和组织民工有序流动工作的意见》。该意见是为贯彻落实党中央、国务院对灾区恢复生产、重建家园的部署，确保灾区经济发展和社会稳定，切实做好灾区农村劳动力就地安置和组织民工有序流动工作而提出的。

中国人民银行于1998年6月20日发布《关于进一步改善对中小企业金融服务的意见》。该意见是为进一步支持中小企业发展，商业银行和信用社要积极调整信贷结构，改进金融服务，加强信贷管理，把对中小企业的金融服务提高到一个新水平而制定的。

中共中央、国务院于1998年6月9日发布《关于切实做好国有企业下岗职工基本生活保障和再就业工作的通知》。

劳动部于1998年2月5日发布《建设项目（工程）劳动安全卫生预评价管理办法》。该办法是为了规范建设项目（工程）的劳动安全卫生预评价工作，依据《建设项目（工程）劳动安全卫生监察规定》而制定的。

劳动部于1998年2月5日发布《建设项目（工程）劳动安全卫生预评价单位资格认可与管理规则》。该规则是为规范建设项目劳动安全卫生预评价工作，依据《建设项目（工程）劳动安全卫生监察规定》而制定的。

劳动保障部于1998年2月4日发布《关于印发〈"三年千万"再就业培训计划〉的通知》。其重点是帮助下岗职工转变就业观念和提高思想认识，高度重视下岗职工的再就业培训工作，并把它作为实施再就业工的重要任务来抓，从提高下岗职工的职业技能入手，推进下岗职工的再就业。

劳动部于1998年1月6日发布《关于印发〈职业介绍服务规程（试行）〉的通知》。该规程是为进一步规范劳动部门职业介绍机构的服务方式，完善服务功能，提高工作质量而制定的。

1998年12月26日国务院第11次常务会议通过，自发布之日起施行《失业保险条例》。该条例是为了保障失业人员失业期间的基本生活，促进其再就业而制定的。城镇企业事业单位、城镇企业事业单位职工依照本条例的规定，缴纳失业保险费。

1999年

1999年1月，民政部发出《关于加快建立与完善城市居民最低生活保障制度的通知》，提出1999年要全面普及城市居民最低生活保障制度，逐步建立比较完整的法律法规制度，形成规范有序的管理体制和运行机制。1999年9月，国务院颁布《城市居民最低生活保障条例》，并于1999年10月1日正式实施。

1999年1月22日，朱镕基总理发布第258号和第259号国务院令，颁布实施《失业保险条例》和《社会保险费征缴暂行条例》。《失业保险条例》对失业保险覆盖范围，失业保险基金的构成、交纳、使用，享受失业保险待遇所应具备的条件，失业保险金的发放和标准，失业保险金的管理和监督等作出了明确规定。《社会保险费征缴暂行条例》明确了基本养老保险费、基本医疗保险费、失业保险费的征缴范围，即缴费个人在社会保险费征缴工作中的权利和义务，规范了征缴程序，强化了征缴手段，对违反条例规定的单位和个人规定了处罚措施。

1999年2月3日，国务院办公厅发出《关于进一步做好国有企业下岗职工基本生活保障和企业离退休人员养老金发放工作有关问题的通知》。通知指出，要继续把国有企业下岗职工基本生活保障和再就业工作作为一件大事，切实抓紧抓好。通知强调，做好国有企业下岗职工基本生活保障和再就业工作，确保企业离退休人员养老金按时足额发放，关系到企业改革、经济发展和社会稳定的大局，涉及企业职工和离退休人员的切身利益。

1999年4月26日，劳动和社会保障部、国家药品监督管理局联合发出《关于印发职工基本医疗保险定点零售药店管理暂行办法的通知》。该办法规定，定点零售药店审查和确定的原则是：保证基本医疗保险用药的品种和质量；引入竞争机制，合理控制药品服务成本；方便参保人员就医后购药和便于管理。

1999年6月4日，世界银行正式批准"中国养老保险制度改革"项目，并将向中国提供总额为500万美元的信贷支持。该项目旨在通过世行贷款资助，进一步促进中国养老保险制度改革。

1999年6月27日，国务院办公厅转发劳动和社会保障部、教育部、人事部、国家计委、国家经贸委、国家工商局《关于积极推进劳动预备制度加快提高劳动者素质的意见》。决定从1999年起，中国将实施劳动预备制度。实行劳动预备制度，对于提高中国青年劳动者素质，调节劳动力供求，缓解当前就业压力具有积极作用。

1999年10月11~13日，劳动和社会保障部、国家计委、民政部、中国残联联合在京召开全国残疾人就业工作会议，贯彻落实国务院《关于进一步做好残疾人劳动就业工作的若干意见》，研究确定了今后一段时期中国残疾人就业工作的任务目标和主要措施。

1999年10月20日，经中共中央、国务院批准，决定成立"全国老龄工作委员会"。中共中央政治局常委、国务院副总理李岚清任主任。

1999年，劳动和社会保障部、国家计生委、财政部、卫生部联合下发了《关于妥善解决城镇职工计划生育手术费用问题的通知》。

1999年，农业部等五部委颁布的《减轻农民负担条例》把"合作医疗"项目视为"交费"项目，列为农民负担不允许征收。1999年，安徽省望江县实行县办县管的农民大病统筹合作医疗，重庆市巫溪县实施"乡办乡管，合医合药"的合作医疗。

国务院于1999年9月28日发布《城市居民最低生活保障条例》。为了规范城市居民最低生活保障制度，保障城市居民基本生活而制定。

国务院于1999年9月18日修改重新发布《全国年节及纪念日放假办法》。为统一全国年节及纪念日的假期，制定本办法。

劳动和社会保障部于1999年5月12日发布《关于印发〈城镇职工基本医疗保险用药范围管理暂行办法〉的通知》。该办法是为了保障职工基本医疗用药，合理控制药品费用，规范基本医疗保险用药范围管理，根据国务院《关于建立城镇职工基本医疗保险制度的决定》而制定的。

劳动和社会保障部于1999年5月11日发布《关于印发〈城镇职工基本医疗保险定点医疗机构管理暂行办法〉的通知》。该办法是为了加强和规范城镇职工基本医疗保险定点医疗机构管理，根据《国务院关于建立城镇职工基本医疗保险制度的决定》而制定的。

劳动和社会保障部于1999年4月29日发布《关于做好国有企业下岗职工基本生活保障失业保险和城市居民最低生活保障制度衔接工作的通知》。该通知是为巩固和完善三条保障线，加强三条保障线的衔接，就有关问题而发布的。

劳动和社会保障部于1999年4月26日发布《关于印发〈城镇职工基本医疗保险定点零售药店管理暂行办法〉的通知》。该办法是为了加强和规范城镇职工基本医疗保险定点零售药店管理，根据《国务院关于建立城镇职工基本医疗保险制度的决定》而制定的。

劳动和社会保障部于1999年3月19日发布《社会保险登记管理暂行办法》。该办法是为加强和规范社会保险登记管理，根据《社会保险费征缴暂行条例》的规定而制定的。

劳动和社会保障部于1999年3月19日发布《社会保险费申报缴纳管理暂行办法》。该办法是为规范社会保险费的申报和缴纳管理工作，根据《社会保险费征缴暂行条例》的规定而制定的。

劳动和社会保障部于1999年3月19日发布《社会保险费征缴监督检查办法》。该办法是为加强社会保险费征缴监督检查工作，规范社会保险费征缴监督检查行为，根据《社会保险费征缴暂行条例》和有关法律、法规规定而制定的。

1999年1月14日国务院第13次常务会议通过，自发布之日起施行《社会保险费征缴暂行条例》。该条例为了加强和规范社会保险费征缴工作，保障社会保险金的发放而制定的。基本养老保险费、基本医疗保险费、失业保险费的征收、缴纳，适用本条例。

2000年

2000年4月18日，劳动和社会保障部发出《关于加快实行养老金社会化发放的通知》，要求各地劳动保障部门要提高认识，把推进养老金社会化发放作为今年劳动保障工作的重点之一切实抓紧抓好。

2000年5月28日，国务院发出《关于切实做好企业离退休人员基本养老金按时足额发放和国有企业下岗职工基本生活保障工作的通知》，要求各地区、各部门切实加强领导，积极筹措资金，确保不发生新的拖欠。

2000年11月18日，张左己签署劳动和社会保障部第9号令，发布实施《工资集体协商实施办法》。该办法对工资集体协商的有关原则、工资集体协商的内容、工资集体协商代表、工资集体协商程序、工资协议审查等做出了明确规定。

2000年12月8日，张左己签署劳动和社会保障部第10号令，发布实施《劳动力市场管理规定》。

2000年12月25日，国务院发出《关于印发〈完善城镇社会保障体系试点方案〉的通知》，决定2001年在辽宁省及其他省（自治区、直辖市）确定的部分地区进行试点。

2000年，劳动和社会保障部办公厅下发了《关于进一步落实〈中国妇女发展纲要〉有关问题的通知》。

2000年2月，国务院办公厅转发了《关于城镇医药卫生体制改革的指导意见》。

2000年，中共中央《关于国民经济与社会发展"十五"计划建议》取消了合作医疗制度。2000年，世界卫生组织在对191个会员国进行的医疗卫生公平性评价中，中国位列倒数第4，其主要原因就是占人口绝大多数的农民失去了医疗保障。

根据中共十四届三中全会、十五大和十五届五中全会关于社会保障体系建设的目标、原则，经报请党中央批准，国务院制定了《关于完善城镇社会保障体系的试点方案》。国务院于2000年12月25日发出《关于印发〈完善城镇社会保障体系试点方案〉的通知》。

劳动和社会保障部于2000年12月8日发出《关于印发〈关于大力推进职业资格证书制度建设的若干意见〉的通知》。

劳动和社会保障部部长张左己于2000年12月8日签署中华人民共和国劳动和社会保障部令第10号令，发布《劳动力市场管理规定》，自发布之日起施行。

《工资集体协商试行办法》于2000年10月10日经劳动和社会保障部部务会议通过，自发布之日起施行。

为了深化企业内部分配制度改革，加快建立与现代企业制度相适应的工资收入分配制度，建立工资分配的激励和约束机制，劳动和社会保障部提出了《进一步深化企业内部分配制度改革的指导意见》，并于11月6日发出关于印发进一步深化企业内部分配制度改革指导意见的通知。

劳动和社会保障部、国家计委、农业部、科技部、建设部、水利部和国务院发展研究中心决定，在一些有条件的地区开展试点，进一步推动农村劳动力开发就业工作。劳动和社会保障部于2000年7月20日发出《关于进一步开展农村劳动力开发就业试点工作的通知》。

为贯彻落实国务院办公厅《关于切实做好春运期间组织民工有序流动工作的通知》和劳动和社会保障部有关春运期间组织民工有序流动工作的

措施，控制民工盲目外流。劳动和社会保障部于 2000 年 2 月 13 日发出关于切实做好春节后控制民工盲目外出的紧急通知。

为了维护劳动力市场秩序，严厉打击非法职业中介机构和非法职业中介行为，保障劳动者的合法权益，根据劳动和社会保障部关于劳动力市场建设的部署和安排，劳动和社会保障部决定今后三年（2000~2002 年），每年对劳动力市场进行一次全面的清理整顿，并于 2000 年 1 月 18 日发出《关于继续做好清理整顿劳动力市场秩序有关问题的通知》。

为配合做好城市下岗职工基本生活保障和再就业工作，进一步推动组织农村劳动力有序流动工作的制度化、经常化，劳动和社会保障部于 2000 年 1 月 17 日发出《关于印发〈做好农村富余劳动力流动就业工作意见〉的通知》。

2001 年

2001 年初，全国总工会提出"哪里有职工，哪里就必须建立工会组织"的要求，计划到 2002 年底，在全国非公有制企业组建 100 万家工会，发展 3600 万名会员。

国务院批准劳动和社会保障部 2000 年 1 月 18 日上报的《关于成立国务院完善城镇社会保障体系试点工作小组的请示》，于 2001 年 2 月 2 日同意成立国务院完善城镇社会保障体系试点工作小组。试点工作小组由劳动和社会保障部、国家经贸委、民政部、财政部、国家税务总局、国务院专题办、国务院体改办、全国总工会等 8 个部门的负责同志组成，张左己同志任组长。试点工作主要职责是指导辽宁省和试点市开展试点工作；协调试点工作的有关政策问题；参与制定辽宁省的试点方案；负责试点城市试点方案的审核备案工作；适时开展对试点工作效果的评估，提出进一步完善国务院试点方案的意见；建立情况通报制度，及时向国务院报告有关情况。

2001 年 2 月 9 日，国务院办公厅发出《关于做好国务院 2001 年立法工作的几点意见和国务院 2001 年立法工作安排的通知》。其中，《企业职工基本养老保险条例》和《工伤保险条例》被列入需要抓紧研究、条件成熟时适时提请审议的行政法规；同时，《国务院关于职工带薪年休假的规定》被列入时间急需、立法条件基本成熟、需要统筹兼顾的行政法规。

2001 年 3 月 5 日，劳动和社会保障部与财政部、中国人民银行联合发出《关于农村信用社参加基本养老保险社会统筹有关问题的通知》，明确了农村信用社系统参加基本养老保险社会统筹工作的原则和有关政策。

2001年4月6日，劳动和社会保障部发出《关于开展基本养老费征缴专项稽核的通知》，决定在全国范围内开展基本养老保险费专项稽核，要求各省、自治区、直辖市劳动和社会保障厅通过开展专项稽核，规范参保单位缴费行为，强化企业和个人参保、交费的法律意识，查处违纪行为，堵塞各种漏洞，保证基金的按时足额征收。

2001年5月17日，劳动和社会保障部发出《关于开展农村养老保险基金调查摸底的通知》，要求农保基金经办机构要在往年对农保基金核算和统计的基础上，对农保基金逐笔进行清理核对，并填写资产状况和运营情况一览表，对风险做出评估。

2001年7月5日，国务院办公厅发出《国务院办公厅关于各地不得自行提高企业基本养老金待遇水平的通知》。通知要求：①各地要按照党中央、国务院关于继续做好两个确保工作的要求，确保企业离退休人员基本养老金按时足额发放，不能出现新的拖欠。未经批准，各地区不得自行提高企业离退休人员基本养老金待遇水平。②今后，企业基本养老金待遇水平的调整，由劳动和社会保障部与财政部根据实际情况，参照城市居民生活费用价格指数和在职职工工资增长情况提出调整总体方案，报国务院批准后统一组织实施。③各地区要按照国务院及有关部门要求，认真清理和规范基本养老保险统筹项目，不得擅自修改统筹项目。

2001年12月24日，劳动和社会保障部与财政部联合发出《关于从2001年10月1日起增加企业离退休人员基本养老金的通知》，规定2001年9月30日前已办理离退休手续的企业离退休人员提高基本养老金水平。

2001年8月3日，国家协调劳动关系三方会议成立暨第一次会议顺利召开。会议审议通过《关于建立国家协调劳动关系三方会议制度的意见》、《关于进一步推行平等协商和集体合同制度的通知》、《关于进一步加强劳动争议处理工作的通知》及国家协调劳动关系三方会议成员名单，研究全国协调劳动关系工作会的筹备事宜等。

2001年8月23日，劳动和社会保障部召开全国劳动力市场信息发布会，会上通报了劳动力市场职业供求信息和工资指导价位制度建立情况，向社会发布了全国62个城市职业供求状况信息、44个城市工资指导价位信息、10个城市下岗职工和失业人员抽样调查情况。劳动力市场职业供求状况分析制度和工资指导价位制度的建立及信息发布，是劳动力市场"三化"建设的重要成果，是提高工作科学性和就业服务水平的重要手段，也是劳动和社会保障部门面向社会提供劳动力市场信息服务的重要形式。

2001年11月，国务院办公厅发出《关于进一步加强城市居民最低生活保障工作的通知》，规定职工和失业人员在计算应得收入和待遇后，家庭人均收入仍低于当地最低生活保障的，应纳入最低生活保障范围。

2001年5月，国务院妇女儿童工作委员会发布《中国妇女发展纲要（2001~2010年）》。

2001年，国务院办公厅转发了由卫生部等部门联合提出的《关于农村卫生改革和发展的指导意见》，要求地方各级人民政府要加强对合作医疗的组织领导。2001年，江苏省江阴市推行农村住院医疗保险制度。

2001年10月27日，九届全国人大常委会第二十四次会议通过《中华人民共和国职业病防治法》，自2002年5月1日起施行。

1992年4月3日，七届全国人大第五次会议通过《中华人民共和国工会法》，根据2001年10月27日第九届全国人民代表大会常务委员会第二十四次会议《关于修改〈中华人民共和国工会法〉的决定》修订了《中华人民共和国工会法》。

2002年

2002年1月，朱镕基总理就加强城市低保工作作出重要批示，要求采取切实措施实行"应保尽保"，纠正"虚拟收入"的计算办法。

2002年4月29日，国务院新闻办公室发表题为《中国的劳动和社会保障状况》白皮书，回顾自20世纪70年代末以来，中国在建立和完善社会主义市场经济体制过程中为保障公民的劳动和社会保障权利所做的巨大努力和取得的成就。

2002年9月30日，中共中央、国务院发布《关于进一步做好下岗失业人员再就业工作的通知》。通知要求各级党委、政府和各有关部门必须充分认识就业和再就业工作的极端重要性。为了确保社会稳定，为深化改革和促进发展奠定更好的基础，必须采取切实有效的措施，进一步做好就业工作特别是下岗失业人员再就业工作。

2002年10月，金宝工程在全国全面启动。这一工程是利用先进的信息技术手段，以部、省、市三级网络为依托，支持劳动和社会保障业务经办、公共服务、基金监管和决策支持等核心应用，覆盖全国的统一的劳动和社会保障电子政务工程。

2002年11月18日，国家经济贸易委员会、财政部、劳动和社会保障部、国土资源部、中国人民银行、国家税务总局、国家工商行政管理总局、中华全国总工会联合颁布《关于国有大中型企业主辅分离辅业改制分流安置富余人员的实施办法》。办法鼓励有条件的国有大中型企业在进行结构调整、重组改制和主辅分离中，利用非主业资产、闲置资产和关闭破产企业的有效资产，改制创办面向市场、独立核算、自负盈亏的法人经济实体，多渠道分流安置企业富余人员和关闭破产企业职工，减轻社会就业压力。

根据国务院第364号令，新修订的《禁止使用童工规定》从2002年12月1日开始实施，1991年发布的《禁止使用童工规定》同时废止。新规定对打击使用童工行为、保护未满16周岁的未成年人的合法权益将发挥重要作用。

2002年10月，国务院召开了有中央政府各部门和省级政府主要领导人参加的全国农村卫生工作会议，通过了《关于进一步加强农村卫生工作的决定》，明确提出今后8年的时间内，在全国农村基本建立起适应社会主义市场经济体制要求和农村经济社会发展水平的农村卫生服务体系和农村合作医疗制度，同时要建立和完善农村医疗救助制度。新型农村合作医疗制度"实行农民个人缴费、集体扶持和国家补助相结合的筹资机制"。2002年，北京等地开始探索新型农村合作医疗制度，变以前主要由农民出资为政府财政补贴为主，并放宽了报销的范围和额度。

为贯彻落实《中共中央、国务院关于进一步做好下岗失业人员再就业工作的通知》和《财政部、国家税务总局关于下岗失业人员再就业有关税收政策问题的通知》精神，国家税务总局、劳动和社会保障部2002年12月24日发出《关于促进下岗失业人员再就业税收政策具体实施意见的通知》。

为贯彻落实《中共中央、国务院关于进一步做好下岗失业人员再就业工作的通知》精神，中国人民银行会同财政部、国家经贸委、劳动和社会保障部共同起草了《下岗失业人员小额担保贷款管理办法》。中国人民银行、财政部、国家经贸委、劳动和社会保障部发出《关于印发〈下岗失业人员小额担保贷款管理办法〉的通知》。

《关于修改〈中华人民共和国保险法〉的决定》由九届全国人大常委会第三十次会议于2002年10月28日通过，自2003年1月1日起施行。

《禁止使用童工规定》于2002年9月18日国务院第63次常务会议通过，自2002年12月1日起施行。

为了确保社会稳定，为深化改革和促进发展奠定更好的基础，进一步做好就业工作特别是下岗失业人员再就业工作，中共中央、国务院9月30日发出《关于进一步做好下岗失业人员再就业工作的通知》。

为了进一步贯彻落实《中华人民共和国职业教育法》和《中华人民共

和国劳动法》，实施科教兴国战略，大力推进职业教育的改革与发展，国务院2002年9月24日做出《关于大力推进职业教育改革与发展的决定》。

为进一步加强政府劳动保障行政部门、工会组织和企业代表组织三方对涉及劳动关系方面的重大问题进行沟通和协商，建立和谐稳定的劳动关系，保护、调动和发挥广大职工和经营者的积极性，为改革、发展、稳定的大局服务，劳动和社会保障部、中华全国总工会、中国企业联合会、中国企业家协会2002年8月13日做出《关于建立健全劳动关系三方协调机制的指导意见》。

为加强职业培训，促进劳动者就业能力的提高，劳动和社会保障部2002年7月25日发出《关于印发〈加强职业培训提高就业能力计划〉的通知》。

2002年6月29日，九届全国人大常委会第二十八次会议决定：批准于1999年6月17日经第87届国际劳工大会通过、2000年11月19日生效的《禁止和立即行动消除最恶劣形式的童工劳动公约》。

《中华人民共和国安全生产法》由九届全国人大常委会第二十八次会议于2002年6月29日通过，自2002年11月1日起施行。

《中华人民共和国清洁生产促进法》由九届全国人大常委会第二十八次会议于2002年6月29日通过，自2003年1月1日起施行。

《境外就业中介管理规定》于2002年5月14日以劳动和社会保障部、公安部、国家工商行政管理总局第15号令公布，并于2002年7月1日开始实施。为做好该规定的贯彻实施工作，劳动和社会保障部于2002年6月24日发出《关于贯彻实施〈境外就业中介管理规定〉有关问题的通知》。

为加快建立和完善市场导向的就业机制，促进就业，根据国家"十五"计划《纲要》的有关要求，劳动和社会保障部于2002年3月21日就进一步加强劳动力市场建设，完善就业服务体系提出《关于进一步加强劳动力市场建设完善就业服务体系的意见》。

国务院办公厅于2002年3月2日转发教育部、公安部、人事部、劳动和社会保障部《〈关于进一步深化普通高等学校毕业生就业制度改革有关问题意见〉的通知》。

2003年

2003年2月27日，劳动和社会保障部制定颁布《社会保险稽核办法》，于2003年4月1日开始施行。该办法规定社会保险经办机构对社会保险费缴纳情况和社会保险待遇领取情况进行核查。

2003年4月27日，国务院总理温家宝签署第375号国务院令，发布《工伤保险条例》，于2004年1月1日起正式实施。该条例为保障因工作遭受事故伤害或者患职业病的职工获得医疗救治和经济补偿，促进工伤预防和职业康复，分散用人单位的工伤风险提供了法律依据。

2003年5月26日和5月30日，劳动和社会保障部先后下发《关于城镇灵活就业人员参加基本医疗保险的指导意见》和《关于非全日制用工若干问题的意见》。该意见进一步规范用人单位非全日制用工行为，保障劳动者的合法权益，促进非全日制就业健康发展。

2003年7月31日，劳动和社会保障部、财政部、国务院国有资产监督管理委员会联合发布《关于国有大中型企业主辅分离辅业改制分流安置富余人员的劳动关系处理办法》，以切实做好国有大中型企业主辅分离、辅业改制中分流安置富余人员的劳动关系处理等工作，维护职工的合法权益，促进劳动关系的和谐稳定。

2003年8月4日，全国总工会发出《关于切实做好维护进城务工人员合法权益工作的通知》，要求各地各级工会组织采取措施，把进城务工人员（即农民工）组织到工会中来。

2003年9月25日，劳动和社会保障部、财政部发布《关于妥善处理国有企业下岗职工出中心再就业有关问题的通知》，规定国有企业原则上不再建立新的再就业服务中心，企业新的减员原则上不再进入再就业服务中心。各地要制订工作计划，结合再就业工作的进展，在确保稳定前提下，推进下岗职工出中心，并积极做好下岗职工再就业工作。对目前仍在中心和协议期满的下岗职工，在保障其基本生活的前提下，要通过政策引导扶持、加强就业服务和培训，帮助他们尽快实现再就业，并妥善解决好与原企业解除劳动关系的问题。

2003年9月30日，劳动和社会保障部、建设部颁发《关于切实解决建筑业企业拖欠农民工工资问题的通知》，要求切实解决建筑业存在的拖欠和克扣农民工工资问题，保护农民工合法权益，维护社会稳定。

2003年10月8日，民政部副部长杨衍银在国务院新闻办举行的新闻发布会上说，城市居民基本上做到了动态管理下的应保尽保。

2003年10月11~14日，中国共产党第十六届中央委员会第三次全体会议在北京召开。全会高度评价了十一届三中全会特别是十四大确定社会主义市场经济体制改革目标以来，中国经济体制改革在理论和实践上取得的重大进展，审议通过了《中共中央关于完善社会主义市场经济体制若干问题的决定》。

2003年12月30日，劳动和社会保障部正式通过了《最低工资规定》，并于2004年3月1日开始施行。该规定进一步完善了现行的最低工资制度，将有效地保障劳动者合法权益促进灵活就业形势的发展，有利于促进政府对企业工资分配进行宏观调控，实现政府职能的转变。

2003年12月30日，劳动和社会保障部正式通过了《集体合同规定》，并于2004年5月1日开始施行。该规定进一步完善了中国的集体合同制度，适应市场经济条件下调整劳动关系的要求，有利于保护职工的合法权益。

2003年春天，中国多个省区发生非典型肺炎（SARS）疫情，暴露了中国公共卫生体系的问题，推动了医疗保障体制的改革。2003年的"非典"公共卫生危机充分暴露了农村公共卫生体系的漏洞，也促使决策层下定决心推动合作医疗的重建。自2003年下半年开始，中国开展新型合作医疗试点工作，启动了新一轮农村合作医疗建设的序幕。

《工伤保险条例》于2003年4月27日以国务院375号令发布，自2004年1月1日起施行。为做好宣传工作，劳社和社会保障部于2003年11月13日发出《关于印发〈工伤保险条例〉宣传提纲的通知》。

财政部、国家税务总局《关于下岗失业人员再就业有关税收政策问题的通知》下发后，一些地方询问提高营业税和增值税起征点的适用范围和执行时间问题。财政部、国家税务总局于2003年6月12日发出补充通知，《财政部、国家税务总局关于下岗失业人员再就业有关税收政策问题的通知》第六条关于提高营业税和增值税起征点的规定，适用于所有个人，自2003年1月1日起执行。

财政部、中国人民银行、劳动和社会保障部于2003年6月11日发出《关于印发〈下岗失业人员从事微利项目小额担保贷款财政贴息资金管理办法〉的通知》。

为贯彻落实国务院办公厅《关于做好2003年普通高等学校毕业生就业工作的通知》精神，切实做好普通高等学校毕业生就业工作，劳动和社会保障部2003年6月4日发布《关于贯彻落实国务院办公厅〈关于做好2003年普通高等学校毕业生就业工作的通知〉若干问题的意见》。

为做好大学毕业生就业工作，根据国务院办公厅《关于做好2003年普通高等学校毕业生就业工作的通知》，劳动和社会保障部、教育部决定实施"2003年高职院校毕业生职业资格培训工程"，于2003年6月3日发出《关于印发〈2003年高职院校毕业生职业资格培训工程〉的通知》。

《工伤保险条例》于2003年4月16日国务院第5次常务会议讨论通

过，2003年4月27日公布，自2004年1月1日起施行。

国务院重新制定的《禁止使用童工规定》于2002年9月18日国务院第63次常务会议通过，自2002年12月1日起施行。为了全面落实《禁止使用童工规定》，严厉打击非法使用童工行为，就贯彻实施的有关问题劳动和社会保障部于2003年4月18日发出关于贯彻落实《禁止使用童工规定》的通知。

2003年3月24日，劳动和社会保障部、卫生部发布《关于贯彻实施〈中华人民共和国职业病防治法〉有关问题的通知》。

《社会保险稽核办法》已于2003年2月27日正式发布，将从4月1日起施行。为了切实做好《稽核办法》的贯彻实施工作，劳动和社会保障部就有关问题于2003年3月11日发出《关于切实做好〈社会保险稽核办法〉实施工作的通知》。

《社会保险稽核办法》于2003年2月9日经劳动和社会保障部第16次部务会议通过，2月27日公布，自2003年4月1日起施行。

2004 年

2004年4月26日，中国政府发布《中国的就业状况和政策》白皮书，这是中国政府发表的第一本专门阐述中国就业问题的白皮书，全面准确地介绍了目前中国的就业状况和中国政府制定的政策以及采取的措施，体现了中国政府对就业问题的高度重视，展示了一整套行之有效的政策措施，有力地宣传了中国政府关于就业问题的立场和方针政策。

2004年9月7日，中国政府发表了《中国的社会保障状况和政策》白皮书，系统阐述了中国社会保障的基本政策框架、取得的成就和面临的问题及应对策略。这是中国政府发表的第一本专门阐述中国社会保障问题的白皮书，充分体现了中国政府以人为本、执政为民的发展理念。

2004年1月6日和2月23日，劳动和社会保障部先后颁布《企业年金试行办法》和《企业年金基金管理试行办法》，标志着中国开始全面推行和完善企业年金制度，是企业年金法规建设的重要一步，为完善多层次养老保险体系奠定了基础。

2004年9月16日，劳动和社会保障部发布了《国际基本医疗保险和工伤保险药品目录（2004年版）》（以下简称《药品目录》）。与2000年版相比，调整后的《药品目录》较好地体现了经济社会的发展进步，较好地体现了临床医药科技的进步，较好地体现了以人为本、与时俱进的精神，能够保障广大医疗、工伤保险参保人员的合理用药需求。

2004年8月19日，劳动和社会保障部正式对外发布了形象设计师等9个新职业，标志着中国新职业研究与定期发布制度的正式建立。新职业发布制度的建立，将丰富和发展中国国家职业分类和职业标准体系，为开展劳动力需求预测和规划，进行就业人口的结构及其发展趋势调查统计和分析研究，开展职业培训、职业介绍、职业指导、职业技能鉴定提供重要依据。

为贯彻落实全国人才工作会议精神，劳动和社会保障部提出做好高技能人才培养的8条措施，并启动了"3年50万新技师培养计划"，从2004年至2006年，在制造业、服务业及有关行业技能含量较高的职业中，培养50万新技师。同时，部署加快建立和完善技能人才评价体系工作，积极建立注重职业能力、工作业绩和职业技能鉴定社会化的高技能人才评价体系。

为全面推动工作，劳动和社会保障部联合有关部门先后启动了国家高技能人才培训工程机电、信息产业、电力三个项目，开展了"青工技能振兴行动计划"，在34个大型企业启动了高技能人才队伍建设试点工作，开展了企业职工创新成果评选表彰活动和"创建学习型企业，争做学习型职工"活动，启动了"技能型紧缺人才培养培训工程"等。

同时，劳动和社会保障部会同有关部门，组织开展了"2004中国职业技能竞赛"系列活动，依托地区、行业、大型企业集团和技工学校等职业培训机构，在制造业、服务业以及技术含量高的新职业领域，组织开展不同层次的竞赛活动，扩大技能评选表彰规模。

2004年11月1日，国务院发布《劳动保障监察条例》（以下简称《条例》）。《条例》总结了十多年来劳动保障监察工作的经验，规范了劳动保障监察程序，明确了劳动保障行政部门、用人单位和劳动者在劳动保障监察工作中的权利与义务，强化了劳动保障监察执法手段。《条例》的贯彻实施，对于进一步加大劳动保障监察执法力度，规范劳动保障监察执法行为，维护劳动者的合法权益，完善劳动和社会保障法律体系，促进劳动关系的和谐与经济社会的发展，具有十分重要的意义。

为进一步改善农民进城就业环境，2004年11月10日，国务院总理温家宝主持召开国务院常务会议，研究改善农民进城就业环境问题。会议提出，切实改善农民进城就业环境是解决"三农"问题的又一大举措，充分体现了党中央、国务院以人为本、执政为民的思想。2004年12月27日，国务院办公厅下发《关于进一步做好改善农民进城就业环境工作的通知》，《通知》要求，要进一步解决建设等领域拖欠农民工工资问题，加快清理和取消针对农民进城就业的歧视性规定、不合理限制和乱收费，加大劳动保障监察执法力度，加大农民工职业技能培训，整顿劳动力市场秩序，大力推进农民工工伤保险工作。

截至2004年11月26日，全国共清理拖欠农民工工资318亿元，其中2003年当年拖欠的农民工工资已清理162亿元，完成了预期目标。全国2003年年底以前拖欠农民工工资总额171亿元，已累计偿付156亿元，偿付比例为92%。

2004年以来，部分地区出现民工短缺现象，普通劳动力相对短缺，工资待遇低、工作环境差、劳动强度大的企业缺工严重。劳动和社会保障部有关调研结果表明，工资待遇长期徘徊、劳动权益缺乏保障、企业用工迅速扩张、经济模式面临变革等是造成局部地区民工短缺的主要原因；用工短缺现象的出现，是当地劳动力市场供给、需求和工资状况的综合反映，是市场调节的结果。

《关于实施〈劳动保障监察条例〉若干规定》由劳动和社会保障部第9次部务会议讨论通过，2004年12月31日公布，自2005年2月1日起施行。

为落实国务院关于进一步改善农民进城就业环境的有关要求，加强对进城求职农民的就业服务，定于2005年春节后，在全国开展完善农民工就业服务的"春风行动"。劳动和社会保障部12月16日发出《关于开展春风行动完善农民工就业服务的通知》。

《劳动保障监察条例》于2004年11月1日以国务院令第423号公布，于2004年12月1日起施行。为保证《条例》全面、正确实施，全面推进劳动保障监察工作，劳动和社会保障部11月12日发出《关于贯彻落实〈劳动保障监察条例〉的通知》。

《工伤保险条例》于2004年1月1日起施行，劳动和社会保障部11月1日就条例实施中的有关问题提出《关于实施〈工伤保险条例〉若干问题的意见》。

各级劳动保障部门认真贯彻落实《企业职工生育保险试行办法》，生育保险工作取得了积极进展。为了贯彻落实党的十六届三中全会精神，推进生育保险制度建设，加强生育保险管理，保障生育职工合法权益，劳动和社会保障部2004年9月8日就进一步加强生育保险工作提出《关于进一步加强生育保险工作的指导意见》。

为维护建设领域农民工合法报酬权益，规范建筑业企业工资支付行为，劳动和社会保障部2004年9月6日发出《关于印发〈建设领域农民工工资支付管理暂行办法〉的通知》。

为了维护农民工的工伤保险权益，改善农民工的就业环境，根据《工伤保险条例》规定，从农民工的实际情况出发，劳动和社会保障部2004年6月1日就农民工参加工伤保险、依法享受工伤保险待遇有关问题发出《关于农民工参加工伤保险有关问题的通知》。

新修订的《集体合同规定》已于2004年5月1日施行。为认真贯彻实施《集体合同规定》，推进企业普遍建立集体协商和集体合同制度，促进劳动关系和谐稳定，劳动和社会保障部5月14日发出《关于贯彻实施〈集体合同规定〉的通知》。

为贯彻落实《企业年金试行办法》和《企业年金基金管理试行办法》，规范企业年金管理，推动企业年金发展，劳动和社会保障部2004年4月15日就有关问题发出《关于贯彻〈企业年金试行办法〉和〈企业年金基金管理试行办法〉的通知》。

为进一步推进下岗失业人员小额担保贷款工作，鼓励各商业银行、农村合作银行和城乡信用社对新增就业岗位吸收下岗失业人员达到一定比例的劳动密集型小企业给予信贷支持，更好地支持下岗失业人员扩大再就业，中国人民银行、财政部、劳动和社会保障部就有关事宜于2004年3月16日发出《关于进一步推进下岗失业人员小额担保贷款工作的通知》。

《基金会管理条例》于2004年2月11日国务院第39次常务会议通过，2004年3月8日公布，自2004年6月1日起施行。

为进一步推动下岗失业人员再就业培训和创业培训工作，劳动和社会保障部制定了主题为"提高你的再就业能力"的《2004~2005年再就业培训计划》，并于3月2日发出《关于印发2004~2005年再就业培训计划的通知》。

劳动和社会保障部、中国银行业监督管理委员会、中国证券监督管理委员会、中国保险监督管理委员会第23号令公布《企业年金基金管理试行办法》，自2004年5月1日起施行。

《企业年金基金管理机构资格认定暂行办法》于2004年12月24日经劳动和社会保障第9次部务会议通过，2004年12月31日公布，自2005年3月1日起施行。

《集体合同规定》于2003年12月30日经劳动和社会保障部第7次部务会议通过，2004年1月20日公布，自2004年5月1日起施行。

《最低工资规定》于2003年12月30日经劳动和社会保障部第7次部务会议通过，2004年1月20日公布，自2004年3月1日起施行。

卫生部等部门《关于进一步做好新型农村合作医疗试点工作的指导意见》经国务院同意，国务院办公厅2004年1月13日转发了这一意见。

2005年

2005年1月11日，劳动和社会保障部发出《关于进一步做好劳动保障监察工作的意见》，提出以贯彻实施《劳动保障监察条例》为契机，进一步加大劳动保障监察工作力度；以推进企业劳动保障守法诚信制度为重点，抓好劳动保障监察常规检查；完善劳动保障监察机构和队伍建设，努力提高监察执法人员的业务素质；充分依靠各方面力量，建立外汇劳动站合法权益的工作协调机制。

2005年2月7日，劳动和社会保障部发出《关于废止〈农村劳动力跨省流动就业管理暂行规定〉及有关配套文件的通知》。废止原劳动部颁布的《农村劳动力跨省流动就业管理暂行规定》、原劳动部《关于严禁滥发流动就业证卡的紧急通知》、原劳动部办公厅《关于"外出人员就业登记卡"发放和管理有关问题的通知》。停止执行劳动和社会保障部办公厅《关于印发〈做好农村富余劳动力流动就业工作意见〉的通知》中"外出人员就业登记卡和外来人员就业证"的有关规定。

2005年2月22日，劳动和社会保障部、中华全国总工会、中国企业联合会、中国企业家协会联合颁布《关于进一步推进工资集体协商工作的通知》，要求进一步贯彻《工资集体协商试行办法》，建立适应社会主义市场经济要求的企业工资决定机制，保障劳动关系双方的合法权益，促进企业改革发展稳定。

2005年2月24日，劳动和社会保障部、财政部联合发出《关于切实做好国有企业下岗职工基本生活保证制度向失业保险制度并轨有关工作的通知》。通知要求：统一思想，充分认识并轨工作的重要性和紧迫性；加强组织领导，确保社会稳定；明确工作目标，实行分类指导；多渠道筹集资金，严格按政策规定管好、用好资金；加大再就业工作力度，认真做好再就业与社会保障的衔接工作；抓紧制定和组织实施并轨工作计划，定期报告工作进展情况。

2005年4月18日，劳动和社会保障部、建设部、中华全国总工会联合发出《关于加强建设等行业农民工劳动合同管理的通知》。通知要求：各地重视农民工劳动合同管理工作，规范签订劳动合同行为，完善劳动合同内容，指导用人单位建立健全劳动合同管理制度，加大劳动保障监察执法和劳动争议处理工作力度，加强对农民工劳动合同管理的组织领导。

2005年6月10日，劳动和社会保障部发出《关于城镇贫困残疾人个体户参加举办养老保险给予适当补贴有关问题的通知》。通知要求：提高认识，认真组织实施；规范补贴范围和审批程序，落实补贴资金；密切合作，加强管理和服务。

2005年7月5日，劳动和社会保障部发出《关于进一步做好在国有企业重组改制和关闭破产中维护职工合法权益工作有关问题的通知》。通知要求：进一步提高认识，加强领导；严格把好关口，规范企业操作行为；政策宣传到位，加大督导力度；加强失业调控，认真做好社会保障和再就业工作；继续对重点行业和地区进行监控，维护社会稳定；统筹规划，精心组织，扎实细致做好各项基础工作。

2005年9月2日，劳动和社会保障部、建设部、公安部、监察部等联合发出《关于进一步解决拖欠农民工工资问题的通知》。通知要求：进一步高度重视解决拖欠农民工工资工作；认真调查掌握企业拖欠农民工工资情况；加强对农民工工资支付情况的监督检查；推进建立预防和解决拖欠农民工工资问题的长效机制；加强对企业招用农民工的管理；及时处理涉及拖欠农民工工资的劳动争议案件；继续做好维护农民工劳动保障权益的普法宣传、法律服务和法律援助工作；建立相关部门工作协调机制，明确工作职责。

2005年10月，在全国协调劳动关系三方工作会议上，劳动和社会保障部、中华全国总工会、中国企业联合会/中国企业家协会决定，从2006年起，在全国实施"推进劳动合同工作三年行动计划"，力争用三年左右的时间，实现所有用人单位基本与职工签订劳动合同。

2005年10月28日，国务院发出《关于大力发展职业教育的决定》。主要内容有：落实科学发展观，把发展职业教育作为经济社会发展的重要基础和教育工作的战略重点；以服务社会主义现代化建设为宗旨，培养数以亿计的高素质劳动者和数以千万计的高技能专门人才；坚持以就业为导向，深化职业教育教学改革；加强基础能力建设，努力提高职业院校的办学水平和质量；积极推进体制改革与创新，增强职业教育发展活力；依靠行业企业发展职业教育，推动职业院校与企业的密切结合；严格实行就业准入制度，完善职业资格证书制度；多渠道增加经费投入，建立职业教育学生资助制度；切实加强领导，动员全社会关心支持职业教育发展。

2005年11月24日，劳动和社会保障部发出《关于进一步做好职业培训工作的意见》。意见提出：认真学习和宣传《决定》的精神，进一步明确职业培训为提高劳动者就业能力和培养技能人才服务的方向；规划"十一五"职业培训工作，加强部门协作，实现职业培训新发展；实施"新技师培养带动计划"，加快高技能人才培养，带动技能劳动者队伍素质整体提高；实施"下岗失业人员技能再就业计划"，深入推动再就业，以培训促就业；实施"能力促创业计划"，广泛开展创业培训，发挥促进就业的位增效应；实施"农村劳动力技能就业计划"，积极开发农村劳动力转移培训，提高转移就业效果；全面推行职业技能鉴定工作，促进劳动者技能教育和技能成才等。

2005年12月3日，国务院发出《国务院关于完善企业职工基本养老保险制度的决定》。主要内容有：完善企业职工基本养老保险制度的指导思想和主要任务；确保基本养老保险按时足额发放；扩大基本养老保险覆盖范围；逐步做实个人账户；加强基本养老保险基金征缴与监管；改革基本养老金计发办法；建立基本养老金正常调整机制；加快提高统筹层次；发展企业年金；做好退休人员社会化管理服务工作；不断提高社会保险管理服务水平。

2005年12月15日，劳动和社会保障部发出《关于贯彻落实国务院〈完善企业职工基本养老保险制度决定〉的通知》。通知要求：认真学习领会《决定》精神，抓紧研究制定实施意见；不断扩大养老保险覆盖范围；稳妥改革基本养老金计发办法；统一调整基本养老保险个人账户规模；做好扩大做实个人账户试点工作；深入开展宣传解释工作；大力抓好业务培训工作；切实加强基金管理和监督；努力维护社会稳定。

2005年12月15日，劳动和社会保障部发出《关于印发〈完善企业职工基本养老保险制度宣传提纲〉的通知》。通知要求：统一思想认识，切实加强领导；坚持正面引导，突出宣传重点；面向基层群众，注重宣传效果。

2005年8月28日，十届全国人大常委会第十七次会议通过了《〈中华人民共和国妇女权益保障法〉修正案》。

2005年3月，国务院办公厅转发民政部等部门《关于建立城市医疗救助制度试点工作意见》。2005年7月，国务院发展研究中心发表报告《对中国医疗卫生体制改革的评价与建议》指出，改革开放以来，医疗服务的公平性下降和卫生投入的宏观效率低下，医疗卫生体制改革从总体上讲是不成功的。2005年，国务院发展研究中心"中国医疗卫生体制改革"课题组研究报告得出结论"中国医改基本不成功"，引发了全国范围内的关于医疗改革的讨论。

完善企业职工基本养老保险制度是实现养老保险可持续发展的需要，

是推进社会保障体系建设的重要内容,是全面落实科学发展观和构建社会主义和谐社会的重大举措。在总结东北试点经验和深入调研论证的基础上,国务院发布实施《关于完善企业职工基本养老保险制度的决定》。为做好《决定》的贯彻落实工作,劳动和社会保障部于2005年12月25日发出关于贯彻落实国务院完善企业职工基本养老保险制度决定的通知。

为贯彻落实国务院《关于大力发展职业教育的决定》和《国务院关于进一步加强就业再就业工作的通知》精神,劳动和社会保障部于2005年12月9日发出关于印发城镇技能再就业计划和能力促创业计划的通知。

随着人口老龄化、就业方式多样化和城市化的发展,现行企业职工基本养老保险制度还存在个人账户没有做实、计发办法不尽合理、覆盖范围不够广泛等不适应的问题,需要加以改革和完善。为此,在充分调查研究和总结东北三省完善城镇社会保障体系试点经验的基础上,国务院于2005年12月3日作出《关于完善企业职工基本养老保险制度的决定》。

为进一步加快推进煤矿企业参加工伤保险工作,切实保障煤矿企业职工的合法权益,并确保安全生产许可制度的顺利实施,把煤矿安全生产尽快纳入法制轨道,劳动和社会保障部于2005年11月3日发出《关于做好煤矿企业参加工伤保险有关工作的通知》。

为深入贯彻落实国务院颁发的《关于大力发展职业教育的决定》精神,进一步做好"十一五"期间职业培训工作,劳动和社会保障部于2005年11月24日提出关于进一步做好职业培训工作的意见。

就业再就业工作的重点是解决体制转轨遗留的下岗失业人员再就业问题和重组改制关闭破产企业职工安置问题。同时,也要继续做好高校毕业生、进城务工农村劳动者和被征地农民等的就业再就业工作。为进一步做好就业再就业工作,国务院于2005年11月4日发出《关于进一步加强就业再就业工作的通知》。

为了进一步贯彻落实《中华人民共和国职业教育法》和《中华人民共和国劳动法》,适应全面建设小康社会对高素质劳动者和技能型人才的迫切要求,促进社会主义和谐社会建设,国务院于2005年10月28日做出国务院关于大力发展职业教育的决定。

为切实落实国务院和中央纪委的要求,继续做好预防和解决拖欠农民工工资工作,劳动和社会保障部就有关问题于2005年9月2日发出《关于进一步解决拖欠农民工工资问题的通知》。

为贯彻落实《安全生产许可证条例》规定,做好企业参加工伤保险的有关工作,劳动和社会保障部2005年4月7日发出《关于贯彻〈安全生产许可证条例〉,做好企业参加工伤保险有关工作的通知》。

2006 年

2006年12月8日,在全国总工会第十四届执行委员会主席团第十一次全体(扩大)会议上,中共中央政治局委员、中华全国总工会主席王兆国提出,要树立中国特色的社会主义工会维权观。

2006年1月,卫生部部长高强在全国卫生工作会议上提出,各地市都应选择部分公立综合医院,作为转换运行机制的试点,建立平价医院或平价病房。对"平价医院"实行预算式全额管理,收入上缴,支出由政府核拨。

2006年2月,国务院出台《国务院关于发展城市社区卫生服务的指导意见》。

2006年6月,北京大学中国经济研究中心课题组发表《江苏省宿迁地区医改调研报告》,指出将全面市场化的改革手段用于已被理论和实践证明行不通的医疗卫生领域,解决不了"看病贵"的问题。2006年10月11日,中共十六届六中全会提出坚持公共医疗卫生的公益性质,建设覆盖城乡居民的基本卫生保健制度,为群众提供安全、有效、方便、价廉的公共卫生和基本医疗服务。

2006年9月,国务院成立16个部门组成的深化医药卫生体制改革部际协调工作小组。2006年10月23日,第十六届中共中央政治局进行第三十五次集体学习,胡锦涛总书记指出,要走中国特色医疗卫生改革发展道路,加快医疗卫生事业改革发展步伐,努力满足人民群众日益增长的医疗卫生服务需求。北京大学中国经济研究中心副主任李玲、中华医学会副会长刘俊就国外医疗卫生体制和中国医疗卫生事业发展进行了讲解。

2006年,北京大学、清华大学分别出台了宿迁医改调研报告,对江苏省宿迁市始于2000年的医院产权制度改革得出了截然相反的结论,把医疗改革的争论推向了深入。

2006年,卫生部等7部委局联合下发《关于加快推进新型农村合作医疗试点工作的通知》,调整了新型农村合作医疗相关政策,加大了政策支持力度,加快了试点进度。

2006年10月,中共十六届六中全会通过的《关于构建社会主义和谐社会若干重大问题的决定》,第一次明确提出"建设覆盖城乡居民的基本卫生保健制度"的目标。

《中华人民共和国未成年人保护法》由十届全国人大常委会第二十五

次会议于 2006 年 12 月 29 日修订通过，自 2007 年 6 月 1 日起施行。

为进一步贯彻落实《劳动力市场管理规定》，加强劳动用工管理，规范劳动用工秩序，全面推进劳动合同制度实施，维护劳动者和用人单位的合法权益，促进劳动关系和谐稳定，劳动和社会保障部于 2006 年 12 月 22 日发出《关于建立劳动用工备案制度的通知》。

建筑业是农民工较为集中、工伤风险程度较高的行业。国务院《关于解决农民工问题的若干意见》对农民工特别是建筑行业农民工参加工伤保险提出了明确要求，各地劳动保障部门和建设行政主管部门要深入贯彻落实，加快推进建筑施工企业农民工参加工伤保险工作。劳动和社会保障部于 2006 年 12 月 25 日发出《关于做好建筑施工企业农民工参加工伤保险有关工作的通知》。

2006 年 10 月 27 日，国务院安全监管总局、国家煤矿安监局、教育部、劳动和社会保障部、建设部、农业部、全国总工会联合下发《关于加强农民工安全培训工作的意见》，对全面加强农民工安全生产培训工作做出了安排和部署。

《中华人民共和国企业破产法》由十届全国人大常委会第二十三次会议于 2006 年 8 月 27 日通过，自 2007 年 6 月 1 日起施行。

《中外合作职业技能培训办学管理办法》于 2006 年 7 月 19 日经劳动和社会保障部第 15 次部务会议通过，自 2006 年 10 月 1 日起施行。

统筹城乡就业，建立城乡一体化的劳动力市场，是国民经济和社会发展"十一五"规划纲要确定的一项重要任务。为了积极稳妥地推进这项工作，根据国务院有关要求，劳动和社会保障部、国家发改委、财政部、农业部决定选择一些就业工作基础较好、管理服务能力较强、改革创新积极性高的地区进行统筹城乡就业试点。为加强对试点工作的指导，国家四部（委）成立了由劳动和社会保障部牵头的统筹城乡就业试点工作指导小组，制定了《统筹城乡就业试点工作指导意见》，2006 年 7 月 26 日发出《关于印发〈统筹城乡就业试点工作指导意见〉的通知》。

《中华人民共和国义务教育法》由十届全国人大常委会第二十二次会议于 2006 年 6 月 29 日修订通过，自 2006 年 9 月 1 日起施行。

为贯彻落实国务院《关于解决农民工问题的若干意见》中关于做好农民工工伤保险工作的有关要求，切实加快推进农民工特别是矿山、建筑等高风险企业农民工参加工伤保险工作，劳动和社会保障部决定在全国实施农民工"平安计划"，2006 年 5 月 17 日发出关于实施农民工"平安计划"加快推进农民工参加工伤保险工作的通知。

为贯彻落实国务院《关于解决农民工问题的若干意见》和《关于贯彻落实国务院〈关于解决农民工问题的若干意见〉的实施意见》的精神，进一步做好农民工医疗保障工作，劳动和社会保障部决定开展农民工参加医疗保险专项扩面行动，2006年5月16日发出《关于开展农民工参加医疗保险专项扩面行动的通知》。

为贯彻落实国务院《关于大力发展职业教育的决定》、《关于进一步加强就业再就业工作的通知》和《关于解决农民工问题的若干意见》要求，劳动和社会保障部提出实施五项计划和一项行动。2006年5月12日发出关于印发农村劳动力技能就业计划的通知。

为学习宣传和贯彻落实中共中央办公厅、国务院办公厅《关于印发〈关于进一步加强高技能人才工作的意见〉的通知》精神，进一步做好高技能人才工作，劳动和社会保障部于2006年4月30日发出《关于学习贯彻〈进一步加强高技能人才工作的意见〉的通知》。

根据国务院《关于解决农民工问题的若干意见》精神，按照国务院农民工工作联席会议确定的分工方案，结合劳动保障部门的工作职责，劳动和社会保障部于2006年4月29日制定劳动保障部门的《关于贯彻落实国务院〈关于解决农民工问题的若干意见〉的实施意见》，有效。

为贯彻落实《中共中央办公厅、国务院办公厅关于引导和鼓励高校毕业生面向基层就业的意见》，帮助回到原籍、尚未就业的高校毕业生提升就业能力，促进供需见面，尽快实现就业，国家人事部发出关于建立高校毕业生就业见习制度的通知。

农民工是中国改革开放和工业化、城镇化进程中涌现的一支新型劳动大军。他们户籍仍在农村，主要从事非农产业，有的在农闲季节外出务工、亦工亦农，流动性强；有的长期在城市就业，已成为产业工人的重要组成部分。大量农民进城务工或在乡镇企业就业，对中国现代化建设作出了重大贡献。为统筹城乡发展，保障农民工合法权益，改善农民工就业环境，引导农村富余劳动力合理有序转移，推动全面建设小康社会进程，国务院于2006年1月11日发出《关于解决农民工问题的若干意见》。

《农村五保供养工作条例》于2006年1月11日国务院第121次常务会议通过，自2006年3月1日起施行。

2007年

2007年6月29日，《中华人民共和国劳动合同法》由十届全国人大常委会第二十八次会议审议通过，自2008年1月1日起施行。这是自《劳动法》颁布实施以来，中国劳动和社会保障法制建设中的又一个里程碑。该法的颁布实施，对于更好地保护劳动者合法权益，构建和发展和谐稳定的劳动关系，促进社会主义和谐社会建设，具有十分重要的意义。

2007年8月30日，《中华人民共和国就业促进法》由十届全国人大常委会第二十九次会议审议通过，并于2008年1月1日起施行。贯彻实施好《就业促进法》，依法全面推进就业工作，是中国劳动保障法制建设取得的又一重大成果，对于解决关系国计民生的就业问题，促进社会主义和谐社会建设，具有重要而深远的意义。

2007年12月29日，《中华人民共和国劳动争议调解仲裁法》由十届全国人大常委会第三十一次会议审议通过，并将于2008年5月1日起施行。该法针对当前和今后一个时期中国劳动关系的发展趋势以及劳动争议处理的新特点，在劳动争议处理的适用范围、基本程序、组织机构以及劳动争议调解仲裁的时效和期限等方面做出了一系列新的法律规定。

2007年5月23日，温家宝总理主持召开国务院常务会议，研究部署在全国建立农村最低生活保障制度工作。2007年7月，国务院发出《关于在全国建立农村最低生活保障制度的通知》，要求已建立农村最低生活保障制度的地方要进一步完善制度，规范操作，努力提高管理水平；尚未建立农村最低生活保障制度的地方要抓紧建章立制，在年内把最低生活保障制度建立起来并组织实施。

2007年2月，深化医药卫生体制改革部际协调工作小组和北京大学、复旦大学、国务院发展研究中心、世界银行、世界卫生组织、麦肯锡公司等六家机构签订协议，正式委托这六家机构开展独立研究，分别提出医药卫生体制改革总体方案。

2007年7月，国务院发布《国务院关于开展城镇居民基本医疗保险试点的指导意见》，城镇居民基本医疗保险开始在79个城市试点。

2007年12月26日，受国务院委托，卫生部部长陈竺在十届全国人大常委会第三十一次会议上做了《关于城乡医疗卫生体制改革和加强食品药品安全监管情况的报告》，报告指出，深化医疗卫生改革的总体目标是建设覆盖城乡居民的基本医疗卫生制度，首先要强化政府责任和投入，确立政府在提供公共卫生和基本医疗服务中的主导地位。

《中华人民共和国劳动争议调解仲裁法》由十届全国人大常委会第三十一次会议于2007年12月29日通过，自2008年5月1日起施行。

《中华人民共和国就业促进法》由十届全国人大常委会第二十九次会议于2007年8月30日通过，自2008年1月1日起施行。

国务院发布《关于在全国建立农村最低生活保障制度的通知》。为贯彻落实党的十六届六中全会精神，切实解决农村贫困人口的生活困难，国务院决定，2007年在全国建立农村最低生活保障制度。

国务院发布《关于开展城镇居民基本医疗保险试点的指导意见》。党中央、国务院高度重视解决广大人民群众的医疗保障问题，不断完善医疗保障制度。1998年中国开始建立城镇职工基本医疗保险制度，之后又启动了新型农村合作医疗制度试点，建立了城乡医疗救助制度。目前没有医疗保障制度安排的主要是城镇非从业居民。为实现基本建立覆盖城乡全体居民的医疗保障体系的目标，国务院决定，从2007年起开展城镇居民基本医疗保险试点。各地区各部门要充分认识这项工作的重要性，将其作为落实科学发展观、构建社会主义和谐社会的一项重要任务，高度重视，统筹规划，规范引导，稳步推进。

《中华人民共和国劳动合同法》由十届全国人大常委会第二十八次会议于2007年6月29日通过，自2008年1月1日起施行。

《关于修改〈中华人民共和国个人所得税法〉的决定》由十届全国人大常委会第二十八次会议于2007年6月29日通过并公布，自公布之日起施行。

为贯彻《中共中央关于构建社会主义和谐社会若干重大问题的决定》关于"扩大再就业政策扶持范围，健全再就业援助制度，着力帮助零就业家庭和就业困难人员就业"的精神，落实国务院领导同志提出的"争取到今年底基本解决零就业家庭就业问题"的要求，劳动和社会保障部2007年6月28日发出《全面推进零就业家庭就业援助工作的通知》。

劳动和社会保障部于2007年6月12日发出《关于进一步健全最低工资制度的通知函》。最低工资制度实施以来，有效地保障了劳动者的基本生活，在社会经济发展中发挥着越来越重要的作用。但实施中也存在一些问题，主要是一些地区最低工资标准确定不够科学合理，部分企业按照最低工资标准支付职工工资，少数企业采取延长劳动时间、随意提高劳动定额、降低计件单价等手段变相违反最低工资规定。为改进和加强对企业工资分配的宏观调节，促进低收入劳动者的工资水平合理增长，维护劳动者的合法劳动报酬权益，劳动和社会保障部发出《就进一步健全和严格执行最低工资制度通知》。

为贯彻国务院办公厅《关于切实做好2007年普通高等学校毕业生就业工作的通知》精神，充分发挥劳动保障部门职能作用，做好高校毕业生就业工作，劳动和社会保障部于2007年4月29日发出《关于做好2007

年高校毕业生就业有关工作的通知》。

劳动和社会保障部 2007 年 4 月 29 日发出《关于开展民办职业培训学校诚信等级评定工作的通知》。为贯彻落实《民办教育促进法》和《民办教育促进法实施条例》精神，引导和规范民办职业培训学校（以下简称民办学校）办学行为，劳动和社会保障部于 2006 年在部分省组织开展了民办学校诚信评估试点工作，初步探索建立了一套引导民办学校诚信发展的管理制度。为进一步扩大试点成果，引导更多民办学校走诚信办学、规范发展道路，决定自 2007 年 5 月起在全国组织开展民办学校诚信等级评定工作。

为进一步贯彻落实《国务院关于加强土地调控有关问题的通知》中关于"社会保障费用不落实的不得批准征地"的精神，切实做好被征地农民社会保障工作，劳动和社会保障部 4 月 28 日发出《关于切实做好被征地农民社会保障工作有关问题的通知》。

根据国务院批准的专项规划编制计划，劳动和社会保障部制定了《高技能人才培养体系建设"十一五"规划纲要（2006~2010 年）》，于 2007 年 3 月 14 日发出关于印发高技能人才培养体系建设"十一五"规划纲要的通知。

《残疾人就业条例》于 2007 年 2 月 14 日国务院第 169 次常务会议通过，自 2007 年 5 月 1 日起施行。

国务院批复天津等 8 省份做实企业职工基本养老保险个人账户（以下简称个人账户）试点实施方案以来，各试点省份劳动保障、财政等部门，在党委、政府统一领导下，按照国务院批复的试点实施方案，认真组织开展试点工作，取得了一定的进展。为进一步扩大做实个人账户试点工作，劳动和社会保障部 2 月 15 日发出《关于进一步扩大做实企业职工基本养老保险个人账户试点工作有关问题的通知》。

为了加强社会保险经办机构内部管理与监督，提高内控执行力，确保社会保险基金安全，劳动和社会保障部制定了《社会保险经办机构内部控制暂行办法》，2007 年 1 月 17 日发出《关于印发〈社会保险经办机构内部控制暂行办法〉的通知》。

2008 年

2008 年 2 月，国务院召开新型合作医疗扩大试点电视电话会议，总结新农合试点经验，部署 2008 年及今后几年新农合工作。会议决定 2008 年全国普遍推行新农合制度，提前完成到 2010 年在全国建立新农合制度的目标。

2008年3月15日，十一届全国人大一次会议第五次全体会议表决通过《第十一届全国人民代表大会第一次会议关于国务院机构改革方案的决定（草案）》，决定组建人力资源和社会保障部。

2008年9月18日，国务院总理温家宝签署中华人民共和国国务院令，颁布实施《中华人民共和国劳动合同法实施条例》。该条例要求各级人民政府和县级以上人民政府劳动行政等有关部门以及工会等组织，应当采取措施，推动劳动合同法的贯彻实施，促进劳动关系的和谐。

2008年11月27日，人力资源与社会保障部审议稳定就业的若干重要文件，包括《关于应对经济金融危机保持就业局势稳定的对策建议》、《关于加强高校毕业生就业工作的意见》、《关于统筹协调推进高校毕业生到农村基层就业服务各项目工作情况的通报》。

2009年

2009年4月，国务院副总理张德江主持召开会议，研究《事业单位绩效工资的意见》和《关于卫生事业单位实施绩效工资的指导意见》。拟出台《事业单位绩效工资的意见》的目的在于建立薪酬分配与公益性服务绩效紧密联系的激励约束机制，规范分配秩序，理顺分配关系。公共卫生与基层医疗卫生事业单位实施绩效工资，是事业单位收入分配制度改革的重要内容，为此国家拟出台《关于卫生事业单位实施绩效工资的指导意见》。

2009年4月，人力资源社会保障部与中组部、教育部、财政部、农业部、卫生部、国务院扶贫办、共青团中央联合召开2009年度高校毕业生"三支一扶"计划实施电视电话会议，总结2008年实施情况，交流地方工作经验，部署2009年工作，并对统筹协调大学生基层服务各项目工作提出要求。

2009年6月2~3日，全国军转表彰大会在京召开。大会隆重表彰了全国模范军队转业干部、全国先进军转工作单位和全国先进军转工作者。胡锦涛、温家宝、李长春、习近平、李克强等中央领导同志出席了会议。张德江同志对贯彻落实中央领导指示精神，做好2009年军转安置工作提出明确要求。部属有关单位、中央和国家机关等部门的有关负责同志，中央和地方有关部门从事军转工作的同志，受表彰的单位和代表共1000余人参加。

2009年9月16日，经国务院同意，人力资源社会保障部会同中央组织部、监察部、财政部、审计署、国资委等单位16日联合下发了《关于进一步规范中央企业负责人薪酬管理的指导意见》，以建立健全中央企业负责人收入分配的激励和约束机制。指导意见主要从适用范围、规范薪酬管理的基本原则以及薪酬结构和水平、薪酬支付、补充保险和职务消费、监督管理、组织实施等方面，进一步对中央企业负责人薪酬管理做出规范。

2009年9月，国务院决定从2009年起开展新型农村社会养老保险试点。新农保试点的基本原则是"保基本、广覆盖、有弹性、可持续"。《意见》要求从农村实际出发，低水平起步，筹资标准和待遇标准要与经济发展及各方面承受能力相适应；个人（家庭）、集体、政府合理分担责任，权利与义务相对应；政府主导和农民自愿相结合，引导农村居民普遍参保；中央确定基本原则和主要政策，地方制订具体办法，对参保居民实行属地管理。

2009年12月，人社部下发《关于公共卫生与基层医疗卫生事业单位实施绩效工资的指导意见》。《指导意见》指出公共卫生与基层医疗卫生事业单位实施绩效工资，涉及广大卫生人员的切身利益。要将公共卫生与基层医疗卫生事业单位实施绩效工资，同深化医药卫生体制改革特别是实行基本药物制度、加强队伍建设和事业单位编制、人事、财务管理等其他配套改革相结合，妥善处理各方面关系，切实研究解决好实施中出现的问题。

为切实保障参加城镇企业职工基本养老保险人员的合法权益，促进人力资源合理配置和有序流动，保证参保人员跨省流动并在城镇就业时基本养老保险关系的顺畅转移接续，2009年12月28日，国务院办公厅下发《关于转发人力资源社会保障部、财政部城镇企业职工基本养老保险关系转移接续暂行办法的通知》。该办法适用于参加城镇企业职工基本养老保险的所有人员，包括农民工。

2010年

2010年1月，人社部下发《劳动人事争议仲裁组织规则》。《规则》的制定是为公正及时处理劳动、人事争议。劳动人事争议仲裁委员会由人民政府依法设立，专门处理劳动、人事争议案件。仲裁委员会经费依法由财政予以保障。仲裁委员会处理争议案件实行仲裁庭制度。人力资源社会保障行政部门负责指导本行政区域的争议调解仲裁工作，组织协调处理跨地区、有影响的重大争议，负责仲裁员的管理、培训等工作。

2010年1月21日，国务院办公厅下发了《关于进一步做好农民工培训工作的指导意见》。《意见》认为农民工培训工作仍然存在着培训项目缺乏统筹规划、资金使用效益和培训质量不高、监督制约机制不够完善等问题。为提高农民工技能水平和就业能力，促进农村劳动力向非农产业和城镇转移，推进城乡经济社会发展一体化进程，《意见》就进一步做好农民工培训工作提出了明确要求。

2010年3月，人社部等三部委下发了《关于进一步规范入学和就业体检项目维护乙肝表面抗原携带者入学和就业权利的通知》。《通知》要求用人单位在招、用工过程中，除国家法律、行政法规和卫生部规定禁止从事的工作外，不得强行将乙肝病毒血清指标作为体检标准。针对目前仍存在的在入学、就业体检时违规进行乙肝病毒血清学项目检查，并把检查结果作为入学、录用的条件的现状。《通知》明确要求取消入学、就业体检中的乙肝检测项目，对维护乙肝表面抗原携带者入学、就业权利，保护乙肝表面抗原携带者隐私权。

2010年3月26日，人社部下发《人力资源社会保障行政复议办法》。该办法的制定是为了规范人力资源社会保障行政复议工作。该办法根据《中华人民共和国行政复议法》和《中华人民共和国行政复议法实施条例》制定。公民、法人或者其他组织认为人力资源社会保障部门作出的具体行政行为侵犯其合法权益，向人力资源社会保障行政部门申请行政复议，人力资源社会保障行政部门及其法制工作机构开展行政复议相关工作，适用该办法。

加强职业培训是促进就业和经济发展的重大举措。职业培训是提高劳动者技能水平和就业创业能力的主要途径。为此，2010年10月，国务院发布了《关于加强职业培训促进就业的意见》。《意见》提出建立覆盖对象广泛、培训形式多样、管理运作规范、保障措施健全的职业培训工作新机制，健全面向全体劳动者的职业培训制度，加快培养数以亿计的高素质技能劳动者。

2010年10月28日，中华人民共和国第十一届全国人民代表大会常务委员会第十七次会议通过《中华人民共和国社会保险法》。该法从法律上明确国家建立基本养老、基本医疗和工伤、失业、生育等社会保险制度，并对确立基本养老保险关系转移接续制度，提高基本养老保险基金统筹层次，建立新型农村社会养老保险制度、城镇居民养老保险制度和新型农村合作医疗制度等作出原则规定。

2010年11月24日，人社部下发《社会保险基金监督检查证管理规程的通知》。《通知》要求进一步加强社会保险基金监管工作，规范社会保险基金监督检查证发放管理，严格实行持证上岗制度。

2010年12月，人力资源与社会保障部对《工伤认定办法》进行了修订。新修订的办法是为规范工伤认定程序，依法进行工伤认定，维护当事人的合法权益，制定依据是《工伤保险条例》的有关规定。

2010年12月31日，《非法用工单位伤亡人员一次性赔偿办法》出台。该办法对非法用工单位伤亡人员范围及赔偿办法给予了规定。包括无营业执照或者未经依法登记、备案的单位以及被依法吊销营业执照或者撤销登记、备案的单位受到事故伤害或者患职业病的职工，或者用人单位使用童工造成的伤残、死亡童工。前款所列单位必须按照本办法的规定向伤残职工或者死亡职工的近亲属、伤残童工或者死亡童工的近亲属给予一次性赔偿。

2011年

2011年1月1日起，人社部要求实行全国统一样式的《就业失业登记证》。《就业失业登记证》是记载劳动者就业与失业状况、享受相关就业扶持政策、接受公共就业人才服务等情况的基本载体，是劳动者按规定享受相关就业扶持政策的重要凭证。《就业失业登记证》发放管理工作，是贯彻落实就业扶持政策的重要举措，关系到广大劳动者的切身利益。

《专技人才规划》明确了新时期我国专业技术人才工作的指导思想、发展目标、总体要求、主要任务和重点举措，与其他重点领域人才规划相互支撑、衔接，对更好实施人才强国战略、落实国家人才发展规划的目标任务将发挥积极作用，对于推动专业技术人才工作科学发展发挥重要的指导作用。

2011年6月，国务院下发了《关于进一步做好普通高校毕业生就业工作的通知》。《通知》指出，近年来，高校毕业生就业形势总体保持稳定。预计"十二五"时期，高校毕业生数量仍将持续增长，促进高校毕业生就业任务依然十分繁重。《通知》要求有关部门要继续把高校毕业生就业摆在就业工作的首位，进一步加大工作力度，多渠道开发就业岗位，完善相关政策措施，切实加强就业服务，千方百计促进高校毕业生就业。

为规范企业劳动争议协商、调解行为，促进劳动关系和谐稳定，2011年10月国务院发布了《企业劳动争议协商调解规定》。《规定》要求企业应当依法执行职工大会、职工代表大会、厂务公开等民主管理制度，建立集体协商、集体合同制度，维护劳动关系和谐稳定。企业应当建立劳资双方沟通对话机制，畅通劳动者利益诉求表达渠道。劳动者认为企业在履行劳动合同、集体合同，执行劳动保障法律、法规和企业劳动规章制度等方面存在问题的，可以向企业劳动争议调解委员会提出。调解委员会应当及时核实情况，协调企业进行整改或者向劳动者做出说明。劳动者也可以通过调解委员会向企业提出其他合理诉求。调解委员会应当及时向企业转达，并向劳动者反馈情况。

2011年6月，《国务院关于开展城镇居民社会养老保险试点的指导意见》出台。《意见》要求建立个人缴费、政府补贴相结合的城镇居民养老保险制度，实行社会统筹和个人账户相结合，与家庭养老、社会救助、社会福利等其他社会保障政策相配套，保障城镇居民老年基本生活。2011年7月1日启动试点工作，实施范围与新型农村社会养老保险（以下简称"新农保"）试点基本一致，2012年基本实现城镇居民养老保险制度全覆盖。

2011年10月，为促进家庭服务业发展，规范家庭服务行为，适应家务劳动社会化的需求，维护家庭服务消费者、家庭服务从业人员和家庭服务经营者的合法权益，人社部决定开展《家政服务业劳动管理规定》的研究工作。

2012年

2012年1月24日，国务院同意人力资源社会保障部、发展改革委、教育部、工业和信息化部、财政部、农业部、商务部制定的《促进就业规划（2011~2015年）》。《规划》的主旨是以充分开发和合理利用人力资源为出发点，健全劳动者自主择业、市场调节就业、政府促进就业相结合的机制，实施更加积极的就业政策，创造平等就业机会，构建和谐劳动关系，提高就业质量，努力实现充分就业。

根据《中华人民共和国国民经济和社会发展第十二个五年规划纲要》和《中共中央国务院关于深化医药卫生体制改革的意见》（中发〔2009〕6号），2012年3月14日，国务院以国发〔2012〕11号印发《"十二五"期间深化医药卫生体制改革规划暨实施方案》。《方案》在加快健全全民医保体系、巩固完善基本药物制度和基层医疗卫生机构运行新机制、积极推进公立医院改革、统筹推进相关领域改革、建立实施保障机制等方面进行了详细阐述。

2012年4月18日，国务院第200次常务会议通过《女职工劳动保护特别规定》。《规定》的制定是为了减少和解决女职工在劳动中因生理特点造成的特殊困难，保护女职工健康。

2012年5月，人社部起草了《特殊工时制度管理规定（草案）》并向社会公开征求意见。《规定（草案）》明确了特殊工时制度的适用范围，规定了不定时工作制的岗位范围以及工资保护，规定了综合计算工时工作制的岗位范围及其综合计算周期、延长工作时间的限制,对特殊工时的审批管理进行了规范。

为贯彻落实《国家中长期人才发展规划纲要（2010~2020年)》等要求,全面提升企业技能人才队伍的整体素质,2012年6月,国务院发布了《关于加强企业技能人才队伍建设的意见》。《意见》在健全企业职工培训制度、创新企业技能人才评价机制、做好组织实施工作等方面提出了具体要求。

2012年7月,国务院批准了《社会保障"十二五"规划纲要》。本规划是为落实《中华人民共和国国民经济和社会发展第十二个五年规划纲要》提出的到2020年要基本建立覆盖城乡居民的社会保障体系而编制的专项规划。

参考文献

[1] 白南生，宋洪远，等. 回乡，还是进城——中国农村外出劳动力回流研究. 中国财政经济出版社，2002.

[2] 白重恩，钱震杰. 谁在挤占居民的收入——中国国民收入分配格局分析. 中国社会科学，2009（5）.

[3] 北京大学课题组. 2009年高校毕业生就业状况调查统计. 北京大学教育经济研究所，高等教育研究所简报，2009（1）.

[4] 财政部财政科学研究所课题组. 我国事业单位养老保险制度改革研究. 经济研究参考，2012（52）.

[5] 蔡昉. 未富先老与中国经济增长的可持续性. 国际经济评论，2012（1）.

[6] 蔡昉. 中国人口与可持续发展. 中国科学院院刊，2012（3）.

[7] 蔡昉. 刘易斯转折点与公共政策方向的转变——关于中国社会保护的若干特征性事实. 中国社会科学，2010（6）.

[8] 蔡昉. 刘易斯转折点——中国经济发展新阶段. 社会科学文献出版社，2008.

[9] 蔡昉. 蔡昉论文集. 中国出版集团，中华书局，2009.

[10] 蔡昉. 人口红利对GDP的贡献或将消失. 经济观察报，2010-01-16.

[11] 蔡昉. 人口转变、人口红利与刘易斯转折点. 经济研究，2010（4）.

[12] 蔡昉. 中国人口与劳动问题报告No.12——"十二五"时期的挑战：人口、就业和收入分配. 社会科学文献出版社，2009.

[13] 蔡昉，都阳. "文化大革命"对物质资本和人力资本的破坏. 经济学（季刊），2003（4）.

[14] 蔡昉，都阳，高文书. 就业弹性、自然失业和宏观经济政策——为什么经济增长没有带来显性就业？经济研究，2004（9）.

[15] 蔡昉, 都阳, 王美艳. 劳动力流动的政治经济学. 上海人民出版社, 2003.

[16] 蔡昉, 都阳, 王美艳. 中国劳动力市场转型与发育. 商务印书馆, 2005.

[17] 蔡昉, 王德文, 曲玥. 中国产业升级的大国雁阵模型分析. 经济研究, 2009 (9).

[18] 蔡昉, 王美艳, 曲玥. 中国工业重新配置与劳动力流动趋势. 中国工业经济, 2009 (8).

[19] 蔡昉, 王美艳. "未富先老"与劳动力短缺. 开放导报, 2006 (1).

[20] 蔡昉, 王美艳. 未来中国经济增长积累人力资本. 人民论坛, 2012 (6).

[21] 蔡昉, 王美艳. 非正规就业与劳动力市场发育——解读中国城镇就业增长. 经济学动态, 2004 (2).

[22] 蔡昉, 王美艳. "民工荒"现象的经济学分析——珠江三角洲调研研究. 广东社会科学, 2005 (2).

[23] 蔡昉, 孟昕. 人口转变、体制转轨与养老保障模式的可持续性. 比较, 2004 (1).

[24] 蔡昉, 王德文. 养老体制改革//蔡昉. 中国劳动与社会保障体制改革30年研究. 经济管理出版社, 2008.

[25] 蔡仁华. 中国医疗保障制度改革实用全书. 中国人事出版社, 1997.

[26] 蔡泳. 从"六普"和联合国对中国人口的预测看我国人口的未来//蔡昉. 中国人口与劳动问题报告 No.13, 社会科学文献出版社, 2012.

[27] 陈爱云. 我国城市最低生活保障制度的问题及对策探索. 特区经济, 2011 (4).

[28] 陈秋霖. 医疗卫生制度对健康绩效的影响研究, 北京大学博士论文, 2010.

[29] 陈玉宇, 王志刚, 魏众. 中国城镇居民20世纪90年代收入不平等及其变化——地区因素、人力资本在其中的作用. 经济科学, 2004 (6).

[30] 程杰. 老龄化背景下的养老保障改革. 中国社会科学院人口与劳动经济研究所研究报告, 2012.

[31] 邓大松, 刘远风. 社会保障制度风险：以新型农村养老保险为例. 当代经济科学, 2011 (4).

[32] 邓大松, 薛惠元. 新型农村社会养老保险替代率精算模型及其实

证分析. 经济管理, 2010 (5).

[33] 丁煜. 新型农村社会养老保险制度的缺陷与完善. 厦门大学学报 (哲学社会科学版), 2011 (3).

[34] 董文勇. 医保待突破适用性难题. 中国社会保障, 2008 (1).

[35] 樊纲, 姚枝仲. 中国财产性生产要素总量与结构的分析. 经济研究, 2002 (11).

[36] 封进. 新型农村养老保险制度：政策设计与实施效果. 世界经济情况, 2010 (8).

[37] 封铁英, 戴超. 以需求为导向的新型农村养老保险参保意愿与模式选择研究. 人口与发展, 2010 (6).

[38] 付晓光, 汪早立, 张西凡, 程念. 新农合与城镇居民医疗保险制度相衔接问题的讨论. 中国农村医疗服务管理. 2008 (3).

[39] 高薇. 我国事业单位养老保险制度研究. 财政部财政科学研究所研究报告, 2012.

[40] 高文书, 赵文, 程杰. 农村劳动力流动对城乡居民收入差距统计的影响//蔡昉. 中国人口与劳动问题报告 No. 12——"十二五"时期挑战：人口、就业和收入分配. 社会科学文献出版社, 2011.

[41] 高文书. 留守与流动儿童教育问题研究//蔡昉. 中国人口与劳动问题报告 No.10——提升人力资本的教育改革. 社会科学文献出版社, 2009.

[42] 高文书. 新型农村社会养老保险参保影响因素分析. 华中师范大学学报（人文社会科学版）, 2012 (4).

[43] 葛延风. 如何设计中国卫生的未来. 中国医疗卫生前沿, 2006 (7).

[44] 耿永志. 新型农村社会养老保险试点跟踪调查——来自河北省 18 个县（市）的农户. 财经问题研究, 2011 (5).

[45] 顾宝昌, 李建新. 21 世纪中国生育政策论争. 社会科学文献出版社, 2010.

[46] 顾永红, 刘鑫宏. 制度衔接：新型农村养老保险与城镇基本养老保险. 农村经济, 2011 (5).

[47] 郭健. 2009：居民医保坚实的一步. 中国社会保障, 2010 (3).

[48] 国家统计局. 2009 年我国农民工调查监测报告, 2012-03-19.

[49] 国家统计局. 2011 年我国农民工调查监测报告, 2012-04-27.

[50] 国家统计局农村司. 中国农村住户调查年鉴 (2011). 中国统计出版社, 2011.

[51] 国务院发展研究中心.中国农民工考察报告.中国言实出版社，2005.

[52] 国务院发展研究中心课题组.农民工市民化进程的总体态势与战略取向.改革，2011（5）.

[53] 国务院新闻办.中国农村扶贫开发的新进展（白皮书），2012.

[54] 何晖，殷宝明."新农保"基础养老金计发办法与筹资机制研究.中国软科学，2012（12）.

[55] 胡晓义.走向和谐：中国社会保障发展60年.中国劳动社会保障出版社，2009.

[56] 胡英，蔡昉，都阳."十二五"时期人口变化及未来人口发展趋势预测//蔡昉.中国人口与劳动问题报告——后金融危机时期的劳动力市场挑战.社会科学文献出版社，2010.

[57] 华黎，郑小明.完善新型农村社会养老保险财政资金供给的思路与对策.求实，2010（10）.

[58] 吉林大学中国国有经济研究中心课题组.对国有企业分配制度改革问题的探讨.长白学刊，2003（2）.

[59] 纪韶.举家外出的农民工融入城市问题研究——对在北京务工的500个农民工家庭的访谈数据分析.经济理论与经济管理，2012（1）.

[60] 简新华.新生代农民工融入城市的障碍与对策.求是学刊，2011（1）.

[61] 姜作培.农民市民化必须突破五大障碍.城市规划，2003（12）.

[62] 蒋正华.医疗保险制度改革的难点分析//成思危.中国社会保障体系的改革与完善.民主与建设出版社，2000.

[63] 景琳.农村合作医疗实用手册.四川科技出版社，1998.

[64] 李春玲.当代中国社会的声望分层——职业声望与社会经济地位指数测量.社会学研究，2005（2）.

[65] 李济广.我国现阶段财产所有权结构统计评估.中州学刊，2011（7）.

[66] 李剑阁.过渡时期提倡全民医保存在误导.东北之窗，2008（1）.

[67] 李晶."农民工"住房问题及市民化发展趋势下的住房政策调研.现代经济探讨，2008（9）.

[68] 李兰雄.解决新型农村社会养老保险基金管理存在的问题.财会月刊，2011（6）.

[69] 李立清.新型农村合作医疗制度.人民出版社，2009.

[70] 李玲, 江宇, 陈秋霖. 城镇医疗保障体制//蔡昉. 中国劳动与社会保障体制改革30年研究. 经济管理出版社, 2008.

[71] 李玲, 江宇, 等. 中国公立医院改革——问题、对策和出路. 社会科学文献出版社, 2012.

[72] 李龙. 农村大学生比重为何少了一半. 广州日报, 2009-01-24.

[73] 李实, 罗楚亮. 中国收入差距究竟有多大——对修正样本结构偏差的尝试. 经济研究, 2011 (4).

[74] 李实. 经济增长与收入分配//蔡昉. 中国经济转型30年 (1978~2008). 社会科学文献出版社, 2009.

[75] 李实. 中国个人收入分配研究回顾与展望. 中国社会科学院经济研究所工作论文, 2004.

[76] 李伟. 关于新型农村社会养老保险试点情况的调查. 经济纵横, 2011 (6).

[77] 林全玲. 我国新型农村社会养老保险制度的构建与完善. 社会科学家, 2011 (4).

[78] 林毅夫, 蔡昉, 李周. 中国的奇迹：发展战略与经济改革. 上海三联书店, 上海人民出版社, 1994.

[79] 刘爱玉. 城市化过程中的农民工市民化问题. 中国行政管理, 2012 (1).

[80] 刘昌平, 谢婷. 财政补贴型新型农村社会养老保险制度研究. 东北大学学报 (社会科学版), 2009 (5).

[81] 刘继同. 统筹城乡卫生事业发展与全民医疗保险制度建设的核心理论政策议题. 人文杂志, 2007 (2).

[82] 刘军伟. 基于理性选择理论的农民工参加新型农村养老保险制度影响因素研究. 浙江社会科学, 2011 (4).

[83] 刘敏. 我国事业单位养老保险制度症结、改革取向与对策. 商业经济, 2012 (12).

[84] 刘善槐, 邬志辉, 何圣财. 新型农村社会养老保险试点状况及对策——基于吉林省5000农户的调查研究. 调研世界, 2011 (2).

[85] 刘婉琳, 唐瑜. 关于企业与机关事业单位养老保险待遇差距问题的思考. 中国经贸导刊, 2009 (17).

[86] 刘新建, 刘彦超. 实现城乡医疗保障一体化目标的对策初探. 山西农业大学学报 (社会科学版), 2007 (3).

[87] 罗遐. 新型农村养老保险试点问题的实证研究——基于安徽省四

县市的调查. 社会保障研究, 2011 (1).

[88] 马小丽. 我国改革开放以来工资收入分配改革的回顾. 劳动工资动态, 2003 (3).

[89] 毛捷. 中国社会福利体系适度性研究——国际比较与实证分析. 财贸经济, 2012 (2).

[90] 孟昕. 中国经济改革与城镇收入差距//李实、佐藤宏. 经济转型的代价. 中国财政经济出版社, 2004.

[91] 慕良泽, 任路. 惠农政策的嵌入与乡村治理资源重组——基于对新型农村养老保险政策的调查分析. 理论与改革, 2010 (6).

[92] 穆怀中, 闫琳琳. 新型农村养老保险参保决策影响因素研究. 人口研究, 2012 (1).

[93] 欧阳慧. "十二五"时期推进农民工市民化的思路建议. 宏观经济管理, 2010 (5).

[94] 庞丽娟, 夏靖, 孙美红. 世界主要国家和地区弱势儿童学前教育扶助政策研究. 教育学报, 2010 (5).

[95] 邱小平. 工资收入分配（第二版）. 中国劳动社会保障出版社, 2004.

[96] 屈小博, 程杰. 户籍改革成本与城市化推进. 中国社会科学院人口与劳动经济研究所, 工作论文, 2012.

[97] 人民论坛专题调研组. 学前教育如何均衡发展——政府主导型的"房山经验". 人民论坛, 2011 (2).

[98] 汝信, 陆学艺, 李培林. 2010 年中国社会形势分析与预测. 社会科学文献出版社, 2009.

[99] 尚晓援. 中国社会保护体制改革研究. 中国劳动社会保障出版社, 2007.

[100] 申兵. 通过政府分担机制提高农民工市民化程度. 农村工作通讯, 2011 (2).

[101] 世界银行. 1993 年世界发展报告：投资于健康. 中国财政经济出版社, 1993.

[102] 世界银行课题组. 农村居民养老保险制度研究——以成都市为例. 研究报告, 2010-12.

[103] 苏明政, 韩朔. 基于地方政府支付责任的新型农村养老保险制度研究. 金融发展研究, 2010 (6).

[104] 苏杨, 等. 改革开放三十年中人口政策回顾与展望. 当代中国人

口, 2008 (5).

[105] 汤云龙. 农民工市民化: 现实困境与权益实现. 上海财经大学学报, 2011 (5).

[106] 唐钧. 中国城乡低保制度: 历史、现状与前瞻. 社保财务理论与实践, 2007 (1).

[107] 田栋. 新型农村社会养老保险参保档次分布的影响因素分析及对策建议——基于河南省某试点县的调查. 郑州大学学报 (哲学社会科学版), 2011 (3).

[108] 田文华, 梁鸿, 陈琰, 等. 上海浦东城乡医疗保障体系一体化的发展策略——城乡阶梯式医疗保障体系的构建. 人口与经济, 2005 (3).

[109] 田雪原. 新中国60年人口政策回顾与展望. 学习论坛, 2010 (2).

[110] 王保真. 浅析我国多层次医疗保障体系的建立与完善. 卫生经济研究, 2008 (11).

[111] 王保真. 医疗保障. 人民卫生出版社, 2005.

[112] 王诚. 劳动力供求"拐点"与中国二元经济转型. 中国人口科学, 2005 (6).

[113] 王翠琴, 薛惠元. 新型农村社会养老保险收入再分配效应研究. 中国人口·资源与环境, 2012 (8).

[114] 王德文, 程杰, 赵文. 重新认识农民收入增长的源泉. 云南财经大学学报, 2011 (1).

[115] 王德文. 人口低生育率阶段的劳动力供求变化与中国经济增长. 中国人口科学, 2007 (1).

[116] 王德文. 完善社会保障基金运行机制的思路与对策//陈佳贵, 王延中. 中国社会保障发展报告 (2001~2004) No.2. 社会科学文献出版社, 2004.

[117] 王根贤. 复式全民社会医保下的医保税制设计. 中央财经大学学报, 2008 (3).

[118] 王广州, 牛建林. 我国教育总量结构现状、问题及发展预测//蔡昉. 中国人口与劳动问题报告——提升人力资本的教育改革. 社会科学文献出版社, 2009.

[119] 王红漫. 大国卫生之论: 农村卫生枢纽与农民的选择. 北京大学出版社, 2006.

[120] 王美艳. 城镇就业、非农就业与城市化//蔡昉. 中国人口与劳动问题报告 No.12——"十二五"时期的挑战: 人口、就业和收入分配. 社会

科学文献出版社，2011.

[121] 王绍光. 学习机制与适应能力：中国农村合作医疗体制变迁的启示. 中国社会科学，2008（6）.

[122] 王小鲁. 灰色收入与国民收入分配//宋晓梧，李实，石小敏，赖德胜. 中国收入分配：探究与争论. 中国经济出版社，2011.

[123] 王延中. 中国社会保险基金模式的偏差及其矫正. 经济研究，2001（2）.

[124] 王竹林. 城市化进程中农民工市民化研究，西北农林科技大学博士论文. 2008.

[125] 邬沧萍，谢楠. 1980~2010：中国人口政策三十年回顾与展望. 甘肃社会科学，2011（1）.

[126] 尹德挺，黄匡时. 改革开放30年我国流动人口政策变迁与展望. 新疆社会科学，2008（5）.

[127] 吴玉锋. 社会互动与新型农村社会养老保险参保行为实证研究. 华中科技大学学报，2011（4）.

[128] 谢增毅. 英国的最低工资制度：经验与启示. 中国社会科学院研究生院学报，2008（6）.

[129] 熊光清. 从限权到平权：流动人口管理政策的演变. 社会科学研究，2012（6）.

[130] 徐增阳，古琴. 农民工市民化：政府责任与公共服务创新. 华南师范大学学报（社会科学版），2010（1）.

[131] 徐卓婷. 对中国普及学前教育的研究与思考. 社会科学战线，2010（11）.

[132] 薛惠元. 城乡居民养老保险制度六题待解. 中国社会保障，2012（6）.

[133] 亚洲发展银行. 中国职业技术教育和培训融资政策建议. 成果号No. ARM091243，2009.

[134] 杨东平. 高等教育入学机会：扩大之中的阶层差距. 清华大学教育研究，2006（1）.

[135] 杨凤城. 谈邓小平与"三步走"发展战略的形成. 光明日报，2011-08-03.

[136] 杨红燕. 中国农村合作医疗制度可持续发展研究. 中国社会科学出版社，2009.

[137] 衣同晔，车莲鸿. 构建城乡统筹的医疗保障制度.合作经济与科

技, 2008 (11).

[138] 尹莉娟. 从分散到统一: 荷兰基本医疗保险制度改革对我国的启示. 中国卫生事业管理, 2008 (2).

[139] 余桔云. 江西省新型农村养老保险有效缴费水平的测算. 经济问题探索, 2011 (1).

[140] 岳昌君. 规模扩大与高等教育入学机会均等化. 北大教育经济研究 (电子季刊), 2009 (4).

[141] 张车伟, 蔡翼飞. 中国城镇化格局变动与人口合理分布. 中国人口科学, 2012 (6).

[142] 张车伟, 王德文. 农民收入问题性质的根本转变——分地区对农民收入结构和增长变化的考察. 中国农村观察, 2004 (1).

[143] 张车伟. 劳动供求关系变化与就业政策. 中国人口出版社, 2006.

[144] 张林秀, 罗仁福, 易红梅, 黄季焜, 史耀疆. 贫困地区农村中学生辍学问题值得关注. 政策研究简报, 2011 (1).

[145] 张琪. 中国医疗保障: 理论、制度与运行. 中国劳动社会保障出版社, 2003.

[146] 张苏婷. 推进异地高考——中国高等教育改革的突破. 佳木斯教育学院学报, 2011 (6).

[147] 张晓波, 杨进, 王生林. 中国经济到了刘易斯转折点了吗——来自贫困地区的证据. 浙江大学学报 (人文社会科学版), 2010 (1).

[148] 张义博. 公共部门与非公共部门收入差异的变迁. 经济研究, 2012 (4).

[149] 张祖平. 中国城镇职工养老保险制度的缺陷与改进建议. 江西财经大学学报, 2012 (3).

[150] 张左己. 领导干部社会保障知识读本. 中国劳动社会保障出版社, 2002.

[151] 章铮. 民工荒: 现状与未来——进入新阶段的农村劳动力转移. 人口与发展, 2008 (3).

[152] 赵德馨. 中国经济 50 年发展的路径、阶段与基本经验. 中国经济史研究, 2000 (3).

[153] 赵殿国. 建立新型农村社会养老保险制度. 中国金融, 2007 (6).

[154] 赵人伟, 丁赛. 中国居民财产分布研究//李实, 史泰丽, 别雍·

古斯塔夫森. 中国居民收入分配研究Ⅲ. 北京师范大学出版社, 2008.

[155] 赵艳秋. 我国机关事业单位与企业基本养老保险制度比较及并轨研究. 河北大学硕士论文, 2011.

[156] 郑秉文, 高庆波, 于环. 中国计划经济时期社会保障制度的建立和变化//陈佳贵, 王延中. 中国社会保障发展报告 (2010). 社会科学文献出版社, 2010.

[157] 郑秉文. 2011 中国养老金发展报告. 经济管理出版社, 2012.

[158] 郑功成. 论中国特色的社会保障道路. 武汉大学出版社, 2009.

[159] 郑功成, 等. 中国社会保障制度变迁与评估. 中国人民大学出版社, 2002.

[160] 中国经济改革研究基金会, 中国经济体制改革研究会联合专家组. 中国社会养老保险体制改革. 上海远东出版社, 2006.

[161] 中华人民共和国人力资源和社会保障部. 事业单位工作人员养老保险制度改革试点方案, 2009.

[162] 朱玲. 政府与农村基本医疗保健保障制度选择. 中国社会科学, 2000 (4).

[163] Bai, Moo-ki. The Turning Point in the Korean Economy, Developing Economies, No.2, 1982, pp.117-140.

[164] Cai Fang, Yang Du and Meiyan Wang. Labor Market Institutions and Social Protection Mechanism, Background Report for the World Bank, 2011.

[165] Cai Fang and Dewen Wang. China's Demographic Transition: Implications for Growth, in Garnaut and Song (eds) The China Boom and Its Discontents, Canberra: Asia Pacific Press, 2005.

[166] Cai Fang and Wen Zhao. When Demographic Dividend Disappears: Growth Sustainability of China, in Masahiko Aoki and Jinglian Wu (eds.) The Chinese Economy: A New Transition, Basingstoke: Palgrave Macmillan, forthcoming, 2012.

[167] Cai Fang and Yang Du. Wages Increase, Wages Convergence, and Lewis Turning Point in China. China Economic Review, Vol. 22, No. 4, 2011, pp.601-610.

[168] Cai Fang. The Formation and Evolution of China's Migrant Labor Policy, in Zhang, Xiaobo, Shenggen Fan and Arjan de Haan (eds) Narratives of Chinese Economic Reforms: How Does China Cross the River?

New Jersey: World Scientific Publishing Co. Pte. Ltd., 2010.

[169] Carneiro, Pedro and James Heckman. Human Capital Policy. National Bureau of Economic Research Working Paper, No.9495, 2003.

[170] Ce Shen, John B. Williamson. China's New Rural Pension Scheme: Can It be Improved? International Journal of Sociology and Social Policy, Vol.30, 2010, pp.239–250.

[171] David E. Bloom, David Canning and Jaypee Sevilla. The Demographic Dividend: A New Perspective on the Economic Consequences of Population Change, Santa Monica, CA, RAND, 2002.

[172] Dewen Wang. China's Urban and Rural Old Age Security System: Challenges and Options, China & World Economy, Vol. 14, No. 1, 2006 pp.102–116.

[173] Du Yang, Albert Park and Sangui Wang. Migration and Rural Poverty in China, Journal of Comparative Economics, Vol. 33, No. 4, 2005, pp. 688–709.

[174] Du Yang, Albert Park and Sangui Wang. Migration and Rural Poverty in China, Journal of Comparative Economics, Vol. 33, No. 4, 2005, pp. 688–709.

[175] Freeman, Richard. War of the Models: Which Labour Markets Institutions for the 21st Century? Labour Economics, Vol.5, No.1, 1998, pp.1–24.

[176] Hoshi, Takeo, and Anil Kashyap. Why Did Japan Stop Growing? Report Prepared for the National Institute for Research Advancement (NIRA), 2011, http://www.nira.or.jp/pdf/1002english_report.pdf.

[177] Jessica K. M. Johnson and John B. Williamson. Do Universal Non-contributory Old-age Pensions Make Sense for Rural Areas in Low-income Countries? International Social Security Review, Vol. 59, 2006, pp. 47–65.

[178] John Knight and Lina Song. Towards a Labour Market in China, Oxford University Press, 2005, p.108.

[179] Knight, John and Lina Song. Towards a Labour Market in China. Oxford University Press, 2005.

[180] Kuijs, Louis. China through 2020—A Macroeconomic Scenario. World Bank China Office Research Working Paper, No.9, 2009.

[181] Martin Ravallion and Shaohua Chen. China's (Uneven) Progress

Against Poverty, World Bank Policy Research Paper 3408, Development Research Group, World Bank, Washington, D. C, 2004.

[182] Martin Ravallion, Shaohua Chen. China's Progress against Poverty. Journal of Development Economics, 2007.

[183] Minami, Ryoshin. The Turning Point in the Japanese Economy, The Quarterly Journal of Economics, Vol.82, No.3, 1968, pp.380–402.

[184] Olson, M.. The Exploitation and Subsidization of Agriculture in the Developing and Developed Countries. Paper Presented to the 19th Conference of International Association of Agricultural Economists, Malaga, Spain, 1985; Anderson, K.. Lobbying Incentives and the Pattern of Protection in Rich and Poor Countries. Economic Development and Cultural Change, Vol. 43, No.2, 1995, pp.401–423.

[185] Population Division of the Department of Economic and Social Affairs of the United Nations Secretariat, World Population Prospects: The 2006 Revision and World Urbanization Prospects: The 2005 Revision, http://esa.un.org/unpp.

[186] Ravallion, Martin and Shaohua Chen. China's (Uneven) Progress Against Poverty, World Bank Policy Research Paper 3408, Development Research Group, World Bank, Washington, D. C., 2004.

[187] Richard Herd. A Pause in the Growth of Inequality in China? Economics Department Working Papers, No. 748, OECD, Paris, 2010.

[188] Richard Herd. Recent Movements in Inequality: A Preliminary Overview, Presented at the CASS Forum on Inequality, 6 January, 2012, Beijing.

[189] Shih-Jiunn Shi. Left to Market and Family—Again Ideas and the Development of the Rural Pension Policy in China, Social Policy & Administration, Vol. 40, No.7, 2006, pp. 791–806.

[190] United Nations . World Fertility Pattern, 2009, http://www.un.org/esa/population/publications/worldfertility2009/worldfertility2009.htm. 2010.

[191] Wagstaff, A., R. Moreno-Serra. Europe and Central Asia's Great Post-Communist Social Health Insurance Experiment: Impacts on Health Sector and Labor Market Outcome. World Bank Policy Research Working Paper, 2007 (4371).

[192] Wagstaff, A.. Social Health Insurance vs. Tax-financed Health

Systems: Evidence from the OECD . World Bank Policy Research Working Paper, 2009 (4821).

[193] Williamson, Jeffrey. Growth, Distribution and Demography: Some Lessons from History, NBER Working Paper, No.6244, 1997.

[194] Yinan Yang, John B. Williamson, Ce Shen. Social Security for China's Rural Aged: A Proposal Based on A Universal Non-contributory Pension, International Journal of Social Welfare, Vol. 19, 2010, pp.236-245.

[195] Yoshihisa Godo. Estimation of Average Years of Schooling by Levels of Education for Japan and the United States, 1890 –1990. Meiji Gakuin University.

索　引

B

包容性发展, 1

C

城乡低保, 311
城乡居民养老保险, 201, 204, 224, 229, 230, 231, 232, 233, 274, 293, 403
城乡收入差距, 11, 14, 16, 19, 64, 112, 117, 146, 147, 177, 178, 317, 383
城镇低保, 56

F

发展阶段, 1, 4, 5, 6, 22, 23, 25, 27, 29, 31, 33, 35, 37, 39, 61, 65, 74, 81, 97, 98, 142, 144, 151, 184, 206, 271, 273, 313, 328, 330, 333, 358, 361, 363

G

工资集体协商, 20, 38, 82, 87, 88, 89, 90, 91, 92, 106, 113, 121, 122, 123
工资增长, 62, 86, 92, 97, 98, 103, 105, 107, 108, 109, 110, 111, 113, 115, 117, 119, 121, 123, 151, 221, 289, 328
工资制度改革, 103, 104, 105, 106, 217, 221

J

机关事业单位养老保险改革, 215, 223
积极就业政策, 23, 24, 25, 26, 35, 37, 94, 178, 322
基本公共服务, 12, 14, 19, 20, 21, 22, 38, 41, 60, 64, 74, 376, 378, 407
集体合同, 81, 82, 87, 88, 89, 91, 92
教育, 4, 7, 8, 9, 10, 13, 19, 20, 21, 28, 35, 36, 37, 58, 59, 60, 61, 65, 68, 69, 71, 72, 73, 74, 75, 76, 77, 78, 90, 94, 109, 113, 115, 116, 119, 122, 152, 153, 159, 170, 173, 179, 181, 182, 279, 280, 281, 311, 328, 329, 330, 331, 332, 333, 334, 335, 336, 337, 338, 339, 340, 341, 342, 343, 344, 345, 346, 347, 348, 349, 350, 351, 352, 353,

357, 377, 378, 401, 402, 406, 408
进城农民工, 11, 13, 25, 26, 41, 46, 47, 49, 50, 54, 55, 56, 57, 58, 59, 60, 65, 68, 69, 71, 73, 75, 76, 77, 194, 210, 213, 242, 325
就业优先战略, 20, 123
居民收入增长, 3, 17, 19, 64, 112, 123, 125, 126, 127, 128, 129, 130, 131, 132, 133, 135, 137, 139, 141, 143, 145, 147, 149, 151, 153, 155, 156, 157, 159, 294

L

劳动保险, 183, 184, 185, 186, 187, 188, 206, 238, 303, 304, 305, 307
劳动力流动, 7, 11, 14, 23, 27, 32, 38, 41, 42, 43, 44, 45, 47, 49, 51, 53, 55, 57, 59, 61, 63, 64, 65, 67, 69, 71, 73, 75, 77, 81, 93, 111, 113, 115, 117, 122, 126, 177, 178, 179, 220, 271, 282, 382
劳动力市场政策, 23, 31, 96, 97
刘易斯转折点, 6, 13, 14, 15, 27, 29, 30, 31, 32, 34, 35, 37, 38, 39, 46, 62, 114, 117, 328, 329, 333, 335, 347, 348, 361, 400
留守儿童, 75, 335, 341, 342, 343, 345, 346

N

农村低保, 56, 176, 180, 317, 318, 319
农村扶贫, 12, 16, 161, 163, 164, 165, 167, 168, 169, 170, 171, 173, 175, 177, 179, 181

农村养老保险, 6, 197, 198, 201, 209, 224, 225, 226, 227, 228, 229, 271, 272, 273, 274, 275, 276, 277, 278, 279, 280, 281, 282, 283, 285, 286, 287, 288, 289, 290, 291, 292, 293, 294
农民工市民化, 41, 43, 45, 47, 49, 51, 53, 55, 56, 57, 58, 59, 60, 61, 62, 63, 64, 65, 66, 67, 69, 70, 71, 72, 73, 74, 75, 76, 77, 407

P

培训, 5, 8, 20, 21, 24, 37, 66, 73, 75, 77, 78, 94, 168, 179, 182, 292, 297, 328, 330, 334, 339, 344, 347, 352, 353, 378, 402, 404, 406, 407, 408

R

人口红利, 9, 20, 23, 28, 29, 30, 35, 37, 61, 181, 329, 351, 360, 361, 381, 389, 390, 391, 392, 393, 399, 401, 406
人口结构, 9, 61, 288, 355, 357, 358, 359, 360, 362, 365, 368, 370, 377, 381, 386, 389, 396
人口老龄化, 184, 202, 203, 245, 271, 278, 287, 339, 355, 357, 358, 359, 360, 377, 381, 382, 383, 384, 385, 387, 388, 389, 391, 393, 394, 395, 397, 398, 399, 401, 402, 403, 405, 407, 408, 409
人口政策, 8, 29, 355, 368, 369,

370, 371, 372, 373, 374, 376,
377, 378, 379, 408, 409

人口转变，9，23，27，28，29，32，
213，327，339，381，384，385，
386，388，389，391，392，408

人力资本，8，9，10，20，21，28，35，
36，48，60，61，73，77，119，152，
161，165，174，177，181，235，
281，327，328，329，330，331，
333，334，335，336，337，338，
339，340，341，343，344，345，
347，349，351，353，400，401，
407，408

S

社会保险，5，6，7，19，53，55，59，
60，61，62，67，68，71，74，81，
85，86，99，134，158，183，184，
185，186，187，188，189，190，
191，192，193，194，195，196，
197，199，200，201，202，203，
204，205，206，208，209，211，
213，215，216，220，223，224，
231，242，243，268，272，274，
289，296，298，299，301，302，
303，320，321，323，324，376，
394，407

社会保险改革，190，191，192，196，
199，302

社会保障，1，4，5，6，7，9，19，20，
21，26，38，39，42，46，47，48，
54，55，59，63，65，66，67，74，
81，82，83，86，88，89，91，92，
97，98，100，101，104，106，119，
121，122，126，141，153，158，

159，161，171，175，176，178，
180，183，184，185，191，192，
193，194，195，196，198，199，
200，201，202，204，205，206，
207，208，209，211，212，213，
214，215，217，218，220，221，
222，223，225，226，227，228，
229，230，231，232，233，235，
236，238，239，240，241，242，
244，253，258，263，264，268，
269，270，271，272，273，275，
276，277，278，280，282，284，
285，286，287，288，290，291，
292，296，297，299，301，302，
303，305，307，309，311，312，
313，317，318，320，321，322，
323，324，375，378，384，388，
389，394，400，405

收入分配，8，11，12，13，14，15，
17，18，19，20，21，35，103，104，
105，106，4107，111，112，113，
116，117，118，119，120，121，
122，125，133，134，135，136，
140，141，142，145，147，153，
155，156，157，158，159，178，
282，284，299，306，320，328

T

弹性退休制度，381，398，406

W

未富先老，29，184，361，381，388，
394，399，406

X

新农保，198，199，204，205，224，225，226，227，228，229，230，231，232，272，273，274，275，276，277，278，280，281，282，283，284，285，286，288，289，290，291，292，296，297，298，301

新农合，197，199，247，248，250，251，254，255，256，258，259，269，270，301

Y

养老保险，6，12，19，53，54，55，67，68，71，74，175，177，180，183，184，185，187，188，190，191，192，193，194，195，196，198，200，201，202，203，204，205，206，207，208，209，210，211，212，213，214，215，216，217，218，219，220，221，222，223，224，225，226，227，228，229，230，232，233，271，272，273，274，275，276，277，278，279，280，281，282，283，284，286，287，288，289，290，291，292，293，295，296，297，298，302，303，312，394，395，396，397，402，403，407

养老服务体系，381，398，403，404

医疗保险，12，19，53，54，55，71，74，175，183，184，185，189，190，191，192，193，194，195，196，236，237，239，240，241，242，243，248，249，250，251，252，253，254，257，258，261，262，263，266，267，268，269，270，302，303，304

Z

最低工资，6，27，56，82，83，84，85，86，87，89，96，97，106，121，122，123，179

最低生活保障制度，12，14，21，71，175，176，177，290，297，299，300，301，302，303，304，305，307，308，309，310，312，313，315，317，318，319，320，321，322，323，324，325

后 记

《中国劳动与社会保障体制完善与发展道路》一书，是中国社会科学院人口与劳动经济研究所承担的国家出版基金项目"中国特色社会主义发展道路"的研究成果。本书得以顺利完成和出版，要特别感谢各位作者所付出的辛勤劳动，感谢作者们严肃认真的科研态度和探求真理的科学精神。

本书写作具体分工如下：第一章：包容性与经济社会发展，蔡昉撰写；第二章：经济发展阶段与就业政策，蔡昉撰写；第三章：劳动力流动与农民工市民化，蔡昉、高文书撰写；第四章：劳动力市场制度建设，蔡昉、王美艳撰写；第五章：工资增长与工资形成机制，都阳撰写；第六章：居民收入增长与分配，张车伟、赵文撰写；第七章：农村扶贫成效与发展，蔡昉、都阳撰写；第八章：社会保险事业发展，张展新撰写；第九章：养老保险制度发展，高文书撰写；第十章：医疗保障制度发展，陈秋霖撰写；第十一章：农村养老保险改革与发展，程杰撰写；第十二章：最低生活保障制度发展，张展新撰写；第十三章：人力资本培养，蔡昉、王美艳撰写；第十四章：人口发展与政策趋势，蔡昉、高文书、程杰撰写；第十五章：应对人口老龄化，蔡昉、高文书撰写；中国劳动和社会保障发展大事记由蔡翼飞、曲玥、任吉撰写。

蔡 昉

2013 年 3 月

图书在版编目（CIP）数据

中国劳动与社会保障体制完善与发展道路/蔡昉，高文书主编. —北京：经济管理出版社，2013.4
ISBN 978-7-5096-2421-0

Ⅰ.①中… Ⅱ.①蔡…②高… Ⅲ.①劳动体制—体制改革—研究—中国 ②社会保障体制—体制改革—研究—中国 Ⅳ.①D669.2 ②D632.1

中国版本图书馆 CIP 数据核字（2013）第 076054 号

组稿编辑：璐　栖
责任编辑：璐　栖　勇　生
责任印制：杨国强
责任校对：李玉敏

出版发行：经济管理出版社
（北京市海淀区北蜂窝 8 号中雅大厦 A 座 11 层　100038）
网　　址：www.E-mp.com.cn
电　　话：（010）51915602
印　　刷：三河市海波印务有限公司
经　　销：新华书店
开　　本：720mm×1000mm/16
印　　张：31.5
字　　数：548 千字
版　　次：2013 年 5 月第 1 版　2013 年 5 月第 1 次印刷
书　　号：ISBN 978-7-5096-2421-0
定　　价：98.00 元

·版权所有　翻印必究·
凡购本社图书，如有印装错误，由本社读者服务部负责调换。
联系地址：北京阜外月坛北小街 2 号
电话：（010）68022974　　邮编：100836